실습으로 완성하는
구글 클라우드 플랫폼 인 액션
Google Cloud Platform in Action

GOOGLE CLOUD PLATFORM IN ACTION

실습으로 완성하는
구글 클라우드 플랫폼 인 액션
Google Cloud Platform in Action

1쇄 발행 2019년 9월 9일

지은이 제이 제이 지웍스
옮긴이 홍승민, 조민현
펴낸이 장성두
펴낸곳 주식회사 제이펍

출판신고 2009년 11월 10일 제406-2009-000087호
주소 경기도 파주시 회동길 159 3층 3-B호
전화 070-8201-9010 / **팩스** 02-6280-0405
홈페이지 www.jpub.kr / **원고투고** jeipub@gmail.com
독자문의 readers.jpub@gmail.com / **교재문의** jeipubmarketer@gmail.com

편집부 이종무, 이민숙, 최병찬, 이 슬, 이주원 / **소통·기획팀** 민지환, 송찬수 / **회계팀** 김유미
진행 및 교정·교열 이종무 / **표지 및 내지 디자인** 최병찬
용지 신승지류유통 / **인쇄** 해외정판사 / **제본** 광우제책사

ISBN 979-11-88621-63-7 (93000)
값 34,000원

제이펍은 독자 여러분의 아이디어와 원고 투고를 기다리고 있습니다. 책으로 펴내고자 하는 아이디어나 원고가 있는 분께서는
책의 간단한 개요와 차례, 구성과 저(역)자 약력 등을 메일로 보내주세요.　　jeipub@gmail.com

실습으로 완성하는

구글 클라우드 플랫폼 인 액션
Google Cloud Platform in Action

제이 제이 지웍스 지음 | 홍승민, 조민현 옮김

Jpub
제이펍

차례

CHAPTER **8**   Cloud Storage: 오브젝트 스토리지   221

옮긴이 머리말

바야흐로 IT 업계는 클라우드의 시대로 접어들었다. 아마존 웹 서비스(Amazon Web Service, AWS)를 필두로 마이크로소프트 애저(Azure), 구글 클라우드 플랫폼과 같은 굴지의 후발 주자들이 그 뒤를 쫓는 등 치열한 경쟁을 벌이고 있다. 빠르게 변화하는 시장에서 대량의 데이터를 효율적으로 저장, 처리하기 위해서 클라우드 환경은 이제 선택이 아닌 필수가 되었다.

최근 구글은 미국 샌프란시스코에서 열린 '구글 넥스트(Google Next)'에서 2020년 초 서울에 구글 클라우드 플랫폼 리전을 가동한다고 공식 발표했다. 구글의 참여로 국내 클라우드 시장은 아마존 웹 서비스, 마이크로소프트 애저 등과 함께 3파전 구도가 될 것으로 예상된다. 아직까지는 많은 기업이 하나의 클라우드 플랫폼을 사용하지만, 락인(lock in)을 피하기 위해 점차 멀티 클라우드 업체를 선택하는 추세다. 따라서 한 가지 클라우드만을 고집하는 것보다 다양한 클라우드 서비스를 이해하는 것이 중요하다고 생각한다.

구글 클라우드 플랫폼의 장점은 컴퓨트 엔진, 쿠버네티스 엔진, 클라우드 스토리지, 클라우드 빅테이블, 클라우드 spanner, 빅쿼리 등 다양한 제품을 제공한다. 또한, 구글은 10억 명이 넘는 이용자를 가진 서비스를 다수 가지고 있으며, 많은 인프라를 통해 운용한 노하우를 구글 클라우드 플랫폼에 담았기 때문에 더욱 신뢰할 수 있다는 것이 또 하나의 장점이다.

저자 제이 제이 지웍스는 구글에서 엔지니어로서의 경험과 지식을 바탕으로 이 책을 집필했다. 구글 클라우드 플랫폼의 내부 동작 원리부터 실제로 활용할 수 있는 예제까지 여러분들이 보다 쉽게 이해할 수 있도록 도울 것이다. 이 책에는 서비스 구축의 기초부터 빅데이터 분석, AI, 머신 러닝과 같은 최신의 기술까지 망라되어 있다. 구글 클라우드 플랫폼의 좋은 입문서로 활용되기를 기대해 본다. 다만, 구글 클라우드 플랫폼은 지금도 계속 최신의 기술로 변화와 발전을 거듭하고 있어 이 책이 출간된 시점에서부터 달라진 부분들이 있을 수 있음을 이해해 주길 바란다.

번역과 편집 과정 중에 꼼꼼히 챙겨 주신 제이펍 장성두 대표님과 이종무 팀장님, 그리고 이 책을 번역하게끔 계기를 만들어 주신 김형일 대표님께도 감사의 인사를 드린다.

홍승민: 먼저 업무와 번역을 병행하는 어려움 속에서도 번역을 마무리하도록 해주신 하나님께 감사드린다. 그리고 멀리 타국에서 고생하면서 언제나 본인을 지지해 주는 아내와 아들에게 사랑과 감사를 전하며, 책이 완성되기까지 도와주신 모든 분에게 감사한다.

조민현: 이 책의 출간을 위해 많은 도움을 주신 분들께 감사하며, 언제나 큰 힘이 되는 사랑하는 아내와 가족들에게 고마움을 전한다.

_ **홍승민, 조민현**

추천사

구글의 초창기 시절, 성공하기 위해서는 희생이 필요했다. 사람들은 구글의 검색 결과를 좋아했지만, 많은 검색 트래픽을 처리하기 위해서 더 많은 서버가 필요했고, 그 당시의 서버는 가상화가 아닌 실제 서버였다. 트래픽이 매주 10% 정도 증가했기 때문에 며칠마다 새로운 기록을 세우고 있었고, 우리는 그것들을 처리할 충분한 용량을 확보해야만 했다. 그리고 밑바닥부터 그 모든 것을 우리가 직접 해야만 했다.

인프라와 관련한 도전에 대해서는 대체로 성공적이었다. 전 세계에서 경쟁적인 수준의 데이터 센터 및 네트워크 시스템을 구축했지만, 최근까지는 해당 인프라가 독점적으로 우리에게만 제공되었다. 구글 클라우드 플랫폼은 지난 15년 동안 구글 데이터 센터의 효율성과 우리가 다년간 운영해 온 경험을 바탕으로 모든 사람이 혜택을 누리게 함으로써 인프라 성과가 자연스럽게 확장되었음을 말해 주었다.

이 모든 것은 여러분이 직접 할 필요가 없도록 어려운 기술적인 문제(데이터 일관성을 생각해 보자)를 해결하는 제품 및 서비스 모음을 제공하지만, 한편으로 여러분은 이런 어려운 기술적인 문제를 해결하는 대신 서비스를 사용하는 방법을 배워야 한다. 새로운 서비스를 고쳐 나가는 것이 구글에서는 일상생활의 일부이지만, 대부분의 사람은 비즈니스가 성공할 수 있도록 "그저 작동되는" 것만을 기대한다. 잘못 구성된 서버 또는 일관성 없는 데이터베이스는 해결해야 할 재미있는 퍼즐이 아니라 혼란일 뿐이다.

《구글 클라우드 플랫폼 인 액션》은 GCP가 내부적으로 어떻게 작동하는지 설명해 줄 뿐 아니라 실제 GCP를 사용하는 방법을 보여줌과 동시에 혼란을 최소화하는 가이드 역할을 한다. 이 책에서 저자는 Compute Engine 같은 GCP의 가장 중요한 측면에 중점을 두고 있지만, 쿠버네티스 엔진 및 다양한 머신러닝 API 같은 최근 추가 사항 중 일부를 강조하였고, GCP가 제공하는 폭넓은 서비스에 대한 설명도 수록했다.

되돌아보면 구글 클라우드 플랫폼은 엄청나게 성장해 왔다. 2008년 App Engine에서 2012년 Compute Engine, 그리고 2017년 여러 가지 머신러닝 API에 이르기까지 따라가기가 어려울 정도가 되었다. 그러나 이 책과 함께라면 다음에 할 일을 잘 준비할 수 있을 것이다.

_ Urs Holzle(SVP, 구글 Technical Infrastructure)

머리말

나는 운 좋게도 1997년부터 소프트웨어를 만드는 일과 사랑에 빠졌다. 비주얼 베이직(이크!) 또는 HTML(그렇다. 때때로 `<blink>` 및 marquee 태그가 등장하는) 토이 프로젝트에서 시작해서 결국 C#, 자바 및 파이썬과 같은 "좀 더 성숙한 언어"를 사용하여 "실제 작업"을 하게 되었다. 그 기간 동안 그런 프로젝트를 호스팅하는 인프라는 무료 정적 호스팅에서 시작하여 가상 사설 서버 또는 코로케이션 시설의 전용 호스트 같은 "성숙한" 호스팅 옵션으로 이동하며 비슷하게 발전했다. 분명히 발전은 있었지만 스케일 업다운은 불만스러웠으며(여러분은 명령을 내리고 잠시 기다려야 했다), 최소 구매는 대개 1년 단위였다.

하지만 그때 뭔가 변화하기 시작했다. 2008년에 아마존의 새로운 EC2(Elastic Compute Cloud)를 사용하여 클라우드 컴퓨팅을 사용할 수 있게 되었다. 웹 기반 API를 사용하여 컴퓨터를 켜고 끄는 기능 때문에 갑자기 이전보다 인프라를 좀 더 제어할 방법을 터득하게 되었다. 이뿐 아니라 일 년 전체가 아닌, 컴퓨터가 실제로 실행되는 시간에 대해서만 비용을 지급하게 되었다. 그것은 정말 놀라운 일이었다.

이제 우리가 아는 것과 같이 나머지는 역사가 되었다. 시간이 지남에 따라 클라우드 컴퓨팅은 점점 더 많은 가치를 제공하기 위해 전체 스택의 상위로 이동하고, 일반화된 클라우드 인프라로 확장되었다. 많은 기업이 참여하게 되고, 그 기업은 클라우드 서비스에 전념하는 조직을 만들게 되었으며, 좀 더 새롭고 흥미로운 제품을 도구 상자에 추가했다. 이러한 제품은 시간당 임대하는 가상 서버를 훨씬 뛰어넘었지만, 원칙은 항상 같다. 소프트웨어 또는 인프라 문제를 해결하고 수동 작업을 제거한 다음, 사용된 것에 대해서만 비용을 청구한다. 구글 클라우드 플랫폼을 구축하기 위해 자체 기술에 이 원칙을 적용한 구글도 그러한 회사 중 하나였다.

오늘날로 빨리 돌아와 보면 우리는 다른 문제를 가지고 있다. 각종 도구 상자들이 넘쳐난다.

클라우드 인프라는 놀랍지만, 효과적으로 사용하는 방법을 알고 있는 경우에만 유용하다. 도구 상자에 무엇이 있는지 이해해야 하지만, 안타깝게도 가이드북은 많지 않다. 구글 클라우드 플랫폼이 도구 상자인 경우 **《구글 클라우드 플랫폼 인 액션》**은 높은 수준의 개념(올바른 저장소 시스템을 선택하는 것과 같은)으로부터 낮은 수준의 세부사항(저장소는 얼마나 비용이 들 것인지 이해하는 것과 같은)에 이르기까지 모든 도구를 이해하는 데 도움을 줄 것이다.

_ 제이 제이 지웍스

《**구글 클라우드 플랫폼 인 액션**》은 구글에서 제공하는 다양한 클라우드 제품 및 API를 모두 사용할 수 있도록 실용적인 가이드를 제공한다. 클라우드가 작동하는 방식을 이해하여 한 번에 하나씩 빌드하고, 다른 제품의 작동 방식에 대한 세부 사항을 파악하고, 이를 어떻게 사용할 수 있는지에 대해 실질적인 예제를 이용하여 필요한 기본 개념을 설명하는 것부터 시작한다.

누가 이 책을 읽어야 하는가?

《**구글 클라우드 플랫폼 인 액션**》은 소프트웨어 제품을 만들거나 호스팅을 다루는 일을 하는 사람들을 위한 책이다. 클라우드에 익숙하지 않아도 되지만, SQL 데이터베이스, API 및 명령줄 도구와 같은 소프트웨어 개발 도구의 기본 지식은 필요하다. 클라우드에 대해 들어본 적이 있고, 클라우드를 가장 잘 사용하고 싶다면 이 책을 읽어 보자.

로드맵

이 책은 5개의 섹션으로 나뉘며, 각 섹션은 구글 클라우드 플랫폼의 다양한 측면을 다룬다. 1부는 특정 클라우드 제품을 파고들기 전에 바탕이 되는 내용으로 구글 클라우드 플랫폼이 무엇인지, 그리고 플랫폼 자체의 기본적인 부분을 설명한다.

- 1장에서는 클라우드 및 구글 클라우드 플랫폼의 개요를 설명한다. 또한, GCP에 기대하지 말아야 하는 사항을 확인하고, 구글 클라우드 플랫폼 가입, 시작 절차 및 상호작용 과정을 안내한다.
- 2장에서는 실제 GCP 프로젝트를 실행하는 방법을 자세히 설명한다. 구글 클라우드 플랫폼의 무료 티어를 사용하여 워드프레스 인스턴스를 사용하기 위한 컴퓨팅 환경 및 데이터베이스 저장소 설정 방법이 수록되어 있다.

- 3장에서는 데이터 센터에 대한 몇 가지 세부 정보를 살펴보고, 클라우드로 이동할 때의 핵심적인 차이점을 설명한다.

2부에서는 구글 클라우드 플랫폼에서 제공되는 모든 스토리지 중심 제품을 다룬다. 데이터 저장을 하기 위한 다양한 옵션이 존재하므로 이 섹션의 목표 중 하나는 모든 옵션을 평가하기 위한 프레임워크를 제공하는 것이다. 이렇게 하기 위해 각 장에서 표 0.1에 요약된 각 저장소 옵션에 대한 여러 가지 속성을 살펴본다.

표 0.1 **스토리지 시스템 속성 요약**

측면	예시 질문
구조	얼마나 데이터를 표준화하고 규칙에 맞게 만드는가?
쿼리 복잡성	데이터에 대한 쿼리는 얼마나 복잡한가?
속도	주어진 요청에 얼마나 빨리 응답해야 하는가?
처리량	얼마나 많은 쿼리를 동시에 처리해야 하는가?
가격	총 비용은 얼마나 드는가?

- 4장에서는 관계형 데이터를 저장하기 위해 MySQL을 실행할 때 관리 오버헤드를 최소화하는 방법을 살펴본다.
- 5장에서는 MongoDB와 비슷한 Cloud Datastore를 사용하여 문서 지향형 저장소를 탐색한다.
- 6장에서는 Cloud Spanner를 사용해서 대규모의 관계형 데이터를 관리하여 글로벌 복제와의 강력한 일관성을 제공하는 NewSQL의 세계를 소개한다.
- 7장에서는 원래 구글의 검색 색인을 처리하도록 설계된 Cloud Bigtable을 사용하여 대규모 키-값 데이터를 저장하고 쿼리하는 방법을 설명한다.
- 8장에서는 고가용성, 높은 내구성 및 낮은 대기 시간 콘텐츠 배포로 임의의 청크를 추적하기 위해 Cloud Storage를 도입하여 스토리지 관련 섹션을 마무리한다.

3부는 클라우드 컴퓨팅 리소스를 사용하여 클라우드에서 자신의 코드를 실행하는 다양한 방법을 살펴본다. 스토리지 섹션과 마찬가지로 많은 옵션이 존재하므로 혼동을 일으킬 수 있다. 결과적으로 이 섹션은 다양한 컴퓨팅 서비스를 평가하기 위한 프레임워크를 설정하는 목표를 가진다. 각 장에서는 표 0.2에서 설명하는 서비스의 몇 가지 측면을 살펴본다. 추가로 Cloud DNS에 대한 내용도 포함되어 있으며, 일반적으로 프로젝트에서 생성하는 모든 컴퓨팅 리소스에 인간 친화적인 이름을 사용한다.

표 0.2 컴퓨팅 시스템 속성 요약

측면	예시 질문
유연성	이 컴퓨팅 플랫폼을 사용하여 구축할 때 어떠한 제약사항이 있는가?
복잡성	시스템을 완전히 이해하는 것이 얼마나 복잡한가?
성능	전용 하드웨어와 비교하여 시스템의 성능은 어느 정도인가?
가격	총 비용은 얼마나 드는가?

- 9장은 Compute Engine을 사용하여 클라우드에서 컴퓨팅 리소스를 실행하는 기본적인 방법에 대해 자세히 설명한다.

- 10장은 추상화 스택을 한 단계 위로 이동하고 컨테이너를 탐색하며, 쿠버네티스 및 쿠버네티스 엔진을 사용하여 클라우드에서 실행하는 방법을 설명한다.

- 11장은 Google App Engine의 호스팅된 애플리케이션의 환경을 탐색한다.

- 12장은 Cloud Functions를 통해 서비스 지향 애플리케이션의 세계를 탐색한다.

- 13장에서는 VM 또는 기타 컴퓨팅 리소스에 친숙한 이름을 제공하여 인터넷의 분산 이름 지정 시스템과 상호작용하기 위해 코드를 작성하는 데 사용할 수 있는 Cloud DNS를 살펴본다.

4부는 빠르게 발전하는 머신러닝 및 인공지능 분야를 집중적으로 살펴본다.

- 14장은 Cloud Vision API를 사용하여 시각적 세계에 인공지능을 가져오는 방법에 중점을 둔다.

- 15장은 Cloud Natural Language API를 사용하여 주석이 있는 문서를 풍부하게 하고, 전체적인 감정을 감지하는 방법을 설명한다.

- 16장은 기계 음성 인식을 사용하여 오디오 스트림을 텍스트로 변환하는 방법을 설명한다.

- 17장은 다른 방법보다 정확도가 훨씬 높은 신경 컴퓨터 번역을 사용하여 여러 언어 간 텍스트 번역을 살펴본다.

- 18장은 TensorFlow에 관해서 다른 참고 도서와 함께 확인하도록 구성되어 있으며, 내부적으로 머신러닝의 가장 어려운 부분을 구글 클라우드 플랫폼 인프라를 이용하여 일반화하는 방법을 살펴본다.

5부에서는 대규모 데이터 처리 및 분석을 살펴보고, 구글 클라우드 플랫폼의 인프라를 사용하여 적은 비용으로 더 많은 성과를 내는 방법을 설명한다.

- 19장은 구글의 BigQuery를 사용하여 대규모 데이터 분석을 탐색하여 수 테라바이트 이상의 데이터를 몇 초만에 스캔하는 방법을 보여준다.
- 20장에서는 Apache Beam과 Google Cloud Dataflow를 사용하여 보다 발전된 대규모 데이터 처리를 설명한다.
- 21장은 Goolge Cloud Pub/Sub로 대규모 분산 메시징을 처리하는 방법을 설명한다.

코드에 관하여

이 책에는 번호가 매겨진 목록과 일반 텍스트의 양쪽에 많은 소스 예제 코드가 포함되어 있다. 두 경우 모두 예제 코드는 일반 텍스트와 분리하기 위해 이와 같이 고정폭 글꼴로 서식이 지정되어 있다. 때로는 **굵은 글씨**로 새 기능이 기존 코드 행에 추가되는 경우가 있는데, 이 장의 이전 단계에서 변경된 코드를 강조 표시하는 데 사용한다.

대부분은 원본 소스 예제 코드가 다시 포맷되어 있다. 책에서 사용할 수 있는 페이지 공간에 수용하기 위해 줄 바꿈과 수정된 들여쓰기를 추가하였다. 드물게 이것만으로는 충분하지 않을 경우 목록에 줄 연속 마커를 추가했다(➡). 또한, 코드가 텍스트에 설명되어 있는 경우 예제 코드의 주석이 종종 리스트에서 빠져 있다. 코드 주석은 중요한 개념을 강조하는 많은 리스트와 함께 제공된다.

북 포럼

《구글 클라우드 플랫폼 인 액션》을 구매하면 Manning Publications에서 운영하는 비공개 웹 포럼에 무료로 접속할 수 있다. Manning Publications에 책에 대한 의견을 작성하고, 기술적인 질문을 하거나 저자 혹은 다른 사용자로부터 도움을 받을 수 있다. https://forums.manning.com/forums/google-cloud-platform- in-action을 통하여 포럼에 접속할 수 있다. Manning Publications의 포럼 및 행동 규범에 대한 자세한 내용은 https://forums.manning.com/forums/about에서 확인할 수 있다.

Manning Publications의 독자에 대한 헌신은 독자 간의 의미 있는 대화, 독자와 저자 간의 대화가 이루어질 수 있는 장소를 제공하는 것이다. 저자의 입장에서는 자발적으로(무료로) 운영되는 포럼에 기여하는 것이 구체적으로 정해진 것은 아니다. 우리는 여러분이 저자가 관심을 잃지 않도록 도전적인 질문을 하기를 바란다. 이 책이 있는 한 출판사의 웹사이트에서 포럼과 이전 토론의 기록에 접근할 수 있다.

감사의 글

다른 어떤 거대 프로젝트와 마찬가지로 이 책은 많은 사람이 헌신한 결과다. 우선, 처음에 구글 클라우드 플랫폼 팀에 합류하라고 설득한 Dave Nagle에게 감사의 마음을 표한다. 그것이 불편했다 해도 필요한 곳으로 가도록 격려해 주었다.

또한, Kristen Ranieri, Marc Jacobs, Stu Feldman, Ari Balogh, Max Ross, Urs Hoölzle, Andrew Fikes, Larry Greenfield, Alfred Fuller, Hong Zhang, Ray Colline, JM Leon, Joerg Heilig, Walt Drummond, Peter Weinberger, Amnon Horowitz, Rich Sanzi, James Tamplin, Andrew Lee, Mike McDonald, Jony Dimond, Tom Larkworthy, Doron Meyer, Mike Dahlin, Sean Quinlan, Sanjay Ghemawatt, Eric Brewer, Dominic Preuss, Dan McGrath, Tommy Kershaw, Sheryn Chan, Luciano Cheng, Jeremy Sugerman, Steve Schirripa, Mike Schwartz, Jason Woodard, Grace Benz, Chen Goldberg, Eyal Manor 등 많은 사람이 비슷한 지원, 격려 및 기술 피드백을 제공해 주었다.

더구나 이러한 규모의 프로젝트가 Tony Tseng, Brett Hesterberg, Patrick Costello, Chris Taylor, Tom Ayles, Vikas Kedia, Deepti Srivastava, Damian Reeves, Misha Brukman, Carter Page, Phaneendhar Vemuru, Greg Morris, Doug McErlean, Carlos O'Ryan, Andrew Hurst, Nathan Herring, Brandon Yarbrough, Travis Hobrla, Bob Day, Kir Titievsky, Oren Teich, Steren Gianni, Jim Caputo, Dan McClary, Bin Yu, Milo Martin, Gopal Ashok, Sam McVeety, Nikhil Kothari, Apoorv Saxena, Ram Ramanathan, Dan Aharon, Phil Bogle, Kirill Tropin, Sandeep Singhal, Dipti Sangani, Mona Attariyan, Jen Lin, Navneet Joneja, TJ Goltermann, Sam Greenfield, Dan O'Meara, Jason Polites, Rajeev Dayal, Mark Pellegrini, Rae Wang, Christian Kemper, Omar Ayoub, Jonathan Amsterdam, Jon Skeet, Stephen

Sawchuk, Dave Gramlich, Mike Moore, Chris Smith, Marco Ziccardi, Dave Supplee, John Pedrie, Jonathan Amsterdam, Danny Hermes, Tres Seaver, Anthony Moore, Garrett Jones, Brian Watson, Rob Clevenger, Michael Rubin, Brian Grant 등 다양한 구글 구성원의 기술적 공헌과 관련되어 있다는 것은 놀라운 일이 아니다. 개인적으로 직접적인 방법이나 MEAP 포럼에서 이메일을 통해 오류를 수정해 주거나 피드백을 제공한 모든 사람에게 깊은 감사의 마음을 전한다.

이 프로젝트는 나에게 그 과정을 안내하고 이 책을 지금의 모습으로 만드는 데 도움을 준 Manning Publications의 여러 팀이 없었다면 불가능했을 것이다. 특히, 처음부터 나에게 이렇게 하도록 설득한 Mike Stephens, 그 내용을 훌륭한 책으로 구체화한 Christina Taylor, 그리고 1,000페이지짜리 책에서 끝나지 않고 더 견실하게 내용을 보충하도록 엄격하게 밀어붙인 Marin Bace에게 특히 더 감사하게 생각한다.

마지막으로 필자에게 Ajay Godbole, Alfred Thompson, Arun Kumar, Aurélien Marocco, Conor Redmond, Emanuele Origgi, Enric Cecilla, Grzegorz Bernas, Ian Stirk, Javier Collado Cabeza, John Hyaduck, John R. Donoghue, Joyce Echessa, Maksym Shcheglov, Mario-Leander Reimer, Max Hemingway, Michael Jensen, Michał Ambroziewicz, Peter J. Krey, Rambabu Posa, Renato Alves Felix, Richard J. Tobias, Sopan Shewale, Steve Atchue, Todd Ricker, Vincent Joseph, Wendell Beckwith, and Xinyu Wang을 포함하여 피드백을 제공한 모든 검토자와 철저한 원고 기술 검토 및 교정본을 제공한 Al Scherer와 Romin Irini에게 감사하게 생각한다.

베타리더 후기

🎗 권성환(라인플러스)

이 책은 구글 클라우드 플랫폼을 위한 책이지만, 최근 업계의 이슈인 클라우드, 마이크로서비스 아키텍처, 딥러닝 등의 개론도 포함하고 있어 해당 지식과 실무와의 연결점을 궁금해하는 분들에게 인사이트를 줄 수 있습니다. 실습 코드들이 대부분 node로 구성되어 있어 스크립트 언어에 대한 이해가 있으면 실습하는 데 더욱 도움이 되는 책입니다.

🎗 김진영(야놀자)

기존에 아마존 웹 서비스를 사용하고 있었고, 이와 비교하며 도서를 읽어 보면 좋을 것 같다는 생각에 해당 도서를 리뷰했습니다. 이론 외에 실제 해당 제품을 사용해 볼 수 있도록 예제 코드와 함께 진행되는데, 책에서는 npm과 node, 파이썬을 사용하고 있습니다. 책의 두께가 상당하고 광범위한 내용을 다루고 있어서 구글 클라우드 플랫폼의 제품 종류와 그 사용법을 익히기에 좋은 책이라 생각합니다.

🎗 박기훈(한국생산성본부)

구글 클라우드 플랫폼에 대해 상세히 설명되어 있어 좋았습니다. 클라우드 서비스의 개념과 필요성, 그리고 어떻게 활용해야 하는지 이해하기가 쉬웠고, 실제 업무에서 활용성과 가성비 높은 클라우드 서비스를 사용해야겠다는 생각이 들었습니다. 서비스별로 접속 방법, 활용법과 예시가 있어 그대로 따라 하면 바로 실행할 수 있습니다. 그리고 친절하게 서비스별 요금도 설명되어 있어 독자를 위한 배려가 담긴 책입니다.

🕊 이정해(베스핀 글로벌)

전체적으로 구글 클라우드 플랫폼에서 가능한 필수 서비스를 모두 설명해 줘서 좋았습니다. 특히, 빅테이블이나 빅쿼리 등 빅데이터 서비스를 다룬 것도 좋았고, 예제 코드와 그에 따른 친절한 설명이 있어서 많은 도움이 되었습니다.

🕊 이호준(유라코퍼레이션)

개인 프로젝트나 업무상 파일럿 프로젝트가 많아 구글 클라우드 플랫폼의 활용에 관심이 많았습니다. 우선, 예제 화면을 참고하면 어렵지 않게 진행할 수 있었습니다. 특히, 유명 시스템의 사례를 들어 구글 클라우드 플랫폼 도입을 비교하는 부분이 좋았습니다. 구글 클라우드 플랫폼 사내 도입을 검토 중이거나 구글 클라우드 플랫폼의 바이블이 필요하다면 이 책을 추천합니다.

🕊 최용호(넥슨코리아)

개인적으로 책 내용이 너무 좋았습니다. 예제가 아쉬운 책들도 많이 봐왔는데 예제도 너무 좋았고, 하나씩 따라 하며 구글 클라우드 플랫폼의 기능을 이해할 수 있었으며, 번역도 너무 좋았습니다. 그리고 클라우드 관련 기반 내용도 수록되어 있어 술술 읽히며 머릿속에 정리가 잘 되었던 책입니다.

제이펍은 책에 대한 애정과 기술에 대한 열정이 뜨거운 베타리더들로 하여금
출간되는 모든 서적에 사전 검증을 시행하고 있습니다.

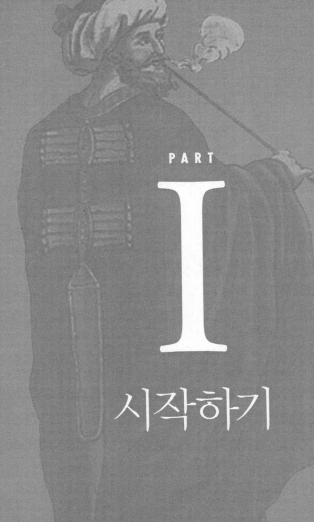

I

시작하기

이 책의 1부에서는 구글 클라우드 플랫폼(Google Cloud Platform, GCP)의 이해에 필요한 기초적인 내용을 다룬다.

1장에서는 "클라우드"가 실제로 무엇을 의미하는지, 그리고 클라우드 서비스를 사용할 때 마주치게 될 몇 가지 원칙에 대해 살펴볼 것이다. 다음으로 2장에서는 구글 Compute Engine 을 사용하여 워드프레스 인스턴스를 설정하는 테스트 작업에 구글 클라우드 플랫폼을 사용할 것이다. 마지막으로, 3장에서는 클라우드 데이터 센터의 작동 방법과 클라우드 세상에서 의미하는 지역적인 위치에 대해 알아볼 것이다.

즉, 1부는 향후 개별 제품에 대한 깊은 탐구와 제품 조합 방법의 이해를 준비하는 단계가 될 것이다.

PART I

Getting started

1

클라우드란 무엇인가?

이 장에서는 다음 내용을 다룬다.

- "클라우드"의 개요
- 클라우드 호스팅을 사용하면 좋은 경우와 그렇지 않은 경우, 그리고 기대할 수 있는 점
- 클라우드 비용 원리에 대한 설명
- 클라우드용 애플리케이션 빌드
- 구글 클라우드 플랫폼 사용해 보기

"클라우드(Cloud)"라는 용어는 여러 정의로 다른 많은 환경에서도 사용되어 왔으므로 적어도 이 책에서의 의미를 정의하는 것이 좋겠다.

클라우드는 개발자가 프로젝트에 필요한 인프라보다는 프로젝트 자체에 집중하도록 도와주는 서비스 모음이다.

좀 더 구체적으로 얘기하면, 클라우드 서비스는 아마존 EC2나 구글 Compute Engine(GCE)과 같이 고객이 API를 사용해 가상 서버를 프로비저닝하고 시간당 비용을 지불하는 것이다.

클라우드는 컴퓨팅, 스토리지, 분석, 네트워킹 등이 모두 컴퓨팅 스택의 상위에 놓여 있는 인프라의 추상화된 계층이다. 이 구조는 개발자가 데이터 저장이나 질의 같은 고수준의 조작을 위해 CPU나 RAM이 아닌 API에 집중할 수 있게 만들어 준다. 그리고 클라우드 서비스는 문제 해결에 필요한 저수준의 도구를 제공하기보다는 문제를 대신 스스로 해결하는 데 목표

를 둔다. 또한, 클라우드 서비스는 상당히 유연하여 대부분 프로비저닝 계약이나 장기 계약을 요구하지 않는다. 따라서 사전 통지나 프로비저닝 없이도 자유롭게 확장과 축소를 할 수 있으며, 해당 월에 사용한 리소스에 대해서만 비용을 지불하면 된다.

1.1 구글 클라우드 플랫폼이란 무엇인가?

구글, 아마존, 마이크로소프트, 랙스페이스(Rackspace), 디지털오션(DigitalOcean) 등 많은 클라우드 서비스 제공 업체가 있다. 이 회사들은 많은 경쟁자들 속에서 고객에게 최상의 서비스를 제공하기 위해 독자적인 노력을 하고 있다. 따라서 서로 유사한 제품들이 많이 있지만, 작동 방식과 구현 방법은 매우 다양하다.

구글 클라우드 플랫폼은 전 세계 사용자들에게 구글 내부 인프라를 사용할 수 있도록 해 주는 제품 모음이다. 이 모음에는 구글 Compute Engine을 통한 주문형 가상 머신이나 Google Cloud Storage를 통한 파일 저장용 오브젝트 스토리지같이 다른 클라우드 서비스 업체에서도 공통적으로 제공하는 여러 기능이 포함되어 있다. 또한, Bigtable, Cloud Datastore 또는 쿠버네티스와 같은 구글이 만든 고급 기술에 대한 API도 포함하고 있다.

구글 클라우드 플랫폼은 다른 클라우드 제공 업체와 비슷한 부분도 많지만, 언급할 만한 몇 가지 차이점이 있다. 첫째, 구글에는 훌륭한 신기술을 창안하고 연구 논문을 통해 전 세계와 공유해 온 뛰어난 사람들이 있다. 여기에는 MapReduce(Hadoop을 만들어 내고 빅데이터를 처리하는 방법에 변화를 준 연구 논문), Bigtable(Apache HBase를 탄생시킨 논문) 및 Spanner가 포함된다. 구글 클라우드 플랫폼을 사용한다면 이러한 기술 중 많은 부분이 더 이상 "구글 직원만을 위한" 것이 아니다.

둘째, 구글은 많은 경제적 이점을 가지는 대규모 운영 환경을 갖고 있고, 이는 결국 저렴한 가격이라는 형태로 이어진다. 구글은 엄청난 물리적 인프라를 소유하고 있다. 즉, 대규모 인프라에 맞는 맞춤형 하드웨어를 구입하고 구축하여 전반적인 가격을 낮추었고, 때로는 향상된 성능도 제공한다. 이는 마치 코스트코가 144개의 감자칩 꾸러미에서 한 봉지를 꺼내 1/144의 가격을 지불하도록 하는 것과 같다.

1.2 왜 클라우드를 사용할까?

그렇다면 클라우드를 사용해야 하는 이유는 무엇일까? 첫째, 클라우드 호스팅은 많은 유연성을 제공하므로 컴퓨팅 성능이 얼마나 필요한지 알지 못하는(혹은 알 수 없는) 상황에 매우 적합하다. 아침에는 높은 컴퓨팅 성능이 필요하지만, 밤에는 거의 필요 없는 상황에서 과도하게 프로비저닝할 필요가 없다.

둘째, 클라우드 호스팅에는 여러 제품에 대한 유지관리가 포함되어 있다. 즉, 클라우드 호스팅을 사용하면 데이터베이스, 운영체제 및 자체 하드웨어(코로케이션[1] 호스팅 제공 업체의 경우)를 관리해야 하는 경우보다 시스템 호스팅을 위한 최소한의 추가 작업만이 필요하다. 이렇게 관리를 원하지 않는(또는 관리할 수 없는) 유형에 클라우드 호스팅은 최선의 선택이다.

1.2.1 왜 클라우드를 사용하지 말아야 하나?

분명 이 책은 구글 클라우드 플랫폼 사용에 중점을 두고 있으며, 클라우드 호스팅이 사용자에게 적합한 옵션이라는 전제가 있다. 그러나 클라우드 호스팅을 원하지 않을 이유에 대해 확인하는 것도 필요하다. 그렇다. 모든 옵션 중 가장 저렴할지라도 클라우드가 최선이 아닌 경우도 있다.

극단적인 예인 구글 자체의 사례로 이야기를 시작해 보자. 구글의 인프라 내부에는 엑사바이트[2]의 데이터, 수십만 개의 CPU, 비교적 안정적으로 증가하는 작업 부하가 있다. 게다가, 구글은 공격(예: 서비스 거부 공격(denial-of-service attacks))이나 정부 첩보 활동의 대표적인 표적이며, 대규모 인프라 기반을 구축할 수 있는 예산과 경험이 있다. 이 모든 것들은 구글을 클라우드 호스팅으로는 적합하지 않게 한다.

그림 1.1은 클라우드 호스팅에 적합하지 않은 사용 및 비용 패턴을 시각적으로 보여준다. 컴퓨팅 요구는 꾸준히 증가하고 있으며(하위 라인), 회사는 요구보다 앞서 지속적으로 추가 용량을 프로비저닝하고 있다는 점(물결 모양의 위쪽 라인)에 주목하자.

---

1 정부와 대기업은 자체 전산 설비를 운영하기 위해 별도의 데이터 센터를 운영할 수 있으나, 규모가 작은 공공기관과 중소기업들은 독자적인 데이터 센터를 운영하기 어렵다. 이러한 기업들을 위해 데이터 센터의 일정 공간과 회선을 임대해 주는 서비스가 생겨났는데, 이를 코로케이션(colocation) 서비스라고 한다.

2 1EB = 1,135,899,906,842,624bytes

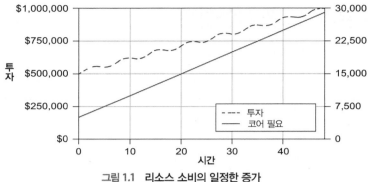

그림 1.1   리소스 소비의 일정한 증가

이것을 예측할 수 없이 급격히 성장하고 예고 없이 하락하는 경향을 갖는 인터넷 시대의 전형적인 회사의 그림 1.2와 비교해 보자. 이 경우 회사는 급격한 요구를 처리할 수 있도록 충분한 컴퓨팅 용량(위쪽 라인)을 선행 투자로 구입했다. 그러나 트래픽이 감소(아래쪽 라인)하게 되면 과도한 초과 용량 문제에 빠지게 된다.

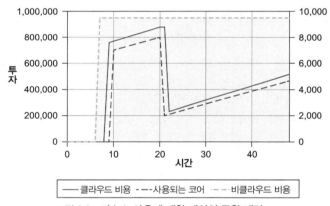

그림 1.2   리소스 사용에 대한 예상치 못한 패턴

요약하면, 컴퓨팅 요구의 지속적인 성장(코어, 스토리지, 네트워킹 소비 등에서 측정)과 자체 데이터 센터(재난, 잠재적인 재해, 기타 장애 등으로 인한 복구 포함)를 운영할 수 있는 전문지식을 갖추고 있다면 클라우드 호스팅이 적합하지 않을 수 있다. 지금 무엇이 필요한지 모르는 오늘날의 전형적인 회사이거나(그리고 앞으로 몇 년 동안 필요한 것도 확실하게 알지 못하는), 거대한 클라우드 제공 업체가 가지는 수준으로 규모의 경제를 달성할 수 있는 데이터 센터를 구축할 전문 지식을 갖지 않은 경우가 클라우드 호스팅이 적합할 것이다.

1.3 클라우드 서비스에서 기대할 수 있는 것

지금까지 모든 논의는 넓은 의미에서 클라우드에 관한 것이었다. 잠깐 시간을 내어 클라우드 서비스로부터 기대할 수 있는 것들을 구체적으로 알아보고, 특히 클라우드가 다른 호스팅 방식과 어떻게 다른 지를 살펴보자.

1.3.1 컴퓨팅

클라우드 컴퓨팅이 가상 사설(Virtual Private), 공동 배치(Colocated) 또는 사내 구축형 호스팅(On-premise Hosting)과 근본적으로 어떻게 다른지에 대해서는 이미 배웠다. 그럼, 이제는 클라우드 컴퓨팅의 세계로 뛰어들 때 우리가 무엇을 기대할 수 있는지에 대해 알아보자.

첫 번째로 주목할 점은 머신을 프로비저닝하는 것이 빠르다는 것이다. 공동 배치나 사내 구축형 호스팅과 비교해 훨씬 더 빠르다. 실제로 버튼을 클릭하고 보안 셸을 통해 시스템에 연결하기까지 걸리는 시간은 약 1분 정도다. 가상 사설 호스팅에 익숙하다면, 프로비저닝 시간은 거의 같을 수도 있고, 조금 빨라질 수도 있다.

더 흥미로운 점은 클라우드 VM(호스트 가상 머신)을 시작하는 과정에서 빠진 부분이다. 지금 VM을 시작하면 지불에 대한 언급이 없음을 알 수 있다. 정해진 가격에 동의하고 1년 동안 VPS(Virtual Private Server, 가상 사설 서버)를 구입하여 월별로 지불(즉각적인 첫 번째 요금 지불 및 선불 결제에 대한 할인)하는 일반적인 VPS와 비교해 보자. 구글은 이 시점에서는 앞으로 얼마나 오래 컴퓨터를 가동시킬지 모르므로 얼마의 비용을 청구해야 할지 알 수 없다는 단순한 이유로 요금 지급을 언급하지 않는다. 매월 말이나 VM을 껐을 때만 지급할 금액을 결정할 수 있다. 표 1.1은 호스팅 선택의 비교 정보를 보여준다.

표 1.1 호스팅 선택 비교

호스팅 선택	…라면 최고	…와 비슷한 경우
자체 데이터 센터 구축	대규모로 꾸준히 장기적인 요구가 있다면	자동차 구입
공동배치 시설에서 자신의 하드웨어 사용	소규모로 꾸준히 장기적인 요구가 있다면	자동차 임대
가상 사설 호스팅 사용	천천히 변화하는 요구가 있다면	자동차 렌트
클라우드 호스팅 사용	급변하는(또는 알려지지 않은) 요구가 있다면	우버 탑승

1.3.2 스토리지

스토리지(Storage)는 컴퓨팅에서 반드시 필요한 부분이다. 작업을 마쳤을 때 데이터를 저장할 수 없는 상황을 상상이나 할 수 있을까? 클라우드에서의 스토리지는 지금까지 컴퓨팅에서 본 것과 같은 패턴으로 물리 리소스 관리를 추상화한다. 특별할 것이 없어 보이지만, 사실 데이터 저장은 복잡한 일이다. 예를 들어, 다음과 같은 질문들이 나올 수 있다. 인터넷 사용자의 다운로드 속도를 높이기 위해 에지 캐시가 필요한가? 처리량이나 지연시간을 최적화하고 있나? "첫 번째 바이트 전송까지 시간"이 수 초가 걸린다면 만족스러울까? 데이터 가용성이 얼마나 필요한가? 얼마나 많은 동시 사용자를 지원할 필요가 있을까?

이 질문의 대답에 따라 구축할 서비스는 크게 바뀌게 되고, 스토리지 서비스를 구축한다면 완전히 다른 제품을 만들게 될지도 모른다. 궁극적으로는 스토리지 서비스에서 제공하는 추상화를 통해 다양한 수준의 성능, 내구성, 가용성 및 비용에 맞춰 스토리지 메커니즘을 구성할 수 있다.

그러나 이와 같은 시스템에는 몇 가지 고려해야 할 요소가 있다. 첫째, 데이터 저장의 실패가 보통 보이지 않게 된다. 즉, 누군가로부터 하드 드라이브가 고장나고 데이터가 손실되었다는 알림이나 전화를 받을 수 없게 된다. 다음으로는 데이터를 다운로드할 때 낮은 가용성 때문에 나중에 다시 시도하라는 오류 메시지가 표시될 수 있다. 물론, 이런 수준의 스토리지는 다른 스토리지에 비해 훨씬 적은 비용으로 사용할 수 있다. 마지막으로, 클라우드의 가상 디스크는 용량(GB 단위)과 성능(일반적으로 초당 입출력 작업(IOPS)으로 측정)에 있어 데이터 저장 방법에 따른 선택의 폭이 상당히 넓다. 그리고 가상 디스크에 데이터를 저장하는 것은 클라우드에서의 컴퓨팅같이 친숙한 것으로 느껴진다.

반면, Cloud Datastore와 같은 일부 맞춤형 데이터베이스 서비스는 다소 생소하게 느껴질 수 있다. 이런 시스템은 구글이 만들고 사용하는 거대한 고확장성의 공유 시스템을 기반으로 하며, 여러 면에서 클라우드 호스팅에 특화되어 있다. 예를 들어, Cloud Datastore는 메가스토어(Megastore)라는 내부 스토리지 시스템을 외부화한 것으로, 최근까지 Gmail(지메일)을 비롯한 여러 구글 제품의 기반 저장 시스템이었다. 이렇게 호스팅된 스토리지 시스템은 때로는 독점적인 API를 사용해야 한다. 따라서 코드 기반과 저장소 계층 간에 적절한 추상화 계층을 유지하는 것이 중요하다. 특히, 모든 확장이 자동으로 처리되기 때문에 이와 같이 클라우드 호스팅되는 시스템을 사용하는 것이 바람직하다.

1.3.3 분석(빅데이터라고도 함)

분석(Analytics)은 일반적으로 "인프라"로 간주되지는 않지만, 빠르게 성장하고 있는 호스팅 영역이다. 이 영역을 소위 "빅데이터"라고 한다. 대부분의 회사는 거의 모든 것을 로깅하고 저장한다. 따라서 새롭고 흥미로운 결론을 도출하는 데 필요한 분석 데이터의 양은 매일 엄청난 속도로 증가하고 있다. 결국, 엄청난 양의 데이터를 쉽게 관리하기 위해 Apache Spark(아파치 스파크), HBase(에이치베이스) 및 Hadoop(하둡)과 같이 새롭고 흥미로운 오픈 소스 프로젝트가 등장했다.

짐작하듯이, 클라우드 호스팅을 제공하는 많은 기업에서도 이런 시스템을 사용한다. 그렇다면 분석이나 빅데이터 영역에서 클라우드는 무엇을 할 수 있을까?

1.3.4 네트워킹

클라우드에서 많은 다양한 인프라를 사용할 수 있는 것은 좋다. 하지만 인프라의 각 부분이 서로 데이터를 전달할 방법이 없다면, 여러분이 만든 시스템은 하나의 시스템이 아닌 격리된 시스템 더미가 되고, 이 시스템은 누구도 사용하기 어려울 것이다. 전통적으로, 우리는 네트워크를 당연한 것으로 여기는 경향이 있다. 예를 들어, 가상 사설 호스팅에 가입하여 서버에 접속할 때, 서버는 인터넷에 연결되어 있고 충분히 빠를 것이라고 생각한다.

클라우드 컴퓨팅의 세계에서는 이러한 가정이 그대로 유지된다. 흥미로운 부분은 고속 네트워크 연결이나 고급 방화벽 기능(일부 IP만 특정 포트와 통신하는 경우), 부하분산(요청을 여러 개의 서버로 나누어 처리함) 및 SSL 인증서 관리(요청은 암호화되지만, 개별 가상 서버마다 인증서를 관리하지 않으려는 경우) 같은 고급 기능을 사용해서 개발할 때 나타난다.

요컨대, 전통적인 호스팅의 네트워크는 일반적으로 감춰져 있기 때문에 대부분의 사람은 어떤 차이도 느끼지 못할 것이다. 보통은 신경 쓸 것이 없기 때문이다. 네트워크 분야에 깊은 배경을 가진 사람들에게는 일반적인 컴퓨팅 스택으로 수행할 수 있는 대부분의 작업(예: VPN 구성, iptables로 방화벽 설정, HAProxy를 사용하는 서버 간의 부하분산)이 모두 가능하다. 구글 클라우드의 네트워크 기능은 이런 일반적인 요구를 단순화하는 역할을 한다. 예를 들어, HAProxy를 사용하여 별도의 VM을 실행하는 대신 구글의 클라우드 로드 밸런서(Cloud Load Balancer)를 사용하여 요청을 라우팅할 수 있다.

1.3.5 가격 책정

그동안 기술산업 분야에서는 계량적인 지표들을 찾아내고 의사결정 과정에서 그 계량화된 지표를 유일한 의사결정 요소로 간주하는 것이 일반적이었다. 대부분의 의사결정 과정에서 경험상 좋은 방법이기는 하지만, 인프라의 총비용을 산정하고 실제 제품의 시장 가격과 비교하는 방법은 맞지 않을 수 있다. 공급 업체로부터 하드웨어를 구입하는 비용을 단지 클라우드 호스팅 제공 업체와 비교하는 것은 공급 업체에 유리하기 때문에 직접적인 비교가 될 수 없다. 그렇다면 우리는 어떻게 모든 것을 직접적인 비교 대상이 되도록 할 수 있을까?

인프라 호스팅 비용을 비교할 때는 TCO(Total Cost of Ownership, 총 소유 비용) 또는 총 소유 비용이 중요한 기준으로 사용된다. 이 측정 기준은 실제 하드웨어 구입 비용뿐만 아니라 (하드웨어 관리자 또는 경비원과 같은) 인건비, 유틸리티 비용(전기나 냉각)과 같은 부수적인 비용과 가장 중요한 부분 중 하나인 야간 서비스 운영을 위한 상시 대기 직원 및 지원을 포함한다.

마지막으로, TCO에는 시스템의 이중화 구축 비용이 포함된다. 예를 들어, 단일 하드 드라이브의 장애로 인해 데이터가 손실되지 않게 할 수 있다. 이 비용은 시스템 구성뿐만 아니라 이 구성을 위한 시스템 설계 지식도 필요하기 때문에 추가 드라이브 비용보다는 높다. 요컨대, TCO는 호스팅에 지불해야 할 모든 비용이다.

좀 더 깊이 생각해 보면, 호스팅을 위한 TCO는 가상 사설 호스팅 회사에서 판매되는 제품의 비용과 비슷하다. 클라우드 호스팅 제공 업체의 경우 TCO는 지불할 비용에 더 비슷해진다. 클라우드 제공 업체가 가진 규모 외에도 어떻게든 운영 도구를 구축하고 보조 노동력을 고용해야 하므로 클라우드 제공 업체는 TCO를 기존 비용보다 낮출 수 있으며, TCO 절감으로 더 큰 이윤을 만들어 낸다.

1.4 클라우드용 애플리케이션 빌드

지금까지 클라우드가 무엇이며, 전통적인 호스팅 방식 대신 클라우드를 사용하려는 개발자에게 클라우드가 무엇을 의미하는지를 주로 논의해 보았다. 지금부터 구글 클라우드 플랫폼을 사용하여 배포하는 방법을 시연해 본다.

1.4.1 클라우드 애플리케이션이란?

클라우드용으로 만들어진 애플리케이션은 여러 가지면에서 전통적인 애플리케이션들과 유사하다. 주요 차이점은 애플리케이션의 아키텍처에 대한 가정에 있다. 예를 들어, 전통적인 애플리케이션에서는 실행할 바이너리를 특정 서버별로 다르게 배포하는 경향이 있다(예: MySQL 데이터베이스를 한 서버에 실행하고, Apache를 mod_php로 다른 서버에서 실행). 전형적인 클라우드 애플리케이션은 어떤 서버가 어떤 것을 처리하는지를 생각하기보다는 가능한 호스팅 또는 관리 서비스를 사용한다. 대부분의 경우 전통적인 애플리케이션에서 서버를 사용하듯 컨테이너를 사용한다. 이러한 방식으로 운영함으로써 클라우드 애플리케이션은 훨씬 유연해지고, 고객의 요구에 맞춰 확장이나 축소가 가능하다.

잠시 클라우드 애플리케이션의 예와 우리가 이미 잘 알고 있는 전통적인 애플리케이션과는 어떻게 다른지 알아보자.

1.4.2 사진 제공의 예

사용자가 사진을 업로드할 수 있는 토이 프로젝트(예: 페이스북처럼 프로필 사진을 저장)를 만들어 본 적이 있다면 업로드된 데이터를 다루고 저장하는 것에 익숙할 것이다. 처음에는 아마 데이터베이스에 profile_photo라는 BINARY 또는 VARBINARY 칼럼을 추가하고, 업로드된 모든 데이터를 해당 칼럼으로 밀어 넣는 것과 같은 실수를 할 지도 모른다.

위의 예를 아키텍처 관점에서 생각해 보자. 과거에는 그림 1.3과 같이 이미지 데이터를 관계형 데이터베이스에 저장하고 누군가가 프로필 사진을 보고 싶을 때 데이터베이스에서 가져와서 웹 서버를 통해 전달하려고 했을 것이다.

그림 1.3 웹 서버를 통한 동적인 사진 서비스

이것은 여러 이유에서 좋지 않은 방식이다. 첫째, 데이터베이스에 바이너리 데이터를 저장하는 것은 비효율적이다. 프로필 사진에는 보통 필요 없는 트랜잭션 지원이 작동된다. 둘째, 그리고 가장 중요한 점은 바이너리 사진 데이터를 데이터베이스에 저장하면 데이터베이스 자체에 추가 부하를 발생시키고, 관계형 데이터 조인과 같은 데이터베이스의 고급 기능은 사용조차하지 않는다.

요컨대, 사진에 트랜잭션 기능이 필요하지 않은 경우(여기서는 필요하지 않음), 사진을 디스크 어딘가에 저장하고 웹 서버의 정적 콘텐츠 서비스 기능을 사용하여 사진을 전송하는 것이 바람직하다(그림 1.4 참고). 이렇게 하면 데이터베이스 없이도 중요한 작업을 수행할 수 있다.

그림 1.4 **웹 서버를 통한 정적인 사진 서비스**

이 구조는 대폭 개선되었고 대부분의 경우에 좋은 결과를 기대할 수 있긴 하지만, 클라우드만의 특별함은 없다. 그럼, 한 발 더 나아가 지리적인 위치에 대해 잠시 생각해 보자. 현재 배포 환경에서는 하나의 웹 서버가 데이터 센터 어딘가에 있으며, 로컬 디스크에 저장된 사진을 서비스한다. 간단히 이 서버가 미국 중부의 어느 곳에 있다고 가정해 보자. 즉, 근처에 있는 사람(예: 뉴욕)이 사진을 요청하면 비교적 빠르게 응답을 받을 것이다. 그러나 일본처럼 멀리 떨어진 곳에 있는 누군가가 사진을 요청한다면 어떨까? 유일한 방법은 일본에서 미국으로 요청을 보내는 것이다. 그러면 서버는 모든 데이터를 다시 미국에서 일본으로 보내야 한다.

이런 트랜잭션은 수백 밀리초 정도 걸릴 수 있고, 긴 시간은 아닐지도 모른다. 그러나 한 페이지에서 많은 사진을 요청한다고 가정해 보자. 수백 밀리초가 계속 합산되기 시작할 것이다. 그렇다면 여기서 무엇을 할 수 있을까? 대부분의 사람은 에지 캐싱(edge caching)이나 콘텐츠 전송 네트워크(Content Distribution Network)가 답이라는 것을 이미 알고 있을 것이다. 이 방식은 데이터 사본(이 경우에는 사진)을 제공하고, 사본을 여러 지리적 위치에 저장하는 것이다. 그런 다음, 단일 서버 이미지의 URL을 보내는 대신에 콘텐츠 배포 공급자를 가리키는 URL을 보내 가장 가까운 서버를 사용하여 사진을 전달한다. 그렇다면 여기서 클라우드는 무엇에 관여할까?

클라우드 호스팅의 목표는 기존 스토리지 설정을 최적화하는 대신 문제의 처음부터 끝까지 해결하는 관리형 서비스를 제공하는 것이다. 사진을 로컬에 저장한 후 콘텐츠 전송 네트워크(Content Delivery Network, CDN)를 사용하여 해당 구성을 최적화하는 대신, Google Cloud Storage와 같게 자동으로 콘텐츠를 배포하는 관리형 스토리지 서비스를 사용한다.

이 경우 누군가가 서버에 사진을 업로드하면 크기를 조정하고 원하는 대로 편집한 다음, 안전하게 전송하기 위한 API 클라이언트를 사용하여 Google Cloud Storage에 최종 이미지를 전달한다. 그림 1.5를 참고하자. 그 후 Cloud Storage URL을 사용하여 사진을 조회하면 이전의 모든 문제는 해결된다.

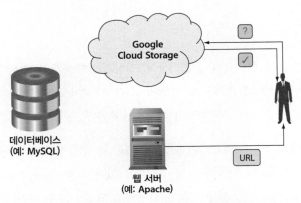

그림 1.5 Google Cloud Storage를 통한 정적 사진 서비스

이것은 하나의 예일뿐이고, 클라우드는 컴퓨팅 리소스를 관리하는 것 그 이상이다. 복잡한 작업을 수행하는 간단한 API를 통해 관리형 서비스나 호스팅 서비스를 사용할 수 있어서 물리적인 컴퓨터에 대해서는 고려할 부분이 적다.

더 복잡한 예제는 빠르게 설명하기가 어려우므로 앞으로 만들거나 경험하게 될 프로젝트나 회사의 몇 가지 구체적인 예를 소개한다. 이후에는 클라우드 인프라가 프로젝트들의 공통적인 문제를 해결하는 흥미로운 방법들을 다음의 예를 통해 알아본다.

1.4.3 프로젝트의 예

앞으로 경험하게 될 프로젝트의 몇 가지 구체적인 예를 살펴보자.

To-Do-List

새로운 웹 개발 프레임워크를 연구해 본 사람이라면 실제 무언가를 빠르게 할 수 있음을 이 예제에서 볼 수 있다(프레임워크로 To-Do List 애플리케이션을 얼마나 쉽게 만들 수 있는지 보라). To-Do List(할 일 목록)는 사용자가 목록을 만들고, 목록에 항목을 추가하고, 완료된 것으로 표시하도록 허용하는 애플리케이션에 불과하다.

이 책에서는 개인 프로젝트에서 구글 클라우드를 사용하는 방법을 설명하기 위해 이 예제를 사용한다. 여기에는 데이터 저장 및 검색과 API 또는 웹 요청을 사용자에게 제공하는 것이 포함된다. 이 예제가 중점으로 두는 것은 "실제" 무언가를 만드는 것이다. 그러나 극단적인 사례 전부(많을 수 있음)나 고급 혹은 엔터프라이즈급 기능을 모두 포함하지는 않는다. 간단히 말해, To-Do List는 클라우드 인프라를 사용하여 간단하지만 실제적인 것에 관한 유용한 데모다.

INSTASNAP

InstaSnap은 스타트업 세계에서 "차세대 거물"의 전형적인 사례가 될 것이다. 이 애플리케이션을 사용하면 사진이나 비디오를 "타임라인"(인스타그램이나 페이스북 타임라인과 유사)에서 공유하고, SnapChat 만료와 비슷한 자체 파괴 기능을 사용할 수 있다.

InstaSnap은 초기에 대부분 애플리케이션을 작성하는 데 집중했지만, 현재는 초당 수십만 건의 요청을 처리할 수 있도록 확장하는 데 주력하고 있다. 또한, 사진과 비디오가 개별적으로는 작을지 모르지만, 데이터가 쌓이다 보면 결국에는 엄청난 양의 데이터가 추가될 수 있다. 또한, 유명 인사가 이 애플리케이션을 사용하면서 수천 명의 사람이 동시에 같은 사진을 요청하는 것이 점점 흔한 상황이 되었다. 우리는 엄청난 양의 요청에도 클라우드 인프라를 사용하여 안정적으로 서비스하는 방법을 보여주기 위해 이 예제를 사용한다. 또한, 클라우드 인프라가 제공하는 고급 기능 중 일부를 강조할 때 이 예제를 사용할 수도 있다.

E*EXCHANGE

E*Exchange는 소규모 회사에서 시작해서 감사, Sarbanes-Oxley 및 다른 요구사항(잠재적으로 무서운)을 필요로 하는, 대규모의 성숙하고 자본력이 풍부한 회사로 성장할 때 필요한 애플리케이션 개발의 예다. 상황을 좀 더 복잡하게 만들자면, E*Exchange는 미국에서 주식 거래를 하는 애플리케이션이므로 금융과 같이 규제가 엄격한 산업에서 운영되는 애플리케이션의 예라고 볼 수 있다.

E*Exchange는 클라우드 인프라의 많은 엔터프라이즈급 기능과 보안 및 접근 제어와 관련된 공유 서비스 사용의 몇 가지 우려 사항을 언급할 때 나타난다. 이런 예제는 힘든 일을 대신해줄 클라우드 인프라를 이용하여 흥미롭고 멋진 (또는 유용하지는 않은) 기능을 실제로 사용하는 사례를 통해 이해를 도울 것이다.

1.5 구글 클라우드 플랫폼 시작하기

일반적인 클라우드에 대해 조금 배웠고 구글 클라우드 플랫폼이 구체적으로 무엇을 할 수 있는지 알아보았으므로 이제 구글 클라우드 플랫폼 탐험을 시작해 보자.

1.5.1 구글 클라우드 플랫폼 가입

구글의 클라우드 서비스를 사용하려면 먼저 계정을 등록해야 한다. 이미 Gmail 계정 등 구글 계정이 있는 경우 이를 사용하여 로그인할 수 있지만, 여전히 클라우드 계정에 가입해야 한다. 구글 클라우드 플랫폼에 이미 가입했다면(그림 1.6 참고), 다음 단계를 진행하자. 먼저, https://cloud.google.com으로 이동하여 "Try it free!" 버튼을 클릭하면 일반적인 구글 로그인 절차가 시작된다. 아직 구글 계정이 없는 경우 가입 절차에 따라 계정을 만든다.

그림 1.6 구글 클라우드 플랫폼

무료 평가판을 사용할 수 있는 경우 결제 정보를 입력하라는 메시지가 표시된다. 그림 1.7에 표시된 무료 평가판을 사용하면 이 책의 모든 내용을 탐색하는 데 충분한 시간인 12개월 동안 구글 클라우드에서 쓸 수 있는 300달러의 크레딧을 제공받는다. 또한, 구글 클라우드 플랫폼의 일부 제품에는 무료 사용 티어가 있다. 이 책의 모든 연습 예제는 예제가 끝난 후에 모든 리소스를 끄도록 알려줄 것이다.

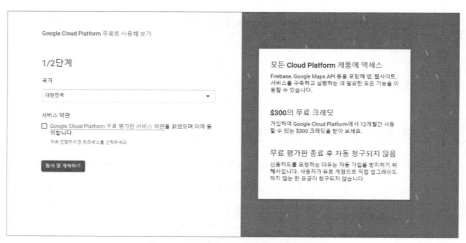

그림 1.7 구글 클라우드 플랫폼 무료 평가판

1.5.2 콘솔 탐색

등록을 마치면 그림 1.8과 같이 클라우드 콘솔로 이동하고, 새 프로젝트가 자동으로 만들어진다. 프로젝트를 해당 리소스가 다른 프로젝트의 리소스와 분리된 작업용 컨테이너로 생각할 수 있다.

그림 1.8 구글 클라우드 콘솔

페이지 왼쪽에는 Compute, Networking, 빅데이터 및 Storage와 같은 구글 클라우드 플랫폼이 제공하는 모든 서비스가 속한 카테고리와 프로젝트별 구성란(예: 인증, 프로젝트 권한 및 청구)이 있다. 익숙해지기 위해 각각을 훑어보자. 물론, 나중에 하나씩 자세히 알아볼 것이다. 그러면 다음 단계로 넘어가기 전에 이전에 언급된 프로젝트 개념을 조금 더 자세히 살펴보자.

1.5.3 프로젝트 이해하기

구글 클라우드 플랫폼에 처음 가입했을 때 새 프로젝트가 자동으로 만들어지고, 그 프로젝트는 격리와 관련이 있다는 것을 배웠다. 하지만 이 격리가 의미하는 것은 무엇일까? 그리고 프로젝트란 무엇인가? 프로젝트는 기본적으로 우리가 만드는 모든 리소스를 담는 컨테이너다. 예를 들어, 새 VM을 만들면 부모 프로젝트가 "소유"하게 된다. 그리고 이 소유권은 청구로 이어지며, 리소스에서 발생하는 모든 비용은 프로젝트에 청구된다. 즉, 새 VM에 대한 청구서는 부모 프로젝트의 청구 담당자에게 보내진다(이 예에서는 여러분이 될 것이다!).

프로젝트는 리소스의 소유자 역할 외에도 특정 목적을 위한 작업 공간과 같이 다른 프로젝트로부터 리소스를 격리시키는 방법으로도 작용한다. 이러한 격리는 주로 보안에 적용되는데, 특별한 접근 권한이 없는 한 다른 프로젝트의 리소스에 접근할 수 없도록 한다. 예를 들어, 한 프로젝트 내에서 새로운 서비스 계정 자격 증명(예: project-a)을 만들면, 명시적으로 더 많은 액세스 권한을 부여하지 않는 한 해당 자격 증명은 project-a의 리소스에만 접근할 수 있다.

다른 한편에서는 자신의 계정으로(예: you@gmail.com) 명령을 실행할 때(다음 절에서 시도할 것이다) 해당 명령으로 클라우드 콘솔에서 접근할 수 있는 모든 항목에 접근할 수 있다. 여기에는 생성한 모든 프로젝트와 다른 사람들이 공유한 프로젝트가 포함된다. 이것은 우리가 작성한 많은 코드에서 프로젝트 ID를 명시적으로 지정하는 이유 중 하나다. 프로젝트가 많을 때 어떤 프로젝트가 리소스를 소유하고, 어떤 프로젝트가 사용료 청구서를 받아야 하는지를 분명히 해야 한다. 웹사이트를 구축하는 프리랜서로서 서로 다른 고객의 작업들이 분리되기를 원한다고 가정해 보자. 빌링 목적(웹사이트당 하나의 청구서)과 다른 웹사이트와의 안전한 격리를 위해 웹사이트별로 빌드한 하나의 프로젝트가 있을 것이다. 또한, 이 설정을 사용하면 웹사이트에서 소유권을 가져오거나 직접 수정하려는 경우 각 클라이언트에 대한 접근 권한을 쉽게 부여할 수 있다.

이제 조금 익숙해졌으니 구글 클라우드 SDK를 시작하는 방법을 살펴보자.

1.5.4 SDK 설치[3]

구글 클라우드 콘솔에 익숙해졌다면 구글 클라우드 SDK를 설치해 본다. SDK는 구글 클라우드를 사용하는 소프트웨어를 제작하고, 운영 리소스를 관리하는 도구들의 모음이다. 일반적으로 클라우드 콘솔을 사용하여 수행할 수 있는 모든 작업은 클라우드 SDK, gcloud를 사용하여 수행할 수 있다. SDK를 설치하고자 한다면 https://cloud.google.com/sdk/로 이동하여 해당 플랫폼의 지침을 따른다. 예를 들어, 일반적인 리눅스 배포판에서는 다음 코드를 실행한다.

```
$ export CLOUD_SDK_REPO="cloud-sdk-$(lsb_release -c -s)"
$ echo "deb http://packages.cloud.google.com/apt $CLOUD_SDK_REPO main" | \
  sudo tee -a /etc/apt/sources.list.d/google-cloud-sdk.list
$ curl https://packages.cloud.google.com/apt/doc/apt-key.gpg | sudo \
  apt-key add -
$ sudo apt-get update && sudo apt-get install google-cloud-sdk
```

눈에 띄는 것을 우선 설치해 보자. 물론, 나중에 언제든지 구성요소를 추가 또는 삭제할 수 있고, 예제를 수행할 때마다 설치할 필요가 있는 클라우드 SDK 추가 구성요소를 알려줄 것이다. 또한, 구성요소를 업데이트하라는 메시지가 표시될 수 있다. 예를 들어, 업데이트할 때는 다음과 같은 것을 확인할 수 있다.

```
Updates are available for some Cloud SDK components. To install
them, please run:
  $ gcloud components update
```

다음과 같이 구성요소를 업데이트하는 것은 매우 간단하다. gcloud 구성요소 업데이트를 실행하고, SDK가 모든 것을 처리한다. 모든 것을 설치한 후에는 SDK에 로그인해야 한다. 구글은 터미널과 브라우저를 연결하여 쉽게 이 작업을 수행할 수 있도록 했다.

```
$ gcloud auth login
Your browser has been opened to visit:

    [A long link is here]

    Created new window in existing browser session.
```

---

3 다운로드 및 설치 안내 https://cloud.google.com/sdk/downloads?hl=ko

구글 클라우드 SDK에 클라우드 리소스에 대한 접근 권한을 부여하라는 일반적인 구글 로그인 및 승인 화면이 표시된다. 앞으로 gcloud 명령을 실행할 때는 구글 클라우드 플랫폼 API로 직접 요청할 수 있다. 허용을 클릭하면 창이 자동으로 닫히고, 프롬프트가 다음과 같이 업데이트된다.

```
$ gcloud auth login
Your browser has been opened to visit:

    [A long link is here]


Created new window in existing browser session.
WARNING: 'gcloud auth login' no longer writes application default credentials.
If you need to use ADC, see:
  gcloud auth application-default --help

You are now logged in as [your-email-here@gmail.com].
Your current project is [your-project-id-here]. You can change this setting
    by running:
  $ gcloud config set project PROJECT_ID
```

이제 인증되어 클라우드 SDK를 직접 사용할 준비가 되었다. 그런데 인증 단계에서 보이는 경고 메시지는 무엇일까? 로그인하고 실행하는 모든 gcloud 명령이 인증되었더라도 작성한 코드는 같은 사용자로 인증되지 않을 수도 있다. 이후 작성하는 모든 코드가 애플리케이션의 기본 자격 증명을 사용하여 자동으로 인증하도록 할 수 있다. 다시 한번 gcloud auth sub 명령을 사용한다.

```
$ gcloud auth application-default login
Your browser has been opened to visit:

    [Another long link is here]

Created new window in existing browser session.

Credentials saved to file:
    [/home/jjg/.config/gcloud/application_default_credentials.json]

These credentials will be used by any library that requests
Application Default Credentials.
```

이제 인증과 관련된 내용을 다루었으니 구글 클라우드 플랫폼 API와 상호작용하는 방법을 살펴보자.

1.6 구글 클라우드 플랫폼과의 상호작용

가입하고 콘솔을 사용해 보며 로컬 환경 설정도 설정하였으니 구글 클라우드 플랫폼과 상호 작용하기 위한 다양한 방법을 통해 빠른 연습을 해보는 것이 좋다. 먼저, 클라우드에서 가상 시스템을 시작한 다음 자바스크립트로 가상 시스템을 종료하는 스크립트를 작성해 보자.

1.6.1 브라우저를 사용하는 클라우드 콘솔

먼저, 콘솔의 구글 Compute Engine 영역으로 이동하여 Compute 섹션을 클릭하여 펼친 후에 Compute Engine 링크를 클릭한다. 처음 이 링크를 클릭하면 구글에서 Compute Engine을 초기화하는 데 몇 초가 걸린다. 완료된 후 그림 1.9와 같이 가상 머신을 구성할 수 있는 페이지로 이동하는 만들기 버튼이 표시된다.

그림 1.9 구글 클라우드 콘솔에서 새로운 가상 머신을 만들 수 있다

다음의 양식(그림 1.10)을 사용하여 인스턴스의 모든 세부 정보를 구성할 수 있으므로 잠시 동안 어떤 옵션이 있는지 알아보자.

첫째로 인스턴스 이름이 있다. 가상 머신 이름은 프로젝트 내에서 유일해야 한다. 예를 들어, 이미 "instance-1"이라는 이름의 인스턴스가 있음에도 같은 이름을 사용하려고 하면 이미 이름이 사용되었다는 오류가 표시된다. 지금은 원하는 머신 이름을 사용할 수 있으므로 인스턴스 이름을 "learning-cloud-demo"로 지정한다. 다음은 머신의 지리적인 위치를 지정하는 영역 필드다. 구글은 전 세계에 걸쳐 많은 지역에서 데이터 센터를 운영하므로 인스턴스를 어디에 배치할지 선택할 수 있다. 지금은 인스턴스를 us-central1-b(아이오와에 있음)에 두자.

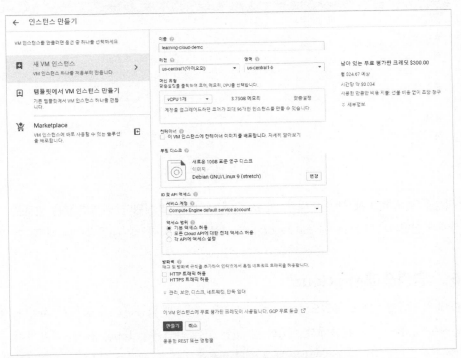

그림 1.10 가상 머신을 정의하는 양식

다음은 클라우드 인스턴스의 성능을 선택할 수 있는 머신 유형 필드다. 구글은 f1-micro(강력하지는 않고 작은)부터 n1-highcpu-32(32코어 머신), 또는 n1-highmem-32(208GB RAM이 장착된 32코어 컴퓨터)까지 다양한 크기로 조정할 수 있는 옵션을 제공한다. 몇 가지 옵션이 있지만, 여기서는 테스트 목적이므로 머신 유형을 n1-standard-1(약 4GB RAM의 단일 코어 머신)으로 설정한다.

더 많은 기능을 사용하여 컴퓨터에 추가 구성을 할 수 있지만, 지금은 테스트를 위해 n1-standard-1을 시작해 본다. 가상 컴퓨터를 시작하려면 만들기(Create)를 클릭하고 몇 초간 기다린다.

인스턴스 테스트하기

컴퓨터가 생성된 후에는 콘솔의 인스턴스 목록에 녹색 확인 표시가 나타난다. 이제 무엇을 할 수 있을까? 연결 칼럼의 셀에 "SSH"라는 버튼이 보인다. 그림 1.11을 참고하라.

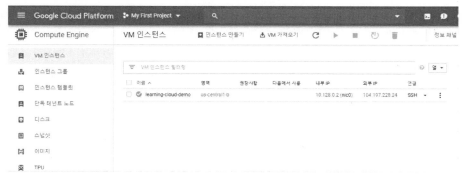

그림 1.11 VM 인스턴스 목록

이 버튼을 클릭하면 새 창이 열리고, 몇 초 후에 터미널이 표시된다. 이 터미널은 새로운 가상 머신에서 실행되므로 top이나 cat/etc/issue 또는 다른 흥미로운 것들을 시도해 볼 수 있다.

1.6.2 명령줄에서 gcloud⁴

콘솔에서 인스턴스를 만들었으니 클라우드 SDK는 어떻게 작동하는지 궁금할 것이다. 앞서 언급했듯이, 클라우드 콘솔에서 수행할 수 있는 모든 작업은 gcloud 명령을 사용하여 수행할 수도 있으므로 인스턴스 목록을 보고 SSH 버튼을 사용할 때처럼 인스턴스에 연결하여 테스트해 보자. 인스턴스 목록을 보려면 gcloud compute instances list를 입력한다. 다음과 같은 출력이 표시된다.

```
$ gcloud compute instances list
NAME                ZONE            MACHINE_TYPE   PREEMPTIBLE INTERNAL_IP
    EXTERNAL_IP     STATUS
learning-cloud-demo us-central1-b n1-standard-1               10.240.0.2
    104.154.94.41 RUNNING
```

멋지지 않은가? 콘솔에 나타나는 것처럼 여러분이 만든 인스턴스가 나타난다.

---

4   우측 상단 Cloud Shell 활성화 아이콘 클릭

인스턴스에 연결하기

인스턴스가 있어서 SSH 버튼으로 했듯이 인스턴스에 연결하는 방법이 궁금할 것이다. gcloud compute ssh learning-cloud-demo를 입력하고, 머신을 생성한 영역(us-central1-b)을 선택하면 SSH를 통해 머신에 연결된다.

```
$ gcloud compute ssh learning-cloud-demo
For the following instances:
 - [learning-cloud-demo]
choose a zone:
  [1] asia-east1-c
  [2] asia-east1-a
  [3] asia-east1-b
  [4] europe-west1-c
  [5] europe-west1-d
  [6] europe-west1-b
  [7] us-central1-f
  [8] us-central1-c
  [9] us-central1-b
  [10] us-central1-a
  [11] us-east1-c
  [12] us-east1-b
  [13] us-east1-d
Please enter your numeric choice: 9

Updated [https://www.googleapis.com/compute/v1/projects/glass-arcade-111313].
Warning: Permanently added '104.154.94.41' (ECDSA) to the list of known hosts.
Linux learning-cloud-demo 3.16.0-0.bpo.4-amd64 #1 SMP Debian 3.16.7-ckt11-
    1+deb8u3~bpo70+1 (2015-08-08) x86_64

The programs included with the Debian GNU/Linux system are free software;
the exact distribution terms for each program are described in the
individual files in /usr/share/doc/*/copyright.

Debian GNU/Linux comes with ABSOLUTELY NO WARRANTY, to the extent
permitted by applicable law.
jjg@learning-cloud-demo:~$
```

구글은 내부적으로 gcloud auth login을 실행할 때 생성되는 자격 증명을 사용하는데, 새로운 공개/개인키 쌍이 생성되고, 생성된 공개키를 가상 머신에 안전하게 전송한 후에 개인키를 사용하여 시스템에 연결한다. 즉, 연결할 때 키 쌍에 대해 염려할 필요가 없다. 구글 계정에 접근할 수만 있다면 언제나 가상 머신에 연결할 수 있다!

1.6.3 코드에서 google-cloud- *

클라우드 콘솔에 인스턴스를 만들고 클라우드 SDK를 사용해서 명령줄에서 해당 인스턴스에 연결해 보았다. 이제는 리소스와 상호작용할 수 있는 마지막 방법으로 여러분의 코드를 이용하는 법을 살펴본다. 이 부분에서는 인스턴스에 접속하고 종료하는 짧은 Node.js 스크립트를 작성한다. 이 스크립트는 VM을 끄는 재미있는 부작용이 있어 무료 평가판 기간 동안 돈을 낭비하지 않아도 된다! 시작할 때 Node.js가 설치되어 있지 않다면, https://nodejs.org로 이동하여 최신 버전을 다운로드한다. --version 플래그를 사용하여 node 명령을 실행하여 이 모든 작업을 확인할 수 있다.

```
$ node --version
v7.7.1[5]
```

그런 후에 Node.js용 구글 클라우드 클라이언트 라이브러리를 설치한다. npm 명령을 사용하여 이 작업을 수행할 수 있다.

```
$ sudo npm install --save @google-cloud/compute@0.7.1
```

이제 클라우드 리소스에 연결하는 코드를 작성해 본다. 우선, 현재 실행 중인 인스턴스 목록을 나열해 본다. script.js라는 스크립트에 다음 코드를 입력하고, node script.js를 사용하여 스크립트를 실행한다.

리스트 1.1 **모든 VM 보여주기(script.js)**

```
const gce = require('@google-cloud/compute')({
  projectId: 'your-project-id'  ◁─────┐ 이 부분은 여러분의 프로젝트 ID로 변경하여 입력한다.
});
const zone = gce.zone('us-central1-b');

console.log('Getting your VMs...');

zone.getVMs().then((data) => {
  data[0].forEach((vm) => {
    console.log('Found a VM called', vm.name);
  });
  console.log('Done.');
});
```

---

5 사용자가 실행하는 시점에 따라 버전은 다르게 표시될 수 있다.

이 스크립트를 실행하면 다음과 같은 모습의 결과 화면이 나와야 한다.

```
$ node script.js
Getting your VMs...
Found a VM called learning-cloud-demo
Done.
```

주어진 영역 내 VM을 나열하는 방법을 알았으므로 스크립트를 사용하여 VM을 꺼보자. 이렇게 하려면 코드를 다음과 같이 수정한다.

리스트 1.2 **모든 VM 종료하기**

```
const gce = require('@google-cloud/compute')({
  projectId: 'your-project-id'
});
const zone = gce.zone('us-central1-b');

console.log('Getting your VMs...');

zone.getVMs().then((data) => {
  data[0].forEach((vm) => {
    console.log('Found a VM called', vm.name);
    console.log('Stopping', vm.name, '...');
    vm.stop((err, operation) => {
      operation.on('complete', (err) => {
        console.log('Stopped', vm.name);
      });
    });
  });
});
```

이 스크립트는 실행하는 데 조금 더 시간이 걸릴 수 있지만, 완료되면 출력은 다음과 같이 보인다.

```
$ node script.js
Getting your VMs…
Found a VM called learning-cloud-demo
Stopping learning-cloud-demo ...
Stopped learning-cloud-demo
```

UI에서 시작한 가상 컴퓨터는 "중지된" 상태이며, 나중에 다시 시작할 수 있다. 가상 머신에서 사용할 수 있는 도구(클라우드 콘솔, 클라우드 SDK 및 자체 코드)를 사용하여 가상 머신을 관리해 보았으니 구글 Compute Engine을 사용하여 실제 애플리케이션을 배포하는 방법을 학습해 보자.

요약

- 일종의 유행어가 되어버린 **클라우드**라는 용어를 이 책에서는 컴퓨터 인프라를 추상화하는 서비스 모음으로 정의한다.
- 직접 서버나 데이터 센터를 관리하고 싶지 않으며, 요구가 자주 바뀌거나 알지 못하는 경우에 클라우드가 적합하다.
- 오랜 기간 사용량이 안정적이라면, 클라우드는 **적합하지 않다.**
- 구글 클라우드 플랫폼을 위한 도구가 필요하다면 http://cloud.google.com에서 시작하라.

2

시도하기:
구글 클라우드에 워드프레스 배포하기

이 장에서는 다음 내용을 다룬다.

- 워드프레스(WordPress)란 무엇인가?
- 워드프레스 구성요소 배포하기
- 데이터 저장을 위한 SQL 데이터베이스
- 워드프레스 실행을 위해 VM 켜기
- 모든 것을 끄기

자신의 웹사이트나 블로그를 호스팅해 본 경험이 있다면 워드프레스를 접할(아니면 설치해 볼) 기회가 있었을 것이다. 워드프레스는 수백만 명의 사람이 자신의 웹사이트와 블로그에 사용할 정도로 인기 있지만, HostGator, BlueHost 또는 워드프레스의 자체 호스팅 서비스인 WordPress.com(오픈 소스 프로젝트인 WordPress.org와 혼동하기 쉽다)과 같은 회사들에서도 많은 공개 블로그들이 호스팅되고 있다. 이 장에서는 구글 클라우드의 단순성을 보여주기 위해서 구글 Compute Engine과 Google Cloud SQL을 이용해 자신의 인프라를 호스팅하며 직접 워드프레스를 배포하는 방법을 설명한다.

> **NOTE** 여기에서 사용되는 부분은 구글의 무료 평가판에 포함된다. 그러나 무료 평가판 기간이 지난 후에 실행할 경우는 한 달에 몇 달러의 시스템 비용이 들 것이다.

먼저, 이전 장에서 배운 멋진 새로운 도구를 사용해서 워드프레스 배포 방법에 대한 아키텍처 계획을 작성해 보자.

2.1 시스템 구조 개요

머신을 시작하기 위한 기술적인 부분을 배우기 전에 무엇을 시작해야 하는지를 알아보자. 우리는 만들어질 미래의 시스템을 통해 이상적인 형태의 요청 흐름을 살펴볼 것이다. 블로그를 방문하는 사람을 생각해 보고, 그들에게 좋은 경험을 제공하기 위해서는 요청이 어디로 가야 하는지를 알아볼 것이다. 가능한 한 가장 단순한 구성을 위해 그림 2.1처럼 단일 시스템으로 시작하자.

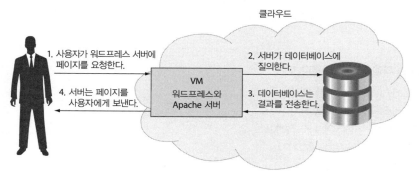

그림 2.1 **워드프레스를 실행 중인 VM으로의 요청 흐름**

여기에서 볼 수 있듯이 흐름은 다음과 같다.

1. 누군가 워드프레스 서버에 페이지를 요청한다.
2. 워드프레스 서버가 데이터베이스에 질의를 한다.
3. 데이터베이스가 결과(예: 페이지 내용)를 보낸다.
4. 워드프레스 서버가 웹 페이지를 다시 보낸다.

간단하지 않은가? 더 복잡한 경우라면 어떤 일이 생길까? 그 구성을 여기에서 설명하지는 않겠지만, 1장에서와 같이 콘텐츠 배포(Content Distribution) 같은 좀 더 복잡한 호스팅 문제에 클라우드 서비스를 이용하는 방법을 떠올릴지도 모르겠다. 예를 들어, 서버가 미국에 있는 경우 아시아 지역의 독자들은 어떤 사용자 경험을 겪게 될까? 그림 2.2는 이미지 같은 정적 콘텐츠를 처리하기 위해서 Google Cloud Storage를 사용하는 워드프레스 서버의 흐름도를 보여준다.

이 경우 시작 부분의 흐름은 같다. 그러나 이전과 달리 정적 콘텐츠가 요청될 때는 같은 흐름을 사용하지 않는다. 이 구성에서 워드프레스 서버는 정적 콘텐츠에 대한 참조를 수정하여 브라우저가 워드프레스 서버에 요청하는 대신 Google Cloud Storage에 요청한다(그림 2.2의 5단계와 6단계).

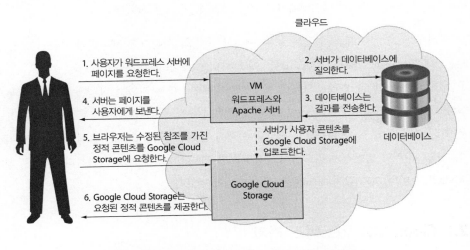

그림 2.2 Google Cloud Storage와 관련된 요청의 흐름

이미지나 기타 정적 콘텐츠에 대한 요청은 전 세계에 콘텐츠를 배포하고 사용자와 가까운 곳에 데이터를 캐싱하는 등의 고급 기능을 수행하는 Google Cloud Storage에서 직접 처리한다. 즉, 사용자가 워드프레스 서버에서 얼마나 떨어져 있는지에 상관없이 정적 콘텐츠가 신속하게 제공된다. 이제 각 부분이 서로 어떻게 정보를 전달하는지를 이해했으므로, 그 부분들을 개별적으로 알아보고 내부적으로 어떤 일이 일어나는지도 살펴본다.

2.2 데이터베이스 알아보기

우리는 데이터베이스와 관련된 그림을 그렸다. 그러나 데이터베이스 유형에 대해서는 별로 언급하지 않았다. 많은 데이터베이스를 사용할 수 있지만, 가장 대중적인 오픈 소스 데이터베이스 중 하나는 많은 사람들이 알고 있는 MySQL이다. MySQL은 관계형 데이터를 저장하는 데 뛰어나며, 높은 성능을 끌어낼 필요가 있을 때 유용하다. 지금은 성능에 관심이 있지는 않지만, 시스템이 커진다면 고려할 기능이 많다는 것을 알아둘 필요가 있다.

클라우드 컴퓨팅 초기에는 MySQL 같은 데이터베이스를 사용하기 위한 표준적인 방법은 가상 머신을 만들고 MySQL 바이너리 패키지를 설치한 후에 가상 머신을 일반 서버처럼 관리하는 것이었다. 그러나 시간이 지나면서 클라우드 제공 업체들은 데이터베이스가 모두 이같은 패턴을 따른다는 것을 알게 되었고, 사용자가 특정 바이너리를 실행하는 가상 머신을 직접 구성하지 않아도 되는 관리형 데이터베이스 서비스를 제공하기 시작했다.

주요 클라우드 호스팅 제공 업체는 모두 이러한 종류의 서비스를 제공한다. 예를 들어, 아마존은 RDS(Relational Database Service)를, 애저는 SQL 데이터베이스 서비스를, 구글은 Cloud SQL 서비스를 제공한다. Cloud SQL을 통해 데이터베이스를 관리하는 작업은 가상 머신과 해당 소프트웨어를 구성하고 관리하는 것보다 빠르고 쉬우므로 데이터베이스로는 Cloud SQL을 사용한다. 하지만 이 서비스가 항상 최상의 선택이 될 수는 없다(Cloud SQL에 대한 자세한 내용은 4장 참고). 그러나 일반적인 워드프레스 배포라면 Cloud SQL이 가장 적합하다. 직접 구성하는 MySQL 서버와 거의 같아 보이지만, 설정이 쉽고 빠르다.

2.2.1 Cloud SQL 인스턴스 켜기

데이터베이스를 시작하기 위한 첫 번째 단계는 클라우드 콘솔(cloud.google.com/console)로 이동한 다음 저장소 섹션 아래 왼쪽 탐색 구역의 SQL을 클릭하는 것이다. 그림 2.3과 같이 파란색의 인스턴스 만들기 버튼이 표시된다.

그림 2.3 새로운 Cloud SQL 인스턴스를 생성하라는 메시지 표시

2세대 인스턴스를 선택하면(자세한 내용은 4장 참고) 데이터베이스 엔진 선택 페이지로 이동하고, 엔진을 선택하면 데이터베이스에 대한 정보를 입력할 수 있는 페이지로 이동한다. 그림 2.4를 참고하라. 먼저, 주목할 점은 이 페이지가 가상 머신을 만들 때 보았던 것과 비슷하다는 것이

다. 이것은 의도적인 것으로, 구글이 MySQL을 설치하고 구성할 뿐 아니라 관리까지 할 가상 머신을 만드는 것이다. 가상 머신처럼 데이터베이스의 이름을 지정해야 한다. 이 연습 예제에서는 데이터베이스 이름을 wordpress-db로 지정한다(VM과 마찬가지로 이름은 프로젝트 내에서 고유해야 하므로 이 이름 하나의 데이터베이스만 가질 수 있다).

다음으로는 MySQL에 접속하기 위한 암호를 선택한다. 클라우드 콘솔에서 자동으로 새로운 보안 암호를 생성하거나 사용자가 직접 선택할 수 있다. 우리는 my-very-long-password!를 패스워드로 사용할 것이다. 마지막으로는 또 다시 VM과 마찬가지로 데이터베이스를 어느 리전에 만들 것인지 선택해야 한다. 이 예제에서는 us-central1-c를 사용한다.

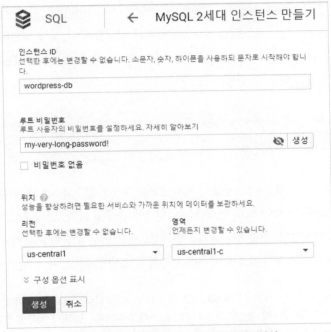

그림 2.4 새 Cloud SQL 인스턴스를 만드는 양식

추가 구성을 하기 위해서 페이지 하단에 있는 구성 옵션 표시를 클릭한다. 예를 들어, 데이터베이스의 VM 인스턴스 크기를 변경하거나(기본적으로 db-n1-standard-1 유형의 인스턴스를 사용), 디스크의 크기(기본적으로 Cloud SQL은 10GB SSD 디스크로 시작)를 증가시키고 싶을 수 있다. 나중에 이 페이지의 모든 옵션을 사용할 것이므로(사실 필요에 따라 디스크의 크기가 자동으로 커진다) 디스크 옵션을 변경하지 않고 인스턴스를 만들어 보자. 인스턴스를 만든 후에는 다음과 같이 gcloud 명령줄 도구를 이용하면 인스턴스를 설정할 수 있음을 gcloud sql 명령을 통해 확인할 수 있다.

```
$ gcloud sql instances list
NAME            REGION  TIER             ADDRESS          STATUS
wordpress-db    -       db-n1-standard-1 104.197.207.227  RUNNABLE
```

TIP 큰 영구 디스크가 대부분 비어 있는 경우가 있을까? 잘 모르겠다면 9장을 보기 바란다.

2.2.2 Cloud SQL 인스턴스 보안

다음 단계로 들어가기 전에 사용자(바라건대 여러분만)가 SQL 인스턴스에 연결할 수 있도록 몇 가지 설정을 변경해야 한다. 테스트 단계에서는 인스턴스의 비밀번호를 변경한 후에 이를 외부에 공개한다. 그런 다음, 테스트 후에는 VM에서만 접근할 수 있도록 네트워크 설정을 변경한다. 먼저, 비밀번호를 변경해 보자. gcloud sql users set-password 명령을 사용하여 명령줄에서 이 작업을 수행할 수 있다.

```
gcloud sql users set-password root "%" --password "my-changed-longpassword-2!"
--instance wordpress-db
Updating Cloud SQL user...done.
```

이 예에서는 모든 호스트의 루트 사용자 비밀번호를 재설정한다(MySQL의 와일드카드 문자는 백분율 기호다). 이제 (임시적으로) SQL 인스턴스를 외부에 공개해 보자. 클라우드 콘솔에서 Cloud SQL 인스턴스로 이동한다. 연결 탭을 열고 네트워크 추가 버튼을 클릭한 다음, CIDR 표기법에 "전 세계"(0.0.0.0/0은 "모든 IP가 가능"을 의미)를 추가하고 저장을 클릭한다. 그림 2.5를 참고하라.

WARNING 모든 IP 주소로 데이터베이스를 여는 것에 대한 경고 메시지가 나타날 것이다. 테스트를 위한 것이므로 지금은 상관없지만, **운영 환경에서는 이 설정을 그대로 두어서는 안 된다.** 나중에 클러스터에서의 SQL 인스턴스 보안에 대해 자세히 설명한다.

이제 이 모든 것이 제대로 작동하는지 테스트해 보자.

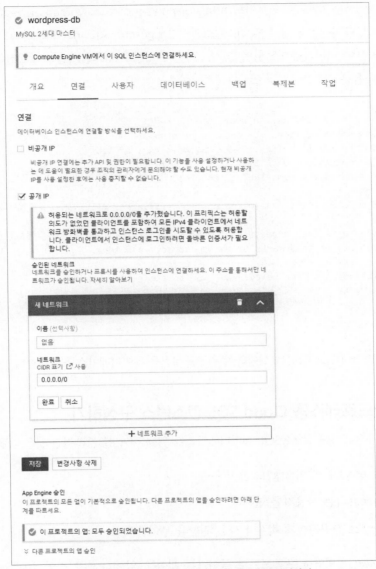

그림 2.5 Cloud SQL 인스턴스에 대한 접속 구성하기

2.2.3 Cloud SQL 인스턴스에 연결하기

우선, MySQL 클라이언트가 없다면 설치해야 한다. Ubuntu와 같은 리눅스 환경에서 다음 코드를 입력하여 설치할 수 있다.

```
$ sudo apt-get install -y mysql-client
```

윈도우나 맥에서는 MySQL 웹사이트 http://dev.mysql.com/downloads/mysql/에서 패키지를 다운로드할 수 있다. 설치 후 인스턴스의(이전에 gcloud sql instances list에서 본) IP 주소를 입력하여 데이터베이스에 연결한다. 사용자 이름 "root"와 이전에 설정한 비밀번호를 사용한다. 다음은 리눅스에서의 절차다.

```
$ mysql -h 104.197.207.227 -u root -p
Enter password: # <I typed my password here>
Welcome to the MySQL monitor. Commands end with ; or \g.
Your MySQL connection id is 59
Server version: 5.7.14-google-log (Google)

Copyright © 2000, 2018, Oracle and/or its affiliates. All rights reserved.

Oracle is a registered trademark of Oracle Corporation and/or its affiliates.
Other names may be trademarks of their respective owners.

Type 'help;' or '\h' for help. Type '\c' to clear the current input
    statement.

mysql>
```

다음으로, 몇 가지 SQL 명령을 실행하여 워드프레스용 데이터베이스를 준비한다.

2.2.4 워드프레스용 Cloud SQL 인스턴스 구성하기

워드프레스용으로 사용할 MySQL 데이터베이스를 위해 해야 할 기본적인 것은 다음과 같다.

1. wordpress라는 데이터베이스를 만든다.

2. wordpress라는 사용자를 만든다.

3. wordPress 사용자에게 적절한 사용 권한을 부여한다.

첫 번째는 MySQL 명령줄 프롬프트로 돌아가는 것이다. 앞에서 배운 바와 같이 mysql 명령을 실행하면 된다. 다음으로 이 코드를 실행하여 데이터베이스를 만든다.

```
mysql> CREATE DATABASE wordpress;
Query OK, 1 row affected (0.10 sec)
```

그런 다음, 데이터베이스에 접속하는 데 사용할 워드프레스용 사용자 계정을 만들어야 한다.

```
mysql> CREATE USER wordpress IDENTIFIED BY 'very-long-wordpress-password';
Query OK, 0 rows affected (0.21 sec)
```

다음으로는 이 새로운 사용자에게 데이터베이스 조작(예: 테이블 생성, 행 추가, 조회 실행 등)을 위한 올바른 접근 권한 수준을 부여해야 한다.

```
mysql> GRANT ALL PRIVILEGES ON wordpress.* TO wordpress;
Query OK, 0 rows affected (0.20 sec)
```

마지막으로, MySQL이 사용자 및 권한 목록을 다시 로드하도록 한다. 여러분이 이 명령을 잊어버렸어도 다시 시작할 때 MySQL은 변경 사항에 대해 알게 되겠지만, 이것 때문에 Cloud SQL 인스턴스를 다시 시작하기를 원하지는 않을 것이다.

```
mysql> FLUSH PRIVILEGES;
Query OK, 0 rows affected (0.12 sec)
```

이게 데이터베이스에서 해야 할 전부다! 다음은 실제 워드프레스를 설치해 본다.

> **Quiz**
>
> 데이터베이스는 어떻게 백업될까? 잘 모르겠다면 Cloud SQL에 관한 내용을 수록한 4장을 살펴보라.

2.3 워드프레스 VM 배포하기

워드프레스를 설치할 VM을 켜는 것으로 시작한다. 이전에 배운 바와 같이 클라우드 콘솔에서 쉽게 할 수 있다. 다음과 같이 한 번 더 해보자. 그림 2.6을 참고하라. 누구나 브라우저를 통해서 워드프레스 서버에 접근하게 할 것이므로 HTTP와 HTTPS 트래픽을 허용하도록 체크박스가 선택되어 있는지 확인한다. 또한, 접근 범위 섹션이 기본 접근을 허용하도록 설정되어 있는지 확인한다. 그렇다면 VM을 시작할 준비가 되었으므로 계속해서 만들기(Create)를 클릭한다.

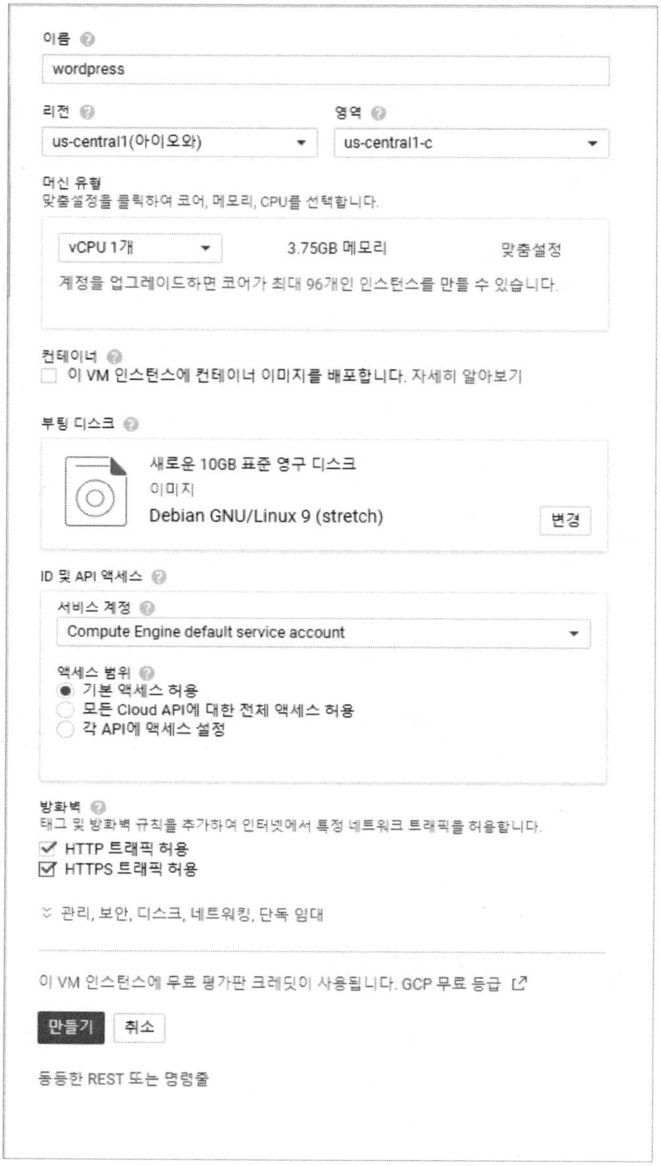

그림 2.6 새 VM 인스턴스 만들기

- 가상 컴퓨터는 실제 어디에 있을까?
- 가상 컴퓨터를 실행하는 하드웨어에 문제가 있다면 어떻게 될까?

잘 모르겠다면 3장을 참고하라.

2.4 워드프레스 구성하기

VM이 시작되고 실행된 후 할 첫 번째 작업은 SSH를 통해 VM에 연결하는 것이다. 클라우드 콘솔에서 SSH 버튼을 클릭하거나, gcloud compute ssh 명령으로 클라우드 SDK를 사용하면 된다. 이 연습 예제에서는 클라우드 SDK를 사용하여 VM에 연결한다.

```
$ gcloud compute ssh --zone us-central1-c wordpress
Warning: Permanently added 'compute.67663222537880016173' (ECDSA) to the list
    of known hosts.
Welcome to Ubuntu 16.04.3 LTS (GNU/Linux 4.13.0-1008-gcp x86_64)

* Documentation:  https://help.ubuntu.com
* Management:     https://landscape.canonical.com
* Support:        https://ubuntu.com/advantage

  Get cloud support with Ubuntu Advantage Cloud Guest:
    http://www.ubuntu.com/business/services/cloud

0 packages can be updated.
0 updates are security updates.


The programs included with the Ubuntu system are free software;
the exact distribution terms for each program are described in the
individual files in /usr/share/doc/*/copyright.

Ubuntu comes with ABSOLUTELY NO WARRANTY, to the extent permitted by
applicable law.

jjg@wordpress:~$
```

연결이 끝나면, Apache, MySQL Client 및 PHP 등의 몇 가지 패키지를 설치해야 한다. apt-get을 사용하여 이 작업을 수행할 수 있다.

```
jj@wordpress:~$ sudo apt-get update
jj@wordpress:~$ sudo apt-get install apache2 mysql-client php7.0-mysql php7.0
    libapache2-mod-php7.0 php7.0-mcrypt php7.0-gd
```

메시지가 나타나면 Y를 입력하고 Enter를 눌러 확인한다. 모든 필수 구성요소가 설치되었으므로 이제 워드프레스를 설치할 차례다. 먼저, wordpress.org에서 최신 버전을 다운로드하고, 홈 디렉터리에 압축을 푼다.

```
jj@wordpress:~$ wget http://wordpress.org/latest.tar.gz
jj@wordpress:~$ tar xzvf latest.tar.gz
```

주로 워드프레스가 데이터를 저장하는 위치, 인증하는 방법과 관련된 몇 가지 구성 매개변수를 설정해야 한다. 샘플 구성 파일을 wp-config.php로 복사한 다음, Cloud SQL 인스턴스를 가리키도록 파일을 편집한다. 이 예제에서는 Vim을 사용하지만, 익숙한 다른 텍스트 편집기를 사용해도 된다.

```
jj@wordpress:~$ cd wordpress
jj@wordpress:~/wordpress$ cp wp-config-sample.php wp-config.php
jj@wordpress:~/wordpress$ vim wp-config.php
```

wp-config.php를 편집했다면 다음과 같을 것이다.

리스트 2.1 환경에 맞게 변경한 후 워드프레스 구성

```php
<?php
/**
 * The base configuration for WordPress
 *
 * The wp-config.php creation script uses this file during the
 * installation. You don't have to use the website, you can
 * copy this file to "wp-config.php" and fill in the values.
 *
 * This file contains the following configurations:
 *
 * * MySQL settings
 * * Secret keys
 * * Database table prefix
 * * ABSPATH
 *
 * @link https://codex.wordpress.org/Editing_wp-config.php
 *
 * @package WordPress
 */

/** MySQL settings - You can get this info from your web host **/
/** The name of the database for WordPress */
define('DB_NAME', 'wordpress');

/** MySQL database username */
define('DB_USER', 'wordpress');

/** MySQL database password */
define('DB_PASSWORD', 'very-long-wordpress-password');
```

```
/** MySQL hostname */
define('DB_HOST', '104.197.207.227');

/** Database Charset to use in creating database tables. */
define('DB_CHARSET', 'utf8');

/** The Database Collate type. Don't change this if in doubt. */
define('DB_COLLATE', '');
```

구성을 설정한 후에(데이터베이스 설정만 변경해야 함) Apache가 서비스할 수 있도록 모든 관련 파일을 홈 디렉터리에서 다른 위치로 이동한다. 또한, Apache의 기본 페이지인 index.html을 제거해야 한다. 가장 쉬운 방법은 rm과 rsync를 사용하는 것이다.

```
jj@wordpress:~/wordpress$ sudo rm /var/www/html/index.html
jj@wordpress:~/wordpress$ sudo rsync -avP ~/wordpress/ /var/www/html/
```

이제 브라우저에서 웹 서버(이번 예제에서는 http://104.197.86.115)로 이동하면 그림 2.7처럼 보일 것이다.

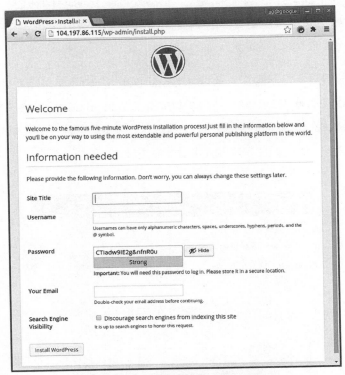

그림 2.7　시작되어 실행 중인 워드프레스

이제 몇 가지 설정을 하는 데 약 5분이 걸릴 것이다. 그리고 여러분은 동작하는 워드프레스를 보게 될 것이다!

2.5 시스템 리뷰

여기서 우리는 여러 가지 많은 설정을 했다.

- 데이터를 저장하기 위해 Cloud SQL 인스턴스를 시작했다.
- 몇 명의 사용자를 추가하고, 보안 규칙을 변경했다.
- Compute Engine 가상 머신을 시작했다.
- 해당 VM에 워드프레스를 설치했다.

전부 기억하는가? 어디에서나(0.0.0.0/0) 연결할 수 있도록 Cloud SQL 인스턴스의 보안 규칙을 설정한 것을 기억하는가? 어디(VM)의 요청을 받아들일지를 알고 있으므로 이를 수정해야 한다. 그렇게 하지 않으면 데이터베이스는 전 세계로부터의 공격에 취약해진다. 그러나 네트워크 수준에서 데이터베이스를 관리하면 누군가가 비밀번호를 알아내더라도 이미 알려진 시스템 중 하나에서만 연결할 수 있다.

이렇게 하려면 클라우드 콘솔로 이동하여 Cloud SQL 인스턴스로 이동한다. 연결 탭에서 0.0.0.0/0을 IP 주소와 /32(예: 104.197.86.115/32)로 Authorized Network를 편집하고, 규칙 이름을 us-central1-c/wordpress로 하면 이 규칙이 무엇을 위한 것인지 잊지 않을 것이다. 완료되었다면 접근 제어 규칙은 그림 2.8과 같아야 한다.

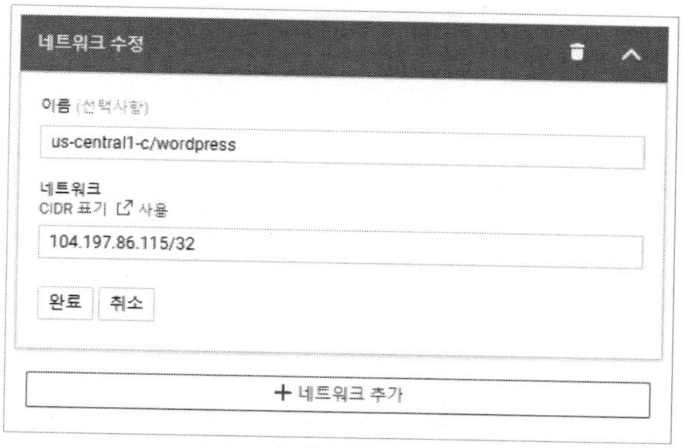

그림 2.8 Cloud SQL의 접근 구성 갱신하기

VM 인스턴스의 IP는 변경될 수 있음을 기억하라. 변경을 방지하려면 고정 IP 주소를 예약해야 하지만, 그 부분은 Compute Engine을 알아볼 때 더 자세히 살펴볼 것이다.

2.6 끄기

워드프레스 인스턴스를 계속 실행하게 두려면 이 부분은 건너뛸 수 있다(자신만의 블로그를 호스팅하고 싶었고, 여기서 선택한 데모가 완벽하다면). 그렇지 않다면 생성한 모든 리소스를 끄는 과정을 살펴보자. 가장 먼저 끌 것은 GCE 가상 머신이다. 클라우드 콘솔을 사용하여 Compute Engine 섹션에서 이 작업을 수행할 수 있다. 인스턴스를 선택하면 중지 및 삭제의 두 가지 옵션이 표시된다. 두 가지의 차이는 미묘하지만 중요하다. 인스턴스를 삭제하면 이전에 존재하지 않았던 것처럼 영원히 사라진다. 인스턴스를 중지했을 때는 중단된 지점의 상태로 계속 존재한다.

그러면 인스턴스를 삭제하는 대신 항상 중지하는 것은 어떨까? 중지하게 되면 영구 디스크(Persistent Disk)를 유지해야만 하고, 이는 비용을 발생시킨다. 중지된 인스턴스의 CPU 사용료를 지불하지는 않겠지만, 운영체제와 모든 구성 설정을 저장하는 디스크는 유지해야 한다. 실행 중인 가상 머신에 연결되어 있는지에 관계없이 디스크 요금이 청구된다. 이 경우, 워드프레스 설치를 완료했다면 올바른 선택은 아마도 중지보다는 삭제가 될 것이다. 삭제를 클릭하면 디스크(부팅 디스크)도 삭제된다는 확인 메시지가 나타난다. 그림 2.9를 참고하라.

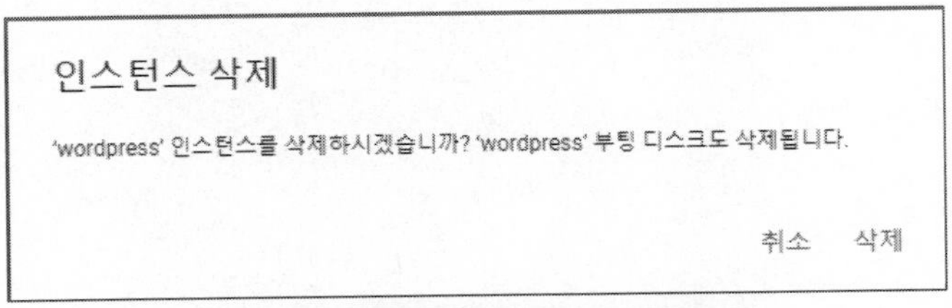

인스턴스 삭제

'wordpress' 인스턴스를 삭제하시겠습니까? 'wordpress' 부팅 디스크도 삭제됩니다.

취소 삭제

그림 2.9 작업이 끝났을 때 VM 삭제하기

그런 다음, Cloud SQL 인스턴스에 같은 작업을 수행할 수 있다.

요약

- 구글 Compute Engine을 사용하면 몇 번의 클릭으로 몇 초만에 머신을 빠르게 시작할 수 있다.

- 영구 디스크의 크기를 선택할 때 크기가 성능을 결정한다는 것을 잊지 말라. 디스크에 많은 빈 공간을 두는 것이 좋다.

- Cloud SQL은 내부적으로 GCE를 사용하는 "준비된 MySQL"이다. 특별한 맞춤 설정이 필요하지 않은 경우에 매우 적합하다.

- 일반적인 MySQL 클라이언트를 사용하여 Cloud SQL 데이터베이스에 연결할 수 있으므로 특별한 소프트웨어가 필요 없다.

- 운영 데이터베이스를 외부 세계(0.0.0.0/0)에 공개하는 것은 좋은 생각이 아니다.

3

클라우드 데이터 센터

이 장에서는 다음 내용을 다룬다.

- 데이터 센터와 데이터 센터 위치
- 데이터 센터 보안 및 개인 정보 보호
- 지역, 영역 및 재난 격리

이전에 웹 호스팅을 사용한 적이 있다면 그때 웹 호스팅에 사용된 컴퓨터는 물리적으로 데이터 센터 내에 위치했을 것이다. 1장에서 배웠듯이 클라우드에 배치하는 것은 기존 호스팅과 비슷하다. 가상 머신을 켜거나 파일 업로드에 사용할 클라우드 리소스는 데이터 센터에 있다. 그럼, 데이터 센터는 어디에 있을까? 안전할까? 데이터 센터를 운영하는 직원을 신뢰할 수 있을까? 누군가가 데이터나 킬러 애플리케이션의 소스 코드를 훔칠 수 있지 않을까?

이 모든 질문들은 타당성이 있고, 그 대답 또한 매우 중요하다. 결국, 데이터 센터가 누군가의 집 지하에 있다면 해당 서버에 은행 정보를 넣고 싶지 않을 것이다. 이 장의 목적은 데이터 센터가 시간이 지남에 따라 어떻게 발전해 왔는지를 설명하고, 구글 클라우드 플랫폼 데이터 센터의 일부 세부 사항을 알아보는 것이다. 구글의 데이터 센터는 그림 3.1과 같은 멋진 모습을 하고 있다. 그러나 여기서 패션쇼를 하는 것이 아니다. 절대 시스템이 다운되서는 안 되는 중요한 작업이 데이터 센터에서 운영되도록 결정하기 전에 아마 어떻게 작동하는지 알고 싶을 것이다.

그림 3.1 **구글 데이터 센터**

이 장에서 데이터 센터에 대해 알아볼 많은 것들은 업계 표준이다. 따라서 훌륭한 기능들은 (예: 건물에 들어가기 위한 엄격한 보안) 아마 다른 클라우드 공급자들에게도 있을 수 있다(아마존 웹 서비스 또는 마이크로소프트 애저와 같이). 여기서는 구글에 특화된 것들을 알아보기 때문에 분명 주목할 필요가 있다. 우선, 구글 클라우드의 데이터 센터를 이해하기 위해 지도를 펼치는 것에서 시작하자.

3.1 데이터 센터 위치

클라우드 세계에서 위치를 약간 모순된 개념이라고 생각할 수도 있다. 불행히도, 이것은 마케팅 담당자가 클라우드를 무정형의 수수께끼로 만든 부작용 중 하나다. 모든 리소스는 단일 장소에 존재하기보다는 여러 곳에 존재한다. 나중에 알게 되겠지만, 일부 서비스는 위치 정보를 추상화하여 리소스가 여러 곳에 동시에 존재하도록 하지만, 많은 서비스(예: Compute Engine)의 경우 리소스는 단일 위치에 있다. 따라서 고객 근처로 위치를 선택하고 싶을 것이다.

올바른 장소를 선택하려면 먼저 선택 사항이 무엇인지 알아야 한다. 이 글을 쓰는 시점에 구글 클라우드는 미국, 브라질, 서유럽, 인도, 동아시아 및 호주를 포함하여 전 세계 15개 지역에 데이터 센터를 운영하고 있다. 그림 3.2를 참고하라.

그림 3.2 **구글이 몇 개의 데이터 센터를 가졌는지와 데이터 센터가 있는 도시**
(흰색 풍선은 이 글을 쓰는 시점에 "진행 중"임을 나타냄)

많아 보이지는 않지만, 각 도시마다 선택할 수 있는 여러 데이터 센터가 있다는 점이 중요하다. 표 3.1은 데이터 리소스가 존재할 수 있는 실제 장소를 보여준다.

표 3.1 **구글 클라우드의 영역 개요**

지역	위치	데이터 센터의 수
Total		44
Eastern US	South Carolina, USA	3
Eastern US	North Virginia, USA	3
Central US	Iowa, USA	4
Western US	Oregon, USA	3
Canada	Montréal, Canada	3
South America	São Paulo, Brazil	3
Western Europe	London, UK	3
Western Europe	Belgium	3
Western Europe	Frankfurt, Germany	3
Western Europe	Netherlands	2
South Asia	Mumbai, India	3
South East Asia	Singapore	2
East Asia	Taiwan	3
North East Asia	Tokyo, Japan	3
Australia	Sydney, Australia	3

전통적인 호스팅 제공 업체뿐만 아니라 다른 클라우드 제공 업체와 비교해 보면 표 3.2와 같다.

표 3.2 공급자별 데이터 센터 현황

공급자	데이터 센터
Google Cloud	44(15개 도시에 걸쳐)
아마존 웹 서비스	49(18개 도시에 걸쳐)
애저	36(19개 도시에 걸쳐)
Digital Ocean	11(7개 도시에 걸쳐)
Rackspace	6

이 숫자를 보면 구글 클라우드가 다른 클라우드 서비스 제공 업체에 비해 꽤 괜찮아 보인다. 그렇다면 데이터 센터 위치에 따라 공급자를 선택할 수 있는 두 가지 요소를 둘 다 네트워크 지연시간으로 초점을 맞춰보자.

- 서버와 고객 사이의 지연시간이 매우 짧아야 한다. 예를 들어, 초단타거래에서는 경쟁 업체보다 1밀리 초의 느린 응답이라도 거래에서 손해를 보게 되므로 일반적으로 증권거래소로부터 마이크로초 단위로 서비스를 호스팅할 수 있어야 한다.
- 데이터 센터에서 멀리 떨어져 있는 고객이 있다. 일반적인 예는 일부 서비스의 경우 가장 가까운 옵션조차도 여전히 멀리 떨어진 호주에서의 비즈니스와 같은 경우다. 즉, 호주에서는 웹 페이지 로드와 같이 단순한 작업조차도 좌절감을 느낄 정도로 느릴 수 있다.

NOTE 세 번째 이유는 3.3.3에서 법적 문제에 근거해 설명한다.

요구사항이 덜 엄격하다면, 데이터 센터의 위치는 클라우드 제공 업체 선택에 큰 차이를 주지는 않는다. 그러나 지연시간 요구사항을 이해하고 지리적 위치가 요구사항 만족 여부에 어떤 영향을 주는지 파악하는 것은 중요하다(그림 3.3).

구글 클라우드 데이터 센터의 위치와 그것이 중요한 이유에 대해 알아보았으니 지금부터는 다양한 격리 수준에 대해 간략하게 살펴본다. 재해가 발생했을 때 적절하게 서비스가 종료되는 시스템을 설계하려면 필수적으로 알아야 한다.

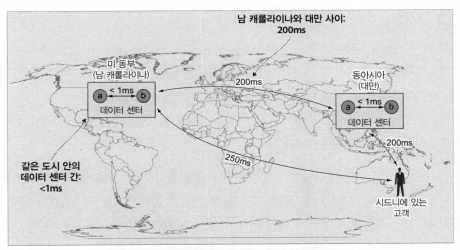

그림 3.3   서로 다른 도시와 데이터 센터 간의 지연시간

3.2 격리 수준 및 내결함성

도시, 지역 및 데이터 센터에 대해 언급했지만, 아직 자세하게 설명하지 않았다. 리소스가 존재할 수 있는 장소의 유형에 대해 이야기해 보자.

3.2.1 영역

영역은 리소스가 존재할 수 있는 가장 작은 단위다. 때로는 이것을 (단일 데이터 센터 같이) 많은 컴퓨터를 보유한 단일 시설로 생각하는 것이 가장 쉽다. 즉, 같은 영역에서 두 개의 리소스를 사용하도록 설정하면 해당 리소스들은 지리적으로 가깝고 같은 물리적 건물 내의 리소스로 생각할 수 있다. 가끔은 단일 영역이 많은 건물일 수 있으나, 요점은 지연시간 관점(예: ping 시간)에서 두 리소스가 서로 가깝다는 점이다.

즉, 마을을 관통할 수 있는 토네이도 같은 자연재해가 발생한다면 토네이도는 건물의 절반만 영향을 주는 것이 아니라 단일 구역의 리소스 전부가 오프라인이 될 것이다. 더 중요한 것은 정전 등의 오작동이 발생하면 전체 영역에 영향을 줄 가능성이 있다. zone(또는 location)을 매개변수로 사용하는 다양한 API에서는 us-east1-b와 같은 형식으로 특정 시설에 대한 고유 식별자인 영역 ID를 지정해야 한다.

3.2.2 지역

더 상위의 개념으로 영역의 모음을 **지역**이라고 부른다. 이는 대략 미국 아이오와주의 카운실 블러프스(Council Bluffs)와 같은 도시에 대응된다(표 3.1에서 보았다). 동일한 지역이지만, 다른 영역 즉, us-east1-b 및 us-east1-c에 각각 두 개의 리소스를 켜면 리소스는 대략 가까이 위치한다. 즉, 리소스 중 하나가 아시아 지역에 있는 경우보다 지연시간이 짧다. 그러나 같은 물리적 시설에 있지 않다는 것은 보장된다.

이 경우 두 리소스는 영역별 오류(정전 등)로부터 격리될 수 있지만, 재해(예: 토네이도)로부터는 격리되지 않을 것이다. 그림 3.4를 참고하라. 영역의 마지막 문자를 삭제하여 축약된 지역으로 사용할 수 있다. 예를 들어, 영역이 us-central1-a이면, 지역은 us-central1이 된다.

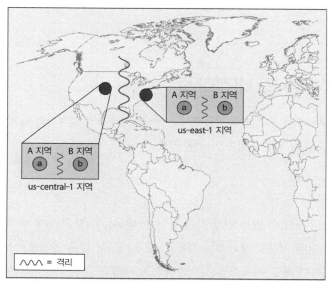

그림 3.4 지역과 영역 비교

3.2.3 내결함성을 위한 설계

영역과 지역에 대해 이해했으니 구글 클라우드에서 제공하는 다양한 격리 수준에 대해 자세히 알아보자. 이를 네트워크 세계의 용어인 **제어 평면(Control Planes)**으로 묘사한 것을 본 적이 있을 것이다. 격리 수준 또는 제어 평면의 유형을 언급할 때는 서비스를 무너뜨리기 위해서 무엇이 종료되어야 하는지를 말하는 것이다. 서비스는 다음과 같은 다양한 수준에서 사용되며, 영향을 받을 수 있다.

- **영역적(Zonal)**: 이 예에서 언급했듯이, 영역적 서비스는 속해 있는 영역이 다운될 경우 같이 다운된다. 이는 단일 VM을 켜기만 하면 영역별 서비스가 되므로 구축하기 가장 쉬운 유형의 서비스이자 가용성이 가장 낮은 서비스다.

- **지역적(Regional)**: 지역적 서비스란 단일 지역의 여러 영역에 걸쳐 복제되는 것을 말한다. 예를 들어, us-east1-b에 MongoDB 인스턴스가 있고, us-east1-c에 상시 장애 극복 (hot-failover)을 구성하는 경우 지역적 서비스가 된다. 한 영역이 중단되면 자동으로 다른 영역의 인스턴스로 전환된다. 그러나 도시 전체에 발생되는 지진의 경우는 두 영역 모두 다운되고 서비스도 내려간다. 이런 경우는 거의 발생하지 않기도 하고, 지역적 서비스가 장애를 겪을 확률도 훨씬 적다. 그럼에도 미션 크리티컬한 시스템에서 지리적으로 같은 위치에 있다는 것은 충분한 중복성을 가지고 있지 않음을 의미한다.

- **다중지역적(Multiregional)**: 다중 지역적 서비스는 여러 다른 지역으로 구성된 서비스다. 전체 지역을 차지하는 일종의 재해가 발생해도 서비스는 최소한의 중단 시간에 계속 실행될 수 있다(그림 3.5).

- **글로벌(Global)**: 글로벌 서비스는 다중 지역적 서비스의 특별한 경우다. 글로벌 서비스에서는 일반적으로 법적 관할 구역과 네트워크 제공 업체를 넘어 전 세계 지역으로 확산된다. 이 때문에 일반적으로 복수의 클라우드 제공자(예: 구글 클라우드와 함께 아마존 웹 서비스)를 사용하여 회사 전체로 확산될 수 있는 재난으로부터 서비스를 보호하고자 한다.

us-east-1에 있는 머신은 토네이도에서 멀리 떨어져서 괜찮을 것이다.

토네이도로 인해 us-central-1(모든 영역)에 있는 머신이 중단될 수 있다.

그림 3.5 토네이도 같은 재난은 대게 한 번에 한 지역에 영향을 준다

대부분의 애플리케이션은 지역적 또는 영역적 구성으로도 충분하다. 그러나 고객에게 좀 더 미션 크리티컬한 서비스를 제공하기 위해서는 다중 지역적 또는 글로벌한 내결함성 구성을 고려해야 될 것이다. 서비스를 구축할 때 가장 중요한 점은 가용성이 가장 높은 구성을 사용하는 것이 아니라 내결함성 및 격리 수준을 파악하는 것이다. 절대적으로 중요한 시스템의 일부에 대해서는 이런 지식을 바탕으로 적어도 중복 배포가 필요한 부분과 새로운 리소스가 필요한 부분은 알아야 한다. 9장의 Compute Engine에서 중복성 및 고가용성에 대해 더 자세히 설명할 것이다.

3.2.4 자동 고가용성

수년 동안 고가용성이 필요한 시스템이 무엇인지를 보여주는 특정 공통 패턴이 나타났다. 이런 패턴을 기반으로 많은 클라우드 제공 업체는 자동으로 높은 가용성을 가지는 시스템을 설계했다. 즉, 다중 지역 스토리지 시스템을 직접 설계하고 구축하는 대신 같은 수준의 결함 격리(다른 요소들 중에)가 기본 스토리지 요구사항인 Google Cloud Storage를 사용할 수 있다.

이런 패턴을 따르는 시스템들로는 5개의 다른 영역에 데이터를 저장하는 다중 지역적 비관계형 저장소 시스템인 Google Cloud Datastore와 요구에 따라 2개의 다중 지역 배포 옵션(하나는 미국에, 다른 하나는 유럽)을 제공하는 구글 App Engine 등이 있다. App Engine 애플리케이션을 실행하거나, Google Cloud Storage에 일부 데이터를 저장하거나, Google Cloud Datastore에 레코드를 저장한다면, 지역 전체가 폭발하여 모든 영역을 망가뜨리더라도 애플리케이션과 데이터, 레코드는 모두 정상적으로 유지될 것이고, 여러분과 고객은 여전히 서비스에 접근할 수 있다. 정말 대단하지 않은가?

이런 제품의 단점은 일반적으로 조금 더 구조적인 시스템을 만들어야 한다는 것이다. 예를 들어, Google Cloud Datastore에 데이터를 저장할 때 질의가 항상 최신 데이터를 반환하게 할지, 아니면 많은 수의 질의가 가능하게 확장할 수 있을지를 선택하여 데이터 모델을 설계해야 한다.

다음 몇 장에서 자세한 내용을 볼 수 있다. 그러나 중요한 점은 고가용성 시스템을 직접 구축해야 하는 일부 서비스가 있지만, 서비스가 가지는 제약사항에 맞춰 관리한다면 이를 대신 수행해 주는 서비스가 있다는 것이다. 지금까지 내결함성, 지역, 영역 및 기타 흥미로운 모든 것을 이해했으므로 다음은 간단하지만 중요한, 때로는 무시무시한 질문에 대해 얘기할 것이다. 여러분의 시스템은 안전한가?

3.3 안전 문제

지난 몇 년 동안 개인 및 비즈니스 정보 보호는 충분한 이유로 대화의 주류 주제가 되어 왔다. 암호, 신용카드 데이터 및 개인 정보의 누출로 인해 온라인 세계는 이전보다 훨씬 신뢰도가 낮아졌다. 이제 고객은 신용카드 번호나 개인 정보 등을 전달하는 데 더 신중해졌다. 정부 기관이 테러 방지나 국가 보안 강화를 위한 최신 법률에 따라 데이터 접근을 요청하거나 정보를 보유한 회사가 해킹 당할 수 있다는 합리적인 우려를 갖고 있다. 솔직히 서버를 다른 사람의 데이터 센터에 두는 일은 일반적으로 유연성이나 비용 절감 등의 다른 이점을 얻는 대신 데이터나 소스 코드와 같은 자산의 제어를 일부 포기하게 한다. 이것은 어떤 의미를 가질까? 이러한 절충점을 이해하는 좋은 방법은 한 번에 하나씩 살펴보는 것이다. 리소스에 대한 보안부터 시작하자.

3.3.1 보안

이전에 배웠듯이, 마케팅 관점에서는 데이터가 특별히 어떤 위치에 있는 것은 아니라고 하겠지만, 클라우드 공급자를 통해 데이터를 저장하거나 컴퓨터를 사용할 때는 리소스가 실제 어딘가에, 때로는 여러 곳에 존재한다. 이때 대부분 사람들이 가장 궁금해하는 질문은 그렇다면 어디에 있는가다.

집에 있는 하드 드라이브에 사진을 저장하면 사진이 저장된 위치를 정확히 알고 있다(책상 위). 대신 Google Cloud Storage나 Amazon S3와 같은 클라우드 서비스에 사진을 업로드하는 경우는 좀 더 복잡하지만, 데이터의 정확한 위치가 적어도 전 세계의 어느 지역인지는 정확히 가리킬 수 있다. 반면에 사진 전체가 한 곳에서만 있을 가능성은 적다. 파일의 여러 사본이 여러 디스크 드라이브에 저장될 것이다. 이런 절충점이 가져다 주는 장점은 무엇일까? 그런 모호성은 어떤 가치가 있을까? 클라우드 서비스를 사용하여 사진을 저장하는 경우는 사용된 디스크 공간보다 많은 돈을 지불하게 된다. 그렇지 않은 경우 사용료는 월별 반복 청구되는 요금이 아닌 바이트당 고정 요금이 된다.

이를 더 자세히 이해하기 위해 로컬 하드 드라이브에 사진을 저장하는 실제 예를 살펴보자. 잘못될 수 있는 모든 가능성을 생각해 보면 이러한 문제를 방지하기 위해 얼마나 많은 노력이 필요하며, 왜 위치에 대한 모호함이 필요한지 알게 된다. 그 후에 구글 클라우드가 정확히 어떻게 문제를 방지하는지 이해하게 되고 자신의 하드 드라이브 대신 클라우드 서비스를 사용하면 무엇이 좋은지를 명확히 알게 될 것이다.

리소스 보안에 대해서는 일반적으로 세 가지 목표가 있다.

- **개인 정보 보호**: 권한이 부여된 사용자만 리소스에 접근할 수 있어야 한다.
- **가용성**: 권한이 부여된 사람들이 리소스에 접근할 수 없는 경우는 없어야 한다.
- **내구성**: 리소스는 절대로 손상되거나 없어지지 않아야 한다.

여러분의 사진과 관련해 더 구체적으로 설명하면 다음과 같다.

- **개인 정보 보호**: 여러분을 제외하고는 어느 누구도 여러분의 사진을 볼 수 없어야 한다.
- **가용성**: 사진을 조회하려고 할 때 "나중에 다시 시도하십시오!"라는 메시지가 표시되어서는 안 된다.
- **내구성**: 저장된 사진이 삭제되거나 손상되지 않아야 한다.

목표는 간단하다. 실제 집에 있는 하드 드라이브와 관련시켜 어떤 문제가 생길 수 있는지 알아보자. 문제가 될 수 있는 첫 번째 경우는 단순한 도난이다. 예를 들어, 누군가가 집에 침입하여 하드 드라이브를 훔쳐가면 해당 드라이브에 저장된 사진은 모두 사라진다. 곧바로 내구성과 가용성에 대한 목표는 무너진다. 사진이 전혀 암호화되지 않은 경우는 원치 않은 사람이 사진을 볼 수 있어 개인 정보 보호 목표도 위반한다.

다음은 예기치 않은 재난으로 분류되는 상황을 고려해 볼 수 있다. 여기에는 지진, 화재, 홍수 같은 자연 재해나 가정에 데이터를 저장하는 경우는 급격한 전압 변화, 하드 드라이브 오류, 어린이가 전자 장비에 물을 쏟는 것 같은 일반적인 사고가 포함된다. 그 다음으로는 다른 드라이브로 착각해서 실수로 포맷하거나 유사한 이름을 가진 파일을 덮어쓰는 것 같은 미묘한 사고에 대해 걱정해야 한다. 시스템은 시킨 대로 행동했으므로 이 문제는 더욱 복잡해진다. 그러나 우리는 실수로 잘못된 행동을 지시하기도 한다. 마지막으로, 네트워크 보안에 대해 걱정해야 한다. 시스템을 인터넷에 노출하고 약한 암호를 사용하면 사진을 암호화한 경우에도 침입자가 시스템에 접근해서 사진을 조회할 수 있다.

이러한 모든 유형의 사고는 가용성과 내구성 목표를 위반하고 그 중 일부는 개인 정보 보호 목표를 무너뜨린다. 그렇다면 클라우드 공급자는 이러한 문제에 어떻게 대응할까? 우리 스스로 무엇을 할 수 있을까? 클라우드 제공 업체가 이러한 문제를 처리하는 일반적인 방법은 다음의 몇 가지로 나뉜다.

- **안전한 시설:** 리소스(예: 하드 드라이브)를 수용하는 모든 시설물들은 출입 및 퇴실자와 소지 물품을 제한하는 높은 수준의 보안 영역이어야 한다. 이것은 도난이나 사보타지(고의적 방해 행위)를 막기 위한 것이다.
- **암호화:** 디스크에 저장된 내용은 암호화되어야 한다. 프라이버시를 손상시키는 도용을 방지하기 위한 것이다.
- **복제:** 데이터는 여러 곳에서 중복되어야 한다. 이는 단일 장애가 데이터 유실을 발생(내구성)시키거나, 네트워크 장애가 데이터 접근을 제한하는 것(가용성)을 방지하기 위해서다. 이것은 또한 재해(예: 화재)가 많은 데이터 복사본 중 하나에만 영향을 미친다는 것을 의미한다.
- **백업:** 데이터는 외부에 백업되어야 하며, 요청이 있을 때 쉽게 복원되어야 한다. 이는 소프트웨어 버그가 실수로 모든 데이터 사본을 덮어쓰는 것을 방지하기 위한 것이다. 이경우 오래된(올바른) 복사본을 요청하고, 새로운(잘못된) 복사본은 무시할 수 있다.

짐작하듯이, 가정 내에서 이런 종류의 보호를 제공하는 것은 어렵고 비싼 것만은 아니다. 정의에 따르자면, 한 개 이상의 집을 가져야 한다! 고급 보안 시스템이 필요할 뿐만 아니라 상근 보안 요원, 각 가정에 다중 네트워크 연결, 여러 하드 드라이브에 데이터를 자동으로 복제하는 시스템, 암호화 키를 저장하는 키 관리 시스템 및 롤링 윈도우 데이터를 다른 위치에 백업하는 것 등이다. 내가 직접 이런 것들을 하는 대신 한 달에 기가바이트당 몇 센트 정도면 그렇게 나빠 보이지는 않는다.

3.3.2 프라이버시

여러분의 데이터 프라이버시는 어떤가? Google Cloud Storage는 사진을 암호화된 형식으로 유지하고, 다시 요청할 때 암호화되지 않은 상태로 전달한다. 어떻게 가능할까? 사실 데이터는 암호화된 형태로 저장되고, 데이터 센터 간에도 암호화되어 전송된다. 데이터를 요청할 때 구글 클라우드는 암호화 키를 갖고 있고, 사진을 요청할 때 암호화 키를 사용한다. 이는 구글이 법원 명령을 받는 경우 명령을 준수하고, 사용자 동의 없이도 데이터의 암호를 복호화할 기술적 능력이 있음을 의미한다.

추가적인 보안을 제공하기 위해 많은 클라우드 서비스는 자신의 암호화 키를 사용할 수 있는 기능을 제공한다. 즉, 복호화할 키가 없기 때문에 구글이 할 수 있는 최선은 암호화된 데이터를 넘기는 것이다. 이 주제에 대한 자세한 내용은 Google Cloud Storage에 대해 설명할 8장에서 확인한다.

3.3.3 특수한 상황

때로는 높은 보안 수준이나 프라이버시 수준이 요구되는 다음의 예와 같은 특별한 상황이 있다.

- 정부 기관에는 종종 엄격한 요구사항이 있다.
- 미국 건강 관리 업계의 회사는 HIPAA 규정을 준수해야 한다.
- 독일 시민의 개인 정보를 다루는 회사는 반드시 독일 BDSG를 준수해야 한다.

이러한 경우 클라우드 공급자는 다음과 같은 몇 가지 옵션을 제시한다.

- 아마존은 정부 기관이 아마존 웹 서비스를 사용할 수 있도록 GovCloud를 제공한다.
- 구글, 애저 및 아마존 웹 서비스는 모두 BAA에 서명하여 HIPAA 대상 고객을 지원한다.
- 애저와 아마존은 BDSG를 준수하기 위해 독일에 데이터 센터를 제공한다.

이러한 각각의 경우는 아주 미묘한 차이가 있을 수 있으므로 다음과 같은 상황 중 하나인 경우

- 클라우드 호스팅을 사용할 수 있다.
- 사용할 수 있는 서비스가 제한적일 수 있다.

호스팅 제공 업체에 대한 심각한 결정을 내릴 때는 법률 고문이 함께 하는 것이 가장 좋다. 이미 이야기했지만, 클라우드 데이터 센터가 일반적인 요구에 충분히 안전하다는 사실에 비교적 확신이 있고, 특별한 요구가 있을 경우 긍정적으로 검토할 수 있다면 좋다. 그러나 아직 이 데이터 센터를 다른 사람들과 공유한다는 개념은 다루지 않았다. 어떻게 작동할까?

3.4 리소스 격리 및 성능

클라우드 컴퓨팅을 세상에 나오게 한 큰 발전은 하나의 물리적인 컴퓨터를 하나의 작은 컴퓨터로 분해하는 가상화의 개념이었다. 각각의 컴퓨터는 하나의 독립된 컴퓨터처럼 작동할 수 있었다. 클라우드 컴퓨팅을 대단하게 만든 것은 대규모의 물리적 컴퓨터 클러스터를 구축한 다음, 시간 단위로 소규모 가상 컴퓨터를 임대할 수 있다는 사실이었다. 이 과정에서 소규모 가상 컴퓨터 임대가 실제 컴퓨터 실행에 필요한 평균 비용을 감당할 수 있다면 수익이 발생했다.

이 개념은 매력적이지만, 한 가지 중요한 사항이 빠져 있다. 두 개의 반쪽짜리 가상 컴퓨터가 하나의 물리적 컴퓨터만큼 빠르게 실행될까? 반쪽의 가상 컴퓨터를 사용하는 한 사람이 CPU

집중적인 작업 부하에서 다른 사람의 리소스를 침범하여 두 번째 반쪽을 사용할 수 있거나, 다른 사람의 CPU 사이클을 효과적으로 가져올 수 있는지 등의 더 많은 질문이 제기된다. 네트워크 대역폭은 어떨까? 아니면 메모리는? 또는 디스크 접근은? 이 주제는 시끄러운 이웃 문제(그림 3.6)로 알려져 있으며, 클라우드 데이터 센터를 이용하는 사람이라면 피상적으로라도 이해해야 한다.

그림 3.6   시끄러운 이웃이 근처의 사람들에게 영향을 줄 수 있다

이러한 질문에 대한 간단한 대답은 베어메탈(Bare Metal, 비가상화) 시스템에서만 완벽한 리소스 격리를 얻을 수 있다는 것이다. 운좋게도 오늘날의 많은 클라우드 제공 업체는 오랜 동안 이 문제에 대해 알고 있었으며, 솔루션을 구축하는 데 수년을 소비했다. 완벽한 해결책은 없겠지만, 성능의 변동이 크지 않게 하는 예방 조치는 상당히 유용할 수 있다.

구글의 경우 모든 클라우드 서비스는 궁극적으로 Borg라는 시스템 위에 실행된다. 이는 2013년 3월 《Wired》지의 "Borg is a way of efficiently parceling work across Google's vast fleet of computer servers(구글의 방대한 규모에서 효율적으로 업무를 수행하는 방법)"에서 읽을 수 있다. 구글은 다른 서비스(예: Gmail이나 유투브)에서 내부적으로 같은 시스템을 사용하기 때문에, 리소스 격리(또는, 리소스 공정성(resource fairness)으로 표현하는 것이 더 좋을 수 있음)는 거의 10년이 걸린 기능으로 지속적으로 개선되고 있다. 보다 구체적으로 말하면 구글 Compute Engine에서 vCPU 1개의 용량을 구입한다는 것은 다른 VM의 작업량과 관계없이 같은 수의 컴퓨팅 사이클을 사용할 수 있어야 함을 의미한다.

요약

- 구글 클라우드에는 전 세계 곳곳에 많은 데이터 센터가 있어 선택할 수 있다.
- 빛의 속도는 데이터 센터 간 지연시간에 있어서 무시할 수 없는 요소다. 따라서 작업을 실행할 위치를 선택할 때는 거리를 고려해야 한다.
- 고가용성을 고려하여 설계할 때는 항상 복수 개의 영역을 사용하여 영역 수준의 실패를 방지하고, 가능하면 여러 지역을 사용하여 지역적 실패를 방지하도록 한다.
- 구글의 데이터 센터는 믿을 수 없을 만큼 안전하며, 서비스는 데이터를 저장하기 전에 반드시 암호화하도록 한다.
- 고려해야 할 특별한 법적 문제(HIPAA, BDSG 등)가 있는 경우 클라우드 제공 업체에 정보를 저장하기 전에 변호사와 상의하도록 한다.

PART

II

저장소

클라우드의 기본 사항을 이해했으니 개별 제품에 대해 더 자세히 알아보도록 하자. 이를 위해 다양한 데이터 저장 공간을 알아보는 것에서 시작한다.

어려운 이야기부터 하자면 데이터 저장소 이야기가 지루하게 들리는 건 사실이다. 그리고 데이터 저장소(Storage)를 깊이 알아보면 실제로 꽤나 복잡하게 되어 있다. 하지만 세상에 다른 복잡한 것들과 마찬가지로, 시간을 투자해서 살펴본다면 그것이 정말 매력적인 것이라는 것을 알게 될 것이다.

이어지는 장에서 구글의 다양한 저장소 시스템과 그 저장소 시스템이 구글 클라우드 플랫폼에서 어떻게 작동하는지를 살펴볼 것이다. 이 중 일부는 익숙한 것일테고(예: 4장), 다른 일부는 구글이 만들어 새로 배울 것이 많은 내용이다(예: 6장). 각각의 옵션은 독특한 장점과 단점이 있다. 이번 장을 마치면 다양한 저장소의 옵션을 잘 알게 되어 진행하고 있는 프로젝트에 가장 적합한 옵션을 확실히 결정할 수 있을 것이다.

PART II

4

Cloud SQL: 매니지드 관계형 스토리지

이 장에서는 다음 내용을 다룬다.

- Cloud SQL이란 무엇인가?
- 운영 환경급 SQL 인스턴스 구성
- 적합한 Cloud SQL 결정
- VM에서 Cloud SQL과 MySQL 중 선택

때때로 SQL(sequel처럼 발음되기도 함)이라고 불리는 관계형 데이터베이스는 1980년대로 거슬러 올라가서 가장 오래된 형태의 구조화된 데이터 저장소 중 하나다. 관계형 데이터베이스라는 용어는 이러한 데이터베이스가 관련 데이터를 저장하고 이를 결합하여 "올해 최고 임금을 받는 5명의 직원은 몇 살입니까?"와 같은 복잡한 질문을 할 수 있게 만들어 준다.

이 기능은 관계형 데이터베이스를 훌륭한 범용 스토리지 시스템으로 만든다. 결과적으로 대부분의 클라우드 호스팅 제공 업체는 관계형 데이터베이스를 가동 및 실행하기 위해 일종의 푸시 버튼 옵션을 제공한다. 구글 클라우드에서는 Cloud SQL이라고 하며, 2장의 연습을 마치면 좀 더 익숙해질 것이다.

이 장에서는 Cloud SQL을 훨씬 자세하게 다룰 것이며, 보다 실제적인 상황을 다룰 것이다. 이 책은 관계형 데이터베이스(MySQL 또는 PostgreSQL과 같은)의 여러 가지 유형을 다룰 것이므로

Cloud SQL을 운영 환경에서 사용하기로 결정한 경우 MySQL에 대한 책을 구입하는 것은 훌륭한 투자라 할 수 있다. 이 장의 목적은 Cloud SQL과 다른 책에서 찾을 수 있는 정보를 다루는 것이 아니라 Cloud SQL이 어떻게 다르게 사용되는지에 대해서 다룰 것이다. 또한, 관계형 데이터베이스 실행의 관리 측면을 자동화하는 모든 알찬 기능을 보여줄 것이다.

4.1 Cloud SQL이란 무엇인가?

Cloud SQL은 구글 Compute Engine에서 호스팅되고, 구글에서 관리하며, MySQL을 실행하는 VM이다. 즉, 설정을 변경하기 위해 SSH를 사용하지 않아도 되는 MySQL과 완벽하게 호환되는 서버를 사용할 수 있다. 대신 클라우드 콘솔, Cloud SDK 명령줄 도구 또는 REST API로 모든 설정을 변경할 수 있다. 아마존의 관계형 데이터베이스 서비스(Relational Database Service, RDS)에 익숙하다면, Cloud SQL을 거의 같은 것으로 생각할 수 있다. Cloud SQL은 현재 MySQL과 PostgreSQL 모두를 지원하지만, 지금은 MySQL에 대해서만 논의한다.

Cloud SQL은 MySQL과 완벽하게 호환되므로 현재 시스템의 어딘가에서 MySQL을 사용하고 있다면 Cloud SQL은 괜찮은 선택일 수 있다. 또한, Cloud SQL 사용은 구성(Configuration)에서 Cloud SQL 인스턴스를 가리키도록 호스트 이름을 변경하는 것만으로 가능하다. 구성 및 성능 튜닝은 Cloud SQL과 MySQL 서버가 같으므로 여기서는 다루지 않겠다. 대신 이 장에서는 Cloud SQL이 새로운 버전의 MySQL로 업그레이드하고, 반복적인 백업을 실행하며, Cloud SQL 인스턴스를 보호하여 신뢰할 수 있는 사람들의 연결만을 허용하는 것과 같은 지루한 작업들을 자동화하는 방법을 설명한다. Cloud SQL을 시작하기 위해서 Cloud SQL 인스턴스를 켜는 과정을 살펴보자.

4.2 Cloud SQL 사용

1장에서 배운 바와 같이 구글 클라우드는 브라우저를 통한 클라우드 콘솔, 클라우드 SDK를 사용한 명령줄, 각 개발 언어에 맞는 클라이언트용 라이브러리를 통한 직접 코딩 등 다양한 방법으로 사용할 수 있다. 여기서는 클라우드 콘솔과 클라우드 SDK의 조합을 사용하여 Cloud SQL 인스턴스를 켜고 로컬 컴퓨터에서 이 인스턴스를 조작한다. 특별히, Cloud SQL에 "할 일 목록" 데이터를 저장하고, 몇 가지 예제 쿼리를 실행해 볼 것이다.

우선, 브라우저에서 클라우드 콘솔의 SQL 섹션으로 이동하는 것으로 시작한다(https://cloud. google.com/console). 접속했으면 인스턴스 생성(create a new instance) 버튼을 클릭한다. 이 인스 턴스는 일반적인 MySQL의 서버와 유사하다.

양식(그림 4.1)을 채울 때 현재 위치에 근접한 지역을 선택해야 여러분의 쿼리가 쓸데없이 다른 지역으로 가지 않는다. 이 예제에서는 us-east1의 인스턴스를 선택하여 진행한다. 생성(create) 을 클릭하면 구글에서 Cloud SQL 인스턴스 설정 작업을 시작한다.

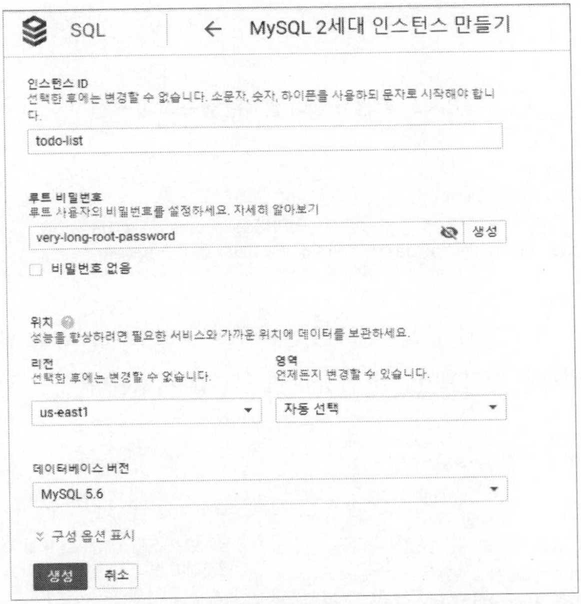

그림 4.1 비 필수 항목을 사용하여 새 Cloud SQL 인스턴스 만들기

데이터베이스를 다루기 전에 액세스 권한이 있는지 확인해야 한다. MySQL은 비밀번호 인증 을 사용하기 때문에 추가 접근 권한을 부여하려면 새로운 사용자를 생성해야 한다. 이는 클라 우드 콘솔에서 Cloud SQL instance를 클릭하고 사용자(Users) 탭을 선택하여 수행할 수 있다.

여기서 새 사용자를 만들거나 루트 사용자의 암호를 변경할 수 있지만, 생성한 사용자 이름과 암호는 확실히 기억해 두도록 한다. 이밖에도 다른 많은 것을 할 수 있지만, 나중에 더 자세히 설명한다.

사용자를 만든 후에는 완전히 다른 환경인 브라우저에서 명령줄로 전환해야 한다. 터미널을 열고 gcloud sql로 instance list를 확인하는 명령을 사용하여 생성했던 Cloud SQL 인스 턴스가 잘 보이는지 확인한다.

그림 4.2 사용자 탭이 선택된 접근 제어 섹션

```
$ gcloud sql instances list
NAME     REGION TIER                 ADDRESS       STATUS
todo-list us-east1 db-n1-standard-1 104.196.23.32 RUNNABLE
```

Cloud SQL 인스턴스가 구동되어 실행되고 있는지 확인하였으니(STATUS 필드가 RUNNABLE임을 확인한다), MySQL 명령줄 인터페이스를 사용하여 연결을 시도한다.

```
$ sudo apt-get install mysql-client
...

$ mysql -h 104.196.23.32 -u user-here \     생성한 인스턴스의 host IP와 사용자명, 비밀번호로
        --password=password-here            변경해야 한다.
Welcome to the MySQL monitor. Commands end with ; or \g.
Your MySQL connection id is 37
Server version: 5.6.25-google (Google)

Copyright © 2000, 2015, Oracle and/or its affiliates. All rights reserved.

Oracle is a registered trademark of Oracle Corporation and/or its
affiliates. Other names may be trademarks of their respective
owners.

Type 'help;' or '\h' for help. Type '\c' to clear the current input statement.

mysql>
```

여러분이 생성한 인스턴스의 host IP와 사용자명, 비밀번호를 변경해야 한다.

모든 것이 잘 작동하는 것처럼 보인다! 진짜 MySQL 서버와 통신하고 있는 것이며, 이 서버에서 일반적으로 사용할 수 있는 MySQL 명령이 모두 수행될 것이다. 먼저 해야 할 일은 다음과 같이 CREATE DATABASE 명령을 사용하여 앱용 데이터베이스를 만드는 것이다.

```
mysql> CREATE DATABASE todo;
Query OK, 1 row affected (0.02 sec)
```

이제 "할 일 목록"에 있는 몇 개의 테이블을 생성할 수 있다. 관계형 데이터베이스 스키마에 익숙하지 않은 경우라도 편리하게 사용할 수 있으므로 걱정할 필요는 없다. 먼저, 표 4.1과 같은 "할 일 목록"을 저장할 테이블을 생성한다. 리스트 4.1에 나와 있는 테이블이 생성된다.

표 4.1 **"할 일 목록" 테이블**

ID(기본키)	이름
1	Groceries
2	Christmas shopping
3	Vacation plans

리스트 4.1 **todolists 테이블 정의하기**

```
CREATE TABLE `todolists` (
  `id` INT(11) NOT NULL AUTO_INCREMENT PRIMARY KEY,
  `name` VARCHAR(255) NOT NULL
) ENGINE = InnoDB;
```

다음 리스트와 같이 작성한 데이터베이스에서 이를 실행한다.

리스트 4.2 **데이터베이스에 todolists 테이블 만들기**

```
mysql> use todo;
Database changed

mysql> CREATE TABLE `todolists` (
       `id` INT(11) NOT NULL AUTO_INCREMENT PRIMARY KEY,
       `name` VARCHAR(255) NOT NULL
       ENGINE = InnoDB;
```

이제 표 4.1에 나와 있는 예제 목록을 생성하면, 다음과 같은 작업 내용을 볼 수 있다.

리스트 4.3 몇 가지 "할 일 목록" 예제 추가하기

```
msqyl> INSERT INTO todolists (`name`) VALUES ("Groceries"),
       ("Christmas shopping"),
       ("Vacation plans");
Query OK, 3 rows affected (0.02 sec)
Records: 3 Duplicates: 0 Warnings: 0
```

다음과 같이 SELECT 쿼리를 사용하여 목록이 있는지 확인할 수 있다.

리스트 4.4 "할 일 목록" 조회하기

```
mysql> SELECT * FROM todolists;
+----+--------------------+
| id | name |
+----+--------------------+
| 1 | Groceries |
| 2 | Christmas shopping |
| 3 | Vacation plans |
+----+--------------------+
3 rows in set (0.02 sec)
```

마지막으로 똑같은 작업을 다시 한 번 수행해 보자. 다만 이번에는 각 체크리스트의 해야 할 일들에 대해 수행한다. 예제 데이터는 표 4.2에 표시된 것처럼 보일 것이다. 그리고 이는 리스트 4.5에 나와 있는 MySQL DDL로 변환된다.

표 4.2 "할 일 목록" 테이블(todoitems)

ID (기본 키)	To-Do List ID(외래키)	이름	완료?
1	1(Groceries)	Milk	No
2	1(Groceries)	Eggs	No
3	1(Groceries)	Orange juice	Yes
4	1(Groceries)	Egg salad	No

리스트 4.5 todoitems 테이블 만들기

```
> CREATE TABLE `todoitems` (
 `id` INT(11) NOT NULL AUTO_INCREMENT PRIMARY KEY,
 `todolist_id` INT(11) NOT NULL REFERENCES `todolists`.`id`,
 `name` varchar(255) NOT NULL,
 `done` BOOL NOT NULL DEFAULT `0`
 ) ENGINE = InnoDB;
Query OK, 0 rows affected (0.03 sec)
```

그다음 예제에 "할 일 목록"을 추가할 수 있다.

리스트 4.6 todoitems 테이블에 예제 항목 추가하기

```
mysql> INSERT INTO todoitems (`todolist_id`, `name`, `done`) VALUES (1, "Milk", 0),
(1, "Eggs", 0), (1, "Orange juice", 1), (1, "Egg salad", 0);
Query OK, 4 rows affected (0.03 sec)
Records: 4 Duplicates: 0 Warnings: 0
```

다음으로는 다음 예제 코드에 보이는 것처럼 "egg"와 발음이 비슷한 식료품들을 조회하는 것을 요청할 수 있다.

리스트 4.7 "egg"와 발음이 유사한 식료품에 대한 쿼리

```
mysql> SELECT `todoitems`.`name` from `todoitems`, `todolists` WHERE
`todolists`.`name` = "Groceries" AND `todoitems`.`todolist_id` = `todolists`.`id`
AND `todoitems`.`done` = 0 AND SOUNDEX(`todoitems`.`name`) LIKE
CONCAT(SUBSTRING(SOUNDEX("egg"), 1,2), "%");
```

이번 장 전체에서 이 예제 데이터베이스를 사용할 것이지만, 매시간 Cloud SQL 인스턴스 비용을 지불하고 있으므로 필요에 따라 언제든 삭제하고 다시 생성할 수 있다. Cloud SQL 인스턴스를 삭제하려면 클라우드 콘솔에서 삭제를 클릭한다(그림 4.3). 그 후 그림 4.4와 같이 올바른 데이터베이스를 삭제하는지를 확인해야 한다(다른 것을 지우지 않기 바란다!).

그림 4.3 Cloud SQL 인스턴스 삭제

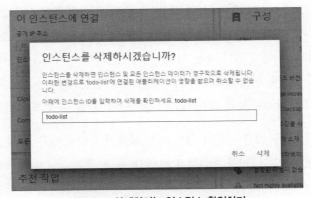

그림 4.4 삭제하려는 인스턴스 확인하기

Cloud SQL을 사용하는 방법을 살펴보았으니(MySQL를 사용한 적이 있다면 익숙함을 느꼈기 바란다), 몇 가지 실제 작업을 통해 Cloud SQL 인스턴스를 설정하기 위해 필요한 사항을 살펴보도록 하자.

4.3 운영 환경을 위한 Cloud SQL 구성

Cloud SQL 인스턴스를 켜는 방법을 배웠으므로 이제는 운영 환경에서 Cloud SQL을 실행하는 데 필요한 단계를 수행해야 한다. 계속하기 전에 이 장(및 이 책의 대부분)의 목적을 위해 확실히 해 두는 것이 좋을 것이다. **운영 환경**이라고 말하는 것은 비즈니스를 운영하는 데 안전한 환경을 의미한다. 운영 환경에서 신뢰할 수 있는 백업, 장애 조치 절차 및 적절한 보안 절차 등이 있다. 이제 약간은 뻔한 주제 중 하나인 접근 제어를 살펴본다.

4.3.1 접근 제어

새로운 툴에 대해 알아보는 것과 같은 일부 시나리오에서는 일시적으로 보안을 무시하는 것도 필요한 방법이다. Cloud SQL 인스턴스에 대한 접근을 오픈할 수도 있다(예: 0.0.0.0/0 같은 CIDR 표기법). 이렇게 나중에 적용하려고 풀어 놓은 보안정책들은 상황이 심각해질 경우에는 용납되지는 않는다. 이 상황에서 다음과 같은 질문을 던져 볼 수 있다. 무엇을 허용할 것인가? 인스턴스에 연결을 허용할 수 있는 IP 주소 또는 서브 네트워크는 무엇인가?

여러분의 시스템이 여러 공급 업체에 걸쳐서(아마존의 EC2, 마이크로소프트의 애저 및 구글 Compute Engine에서 실행되는 일부 VM일 수 있음) 동작하고 있을 때 적용할 수 있는 가장 간단한 방법은 이러한 시스템에 정적 IP를 할당하고, 권한 제어(Authorization)에서 접근을 제한하는 것이다. 예를 들어, IP 주소 104.120.19.32를 사용하여 VM을 실행 중인 경우 104.120.19.32/32와 같이 CIDR 표기법을 사용하여 정확한 IP에서부터의 접근을 허용할 수 있다(그림 4.5). 여기서 "/32"는 "정확히 일치해야 한다"라는 의미다. 이러한 유형의 제한은 네트워크 수준에서 발생하기 때문에 MySQL은 이러한 요청이 들어오는지 알지 못한다. 이 방법은 IP에 대한 액세스가 허용되지 않으면 외부로부터 데이터베이스를 완전히 숨길 수 있으므로 좋은 방법이다.

시스템이 비교적 큰 경우 접근 권한이 있는 사람 목록에 상당히 많은 IP 주소를 추가하는 것은 힘든 작업이 될 수 있다. 이를 처리하기 위해 IP 주소 패턴 및 CIDR 표기법을 사용할 수 있다. Compute Engine 내부의 VM은 프로젝트의 특정 서브넷에서 IP를 할당하는 가상 네트워크에 있다(네트워킹에 대한 자세한 내용은 9장을 참고하기 바란다). 기본적으로 단일 네트워크에 있는 모든 Compute Engine VM은 같은 패턴을 따르는 IP 주소를 가지므로 각 개별 IP 주소보다는 패턴에 대한 액세스 권한을 부여할 수 있다.

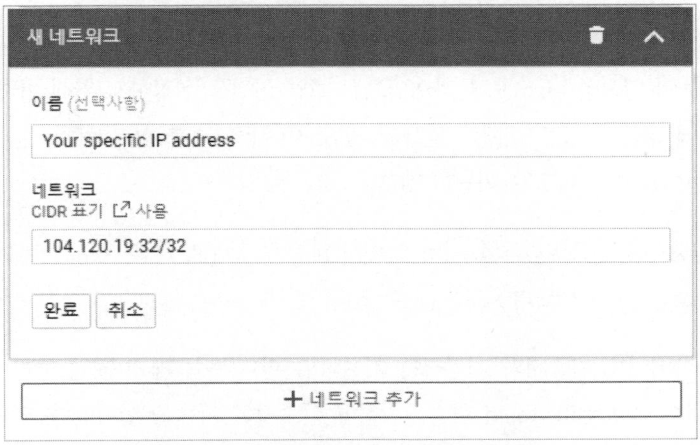

그림 4.5 특정 IP 주소에 대한 액세스 설정

예를 들어, 기본 네트워크는 내부 IP 주소(**10.240.0.0/16**)를 할당하기 위해 지정된 서브넷을 사용한다. 즉, 여러분의 장비는 모두 이 CIDR 표현식(예: 10.240.0.1)과 일치하는 IP에 해당될 것이다. 이러한 컴퓨터에 대한 액세스를 제한하려면 **10.240.0.0/16**을 사용한다(여기서 "/16"은 마지막 두 숫자가 와일드카드임을 의미한다).

자주 발생하는 다음 보안 유형은 쿼리에 암호화된 채널을 사용하는 것이다. 다행히도 Cloud SQL을 사용하면 전송하는 데 있어 SSL을 쉽게 사용할 수 있다.

4.3.2 SSL을 통한 연결

이 분야를 처음 접한다면 SSL(Secure Sockets Layer)은 신뢰할 수 없는 랜선을 통해 A 지점에서 B 지점으로 데이터를 암호화해서 보내는 표준 방법이라고 생각하면 된다. 누군가가 엿들을 수 있는 중요한 정보(예: 신용카드 번호)를 안전하게 보낼 수 있는 방법을 제공한다.

이런 보안을 적용하는 것은 대단히 중요하다. 대부분의 경우 웹사이트 보안을 위한 것으로 SSL을 생각할 것이다. 하지만 신용카드 번호를 웹 서버에 안전하게 보낸다 하더라도 웹 서버가 안전하지 않은 채 데이터베이스로 신용카드 번호를 보낼 경우 큰 문제가 될 수 있다. 그러면 데이터베이스 연결이 암호화되었는지 어떻게 확인해야 할까?

클라이언트로 보안 연결을 설정할 때마다 다음 세 가지가 필요하다.

- 서버의 CA 인증서
- 클라이언트 인증서
- 클라이언트 개인키

위와 같은 것들이 있으면 MySQL 클라이언트는 보안 연결을 설정하기 위해 어떻게 해야 하는지 알기 때문에 많은 작업을 수행할 필요가 없다. 이 세 가지를 얻기 위해 먼저 클라우드 콘솔에서 인스턴스의 연결 탭으로 이동한다(그림 4.6).

서버의 CA 인증서를 얻으려면 SSL 서버 인증서 다운로드 부분의 다운로드 버튼을 클릭한다. 클릭하면 server-ca.pem으로 다운로드할 수 있다.

그런 다음 클라이언트 인증서와 개인키를 가져와야 한다. 이렇게 하려면 클라이언트 인증서 만들기(Create a Client Certificate) 버튼을 클릭하고 인증서의 이름을 입력한다. 일반적으로 인증서를 사용하는 서버 이름에 따라 인증서의 이름을 지정한다. 예를 들어, 운영 환경 웹 서버에서 이 인증서를 사용하여 데이터베이스를 읽고 쓰는 경우 webserver-production이라고 할 수 있다(그림 4.8).

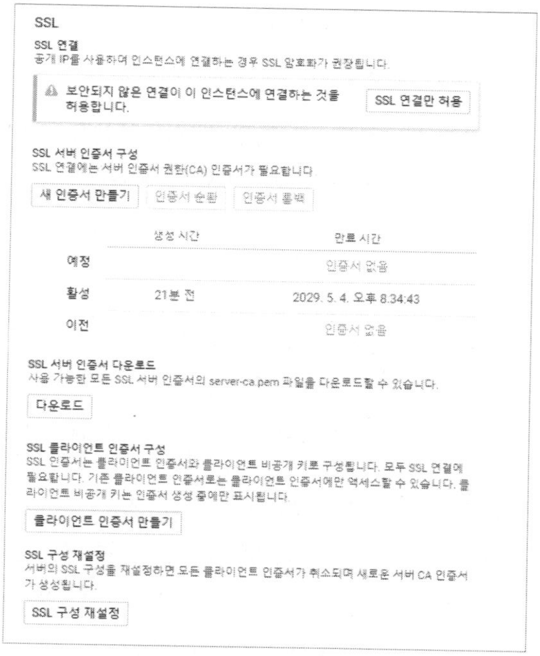

그림 4.6 Cloud SQL의 SSL 옵션

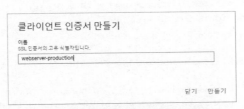

그림 4.7 Cloud SQL의 서버 CA 인증서

클라이언트 인증서 만들기

이름
SSL 인증서의 고유 식별자입니다.

webserver-production

닫기 만들기

그림 4.8 새 클라이언트 인증서 만들기

추가(Add)를 클릭하면 클라이언트 인증서와 개인키를 보여주는 두 번째 팝업이 표시된다(그림 4.9). 이전과 마찬가지로 복사하여 붙여 넣거나 다운로드 링크를 클릭할 수 있지만, 마지막에는 client-key.pem과 client-cert.pem이 모두 있어야 한다.

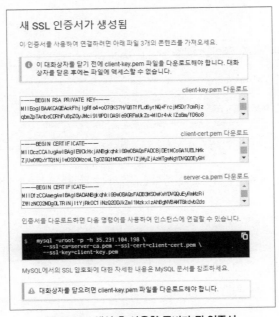

그림 4.9 생성 후 사용할 준비가 된 인증서

세 가지 파일을 모두를 얻었으면 그림 4.9의 팝업에서 제공하는 MySQL 명령을 실행하여 다음을 시도해 볼 수 있다.

```
$ mysql -u root -password=really-strong-root-password -h 104.196.23.32 \
  --ssl-ca=server-ca.pem \
  --ssl-cert=client-cert.pem \
  --ssl-key=client-key.pem

Welcome to the MySQL monitor. Commands end with ; or \g.
Your MySQL connection id is 646
Server version: 5.6.25-google (Google)

Copyright © 2000, 2015, Oracle and/or its affiliates. All rights reserved.

Oracle is a registered trademark of Oracle Corporation and/or its
affiliates. Other names may be trademarks of their respective
owners.

Type 'help;' or '\h' for help. Type '\c' to clear the current input statement.

mysql>
```

연결이 암호화되었는지 다시 확인하려면 다음과 같이 MySQL의 SHOW STATUS 명령을 사용하면 된다.

```
mysql> SHOW STATUS LIKE 'Ssl_cipher';
+---------------+-------------------+
| Variable_name | Value             |
+---------------+-------------------+
| Ssl_cipher    | DHE-RSA-AES256-SHA |
+---------------+-------------------+
1 row in set (0.02 sec)
```

안전하지 않은 연결을 통해 이 쿼리를 실행하면, 결과는 완전히 다르게 나타난다.

```
mysql> SHOW STATUS LIKE 'Ssl_cipher';
+---------------+-------+
| Variable_name | Value |
+---------------+-------+
| Ssl_cipher    |       |
+---------------+-------+
1 row in set (0.01 sec)
```

이 세 가지 파일을 사용하면 주요 라이브러리는 이를 어떻게 사용하는지 알기 때문에 대부분의 클라이언트 라이브러리에서 Cloud SQL 인스턴스에 안전하게 연결할 수 있다. 예를 들어, Node.js 용 mysql 라이브러리를 사용하는 경우 다음 리스트와 같이 ca, cert 및 key를 전달할 수 있다.

리스트 4.8 **Node.js에서 MySQL에 연결하기**

```
const fs = require('fs');
const mysql = require('mysql');

const connection = mysql.createConnection({
  host: '104.196.23.32',
  ssl: {
    ca: fs.readFileSync(dirname + '/server-ca.pem'),
    cert: fs.readFileSync(dirname + '/client-cert.pem'),
    key: fs.readFileSync(__dirname + '/client-key.pem')
  }
});
```

지금까지 Cloud SQL 인스턴스를 안전하게 유지하는 방법을 살펴보았다. 다음으로 운영 환경의 데이터베이스를 실행하려고 할 때 다양한 구성 옵션과 그 의미에 대해 좀 더 자세히 설명할 것이다.

4.3.3 유지관리 윈도우

소프트웨어는 언젠가 업그레이드해야 한다는 것을 개발 기간 중 잊어버리는 경향이 있다. 서버는 보안 패치나 최신 버전으로의 업그레이드와 같은 유지관리 없이는 영원할 수 없으며, 그러한 일을 처리하는 것은 힘든 일이다. 다행히도 Cloud SQL은 여러분을 위해 이를 처리할 수 있는 기능을 제공한다. 여러분은 여기에 약간의 지침을 주고 싶을지도 모른다. 데이터베이스가 사라지거나 어느 날 갑자기 느려지는 것을 고객이 알아 차릴 수 없도록 시스템 업그레이드 같은 작업을 언제 수행하는 것이 좋을지 구글에 알려주고 싶을 것이다.

Cloud SQL는 특정 요일과 시간(1시간 단위로 표시)에 허용 기간을 설정할 수 있도록 해서 구글이 허용된 시간에 유지관리를 할 수 있도록 한다. 구글은 여러분의 비지니스가 어떤 것인지 알지 못하기 때문에 이를 설정해야 한다. 유지관리 기간은 InstaSnap(주중 이른 아침이 유지관리에 좋은 시간이다)과 E*Exchange(주말의 늦은 밤은 유지 보수를 위한 좋은 시간이다)와 같이 앱에 따라 서로 다를 수 있다.

이 기간을 설정하려면 클라우드 콘솔에서 Cloud SQL 인스턴스의 세부 정보 페이지로 이동한다. 그러면 일정을 편집할 링크가 있는 유지관리 일정(Maintenance Schedule) 섹션(그림 4.10)이 하단에 표시된다.

그림 4.10 유지관리 일정 카드가 있는 Cloud SQL 인스턴스 세부 정보 페이지

편집 페이지(그림 4.11)에서 자동 선택(이것은 구글이 언제든지 Cloud SQL 인스턴스를 유지보수해도 좋다는 의미다)으로 설정되어 있는 유지관리 일정 설정(Maintenance Window)이라는 섹션이 보일 것이다. 이것은 여러분이 원하는 것과는 다를 것이다!

처음에는 요일을 선택하는 것으로 시작한다. 일반적으로 근무 시간 중 동작하는 비즈니스 앱의 경우 유지관리를 위한 가장 좋은 날은 주말이지만, 소셜 또는 재미를 위한 앱의 경우 가장 좋은 요일은 주 초(월요일 또는 화요일)로 볼 수 있다.

요일을 선택하고 나면 한 시간짜리 선택창을 선택할 수 있다. 이 시간은 UTC가 아닌 현지 시간대이므로 뉴욕에 있는 경우 오전 8시는 동부 시간 오전 8시를 의미하며, UTC로는 12시나 13시다(이 차이는 일광 절약 시간 때문이다). 이는 고객이 가까이에 있는 경우에는 괜찮지만, 그렇지 않은 경우 약간 까다로울 수 있다.

그림 4.11 유지관리 기간 선택

같은 시간대가 아니라 예를 들어, 뉴욕(GMT-5)을 기반으로 했지만, 도쿄(GMT+9)에 거주하는 고객을 위해 E*Exchange를 구축하는 경우 14시간을 추가하고 싶을 것이고, 심지어 날짜가 달라질 수도 있다. 도쿄의 토요일 오전 3시의 경우 뉴욕 시간으로는 금요일 오후 1시다. 마지

막 옵션을 사용하면 릴리스 주기에 업데이트를 더 미리(Earlier) 또는 나중에(Later) 적용할지를 선택할 수 있다. 미리는 가장 최신 버전이 안정적이라고 간주되는 즉시 인스턴스가 업그레이드된다는 것을 의미하는 반면, 나중에로 설정하면 한동안 업그레이드가 지연된다. 일반적으로 테스트 인스턴스를 다루는 경우에만 미리를 선택한다.

유지 보수 일정 옵션을 사용하면 업데이트를 원하는 시간으로 설정할 수 있다. 하지만 MySQL 구성 매개변수를 변경하려고 할 때는 어떻게 해야 할까?

4.3.4 추가 MySQL 옵션

자신의 VM을 관리하고 MySQL을 실행하는 경우 MySQL 구성 파일(my.cnf)의 설정을 변경하여 모든 구성 매개변수를 완전히 제어할 수 있다. Cloud SQL에서는 my.cnf 파일에 액세스할 수 없지만, 구성 파일이 아닌 API(또는 클라우드 콘솔을 통해)를 통해 이러한 매개변수를 변경할 수 있다.

최대 성능을 위한 MySQL 튜닝은 여기서 다루기엔 너무 큰 주제이기 때문에 Cloud SQL(또는 MySQL) 데이터베이스를 최대한 활용하는 데 관심이 있다면 Peter Zaitsev가 집필한 《High Performance MySQL》 세 번째 개정판(주제에 대해 정통한 O'Reilly 도서)을 추천한다. 이 절의 목적은 MySQL 데이터베이스에서 하는 것과 같이 Cloud SQL에서 모든 매개변수를 설정하는 방법을 확실히 아는 것이다. 예를 들어, 큰 용량의 인메모리 임시 테이블을 생성한다고 가정해 보자. 기본적으로 16MB인 테이블 크기의 제한이 있다. 그 제한을 넘어서면, MySQL은 자동적으로 인메모리 테이블을 디스크 상의 MyISAM 테이블로 변환한다. 충분한 메모리 용량 이상을 갖고 있는 경우(예를 들어, RAM이 104GB인 경우) 이 한도를 초과하는 경우가 많다면 16MB에서 256MB로 제한을 높임으로써 성능을 향상시킬 수 있다.

일반적으로 이를 수행하려면 MySQL 서버에서 my.cnf를 편집하면 된다. Cloud SQL에서 이를 수행하려면 클라우드 콘솔을 사용할 수 있다.

Cloud SQL 인스턴스 세부 정보 페이지에서 다시 수정(Edit) 버튼을 클릭하고, 구성 옵션 섹션에서 데이터베이스 플래그 추가(Add Database Flags)를 선택한다(그림 4.12). 이 절에서는 많은 MySQL 구성 플래그 중 이 옵션에 대한 사용자 정의값을 선택하여 설정한다.

그림 4.12 Cloud SQL 인스턴스의 max_heap_table_size 변경

여러분의 경우는 max_heap_table_size를 256MB(262,144KB)로 변경한다. 값을 설정하면 저장(Save)을 클릭하여 매개변수를 업데이트한다.

이제 여러분은 데이터의 저장 위치, SSL 인증서 위치 및 Cloud SQL에서 신중하게 관리하는 기타 유사한 사항 등의 몇 가지의 예외를 제외하고는 my.cnf에서 볼 수 있는 거의 모든 구성 옵션을 변경할 수 있다.

4.4 스케일 업(및 다운)

일반적으로 저사양 VM 유형(싱글 코어 VM이 해당될 수 있다)으로 시작한 다음, 나중에 더 크고 강력한 VM으로 이동하는 데는 아무런 문제가 없다.

변경을 위해선 어떻게 해야 할까? 그에 대한 대답은 놀랄 정도로 간단하다. 먼저, Cloud SQL 인스턴스의 성능을 결정하는 두 가지 사항을 기억하기 바란다. 컴퓨팅 성능(예: VM 인스턴스 유형)과 디스크 성능(예: 크기와 성능이 연결되어 있기 때문에 디스크 크기). 먼저, 여러분의 Cloud SQL 인스턴스는 잠시 뒤로 하고, 컴퓨팅 성능 변화에 대해 먼저 논의하도록 하자.

4.4.1 컴퓨팅 파워

Cloud SQL 인스턴스 세부 정보 페이지로 이동하여 상단의 수정(Edit) 버튼을 클릭하면 머신 유형을 변경할 수 있다(그림 4.13). 단일 코어 머신(db-n1-standard-1)으로 시작한 경우 머신 유형을 더 큰 머신(예: db-n1-standard-2)으로 변경할 수 있으며, 저장(Save)을 클릭한다.

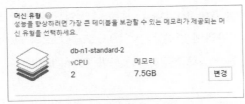

그림 4.13 머신 유형 변경

저장(Save)을 클릭하면 데이터베이스를 다시 시작해야 한다(그림 4.14). 약간의 중단 시간(일반적으로 몇분)이 있지만, 할 일은 그것뿐이다. 데이터베이스가 다시 시작되면, 더 큰(혹은 더 작은) 머신 유형에서 실행된다.

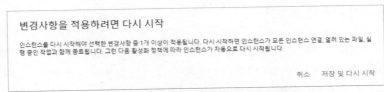

그림 4.14 머신 유형을 변경하려면 재시작이 필요하다

이제 더 큰 머신을 갖추게 되었다. 디스크 성능은 어떻게 해야 할까? 또는 디스크 공간이 부족한 경우 어떻게 해야 할까?

4.4.2 저장소

9장에서 더 자세히 배우겠지만, 디스크 크기와 성능은 서로 연관성이 있다. 대용량 디스크는 더 많은 바이트를 저장할 수 있을 뿐만 아니라 그 바이트에 액세스할 수 있는 더 높은 IOPS를 제공한다. 따라서 10GB의 데이터만 계획했지만, 더 많은 접근이 필요한 경우 10GB를 훨씬 넘는 데이터를 할당할 수 있다. 9장에서 이 모든 내용을 읽을 수 있다. 여기서 기억해야 할 핵심 사항은 디스크 공간이 부족하거나 데이터의 크기가 커지지는 않지만, 더 자주 액세스를 하거나 더 많은 IOPS를 필요로 하는 경우다. 두 경우 모두 대답은 같다. 디스크를 더 크게 만들면 된다.

기본적으로 Cloud SQL의 일부로 사용되는 디스크는 자동 증가가 가능하도록 되어 있다. 디스크가 가득 차면 Cloud SQL은 자동으로 사용 가능한 크기를 늘린다. 그러나 대부분이 빈 디스크의 성능을 높이기 위해 늘려는 경우 수정(Edit) 버튼을 클릭하는 아주 간단한 프로세스로 진행할 수 있다.

인스턴스 수정(Edit Instance) 페이지의 구성 옵션(Configuration Options) 아래에 머신 유형 및 저

장소 구성(Configure Machine Type and Storage)이라는 섹션이 표시된다. 거기서는 저장용량 크기(Storage Capacity) 섹션을 자유롭게 변경할 수 있으므로 디스크의 크기와 성능을 높이려면 텍스트 상자의 숫자를 원하는 크기로 변경하기만 하면 된다(그림 4.15).

그림 4.15 저장용량에서 디스크 크기 변경

이 변경 사항은 데이터베이스 서버를 다시 시작할 필요가 없으므로 새 디스크 공간(곧 디스크 성능)을 거의 즉시 사용할 수 있다.

데이터베이스 크기를 늘릴 수는 있지만, 줄일 수는 없다. 사용되고 있는 크기에 관계없이 사용 가능한 저장 공간을 작게 만들려고 하면 그렇게 할 수 없다는 오류가 발생한다(그림 4.16). 이전 상태로 돌아가려면 추가 작업이 필요하므로 디스크 크기를 변경할 때는 이점을 명심하기 바란다.

그림 4.16 디스크 크기는 증가만 할 수 있다

여기서는 Cloud SQL 인스턴스를 크게 혹은 작게 변경하는 방법을 설명하였다. 그렇다면 고가용성은 어떻게 될까? Cloud SQL을 사용하여 사고나 재난이 발생하더라도 데이터베이스가 계속 실행되도록 하는 방법을 살펴본다.

4.5 복제

고가용성 시스템을 설계하기 위한 기본 구성요소는 시스템의 많은 부분이 실패하더라도(대개 매번 새롭고 참신한 방법으로) 서비스 중단 없이 계속 실행되는 것을 목표로 모든 단일 실패 요소를 제거하는 것이다. 짐작할 수 있듯이 단일 데이터베이스 서버를 갖는 것은 (정의상) 단일 실패 요소로 볼 수 있다. 이는 데이터베이스 고장(아무런 통보 없이 발생할 수 있음)으로 시스템이 더 이상 의도한 대로 작동하지 않기 때문이다.

다행인 점은 Cloud SQL을 사용하여 가장 기본적인 형태의 복제를 쉽게 구현할 수 있다는 것이다. 읽기 복제본과 장애복구(failover) 복제본이라는 두 가지 푸시 버튼 복제본 유형을 제공하여 이를 수행한다.

읽기 복제본은 기본 또는 마스터 인스턴스를 따르는 Cloud SQL 인스턴스의 복제본으로, 마스터에 대한 모든 변경 사항을 가져온다(그림 4.17). 읽기 복제본은 엄격하게 읽기 전용이므로 데이터를 수정하는 모든 쿼리(예: INSERT 또는 UPDATE)를 거부한다. 결과적으로 읽기 복제본은 읽기 복제본을 켜고 읽기 전용 트래픽의 일부를 해당 인스턴스로 라우팅할 수 있기 때문에 애플리케이션이 쓰기보다 훨씬 많은 읽기를 수행할 때 유용하다. 실제로 이러한 인스턴스를 사용하면 수직(용량을 늘리기 위해 컴퓨터 용량을 더 크게 만드는 경우)으로가 아닌 수평(용량 증가 방법으로 인스턴스를 추가하는 경우)으로 확장할 수 있다.

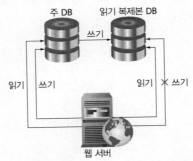

그림 4.17 읽기 복제본은 기본 데이터베이스를 따른다

장애 복구 복제본은 읽기 복제본과 재난 발생시 주 인스턴스를 교체할 수 있도록 준비한다는 점을 제외하고는 거의 유사하다(그림 4.18). 장애 복구 복제본은 선수가 경기 중 부상을 당해 교체 선수가 준비된 것처럼 생각하면 된다.

이러한 복제본을 만들려면 클라우드 콘솔에서 클릭하기만 하면 된다. 먼저, 장애 조치용 복제본 만들기를 시작한다.

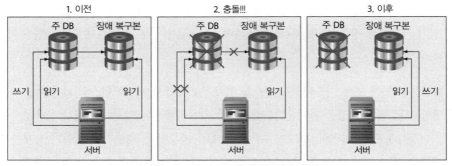

그림 4.18 기본 데이터베이스에 문제가 있을 때의 장애 복구 복제본 단계

SQL 인스턴스 목록으로 이동하면 고가용성 항목에 추가(Add Failover) 버튼이 표시된다(그림 4.19).

그림 4.19 SQL 인스턴스 목록

고가용성 추가를 클릭하면 추가 옵션과 함께 새 SQL 인스턴스를 만드는 것과 비슷한 양식이 표시된다(그림 4.20 참고). 같은 지역에서 다른 영역을 선택할 수 있다. 예를 들어, 현재 인스턴스에서는 지역이 us-east1에 고정되어 있지만, us-east1-b와 같은 다른 영역을 선택할 수도 있고, Any로 남겨 둘 수도 있다. 그러면 인스턴스를 어떤 구역에 배치할지 구글이 알아서 결정해 줄 것이다.

장애 조치용 복제본의 이면에 있는 아이디어는 일종의 재앙을 대비하고 있다. 이는 단순한 데이터베이스 고장일 수도 있지만, 전체 영역의 작동 중단일 수도 있다. 메인 영역과 다른 영역에 장애 조치용 복제본을 작성하면 어떤 이유로든 하나의 영역이 실패하더라도 데이터베이스가 거의 중단되지 않고 계속 작동할 수 있다.

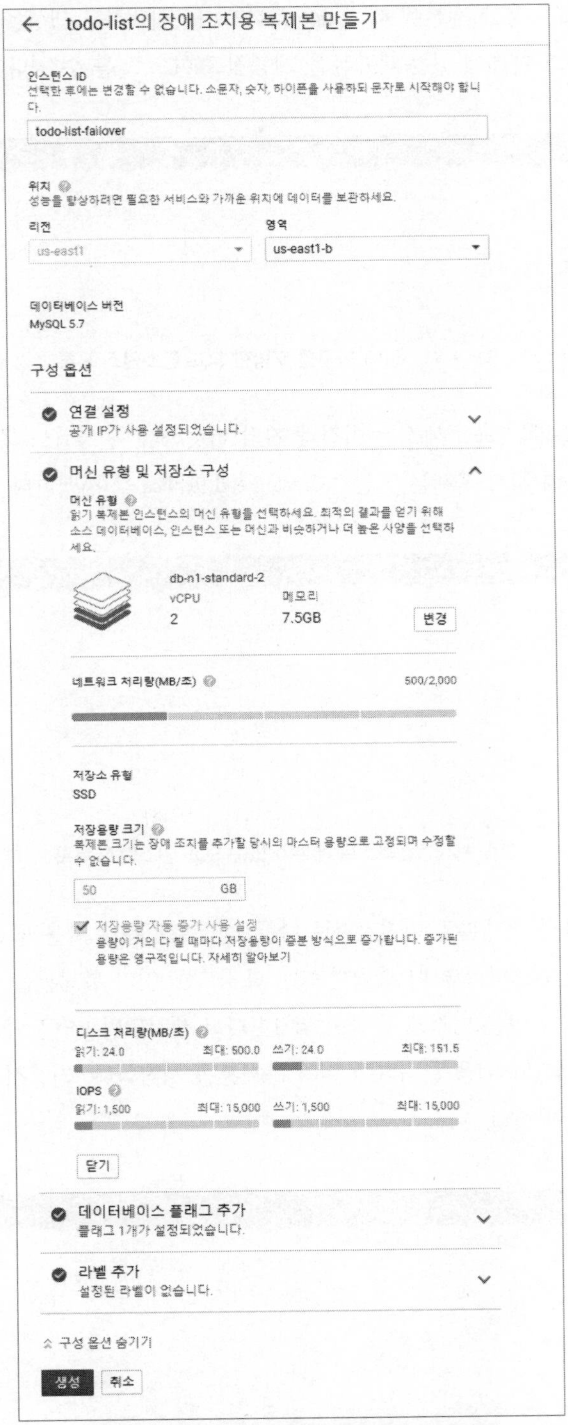

← todo-list의 장애 조치용 복제본 만들기

인스턴스 ID
선택한 후에는 변경할 수 없습니다. 소문자, 숫자, 하이픈을 사용하되 문자로 시작해야 합니다.

todo-list-failover

위치 ⓘ
성능을 향상하려면 필요한 서비스와 가까운 위치에 데이터를 보관하세요.

리전   영역
us-east1   ▼   us-east1-b   ▼

데이터베이스 버전
MySQL 5.7

구성 옵션

✔ 연결 설정   ⌄
   공개 IP가 사용 설정되었습니다.

✔ 머신 유형 및 저장소 구성   ⌃

   머신 유형 ⓘ
   읽기 복제본 인스턴스의 머신 유형을 선택하세요. 최적의 결과를 얻기 위해
   소스 데이터베이스, 인스턴스 또는 머신과 비슷하거나 더 높은 사양을 선택하
   세요.

        db-n1-standard-2
        vCPU   메모리
        2   7.5GB   변경

   네트워크 처리량(MB/조) ⓘ   500/2,000

   저장소 유형
   SSD

   저장용량 크기 ⓘ
   복제본 크기는 장애 조치를 추가할 당시의 마스터 용량으로 고정되며 수정할
   수 없습니다.

   50   GB

   ☑ 저장용량 자동 증가 사용 설정
      용량이 거의 다 찰 때마다 저장용량이 증분 방식으로 증가합니다. 증가된
      용량은 영구적입니다. 자세히 알아보기

   디스크 처리량(MB/초) ⓘ
   읽기: 24.0   최대: 500.0   쓰기: 24.0   최대: 151.5

   IOPS ⓘ
   읽기: 1,500   최대: 15,000   쓰기: 1,500   최대: 15,000

   닫기

✔ 데이터베이스 플래그 추가   ⌄
   플래그 1개가 설정되었습니다.

✔ 라벨 추가   ⌄
   설정된 라벨이 없습니다.

∧ 구성 옵션 숨기기

생성   취소

그림 4.20 장애 복구 복제본을 만들기 위한 양식

이 예에서는 장애 조치용 복제본에 대해 **us-east1-c**를 선택하고 생성을 클릭한다. VM이 생성되면 기본 인스턴스 아래에 있는 복제본을 계층적 표현으로 볼 수 있다(그림 4.21).

그림 4.21   장애 복구를 포함한 SQL 인스턴스 목록

읽기 복제본을 만들 때의 프로세스는 이전과 거의 비슷하다. 인스턴스 목록에서 그림 4.22와 같이 컨텍스트 메뉴의 읽기 복제본 만들기(Create Read Replica)를 선택한다.

그림 4.22   컨텍스트 메뉴가 있는 SQL 인스턴스 목록

이 시점에서 장애 복구 복제본과 마찬가지로 다른 인스턴스 유형 사용과 같은 중요한 추가 작업을 할 수 있다! 즉, 필요하다면 더 강력한(또는, 덜 강력한) 읽기 복제본을 만들 수 있다. 또한, 시간이 지남에 따라 더 많은 디스크 용량이 필요하다고 생각되면 더 큰 디스크 크기를 제공할 수 있다. 그 다음 생성(Create)을 클릭하여 읽기 복제본을 시작한다. 최종적으로 인스턴스 목록은 그림 4.23과 같아야 한다.

그림 4.23   두 종류의 복제본을 포함한 SQL 인스턴스 목록

4.5.1 복제본 관련 작업

Cloud SQL 인스턴스에서 수행할 수 있는 일반적인 작업(예: 재시작, 편집 등) 외에도 복제본의 승격 및 비활성화는 읽기 복제본에서만 수행 가능한 작업이다. 복제본을 비활성화하면 원본과 복제본 사이의 데이터 스트림이 일시 중지되고, 복제가 비활성화되는 시점으로 데이터베이스가 고정된다. 부주의로 인해 복제본을 변경할 수 있는 버그가 우려되거나 개발을 위해 특정 방식으로 데이터를 고정하려는 경우 복제본 비활성화는 이를 쉽게 해 준다. 복제를 다시 활성화하기로 선택하면 복제본은 기본 인스턴스에서 데이터를 가져와 다시 동기화한다.

인스턴스를 승격시키는 것은 Cloud SQL이 읽기 복제본을 기본 인스턴스에서 분리할 수 있게 하는 방법이다. 사실상, 이렇게 하면 읽기 복제본을 기본 복제본과는 완전히 별개인 독립 실행형 인스턴스로 만들 수 있다. 이것은 데이터를 손상시키는 버그를 걱정할 경우 복제를 비활성화하는 것과 함께 유용하게 쓰일 수 있다. 복제를 비활성화한 다음 잠재적으로 버그가 있는 코드를 배포하면 된다. 버그가 있는 경우 복제본을 새 기본 복제본으로 사용하여 복제본을 승격하고 이전 기본 복제본을 삭제할 수 있다. 버그가 없는 경우 복제를 다시 활성화하고 중단한 부분부터 다시 시작할 수 있다.

다음으로는 중요하지 않아 보이지만, 비즈니스의 생사를 좌우하는 백업에 대해 알아보도록 한다.

4.6 백업 및 복원

계획 단계에서 백업에 대해 이야기할 때 대부분의 사람들은 얼버무리고 넘어가려 한다. 하지만 재난이 발생하면 갑자기 태도를 완전히 바꾼다. Cloud SQL은 백업을 간단하고 튼튼하게 만들어 주기 때문에 필요한 경우가 발생할 때까지는 생각할 필요가 없다. 다양한 백업 방법을 사용할 수 있지만, 가장 간단한 자동 일일 백업을 살펴본다.

4.6.1 자동 일일 백업

Cloud SQL의 가장 간단하고, 빠르며, 가장 유용한 백업은 Cloud SQL 인스턴스를 만들 때 지정한 시간에 매일 발생하도록 하는 자동 백업이다. 이 백업을 비활성화할 수는 있지만(예를 들어, 테스트 데이터베이스를 실행 중인 경우), 신경이 쓰이는 데이터 저장 부분에 이 설정을 해제하는 것은 좋지 않은 생각이다.

이를 설정하려면 Cloud SQL 인스턴스를 만들 때 백업 시간(window)을 선택하기만 하면 된다 (그림 4.24). 이 설정은 나중에 언제든지 변경할 수 있다.

그림 4.24 자동 백업 시간 설정

이 백업을 사용하도록 설정하면 Cloud SQL은 매일 모든 데이터를 디스크에 스냅샷하고 롤백 기간(rolling window)에 7일 동안 해당 스냅샷의 복사본을 보관한다(따라서 항상 지난 7일간의 백업 을 유지할 수 있다). 그런 다음 클라우드 콘솔 또는 명령줄 도구를 사용하여 사용 가능한 백업 목록을 보고, 해당 백업에서 복원하여 해당 스냅샷에 있는 데이터를 복구할 수 있다.

백업 그 자체는 특별한 사용자(cloudsqladmin)가 FLASH TABLES WITH READ LOCK 쿼리를 인스턴스로 보내는 것으로 시작하는 디스크 수준의 스냅샷이다. 이 명령은 MySQL에 모든 데 이터를 디스크에 기록하도록 지시하고, 진행되는 동안 데이터베이스에 쓰기를 방지한다. 백업 이 진행 중인 경우 데이터베이스에 쓰는 쿼리(예: UPDATE 및 INSERT 쿼리)는 실패하게 되고, 다 시 시도해야 한다. 이는 사용자 또는 고객이 시스템의 데이터를 수정하려고 하는 시간과 겹치 지 않는 백업 기간을 선택하는 것이 왜 중요한지 상기시켜 주는 부분이다.

일반적으로 백업은 몇 초 밖에 걸리지 않지만, 데이터베이스에 많은 양의 데이터를 쓰는 경우 모든 것을 디스크에 복사하는 데는 시간이 오래 걸릴 수 있다. 또한, Cloud SQL이 백업 작업 을 시작하려고 할 때 데이터 가져오기 또는 내보내기와 같은 장기 실행 작업이 진행 중인 경 우는 작업이 실패하지만, Cloud SQL은 백업 기간 중에 자동으로 백업을 다시 시도할 것이다.

전체 과정으로 돌아와서, 복원에 어느 백업을 사용할지 고유 식별자로 만기 시간을 사용하는 간단한 명령이 있다. 다음 스니펫은 데이터베이스를 이전 백업으로 복원하는 방법이다.

```
$ gcloud sql backups list -instance=todo-list -filter "status = SUCCESSFUL"
DUE_TIME ERROR STATUS
2016-01-15T16:19:00.094Z - SUCCESSFUL
Listed 1 items.
```

```
$ gcloud sql instances restore-backup todo-list
    -due-time=2016-01-15T16:19:00.094Z
Restoring Cloud SQL instance...done.
Restored [https://www.googleapis.com/sql/v1beta3/projects/your-project-id-here/
    instances/todo-list].
```

WARNING 인스턴스에 연결된 복제본이 있으면(예: 읽기 복제본 또는 장애 조치 복제본) 백업에서 복원하기 전에 인스턴스를 삭제해야 한다.

이 유형의 백업은 빠르고 쉽지만, 하루에 하나 이상의 백업을 원한다면 어떻게 해야 할까? 혹은 백업을 7일 이상 보관하려면 어떻게 해야 할까? 백업에 대한 수작업 접근법을 살펴보도록 하자.

4.6.2 Cloud Storage에 수작업으로 데이터 내보내기

Cloud SQL은 자동화된 백업 시스템 외에도 백업 저장에 Google Cloud Storage를 사용하여 데이터의 관리형 가져오기 및 내보내기를 제공한다. 이 옵션은 수작업 유형이므로 데이터 내보내기를 자동화하고 스케줄링 하려면 스크립트를 직접 작성해야 한다(그러나 gcloud 명령줄 도구를 사용하면 그리 어렵지 않을 것이다).

내부적으로 데이터를 내보내기는 Cloud SQL에 데이터베이스에서 mysqldump 명령을 실행하고 해당 명령의 출력을 Cloud Storage의 버킷에 넣도록 하는 것이다. 이것은 내보내기가 -single- transaction 플래그로 실행된다는 편리한 사실과 함께(적어도 InnoDB 테이블은 내보내기가 실행되는 동안 잠기지 않는다) mysqldump에서 기대하는 모든 것이 이 내보내기 프로세스에 적용됨을 의미한다.

시작하려면 Cloud SQL 인스턴스에서 인스턴스 세부 정보 페이지로 이동하고, 페이지 상단의 내보내기(Export) 버튼을 클릭한다. 그러면 데이터 내보내기 옵션을 설정할 수 있는 대화상자가 나타난다(그림 4.25).

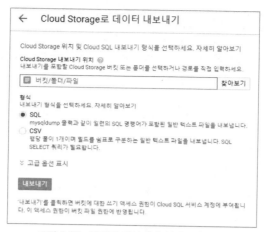

그림 4.25　데이터 내보내기 설정 대화상자

이 대화상자에서 첫 번째 필드는 내보낸 데이터를 저장할 위치를 설정한다. Cloud Storage에 아직 버킷이 없으면 이 대화상자를 사용하여 새 버킷을 만들 수 있다.

그림 4.26　내보내기 위치 선택을 위한 대화상자

파일 경로 필드 옆에 있는 찾아보기(Browse) 버튼을 클릭하면 열리는 새 대화상자의 맨 위에(그림 4.26) 가운데 더하기 기호가 있는 버킷 모양의 작은 아이콘이 표시된다. 이 버튼을 클릭하면 버킷의 이름과 스토리지 클래스 및 위치(Storage Class and Location)를 선택할 수 있는 대화상자가 나타난다(그림 4.27). 나중에 모든 스토리지 클래스 간의 차이점을 살펴보겠지만, 일반적으로 백업은 자주 액세스 하지 않는 데이터에 대해서는 비용이 적기 때문에 니어라인 스토리지 클래스가 적합하다.

NOTE 읽기 복제본을 만들고 해당 인스턴스를 사용하여 데이터를 내보낼 수도 있다. 이렇게 하면 Cloud Storage로 데이터를 내보내는 동안 기본 인스턴스의 CPU 시간을 사용하지 않아도 된다.

프로젝트의 이름은 여러분의 프로젝트 내에서만 고유한 것이 아닌 **글로벌하게** 고유한 이름을 선택하고 싶을 것이다. 따라서 좋은 방법은 버킷의 목적과 회사 이름이 같은 것을 결합하여 사용하는 것이다. 예를 들어, InstaSnap은 해당 버킷 이름을 `instasnapsql-exports`로 지정할 수 있다.

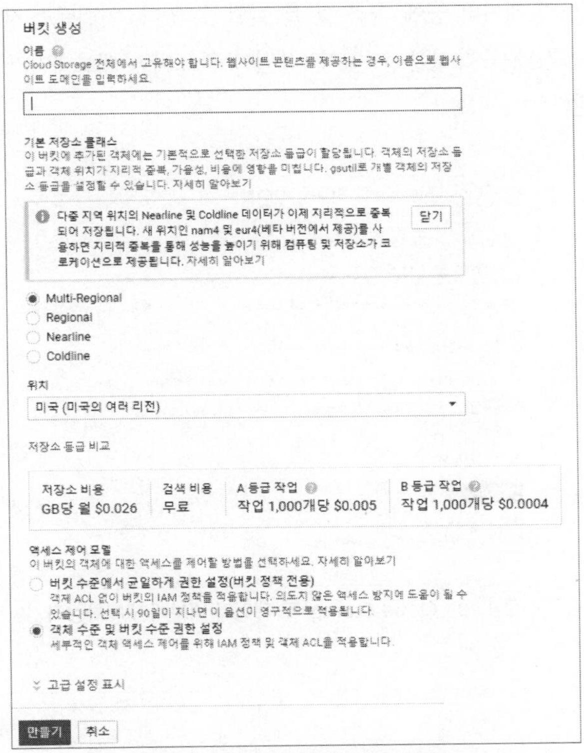

그림 4.27 버킷 생성을 위한 대화상자

버킷을 만든 다음 버킷 목록에서 버킷을 두 번 클릭하고 데이터 내보내기의 이름을 입력한다. 좋은 방법은 표준 형식의 날짜와 인스턴스 이름을 결합하여 사용하는 것이다. 예를 들어, 2016년 1월 20일부터 InstaSnap의 내보내기는 `instasnap-2016-01-20.sql`이라고 할 수 있다. 또한, 파일이 이미 존재하지 않는지 확인해야 한다. 왜냐하면 대상 파일이 이미 버킷에 존재하면 내보내기가 중단되기 때문이다.

마지막으로 데이터 내보내기를 전체 백업으로 사용하려는 경우(내보내기에서 저장된 데이터로 그 대로 되돌리려는 경우) 모든 테이블을 포함하는 SQL 형식(CSV가 아닌)을 선택해야 한다. 데이터 뿐 아니라 스키마와 함께 모든 테이블 정의도 필요하다. SQL 형식으로 내보내기를 사용하면 데이터베이스를 내보내기가 실행될 상태로 만들 때 필요한 SQL 문이 출력된다.

TIP .tgz를 내보내기 파일 이름 끝에 넣으면 gzip을 사용하여 자동으로 압축된다.

선택(Select)을 클릭하면 내보내기 대화상자로 돌아간다. 그러면 내보내기 대화상자 옆에 녹색 체크 표시가 있는 내보내기 경로가 표시된다(그림 4.28). 내보내기를 클릭하여 작업을 시작한다.

Cloud SQL 인스턴스의 데이터 양에 따라 몇 분 걸릴 수 있다. 인스턴스 세부 정보 페이지에서 작업 탭을 클릭하여 상태를 확인할 수 있다. 작업이 완료되면 내보내기가 성공했음을 확인시 켜주는 행이 표시된다(그림 4.29).

그림 4.28 **Cloud Storage로 데이터 내보내기 대화상자**

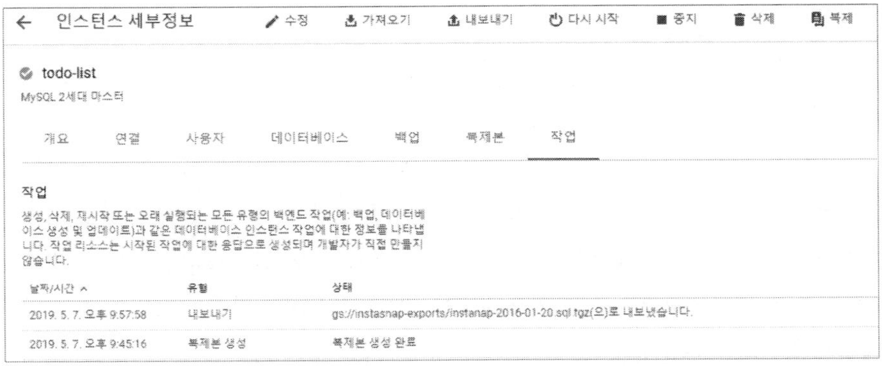

그림 4.29 **성공적인 내보내기를 보여주는 작업 목록**

내보내기가 작동하는지 확인하기 위해 클라우드 스토리 브라우저에서 버킷을 열어볼 수 있다 (그림 4.30). 버킷으로 이동하면 크기 및 기타 세부 사항과 함께 해당 내보내기가 사용 가능한 것으로 표시된다.

클라우드 스토리로 내보내기를 진행했으므로 Cloud SQL 인스턴스로 복원하는 방법을 살펴보도록 하자. 인스턴스 세부 사항 페이지에서 가져오기(Import)를 클릭하여 시작하면 데이터 내보내기를 만들 때 사용한 것과 비슷한 대화상자가 표시된다(그림 4.31). 거기에서 생성한 내보내기 파일을 찾아 가져오기를 클릭하면 모든 작업이 완료된다.

그림 4.30 내보내기가 클라우드 스토리 브라우저에 표시된다

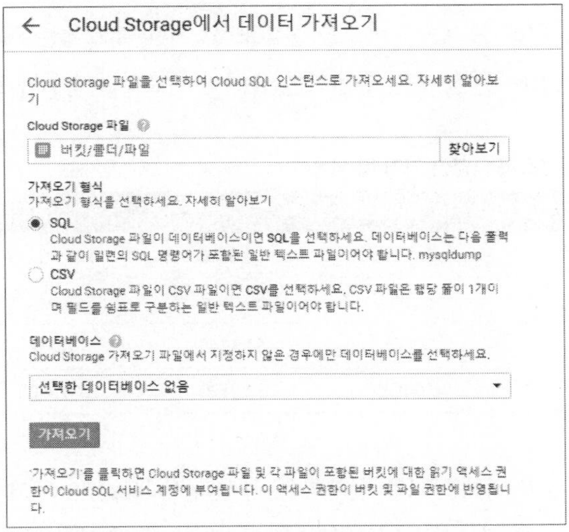

그림 4.31 데이터 가져오기 대화상자

편리한 점은 내보내기 대화상자를 사용하여 데이터를 가져오는 데 국한되지 않는다는 것이다. 가져오기는 Cloud SQL 인스턴스에서 일련의 SQL 문을 실행하고, 클라우드 스토리를 입력 소스로 사용할 수 있도록 허용하는 것뿐이다. 따라서 많은 SQL 문으로 구성된 큰 파일이 있는 경우는 해당 파일을 클라우드 스토리에 업로드하고 가져오기로 처리하여 실행할 수 있다.

Cloud SQL이 수행할 수 있는 작업을 자세히 살펴보았다. 한 걸음 물러서서 이 모든 것이 얼마나 많은 비용이 드는지 생각해 보자.

4.7 가격 책정의 이해

1장에서 읽은 것처럼 구글 클라우드는 컴퓨팅 리소스에 대한 가격 책정의 두 가지 기본 원칙인 컴퓨팅 시간 및 스토리지를 고려한다. Cloud SQL의 가격은 MySQL 바이너리 및 구성 관리를 위한 CPU 시간에 따른 약간의 가격 상승과 함께 동일한 원칙을 따른다.

이 글을 쓰는 시점에서, 작은 Cloud SQL 인스턴스의 시간당 비용은 약 5센트이며, 최고급 메모리, 16코어, 104GB 메모리 머신의 경우 시간당 약 2달러가 들 것이다. 데이터의 경우 가격은 영구 SSD 스토리지와 동일하며, 매월 GB당 17센트다. 그리고 컴퓨팅 리소스의 지속적인 사용할인의 개념이 9장에 더 자세히 설명되어 있다. 간단히 말하면, 연중 무휴로 사용하는 인스턴스는 본래 가격보다 약 30% 저렴하다.

이 점을 명확히 하기 위해 표 4.3의 비교를 살펴보자. 이 비교표에는 Cloud SQL 인스턴스의 모든 구성이 포함되어 있지는 않지만, 일반적인 옵션의 대표적인 범위가 포함되어 있다.

표 4.3 **Cloud SQL 인스턴스의 다양한 크기 및 비용**

ID	CPU 코어	메모리	시간당 가격	월별 가격	유효 시간당 가격
g1-small-1	1	1.70GB	$0.0500	$25.20	$0.0350
n1-표준-1	1	3.75GB	$0.0965	$48.67	$0.0676
n1-표준-16	16	60GB	$1.5445	$778.32	$1.0810
n1-highmem-16	16	104GB	$2.0120	$1,014.05	$1.4084

이 숫자가 앞에서 설명한 자체 VM을 실행하는 옵션과 비교해서 어떻게 다른지 궁금할 것이다. 먼저, 두 가지 옵션(테이블 4.4)을 비교한다. 스토리지는 두 옵션이 모두 같기 때문에 컴퓨팅파워 비용에만 초점을 맞추도록 하자. 또한, 비교가 쉽도록 한 달 동안 데이터베이스를 실행한다고 가정해 본다.

표 4.4 **Cloud SQL과 Compute Engine의 월별 비용**

ID	CPU 코어	메모리	Cloud SQL	Compute Engine	추가 비용
g1-small-1	1	1.70GB	$25.20	$13.68	$11.52
n1-표준-1	1	3.75GB	$48.67	$25.20	$23.47
n1-표준-16	16	60GB	$778.32	$403.20	$375.12
n1-highmem-16	16	104GB	$1,104.05	$506.88	$597.17

보다시피 Cloud SQL의 비용은 시간당 비용에 직접 비례하므로 더 큰 VM 유형으로 확장하면 절대 비용의 차이가 커진다. 이것은 소규모 배포의 경우 큰 의미는 아니지만($13와 $11는 큰 문제가 아님), 점점 더 많은 장비를 추가함에 따라 큰 차이가 생긴다. 예를 들어, 가장 큰 유형의 머신 20대를 실행 중인 경우 매월 Cloud SQL 인스턴스에 대해 $12,000의 추가 비용을 지불해야 한다. 연간 $144,000다. 따라서 데이터베이스를 관리하고 Compute Engine VM으로 전환하기 위해 인력을 고용하는 것이 더 좋을 것이다.

Cloud SQL을 사용하여 운영하는 데 드는 비용에 대한 새로운 지식을 바탕으로 다양한 프로젝트에 언제 Cloud SQL을 사용해야 하는지 살펴보도록 하자.

4.8 언제 Cloud SQL을 사용해야 할까?

Cloud SQL이 적합한지 여부를 결정하기 전에 그림 4.32의 스코어카드를 사용하여 Cloud SQL 요약을 살펴보자. Cloud SQL은 MySQL과 거의 동일하기 때문에 이 스코어카드는 Compute Engine 또는 Amazon EC2와 같은 클라우드 서비스의 가상 시스템, 또는 아마존의 RDS를 사용하여 MySQL 서버를 실행하는 스코어카드와 동일하다.

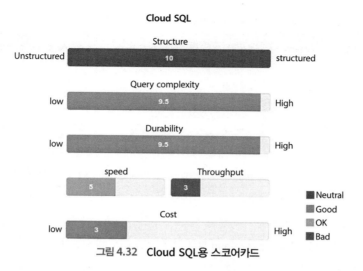

그림 4.32 Cloud SQL용 스코어카드

눈치챘겠지만, 이 스코어카드에는 흥미로운 점이 몇 가지 있다. 점수가 이렇게 나오는 이유를 살펴보도록 하자.

4.8.1 구조

대부분의 관계형 데이터베이스는 사전 정의된 스키마를 엄격하게 적용하여 구조화된 데이터를 저장한다. 때때로 불편함을 주긴 하지만, 특히 JSON 형식의 데이터의 경우, 데이터 타입 변환에 대해 다른 사람들이 서로 다른 가정을 할 때 발생하는 데이터 손상 오류를 방지할 수 있다. 이것은 현재 데이터와 나중에 추가될 데이터 모두에 대한 더 많은 정보 덕분에 데이터베이스가 데이터를 좀 더 최적화할 수 있음을 의미한다.

보다시피 Cloud SQL은 이 측정 기준에서 높은 점수를 받는다. 따라서 데이터가 스키마에 적합하거나 쉽게 스키마에 맞출 수 있다면 Cloud SQL이 분명 좋은 옵션이라 할 수 있다.

4.8.2 쿼리 복잡성

처음에 언급했듯이 SQL은 인상적인 쿼리 기능을 제공하는 고급 언어다. 쿼리 복잡성에 관해서는 SQL보다 더 나은 서비스가 없다고 해도 과언이 아니다. 즉, 데이터를 묻는 복잡한 질문이 있으면 SQL이 적합할 것이다. 반면 ID로 특정 항목을 조회하고 일부 데이터를 변경한 다음 결과를 동일 ID로 다시 저장하려는 경우 관계형 저장소가 과도할 수 있으므로 다른 저장소 옵션을 고려해 볼 수 있다.

4.8.3 내구성

내구성은 관계형 데이터베이스가 빛나는 또 다른 영역이다. "데이터를 디스크에 저장했다"고 할 때 실제로 의미있는 것을 찾고 있다면 관계형 데이터베이스는 훌륭한 선택이라 할 수 있다. 필요한 내구성 레벨에 대해 MySQL 튜닝을 계속해야 하지만, MySQL 등의 관계형 스토리지 시스템은 높은 수준의 내구성을 제공할 수 있다는 일반적인 공감대가 있다. 또한, Cloud SQL 이 Compute Engine에서 실행되고 모든 데이터를 영구 디스크에 저장하기 때문에 영구 디스크가 제공하는 높은 수준의 내구성과 가용성이 도움이 될 것이다. 영구 디스크에 대한 자세한 내용은 9장을 참고하도록 한다.

이제 관계형 스토리지가 그다지 좋지 않은 영역을 살펴보도록 하자.

4.8.4 속도(대기 시간)

일반적으로 데이터에 대한 쿼리 대기 시간은 데이터베이스가 사용자의 대답을 내놓기 위해 분석해야 하는 데이터 양에 대한 함수다. 즉, 데이터베이스가 빠르게 구성되었더라도 전체 데이터가 증가함에 따라 쿼리 속도가 점차적으로 느려질 수 있다. 설상가상으로, 쿼리 비율이 비교적 균등하다고 가정하면, 데이터베이스에 쿼리가 쌓이기 시작할 때는 서로 다른 쿼리가 겹쳐 쌓이게 되어 데이터를 요청하고 응답을 얻지 못하는 긴 대기열을 만들게 될 것이다.

수백 기가바이트의 데이터를 보유하려는 경우 다른 저장 전략을 고려할 수 있다. 데이터의 크기가 확실하지 않은 경우 Cloud SQL로 시작하여 쿼리 성능이 충분치 않을 때 더 큰 것으로 마이그레이션할 수 있다.

4.8.5 처리량

성능 관련 주제를 계속 하자면 관계형 저장소는 강력한 잠금 및 일관성 보장을 제공한다. 데이터는 절대 무효 상태가 되지 않으며, 이러한 보장과 함께 데이터베이스는 많은 사람들이 동시에 쓰기를 못 하도록 비관적 잠금 기능을 제공하며, 이는 데이터베이스의 전체 처리량을 낮추는 역할을 한다. 관계형 데이터베이스는 1초 내 처리되는 대부분의 쿼리 경쟁에서 우위를 점할 수 없다. 특히, 데이터를 업데이트하거나 여러 테이블에서 조인하는 쿼리의 경우 더욱 그렇다.

이전 섹션의 설명과 마찬가지로 처리량 측면에서 보면 Cloud SQL과 같은 관계형 시스템으로 시작하고, 데이터 및 동시 처리 요구사항이 MySQL과 같은 시스템에서 가능한 합리적인 수준 이상으로 증가했을 때는 다른 시스템으로 마이그레이션하는 것이 바람직하다.

4.9 비용

앞서 가격 책정 섹션에서 배웠듯이 Cloud SQL은 내부적으로 Compute Engine을 사용하며, 유사한 비용 패턴을 따른다. Cloud SQL의 비용은 Compute Engine에서 임의의 데이터베이스 (예: 자신의 MySQL 인스턴스)를 실행하는 것과 동일한 수준에 Cloud SQL이 제공하는 자동 유지 관리 및 관리에 약간의 오버헤드가 더해진 정도다. 결과적으로 Cloud SQL은 MySQL 데이터베이스에 적합한 데이터 세트에 대해서는 매우 낮은 비용 구조를 갖고 있다. 보다 많은 컴퓨팅 성능이 필요한 더 큰 데이터 세트의 경우는 Compute Engine 컴퓨터에서 MySQL 클러스터를 실행하고, 전임 관리자를 고용하여 비용을 절감할 수도 있다.

4.9.1 종합

관계형 저장소가 무엇에 능숙하고, 무엇에 능숙하지 않은지를 이해했으므로 이제는 원래 예제를 살펴보고, Cloud SQL이 이에 적합한지를 결정해 보자.

TO-DO LIST

기억하는 바와 같이 To-Do List 애플리케이션은 새로운 시스템을 배우기 위한 시작 애플리케이션으로 만들어졌다. 이 애플리케이션의 다양한 측면을 살펴보고, 가능한 저장 옵션으로 Cloud SQL과 어떻게 관련되는지 살펴보도록 하자. 표 4.5를 참조한다.

표 4.5 **To-Do List 애플리케이션 저장소 요구사항**

측면	요구사항	잘 맞는가?
구조	구조는 괜찮다. 꼭 필요하지는 않다.	물론
쿼리 복잡성	그렇게 많은 멋진 쿼리는 없다.	확실히
내구성	높다. 데이터를 잃어버리고 싶지 않다.	확실히
속도	많이는 필요 없다.	확실히
처리량	많이는 필요 없다.	확실히
비용	간단한 프로젝트로 비용은 낮을수록 좋다.	대부분

표 4.5를 보면 Cloud SQL이 To-Do List 데이터베이스에는 꽤 좋은 옵션인 것 같다. E*Exchange와 같이 좀 더 복잡한 것은 어떨까?

E*EXCHANGE

E*Exchange는 사람들이 버튼 클릭만으로 주식을 매매할 수 있는 온라인 거래 플랫폼이다. 목록을 살펴보고, Cloud SQL이 어떻게 이 애플리케이션의 요구사항을 충족하는지 알아보도록 하자. 표 4.6을 참조한다.

표 4.6 **E*Exchange 저장소 요구사항**

측면	요구사항	잘 맞는가?
구조	그렇다. 의심되는 것은 모두 거부해야 한다. 실수가 없어야 한다.	분명히
쿼리 복잡성	답이 필요한 멋진 질문이 있다.	확실히
내구성	높다. 데이터를 잃어버릴 수 없다.	물론
속도	빨라야 한다.	아마도
처리량	높다. 많은 사람들이 이것을 사용하고 있을지도 모른다.	아마도
비용	낮을 수록 좋지만, 필요하다면 돈을 기꺼이 지불할 것이다.	확실히

주로 대기 시간(속도) 및 처리량에 관한 성능 측정 기준으로 E*Exchange에는 그리 낙관적이지 않다. Cloud SQL은 많은 쿼리를 수행할 수 있으며, 매우 빠르게 처리할 수 있다. 하지만 누적된 데이터가 많을수록 쿼리가 느려지는 경향이 있다. 읽기 전용 슬레이브(이전에 배웠듯이)를 사용하여 이 문제를 해결할 수는 있지만, 데이터 업데이트 수가 증가하는 경우의 해결책은 아니며, 이는 여전히 단일 마스터 MySQL 서버 문제와 관련된다.

또한, 여기에 저장되는 데이터는 잔액, 은행 계좌 정보 및 포트폴리오와 같은 고객 데이터뿐이라는 가정이 있다. 고객 데이터보다 훨씬 클 수 있는 거래 데이터는 관계형 스토리지에 적합하지 않지만, 대신 일종의 데이터웨어하우스에 더 적합하다. 19장에서 이러한 유형의 데이터에 대한 몇 가지 옵션을 살펴보고, BigQuery(빅쿼리)를 사용하여 대규모 분석을 설명할 예정이다.

E*Exchange에 적당한 양의 데이터가 있는 경우 Cloud SQL로 시작하는 것이 좋을지 모르나, 데이터가 수십에서 수백 기가바이트로 증가할 때 회사는 다른 스토리지 시스템으로 마이그레이션하지 않으면 다운타임이나 느린 페이지 로딩으로 인해 고객을 실망시킬 수 있다.

INSTASNAP

InstaSnap은 전 세계의 유명 인사와 연계된 매우 높은 트래픽을 발생시키는 애플리케이션으로 동시 요청이 많다. 앞에서 언급했듯이, 그 측면만으로도 Cloud SQL과 같은 기능을 가능성 목록에서 제외시킬 수 있지만, 우선 스코어카드를 살펴보도록 하자. 표 4.7을 참고하자.

표 4.7 InstaSnap 저장소 요구사항

측면	요구사항	잘 맞는가?
구조	그렇지 않다. 구조는 꽤 유연하다.	그렇지 않다.
쿼리 복잡성	대부분 조회용이며, 질의에 높은 수준의 복잡성은 없다.	그렇지 않다.
내구성	중간 데이터를 잃어버리는 것은 불편하다.	물론
속도	쿼리는 매우 빨라야 한다.	그렇지 않다(데이터가 많음).
처리량	높다, 킴 카다시안(Kim Kardashian)이 이것을 사용한다.	그렇지 않다.
비용	낮을 수록 좋지만, 필요하다면 기꺼이 비용을 지불할 것이다.	확실히

특히 MySQL과 같은 관계형 스토리지 시스템의 중요한 기능이 필요하지 않은 경우는 Cloud SQL이 이러한 규모의 문제에 적합하지 않은 것으로 보인다. InstaSnap과 같은 제품의 경우 데이터 구조가 그다지 중요하지 않으며, 내구성 및 트랜잭션도 마찬가지다. 어떤 면에서 Cloud SQL을 사용했다면 그리 중요하지 않을 트랜잭션, 높은 내구성이나 일관성에 대한 대가로 필수적으로 필요한 성능을 희생했을 것이다. Cloud SQL은 InstaSnap과 같은 것에 적합하지 않으므로 InstaSnap과 비슷한 요구사항이 있는 경우 다른 저장소 옵션을 고려하는 것이 좋다.

그러나 Cloud SQL이 사용자의 필요에 맞다고 가정해 보자. Cloud SQL이 MySQL을 실행하는 VM이라면 왜 Compute Engine에서 VM을 켜고 MySQL을 설치하지 않을까?

4.10 MySQL을 실행하는 VM으로 Cloud SQL 산정

구글은 특정 대상 사용자(MySQL을 원하고 인스턴스를 사용자 정의하는 데 많은 관심을 두지 않는 사람들)를 염두에 두고 Cloud SQL을 만들었다. VM을 켜고, MySQL을 설치하고, 암호를 변경하면 Cloud SQL이 자동으로 만들어진다.

1장에서 설명한 것처럼 클라우드로 이동하는 주된 동기 중 하나는 전반적인 TCO(총 소유 비용)를 줄이는 것이었다. Cloud SQL은 하드웨어 비용을 줄이는 것이 아니라 유지관리 및 관리 비용을 줄임으로써 이를 달성한다. 예를 들어, MySQL이 실행되는 자체 VM을 운영하는 경우 새로운 보안 패치가 나올 때까지 운영체제 및 MySQL 버전을 업그레이드할 시간을 찾아야 한다(그렇지 않으면 데이터 유출 위험을 감수해야 한다. 하지만 여러분들은 절대 그렇게 하지 않을 것이라고 생각한다).

비교적 적은 양의 작업이지만, MySQL을 사용하는 방법을 모르면 시간이 오래 걸리고, 아마 추어적인 오류를 해결하는 데 많은 비용이 들 수 있다. 또한, 자체 관리되는 MySQL의 운영 비용은 하드웨어 비용보다는 엔지니어링 시간의 비용과 관련이 있다.

간단히 말해, Cloud SQL의 초점은 더 좋고 더 빠른 MySQL이 아니라 더 단순하고 오버헤드가 낮은 MySQL이다. 이러한 방식으로 Cloud SQL은 아마존의 RDS와 비슷하며, 둘 다 전형적인 MySQL 사용 사례에 매우 적합하다.

때로는 데이터베이스에 좀 더 구체적인 요구사항이 있을 수 있으며, 이러한 상황에서는 Cloud SQL이 갖고 있는 것보다 많은 유연성이 필요하다. 가장 일반적인 시나리오는 PostgreSQL 또는 마이크로소프트의 SQL Server와 같은 다른 관계형 데이터베이스가 필요한 경우다. 현재 Cloud SQL은 MySQL과 PostgreSQL만 처리하므로 다른 관계형 데이터베이스 유형이 필요할 경우는 Cloud SQL이 적합하지 않다. MySQL은 합리적인 선택이지만, 다른 데이터베이스 시스템에는 몇 가지 인상적인 기능(예: PostgreSQL 9.5의 기본 JSON 유형 지원)이 있으며, 어떤 이유로든 이러한 기능을 원하거나 필요로 하는 경우에는 VM에 직접 데이터베이스를 실행시키고 직접 관리하여 더 적합한 기능을 사용할 수 있다.

흔하지는 않지만(하지만 여전히 가능한), 시스템에 특정 버전의 MySQL이 필요한 경우다. 이 글을 쓰는 시점에서 CloudSQL은 MySQL 버전 5.7, 5.6을 지원하고, postgreSQL 버전 9.6, 11만 제공하므로 다른 버전을 실행해야 하는 경우 Cloud SQL이 작동하지 않는다.

MySQL 사용이 점점 복잡해지고 리소스 집약적일수록 더 많이 일어날 수 있는 또 하나의 상황은 멀티 마스터 또는 순환 복제와 같은 MySQL의 고급 확장 기능을 사용해야 할 때다. Cloud SQL이 지원하는 표준 마스터는 슬레이브 복제 옵션만큼 흔한 것은 아니니 들어 본 적이 없을 수도 있다.

짧게 말해, Cloud SQL이 적합한지 여부에 대한 좋은 지침은 간단하다. 뭔가 그럴듯한 게 필요한가? 그렇다면 Cloud SQL을 사용해 보라.

나중에 추가적인 기능이 필요한 경우(순환 복제 또는 특수 패치 버전의 MySQL과 같은), Cloud SQL의 데이터를 원하는 구성으로 MySQL을 실행하는 자신의 VM으로 쉽게 마이그레이션할 수 있다.

이미 이것을 생각하고 있을지도 모르겠다. "모두 훌륭하지만, 얼마나 많은 비용이 드는가?" 이제 그것을 파헤쳐 보자.

요약

- 관계형 데이터베이스는 고객 데이터베이스처럼 외래키 참조를 사용하여 다른 데이터와 관련된 데이터를 저장하는 데 적합하다.

- Cloud SQL은 Compute Engine에서 실행되는 MySQL이다.

- 스토리지 용량을 선택할 때 크기는 성능과 직접 관련이 있음을 꼭 유념하도록 한다. 그로 인해 많은 빈 공간을 가지는 것도 좋다.

- DBA를 채용할 만큼의 충분한 Cloud SQL 인스턴스가 있는 경우는 Compute Engine 인스턴스에서 MySQL을 직접 관리하는 것도 좋은 선택이다.

- 인터넷에서의 데이터 도청(유출)을 피하기 위해서는 항상 SSL 인증서를 사용하여 트래픽을 암호화하도록 Cloud SQL을 구성한다.

- 너무 느린 VM을 선택하더라도 걱정하지 않아도 된다. 나중에 언제든지 컴퓨팅 성능을 변경할 수 있다. 다만, 저장 공간을 늘릴 수는 있지만, 과도하게 많이 설정했다면 저장 공간을 줄이는 데는 더 많은 작업이 필요하다.

- 영역이 다운된 경우에도 시스템이 가동되어 있기를 원한다면 복제본을 사용한 장애 조치를 한다.

- 데이터를 잃어버리지 않으려면 일일 백업을 활성화한다.

5

Cloud Datastore: 문서 저장소

이 장에서는 다음 내용을 다룬다.

- 문서 저장소란 무엇인가?
- Cloud Datastore란 무엇인가?
- Cloud Datastore와의 상호작용
- Cloud Datastore가 적합한지 여부 결정
- 호스팅 서비스와 관리 서비스 간의 주요 차이점

문서 저장소는 4장에서 논의된 관계형 데이터베이스와는 개념적으로 다른 비관계형 저장소의 형태다. 이 유형의 저장소에서는 행이 모여 만들어진 테이블의 모든 데이터를 직각의 그리드로 유지하는 대신 문서 데이터베이스 컬렉션 및 문서의 관점에서 생각해야 한다. 이 **문서**는 키-값 쌍의 임의의 집합이며, 공통점이 있어야 하는 유일한 사항은 컬렉션과 일치하는 문서 형식이다. 예를 들어, 문서 데이터베이스에는 다음과 같은 두 개의 문서가 포함될 수 있는 **Employees** 컬렉션이 있을 수 있다

```
{"id": 1, "name": "James Bond"}
{"id": 2, "name": "Ian Fleming", "favoriteColor": "blue"}
```

이를 비슷한 데이터의 기존 테이블(표 5.1)과 비교하면 그리드 형식이 문서 콜렉션의 들쭉날쭉한 형식(표 5.2)과 완전히 다르게 보일 것이다.

표 5.1 직원 기록 그리드

ID	이름	좋아하는 색
1	"James Bond"	Null
2	"Ian Fleming"	blue

표 5.2 직원의 들쭉날쭉한 컬렉션

키	데이터
1	{id : 1, name : "James Bond"}
2	{id : 2, name : "Ian Fleming", favoriteColor : "blue"}

언뜻 보기에는 이상한 점이 없어 보이지만, 나중에 배우게 될 것으로 이 문서를 쿼리하는 것에 대한 몇 가지는 여러분을 놀라게 할 것이다. 예를 들어, 다음 쿼리가 어떻게 수행될 것으로 예상하는가?

```
SELECT * FROM Employees WHERE favoriteColor != "blue"
```

일부 문서 저장 시스템에서 이 쿼리에 대한 대답은 **빈** 집합임을 알면 아마도 놀랄 것이다. 제임스 본드가 가장 좋아하는 색은 "blue"는 아니지만, 해당 쿼리의 결과로 나오지 않는다.

이러한 누락의 이유는 시스템마다 다를 수는 있지만, 누락된 속성은 null 값을 갖는 속성과 동일하지 않기 때문에 고려되는 유일한 문서는 favoriteColor라는 키를 명시적으로 가지는 문서다. 왜 이렇게 작동하는지 궁금할 것이다.

궁극적으로, 이와 같은 비정상적인 동작은 이러한 시스템이 대규모 스토리지에 초점을 맞추어 설계되었다는 사실에서 비롯된다. 설계자는 모든 쿼리가 지속적으로 빠르게 동작하는 것을 보장하기 위해 관련 데이터를 조인하거나, 때로는 전체를 볼 수 있는 고급 기능을 포기해야 한다. 결과적으로 이러한 시스템은 단일 키로 조회하는 것과 데이터를 간편하게 스캔하는 작업에는 완벽하지만, 기존 SQL 데이터베이스만큼 완벽한 기능을 갖춘 것은 그 어디에도 없다.

5.1 Cloud Datastore란 무엇인가?

이전에 App Engine Datastore라고 불렸던 Cloud Datastore는 원래 구글에서 제작한 메가스토어(Megastore)라는 스토리지 시스템에서 비롯된 것이다. 구글 App Engine에 데이터를 저장하는 기본 방법으로 처음 출시되었으며, 구글 클라우드 플랫폼의 일부로 독립형 스토리지 시스템으로 성장했다. 예상해 볼 수 있듯이 대규모 데이터를 처리하도록 설계되었으며, 다른 문서 저장 시스템에서 흔히 발생하는 많은 절충점을 만들었다.

데이터스토어를 사용할 때 알아야 할 핵심 개념을 살펴보기 전에 먼저 데이터스토어에서 사용된 설계적 측면에서의 결정 및 절충 사항 중 일부를 살펴본다.

5.1.1 Cloud Datastore의 설계 목표

대용량 스토리지 시스템의 좋은 사례 중 하나는 Gmail이다. Gmail을 만들고 모든 사용자의 편지함을 저장해야 하는 경우를 생각해 보고, 스토리지 시스템을 설계하는 방법에 대해 알아본다.

데이터 지역

먼저 메일 데이터베이스는 모든 계정의 모든 이메일을 저장해야 하지만, 여러 개의 계정을 검색할 필요는 없다는 사실을 예상해 볼 수 있다. 해리와 샐리의 이메일에서 한꺼번에 검색을 실행하지 않도록 한다. 이것은 기술적으로 여러분이 완전히 다른 서버에 모든 사람의 이메일을 넣을 수 있다는 것을 의미한다. 아무도 그 차이를 눈치채지 못할 것이다. 스토리지 세계에서 데이터를 저장할 위치의 개념을 **데이터 지역성(data locality)**이라고 한다. 데이터스토어는 동일한 **문서 그룹**에 배치하여 다른 문서 근처에 있는 문서를 선택할 수 있도록 설계되었다.

결과집합 QUERY SCALE

이 데이터베이스에 대한 또 다른 요구사항은 이메일을 더 많이 받을 때 받은 편지함이 느려지면 안 된다는 것이다. 이를 처리하기 위해 도착한 이메일을 색인화하여 받은 편지함을 검색할 때 검색어를 실행하는 데 걸리는 시간(예: 특정 이메일을 검색하거나 수신된 마지막 10개의 메일을 나열하는 등)은 **일치**하는 이메일의 수(전자 메일의 총 수가 아님)에만 비례한다.

쿼리의 결과 수만큼 시간이 걸리게 하는 이 아이디어는 종종 결과 집합의 크기에 따른 스케일링이라고 불린다. 데이터스토어는 이 작업을 수행하기 위해 색인을 사용하므로 쿼리에 일치 항목이 10개 있으면 1GB 또는 1PB의 이메일 데이터가 있는지에 관계없이 같은 시간이 소요된다.

자동 복제

마지막으로 서버가 죽거나, 디스크가 고장 나거나, 네트워크가 다운되는 경우가 있음을 염두에 두어야 한다. 사람들이 항상 이메일에 액세스할 수 있도록 하려면 이메일 데이터를 여러 곳에 두어 항상 사용할 수 있도록 해야 한다. 기록된 모든 데이터는 여러 물리적 서버에 자동으로 복제되어야 한다. 이렇게 하면 전자 메일은 하드 드라이브가 하나인 단일 컴퓨터에 저장되지 않는다. 대신, 각 이메일은 많은 장소에 분산되어 있다. 이 구성은 기존 데이터베이스 소프트웨어에서 시작하면 어렵지만, 구글의 기본 스토리지 시스템은 이 요구사항에 매우 적합하며, Cloud Datastore가 이를 처리한다.

이제 기본적인 디자인 선택사항에 대해 이해했으므로 몇 가지 주요 개념과 사용 방법을 살펴보도록 하자.

5.1.2 개념

문서 저장소가 관계형 저장소와 다른 점에 대해 조금 배웠지만, Cloud Datastore에서 이러한 차이점이 어떻게 발생하는지 구체적으로 다루지는 않았다. 중요한 부분을 살펴보도록 하고, 이것들이 어떻게 서로 맞물려 돌아가는지 의논해 보자.

키

먼저 알아야 할 가장 기본적인 개념은 **키**의 개념이다. 이는 Cloud Datastore가 저장된 항목에 대한 고유한 식별자를 나타내는데 사용하는 것이다. 관계형 데이터베이스 환경에서 이와 가장 비슷하게 비교할 수 있는 것은 표에서 첫 번째 열로 자주 표시되는 고유한 ID이지만, 데이터스토어 키는 표 ID와 크게 두 가지 차이가 있다.

첫 번째 주요한 차이점은 데이터스토어에는 동일한 개념의 테이블이 없기 때문에 데이터스토어의 키에는 데이터 유형과 데이터의 고유 식별자가 모두 포함되어 있다는 점이다. 이를 MySQL에 직원 데이터를 저장하는 예를 들어 설명하자면, 일반적인 패턴은 employees라는 테이블을 만들고, 고유한 정수인 id 컬럼을 테이블에 두는 것이다. 그런 다음 직원을 삽입하고, ID를 1로 지정한다. Cloud Datastore에서는 테이블을 만든 다음 행을 삽입하는 대신 키가 Employee:1인 위치에 데이터를 삽입한다. 여기에 있는 데이터 유형(Employee)을 **kind**라고 한다.

두 번째 주요 차이점은 키 자체가 계층적일 수 있다는 것인데, 이는 앞서 언급한 데이터 지역 개념의 특징이다. 키는 **부모키**를 가질 수 있으며, 이는 관련 있는 것들을 같은 지역에 둔다는 것이다. "나를 부모 가까이 놓아주세요"라는 말로 잘 설명할 수 있을 것 같다. 중첩된(또는 계층적) 키의 예는 Employee:1:Employee:2로 employee #2를 가리키고 있다.

2개의 키가 같은 부모를 가지는 경우는 같은 **엔티티 그룹**에 있는 것이다. 즉, 부모키는 데이터 스토어가 데이터를 근처에 저장하도록 지정하는 방법이다(그것들이 같은 부모를 갖도록 하라!).

이는 같은 종류의 중첩된 키가 항상 좋은 것은 아니라는 것을 깨닫고, 그 대신 서로 하위 키를 내포하고 싶은 경우가 있다는 것을 알게 되면 까다로워진다. 키는 경로나 계층에 있는 여러 가지 kind를 나타낼 수 있으며, 데이터의 kind는 가장 오래된 데이터 유형이기 때문에 이러한 중첩은 완벽하게 허용된다.

예를 들어, 직원 기록을 회사의 자식(Company:1:Employee:2)으로 저장할 수 있다. 이 키의 종류는 Employee이고, 상위 키는 Company:1(Company라는 종류의)이다. 이 키는 employee #2를 말하며, parent(Company:1)로 인해 동일한 회사의 다른 모든 직원 가까이에 저장된다. 예를 들면, Company:1:Employee:44가 근처에 있다.

또한, 예제에서 숫자 ID만 보았지만, Company:1:Employee:jbond 또는 Company:apple.com :Employee:stevejobs와 같이 키를 문자열로 지정할 수도 있다.

엔티티

Cloud Datastore의 기본 스토리지 개념은 데이터스토어가 문서를 작성하는 항목이다. 기술적 관점에서, 엔티티는 키라고 하는 고유한 식별자와 결합된 속성 및 값의 모음일 뿐이다. 엔티티는 다음과 같은 **원시형(primitives)**이라고도 하는 모든 기본 사항의 속성을 가질 수 있다.

- Booleans(true 또는 false)
- 문자열(Strings) ("James Bond")
- 정수(Integer) (14)
- 부동 소수점 수(Floating-point numbers) (3.4)

- 날짜 또는 시간(Date 또는 times) (2013-05-14T00 : 01 : 00.234Z)
- 이진 데이터(Binary data) (0x0401)

여기 원시 형식으로만 구성된 엔티티의 예가 있다.

```
{
  "__key__": "Company:apple.com:Employee:jonyive",
  "name": "Jony Ive",
  "likesDesign": true,
  "pets": 3
}
```

기본 유형 외에도 데이터스토어는 다음과 같은 고급 유형을 사용할 수 있다.

- 문자열 목록을 가질 수 있는 리스트(Lists)
- 다른 엔티티를 가리키는 키(Keys)
- 하위 엔티티 역할을 하는 임베디드 엔티티(Embedded entities)

다음 예제 엔티티는 고급 유형을 포함한다.

```
{
  "__key__": "Company:apple.com:Employee:jonyive",
  "manager": "Company:apple.com:Employee:stevejobs",
  "groups": ["design", "executives"],
  "team": {
    "name": "Design Executives",
    "email": "design@apple.com"
  }
}
```

manager 속성은 다른 엔티티를 가리키는 키다. 이 엔티티는 가능한 한 외래키에 가까이 있게 된다.

그룹 속성은 문자열 목록이지만, 정수, 키 등의 목록일 수 있다.

팀 속성은 임베드된 엔티티이며, 데이터스토어에 저장된 다른 엔티티처럼 자체적으로 구성할 수 있다.

이 구성에는 몇 가지 고유한 속성이 있다.

- 다른 키에 대한 참조는 관계형 데이터베이스의 외래키 개념과 거의 비슷하다.
- 참조가 유효하다는 것을 강제할 방법이 없으므로 참조를 최신으로 유지해야 한다. 예를 들어, 키를 삭제한 경우 참조를 업데이트해야 한다.
- 일반적으로 값 목록은 관계형 데이터베이스에서 지원되지 않는다. 일반적으로 관계형 데이터베이스를 저장하기 위해 피벗 테이블을 사용한다. 데이터스토어에서 원시형의 리스트는 이를 표현하는 자연스러운 방법이다.

- 관계형 데이터베이스에서는 일반적으로 외래키를 사용하여 다른 구조화된 데이터를 저장한다. 데이터스토어에서 구조화된 데이터가 테이블에서 자체 행을 필요로 하지 않는 경우 **임베디드 엔티티**를 사용하여 해당 데이터를 다른 엔티티에 직접 포함시킬 수 있다. 이 경우 임베디드 엔티티가 유용하다. 어떤 면에서는 자바스크립트에서 함수의 이름을 함수로 지정하고 이름으로 호출하는 대신, 함수의 내용을 인라인으로 넣는 익명 함수와 비슷하다.

엔티티와 키를 이해했으므로 이제 무엇을 할 수 있을까?

작업

Cloud Datastore의 작업은 매우 간단하다. 엔티티에 뭔가를 수행할 수 있는 작업이다. 기본 작업은 다음과 같다.

- get: 해당 키를 사용하여 엔티티를 가져온다.
- put: 키를 사용하여 엔티티를 저장하거나 업데이트한다.
- delete: 해당 키로 엔티티를 삭제한다.

이러한 모든 작업에는 엔티티의 키가 필요하지만, put 작업에서 키의 ID 부분을 생략하면 데이터스토어가 자동으로 키를 생성한다.

이러한 각각의 작업은 Redis 또는 Memcached와 같은 키-값 저장소에서 보았던 것과 거의 동일하게 작동하지만, 추가한 데이터를 쿼리하면 어떻게 될까? 여기부터 복잡해지는 부분이다.

색인 및 쿼리

이제는 문서 저장소의 기본 사항을 다루었으므로 두 가지 개념, 즉 **색인**과 **쿼리**를 모두 논의해야 한다. 일반적인 데이터베이스에서 쿼리는 SELECT * FROM employees와 같은 SQL 문에 불과하다. 데이터스토어에서 이것은 GQL(SQL과 비슷한 쿼리 언어)을 사용하여 가능하다. 쿼리를 보다 구조화된 방식으로 표현하는 방법도 사용할 수 있으며, 5.3에서 그 방법을 배울 수 있다. 흥미로운 점은 비록 데이터스토어가 SQL을 사용할 수 있는 것처럼 보이지만, 데이터스토어가 답을 할 수 없는 몇 가지 쿼리가 있다. 또한, 관계형 데이터베이스는 색인이 쿼리를 **최적화**하는 방법으로 처리하는 경향이 있다면, 데이터스토어는 색인을 사용하여 쿼리를 가능하게 한다 (표 5.3).

표 5.3 쿼리와 색인, 관계형 vs 데이터스토어 비교

기능	관계형	데이터스토어
쿼리	SQL, 조인 GQL	조인 없음. 어떤 쿼리는 불가능하다.
색인	쿼리를 빠르게 만든다.	고급 쿼리를 가능하게 한다.

그러면 색인은 무엇인가? 그리고 색인을 사용하여 불가능에서 가능하게 되는 쿼리 유형은? 그 대답은 꽤나 놀랍다. 쿼리에서 필터링을 할 때마다(예: WHERE 절을 사용하여) 쿼리가 결과 집합을 가지고 오기 위해 색인을 사용한다.

스티브(steve@apple.com)의 모든 이메일을 찾아야 할 때마다 모든 이메일을 검토하고 각자의 발신자 속성을 확인하여 "Steve"를 찾아야 한다고 상상해 보자. 이것은 분명히 효과가 있을 수도 있지만, 더 많은 이메일을 받을수록 이 쿼리가 실행되는 데 걸리는 시간이 길어지므로 분명히 나빠질 것으로 보인다. 이 문제를 해결하는 방법은 정보가 변경될 때마다 최신 상태로 유지하고, 일치하는 이메일을 찾기 위해 검색할 수 있는 색인을 만드는 것이다. 색인은 조회를 빠르게 수행할 수 있도록 특수하게 정렬되고, 관리되는 데이터 세트에 불과하다. 예를 들어, 이메일의 경우 보낸 사람 필드의 색인은 표 5.4와 같다.

표 5.4 발신자 필드를 통한 색인

발신자	키
eric@google.com	GmailAccount:me@gmail.com:Email:8495
steve@apple.com	GmailAccount:me@gmail.com:Email:2441

이 색인은 보낸 사람 필드를 전자 메일에서 가져와 특정한 보낸 사람 값이 있는 모든 전자 메일을 쿼리할 수 있도록 한다. 또한, 쿼리가 끝나면 모든 일치하는 결과를 보장한다. 스티브(SELECT * FROM Email WHERE sender = 'steve@apple.com')의 모든 전자 메일에 대한 쿼리는 일치하는 첫 번째 항목을 찾기 위해 색인을 사용한다. 일치하지 않는 항목 (tom@example.com)을 찾을 때까지 계속 검색한다. 보다시피 스티브의 이메일이 많을수록 이 쿼리에 걸리는 시간이 길어지지만, 실행 중인 쿼리와 **일치하지 않는** 다른 사람들의 이메일은 이 쿼리를 실행하는 데 아무런 영향을 주지 않는다.

여기서 분명한 의문이 생길 것이다. 간단한 필터링 쿼리를 수행하기 위해 색인을 만들어야 할까? 다행히도 아니다! 데이터스토어는 각 속성(간단한 색인이라고 함)에 대한 색인을 자동으로 생성하므로 기본적으로 이러한 간단한 검색어가 가능하다. 그러나 여러 속성을 함께 사용하여 일치시키려면 색인을 만들어야 할 수도 있다. 예를 들어, 에릭이 참조할 수 있는 스티브의 모든 이메일을 찾으려면 다음 목록과 같은 색인이 필요하다.

```
SELECT * FROM Emails WHERE sender = "steve@apple.com"
  AND cc = "eric@google.com"
```

이 쿼리와 일치하는 이메일의 결과 집합으로 확장되도록 하려면 보낸 사람(sender)과 참조(cc)에 표 5.5와 같은 색인이 필요하다.

표 5.5 **발신자 및 참조 필드에 대한 색인**

보낸 사람	참조	키
eric@google.com	NULL	GmailAccount:me@gmail.com:Email:8495
steve@apple.com	eric@google.com	GmailAccount:me@gmail.com:Email:44043
steve@apple.com	jony@apple.com	GmailAccount:me@gmail.com:Email:9412
tom@example.com	NULL	GmailAccount:me@gmail.com:Email:1036

이 색인을 사용하면 두 개의 속성이 포함된다는 것을 제외하고는 설명한 것처럼 더 간단한 쿼리로 정확하게 수행할 수 있다. 이것을 **종합 색인**(composite index)이라고 부르며, 이는 여러분이 직접 정의해야 하는 색인의 예다. 이와 같은 색인이 없으면 쿼리를 실행할 수 없다. 이 쿼리는 실행되겠지만, 색인이 없어서 느려질 것이다.

이제 색인의 작동 방식과 사용 방식을 이해했으므로 데이터가 변경될 때 쿼리 성능에 어떤 영향을 미치는지 궁금할 것이다. 예를 들어, 이메일의 속성을 업데이트하면 해당 데이터를 복제한 모든 색인이 업데이트되어야 한다. 이는 맞는 말이지만, 데이터의 일관성에 대해 훨씬 더 큰 의문이 생길 것이다.

5.1.3 일관성 및 복제

이전에 배웠듯이 Gmail과 같은 분산 스토리지 시스템은 두 가지 핵심 요구사항을 충족해야 한다. 항상 사용할 수 있어야 하고, 결과 세트에 따라 규모를 조정할 수 있어야 한다. 즉, 데이터를 복제해야 할뿐만 아니라 쿼리의 색인을 만들고 유지, 관리해야 한다.

데이터 복제는 구현이 복잡하지만, 어느 정도는 해결된 문제이며, 많은 프로토콜이 있고, 각각은 자체적인 절충점을 가지고 있다. **Cloud Datastore**가 사용하는 프로토콜은 2단계 커밋(two-phase commit)이라고 하는 프로토콜이다. 이 방법은 저장하려는 변경 사항을 준비와 완료의 두 단계로 나눈다. 준비 단계에서는 변경 사항을 기술하고, 복제본에 적용 준비 요청을 보낸다. 모든 복제본이 변경할 준비가 되었음을 확인하면, 모든 복제본에 변경 내용을 적용하라는 두 번째 요청을 보낸다. 데이터스토어의 경우 이 두 번째 커밋 단계가 비동기적으로 완료되며, 일부 변경 사항은 준비는 되었지만, 아직 적용되지 않은 상태에서 중단될 수 있다.

이러한 처리 과정은 엔티티 또는 색인 항목이 오래된 상태에서 광범위한 쿼리를 실행할 때 최종(궁극) 일관성(eventual consistency)을 가져온다. 매우 일관성이 있어야 하는 쿼리(예: 엔티티 가져오기)는 먼저 복제본에서 리소스에 대기 중인 커밋을 실행한 다음 쿼리를 실행하여 일관성 있는 결과를 얻는다. 보다시피 분산 시스템에서 엔티티 및 색인을 유지, 관리하는 것은 훨씬 복잡한 작업이다. 동일한 저장 조작으로 변경 사항이 영향을 미치는 모든 색인에 저장을 포함시켜야 하기 때문이다(색인을 복제해야 하므로 여러 위치에서 업데이트해야 한다).

이것은 데이터스토어에 두 가지 옵션이 있다는 의미다.

- 엔티티와 색인을 모든 곳에서 동기적으로 업데이트한다. 특히, 더 많은 색인을 추가할 때는 작업이 이유없이 오랜 시간 걸릴 수도 있음을 확인한다.
- 모든 복제본에서 확인을 기다릴 필요가 없으므로 요청 대기 시간을 훨씬 낮추어 백그라운드에서 엔티티 자체와 색인을 업데이트한다.

앞서 언급했듯이, 데이터스토어는 비동기식으로 데이터를 업데이트하기로 선택했기 때문에 추가한 색인의 수와 관계없이 엔티티를 저장하는 데 걸리는 시간은 동일하다. 결과적으로 put 작업을 사용할 때 데이터스토어는 꽤 많은 작업을 수행한다(그림 5.1).

- 엔티티를 생성하거나 업데이트한다.
- 변경해야 할 색인을 결정한다.
- 변경 사항을 복제본에 알려준다.
- 가능한 시점에 복제본이 변경사항을 적용하도록 요청한다.

그런 다음 나중에 일관성 있는 쿼리를 실행할 때마다 다음과 같이 한다.

- 영향을 받는 엔티티 그룹에 대한 모든 보류 변경 사항이 적용되었는지 확인한다.
- 쿼리를 실행한다.

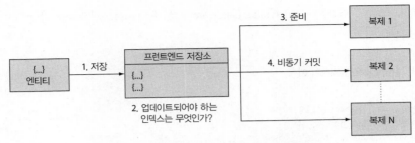

그림 5.1 Cloud Datastore에 엔티티 저장

또한, 쿼리를 실행할 때 데이터스토어는 이러한 색인을 사용하여 일치하는 결과의 수에 비례하여 쿼리가 제 시간에 실행되는지 확인한다. 이것은 쿼리가 다음을 수행함을 의미한다(그림 5.2).

- 데이터 저장소로 쿼리를 보낸다.
- 색인에서 일치하는 키를 검색한다.
- 일치하는 각 결과에 대해 키를 기준으로 엔티티를 최종 일관성있게 얻는다.
- 일치하는 엔티티를 반환한다.

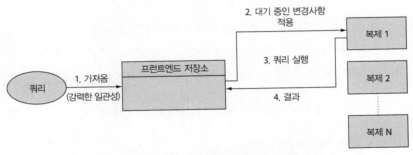

그림 5.2 Cloud Datastore의 엔티티 쿼리

언뜻 보기에 이것은 꽤 괜찮아 보이지만, 색인의 수를 유지하여 데이터를 저장하는 데 걸리는 시간에 영향을 미치지 않도록 하는데 비정상적인 결과를 숨기는 장단점을 가진다. 여기서 중요한 점은 색인이 **백그라운드에서** 업데이트되므로 색인이 업데이트될 **시점**에 따라 실제로 결과가 보장되지 않는다는 것이다.

이 개념을 **최종 일관성**이라고 한다. 즉, 엔티티에 저장된 데이터와 **최종적으로** 최신(일관된) 상태가 유지됨을 의미한다. 또한, 배웠던 것처럼 작업은 항상 최종의 정확한 값을 돌려주지만, 실행하는 모든 쿼리는 색인을 통해 실행되기 때문에 되돌아오는 결과가 최종값보다 약간 **뒤떨어질 수 있다.**

예를 들어, 다음 리스트와 같이 Cloud Datastore에 새 Employee 엔티티를 방금 추가했다고 가정해 보겠다.

리스트 5.1 Employee 엔티티의 예

```
{
  "__key__": "Employee:1",
  "name": "James Bond",
  "favoriteColor": "blue"
}
```

이제 선호하는 색이 파란색인 모든 직원을 가져오려고 한다.

```
SELECT * FROM Employee WHERE favoriteColor = "blue"
```

색인이 아직 업데이트되지 않았으면(결국은 **업데이트**되겠지만), 이 직원은 결과에 나오지 않을 것이다. 그러나 엔티티를 다음과 같이 구체적으로 요청하면 거기에는 있을 것이다.

```
get(Key (Employee, 1))
```

데이터스토어가 해당 엔티티를 찾기 위해 사용하는 색인이 백그라운드에서 업데이트되기 때문에 결과가 결국 일관되게 나온다. 엔티티 **수정 시**에도 적용된다. 예를 들어, 색인이 일관성 있게 업데이트됐다고 가정하고 파란색을 선호하는 모든 직원을 찾으면 Employee 1이 반환된다.

이제 다음과 같이 이 직원이 좋아하는 색상을 변경했다고 가정해 보자.

리스트 5.2 다른 좋아하는 색을 가진 직원 엔티티

```
{
  "__key__": "Employee:1",
  "name": "James Bond",
  "favoriteColor": "red"
}
```

커밋된 업데이트에 따라 쿼리를 다시 실행하면 표 5.6에서 설명하는 다른 결과가 표시될 수 있다.

표 5.6 가능한 다른 결과 요약

엔티티 업데이트	색인 업데이트	직원 일치	즐겨찾기 색상
예	예	아니오	중요하지 않음
아니오	예	아니오	중요하지 않음

표 5.6 **가능한 다른 결과 요약(계속)**

엔티티 업데이트	색인 업데이트	직원 일치	즐겨찾기 색상
예	아니오	예	빨간색
아니오	아니오	예	파란색

즉, 세 가지 가능성은 다음과 같다.

- 직원이 결과에 나타나지 않는다.
- 쿼리는 여전히 직원을 쿼리 (favoriteColor = blue)와 일치하는 것으로 간주하여 올바르게 결과를 표시한다.
- 쿼리는 여전히 직원을 쿼리 (favoriteColor = blue)와 일치하는 것으로 본다. 따라서 엔티티가 실제로 일치하지 않더라도 결과가 나온다!(favoriteColor = red)

SQL 데이터베이스를 사용하여 하루 종일 일하는 사람들에게는 이것이 이상하게 보일 것이다. "이런 것을 가지고 대체 무엇을 구축할 수 있는 것이지?"라고 스스로에게 묻고 있을 수도 있다. 이와 같은 시스템은 일반적인 SQL 기반 웹 애플리케이션과는 다른 요구사항을 가진 Gmail 같은 서비스를 염두에 두고 설계되었다. 이러한 유형의 시스템은 Gmail과 같은 고객에게 어떤 이점이 있을까? 이것은 다음의 큰 주제로 다룬다. 바로 "쿼리 및 데이터 인접성을 결합하여 강력한 일관성을 확보하기"다.

5.1.4 데이터 지역성의 일관성

이전에 데이터 지역성에 대하여 여러 데이터를 서로 가깝게 배치하는 것으로 말했지만(예: 단일 계정의 모든 이메일을 묶어 그룹화한 경우), 이것의 중요성을 분명히 말하지는 않았다.

최종 일관성 개념을 이해했으므로(데이터가 아닌 색인을 통해 쿼리가 실행되고 결국 색인이 백그라운드에서 업데이트됨) 데이터를 데이터 지역성 개념과 결합하여 데이터가 정확한지 의문을 갖지 않고도 쿼리할 수 있는 실제 상황을 구축할 수 있다.

매우 중요한 사실부터 살펴보도록 한다. 하나의 엔티티 그룹 내부의 쿼리는 **강한 일관성**이 있다(**최종 일관성**은 아니다). 동일한 상위 키를 공유하는 키로 정의된 **엔티티 그룹**은 데이터스토어가 엔티티를 서로 가까이 배치하도록 지정하는 방법이다. 모든 부모키가 같은 여러 항목에 대해 쿼리를 수행하려는 경우 쿼리의 일관성이 **높아진다.**

장소에 따라 쿼리할 곳을 알려주는 데이터스토어는 특정 키 범위를 고려해야 한다. 해당 키 범위에서 보류 중인 작업이 쿼리를 실행하기 전에 완전히 커밋되어 강력한 일관성을 유지해야 한다. 예를 들어, 파란색을 선호하는 모든 Apple 직원에 대해 데이터스토어에 문의하면 결과 집합에 포함될 수 있는 키를 정확히 알고 있으므로 쿼리를 실행하기 전에 먼저 해당 키와 관련된 작업이 대기 중인지 확인할 수 있다. 이는 결과가 항상 최신 상태임을 의미한다.

다음 리스트는 Apple 직원의 이전 예제로 돌아간다.

리스트 5.3   파란색을 좋아하는 애플 직원

```
{
  "__key__": "Company:apple.com:Employee:jonyive",
  "name": "Jony Ive",
  "favoriteColor": "blue"
}
```

이제 Jony가 좋아하는 색을 다음과 같이 변경해 본다.

리스트 5.4   좋아하는 색상을 빨간색으로 업데이트하기

```
{
  "__key__": "Company:apple.com:Employee:jonyive",
  "name": "Jony Ive",
  "favoriteColor": "red"
}
```

이전에 배웠던 것처럼 모든 직원에 대해 쿼리를 실행하면 데이터가 정확하게 반영되지 않을 수 있지만, 모든 Apple 직원을 쿼리하면 최신 데이터를 얻을 수 있다.

```
SELECT * FROM Employees WHERE favoriteColor = "blue" AND
    __key__ HAS ANCESTOR Key(Company, 'apple.com')
```

이 쿼리는 단일 엔티티 그룹으로 제한되므로 결과는 항상 데이터에 일관성이 있으며, 이는 일관성이 강하다고 말할 수 있다. 여기서 던져볼 수 있는 질문이 있다. 모든 것을 단일 엔티티 그룹에 넣는 것은 어떨까? 그럼 항상 일관성을 유지할 수 있을까?

이는 기술적으로 사실임에도 불구하고 좋은 아이디어는 아니다. 그 이유는 단일 엔티티 그룹이 초당 약 10개의 범위에서 동시에 지정된 수의 요청을 처리할 수 있기 때문이다. 모든 항목을 하나의 엔티티 그룹에 넣으면 결과 일관성을 유지하면서 전반적으로 낮은 처리량을 얻게 된다. 데이터스토어의 확장성을 버릴만큼 강한 일관성을 중요하게 생각한다면 대신 정규 관계형 데이터베이스를 사용해야 한다.

이제 Cloud Datastore의 작동 방식에 대해 알게 되었으므로 여러분의 앱에서 확인해 보자.

5.2 Cloud Datastore와의 상호작용

Cloud Datastore를 사용하려면 클라우드 콘솔에서 활성화해야 한다. 이렇게 하려면 먼저 클라우드 콘솔 기본 검색 상자에서 "Cloud Datastore API"를 검색하면 된다. 그러면 결과로 하나가 나타날 것이다. 이것을 클릭하면 커다란 사용·설정(enable) 버튼이 있는 페이지로 이동한다 (그림 5.3). API를 사용 중지하는 기능만 있으면 이미 설정되어 있는 것이다.

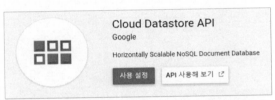

그림 5.3 **Cloud Datastore API를 사용하기 위한 대화상자**

API를 활성화하면 왼쪽 탐색 메뉴에서 Datastore UI로 이동한다. 그런 다음 To-Do List 예제로 돌아가서 Cloud Datastore에서 어떻게 표시되는지 살펴본다.

우선 TodoList 엔티티를 작성하여 시작한다. SQL 데이터베이스와 달리 스키마를 정의하기보다는 먼저 일부 데이터를 생성한다. 이것은 문서 지향 데이터베이스의 성격이며, 처음에는 이상하게 보일 수 있지만 일반적으로 비관계형 저장소의 전형적인 모습이다. 처음 데이터스토어 페이지를 방문했을 때 크고 파란색의 항목 만들기 버튼이 표시되어야 하므로 이를 클릭하여 시작한다.[1]

그런 다음 그림 5.4와 같이 엔티티를 [default] 네임 스페이스에 두고(나중에 네임 스페이스에 대해 논의하기로 한다), TodoList 종류를 만들고 데이터스토어가 자동으로 숫자 ID를 할당하도록 한다. 그런 다음 TodoList 항목에 이름을 지정한다. 이렇게 하려면 속성 추가 버튼을 클릭하고, 속성 이름을 name으로 설정하고, 속성 유형을 문자열로 설정한 채 속성 값(이 경우 목록 이름)을

---

1 Cloud Datastore 선택 시 기본 모드와 데이터 저장소 모드를 선택하는 페이지가 추가되었으며, 이 책의 예제를 수행하기 위해서 데이터 저장소 모드를 선택한다.

채운다. 이 예에서 목록은 Groceries라고 한다. 또한, 이 이름을 기반으로 검색할 수도 있기 때문에 속성의 색인을 남겨 둔다(확인란으로 표시).

만들기를 클릭하면 브라우저에 새로 생성된 TodoList 항목이 표시된다(그림 5.5). 이제 잠시 시간을 내어 코드에서 이 엔티티와 상호작용하는 방법을 살펴보자. 1장의 튜토리얼을 따랐다면 이미 올바른 툴이 모두 설치되어 있어야 하지만, Cloud Datastore용 라이브러리를 얻으려면 $ npm install @google-cloud/datastore를 실행하여 설치할 수 있는 @googlecloud/datastore 패키지가 필요하다. 일단, 문제가 해결되면 데이터스토어 인스턴스의 모든 목록을 쿼리하는 방법을 살펴보도록 한다.

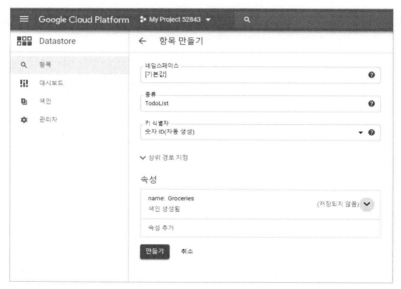

그림 5.4   Groceries TodoList 만들기

그림 5.5   TodoList 엔티티

다음 리스트는 데이터스토어에 모든 TodoList 엔티티를 요청하고 화면에 출력하는 Node.js 스크립트다.

리스트 5.5 모든 TodoList 엔티티에 대한 Cloud Datastore 쿼리

```
const datastore = require('@google-cloud/datastore')({
  projectId: 'your-project-id'
});

const query = datastore.createQuery('TodoList');    ←─┤ Query 개체를 만든다.

datastore.runQuery(query) ←─────        쿼리를 실행하고, 발견된 데이터를 처리하는
  .on('error', console.error)           리스너를 등록한다.
  .on('data', (entity) => {
    console.log('Found TodoList:\n', entity);
  })
  .on('end', () => {
    console.log('No more TodoLists');
  });
```

> **NOTE** "Not Authorized" 오류 메시지가 나타나면 gcloud auth application-default login을 실행했는지 확인하고, 성공적으로 인증했는지 확인해야 한다.

이 스크립트의 출력은 다음과 같다.

```
Found TodoList:
{ key:
  Key {
    namespace: undefined,
    id: 5629499534213120,
    kind: 'TodoList',
    path: [Getter] },
  data: { name: 'Groceries' } }
No more TodoLists
```

보다시피 식료품 목록은 저장된 이름과 함께 리턴된다. 이제 앞서 설명한 계층적 키 구조를 사용하여 TodoItem을 작성해 보자. 다음 리스트에 표시된 예에서 식료품 목록 항목에는 목록을 상위 항목으로 사용하는 키가 있다.

리스트 5.6 새로운 TodoItem 만들기

```
const datastore = require('@google-cloud/datastore')({
  projectId: 'your-project-id'
});
const entity = {
```

```
  key: datastore.key(['TodoList', 5629499534213120, 'TodoItem']),
  data: {
    name: 'Milk',
    completed: false
  }
};

datastore.save(entity, (err) => {
  if (err) {
    console.log('There was an error...', err);
  } else {
    console.log('Saved entity:', entity);
  }
});
```

여기에 있는 번호는 TodoList를 쿼리할 때 이전에 받은 ID다.

이 스크립트를 실행하면 다음과 같은 출력이 표시된다.

```
Saved entity: { key:
  Key {
    namespace: undefined,
    kind: 'TodoItem',
    parent:
      Key {
        namespace: undefined,
        id: 5629499534213120,
        kind: 'TodoList',
        path: [Getter] },
    path: [Getter],
    id: 5629499534213120 },
data: { name: 'Milk', completed: false } }
```

Todo-List 엔티티를 가리키는 상위 키가 있는 주요 key 속성을 특별히 주의한다. 또한, 키에는 나중에 참조할 수 있도록 자동 생성된 ID가 있다. 이제 다음 리스트와 같이 스크립트를 사용하여 식료품 목록에 몇 가지 항목을 추가할 수 있지만, 이번에는 단일 API 호출에 여러 항목을 저장한다.

리스트 5.7 **TodoList에 항목 추가하기**

```
const datastore = require('@google-cloud/datastore')({
  projectId: 'your-project-id'
});
const itemNames = ['Eggs', 'Chips', 'Dip', 'Celery', 'Beer'];
const entities = itemNames.map((name) => {
  return {
    key: datastore.key(['TodoList', 5629499534213120, 'TodoItem']),
    data: {
```

```
      name: name,
      completed: false
    }
  };
});

datastore.save(entities, (err) => {   ◁──┤ 항목 목록 저장
  if (err) {
    console.log('There was an error...', err);
  } else {
    entities.forEach((entity) => {
      console.log('Created entity', entity.data.name, 'as ID',
      entity.key.id);
    })
  }
});
```

이 스크립트를 실행하면 엔티티가 생성되고, ID가 주어진 것을 볼 수 있다.

```
Created entity Eggs as ID 5707702298738688
Created entity Chips as ID 5144752345317376
Created entity Dip as ID 6270652252160000
Created entity Celery as ID 4863277368606720
Created entity Beer as ID 5989177275449344
```

이제 클라우드 콘솔로 돌아가 식료품 목록에 있는 모든 항목을 쿼리할 수 있다. TodoList 엔티티의 하위 항목(상위 엔티티로 이 엔티티가 있음)을 쿼리하여 이를 수행하고, 다음과 같이 GQL에서 이를 표현한다.

```
SELECT * FROM TodoItem
  WHERE __key__ HAS ANCESTOR Key(TodoList, 5629499534213120)
```

클라우드 콘솔의 GQL 도구를 사용하여 이 쿼리를 실행하면 모든 식료품 항목이 목록에 있음을 알 수 있다(그림 5.6).

이제 목록에서 이 항목 중 하나를 확인한 다음 완료되지 않은 항목만 요청할 수 있는지 확인한다. 쿼리 결과에서 항목을 클릭하고, completed 필드를 False에서 True로 변경한다(그림 5.7). 그런 다음 저장을 클릭한다.

그림 5.6 식료품점에서 구입할 품목 목록

항목 수정	C 새로고침	🗑 삭제	데이터 저장소 모드의 Cloud

네임스페이스 ❓	[기본값]
Kind ❓	TodoItem
키 ❓	TodoList id:5629499534213120 > TodoItem id:4788074152198144
키 리터럴 ❓	Key(TodoList, 5629499534213120, TodoItem, 4788074152198144)
URL 보안 키 ❓	ahhwfmFuY2llbnQtY2VpbGluZy0yNDAwMTJyKgsSCFRvZG9MaXN0N0GICAgICAgIAKDAsSCFRvZG9JdGVtGICAgJim18AIDA

속성

completed: false 색인 생성됨	⌄
name: Celery 색인 생성됨	⌄
속성 추가	

저장   취소

그림 5.7 목록에서 맥주 빼기

이제 코드로 돌아가 식료품 점에서 구매해야 하는 모든 것들을 어떻게 쿼리할 수 있는지 살펴보도록 한다. 쿼리 개체에는 세 가지 중요한 요소가 있으며, 다음 리스트에 설명되어 있다.

리스트 5.8 **목록에 있는 완료되지 않은 TodoItem 엔티티를 모두 쿼리하기**

```
const datastore = require('@google-cloud/datastore')({
  projectId: 'your-project-id'
});

const query = datastore.createQuery('TodoItem')        여러분이 쿼리하는 kind(TodoItem)
  .hasAncestor(datastore.key(['TodoList', 5629499534213120]))    부모키
  .filter('completed', false);                                   (TodoList 엔티티)
                                  completed = false 필터
datastore.runQuery(query)
  .on('error', console.error)
  .on('data', (entity) => {
    console.log('You still need to buy:', entity.data.name);
  });
```

이 작업을 실행하면 완료로 표시한 맥주 항목을 제외하고, 이전에 추가한 모든 항목이 목록에 있음을 알 수 있다.

```
You still need to buy: Celery
You still need to buy: Chips
You still need to buy: Milk
You still need to buy: Eggs
You still need to buy: Dip
```

지금까지 Cloud Datastore와 상호작용하는 방법에 대해 살펴보았다. 이제 데이터를 백업하고 복원하는 방법을 살펴보도록 한다.

5.3 백업 및 복원

백업은 실수로 많은 데이터를 삭제할 때를 제외하고는 **특별히** 필요하지 않은 것 중 하나다. Cloud Datastore 백업은 이전에 알고 있던 백업과는 달리 약간은 익숙하지 않은 백업이라는 점이 특이하다. 결국, 데이터스토어의 최종 일관성 쿼리는 단일 시점에 전체 데이터 상태를 파악하기 어렵게 만든다. 대신, 모든 데이터를 한번에 요청하는 것은 쿼리가 실행되는 동안에는 데이터가 **바뀌어** 버리는 경향이 있다.

이것은 무엇을 의미할까? 첫째, 데이터스토어의 백업 기능은 정기적인 데이터스토어 쿼리에서 많은 양의 데이터를 가져와서 Cloud Storage 버킷으로 내보낼 수 있는 기능이다. 그러나 정기적인 데이터스토어 쿼리는 최종 일관성이기 때문에 Cloud Storage로 내보낸 데이터가 일정하게 일치하지 않을 수 있다. 예를 들어, 매초마다 새 엔티티를 작성하는 경우 10초 후에 데이터를 백업하면 정확히 10개의 엔티티 또는 10개 이상을 저장할 수 있다. 더 혼란스럽게도 10보다 적은 수의 데이터만 표시될 수 있다는 것이다!

이 현상 때문에 내보내기는 단일 시점에서 수행된 스냅샷이 아니라는 점을 기억해야 한다. 대신 그것들은 여러분 데이터에 장시간 노출된 사진과 같다. 이 긴 노출로 인한 영향을 최소화하려면 데이터 저장소 쓰기를 미리 비활성화한 다음 내보내기가 완료된 후에 다시 활성화하면 된다. 모든 것을 염두에 두고 데이터를 내보내는 방법을 살펴보도록 하자.

> **NOTE** 이 글을 쓰는 시점에서 데이터스토어의 이 기능은 베타다. 즉, 실행할 명령은 gcloud beta로 시작한다.

먼저 8장에서 설명하는 Cloud Storage 버킷(리스트 5.9 참고)이 필요하다. 이 버킷은 내보낸 데이터를 저장할 장소이며, 이곳에서는 gsutil 명령을 사용하여 상호작용할 수 있다.

리스트 5.9 Cloud Storage 버킷 생성하기

```
$ gsutil mb -l US gs://my-data-export
Creating gs:my-data-export/...
```

버킷을 만들면 Datastore 섹션의 관리 탭(그림 5.8)을 사용하여 클라우드 콘솔을 통해 데이터스토어 인스턴스에 대한 쓰기를 사용 중지할 수 있다.

그런 다음 datastore export 하위 명령(리스트 5.10 참고)을 사용하여 데이터를 버킷으로 내보낼 수 있다.

그림 5.8 클라우드 콘솔을 사용하여 데이터 저장소에 쓰기 비활성화

리스트 5.10 Cloud Storage로 데이터 내보내기

```
$ gcloud beta datastore export gs://my-data-export/export-1
Waiting for [projects/your-project-id-here/operations/
    ASA1MTIwNzE4OTIJGnRsdWFmZWQHEmxhcnRuZWNzdS1zYm9qLW5pbWRhFAosEg] to
    finish...done.
metadata:
  '@type':
    type.googleapis.com/google.datastore.admin.v1beta1.ExportEntitiesMetadata
  common:
    operationType: EXPORT_ENTITIES
    startTime: '2018-01-16T14:26:02.626380Z'
    state: PROCESSING
  outputUrlPrefix: gs://my-data-export/export-1
name: projects/your-project-id-here/operations/
    ASA1MTIwNzE4OTIJGnRsdWFmZWQHEmxhcnRuZWNzdS1zYm9qLW5pbWRhFAosEg
```

완료되면 gsutil 도구를 사용하여 다음과 같이 버킷에 데이터가 도착했는지 확인할 수 있다.

리스트 5.11 내보내기 데이터의 크기 보기

```
$ gsutil du -sh gs://my-data-export/export-1          여기서 데이터가 버킷에 도착하여 약 32킬로바이트의
32.2 KiB gs://my-data-export/export-1      ◀──        공간이 필요하다는 것을 알 수 있다.
```

이제 내보내기가 완료되었음을 알 수 있다. 그럼 이 퍼즐의 나머지 절반, 즉 복원에 대해 이야기하자.

백업하는 방법이 내보내기와 비슷한 것처럼 가져오기와 비슷하므로 언급할 만한 몇 가지 주제가 있다. 첫째, 엔티티 가져오기는 이전과 동일한 ID를 모두 사용하므로 해당 ID를 사용하는 엔티티를 덮어쓴다. 우발적인 ID 충돌이 발생하면 해당 엔티티를 덮어쓴다. 자신의 ID를 선택하는 경우에만 문제가 될 수 있지만, 알아볼만한 가치가 있다. 둘째, 이것이 복원이 아닌 가져오기이기 때문에 이전 내보내기 이후에 작성한(그러므로 가져오기에 영향을 받지 않는) 엔티티는 여전히 남아 있다. 가져오기는 항목을 편집하고 만들 수 있지만, 항목을 삭제하지는 않는다.

가져오기를 실행하려면 내보내기와 동일한 작업을 수행하고, 먼저 쓰기 작업을 미리 비활성화한다. 이번에 유일한 차이점은 데이터가 저장될 디렉터리를 가리키는 대신 내보내기 중에 만들어진 메타 데이터 파일을 가리켜야 한다는 것이다. 다음 리스트와 같이 gsutil 명령을 다시 사용하여 이 메타 데이터 파일을 찾을 수 있다.

```
$ gsutil ls gs://my-data-export/export-1 ◁──┘ 내보내기 작업으로 만들어진 개체를 나열한다.
gs://my-data-export/export-1/export-1.overall_export_metadata ◁────
gs://my-data-export/export-1/all_namespaces/  생성된 내보내기 메타 데이터는 가져오기 중에 참고하게 된다.
```

내보내기에 대한 메타 데이터 파일의 경로가 있으므로 다음과 같이 이전과 비슷한 gcloud 명령을 사용하여 가져오기 작업을 시작할 수 있다.

리스트 5.13　이전에 내보내기한 데이터를 가져오기

```
$ gcloud beta datastore import gs://my-data-export/export-1/export-
    1.overall_export_metadata
Waiting for [projects/your-project-id-here/operations/
    AiA4NjUwODEzOTIJGnRsdWFmZWQHEmxhcnRuZWNzdS1zYm9qLW5pbWRhFAosEg] to
    finish...done.
metadata:
  '@type':
    type.googleapis.com/google.datastore.admin.v1beta1.ImportEntitiesMetadata
  common:
    operationType: IMPORT_ENTITIES
    startTime: '2018-01-16T16:26:17.964040Z'
    state: PROCESSING
  inputUrl: gs://my-data-export/export-1/export-1.overall_export_metadata
name: projects/your-project-id-here/operations/
AiA4NjUwODEzOTIJGnRsdWFmZWQHEmxhcnRuZWNzdS1zYm9qLW5pbWRhFAosEg
```

현재 엔티티 중 하나를 변경했거나 삭제한 엔티티는 내보내기 당시의 상태로 되돌아간다. 그러나 새로운 엔티티를 작성한 경우 이전에는 보지 못한 엔티티에 가져오기가 영향을 미치지 않으므로 완전히 독립된 상태로 유지된다. 이제 Cloud Datastore를 잘 이해했으므로 얼마나 비용이 들지 좀 더 자세히 살펴보겠다.

5.4　가격 책정의 이해

구글은 저장하는 데이터의 양과 해당 데이터에서 수행하는 작업의 수에 따라 Cloud Datastore 가격을 결정한다. 먼저, 쉬운 부분을 살펴보도록 하자.

5.4.1　저장 비용

Cloud Datastore에 저장된 데이터는 GB 단위로 측정되며, 이 글을 쓰고 있는 현재 한 달에 GB당 0.18달러다. 아주 간단해 보일 수도 있지만, 보이는 것보다 조금 더 복잡하다. 데이터(엔티티의 속성 값) 외에도 단일 엔티티의 청구 목적을 위한 전체 저장소 크기에는 종류 이름(예: Person), 키 이름(또는 ID), 모든 속성 이름(favorite-Color) 및 16개의 추가 오버헤드 바이트가 있다. 또한, 모든 속성에는 간단한 색인이 만들어지며, 각 색인 항목에는 종류 이름, 키 이름, 속성 이름, 속성 값 및 32개의 추가 오버헤드 바이트가 포함된다. 마지막으로, Cloud Datastore에는 오름차순 및 내림차순 모두에 대한 색인이 포함되어 있음을 잊지 않길 바란다.

간단히 말해 긴 이름(색인, 특성 및 키)은 크기가 넘칠 수 있기 때문에 저장된 실제 데이터보다 훨씬 더 많은 총 데이터를 갖게 된다. 구글이 총 저장용량을 계산하는 방법에 대한 자세한 내용은 http://mng.bz/Bclr에서 온라인 저장용량 참조를 확인하면 된다. 이러한 엔티티에 대해 쿼리할 엔티티와 색인이 많이 필요할 것으로 예상되는 경우 이 사실을 아는 것이 특히 중요하다.

이제는 다른 가격 책정 측면에 대해 이야기해 보도록 하자.

5.4.2 작업당 비용

간단히 말해서 작업이란 새로운 항목 만들기 또는 데이터 검색과 같이 Cloud Datastore에 보내는 모든 요청을 말한다. Cloud Datastore는 특정 작업에 관여되어 있는 엔티티 수에 따라 요금이 달라지므로 일부 작업(예: 엔티티 업데이트 또는 작성)은 다른 엔티티(예: 엔티티 삭제)보다 비용이 비싸다. 가격 내역은 표 5.7에 나와 있다.

표 5.7 **작업 가격 분석**

작업 형식	100,000엔티티당 비용
읽기	$0.06
쓰기	$0.18
삭제	$0.02

저장용량 합계와는 달리 이 유형의 가격 책정에는 몇 가지 어려움이 있다. 예를 들어, 100,000개의 엔티티를 검색하면 청구액은 6센트가 된다. 마찬가지로 엔티티를 업데이트하고 삭제하면 각각 18센트와 2센트가 들게 된다. 문제가 되는 것은 쿼리의 각 엔티티를 검색하는 쿼리다. 모든 엔티티를 선택하는 쿼리를 실행하면 반환된 각 엔티티에 대한 읽기 작업으로 계산된다. 엔티티의 **키**를 보고 싶다면 무료 작업인 키 전용 쿼리를 사용할 수 있다.

이제 데이터스토어 가격 정책이 어떻게 작동하는지 파악했으므로 Cloud Datastore가 언제 프로젝트에 적합한지 생각해 볼 시간이다.

5.5 언제 Cloud Datastore를 사용해야 할까?

스코어카드로 시작하여 Cloud Datastore의 강점과 약점을 요약해 보도록 한다. 데이터스토어가 효과적인 두 부분은 내구성과 처리량이며, 그 비용은 위험 영역으로 들어간다. 그림 5.9를 참조한다.

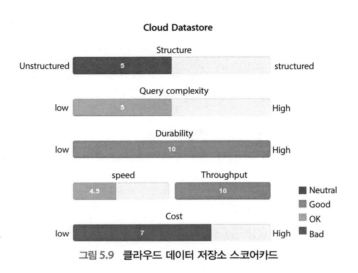

그림 5.9 클라우드 데이터 저장소 스코어카드

5.5.1 구조

Cloud Datastore는 관계형 데이터베이스와 달리 속성에 유형이 있는 반 구조화된 데이터를 관리하는 데 뛰어나지만, 동일한 종류의 모든 엔티티(또는 **문서**)에 대해 단일 스키마를 제공하지 않는다. 단일 종류의 엔티티가 동질적이도록 시스템을 설계할 수는 있지만, 애플리케이션 코드에서 실행하는 것은 사용자의 몫이다.

문서 형식의 저장과 함께 데이터스토어를 사용하면 계층적 키(하나의 키 앞에 접두사의 키가 있는)를 사용하여 데이터의 지역을 표현할 수도 있다. 이는 혼란스러울 수 있지만, 격리 단위(예: 단일 사용자의 전자 메일) 간에 데이터를 구분하려는 요구사항을 반영한다. 데이터의 자동 복제를 가능하게 하는 데이터스토어의 이러한 측면은 스토리지 시스템처럼 가용성이 높다. 이 설정은 많은 이점을 제공하지만, 모든 데이터에서 쿼리가 최종 일관성이 있다는 것을 의미한다.

5.5.2 쿼리 복잡성

비 관계형 저장소 시스템과 마찬가지로 Cloud Datastore는 일반적인 관계형 성격(예: JOIN 연산자)을 지원하지 않는다. 다른 저장된 엔티티에 대한 포인터 역할을 하는 키를 저장할 수는 있지만, 이러한 값에 대한 관리는 제공하지 않는다. 가장 주목할 것은 참조 무결성이 없고, 참조된 엔티티와 관련된 변경사항을 분류하거나 제한할 능력이 없다는 점이다. Cloud Datastore의 엔티티를 삭제하면 해당 엔티티를 가리키는 모든 위치에서 잘못된 참조가 발생한다.

또한, 특정 쿼리는 색인을 사용하도록 설정해야 한다. 색인은 유용하지만, 특정 쿼리를 실행하는 데 필요하지 않은 관계형 데이터베이스와는 다소 다르다. 이러한 제한 사항 중 일부는 Cloud Datastore를 설계하는 데 필요한 구조적 요구사항의 결과이며, 다른 제한 사항은 모든 쿼리에 일관된 성능을 제공한다.

5.5.3 내구성

내구성은 Cloud Datastore가 탁월한 부분이다. 메가스토어는 데이터를 잃어버릴 수 없다는 전제하에 구축되었으므로 모든 항목이 자동으로 복제되고 여러 위치에 저장될 때까지 저장되지 않은 것으로 간주된다. 관계형 데이터베이스를 사용하는 경우 복제를 위한 다양한 수준의 자체 관리 기능을 제공하지만(Cloud SQL에서도 복제본을 구성해야 함), 데이터스토어는 이 기능을 전적으로 알아서 처리하므로 내구성에 대해서는 **가능한 한 높게** 설정되어 있다.

앞에서 논의한 색인 측면과 결합된 이 배열은 글로벌 쿼리가 최종 일관성이 있는 불행한 부작용이 있다. 데이터를 저장하기 전에 여러 위치에 복제해야 한다. 따라서 데이터 옆에 색인을 업데이트하는 데 시간이 더 걸리기 때문에 모든 데이터에 대한 쿼리가 가끔 오래된 결과를 반환할 수 있다.

5.5.4 속도(대기 시간)

많은 메모리 내장 스토리지 시스템(예: Redis)과 비교할 때 Cloud Datastore는 대략적으로 비슷한 금액 대에 있으며, SSD가 RAM보다 느리다는 단순한 이유 때문에 빠르지는 않다. PostgreSQL 또는 MySQL 같은 관계형 데이터베이스 시스템과 비교할 때 Cloud Datastore는 동일한 기본 정보를 제공한다. 즉, SQL 데이터베이스가 커지거나 동시에 더 많은 요청을 받으면 속도가 느려질 수 있다. 이 장에서 배웠듯이 Cloud Datastore의 대기 시간은 동시성 수준과 상관없이 동일하게 유지되며, 쿼리를 통과해야 하는 데이터의 양보다는 결과 집합의 크기를 사용하여 비율을 실행하는 데 소요되는 시간이다.

이 섹션에서 해결해야 할 핵심 사항은 Cloud Datastore가 In-Memory NoSQL 스토리지 시스템처럼 급속하게 발전하지는 않지만, 다른 관계형 데이터베이스와 동등하며, 데이터 사이즈뿐 아니라 동시성 수준을 높일 때 일관성을 유지한다는 것이다.

5.5.5 처리량

Cloud Datastore의 처리량은 구글의 인프라를 완벽하게 관리하는 스토리지 서비스로 실행함으로써 이익을 얻게 된다. 따라서 처리량만큼 트래픽을 수용할 수 있다. 데이터가 여러 그룹에 걸쳐 자동으로 퍼지기 때문에(특별히 그렇게 하지 말라고 하지 않는 한) MySQL과 같은 관계형 데이터베이스와 함께 제공되는 비관적 잠금(the pessimistic locking)은 적용되지 않는다. 대신 많은 동시 쓰기 조작으로 확장할 수 있다.

이 확장성은 또한 구글이 트래픽 증가를 지원하는 데 어려움을 겪을 정도로 커지면 구글 측에 더 많은 서버를 추가하는 것이 간단하다는 것을 의미한다. MySQL의 처리량과 비교해 보자. MySQL을 사용하면 읽기 복제본을 사용하여 읽기 작업을 처리할 수 있지만, 동시에 실행되는 쓰기 작업의 수를 늘리는 것은 상당히 어려운 일이다. 하지만 Cloud Datastore는 그것을 걱정할 필요가 없다.

5.5.6 비용

Cloud Datastore의 비용은 다소 놀라운 방식으로 증가하는 독특함이 있다. 예를 들어, 몇 기가바이트를 저장하는 것과 같이 더 작은 규모에서는 총 저장 및 쿼리 비용이 한 달에 약 50달러가 될 수 있다. 점점 더 많은 데이터를 추가하고 자주 데이터를 쿼리하면 전반적인 비용이 급증할 수 있다. 주로 색인 때문이다.

데이터를 사용할 수 없는 상황에 대하여 절대로 걱정하지 않아도 되도록 엄청난 비용과 맞바꿨다. 데이터를 저장하고 액세스하기 위해 많은 비용을 지불할 수도 있지만, 애플리케이션이 TV 프로그램에 등장하고 전 세계가 이 프로그램에 액세스하기 시작하면 모든 것이 잘될 것이기 때문에 확실한 가치를 얻을 수 있을 것이다.

5.5.7 종합

이제 Cloud Datastore가 어디에서 좋은 성과를 내는지 알았으므로 예제 애플리케이션을 사용하여 데이터스토어가 적합한지 확인해 보자.

TO-DO LIST

시작 애플리케이션인 To-Do List는 데이터스토어가 제공할 수 있는 높은 수준의 처리량을 필요로 하지 않지만, 완전 관리형 제품이므로 표에서 흥미로운 점을 찾을 수 있다. 표 5.8을 참조해 보자.

표 5.8 To-Do List 애플리케이션의 필요한 저장소

측면	요구사항	잘 맞는가?
구조	구조는 괜찮지만, 필요하지 않음	물론
쿼리 복잡성	많은 멋진 쿼리가 없음	확실히
내구성	높음. 데이터를 잃고 싶지 않음	확실히
속도	별로 없음	확실히
처리량	별로 없음	물론
비용	단순 프로젝트로 낮을수록 좋음	확실히

간단히 말해 Cloud Datastore는 적합하지만, 확장성 측면에서는 다소 과잉이라고 할 수 있다. 이것은 할머니에게 람보르기니를 주는 것과 같다. 할머니를 식료품 가게에 잘 데려다 주기는 하겠지만, 가는 도중에 레이싱을 할 필요는 없을 것이다.

이 To-Do List 앱이 엄청난 것이 된다면, 데이터스토어는 많은 수의 트래픽을 처리하기 위한 확장에 대해서 너무 많이 걱정할 필요가 없다는 것을 의미하므로 안전한 방법이라 할 수 있다.

E*EXCHANGE

온라인 거래 플랫폼인 E*Exchange는 To-Do List 앱에 비해 다소 복잡하다. 특히, 주요 차이점은 고객이 필요로 하는 쿼리의 복잡성이다. 표 5.9를 참조한다.

표 5.9 E*Exchange 스토리지 요구사항

측면	요구사항	잘 맞는가?
구조	그렇다. 의심스러운 사항은 모두 거부하여 실수 없도록	아마도
쿼리 복잡성	복잡함. 답이 필요한 궁금한 사항이 많음	아니오
내구성	높음. 잃어버리는 것이 있을 수도 있음	확실히
속도	상대적으로 빨라야 함	거의
처리량	높음. 많은 사람들이 이를 사용하고 있을 수 있음	확실히
비용	비용은 낮을 수록 좋지만, 기꺼이 비용을 지불할 것임	명확히

표 5.9를 보면 Cloud Datastore가 자체적으로 사용되는 경우 E*Exchange에 가장 적합하지 않을 수 있다. 예를 들어, Cloud Datastore는 엄격한 스키마 요구사항을 적용하지 않지만, E*Exchange는 시스템에 입력되는 모든 데이터의 명확한 유효성 검사를 원한다. 이렇게 하려면 데이터베이스에 의존하지 말고 애플리케이션에 스키마를 적용해야 한다. 따라서 데이터베이스를 구축할 수는 있지만, 데이터스토어에는 내장되어 있지 않다.

또한, 데이터스토어는 매우 복잡한 쿼리를 수행할 수 없다는 것을 알았다. 다시 말하면 데이터스토어 자체만으로는 적합하지 않을 수 있다.

마지막으로, 데이터스토어의 최종 일관성이 있는 쿼리는 E*Exchange와 같이 최신 정보를 필요로 하는 시스템을 설계하는 데 어려움을 겪는다. 이 일관성 모델을 중심으로 설계할 수는 있지만, 꽤 많은 작업이 필요할 것이다.

E*Exchange가 데이터스토어의 높은 내구성, 복제 및 처리량 기능을 활용하기를 원하는 경우, 좀 더 복잡한 데이터웨어하우스 또는 분석 스토리지 엔진을 사용하는 동안 원시 데이터를 데이터스토어에 저장하는 것이 가장 합리적일 수 있다. E*Exchange는 각 단일 거래를 엔티티로 저장한다. 이는 매우 높은 처리량으로 확장되고, 항상 높은 내구성을 유지하면서 분석 데이터를 BigQuery(19장 참고) 또는 많은 시계열 데이터베이스 중 하나인 HBase, InfluxDB, OpenTSDB에 저장한다.

데이터스토어는 완전한 ACID(원자성, 일관성, 격리, 내구성) 트랜잭션 세만틱을 제공하기 때문에 실수로 여러 차례 업데이트되거나 반쯤 커밋된 상태로 끝날 것을 염려할 필요는 없다. 예를 들어, 주식을 양도하는 것은 판매자의 잔고를 줄이고 구매자의 잔고를 늘리는 한번에 처리되어야 하는 거래인데 변경 중 하나는 실패하고, 다른 하나는 실패로 인해 손실될 걱정은 하지 않아도 된다.

INSTASNAP

인기 있는 소셜미디어 애플리케이션인 InstaSnap은 잘 맞는듯한 몇 가지 요구사항을 가지고 있으며, 일부는 벗어난 몇 가지 요구사항을 가지고 있다. 표 5.10을 참조한다.

표 5.10 InstaSnap 저장소 요구사항

측면	요구사항	잘 맞는가?
구조	그렇게 필요하진 않음. 구조는 꽤 유연함	확실히
쿼리 복잡성	주로 조회. 매우 복잡한 쿼리는 없음	명확히

표 5.10 InstaSnap 저장소 요구사항(계속)

측면	요구사항	잘 맞는가?
내구성	보통. 잃어버리면 불편한 정도	물론
속도	쿼리는 매우 빠름	아마도
처리량	매우 높음. 킴 카다시안이 사용함	확실히
비용	비용은 낮을 수록 좋지만, 기꺼이 비용을 지불할 것임	명확히

InstaSnap과 같은 앱의 가장 큰 문제점은 단일 쿼리 대기 시간이다. 이 쿼리는 매우 빨라야 한다. 이것은 데이터스토어가 자체적으로 가장 적합하지 않은 또 다른 부분이지만, Memcached와 같은 일종의 메모리 내장 캐시와 함께 사용하면 이 문제가 완전히 사라진다. 또한, InstaSnap의 내구성 요구가 그다지 심각하지는 않지만, 데이터스토어가 필요 이상으로 높은 수준을 제공한다는 사실은 그리 큰 문제가 아니다.

요약하면, InstaSnap은 방대한 처리량 요구사항과 결합된 상대적으로 간단한 쿼리로 인해 매우 적합하다. 실제로 SnapChat(실제 애플리케이션)은 데이터스토어를 기본 스토리지 시스템 중 하나로 사용한다.

5.5.8 기타 문서 저장소 시스템

문서 저장소 시스템인 Cloud Datastore는 아마존의 DynamoDB와 같은 다른 호스팅 서비스부터 MongoDB 또는 Apache HBase와 같은 많은 오픈 소스 대안에 이르기까지의 다양한 옵션 중 하나다. HBase의 상위 시스템인 Bigtable에 대한 자세한 내용은 7장에서 배운다. 선택할 수 있는 시스템도 많으며, 각각에는 장점과 단점이 있다. 경우에 따라 시스템은 특정 구성에서 문서 저장소 시스템과 같이 약간의 기능을 수행할 수 있다.

표 5.11은 여러 문서 저장소 시스템의 특성을 요약하고, 하나를 선택하려는 경우를 제안한다.

표 5.11 문서 저장소 시스템 간의 간략한 비교

이름	비용	유연성	가용성	내구성	속도	처리량
Cloud Datastore	높음	보통	높음	높음	보통	높음
MongoDB	낮음	높음	보통	보통	보통	보통
Dynamo DB	높음	낮음	보통	보통	높음	보통
HBase	보통	낮음	보통	높음	높음	높음
Cloud Bigtable	보통	낮음	높음	높음	높음	높음

고가용성을 위해 HBase 및 MongoDB와 같은 시스템을 구성할 수는 있지만, 비용이 많이 든다. 그러한 시스템의 스케일링에 대한 더 자세한 내용은 7장의 7.7에서 읽을 수 있다. 먼저, 데이터스토어의 스택에 대해 이해했으므로 6장의 가격 책정을 통해 전반적인 비용을 알아보도록 하자.

요약

- 문서 저장소는 테이블의 동질적 행이 아닌 이기종(들쭉날쭉한) 문서로 조직된 데이터를 유지한다.
- 문서 저장 장치를 효과적으로 사용하려면 쉽게 액세스할 수 있도록 데이터를 복제해야 한다(비정규화).
- 문서 저장은 거대한 크기로 커지고 엄청난 양의 트래픽이 발생하는 데이터를 저장하는 데 적합하지만, 고급 쿼리(예: SQL에서 수행하는 조인)를 수행할 수 없는 대가가 따른다.
- Cloud Datastore는 자동 복제, 결과 집합 쿼리 스케일, 완전한 트랜잭션 세만틱 및 자동 확장 기능을 갖춘 완전 관리형 스토리지 시스템이다.
- Cloud Datastore는 높은 확장성이 필요하고, 비교적 간단한 쿼리가 필요한 경우 적합하다.
- Cloud Datastore는 엔티티 작업에 대해 요금을 부과한다. 즉, 상호작용하는 데이터가 많을수록 비용이 많이 든다.

6

Cloud Spanner: 대규모 SQL

이 장에서는 다음 내용을 다룬다.

- Spanner란 무엇인가?
- Cloud Spanner 관리 기능
- 데이터 읽기, 쓰기 및 쿼리
- 인터리브 테이블, 기본 키 및 기타 고급 항목

지금까지 SQL(관계형) 데이터베이스와 NoSQL(비관계형) 데이터베이스를 살펴본 후 각각의 절충안에 대해 알아보았다. SQL 데이터베이스는 일반적으로 더 풍부한 쿼리, 강력한 일관성 및 트랜잭션 세만틱을 제공하지만, 엄청난 양의 트래픽을 처리하는 데 문제가 있다. NoSQL 데이터베이스는 수평 확장성에 대한 대가로 이들 중 일부 또는 전부를 교환하는 경향이 있어 시스템이 클러스터에 더 많은 시스템을 추가하여 더 많은 트래픽을 쉽게 처리할 수 있다. 분명히 SQL과 NoSQL 사이의 선택은 비즈니스 요구에 따라 달라지지만, 선택하지 않아도 된다면 좋지 않을까?

6.1 NewSQL이란 무엇인가?

풍부한 쿼리, 트랜잭션 세만틱, 강력한 일관성 및 수평 확장성을 가질 수 있다면 어떨까? 이러한 유형의 시스템을 NewSQL 데이터베이스라고 한다.

NewSQL 데이터베이스는 SQL 데이터베이스처럼 보이고 작동하지만, NoSQL 데이터베이스의 확장 속성을 가진다. 예를 들어, NewSQL 데이터베이스는 데이터 지역이 스키마에서 어떻게든 표현되도록 요구할 수 있지만, 여전히 친숙한 SELECT * FROM... 구문을 사용하여 데이터를 쿼리할 수 있다. 이 분야에서 구글의 역사에 대해 살펴보고, 이 문제를 해결하기 위한 시도가 무엇인지 알아본다.

6.2 Spanner란 무엇인가?

오랫동안 많은 구글의 요구사항은 데이터가 구조화되고 관계형이며, MySQL에 잘 들어 맞는 다른 비즈니스의 요구사항과 다르지 않았다. 그런데 저장된 데이터의 크기가 점점 커져 제어 불능 상태가 됨에 따라 문제가 되기 시작하였다. 이 문제를 해결하기 위한 첫 번째 단계는 기성 데이터베이스를 수행할 위치에서 벗어나 데이터를 샤딩하고, 많은 데이터베이스 관리자를 고용하여 시스템을 미세 조정하는 것이다. 이것은 도움이 되었지만, 문제를 해결하지는 못했고, 데이터가 계속 증가했다.

불행히도 필요한 기능은 트랜잭션 또는 관계형 의미뿐만 아니라 강력한 일관성과 같은 기능이였기 때문에 메가스토어 같은 자체 스토리지 시스템 중 하나를 사용하면 효과가 없었으며, 이러한 기능은 메가스토어와 같은 것을 설계 시 처음 거래되었다. 비표준 스토리지의 확장성을 기존 MySQL 데이터베이스의 기능과 결합하여 Spanner로 이어지는 시스템이 필요했다.

Spanner는 관계형 데이터베이스(예: 스키마 및 JOIN 쿼리)의 많은 기능을 제공하는 NewSQL 데이터베이스다(더 많은 컴퓨터를 추가할 수 있는 것처럼). 실패(또는, 예외적으로 큰 로드)의 경우 Spanner는 완전히 별도의 데이터 센터에 있더라도 더 많은 머신에서 데이터를 분할하고 재배포할 수 있다. 데이터 청크(chunck)의 동적 크기 조정 및 셔플링을 통해 모든 유형의 재난에 대비할 수 있다.

Spanner는 강력하며 일관성 있는 쿼리를 제공하므로 데이터의 오래된 버전을 사용하지 않게 한다. 구글 클라우드 플랫폼의 패턴에 따라 구글은 처음에는 구글 엔지니어만 이용할 수 있는

Spanner 데이터베이스를 사용하여 Cloud Datastore 또는 Cloud Bigtable과 같이 구글 클라우드 플랫폼을 호스트 스토리지 시스템으로 사용할 수 있게 했다. Cloud Spanner를 사용하는 방법에 대해 알아보기 위해 몇 가지 개념을 살펴본다.

6.3 개념

다른 스토리지 시스템과 마찬가지로 시작하기 전에 몇 가지 기본 개념을 이해해야 한다. 이 절에서는 인스턴스의 인프라 개념부터 시작하여 테이블 및 키와 같은 데이터 모델 개념에 대해 살펴본다. 따라가다 보면, Spanner를 사용하여 최상의 성능을 얻을 수 있는 방법을 파헤치는 데 필요한 스플릿 포인트 및 트랜잭션과 같은 보다 이론적인 개념을 접하게 된다. 인스턴스부터 바로 알아보자.

6.3.1 인스턴스

가장 기본적인 형태의 Cloud Spanner **인스턴스**는 많은 데이터베이스를 보유하는 인프라 컨테이너 역할을 한다(그림 6.1 참고). 또한, Spanner 데이터를 처리하는 데 궁극적인 책임이 있는 컴퓨팅 파워의 여러 개별 단위를 관리한다. Spanner 인스턴스에는 데이터 지향적 측면과 인프라 측면의 두 가지가 있다. 먼저, 데이터 지향적 측면을 알아보도록 하자.

그림 6.1 **높은 수준에서 인스턴스는 데이터베이스의 컨테이너다**

쿼리를 실행하고 결과를 얻으려는 경우 인스턴스는 Cloud SQL 인스턴스와 비슷한 데이터베이스 컨테이너 이상으로 작동하지 않는다. 쿼리를 실행하면 이 쿼리를 인스턴스 자체에 전달하고, Spanner는 많은 작업을 수행한다. 인프라 측면은 어떨까?

단일 MySQL 인스턴스와 달리 Spanner 인스턴스는 자동으로 복제된다. 인스턴스가 상주할 특정 영역을 선택하는 대신 다른 영역의 조합에 매핑되는 구성을 선택한다. 예를 들어,

regional-us-central1 구성은 us-central1 영역 내의 일부 영역 조합을 나타낸다(그림 6.2 참고). Spanner 인스턴스에는 지리적 집(home)이 있지만, 이 위치는 Compute Engine VM의 집보다 훨씬 일반적이다.

이제 이 인스턴스의 이중적인 성격을 이해했으므로 인스턴스의 컴퓨팅 성능을 구성하는 물리적 구성요소인 노드에 대해 자세히 살펴보도록 하자.

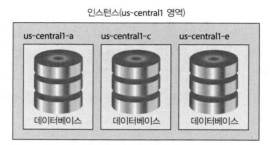

그림 6.2   인스턴스 구성은 데이터가 복제되는 영역을 결정한다

6.3.2 노드

Spanner 인스턴스는 데이터베이스의 컨테이너처럼 작동하고, 여러 다른 영역에 복제되는 것 외에도 인스턴스 데이터를 제공하는 데 사용할 수 있는 특정 수의 노드로 구성된다. 이러한 노드는 특정 영역에 있으며, 최종적으로 쿼리를 처리한다. Spanner 인스턴스가 완전히 복제되기 때문에 서로 다른 영역마다 동일한 복제본을 갖게 되므로(그림 6.3 참고), 영역에 정전이 발생해도 데이터는 문제없이 계속 제공된다.

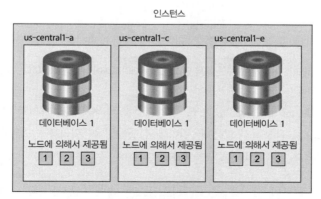

그림 6.3   인스턴스는 모든 복제본에서 같은 수의 노드를 갖는다

지역 구성(3개 영역에 걸쳐 복제)에 3개 노드 인스턴스가 있는 경우 각 복제본은 데이터와 데이터 전송 용량의 사본이므로 총 9개의 노드가 있는 것이다. 이것이 과도하게 보일 수도 있지만, Spanner의 보장은 풍부한 쿼리, 전 세계적으로 강력한 일관성 및 높은 가용성과 성능에 초점을 두고 있음을 상기하기 바란다. 특히, 비용이 적게 든다는 점에서 Spanner는 문제에 더 많은 리소스를 투입함으로써 이러한 문제를 극복한다. 이제 인스턴스와 복제 구성을 이해했으므로 데이터베이스 작동 방식을 살펴보도록 하자.

6.3.3 데이터베이스

데이터베이스는 주로 테이블의 컨테이너다. 일반적으로 단일 데이터베이스는 단일 제품의 데이터 컨테이너 역할을 하므로 액세스 권한을 제한하거나 모든 데이터를 쉽게 삭제할 수 있다. 또한, 데이터베이스를 사용하여 스키마를 변경하고 데이터를 쿼리한다. 조금 더 자세히 알아보기 위해 Spanner 테이블이 무엇이며, 어떻게 작동하는지 살펴보자.

6.3.4 테이블

대부분의 경우 Spanner 테이블은 다른 관계형 데이터베이스와 비슷하지만, 몇 가지 중요한 차이점이 있다. 무엇이 같은지부터 시작해 보자. 그런 다음 이 장의 후반부에서 차이점을 알아볼 것이다.

테이블에는 다른 관계형 데이터베이스와 매우 흡사하게 보이는 스키마가 있다. 테이블에는 데이터 형식을 정의하는 유형(예: INT64)과 한정자(예: NOT NULL)가 있는 칼럼이 있다. 관계형 데이터베이스와 마찬가지로 스키마에 정의된 유형과 일치하지 않는 데이터를 추가하면 오류가 발생한다. 테이블에는 10MiB의 최대 셀 크기와 같은 몇 가지 다른 제약 조건이 있지만, 일반적으로 Spanner 테이블은 놀랄 일은 아니다. 다른 데이터베이스의 Spanner 테이블과 비슷한 Spanner 테이블을 보여주기 위해 예제를 보고 두 스키마의 정의를 비교해 보도록 한다. 다음 리스트에서는 MySQL에서 테이블을 정의하는 데 유효한 직원 레코드를 저장하는 테이블을 볼 수 있다.

리스트 6.1 직원 ID와 이름 저장하기

```
CREATE TABLE employees (
  id INT NOT NULL AUTO_INCREMENT PRIMARY_KEY,
  name VARCHAR(100) NOT NULL,
  start_date DATE
);
```

다음은 Cloud Spanner에서 동일한 테이블을 만드는 예다.

리스트 6.2 Spanner에서 직원 ID와 이름 저장하기

```
CREATE TABLE employees (
  employee_id INT64 NOT NULL,
  name STRING(100) NOT NULL,
  start_date DATE
) PRIMARY KEY (employee_id);
```

보다시피 이 테이블은 데이터 유형 이름과 기본 키 지정문 위치의 약간의 차이점을 제외하고는 거의 동일하다. 시운전을 위해 Spanner를 사용하기에 충분한 배경 정보가 있으므로 사용법을 알아보고, 나중에 다시 고급 주제 중 일부를 살펴보자.

6.4 Cloud Spanner와의 상호작용

Cloud Spanner에 데이터를 저장하려면 먼저 인프라 리소스를 만들어야 한다. 클라우드 콘솔에서 그것을 할 것이다. 언제나처럼 Cloud Spanner API를 사용하도록 설정하는 것부터 시작한다. 클라우드 콘솔에서 페이지 상단의 기본 검색 창에 Cloud Spanner API를 입력하면 하나의 결과가 나타난다. 이것을 클릭하면 그림 6.4의 사용 설정 버튼이 있는 페이지가 열린다. 그것을 클릭했다면 잘 진행하고 있는 것이다.

이것들이 끝나면 왼쪽 탐색 메뉴의 저장소 섹션에서 Spanner를 클릭하여 Spanner 인터페이스로 넘어간다.

그림 6.4 Cloud Spanner API 사용

6.4.1 인스턴스 및 데이터베이스 만들기

Spanner를 처음 시작하면 데이터베이스가 없기 때문에 인스턴스를 생성해야 한다. 그림 6.5를 참조한다.

그림 6.5 Spanner UI 최초 접속 화면

NOTE Cloud Spanner는 강력하지만, 비용이 많이 든다. 즉, 이 튜토리얼에서 인스턴스를 켜고 나중에 인스턴스를 끄지 않으면 예상했던 것보다 훨씬 많은 금액의 청구서를 받을 수 있다는 것을 잊지 말기를 바란다!

인스턴스 만들기를 클릭하면 Spanner 인스턴스의 세부 정보를 선택할 수 있는 양식이 열린다. 첫 번째 필드에 이름을 Test Instance로 입력하면 이름의 단순화된 버전이 인스턴스 ID 필드에 자동으로 표시된다. 첫 번째 입력란은 UI에 표시되는 표시 이름이고, 두 번째 입력란은 모든 API 호출에서 주소를 지정할 때 필요한 인스턴스의 공식 ID다.

그런 다음 구성을 선택해야 한다. 이전에 배웠던 것처럼 Spanner 구성은 Compute Engine 영역과 비슷하며, 가용성과 관련이 있다. VM과 마찬가지로 로컬 시스템에서 Spanner 인스턴스에 액세스할 수 있으므로 지리적으로 가까운 구성을 선택하는 것이 좋다. 또한, 운영 환경에서 인스턴스를 사용할 때는 일반적으로 인스턴스 자체와 동일한 지역의 Spanner에 액세스하는 VM이 있어야 한다. us-central1 구성에서 Spanner 인스턴스를 배포하는 경우 VM을 us-central1 영역에 배치해야 한다.

마지막으로 벤치마크 또는 성능 테스트를 실행하지 않는 한 이 테스트의 목적으로 노드 수를 1로 설정한다. 두 개의 노드 복제본을 세 개의 다른 영역(각 영역마다 하나의 노드)에 분산시켜 테스트를 수행할 수 있다. 다음 그림 6.6을 참조한다.

그림 6.6   Spanner 인스턴스 만들기

만들기를 클릭하면 그림 6.7과 같이 인스턴스가 나타나야 하며, 새로운(그러나 비어 있는) 인스턴스를 볼 수 있는 페이지가 열린다. 이제 인스턴스가 생기면 새 데이터베이스를 만들어야 한다. 이를 수행하려면 데이터베이스 만들기(Create database) 버튼을 누른다. 그리고 그림 6.8과 같이 데이터베이스 이름을 선택하면 스키마를 채울 수 있는 양식이 열린다.

그림 6.7   새로 생성한 인스턴스 조회

그림 6.8 첫 번째 데이터베이스 만들기

이것은 데이터베이스의 이름을 먼저 선택하고, 데이터베이스에 대한 테이블을 만들 수 있는 2단계 프로세스다. 지금은 데이터베이스를 완전히 비워 둔다. test-database 이름을 입력한 다음 만들기(Create)를 클릭한다. 그러면 새로운(그러나 비어 있는) 데이터베이스를 볼 수 있는 페이지가 나타난다. 그림 6.9를 참조한다.

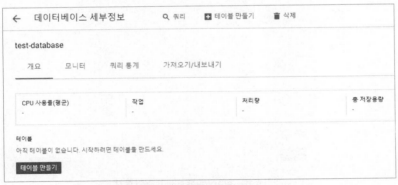

그림 6.9 새로 생성된 데이터베이스 보기

이제 빈 데이터베이스가 생겼으므로 스키마로 이동하여 새 테이블을 작성해 본다.

6.4.2 테이블 만들기

앞에서 배웠듯이 Spanner 테이블은 다른 관계형 데이터베이스와 비슷하지만, 나중에 고급 주제에 대해 논의할 때를 위해 차이점을 남겨 둔다. 시작하려면 앞의 예제에서 사용한 두 개의 필드인 직원의 고유 ID(기본 키)와 직원의 이름이 있는 간단한 직원 정보 테이블을 만든다.

테이블 만들기 버튼을 클릭하면 테이블을 만들 수 있는 양식이 열린다. 클라우드 콘솔을 사용하면 유용한 스키마 작성 도구를 사용하여 새 테이블을 쉽게 만들 수 있다. 나중에 고급 개념에 대해 배우므로 그림 6.10과 같이 텍스트로 편집 옵션을 사용하여 **employees** 테이블의 스키마를 붙여 넣는다.

만들기를 클릭하면 스키마, 색인(현재 없음), 데이터 미리보기(현재 비어 있음) 등 테이블 세부 정보를 볼 수 있는 페이지가 열린다. 그림 6.11을 참조한다.

이제 인스턴스, 인스턴스에 속한 데이터베이스 및 데이터베이스에 속한 테이블을 만들었다. 그러나 테이블이 비어 있다면 무슨 소용인가? 흥미로운 부분으로 이동해 보자. 약간의 데이터를 올려 보자.

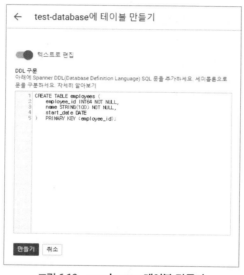

그림 6.10 employees 테이블 만들기

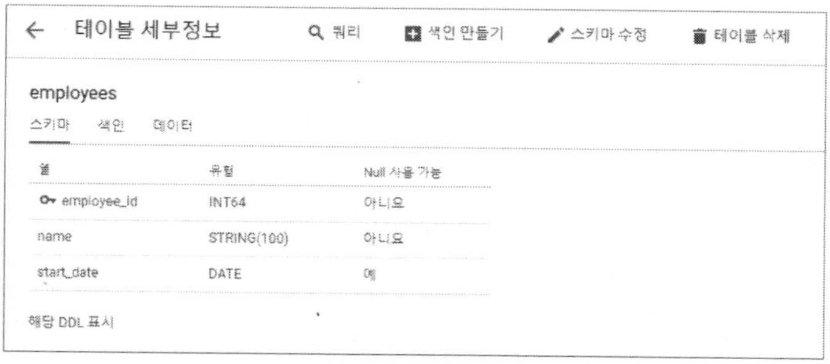

그림 6.11 새로 생성된 테이블 보기

6.4.3 데이터 추가

Spanner와 다른 관계형 데이터베이스의 주요 차이점 중 하나는 데이터를 수정하는 방법이다. MySQL과 같은 전형적인 데이터베이스에서는 INSERT SQL 쿼리를 사용하여 새 데이터를 추가하고, UPDATE SQL 쿼리를 사용하여 기존 데이터를 업데이트한다. 그러나 Spanner는 NoSQL 영향으로 두 가지 명령을 지원하지 않는다.

쿼리 인터페이스를 사용하여 데이터를 추가하는 대신 별도의 API를 사용하여 Cloud Spanner에 작성한다. 이 API는 기본 키를 선택한 다음 해당 키의 값을 설정하는 비 관계형 키-값 시스템과 유사하다. 데모를 해 보려면 @google-cloud/spanner Node.js 패키지를 사용하여 다음 리스트와 같이 Spanner의 employees 테이블에 직원 데이터를 추가한다. npm install @google-cloud/spanner@0.7.0을 실행하여 npm을 통해 설치할 수 있다.

리스트 6.3 직원을 테이블에 추가하는 스크립트

```
const spanner = require('@google-cloud/spanner')({
  projectId: 'your-project-id'     ⟵  여기서 프로젝트 ID를 자신의 프로젝트 ID로 바꾼다.
});

const instance = spanner.instance('test-instance');  ⟵  클라우드 콘솔에서 만든 데이터베
                                                          이스에 대한 포인터를 만든다.
const database = instance.database('test-database');
const employees = database.table('employees');  ⟵  앞에서 작성한 테이블에 대한
                                                     포인터를 작성한다.

employees.insert([  ⟵  여러 행의 데이터를 삽입한다. 각 행은 고유한 JSON 객체다.
  {employee_id: 1, name: 'Steve Jobs', start_date: '1976-04-01'},
  {employee_id: 2, name: 'Bill Gates', start_date: '1975-04-04'},
  {employee_id: 3, name: 'Larry Page', start_date: '1998-09-04'}
]).then((data) => {
  console.log('Saved data!', data);
});
```

모든 것이 작동하면 데이터가 저장되었음을 확인하는 출력과 지속적으로 변경되는 타임 스탬프가 표시된다.

```
Saved data! [ { commitTimestamp: { seconds: '1489763847', nanos: 466238000 } } ]
```

지금까지 Spanner로 데이터를 입력하는 방법을 살펴보았다. 이제는 Spanner에서 데이터를 가져오는 방법을 살펴본다.

6.4.4 데이터 쿼리

데이터를 쿼리할 수 있는 두 가지 방법이 있다. 먼저, Spanner의 읽기 API를 사용하여 단일 테이블을 쿼리할 수 있다. 이러한 쿼리는 특정 키(또는 키 집합) 조회 또는 일부 필터가 적용된 테이블 검색일 수 있다. 이 메소드는 추가한 세 행을 검색하는 데 가장 적합하다.

데이터베이스에서 SQL 쿼리를 실행하여 다른 데이터베이스에서 알게 된 조인 및 기타 고급 필터링 기술을 사용하여 여러 테이블을 쿼리할 수 있다. 이 경우 복잡한 작업을 수행할 필요가 없으므로 과할 것 같지만, 어쨌든 그것을 설명하도록 한다. 다음 리스트와 같이 Node.js 클라이언트 라이브러리에서 table.read()를 호출하여 기본 키로 추가한 행 중 하나를 가져와서 읽기 API를 사용하여 시작한다.

리스트 6.4 Spanner의 Read API를 사용하여 키로 행 검색하기

```
const spanner = require('@google-cloud/spanner')({
  projectId: 'your-project-id'
});
const instance = spanner.instance('test-instance');
const database = instance.database('test-database');
const employees = database.table('employees');
const query = {
  columns: ['employee_id', 'name', 'start_date'],
  keys: ['1']
};

employees.read(query).then((data) => {
  const rows = data[0];
  rows.forEach((row) => {
    console.log('Found row:');
    row.forEach((column) => {
      console.log(' - ' + column.name + ': ' + column.value);
    });
  });
});
```

이 명령을 실행하면 추가한 행이 올바르게 저장되었는지 확인할 수 있다.

```
Found row:
- employee_id: 1
- name: Steve Jobs
- start_date: Wed Mar 31 1976 19:00:00 GMT-0500 (EST)
```

그러나 데이터베이스의 모든 행을 가져오려면 어떻게 해야 할까? 일반적으로 이것은 잘못된 생각이지만, 추가한 세 행이 성공적으로 저장되었는지 여부를 확인하려고 하기 때문에 다음에 표시된 쿼리에 특별한 all 플래그를 사용할 수 있다.

리스트 6.5 **모든 행 검색하기**

```javascript
const spanner = require('@google-cloud/spanner')({
  projectId: 'your-project-id'
});

const instance = spanner.instance('test-instance');
const database = instance.database('test-database');
const employees = database.table('employees');
const query = {
  columns: ['employee_id', 'name', 'start_date'],
  keySet: {all: true}
};

employees.read(query).then((data) => {
  const rows = data[0];
  rows.forEach((row) => {
    console.log('Found row:');
    row.forEach((column) => {
      console.log(' - ' + column.name + ': ' + column.value);
    });
  });
});
```

이 코드를 실행하고 나면 결과로 추가했던 모든 데이터를 볼 수 있다.

```
Found row:
  - employee_id: 1
  - name: Steve Jobs
  - start_date: Wed Mar 31 1976 19:00:00 GMT-0500 (EST)
Found row:
  - employee_id: 2
  - name: Bill Gates
  - start_date: Thu Apr 03 1975 20:00:00 GMT-0400 (EDT)
Found row:
  - employee_id: 3
  - name: Larry Page
  - start_date: Thu Sep 03 1998 20:00:00 GMT-0400 (EDT)
```

이제 Read API를 사용해 보았다. 보다 일반적인 SQL 쿼리 API를 살펴보도록 하자. 쿼리할 때 가장 중요한 차이점은 쿼리가 다른 테이블을 포함할 수 있기 때문에 특정 테이블 대신 데이터베이스를 쿼리한다는 것이다(예: 두 테이블을 함께 조인하는 경우). 또한, 쿼리를 나타내기 위해 구조화된 개체를 보내는 대신 SQL 쿼리가 포함된 문자열을 보낸다.

다음 리스트에서 볼 수 있듯이 SQL 쿼리를 사용하여 모든 직원을 검색하는 간단한 쿼리를 보내는 것으로 시작한다. 예상대로 쿼리 자체는 MySQL과 같은 쿼리를 수행할 때와 동일하고 간단하다.

리스트 6.6 **Spanner에 대한 SQL 쿼리 실행**

```
const spanner = require('@google-cloud/spanner')({
  projectId: 'your-project-id'
});

const instance = spanner.instance('test-instance');
const database = instance.database('test-database');
const query = 'SELECT employee_id, name, start_date FROM employees';

database.run(query).then((data) => {
  const rows = data[0];
  rows.forEach((row) => {
    console.log('Found row:');
    row.forEach((column) => {
      console.log(' - ' + column.name + ': ' + column.value);
    });
  });
});
```

이 작업을 실행하면 이전 실행과 동일한 출력이 표시되어 모든 직원과 관련된 열이 표시된다.

```
Found row:
  - employee_id: 1
  - name: Steve Jobs
  - start_date: Wed Mar 31 1976 19:00:00 GMT-0500 (EST)
Found row:
  - employee_id: 2
  - name: Bill Gates
  - start_date: Thu Apr 03 1975 20:00:00 GMT-0400 (EDT)
Found row:
  - employee_id: 3
  - name: Larry Page
  - start_date: Thu Sep 03 1998 20:00:00 GMT-0400 (EDT)
```

자 이제 이것을 빌 게이츠(Bill Gates)만 필터링되도록 한다. 이를 수행하려면 SQL 문에 WHERE 절을 추가해야 한다. 또한, SQL 쿼리에 매개변수를 올바르게 입력할 수 있으며, SQL 주입 공격을 피할 수 있도록 구조화하는 것이 좋다.

다음 리스트와 같이 쿼리에서 사용하는 변수 데이터는 항상 올바르게 이스케이프되어야 한다.

리스트 6.7 **SQL 쿼리에서 매개변수 대체 사용**

```
const spanner = require('@google-cloud/spanner')({
  projectId: 'your-project-id'
});

const database = spanner.instance('test-instance').database('test-database');
const query = {
  sql: 'SELECT employee_id, name, start_date FROM employees
➥ WHERE employee_id = @id',
  params: {
    id: 2
  }
};

database.run(query).then((data) => {
  const rows = data[0];
  rows.forEach((row) => {
    console.log('Found row:');
    row.forEach((column) => {
      console.log(' - ' + column.name + ': ' + column.value);
    });
  });
});
```

이를 실행하면 빌 게이츠를 포함한 단 하나의 행만 표시된다.

```
Found row:
  - employee_id: 2
  - name: Bill Gates
  - start_date: Thu Apr 03 1975 20:00:00 GMT-0400 (EDT)
```

이제 테이블에 다른 정보를 저장하고, 스키마를 변경해야 한다고 결정할 때 어떤 일이 발생하는지 살펴보도록 하자.

6.4.5 데이터베이스 스키마 변경

시간이 지남에 따라 애플리케이션이 성장하고 발전하면 저장하는 데이터의 구조를 변경해야 할 수도 있다. 다른 관계형 데이터베이스와 마찬가지로 Spanner는 스키마 변경을 지원하지만, 몇 가지 주의 사항을 알고 있어야 한다. 쉽고 명확한 몇 가지 사항을 살펴보고, 더 복잡한 변경 사항 중 일부를 살펴보도록 한다.

첫째, 데이터베이스에 대한 가장 기본적인 변경 사항은 새로운 테이블을 추가하는 것이다. 이미 본 것처럼 이러한 유형의 조작(CREATE TABLE)은 예상대로 잘 작동한다. 비슷하게 전체 테이블(DROP TABLE)을 삭제하는 것은 예상대로 작동하지만, 하위 테이블과 관련된 제한이 있다. 이 장의 뒷부분에서 살펴보도록 한다.

기대하는 여러 가지 방법으로 테이블을 수정할 수 있지만, 허용되는 변경 유형에 대하여 몇 가지 전제 조건이 있다. 첫째로 새로운 열은 기본 키가 될 수 없다. 이것은 하나의 기본 키만 가질 수 있으므로 분명해야 하며, 테이블을 만들 때 필요하다. 그런 다음 새로운 열은 NOT NULL 요구사항을 가질 수 없다. 이는 이미 테이블에 데이터가 있을 수 있고, 기존 행에 새로운 열에 대한 값이 명확하게 없기 때문에 NULL로 설정해야 하기 때문이다. 열 자체도 수정할 수 있으며, 새로운 열을 추가할 때 비슷한 제한이 있다. 다음 세 가지 다른 유형의 열 변경을 수행할 수 있다.

- 열 유형을 STRING에서 BYTES(또는 BYTES에서 STRING)로 변경한다.
- 기본 키 열이 아닌 한 BYTES 또는 STRING 열의 크기를 변경한다.
- 열에 NOT NULL 요구사항을 추가하거나 제거한다.

이러한 상황에서 제한 사항은 데이터 유효성 검사와 관련이 있다. 예를 들어, 현재 열이 NULL로 설정된 행이 있는 열에 NOT NULL 제한을 적용하려고 하면 데이터가 변경된 열 정의와 맞지 않기 때문에 스키마 변경에 실패한다. 모든 데이터를 새 스키마 정의와 대조해야 하기 때문에 이러한 유형의 변경에는 시간이 오래 걸릴 수 있으므로 자주 수행하지 않는 것이 좋다.

이를 위해 이번에는 Cloud SDK의 명령줄 도구(gcloud)를 사용하여 쿼리를 실행하고, 스키마를 변경한다. 간단하고 일반적인 작업은 문자열 열의 길이를 늘리는 것이다. 따라서 employees 테이블을 가져와서 100자에서 name 열의 길이를 지원하는 최대 값으로 늘려본다. 이 값은 특별한 값으로 표시된다. MAX(최대 한도 열 10MiB당). 다음에 실행해야 하는 쿼리가 표시된다.

리스트 6.8 긴 직원 이름을 지원하는 SQL 쿼리

```
ALTER TABLE employees ALTER COLUMN name STRING(MAX) NOT NULL;
```

이를 실행하려면 gcloud spanner 부속 명령을 사용하고, 다음 리스트에 표시된 것처럼 Spanner의 DDL(데이터 정의 언어)을 사용하여 변경을 요청한다.

리스트 6.9 **Cloud SQL을 사용하여 스키마 변경 실행하기**

```
$ gcloud spanner databases ddl update test-database \
  --instance=test-instance \
  --ddl="ALTER TABLE employees ALTER COLUMN name STRING(MAX) NOT NULL"
DDL updating...done.
```

그림 6.12와 같이 테이블을 보기 위해 클라우드 콘솔로 돌아가면 열에 새로운 최대 길이가 있다는 것을 알 수 있다.

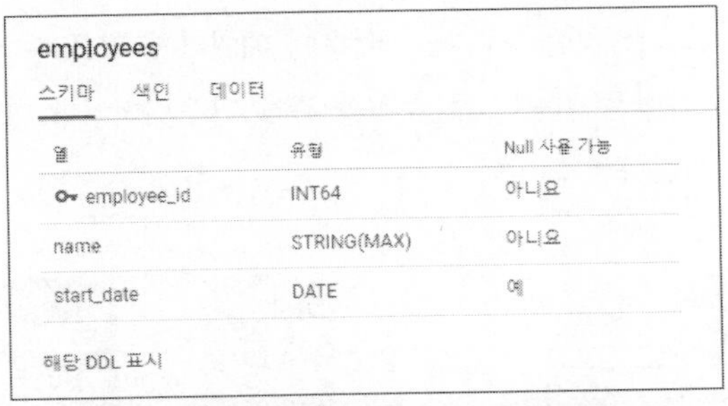

그림 6.12 변경된 employees 테이블이 적용되었다

이제 Spanner에 대해 알아야 할 기본 사항에 대해 살펴보았다. 그러나 Spanner가 MySQL과 같은 전통적인 관계형 데이터베이스와 얼마나 유사한지를 보여주는 것 이상의 설명은 없다. Spanner가 빛이 나는 부분을 이해하려면 더 많은 것을 알아보아야 할 것이다. 그래서 Spanner의 진정한 가치를 보여주는 향상된 개념을 바로 경험해 보도록 하자.

6.5 고급 개념

지금까지 학습한 기본 개념은 Cloud Spanner를 활용하기에 충분하지만, 대규모로 설계된 대규모 스토리지에서는 기존의 분산형 스토리지가 어떤 방식으로 통합되는지 보다 잘 이해해야 한다. 먼저, 서로 인터리브 되어 있는 테이블의 스키마 레벨 개념을 살펴보자.

6.5.1 인터리브 테이블

MySQL과 같은 전형적인 관계형 데이터베이스에서 데이터 자체는 평이하다. 행을 저장할 때 고유한 식별자가 있고, 그 다음 추가적인 데이터가 있는 경향이 있지만, 계층적 관계는 행과 테이블 사이에 있다(행은 테이블에 속한다). Cloud Spanner는 다른 관계형 요소를 지원한다. 이 특성은 때로는 테이블 자체 간의 관계로 설명되며, 한 테이블은 다른 테이블과 연관된다. 처음에는 이상하게 들릴지도 모른다. 따라서 데이터베이스가 과중한 부하를 받을 때 발생하는 문제 중 하나를 간단히 살펴보도록 한다.

데이터 양이 많거나 데이터 요청이 많을 경우 단일 서버에서 처리할 수 없는 경우가 있다. 이 문제를 해결하기 위한 첫 번째 단계 중 하나는 데이터를 복제하고 데이터를 쿼리하는 대체 서버 역할을 하는 읽기 복제본을 생성하는 것이다. 이 솔루션은 읽기 부하가 높고(많은 사용자가 데이터를 요청하는 경우), 쓰기 부하(데이터 수정)가 비교적 적은 시스템에 가장 적합하다. 읽기 복제본은 복제본이라는 그 이름처럼 동작하기 때문에 데이터를 읽을 수 있다(그림 6.13 참고). 데이터에 대한 모든 변경 사항은 여전히 주 서버를 통해 라우팅되어야 한다. 여전히 데이터베이스에서 병목 현상이 발생한다는 의미다.

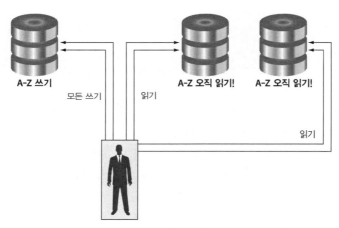

그림 6.13 읽기 복제본을 사용한다는 것은 하나의 데이터베이스가 모든 쓰기를 담당한다는 것을 의미한다

수정 사항이 많으면 어떻게 될까? 또는, 데이터베이스가 너무 커져서 단일 서버에 적합하지 않은 경우라면? 이 경우 모든 데이터를 복제해야 하기 때문에 읽기 복제본이 문제를 해결할 수 없다.

이 경우 공통 솔루션은 여러 장비에 걸쳐 데이터를 분할하는 것이다. 데이터의 전체 사본을 가지고 있지만, 그 데이터를 수정할 수 있는 많은 다른 머신을 만드는 대신 데이터를 구분할 수 있는 조각으로 쪼개고 청크에 대한 책임을 그 청크를 처리하는 장비에 위임한다(그림 6.14 참고). 예를 들어, 직원 정보를 저장하는 **employees** 테이블이 있으면 한 서버에는 A에서 L까지의 범위에 있는 이름을 가진 직원에 대한 데이터를 넣고, 다른 서버에는 M에서 Z까지의 데이터를 입력할 수 있다. 이렇게 하면 쿼리를 수행하는 사람이 올바른 데이터를 찾을 수 있도록 보장하면서 처리량을 두 배로 늘릴 수 있다. 샤딩 전에는 두 명의 직원(예: 스티브 잡스(Steve Jobs)와 마크 주커버그(Mark Zuckerberg))에 대한 쿼리가 단일 시스템에서 처리되었다. 앞에서 설명한 대로 데이터베이스가 분할된 경우 두 쿼리는 서로 다른 두 장비에서 처리된다.

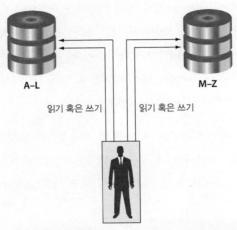

그림 6.14 데이터 샤딩을 사용하여 읽기 및 쓰기 책임을 분할한다

이 예제는 단일 테이블(employees)에 집중했기 때문에 쉽게 보일 수 있다. 그러나 급여 정보, 보험 가입 및 기타 직원 데이터가 들어 있는 테이블도 유사하게 잘게 쪼개져 있는지 확인해야 한다. 특히, 두 테이블에서 JOIN을 실행하려는 경우 모든 데이터를 일관되게 분할하는 것이 좋다. 직원의 이름과 최근 10개의 월급을 합산하기를 원하면 한 대의 장비에서 봉급 수표 데이터를 사용하고, 다른 장비에서 직원 데이터를 사용하면 이 쿼리를 실행하기가 매우 어려워진다.

설상가상으로 더 많은 서비스 용량이 필요한 경우는 어떨까? 범위를 세 부분으로 나누기 위해 다시 이 프로세스를 수행하면(예: A에서 F, G에서 O 및 P에서 Z까지) 더 큰 고통이 따르지만, 쿼리 로드가 변경될 때마다 이 작업을 수행하지 않아도 된다. 더 복잡한 것은 이 설계에서 모든 사용자가 자신의 데이터를 요청하는 것이 동일한 양의 트래픽을 가진다고 가정하는 것이다. 두 명의 사용자(예: Kardashians)가 전체 트래픽의 80%를 차지하는 것으로 밝혀지면 어떻게 될까? 이 경우 많은 데이터를 유발하는 각각의 데이터를 처리하는 자체 서버를 제공한 다음, 앞서 설명한 대로 나머지 데이터를 균등하게 분리하는 것이 좋다.

데이터베이스가 스스로 이것을 알아낼 수 있다면 좋지 않을까? 이렇게 하면 수동으로 데이터를 잘라내는 대신, 동적으로 분할하고 이동하여 리소스가 최적으로 사용되도록 할 수 있다. Spanner는 인터리브된 테이블에서 이를 수행한다.

Spanner는 데이터를 쉽게 분할할 수 있다. 사실 Bigtable은 이 기능을 오랫동안 지원해 왔다. 독특한 점은 Spanner에게 분할을 해야 하는 위치에 대한 힌트를 제공하는 아이디어다. 따라서 직원의 월급 및 보험 정보를 두 대의 장비에 넣는 등의 잘못된 일을 하지 않는다.

인터리브 테이블을 사용하여 Spanner에게 어떤 데이터가 가까이에 있어야 하며, 다른 데이터와 함께 이동해야 하는지 알려주고, 데이터가 여러 테이블로 분할되더라도 이를 사용할 수 있다. 앞의 예에서 employees 테이블은 상위 테이블이 될 수 있고, 다른 테이블(월급 또는 보험 정보 저장)은 employees 테이블 내에서 자식 테이블로 인터리브된다. 또한, employees 테이블에는 부모가 없으므로 루트 테이블로 간주된다.

데모 테이블을 사용하여 어떻게 작동하는지 좀 더 구체적으로 살펴보겠다. 기존 레이아웃에서는 직원 및 급여 금액을 저장하는 데 별도의 테이블이 필요하며, paychecks 테이블에서 employees 테이블(이 경우 User ID 열)을 가리키는 외부 키가 필요하다. 표 6.1을 참고하자.

표 6.1 **직원 ID 및 급여 금액을 저장하는 일반적인 구조**

직원		급여			
ID	Name	ID	User ID	Date	Amount
1	Tom	1	3	2016-06-09	$3,400.00
2	Nicole	2	1	2016-06-09	$2,200.00

배운 바와 같이 ID별로 이 테이블을 분할하면 사용자(예: Nicole)의 월급 정보는 결국 한 장비에 있게 되고, 직원 레코드는 또 다른 장비에 있게 된다. 이것은 문제다.

Spanner에서 두 테이블을 서로 인터리브하여 이를 바로잡을 수 있다. 직원과 그에 상응하는 월급이 서로 가까이 있어야 하고, 함께 돌아다니는 것을 전달해야 한다는 사실을 알리고 싶다면 표 6.2와 같이 데이터가 약간 다르게 보일 것이다.

표 6.2 **급여와 인터리브된 직원 ID**

ID	이름	날짜	비용
Employees(1)	Tom		
Employees(2)	Nicole		
Paychecks(2, 2)		2016-06-09	$2,200.00
Employees(3)	Kristen		
Paychecks(3, 1)		2016-06-09	$3,400.00

분리된 ID를 갖는 동일한 표현 방식은 표 6.3과 같다.

표 6.3 급여와 인터리브된 직원의 다른 key 스타일

직원 ID	급여 ID	이름	날짜	비용
1		Tom		
2		Nicole		
2	2		2016-06-09	$2,200.00
3		Kristen		
3	1		2016-06-09	$3,400.00

보이는 것처럼 두 개의 다른 테이블의 데이터가 분리되어 있지 않더라도 관련 데이터가 함께 표시된다. 이 레이아웃은 ID 필드들이 요약되어 있음을 의미하므로 이 키들이 무엇인지 자세히 살펴보도록 하자.

6.5.2 기본 키

일반적인 관계형 데이터베이스에는 필요하지 않지만, 각 행에 **기본 키**를 부여하는 것이 좋다. 종종 이 키는 숫자다(필수는 아님). 그리고 값은 고유해야 한다는 제약 조건이 있다. 즉, 중복값이 허용되지 않으므로 기본 키를 사용하여 단일 행을 색인하고 주소를 지정할 수 있다. Spanner에서는 기본 키가 필요하지만, 이전 필드 삽입 테이블에서 보았듯이 단일 필드가 아닌 여러 필드로 구성할 수도 있다.

다음 예제는 직원(employee)과 급여(paychecks)를 나타냈다. 예제 테이블을 사용하는 대신 스키마를 정의하는 기본 SQL 스타일 쿼리를 살펴보고, 각 요소의 역할을 확인해 본다.

리스트 6.10 employees 및 paychecks 테이블의 예제 스키마

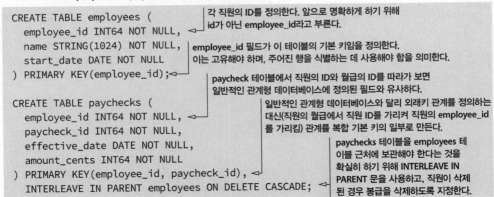

```
CREATE TABLE employees (
    employee_id INT64 NOT NULL,
    name STRING(1024) NOT NULL,
    start_date DATE NOT NULL
) PRIMARY KEY(employee_id);

CREATE TABLE paychecks (
    employee_id INT64 NOT NULL,
    paycheck_id INT64 NOT NULL,
    effective_date DATE NOT NULL,
    amount_cents INT64 NOT NULL
) PRIMARY KEY(employee_id, paycheck_id),
    INTERLEAVE IN PARENT employees ON DELETE CASCADE;
```

각 직원의 ID를 정의한다. 앞으로 명확하게 하기 위해 id가 아닌 employee_id라고 부른다.

employee_id 필드가 이 테이블의 기본 키임을 정의한다. 이는 고유해야 하며, 주어진 행을 식별하는 데 사용해야 함을 의미한다.

paycheck 테이블에서 직원의 ID와 월급의 ID를 따라가 보면 일반적인 관계형 데이터베이스에 정의된 필드와 유사하다.

일반적인 관계형 데이터베이스와 달리 외래키 관계를 정의하는 대신(직원의 월급에서 직원 ID를 가리켜 직원의 employee_id를 가리킴) 관계를 복합 기본 키의 일부로 만든다.

paychecks 테이블을 employees 테이블 근처에 보관해야 한다는 것을 확실히 하기 위해 INTERLEAVE IN PARENT 문을 사용하고, 직원이 삭제된 경우 봉급을 삭제하도록 지정한다.

이 예는 employees 및 paychecks를 나타내는 두 개의 테이블을 보여준다. 각 직원에게는 ID와 이름이 있으며, 각 월급에는 ID, 직원에 대한 포인터(직원 ID), 날짜 및 금액이 있다. 이것은 친숙한 느낌이 들지만, 주의해야 할 중요한 두 가지가 있다.

- 기본 키는 두 개의 ID(예: employee_id 및 paycheck_id)의 조합으로 정의할 수 있다.
- 테이블을 인터리빙할 때 부모의 기본 키는 반드시 자식의 기본 키로부터 시작해야 한다 (예: paychecks 기본 키는 employee_id 필드로 시작해야 함). 그렇지 않으면 오류가 발생한다.

이제 데이터를 청크로 나누고, 서버 간에 분할하는 아이디어를 떠올려 본다. 우리는 테이블을 인터리빙함으로써 관련 데이터가 보존될 것이라고 말했지만, 그것이 어떻게 작동하는지는 확인하지 않았다. 스플릿 포인트(split points)라고 불리는 것을 사용하여 데이터가 어떻게 분할되는지 잠깐 살펴보도록 한다. 이 메소드는 성능에 중요한 영향을 미칠 수 있다.

6.5.3 스플릿 포인트

이름에서 알 수 있듯이 스플릿 포인트는 테이블의 데이터를 별도의 청크로 분할하고, 요청 부하 또는 데이터 크기에 대처할 수 있도록 다른 시스템으로 전달할 수 있는 정확한 위치를 말한다. 지금까지는 데이터를 분할하지 않고 직원 데이터와 함께 급여 데이터를 인터리브하여 스키마에 표시하는 방법을 설명했다. paychecks 표에서 복합 기본 키를 사용하면 각 직원의 모든 급여는 부모 직원의 기록과 함께 유지되어야 한다고 말했을 것이다.

그러나 데이터를 정확히 **분리할 수 있는** 방법을 명확히 하지 않았음에 유의해야 한다. 어떤 직원이 분리되어 떨어져 나갈 수 있는 지에 대해서는 말한 적이 없다. Spanner는 다음과 같은 큰 가정을 한다. 만약 여러분이 함께 있어야 한다고 말하지 않는다면 그것들은 분리될 수 있다. 루트 테이블의 두 행 사이에 있는 특별히 금지하지 않은 지점을 스플릿 포인트라고 한다.

직업과 급여의 예제 테이블을 다시 보고, 스플릿 포인트(Split points)의 위치를 확인해 보자. 루트 테이블은 부모가 없는 테이블이며, 이 경우에는 **employees** 테이블이다. 스플릿 포인트는 루트 테이블에 속한 두 개의 서로 다른 기본 키 사이에서 발생하므로 그림 6.15와 같이 모든 고유 직원 ID 앞에 스플릿 포인트가 있다.

Employee_id	Paycheck_id	Name	Date	Amount
1		Tom		
2		Nicole		
2	2		6월 9일	2
3		Kristen		
3	1		6월 9일	3

스플릿 포인트

그림 6.15 모든 고유 직원 ID 간의 스플릿 포인트

기본 키의 시작 부분에 동일한 직원 ID를 가진 모든 레코드가 함께 보관되지만, 레코드의 각 청크는 필요에 따라 이동할 수 있다. 예를 들어, employees 1, 2, 3는 서로 다른 시스템에 있을 수 있지만, paycheck 2는 employees 2와 동일한 시스템에 있고, paycheck 1은 employees 3와 동일한 시스템에 있다.

> **NOTE** 5장을 읽었다면 몇 가지 유사점을 눈치채야 한다. 이 경우 데이터스토어는 동일한 개념을 갖지만, 엔티티 그룹은 데이터의 분할 불가능한 부분으로 말한다. Spanner는 청크 사이의 지점을 말하고, **스플릿 포인트**라고 한다.

이로 인해 테이블, 스플릿 포인트 및 기본 키를 인터리빙하는 까다로운 작업에 대한 최종 주제가 하나 있다. 기본 키를 잘 선택하는 것이다.

6.5.4 기본 키 선택

이렇게 질문할 지도 모른다. "기본 키를 선택해야 한다고? 왜 숫자를 사용하지 않지?" 이 질문은 이상한 것이 아니다. 기본 키를 선택하는 것은 관계형 데이터베이스에서 일반적으로 하는 일이 아니다. 예를 들어, MySQL은 필드가 자동으로 증가하도록 지정하는 방법을 제공하므로 필드를 생략하면 가장 큰 값이 1씩 증가한다. 그러나 Spanner는 다르게 작동한다.

Spanner는 데이터베이스의 모든 데이터를 기본 키로 사전식으로 정렬하여 순차 데이터를 유지한다. 이 청크 사이의 스플릿 포인트에서만 데이터를 나눔에도 불구하고(예: 다른 직원 간에), employees 10과 11이 서로 옆에 있다(단, Spanner가 두 지점 사이의 스플릿 포인트에서 분할하기로 결정한 경우 제외).

이는 별것 아닌 것처럼 보일지 모르지만, 균등하게 분포된 키를 선택하여 키 공간에 쓰기 작업을 고르게 분산할 수 있기 때문에 강력하다고 할 수 있다. 그러나 모든 것이 단일 Spanner

노드에 매칭되는 키를 선택하면 장애가 발생할 수 있다. 다음 리스트에서는 끔찍한 기본 키의 고전적인 예인 타임 스탬프를 살펴보도록 하자.

리스트 6.11 **타임 스탬프를 사용하는 예제 스키마**

```
CREATE TABLE events (
  event_time TIMESTAMP NOT NULL,
  event_type STRING(64) NOT NULL
) PRIMARY KEY(event_time);
```

수백만 개의 센서가 이벤트를 브로드캐스팅하고 있으며, 총 요청 비율이 1마이크로초(1초당 60,000건)라는 것을 상상해 보자. Spanner가 이를 처리할 수 있어야 한다. 그리 빠르지는 않다. Spanner가 이 시나리오를 처리하려고 할 때 어떤 일이 일어나는지 생각해 보자.

첫째로 각각의 이벤트가 이전 이벤트와 1마이크로초밖에 떨어져 있지 않기 때문에 많은 트래픽이 단일 노드로 전달된다. 이 과부하를 처리하기 위해 Spanner는 스플릿 포인트(이 경우 루트 테이블이기 때문에 두 이벤트 사이)를 선택하고, 데이터를 절반으로 잘라낸다. 데이터의 절반은 스플릿 포인트 **이전** 데이터로 타임 스탬프를 ID로 갖게 되고, 스플릿 포인트 **뒤에서** 나머지 절반을 갖게 된다. 이제 트래픽이 증가한다. 새로운 행이 생기면 어느 쪽에서 책임을 질 것인지 추측할 수 있는가?

시간이 계속해서 증가하기 때문에 스플릿 포인트 이후의 모든 새 행은 타임 스탬프로 ID가 보장된다! 이것은 모든 트래픽을 처리하는 단일 노드로 시작한 바로 그 지점으로 돌아온다는 의미다. 이 과정을 다시 수행하면 문제가 해결되지 **않는다는** 것을 알 수 있다. 꽤 자주 발생하는 이 문제는 핫 스폿팅(hot-spotting)이라고 불리며, 모든 요청의 초점인 핫 스폿을 만들었다.

이 이야기의 교훈은 새로운 데이터를 작성할 때 균등하게 분배된 키를 선택하고, 카운팅하거나 증가하는 키(예: A, B, C, D 또는 1, 2, 3)를 절대로 선택해서는 안 된다는 것이다. 동일한 접두어와 증가분을 갖는 키는 홀로 있는 카운트 조각만큼 좋지 않다(예: sensor1-<timestamp>는 타임 스탬프를 사용하는 것만큼 나쁨). 직원 수를 세는 키 대신 고유한 난수를 선택하는 것이 좋다. Groupon의 locality-uuid 패키지(https://github.com/groupon/locality-uuid.java 참고)와 같은 라이브러리가 이를 지원할 수 있다.

이제는 기본 데이터, 스플릿 포인트 및 인터리빙 테이블을 선택하는 이러한 모든 데이터 지역 개념을 이해했으므로 테이블에서 색인을 사용하는 방법과 이유를 알아보도록 하자.

6.5.5 보조 색인

대부분의 사람들의 경우 색인은 데이터베이스가 느려지는 순간 나중에 추가한다. 실제 사례에서 자주 있는 일이기 때문에 이 사실이 꽤나 정확함에도 색인은 데이터베이스의 매우 중요한 성능 툴이다. 잠시 시간을 내어 색인이 작동하는 방식을 살펴본 다음, Spanner가 이를 사용하여 쿼리 속도를 높이는 방법을 알아보자.

색인은 데이터베이스에 이미 저장된 데이터 이외에 일부 대체 데이터 순서를 유지하도록 데이터베이스에 지시한다. 예를 들어, 기본 키별로 정렬된 직원 목록을 저장하는 대신 데이터베이스에 이름순으로 정렬된 직원 목록을 저장할 수도 있다.

필터링할 열(예: WHERE name = "Joe Gagliardi")에 따라 데이터를 정렬한 경우 해당 열의 검색을 훨씬 빠르게 수행할 수 있다. 정렬된 목록을 검색하는 것은 다양한 이유로 정렬되지 않은 목록을 검색하는 것보다 훨씬 빠르다.

"리차드 페인만(Richard Feynman)"이라는 이름으로 전화번호부에 있는 모든 사람을 찾으라고 요청했다고 상상해 보자. 쉬운가? 이것은 전화번호부의 기본 키가 (last name, first name)이기 때문이다. 대신 전화번호부에 Richard라는 이름의 전화번호와 5691로 끝나는 전화번호를 모두 찾아야 한다고 생각해 보자. 전화번호부에는 해당 필드에 대한 색인이 없으므로 이 쿼리에는 다소 시간이 걸릴 수 있다. 이 쿼리를 수행하려면 전화번호부의 모든 레코드를 스캔해야 하는 데 어느 정도 시간이 걸릴 수 있다. 왜 모든 걸 색인화하지 않나? 그렇게 하면 모든 쿼리가 더 빠르게 되지 않나?

색인을 사용하면 데이터 쿼리를 더 빨리 수행할 수 있지만, 이러한 색인도 업데이트 및 유지관리해야 한다. 직원 이름의 색인 덕분에 특정 사람을 이름으로 검색하는 것이 더 빠를 수도 있다. 그러나 직원의 이름을 업데이트하거나 새 직원을 만들 때마다 이름 열을 참고하는 각 색인의 데이터와 함께 테이블의 행을 업데이트해야 한다. 그렇지 않으면 일치하는 행을 반환하는 쿼리와 일치하지 않는 데이터와 같이 데이터가 동기화되지 않고 이상한 일이 발생할 수 있다.

직원 이름에 색인을 추가하여 조회 및 필터를 더 빠르게 만들면 이름을 업데이트할 때 테이블 자체와 작성한 색인이라는 두 가지 다른 리소스에 대한 쓰기 작업이 필요하게 된다. 요컨대, 읽기 시간에 수행해야 하는 작업량을 줄이기 위해 쓰기 시간에 추가 작업을 하여 맞교환하는 것이다.

색인은 또한 추가 공간을 차지한다. 처음에는 크기가 큰 것은 아니지만, 점점 더 많은 데이터를 추가함에 따라 소비되는 전체 공간이 커질 수 있다. 전화번호부에 정규 데이터(성)와 앞의 예(이름 및 전화번호)의 색인이 모두 있는 경우 전화번호부의 크기를 상상해 보자. 모든 항목을 색인에 다 저장할 필요는 없지만, 전화번호부에 있는 목록과 정확히 같은 수의 항목을 가지고 있을 것이다.

색인을 추가할 시기를 어떻게 결정하나? 이 주제는 복잡해질 수 있지만, 이 주제만을 전체로 다루는 도서가 있다. 일반적으로 데이터베이스에 대해 실행해야 하는 쿼리를 살펴보는 것부터 시작해야 한다. 데이터의 모양이 테이블의 스키마에 영향을 미침에도 실행하는 쿼리가 필요한 색인에 영향을 미친다. 실행 중인 쿼리를 이해하면 필요한 색인 유형을 정확히 알고 필요에 따라 추가하거나 필요 없는 색인을 제거할 수 있다. 보다 명확한 예제를 사용하여 이를 수행하는 것이 가장 좋다. 따라서 Spanner의 보조 색인에 대해 살펴보고, 직원 및 급여로 이전 예제를 확장해 보자.

Spanner의 보조 색인 아이디어는 다른 일반적인 관계형 데이터베이스와 유사하다. 보조 색인이 없어도 Spanner 쿼리는 완벽히 실행되지만, 평소보다 속도가 느려질 수 있으며, 보조 색인이 있으면 추가 작업이 필요하지만 쿼리가 빨라진다. 몇 가지 중요한 차이점은 이전에 살펴본 인터리브 테이블의 개념에서 비롯된 것이다. 유사점 중 일부를 살펴보자.

현재 데이터베이스 스키마(employees 테이블에 paychecks 테이블이 삽입되어 있음)에서 직원의 이름으로 조회 및 검색을 수행하려 한다. 그러나 이 쿼리를 실행하면 그림 6.16에서와 같이 전체 테이블 스캔(모든 행을 검사한 다음 모든 행을 찾는다)이 수행된다. 이를 확인하려면 클라우드 콘솔에서 이름을 찾는 쿼리를 실행하고, 설명 탭을 보고 쿼리가 테이블 스캔으로 시작하는지 확인한다.

다음 리스트와 같이 DDL 문을 사용하여 name 열에 색인을 만들어 이 작업을 더 빠르게 수행해 본다.

리스트 6.12 employees 테이블에 색인을 추가하는 스키마 변경

```
CREATE INDEX employees_by_name ON employees (name)
```

그림 6.16 색인 없이 이름으로 직원을 찾는 것은 테이블 스캔을 초래한다

다음 리스트에서 보이듯 이전에 색인을 작성하는 것처럼 gcloud 명령을 사용할 수 있다.

리스트 6.13 명령줄에서 색인 만들기

```
$ gcloud spanner databases ddl update test-database \
  --instance=test-instance \
  --ddl="CREATE INDEX employees_by_name ON employees (name)"
DDL updating...done.
```

색인을 만든 후에는 클라우드 콘솔에서 색인을 볼 수 있다(그림 6.17 참고). 재미있는 부분은 동일한 쿼리를 다시 실행하여 특정 직원을 이름으로 찾을 때 벌어진다. 그림 6.18에서 볼 수 있듯이 결과는 이제 전체 테이블을 스캔하는 대신 새로 생성된 색인을 사용한다.

이 쿼리를 변경하여 직원 ID보다 더 많은 정보를 요청하면 이상한 일이 발생한다. SELECT * FROM employees WHERE name = "Larry Page"에 대한 쿼리를 실행하면 테이블 스캔을 사용하는 것으로 돌아간다. 어떻게 된 것일까? 왜 가지고 있는 색인을 사용하지 않을까?

그림 6.17 직원 이름에 새로 생성된 색인

그림 6.18 Spanner는 새 색인을 사용하여 쿼리를 실행한다

색인은 정확히 어떤 데이터가 저장되는지에 대한 것이었다. 이 경우 기본 키(항상 저장됨)와 이름이다. 기본 키와 이름이 모두 필요한 경우(첫 번째 쿼리가 모두 요구됨) 색인으로 충분하다. 색인에 없는 데이터를 요청하면 쿼리 자체와 일치하는 올바른 기본 키를 찾은 후에 다른 데이터(이 경우 start_date)를 가지고 오기 위해 원래 테이블로 돌아가야 하기 때문에 색인 자체를 사용하는 것이 더 빠르지는 않다.

이름을 기준으로 필터링하는 직원의 시작일을 묻는 쿼리를 자주 실행한다고 가정해 보자. SELECT name, start_date FROM employees where where = "Larry Page". 이 쿼리가 빨리 수행되게 하려면 스토리지 페널티를 대가로 내놓아야 한다. 조회를 처리하기 위해 색인을 사용하려면 색인을 필터링하지 않으려는 경우에도 start_date 필드를 저장하도록 색인에 요청해야 한다. Spanner는 다음 리스트와 같이 색인을 만들 때 DDL의 끝에 간단한 STORING 절을 추가하여 이 작업을 수행한다.

리스트 6.14 추가 정보를 저장하는 색인 만들기

```
CREATE INDEX employees_by_name ON employees (name) STORING (start_date)
```

이 색인을 추가하면 리스트 6.14와 같은 쿼리를 실행할 때 새로 생성된 색인이 사용된다(그림 6.19 참고). 대조적으로 SELECT ID, start_date FROM employees where employee_id = 1 과 같은 특정 ID에 대한 쿼리 필터링은 여전히 테이블 검색에 의존하지만, 이는 기본 키 조회이기 때문에 가장 빠른 종류의 검색이다.

이제 색인 작성 및 수정 시에 인터리브 테이블의 이전 항목과 어떻게 관련되는지 살펴보도록 하자. 한 테이블을 다른 테이블로 인터리브할 수 있는 것처럼 색인도 마찬가지로 테이블로 인터리브할 수 있다. 부모 테이블의 각 행에 적용되는 로컬 색인으로 끝이·난다. 따라하기에 약간 까다롭다. 따라서 급여 금액을 보고 싶은 몇 가지 예를 살펴보도록 한다. 금액별로 정렬된 급여를 보고 싶으면 다음 리스트에 표시된 대로 쿼리가 모든 직원에게 걸쳐 수행되기 때문에 이 쿼리는 **글로벌**이라고 부른다.

리스트 6.15 모든 직원에 대한 급여 쿼리

```
SELECT amount_cents FROM paychecks ORDER BY amount_cents
```

동일한 정보를 원하지만, 특정 직원에 대해서만 원한다면 쿼리는 리스트 6.16에 나와 있는 것처럼 단일 직원에 속한 급여에 대해서만 적용된다. paychecks 테이블은 employees 테이블에 인터리빙되므로 이 쿼리는 직원 기준에서 이미 행으로 지정하려는 일부 행만 스캔하므로 로컬 쿼리라고 생각할 수 있다.

리스트 6.16 단일 직원의 월급에 대한 쿼리

```
SELECT amount_cents FROM paychecks
  WHERE employee_id = 1 ORDER BY amount_cents
```

이 두 쿼리에 대한 설명을 살펴보면 둘 다 paychecks 테이블에 대한 테이블 스캔과 관련되어 있음을 알 수 있다. 어떤 색인이 이러한 쿼리를 더 빠르게 만들 수 있을까?

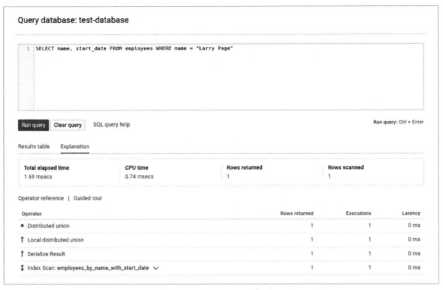

그림 6.19 Spanner는 이제 전체 쿼리의 색인을 사용할 수 있다

첫 번째 글로벌 쿼리의 경우 급여 테이블에서 amount_cents 열에 대한 색인을 갖는 것이 트릭이다. 반면, 두 번째 경우에는 급여 항목이 직원 항목에 삽입되어 있다는 이점을 이용하려고 한다. 이렇게 하려면 부모 테이블의 색인을 인터리브하고, 부모 테이블의 행으로 필터링되는 자식 테이블의 행을 볼 때 작동하는 로컬 색인을 가져올 수 있다. 이 경우 두 색인은 매우 유사하게 보이는데, 그 차이는 색인의 추가 행(employee_id)과 색인 자체가 급여 기록 자체와 같은 직원 레코드와 인터리브된다는 사실이다. 다음 리스트를 참조한다.

리스트 6.17 두 개의 색인으로 하나는 전역 색인, 나머지 하나는 로컬 색인을 생성한다

```
CREATE INDEX paychecks_by_amount ON paychecks(amount_cents);

CREATE INDEX paychecks_per_employee_by_amount_interleaved
    ON paychecks(employee_id, amount_cents),
    INTERLEAVE IN employees;
```

동일한 쿼리를 다시 실행하려는 경우 이번에는 쿼리가 인터리브된 색인에 의존한다고 설명할 수 있다.

왜 직원 테이블에서 색인을 인터리브하는 것이 좋을까? 왜 그 분야에 색인을 만들고 INTERLEAVE IN 부분을 생략하지 않는가? 기술적으로 이것은 유효한 색인이다. 그러나 서로 가까이에 관련된 행을 배치하는 이점을 상실한다. 급여 레코드에 대한 업데이트는 한 서버에서 처리할 수 있으며, 색인에 대한 해당 (필수) 업데이트는 다른 서버에서 처리할 수 있다. 테이

블과 색인을 인터리빙하면 급여 레코드가 삽입되는 것과 같은 방법으로 서로 가까이 있는 두 개의 레코드는 함께 유지되고 함께 업데이트되어 전체 성능이 향상된다.

보다시피 색인은 엄청나게 강력하지만, 양날의 검이 될 수 있다. 한편으로는 데이터를 원하는 형식으로 정확하게 저장하여 쿼리를 훨씬 빠르게 만들 수 있다. 반면에 테이블 변경을 피하기 위해 필요에 따라 데이터를 변경하고 추가 데이터를 저장해야 하므로 그에 따른 비용을 지불해야 한다.

가장 유용한 색인을 파악하는 것은 까다로울 수 있으며, 책의 전체에 걸쳐 데이터를 색인화하는 최선의 방법을 다룬다. 좋은 소식은 Spanner에 대해 쿼리를 실행하면 명시적으로 색인을 사용하지 않는 한 가장 빠른 것으로 판단되는 쿼리를 자동으로 선택한다는 것이다. 명령문의 force_index 옵션을 사용하여 이를 강제로 수행할 수 있다. 예를 들어, SELECT {amount_cents FROM paychecks @ {force_index = paychecks_by_amount}가 있다. 일반적으로 Spanner가 최상의 쿼리 실행 방법을 선택하도록 하는 것이 좋다. 이제 Spanner에서 색인의 기본 사항을 살펴보았다. 다음으로 똑같이 중요한 트랜잭션 세만틱 항목을 살펴보도록 하겠다.

6.5.6 트랜잭션

데이터베이스(또는 스토리지 시스템)를 사용한 경우 트랜잭션의 개념과 용어를 정의하는 ACID (Automicity, Consistency, Isolation, Durability) 약어를 숙지해야 한다. ACID 트랜잭션 세만틱을 지원하는 데이터베이스는 **원자성**(모든 변경이 다 이뤄지던지 아무것도 변하지 않음), **일관성**(트랜잭션 완료 시 모두가 동일한 결과를 얻음), **고립성**(데이터 청크를 읽을 때 그것이 변경되지 않았음을 확신함), **무결성**(트랜잭션이 끝나면 그 변경사항이 완전히 저장되고 서버가 다운될 때도 손실되지 않음)을 가지고 있다. 이러한 세만틱은 여러 사람이 동시에 데이터베이스를 읽고 쓸 수 있게 해주는 부분에 집중하는 것이 아니라 애플리케이션에만 집중할 수 있게 해 준다.

트랜잭션에 대한 지원이 없으면 단순한 것(예: 쿼리의 중복 항목 보기)에서부터 끔찍한(은행 계좌에 돈을 입금하고 계좌에 크레딧이 적립되지 않음) 모든 종류의 문제가 발생할 수 있다. 완전한 기능을 갖춘 데이터베이스이기 때문에 Spanner는 ACID 트랜잭션 세만틱을 지원한다. 심지어 성능 비용이 들더라도 분산 트랜잭션을 지원하는 것까지 가능하다. Spanner는 읽기 전용 및 읽기, 쓰기의 두 가지 유형의 트랜잭션을 지원한다. 추측할 수 있듯이, 읽기 전용 트랜잭션은 쓰기가 허용되지 않으므로 이해하기가 훨씬 간단하기 때문에 이것부터 시작하겠다.

읽기 전용 트랜잭션

읽기 전용 트랜잭션(read-only transactions)을 사용하면 특정 시점에서 Spanner 데이터베이스의 여러 데이터를 읽을 수 있다. 여러 번에 걸친 데이터의 "변경"을 걱정할 필요가 없다. 예를 들어, 하나의 쿼리를 실행하고 해당 데이터를 처리한 다음, 해당 처리 결과를 기반으로 다시 쿼리해야 한다고 가정해 본다. 두 번째 쿼리를 실행할 때 기본 데이터가 변경되었거나(예: 일부 행이 업데이트되거나 삭제되었을 수 있음) 쿼리가 더 이상 적합하지 않을 수도 있다. 읽기 전용 트랜잭션을 사용하면 특정 시점에서 항상 데이터를 읽기 때문에 데이터가 변경되지 않았음을 확신할 수 있다.

읽기 전용 트랜잭션은 데이터에 대한 잠금을 유지하지 않으므로 다른 모든 변경 사항(예: 모든 데이터 삭제 또는 추가 데이터)을 차단하지 않는다. 이것이 어떻게 작동하는지 보여주기 위해 다음 리스트에서 직원 데이터를 쿼리하는 샘플을 살펴보도록 하자.

리스트 6.18 **트랜잭션의 내부와 외부에서 데이터 쿼리하기**

```
const spanner = require('@google-cloud/spanner')({        클라이언트는 세션풀을 사용하여 동시
  projectId: 'your-project-id'                            요청을 관리하므로 둘 이상의 세션을
});                                                        사용하고 있는지 확인한다
const instance = spanner.instance('test-instance');       (이 예에서는 두 개를 사용한다).
const database = instance.database('test-database', {max: 2}); ◄

const printRowCounts = (database, txn) => { ◄   이 함수는 두 개의 연결에서 행의 개수를 가져오는 도
  const query = 'SELECT * FROM employees';      우미 함수다. 하나는 제공한 트랜잭션에서, 다른 하나
  return Promise.all([database.run(query), txn.run(query)]).then((results) => {
    const inside = results[1][0], outside = results[0][0];  는 트랜잭션 외부의 데이터베이스에서 계산한다.
    console.log('Inside transaction row count:', inside.length);
    console.log('Outside transaction row count:', outside.length);
  });
}
                                                읽기 전용 트랜잭션을 생성하여 시작한다.
database.runTransaction({readOnly: true}, (err, txn) => { ◄
  printRowCounts(database, txn).then(() => { ◄    트랜잭션의 내부와 외부 모두에서
    const table = database.table('employees');    모든 행을 카운트한다.
    return table.insert({ ◄
      employee_id: 40,       트랜잭션 외부에서 테이블에 새 직원을 만든다.
      name: 'Steve Ross',
      start_date: '1996-01-23'
    });
  }).then(() => {
    console.log(' --- Added a new row! ---');
  }).then(() => {
    printRowCounts(database, txn); ◄   트랜잭션의 내부와 외부 모두에서 모든 행을 다시 카운트한다.
  });
});
```

이 스크립트에서는 데이터베이스에 액세스(및 쓰기)하는 다른 사용자로부터 새로운 데이터가 표시되더라도 트랜잭션이 어떻게 격리된 상태로 유지되는지 보여준다. 더 구체적으로 말하면, 내부 카운트는 외부에서 발생하는 것과 상관없이 항상 동일해야 한다("내부"는 txn 객체에서 실행되는 쿼리에 의해 표시되는 행의 개수다). 그러나 트랜잭션 외부에 있는 쿼리는 쿼리를 실행할 때 새로 추가된 행이 표시되어야 한다. 이렇게 하려면 이전 스크립트를 실행해야 한다. 즉, 다음과 같은 출력이 표시되어야 한다.

```
$ node transaction-example.js
Inside transaction row count: 3
Outside transaction row count: 3
  --- Added a new row! ---
Inside transaction row count: 3
Outside transaction row count: 4
```

보이는 것처럼 내부 카운트는 항상 동일하게 유지되고(3으로), 외부 카운트(트랜잭션 외부에서 실행되는 쿼리)는 커밋된 후 새 행을 보게 된다. 이는 읽기 전용 트랜잭션이 일정 시점에 고정된 시점에서 읽기 전용 컨테이너 역할을 한다는 것을 보여준다. 또한, 읽기 전용 트랜잭션은 데이터에 대한 잠금을 유지하지 않으므로 원하는 만큼 만들 수 있으며, 모든 것이 예상대로 작동해야 한다. 이러한 속성 때문에 때때로 다음 리스트와 같이 읽기 전용 트랜잭션을 데이터의 추가 필터라고 생각하는 것이 좋다.

리스트 6.19 특정 시간에 실행되는 쿼리의 암시적 제한 예제

```
SELECT <columns> FROM <table> WHERE <your conditions> AND
  run_query_frozen_at_time = <time when you started your transaction>
```

이러한 시간이 멈추는 개념은 이해하기 쉬우며, 그밖에 만약이라는 시나리오는 거의 없다. 그러나 읽기-쓰기 트랜잭션은 더 복잡하다. 어떻게 작동하는지 살펴보도록 하자.

읽기-쓰기 트랜잭션

이름에서 알 수 있듯이 읽기-쓰기 트랜잭션(read-write transactions)은 Spanner에 저장된 데이터를 읽고 수정하는 트랜잭션이다. 이러한 트랜잭션은 변경된 데이터를 조작하여 ATM 입금을 잃어버리는 등의 일을 예방하는 중요한 것으로, 어떻게 작동하는지와 올바르게 사용하는 방법을 이해하는 것이 중요하다. 직원 40의 급여에서 실수를 발견했다고 가정해 보자. 직원의 월급은 100달러 미만이다. Spanner의 API를 사용하여 이 변경 작업을 수행하려면 다음 두 가지 작업이 필요하다.

1. 급여를 읽는다.

2. 급여를 금액 amount + $100로 수정한다.

이 과정은 지루해 보이지만, 분산된 시스템에서 많은 사람들이 한꺼번에 모든 일을 처리할 수 있다(일부는 잠재적으로 사용자가 원하는 것과 충돌할 수 있다). 이 작업은 상당히 어려워질 수 있다. 이를 확인하기 위해 급여를 갱신하려고 두 가지 작업이 동시에 실행되고 있다고 가정해 보자. 한 가지 일은 모든 급여가 예상보다 100달러가 적었던 오류를 수정하는 것이고, 다른 하나는 50달러의 수수료를 받지 않은 오류를 수정하는 것이다. 이러한 작업을 연속적으로 실행하면 모든 것이 잘 작동한다. 또한, 이러한 작업을 결합하여 50달러를 추가하는 하나의 작업으로 전환하면 문제가 해결된다. 그러나 이러한 옵션은 항상 사용할 수 있는 것은 아니므로 이 예제에서는 함께 실행된다고 가정해 보자.

문제는 두 작업이 거의 동일한 시간에 동일한 급여에서 작동할 때 발생하기 시작한다. 이러한 시나리오에서는 한 작업이 다른 작업을 덮어써서 두 작업이 아닌 한 번의 작업으로 월급을 100달러 늘리거나 월급을 50달러만 줄이는 것이 가능하다(그림 6.20 참고).

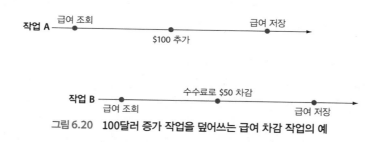

그림 6.20 **100달러 증가 작업을 덮어쓰는 급여 차감 작업의 예**

이 문제를 해결하려면 데이터의 특정 영역을 잠글 필요가 있다. 다른 작업에 "이것을 건들지 마시오-사용하고 있는 중"이라고 말하면 된다. 이것으로 Spanner의 읽기-쓰기 트랜잭션이 여러분의 하루를 구할 것이다. 읽기-쓰기 트랜잭션은 데이터가 거의 겹쳐져 있더라도 필요한 항목을 정확하게 잠글 수 있는 방법을 제공한다. 앞서 설명한 타임라인에서 작업 A의 쓰기가 완료되며, 작업 B가 변경 사항을 저장하려고 하면 오류가 표시되고 다시 시도하라는 메시지가 표시된다.

읽기-쓰기 트랜잭션은 원자성도 보장한다. 즉, 트랜잭션 내부에서 수행되는 쓰기가 모두 동시에 발생하거나 전혀 발생하지 않는다. 예를 들어, 한 급여에서 다른 급여로 5달러를 이체하려면 급여 A에서 5달러를 차감하고 급여 B에 5달러를 추가한다. 이 두 가지가 원자성으로 발생하지 않으면 프로세스 중 한 부분만 일어나고 추가적인 작업이 빠진 채로 일어날 수 있다는 의미다. 그 결과 돈이 사라지거나(5달러가 차감되었지만 이체되지 않음), 공짜로 생기는 돈(5달러가 더해졌지만 차감되지 않음)을 초래할 수 있는 경우가 생길 수 있다.

또한, 읽기-쓰기 트랜잭션 내부의 읽기는 트랜잭션 자체가 커밋되기 전에 커밋된 모든 데이터를 확인한다. 거래가 시작된 후 다른 사람이 급여를 수정하면 다른 거래가 커밋된 후에 데이터를 읽는 한 모든 것이 예상대로 작동한다. 이를 실제로 보려면 중복 트랜잭션의 두 가지 예를 보도록 하자. 하나는 실패하고, 다른 하나는 성공하는 트랜잭션이다.

트랜잭션은 모든 읽기가 단일 시점에서 일어난다는 것을 보장한다(읽기 전용 트랜잭션 섹션에서 설명했듯이). 그러나 트랜잭션이 진행되는 동안 읽은 데이터 중 하나가 부실해지면 트랜잭션이 실패할 수도 있다. 이 경우 트랜잭션 시작 시 일부 데이터를 읽고 다른 트랜잭션이 동일한 데이터에 대한 변경을 커밋하는 경우 어떤 데이터의 작성과 관계없이 트랜잭션이 실패한다. 그림 6.21에서 트랜잭션 2는 급여 A를 읽는 것을 기반으로 직원 B의 기록을 쓰기 시도한다. 읽기와 쓰기 간에는 급여 A가 트랜잭션 1에 의해 수정된다. 즉, 급여 A의 데이터는 유효 기간이 지났으며, 그 결과 트랜잭션은 반드시 실패해야 한다.

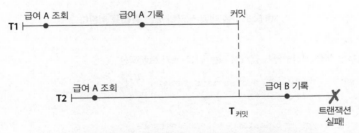

그림 6.21 읽은 데이터 중 하나라도 오래되면 트랜잭션이 실패한다

반면에 트랜잭션은 모든 데이터를 읽지 않아도 트랜잭션이 실패하지 않을 만큼 충분히 똑똑하다. 트랜잭션 시작 시 일부 데이터를 읽는 경우 다른 트랜잭션이 관련 없는 일부 데이터를 수정한 다음 수정된 데이터를 읽으면 트랜잭션이 성공적으로 커밋될 수 있다. 그림 6.22를 참조한다.

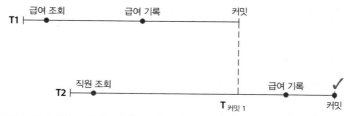

그림 6.22 데이터가 변경된 후에 데이터를 읽은 경우에도 트랜잭션 오류가 발생하지 않는다

이것을 더욱 좋게 하기 위해 셀 수준(행과 열)에서 데이터가 잠기므로 동일한 행의 다른 부분을 수정하는 트랜잭션은 서로 충돌하지 않는다. 예를 들어, 한 트랜잭션에서 월급 A의 날짜만 읽고 업데이트 한 다음, 다른 트랜잭션에서 급여 A의 금액만 읽고 업데이트하면 두 트랜잭션이 겹치더라도 성공할 수 있다. 그림 6.23을 참조한다. 이 작업을 보려면 다음 리스트와 같이 성공적인 셀 수준의 잠금뿐 아니라 실패를 보여주는 코드를 작성해야 한다.

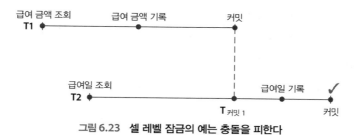

그림 6.23 셀 레벨 잠금의 예는 충돌을 피한다

리스트 6.20 동일한 행을 처리하면서 겹치지 않는 읽기-쓰기 트랜잭션

```
const spanner = require('@google-cloud/spanner')({
  projectId: 'your-project-id'
});
const instance = spanner.instance('test-instance');        읽기-쓰기 두 개의
const database = instance.database('test-database', {max: 5});   트랜잭션을
const table = database.table('employees');                  작성하는 것으로
                                                            시작한다.

Promise.all([database.runTransaction(), database.runTransaction()]).then(
  (txns) => {
    const txn1 = txns[0][0], txn2 = txns[1][0];    Promise.all () 호출의 결과는
                                                   두 개의 트랜잭션 객체다.

    const printCommittedEmployeeData = () => {
      const allQuery = {keys: ['1'], columns: ['name', 'start_date']};
      return table.read(allQuery).then((results) => {    이 도우미 함수는 Spanner에서
        console.log('table:', results[0]);               커밋된 직원 1의 데이터를 출력한다
      });                                                 (커밋되지 않은 데이터는 포함되지 않음).
    }
```

이 도우미 함수는 첫 번째 트랜잭션(txn1)을 통해
직원의 이름만 읽는다.

```javascript
const printNameFromTransaction1 = () => {
  const nameQuery = {keys: ['1'], columns: ['name']};
  return txn1.read('employees', nameQuery).then((results) => {
    console.log('txn1:', results[0][0]);
  });
}
```

이 도우미 함수는 두 번째 트랜잭션(txn2)을 통해
직원의 시작 날짜만 읽는다.

```javascript
const printStartDateFromTransaction2 = () => {
  const startDateQuery = {keys: ['1'], columns: ['start_date']};
  return txn2.read('employees', startDateQuery).then((results) => {
    console.log('txn2:', results[0][0]);
  });
}
```

이 도우미 함수는 직원의 이름만 변경하고,
첫 번째 트랜잭션(txn1)을 커밋한다.

```javascript
const changeNameFromTransaction1 = () => {
  txn1.update('employees', {
    employee_id: '1',
    name: 'Steve Jobs (updated)'
  });
  return txn1.commit().then((results) => {
    console.log('txn1:', results);
  });
}
```

이 도우미 함수는 직원의 시작 날짜만 변경하고,
두 번째 트랜잭션(txn2)을 커밋한다.

```javascript
const changeStartDateFromTransaction2 = () => {
  txn2.update('employees', {
    employee_id: '1',
    start_date: '1976-04-02'
  });
  return txn2.commit().then((results) => {
    console.log('txn2:', results);
  });
}
```

이것은 서로 다른 기능이 순서대로 실행되도록 하는
제어 흐름이므로 설명했던 겹침 현상을 확인할 수 있다.

```javascript
    printCommittedEmployeeData()
      .then(printNameFromTransaction1)
      .then(printStartDateFromTransaction2)
      .then(changeNameFromTransaction1)
      .then(changeStartDateFromTransaction2)
      .then(printCommittedEmployeeData)
      .catch((error) => {
        console.log('Error!', error.message);
      });
  }
);
```

이전에 배웠듯이 두 행의 트랜잭션이 정확히 같은 행을 수정했음에도 잠금은 셀 수준이므로
이 두 트랜잭션은 전혀 겹치지 않는다. 이는 특히 읽거나 수정한 셀에 겹침이 없기 때문이다.

이 스크립트가 예상대로 작동하는지 확인하기 위해 아래와 같이 스크립트를 실행하면 다음과
같은 출력을 볼 수 있다.

```
$ node run-transactions.js
table: [ [ { name: 'name', value: 'Steve Jobs' },
    { name: 'start_date', value: 1976-04-01T00:00:00.000Z } ] ]
txn1: [ { name: 'name', value: 'Steve Jobs' } ]
txn2: [ { name: 'start_date', value: 1976-04-01T00:00:00.000Z } ]
txn1: [ { commitTimestamp: { seconds: '1490101784', nanos: 765552000 } } ]
txn2: [ { commitTimestamp: { seconds: '1490101784', nanos: 817660000 } } ]
table: [ [ { name: 'name', value: 'Steve Jobs (updated)' },
    { name: 'start_date', value: 1976-04-02T00:00:00.000Z } ] ]
```

이것은 꽤 깔끔하지만, 두 번째 트랜잭션에서도 이름값을 읽으면 어떻게 될까? 그다음 제어
흐름은 다음 리스트와 같다.

리스트 6.21   **이름을 보면 트랜잭션이 실패하게 된다**

```
const printNameAndStartDateFromTransaction2 = () => {        이 도우미 함수는
  const startDateQuery = {                                  printStartDateFromTransaction2와
    keys: ['1'], columns: ['name', 'start_date'] };  <───   거의 동일하지만,
  return txn2.read('employees', startDateQuery).then((results) => {   추가로 namecolumn을 포함한다.
    console.log('txn2:', results[0][0]);
  });
}

/* ... */

printCommittedEmployeeData()
  .then(printNameFromTransaction1)
  .then(printNameAndStartDateFromTransaction2)  <───  시작 날짜만 출력하는 대신 이름값을 출력한다.
  .then(changeNameFromTransaction1)
  .then(changeStartDateFromTransaction2)
  .then(printCommittedEmployeeData);
```

두 번째 트랜잭션에서 오래된 버전의 이름값을 읽었으므로 첫 번째 트랜잭션이 커밋된 후 두
번째 트랜잭션이 오래된 데이터를 기반으로 잘못된 결정을 내렸는지 확인할 수 없기 때문에
두 번째 트랜잭션이 실패한다. 오류 결과는 다음과 같이 표시된다.

```
table: [ [ { name: 'name', value: 'Steve Jobs (updated)' },
    { name: 'start_date', value: 1976-04-02T00:00:00.000Z } ] ]
txn1: [ { name: 'name', value: 'Steve Jobs (updated)' } ]
txn2: [ { name: 'name', value: 'Steve Jobs (updated)' },
  { name: 'start_date', value: 1976-04-02T00:00:00.000Z } ]
```

```
txn1: [ { commitTimestamp: { seconds: '1490116055', nanos: 805223000 } } ]
Error! Transaction was aborted. It was wounded by a higher priority
    transaction due to conflict on key [1], column name in table employees.
```

트랜잭션 세만틱과 동시성은 모두 복잡하므로 이 장에서 다룰 수 있는 것보다 훨씬 많은 내용들이 있다. Spanner의 온라인 문서는 꽤 자세하고 읽을 가치가 있다. 트랜잭션에 관한 일반적인 지침은 Spanner로부터 원하는 데이터에 대해 구체적으로 설명하고, 트랜잭션 내부에 원자성이어야 하는 중요 요소를 넣는다. Spanner는 적절한 작업을 수행하여 쿼리가 안전하게(정확하게) 최적으로(가능한 빠르고 최고 수준의 동시성) 실행되도록 할 수 있다.

이제는 이러한 고급 주제에서 비용이 얼마나 들지 간략하게 살펴보도록 하자.

6.6 가격 책정의 이해

Cloud Spanner 가격 책정에는 컴퓨팅 파워, 데이터 스토리지 및 네트워크 비용의 세 가지 구성요소가 있다. 대부분의 Spanner 환경에서는 네트워크 비용이 일정치 않다. 컴퓨팅 성능을 살펴보는 것으로 시작해 보자.

Cloud SQL과 마찬가지로 Cloud Spanner는 위치에 따라 가격이 달라지면서(예: 아시아는 미국 중부보다 가격이 비싼 경향이 있음) 시간당 가격이 책정된 총 생성 노드 수를 기준으로 청구된다. Cloud SQL과 달리 복제는 전체 시간당 가격으로 청구된다.

운영 환경 수준의 가용성이 필요한 경우 3-노드 인스턴스를 권장한다. 모든 구성은 실시간으로 세 개의 다른 영역에 복제된다. 즉, 총 3-노드 인스턴스는 총 노드가 9개(세 개의 다른 영역에 각각 3-노드 복제본)다. 이를 미국 중앙 아메리카의 3-노드 Cloud Spanner 인스턴스에 대한 월별 컴퓨팅 파워 비용으로 산정하면 한 달에 약 2,000달러로 책정된다.

컴퓨팅 파워 외에도 Spanner에 저장된 데이터는 매달 0.30달러의 요금이 부과된다. Compute Engine의 영구 디스크와 달리 Spanner의 저장 공간은 제공한 특정 데이터 블록보다는 보유하고 있는 데이터의 양에 따라 측정된다. 예를 들어, 1TB의 데이터를 보유한 Spanner 데이터베이스는 매달 약 300달러의 비용이 소요된다.

마지막으로 Spanner에서 외부 네트워크(구글 네트워크 외부의 컴퓨터로) 혹은 분리된 지역 (asiaeast1의 Spanner 인스턴스에서 us-central1-c의 Compute Engine VM까지)으로 전송된 모든 데이터는 글로벌 네트워크 요금으로 부과된다. 위치에 따라 다르지만, 현재 미국에서 GB당 0.01달러다. 일반적으로 Spanner를 사용하는 경우 쿼리는 동일한 지역의 Compute Engine 또는 App Engine 인스턴스와 데이터를 주고받으므로 네트워크 비용은 완전히 무료다(구글 클라우드 네트워크를 벗어나지 않음). 이 비용은 구글 클라우드 외부에서 데이터 내보내기를 실행하거나, 여러 지역에서 많은 검색어를 보내려는 경우에 의미 있다. 이제 요금 청구 방법을 이해했으므로 Spanner가 어떤 요인으로 프로젝트에 좋을지 나쁠지를 파악해 보도록 하자.

6.7 언제 Cloud Spanner를 사용해야 할까?

그림 6.24에 나와 있는 스코어카드를 보면서 먼저 신경 써야 할 다양한 기준을 요약해 보도록 하자.

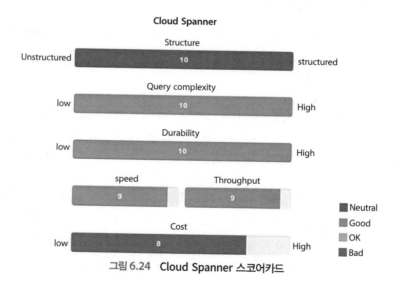

그림 6.24 **Cloud Spanner 스코어카드**

6.7.1 구조

Spanner는 완전한 기능을 갖춘 SQL 스타일의 데이터베이스이다. 특정 유형의 열을 정의하고, 데이터가 적절하지 않으면 거부된다. 여기에는 특정 열을 필요로 하는 NOT NULL 한정자가 포함되어 있다. 따라서 구조화 방식에 따라 Cloud SQL 또는 다른 SQL 데이터베이스보다 Spanner를 고려하는 편이 낫다.

Spanner는 또한 기존 SQL 데이터베이스에서는 불가능한 추가 구조(하위 테이블을 상위 테이블로 인터리브하는 기능)를 도입했다. 그런 의미에서 데이터 구조의 규모가 더 커진다면 Spanner가 가장 적절한 선택일 것이다.

6.7.2 쿼리 복잡성

Spanner는 종합 구조에서 차트 1위를 차지할 뿐만 아니라 쿼리 복잡도에서도 차트 1위를 차지한다. 단일 키 조회를 수행하고 관심 있는 열을 지정할 수 있을 뿐만 아니라 테이블에서의 조인, 그룹화 및 고급 행 필터링과 관련된 임의의 복잡한 SQL 문을 수행할 수 있다. 이러한 수준의 쿼리 복잡성은 Cloud Bigtable과 같은 고성능 및 가용성 제공에 중점을 둔 다른 데이터베이스에서는 일반적으로 사용할 수 없으므로 강력한 기능이다.

6.7.3 내구성

Cloud Datastore와 마찬가지로 Cloud Spanner는 여러 다른 영역에 복제되므로 한번 저장한 데이터는 어디에도 가지 않는다. 데이터 손실에 대해 걱정할 필요가 없을 뿐만 아니라 트랜잭션이 언제 이루어졌는지도 정확하게 확인할 수 있도록 트랜잭션 세만틱에서 명확하게 나타난다. 어떤 데이터가 커밋되고 어떤 데이터가 커밋되지 않은지에 대해 항상 일관된 관점을 가지고 있다.

6.7.4 속도(대기 시간)

전반적인 쿼리 대기 시간에 있어 Spanner의 키 검색은 매우 빠르다. 다른 복잡한 쿼리의 경우 대기 시간이 추가될 수 있지만, 일반적으로 Spanner에 대한 대부분의 쿼리는 몇 밀리초 이내에 완료되어야 한다. 인상적인 점은 부하를 처리하기 위해 여러 개의 노드가 켜져 있는 한 요청 부하가 증가하더라도 Spanner 대기 시간을 지속적으로 빠르게 유지할 수 있다는 것이다. 대기 시간이 늘어난다면 더 많은 노드를 켜고 작업을 분할하여 쿼리를 빠르게 유지해야 한다.

6.7.5 처리량

오브젝트 스토리지 시스템이나 파일 시스템과 달리 Spanner의 이점은 주어진 시간(처리량) 내에서 유선을 통해 전송할 수 있는 바이트 수가 아니라 주어진 쿼리(대기 시간)에 얼마나 빨리 응답할 수 있는지에 있다. 또한, Spanner에 저장된 데이터는 일반적으로 전체 크기가 크지만,

쿼리 단위로는 더 작다. 전반적인 시스템 처리량이 충분히 클 수도 있지만, 일반적으로 쿼리별 처리량은 측정되지 않는다(초당 얼마나 많은 MB가 MySQL 인스턴스에서 전송될 수 있는지 자주 생각해 보았는가?). Spanner는 Cloud Bigtable과 같은 다른 시스템과 함께 전체적으로 높은 처리량과 높은 점수를 얻을 수 있다.

6.7.6 비용

전체 비용이 매달 노드당 약 650US$이며, 운영 트래픽에 최소 3개 이상의 노드를 포함하라는 일반적인 지침 때문에 Spanner는 최소 제안 환경-한 달에 50달러 정도인 작은 VM 한 개 이상에서 수행되는 데이터베이스(GCE를 통해 관리되지 않거나, Cloud SQL을 사용하여 관리됨)-에서도 한 달에 약 $2,000의 비용이 드는 가격 범위의 상한선에 오르게 되었다.

가장 큰 차이점은 세 개의 다른 영역에서 Spanner의 전체 복제로 인해 표시되는 노드의 수다. 숫자를 보면, 단일 영역에서 단일 노드의 실제 비용은 시간당 0.30$이며, 노드당 월 약 200$가 된다. 이러한 조정을 통해 4코어 Cloud SQL 시스템(db-n1-standard-4)과 동일한 가격대를 유지할 수 있으므로 이러한 시스템의 9 노드 클러스터를 배포하는 경우 월 비용은 한 달에 1,750$가 되며, 이는 Cloud Spanner와 같은 범위에 있다. 대용량 SQL 클러스터를 사용하여 데이터베이스 트래픽을 처리할 때 Spanner의 비용은 거의 같으며, 모든 관리 및 복제가 자동으로 처리된다. 간단히 말해서 Spanner는 전반적인 비용 척도에 대해 높은 점수를 매기는 반면, 이는 주로 복제로 인해 가려지는 많은 컴퓨팅 성능을 얻고 있기 때문에 발생한다.

6.7.7 종합

이제 Cloud Spanner의 작동 방식과 가장 뛰어난 부분을 살펴보았다. 샘플 애플리케이션(To-Do List, InstaSnap 및 Exchange)을 살펴보고, 각각의 스택 방식을 살펴보도록 하자.

TO-DO LIST

앞서 학습한 것처럼 To-Do List 애플리케이션은 Cloud Spanner의 성능 특성(초저대기 시간이나 높은 처리량이 아님)을 필요로 하지 않는다. 제안된 구조는 유용할 것이지만, 다른 측면 모두가 지나치게 과장된 것처럼 보인다. 표 6.4를 참조한다.

표 6.4 **To-Do List 애플리케이션 저장소 요구사항**

측면	요구사항	잘 맞는가?
구조	구조는 괜찮지만, 꼭 필요하진 않음	과도함
쿼리 복잡성	많은 고급 쿼리를 필요로 하지는 않음	과도함
내구성	높음. 데이터를 잃어버리고 싶지는 않음	확실히
속도	많지 않음	과도함
처리량	많지 않음	과도함
비용	단순 프로젝트로 낮을수록 좋음	과도함

전반적으로 Cloud Spanner는 돈을 크게 걱정하지 않아도 된다면 아주 적합하다. 성능과 관련된 모든 측면과 쿼리 기능에 대해 Spanner를 사용하는 것은 커다란 망치로 파리를 잡는 것처럼 느껴질 수 있다. To-Do List 애플리케이션이 엄청나게 거대해져서 전 세계의 모든 사용자가 이를 사용하게 되면 기존의 SQL 데이터베이스가 10억 명의 사용자를 넘어서면서부터 무너지기 시작하기 때문에 훨씬 더 적합해진다.

E*EXCHANGE

온라인 거래 플랫폼인 E*Exchange는 To-Do List에 비해 약간 복잡하다. 특히, 실행해야 하는 쿼리와 동시 사용자가 서로 겹쳐 쓰지 않도록 하는 트랜잭션 세만틱이 필요하다. 표 6.5에서 볼 수 있듯이 이 애플리케이션의 경우 Cloud Spanner가 약간 더 적합하다.

표 6.5 **E*Exchange 스토리지 요구사항**

측면	요구사항	잘 맞는가?
구조	필요함. 수상한 것은 거절하고 실수가 없어야 함	명확히
쿼리 복잡성	복잡함. 답을 받아야 하는 고급 쿼리가 있음	명확히
내구성	높음. 데이터를 잃어버려선 안됨	명확히
속도	속도는 꽤 빨라야 함	명확히
처리량	높음. 이것을 사용하는 사람이 많음	명확히
비용	낮을수록 좋지만, 비용을 기꺼이 지불할 의지가 있음	명확히

이를 통해 Cloud Spanner는 E*Exchange에 매우 적합하여 프로젝트에 필요한 고급 쿼리 및 트랜잭션 세만틱을 제공할뿐만 아니라 과부하(높은 처리량)에서도 쿼리를 신속하게(대기 시간이 짧게) 유지한다.

INSTASNAP

유명한 소셜미디어 사진 공유 애플리케이션인 InstaSnap은 잘 맞는 것으로 보이는 몇 가지 요구사항을 가지고 있으며, 두어 개 정도는 과한 것으로 보인다. 표 6.6을 참조한다.

표 6.6 InstaSnap 저장소 요구사항

측면	요구사항	잘 맞는가?
구조	아니오, 구조는 꽤 유연함	과도함
쿼리 복잡성	주로 조회로 사용되며, 복잡한 쿼리 없음	과도함

표 6.6 InstaSnap 저장소 요구사항(계속)

측면	요구사항	잘 맞는가?
내구성	보통 데이터를 잃어버리는 것은 불편해짐	과도함
속도	쿼리는 빨라야 함	명확히
처리량	높음. 킴 카다시안이 이것을 사용함	명확히
비용	낮을수록 좋지만, 비용을 기꺼이 지불할 의지가 있음	명확히

보이는 것처럼 쿼리 기능 중 일부는 키-값 지향적이기 때문에 InstaSnap에는 과도한 기능이다. 그러나 점점 더 많은 사람들이 앱을 사용하기 시작함에 따라서 빠르게 유지하는 능력은 Spanner를 다른 단순한 앱(예: To-Do List)에 비해 과도하게 사용되지 않게 한다.

InstaSnap의 주된 관심사는 요청 부하가 최고점을 통과할 때(유명한 사람이 사진을 게시하고, 전 세계가 동시에 그것을 보고 싶어하는 경우) 단일 쿼리 대기 시간에 관한 것이다. 이 시나리오에서 Cloud Spanner는 잘 작동하겠지만, Memcache와 같은 캐시를 함께 사용하면 더욱 도움이 될 것이다.

요약

- Spanner는 비 관계형 데이터베이스(예: Cassandra 또는 MongoDB)의 확장 기능을 가진 관계형 데이터베이스(예: MySQL)다.

- Spanner는 사용자가 제공하는 힌트에 따라 자동으로 데이터를 청크로 분할할 수 있으므로 로드가 심한 경우에도 쿼리 대기 시간을 낮게 유지하면서 요청 부하를 여러 서버로 균등하게 분산시킬 수 있다.

- Spanner는 항상 복제된 지역 구성에 배포되며, 여러 영역에 여러 개의 완전한 복제본이 있다.

- Spanner는 일반적으로 SQL 데이터베이스의 기능이 필요하지만, 비 관계형 시스템의 확장성이 필요할 때 적합하다.

7

Cloud Bigtable:
대규모의 구조화된 데이터

이 장에서는 다음 내용을 다룬다.

- Bigtable이란 무엇인가? 그 설계에는 무엇이 포함되어 있는가?
- Bigtable 인스턴스와 클러스터를 생성하는 방법
- Bigtable 데이터와 상호작용하는 방법
- Bigtable은 언제 잘 맞을까?
- Bigtable과 HBase의 차이점은 무엇인가?

수년에 걸쳐 저장된 데이터의 양은 엄청나게 증가하고 있다. 한 가지 이유는 비지니스가 단일 시점의 스냅샷보다는 시간이 지남에 따라 변경되는 데이터 기록에 더 많은 관심을 갖게 되었기 때문이다. 주어진 값에 대한 모든 변화를 저장하는 것은 하나의 값을 저장할 때보다 훨씬 많은 공간을 차지한다. 또한, 단일 바이트를 저장하는 데 드는 비용이 크게 줄어들었다. 이러한 흐름에 따라 머신러닝, 패턴 인식 및 예측 엔진과 같이 모든 상황에 맞춰 준비된(just-in-case) 데이터를 사용하는 연구에 중점을 둔 엔지니어링 프로젝트가 진행되고 있다.

이러한 새로운 용도는 대용량 데이터 세트에 신속하게 액세스할 수 있는 스토리지 시스템을 필요로 하며, 이러한 데이터 세트를 지속적으로 업데이트할 수 있는 기능을 유지해야 한다. 이 시스템 중 하나는 2006년에 처음 발표된 구글의 Bigtable로 오픈 소스 프로젝트 Apache

HBase로 다시 구현되었다. HBase의 성공을 바탕으로 구글은 이러한 대규모 스토리지 시스템에 대한 필요성에 맞춰 관리 클라우드 서비스로 Cloud Bigtable을 내놓았다. Bigtable이 무엇인지 알아보고, 이를 구현하기 위한 기술 세부 정보를 살펴보도록 하자.

7.1 Bigtable이란 무엇인가?

Bigtable은 구글의 웹 검색 색인을 위한 스토리지 시스템으로 시작하여 구글의 다른 스토리지 시스템(예: 메가스토어 및 Cloud Datastore)을 지원하는 주요 기술 중 하나다. 명확하지만, 복잡한 문제를 해결하기 위해 구축되었다. 페타바이트 단위의 데이터를 매우 높은 처리량, 낮은 대기 시간 및 높은 가용성으로 어떻게 저장하고 지속적으로 업데이트할 수 있을까?

이 명확한 질문은 모든 것을 MySQL로 던지지 못하기 때문에 생긴다. MySQL은 이 문제 앞에서 빠르게 무너져 버리므로 구글은 필요한 성능 및 규모 요구에 맞는 서비스 사용을 기반으로 데이터를 자동으로 재조정하는 전역 정렬 키-값 맵이라는 흥미로운 방법을 제시했다. Cloud Bigtable을 구축하는 데 걸린 디자인 목표(그리고 부차적 목표)를 더 자세히 살펴보고, Bigtable을 애플리케이션에서 사용하는 것에 어떤 영향을 미치는지 알아보도록 하자.

7.1.1 설계 목표

Bigtable의 주요 사용 사례는 웹 검색 색인이었으므로 이러한 요구사항을 구체적으로 살펴보도록 하자. 구글의 웹 검색 색인은 항상 켜져 있고, 항상 빨라야 한다. 그래서 많은 요구사항이 성능 및 규모와 관련되어 있고, 그로 인해 현대 데이터베이스에서 흔히 제공하는 많은 훌륭한 기능들을 포기하게 된 것은 놀랄만한 일은 아니다.

(복제된) 대량 데이터

검색 색인은 전체 크기가 페타바이트 단위로 거대하여 하나의 서버로 관리하기에는 너무 크다. 그러나 이것은 장점이 되기도 한다. 색인의 감춰진 요구사항 중 하나는 그것이 여러 서버에 분산되고, 각 서버는 범용적인 하드웨어(저렴한 가격)라는 것이다. 이 문제는 데이터 자체가 여러 장소에 저장될 필요성으로 인해 더욱 악화된다. 결국, 하드 드라이브와 서버에 장애가 발생할 수 있으며, (일시적으로라도) 데이터가 사라질 수 있다. 또한, 가끔 하드웨어 오류가 발생한다.

낮은 지연, 높은 처리량

저장되는 데이터의 크기에 관계없이 검색 색인은 1초마다 수백만 쿼리를 발생시키는 어마어마한 양의 부하를 만나게 된다. 검색 색인에 점점 더 많은 요청이 동시에 들어와서 처리를 실패하기 시작하면 사람들은 다른 곳에서 검색을 수행할 것이다.

각 검색 요청은 결과를 밀리초 단위로 신속하게 반환해야 한다. 주어진 시간 내에 처리하기 위해 필요한 다른 모든 사항을 포함시키면 데이터베이스를 쿼리할 시간은 상대적으로 거의 없다(예: 단 몇 밀리초). "이 주소에서 데이터를 가져오라" 이상의 다른 모든 작업들은 데드라인을 초과한다.

급속하게 변화하는 데이터

새로운 웹 페이지는 항상 추가되며, 검색 색인은 웹 크롤러에 의해 자주 업데이트된다. 웹 페이지를 묻는 쿼리(초당 읽기 횟수)의 수와 관계없이 시스템은 동시에 많은 업데이트(초당 쓰기 수)를 처리해야 한다.

이러한 쓰기는 보다 짧은 지연시간 요구사항을 갖지만(예: 사용자의 검색 요청보다 오래 걸릴 수 있음), 이러한 업데이트가 너무 오래 걸리면 작업이 쌓이기 시작하고 색인이 최신으로 유지되기 힘들다. 단일 쓰기 요청은 완료하는 데 더 오래 걸릴 수 있지만, 주어진 기간 동안 수행할 수 있는 쓰기 작업의 총 수는 커져야 한다.

데이터 변경의 이력

저장된 데이터는 시간이 지남에 따라 빠르게 변하기 때문에 특정 시점의 데이터를 쉽게 볼 수 있는 방법이 필요하다. 클라이언트는 참고하는 데이터의 버전을 나타내기 위해 타임 스탬프가 있는 키를 생성하여 수동으로 이 작업을 수행할 수 있다. 그러나 스토리지 시스템이 이 변경 내역을 추적하여 클라이언트는 가볍고 단순하게 유지된다. 어떤 면에서는 이것을 3차원 데이터로 생각할 수 있다. 일반적으로 데이터베이스는 행과 열 위치(2차원)를 갖지만, 연속적으로 데이터의 내역을 보려면 3차원 시간이 필요하다. 다음 그림 7.1을 참조한다.

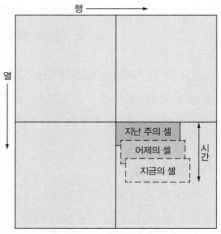

그림 7.1 **Bigtable의 3차원인 시간**

이 기능을 사용하면 최신 값을 계속 요청할 수 있을뿐 아니라 시간 경과에 따른 모든 값을 요청할 수 있다.

강력한 일관성

다음은 강력한 일관성에 대한 필요성이다. 이는 색인을 쿼리하는 모든 사용자가 오래된 데이터를 결코 보지 않음을 의미한다. 업데이트는 어디서나 발생하거나 발생하지 않을 수 있다. 시스템에 이 속성이 없다면(대신 최종 일관성이 있음) 누군가가 두 개의 브라우저 창에서 동일한 것을 검색하여 다른 결과를 볼 수 있다.

행-수준 트랜잭션

일관된 뷰를 항상 제시하는 것 외에도 이 시스템은 원자성의 읽기-수정-쓰기 시퀀스를 허용하거나 두 가지 업데이트가 서로 겹쳐 쓰는 위험을 감수해야 한다. 다른 사람이 작업을 시도하는 동안 행의 데이터를 변경한 경우 시스템에서 오류를 반환하는 방법을 제공해야 한다. 그림 7.2는 한 행의 트랜잭션 중에 두 개의 경쟁적인 쓰기가 겹쳐질 때 일어나는 일을 보여준다.

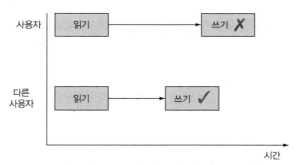

그림 7.2 두 클라이언트가 서로 겹쳐 쓰면 일어나는 일

이것은 단 한 행에 대한 요구사항이지만, 검색 색인에 원자성 업데이트가 필요한 행이 여러 개 있을 것 같지 않다. 즉, 이 시스템은 쓰기 경합을 피하기 위해 단일 행에 원자성 쓰기를 제공해야 하지만, 여러 행에 걸친 일반적인 트랜잭션은 필요하지 않다.

하위집합 선택

마지막으로 주어진 결과 집합에 대해 저장된 모든 데이터를 항상 원하지는 않을 수 있다. 따라서 시스템이 열 패밀리, 열 또는 타임 스탬프 같은 속성의 특정 집합의 데이터만 요청할 수 있고, 최신 두 개의 값만 요청하도록 한다면 좋을 것이다. 스토리지 시스템이 반환해야 하는 부분을 제한할 수 있기 때문에 하나의 청크에 더 많은 데이터를 저장하고 큰 청크의 작은 비트만 요청할 수 있다.

7.1.2 설계 부차적 목표

꽤 많은 것들이 반드시 필요하지는 않다. 그것들이 있으면 더 좋겠지만, 다른 부분을 통해서 가능하다면 그것들 없이도 할 수 있다. Bigtable의 경우 처리량 및 대기시간에 대한 요구사항과 결합된 엄청난 규모의 데이터 세트를 위해서는 보조 색인(예: SELECT * FROM users WHERE name = "Jim"과 같은 쿼리를 실행시키는 기능)과 같은 유용한 기능과 다중행 트랜잭션 및 데이터베이스에서 기대하는 많은 다른 것들을 대부분 포기해야 한다.

7.1.3 설계 개요

이러한 모든 요구사항에서 충족시키기 위한 것은 당시에 존재했던 대부분의 비관계형 시스템과는 완전히 다른 고유한 스토리지 시스템이었다. 이름에서 알 수 있듯이 Bigtable은 사용자가 알고 있는 테이블과 중요한 차이가 있는 큰 데이터 테이블이다. 여러 면에서 전통적인 테이블처럼 작동할 수 있지만, Bigtable의 스토리지 모델은 그리드보다 지그재그 형 키-값 맵과 훨씬 비슷하다. 사실, Bigtable에 대해 기술한 연구 보고서 작성자는 이를 "희소하고 분산된 영구적인 다차원 소트 맵"이라고 부른다(여기에서 핵심 단어는 "맵"임). 시각적으로 볼 때 이 디자인은 그림 7.3과 비슷하다.

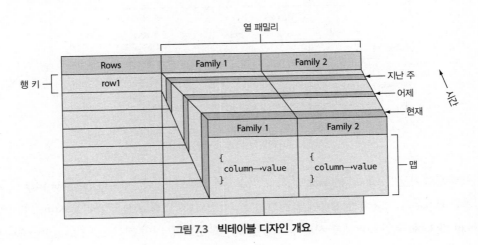

그림 7.3 빅테이블 디자인 개요

간단히 말해 Bigtable은 관계형 데이터베이스와는 다르고, 맵의 모든 키를 정렬한 상태로 여러 서버에 데이터를 배포하는 대규모 키-값 저장소에 가깝다. 전역 정렬(global sorting) 덕분에 Bigtable은 주요 범위 및 주요 접두사를 스캔할 뿐만 아니라 모든 키-값 저장소에서처럼 키 조회를 수행할 수 있다. 마지막으로, 이 기능 목록에는 맵이 다차원이라는 아이디어가 숨겨져 있다. 이 경우 Bigtable에 저장된 모든 데이터에 타임 스탬프라는 추가 차원이 첨부되어 있으므로 이전 시점의 데이터를 볼 수 있다. 이 고유한 기능 집합이 Bigtable을 더 강력하게 만든다.

7.2 개념

Bigtable은 엄청나게 강력하지만, 데이터의 구조와 액세스 패턴에 대해서는 조금 다르게 생각해야 한다. 이전의 Cloud Datastore에서 논의했던 일부 방식과 유사하다. 일반적으로 서로 다른 질문에 대답할 수 있는 능력은 데이터를 구성하는 방법에 따라 자주 결정되기 때문에 데이터에 대해 묻고 싶은 질문의 유형을 미리 생각해야 한다.

7.2.1 데이터 모델 개념

그림 7.4에 나와있는 데이터 모델 개념(테이블, 행, 열 패밀리 및 열 한정자)부터 시작하여 이해해야 할 개념을 살펴보도록 하자.

테이블

행	열 패밀리 1			열 패밀리 2		
	col1	col2	col3	col1	col2	col3
row1						
row2						
row3						
⋮						

그림 7.4 데이터 모델 개념 계층 구조

데이터 모델 개념은 Cloud Bigtable에 가장 적절하게 적용되었지만, 2006년 Bigtable 논문 이후 설계된 HBase를 사용하는 경우에도 적합하다. 이 장의 두 번째 섹션은 관리형 서비스로서의 Cloud Bigtable의 인프라 세부 사항에 초점을 맞추고 있으며, 거의 전적으로 Cloud Bigtable에 적용된다.

행 키

Bigtable가 관계형 데이터베이스처럼 보일 수도 있지만, 저장된 데이터는 키-값(Key-Value) 스토어(Cloud Datastore에서 보았듯)와 훨씬 비슷하다. 이 키는 해당 콘텐츠를 찾는데 사용되는 키를 행 키(row key)라고 부르며, 원하는 모든 것이 키가 될 수 있지만, 나중에 볼 수 있듯이 키의 형식을 신중하게 선택해야 한다.

관계형 데이터베이스에 익숙하다면 특정 열이 고유하고 주어진 행을 식별하는 데 사용된다는 것을 나타내기 위해 SQL의 어딘가에 PRIMARY KEY라는 용어가 있다는 것을 알고 있을 것이다. Bigtable에서 행 키는 동일한 목적으로 사용되며, 주어진 데이터 청크의 주소라고 생각할 수 있다. Bigtable을 사용하면 행 키를 사용하여 데이터를 빠르게 찾을 수 있지만, 보조 색인(존재하지 않음)을 사용하여 데이터를 찾을 수는 없다. 따라서 관계형 시스템에서 다른 열(예: SELECT * FROM users WHERE name = 'Jim')을 기반으로 조회를 수행할 수는 있지만, Bigtable에서는 이러한 조회를 수행할 수 없다.

행 키 정렬

앞서 언급했듯이, 행 키를 구조화하고 형식을 지정하는 방법을 선택하는 것은 여러 이유로 중요하다.

- 행 키는 항상 고유하다. 충돌이 발생하면 데이터를 덮어쓴다.
- 행 키는 전체 테이블에 대해 사전식으로 정렬된다. 동일한 접두사로 이루어진 많은 키에 대한 트래픽이 높아지면 심각한 성능 문제가 발생할 수 있다.
- 쿼리에서 행 키 접두사 및 범위를 사용하여 쿼리를 보다 효율적으로 만들 수 있다. 잘못 구성된 키는 비효율적인 전체 테이블 스캔을 필요로 한다.

이러한 이유로 인해 보다 일반적인 키 형식 중 일부는 Bigtable에 적합하지 않다. 예를 들어, MySQL 또는 PostgreSQL에서 기본키는 일반적으로 일련의 숫자(1, 2, 3, 4, …) 형식을 취한다. 행 키에 증가되는 시퀀스를 사용하게 되면 충돌이 있을 수 있어 성능 문제가 발생할 수 있으며, "사용자 1부터 20까지를 알려주십시오"라는 것이 아주 유용하지는 않으므로 키 범위로 쿼리를 수행할 수 없다는 것을 의미한다.

행 키 선택에 있어 가장 미묘한 문제는 애플리케이션 개발자로서 Bigtable을 유용하고 효율적으로 저장할 수 있는 형식을 선택하는 것이다. 따라서 키를 시간을 들여 선택하고, 이전에 설명한 기준에 맞는지 확인해 보아야 한다. 이를 간단히 하기 위해 Bigtable에 특히 적합한 행 키 형식의 몇 가지 예를 살펴보도록 하자.

- **문자열(String) ID(해시)**: 식별자가 불투명한 ID(예: Person # 52)인 경우 해당 값의 해시(예: 'person_'+ crc32 (52))를 사용하라. 해시는 행 키가 고정 길이이고, 키 공간 전체에 균등하게(사전식으로) 분산되도록 한다.

  여기서 기본적인 가정은 전체 시스템에 대한 쓰기(예: 모든 person_행)는 극심한 부하를 처리해야 할 수 있지만, 단일 사용자의 행(예: person_2b3f81c9)에 대한 쓰기는 전체 부하에서 아주 작은 부분만을 차지한다. 모든 행이 고르게 분산되기 때문에, Bigtable은 각 행이 존재하는 곳을 최적화하고, 많은 장비에 부하를 고르게 분산시킬 수 있다. 이것은 나중에 더 자세히 논의할 것이다.

- **타임 스탬프(Timestamps)**: 특정 시점을 기준으로 데이터를 검색해야 하는 경우가 많으므로 타임 스탬프가 확실한 선택이다. 키 자체(또는 키의 시작 부분)로 **타임 스탬프를 사용하지 않기를 바란다!** 이렇게 하면 모든 쓰기 트래픽이 항상 키 공간의 특정 영역에 집중되어 모든 트래픽이 소수의 시스템(또는 단일 시스템)에서 처리되도록 해야 한다.

  쿼리에 유용한 또 다른 키를 시계열 데이터에 접두사로 붙이는 것이 좋은 방법이다. 예를 들어, 시간 경과에 따라 주가 정보를 저장하는 경우 행 키에 주식 표시 기호의 해시를 추가하는 것이 좋다(예: stock_c318f29c#1478519731은 'stock_'+ crc32 (GOOG) + '#'+ NOW ( )).

- **조합된 값**: 때로는 행이 두 가지 다른 개념과 관련된 정보를 갖고 있다. 예를 들어, 게시물에 있는 사람의 태그에는 태그가 지정된 사람과 태그하는 사람이 포함된다. 이 경우 두 키를 하나의 키로 결합하여 두 사람 사이의 모든 메시지를 쉽게 찾을 수 있다. 예를 들어, Alice가 게시물에서 Bob 태그를 지정한 경우 post_6ef2e5a06af0517f인 'post_'+ crc32 (alice) + crc32 (bob)과 같은 키를 사용할 수 있다. 그런 다음 게시물 내용을 행 데이터에 저장할 수 있다.

- **계층적으로 구조화된 콘텐츠**: Java 패키지 이름 지정 형식과 비슷한 마지막 형식은 역계층 접두사 형식을 사용하는 것이다. 가장 일반적인 예는 행 키 범위를 편리하게 만드는 com.manning.gcpia(gcpia.manning.com을 뒤집은 형태)와 같은 역방향 도메인 이름이다. manning.com(com.manning으로 시작) 또는 gcpia.manning.com(com.manning.gcpia 접두어)에 속한 모든 것을 요청할 수 있다.

  역으로 된 계층 구조는 더 긴(더 특정적인) 접두어를 제공함으로써 필터링을 허용하기 때문에 이 형식은 계층적 구조와 잘 작동한다. 특정 행은 비교적 균일한 키 분배를 보장하기 위해 해시된 최종 값을 사용하여 이전에 설명한 지침을 따를 것이라는 가정이 있다.

비반전 계층 구조 표현(nonreversed hierarchal representation)은 관련 행을 다른 행 옆에 배치하지 않는다(예: gcpia.manning.com은 사전식으로 forum.manning.com 옆에 있지 않다). 따라서 비반전 형식을 사용하는 것은 좋지 않다.

행 키가 무엇인지 더 잘 이해했으므로 이제는 키가 가리키는 데이터와 그 구조가 어떻게 되어 있는지 살펴보도록 하자.

열과 열 패밀리

많은 키-값 저장소에서 특정 키가 가리키는 데이터는 완전히 구조화되지 않은 데이터 조각이다. 이미지를 나타내는 바이트 묶음이거나 사용자 프로필을 저장하는 JSON 문서일 수 있지만, 일반적으로 스토리지 시스템은 그 값이 무엇인지 이해하지 못하거나 이해할 필요가 없다. Bigtable에서 보조 색인을 정의하지는 않지만, 스키마와 유사한 특정 측면을 정의할 수 있으므로 검색할 데이터 비트를 쉽게 지정할 수 있다. 이 스키마는 궁극적으로 데이터를 보유할 키-값 맵의 구조를 정의하기 위한 추가 기준의 역할을 한다.

Bigtable에서 이 맵의 키를 **열 한정자**(column qualifiers, 때때로 columns로 줄여 씀)라고도 하며, 주로 동적인 데이터 조각이다. 이들 각각은 단일 열거 형에 속하며, 이는 열 수식어를 보유하는 그룹이며, 관계형 데이터베이스에서 정적 열과 훨씬 더 비슷하게 작동한다. 정적 데이터와 동적 데이터의 이러한 고유한 조합은 처음에는 이상하게 보일 수 있지만, 걱정할 필요는 없다. 정규화된 SQL 데이터베이스와 달리 열 한정자는 원하는 모든 것이 될 수 있으며, 데이터로 생각할 수 있다. 관계형 데이터베이스에서는 결코 할 수 없는 일이다. 또한, 이러한 유형의 구조를 사용하면 Bigtable의 데이터를 테이블로 시각화할 때 대부분의 셀이 비어 있게 되며, 이를 스파스 맵(sparse map)이라고 부른다.

BIGTABLE 데이터의 시각화

좀 더 자세히 알아보기 위해 완료된 항목을 저장하고 있는 할 일 목록을 상상해 보자. 기억나지 않는다면, To-Do List 애플리케이션은 각 사용자가 완료하고자 하는 항목을 간단하게 추적하는 애플리케이션이라고 하자. 앱은 각 항목이 완료되고, 그 당시 기록된 메모를 추적한다. 이 동일한 데이터를 Bigtable에 저장하려면 완료(completed) 열 패밀리(정적 부분)를 가져야 한다. 각 개별 열 한정자는 항목의 ID(각 행의 동적 키)에 해당한다. 또한, 항목을 완료할 때 기록하는 선택적 메모를 저장하기 위해 다른 열 한정자를 추가해야 할 수도 있다. 표 7.1을 참조한다.

표 7.1 To-Do List 시각화

행 키	완료			
	item-1	item-1-notes	item-2	item-2-notes
237121cd(사용자-3)			true	"Right on time"
4d4aa3c4(사용자-1)	true		true	"2 days late!"
946ce0c9(사용자-2)				

이 설정은 처음에는 다른 관계형 데이터베이스 테이블과 유사해 보이지만, 자세히 보면 이상하고 비효율적으로 보인다. 완료(completed) 항목이 사용자 ID, 항목 ID 및 완료(completed) 필드가 있는 테이블에 저장되지 않는 이유는 무엇일까? 특정 행에 메모가 저장되는 이유는 무엇일까? 왜 빈 공간이 너무나 많을까? 비효율적이지 않을까?

먼저 행 키가 주소 또는 데이터를 찾을 위치의 조회 키 역할을 하는지 확인한다. 관계형 테이블처럼 보일지라도 데이터는 키-값 저장소로 생각하는 것이 좋다(예를 들어, item-1이 완료된 모든 사용자를 쿼리할 수 있는 방법은 없다). 둘째, 각 행에는 해당 행에 있는 데이터만 저장되므로 빈 공간에는 패널티가 없다. 듬성듬성 채워져 있는 테이블이다. 마지막으로, 열 한정자는 완료 열 패밀리에 세부 사항을 추가하는 동적 값으로 생각할 수 있다. 정적 파트(관계형 데이터베이스의 열 이름과 유사함)는 완료 열 패밀리다. 해당 열 내부에는 임의의 동적 데이터 집합이 있지만, 그 열에 대해 더 많은 열과 값을 가진 서브 테이블로 시각화할 수 있다.

또한, 처음에 Cloud Datastore를 봤던 방식과 비슷하게 키가 데이터의 추가맵인 키-값 저장소로 시각화할 수 있다. 표 7.2를 참조한다.

표 7.2 To-Do List를 맵으로 시각화

사용자	데이터(완료 열 패밀리)
237121cd(사용자-3)	{item-2: true, item-2-notes: "Right on time"}
4d4aa3c4(사용자-1)	{item-1: true, item-2: true, item-2-notes: "2 days late!"}
946ce0c9(사용자-2)	{}

완료 열 패밀리는 맵의 정적 키이므로 표 7.3 및 7.4와 같이 일부 계층을 추가하여 다르게 볼 수 있다.

표 7.3 계층이 있는 맵으로 To-Do List 시각화

사용자	데이터
237121cd(사용자-1)	{item-2: {completed: true, notes: "Right on time"}}
4d4aa3c4(사용자-1)	{item-1: {completed: true}, item-2: {completed: true, notes: "2 days late!"}}
946ce0c9(사용자-2)	{}

표 7.4 다른 계층 구조 맵으로 To-Do List 시각화

사용자	데이터
237121cd(사용자-3)	{completed: {item-2: true, item-2-notes: "Right on time"}}
4d4aa3c4(사용자-1)	{completed: {item-1: true, item-2: true, item-2-notes: "2 days late!"}}
946ce0c9(사용자-2)	{}

이들은 모두 동일한 데이터를 보는 다른 방법이지만, 나머지 장에서는 표 7.1의 형식을 사용한다. 이 형식은 Bigtable과 HBase에 대한 문서에서 볼 수 있는 것과 유사하다.

최종 시각화에서 모든 데이터가 먼저 completed 키로 어떻게 그룹화되는지 주목하자. 단 하나의 열 패밀리만 가지고도 테이블에 더 많은 열 패밀리를 추측할 수 있다. 완료 항목을 누가 보는지 보여주는 followers 열 패밀리일 수 있다. 그로 인해 열 패밀리가 유용한 이유를 조금 더 분명하게 알 수 있다. 원하는 데이터 청크를 구체적으로 요청할 수 있다.

사용자가 어떤 항목을 완료했는지 알고 싶다면 completed 키의 데이터만 반환하는 completed 열 패밀리만 요청한다. 팔로워를 보고 싶다면 followers 열 패밀리를 요청할 수 있다. 팔로워 열 패밀리는 데이터의 하위 집합만 제공한다. 열 패밀리는 유용한 그룹으로, 어떤 면에서는 더 많은 데이터가 있는 임의 맵의 맵을 가리키는 키라고 생각할 수 있다.

이제 열과 패밀리가 무엇인지 이해했으므로 다양한 방식으로 데이터를 쿼리할 수 있는 테이블 레이아웃을 살펴보도록 하자.

TALL VS WIDE 테이블

지금까지의 예제에서는 **wide** 테이블이라고 부르는 것을 사용했다. 이 테이블은 상대적으로 행이 적지만, 열 패밀리와 한정자가 많았다. 이 예에서 각 행은 특정 사용자에 대한 데이터를 저장하며, 잠재적인 열 한정자(사용자가 완료하는 각 항목마다 하나씩)를 포함한다. 이렇게 하면 "user-020b8668이 완료한 항목은 무엇인가?"와 같은 유용한 질문을 할 수 있다. 사용자가 특정 항목을 완료했는지 알고 싶다면 어떻게 해야 할까? 여기가 tall 테이블이 나오는 부분이다.

추측할 수 있듯이 tall 테이블은 상대적으로 적은 열 패밀리와 열 한정자를 포함하지만, 실제로는 특정 데이터 요소에 해당하는 행이다. 이 경우 행 키는 이전 섹션에서 설명한 것처럼 값의 조합이 될 것이다. 관심 있는 데이터가 있으면 주어진 행 키를 계산하기 쉽다. 예를 들어, tall 테이블을 사용하여 특정 항목이 완료되었는지 여부를 저장하는 데 사용자와 아이템을 결합한 해시를 사용할 수 있다. 이 해시는 4d4aa3c4931ea52a (crc32 (user-1) + crc32 (item-1))처럼 보일 것이다. 열 데이터에서 비슷한 이름의 완료된 열 패밀리에 메모를 저장할 수 있다. 이렇게 하면 tall 테이블은 표 7.5처럼 보인다.

표 7.5 **To-Do List의 tall 테이블 버전**

행 키	완료	
	item-id	notes
4d4aa3c4931ea52a (사용자-1, 아이템-1)	item-1	
4d4aa3c44a38e627 (사용자-1, 아이템-2)	item-2	"2 days late!"
b516476c4a38e627 (사용자-3, 아이템-2)	item-2	"Right on time"

이 표 스타일은 지금까지 논의한 것과 비교하여 몇 가지 차이가 있다. 첫 번째로 가장 분명한 차이점은 더 많은 항목이 완료됨에 따라 더 넓어지기보다는 오히려 더 길어질 것이다(또는 키가 커짐). tall 테이블 버전을 사용하면 "user-1은 item-1을 완료했나?"라는 질문을 신속하게 쿼리할 수 있다. 이 경우 올바른 행 키 (crc32 (user-1) + crc32 (item-1)) 행이 있는지 확인한다.

마지막으로 이 표를 사용하면 "user-1이 완료한 항목은 무엇인가?"라는 질문을 해도 다른 방식으로 대답할 수 있다. wide 테이블 예제에서 전체 항목을 찾는 것은 주어진 사용자에 대해 하나였지만, 이 tall 테이블 예제에서 사용자에 대해 완료된 항목 목록을 찾으려면 행 접두어를 기반으로 검색을 실행한다. 이 경우, crc32(user-1)이다. 이 접두사는 해당 값으로 시작하는 모든 행을 반환하며, 이 행을 반복하여 완료된 모든 항목(행당 하나)을 찾는다.

이 두 테이블을 통해 결과적으로 비슷한 질문을 할 수는 있지만, tall 테이블의 경우 대량 정보를 얻기 위해 보다 작은 단일 검색을 사용하여 좀 더 구체적으로 나타낼 수 있다. "사용자 X는 무엇을 했나?"와 같이 대량 스타일 질문을 하는 경우 wide 테이블이 더 적합할 수 있다. 더 구체적인 질문("사용자 X가 Y 일을 했는가?")을 묻는 경우 tall 테이블이 더 적합할 것이다. 이제 데이터 모델링 개념에 대해 자세히 살펴보았으므로 인프라 환경으로 돌아가서 Cloud Bigtable을 켜고 사용하는 방법에 대해 알아보도록 하자.

7.2.2 인프라 개념

앞에서 설명한 것처럼 Cloud Bigtable은 관리형 서비스로 동작한다. 즉, 자체적으로 HBase 클러스터를 실행하는 것처럼 개별 가상 머신을 관리할 필요가 없다. 자동 관리에는 이해해야 할 몇 가지 새로운 개념이 있다. 불행히도 Bigtable은 복제 처리 방법과 관련해서는 더욱 혼란스러운 서비스 중 하나다. 또 다른 까다로운 부분은 Bigtable 자체가 Cloud Bigtable API를 통해 직접 노출되지 않는 태블릿 개념을 갖고 있다는 것이다. 가능한 한 단순하게 먼저 인스턴스, 클러스터 및 노드와 같이 스스로 관리할 수 있는 개념의 계층 구조를 먼저 살펴보도록 하자. 다음 그림 7.5를 참조한다.

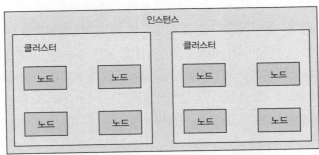

그림 7.5 **인스턴스, 클러스터 및 노드의 계층 구조**

여기서 볼 수 있듯이 기본 구조는 인스턴스가 최상위 개념이며, 많은 클러스터를 포함할 수 있고, 각 클러스터에는 최소 3개의 노드가 포함되어 있다.

인스턴스

MySQL 클러스터(기본 및 읽기-슬레이브 포함)를 배포할 때 데이터베이스 서버를 생각하는 것과 비슷하게, Bigtable 배포를 생각할 때 참조할 수 있는 기본 리소스로 인스턴스를 생각해 보자. Bigtable에 데이터를 쓸 때 특정 Bigtable 인스턴스에 쓰는 것을 참고한다.

기본 데이터베이스에 항상 데이터를 쓰는 MySQL 클러스터와 달리 Bigtable에서는 데이터를 인스턴스로 전송하므로 변경 사항이 다른 모든 클러스터로 전파된다. 필요한 경우, 특정 클러스터를 직접 지정할 수 있지만, 안정적으로 빠르게 수행하기 위해서는 Bigtable이 쿼리를 가장 가까운 클러스터로 라우팅해야 하므로 이는 필수가 아니다. 인스턴스는 글로벌한 범위다. 즉, 특정 영역(Zone)에서 중단이 발생했는지 여부와 관계없이 접속 가능한 상태로 남아 있다.

클러스터

클러스터에 대해 자세히 설명하기 전에 중요한 주의사항부터 시작하겠다. 그림 7.5에서는 인스턴스당 여러 클러스터를 보여주지만, 현재로서는 인스턴스당 하나의 클러스터로 제한된다. Bigtable은 향후에 인스턴스당 여러 개의 클러스터로 복제를 지원할 것이다. 그 기능이 곧 출시된다는 점을 감안하여, 클러스터가 곧 단일 인스턴스 내에 많은 클러스터를 유지할 수 있다는 가정 하에 클러스터가 작동하는 방식을 살펴보도록 한다.

불행히도(또는, 다행스럽게도 누구에게 묻느냐에 따라) 클러스터는 흥미로운 주제는 아니다. 클러스터는 일련의 노드를 그룹화한 것이며, 각 노드는 Bigtable 인스턴스로 전송된 쿼리의 일부 하위 집합을 처리한다. 각 클러스터에는 고유한 이름, 위치(영역) 및 사용할 디스크 저장 장치 유형 및 실행할 노드 수 등의 일부 성능 설정이 있다. 클러스터 자체에는 시간별 컴퓨팅 비용과 해당 클러스터에 저장된 데이터 양을 반영하기 위한 월별 스토리지 비용이 있다. 각 클러스터는 데이터 사본을 보유하므로 클러스터 수를 늘리면 데이터 비용은 높아지나 데이터 가용성은 향상된다. HBase와 같은 다른 시스템에서 나타나는 현상으로 "너무 많은 노드"의 병목 현상을 결코 겪지 않을 이점이 있으나 노드를 추가할 때마다 시간당 컴퓨팅 비용이 증가함에 유의해야 한다.

노드

하나의 중요한 이유 때문에 노드는 클러스터보다 훨씬 더 지루한 부분이라 할 수 있다. 우리에게는 보이지 않기 때문이다. 노드를 개별 개체로 이야기하지만, 실제로는 청구되는 비용 말고는 경험해 볼 수 없다. 클러스터를 여러 노드를 그룹화하는 것으로 생각할 수도 있지만, 노드 자체는 API에 숨겨져 있다. 요청을 특정 노드로 라우트하는 특정 클러스터하고만 통신할 수 있다.

이 구조는 클러스터가 요청을 노드에 고르게 분산되도록 하고, 클러스터가 균등 분배를 유지하기 위해 데이터를 재조정하도록 한다. 노드 자체가 주소 지정이 가능한 경우 클러스터는 자유롭게 데이터를 이동할 수 없으므로 단일 노드는 모든 최신 데이터를 보유하게 되고, 바쁜 시간에 성능을 저하시키는 일들이 발생할 수 있다. 이로 인해 성능이 우려된다면 아직 논의하지 않은 Bigtable의 **태블릿** 개념을 이해하는 것이 중요하다.

태블릿

태블릿은 특정 노드에 있는 데이터 청크를 참고하는 방법이다. 태블릿에서 좋은 점은 분할, 결합 및 다른 노드로 이동할 수 있어서 가용한 용량에서 균등하게 분산된 데이터에 대한 액세스를 할 수 있다는 것이다. 노드와 마찬가지로 태블릿도 직접 주소를 지정하지 않으므로 API에서 표시되지 않지만, 키 선택을 통해 태블릿에 데이터를 쓰는 방법에 영향을 미칠 수 있다. 예를 들어, 오랜 기간에 걸쳐 많은 양의 데이터를 두 개의 별개 접두사(예: machine_ 및 sensor_)가 있는 키로 빠르게 작성하면, 두 개의 다른 태블릿에 데이터가 표시된다(예: 접두사 machine_가 붙은 데이터는 접두사 sensor_가 붙은 데이터와 동일한 태블릿에 있지 않다). 점점 더 많은 것을 추가(그리고 더 많이 쿼리)할 경우의 데이터 진행에 대해 간단히 살펴보도록 하자.

처음으로 데이터 쓰기를 시작하면 Bigtable 클러스터는 대부분의 데이터를 단일 노드에 배치한다(그림 7.6).

단일 노드에서 더 많은 태블릿이 축적되면 클러스터는 그림 7.7과 같이 더 균형 잡힌 방식으로 데이터를 재배포하기 위해 일부 태블릿을 다른 노드로 재배치할 수 있다.

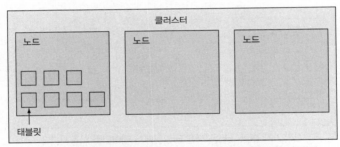

그림 7.6 시작할 때 Bigtable이 단일 노드에 데이터를 넣을 것이다

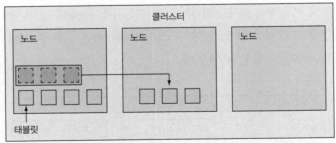

그림 7.7 Bigtable은 노드 간에 데이터를 보다 균등하게 분산시키기 위해 태블릿을 재배포한다

시간이 지남에 따라 더 많은 데이터가 저장되므로 일부 태블릿은 다른 태블릿보다 더 자주 액세스될 수 있다. 그림 7.8에서 세 개의 태블릿은 전체 시스템에서 모든 읽기 쿼리의 35%를 차지한다.

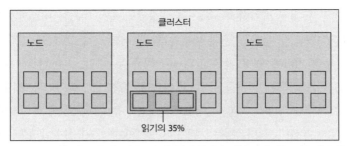

그림 7.8   트래픽의 비율이 높은 경우 일부 태블릿에서만 이를 담당하는 경우가 종종 있다

단일 노드에 몇 개의 바쁜 태블릿이 배치되어 있는 시나리오에서 Bigtable은 액세스 빈도가 낮은 태블릿 중 일부를 용량이 더 많은 다른 노드로 이동하여 각 노드가 각각 1/3이 되도록 클러스터의 균형을 다시 조정한다(그림 7.9).

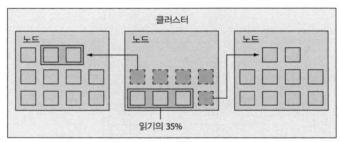

그림 7.9   Bigtable은 바쁜 태블릿에서 데이터를 이동시킨다

또한, **하나**의 태블릿이 너무 바빠질 수 있다(너무 자주 쓰거나 읽는 중일 수 있음). 이럴 경우는 태블릿을 다른 노드로 이동해도 문제가 해결되지 않는다. 대신 Bigtable은 이 태블릿을 절반으로 **분할**한 다음 이전에 본 것처럼 태블릿을 다시 조정하여 나머지 절반 중 하나를 다른 노드로 옮길 수 있다. 그림 7.10 및 7.11을 참조한다.

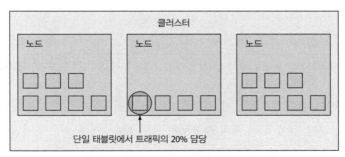

그림 7.10   단일 태블릿이 높은 비율의 트래픽을 담당하는 경우가 있다

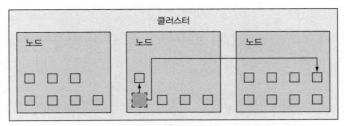

그림 7.11 Bigtable은 태블릿을 분할하여 다른 노드로 옮긴다

Bigtable의 내부 동작에 대해 다소 혼란스러울지 모르겠다. 노드, 태블릿 및 데이터의 균형을 가능한 이해하는 것이 좋겠지만, Bigtable 자체가 복잡한 저장 시스템이기에 모든 미묘한 차이들을 이해하는 것은 대단히 어렵다. 일반적으로 Bigtable을 사용할 때 할 수 있는 가장 중요한 일은 행 키를 한 곳에서 집중적으로 처리하지 않도록 주의해서 행 키를 선택하는 것이다. 그렇게 한다면 Bigtable은 데이터 집합에서 올바르게 작업을 수행하고 향상된 성능을 발휘할 것이다. 지금까지 모든 파트가 어떻게 조화를 이루었는지 잘 이해했으므로, 잠시 동안 자신만의 Bigtable 인스턴스를 관리하는 방법을 살펴보도록 하자.

7.3 Cloud Bigtable과의 상호작용

앞서 살펴본 바와 같이 Bigtable에는 인스턴스, 클러스터 및 노드와 관련된 간단한 계층 구조가 있으며, 테이블, 행, 열 패밀리 및 열 한정자와 관련된 간단한 데이터 테이블이 있다. 지금까지 우리는 이것들에 대해 이야기하기만 했다. 이제 클라우드 콘솔과 일부 명령줄 도구를 조합하여 인스턴스 생성부터 시작하여 이러한 다양한 리소스를 만드는 방법을 살펴보도록 하자.

7.3.1 Bigtable 인스턴스 만들기

Cloud Bigtable을 사용하기 전에 먼저 새 인스턴스를 만들어야 한다. 이전에 논의했듯이 현재 인스턴스당 하나의 클러스터로 제한되어 있다. 이는 진정한 계층 구조를 기대할 때는 조금 안 맞을 수 있다. 지금은 그 걱정은 하지 말고, 인스턴스를 생성해 보자.

먼저 왼쪽 탐색 메뉴를 사용하여 클라우드 콘솔의 Bigtable 섹션으로 이동한다. 그런 다음 인스턴스 만들기(Create instance) 버튼을 클릭하여 여러 필드가 있는 양식을 작성하여 채운다. 우선, 첫 번째 필드(인스턴스 이름)를 작성하는 것으로 시작한다. 이 작업을 수행하고 양식의 다른 곳을 클릭하면 다음 두 필드(인스턴스 ID 및 클러스터 ID)가 그림 7.12와 같이 자동으로 완료된다. 클러스터 이름은 인스턴스 이름에서 자동으로 생성될 수 있으며, 현재 인스턴스당 하나의 클러스터의 한계가 있기 때문에 이것은 별로 중요한 필드는 아니다. 다음에는 그림 7.13과 같이 영역을 선택해야 한다. 앞에서 설명한 것처럼 클러스터는 영역별 리소스이므로 영역의 가용성에 따라 가용성이 달라진다. 여기서 데이터가 저장되고 클러스터에 영구적으로 적용되므로 Bigtable 데이터를 읽거나 쓰는 데 필요한 VM 근처의 영역을 선택해야 한다. 이 영역은 모든 VM이 있는 영역과 동일해야 한다.

그림 7.12 Bigtable 인스턴스 식별자

그림 7.13　**Bigtable 영역 설정**

다음 두 가지 정보는 Bigtable 인스턴스의 성능과 관련이 있다. 그림 7.14를 참조한다. 첫 번째는 계속 실행할 노드 수를 설정하는 컴퓨팅 처리량이다. 나중에 이 개수를 변경할 수 있으므로 걱정하지 말고 선택한다. 선택할 수 있는 최소값은 3이다. 예상할 수 있듯이 노드 수가 많으면 인스턴스의 읽기, 쓰기 및 스캔 용량이 거의 선형으로 증가한다. 시작은 우선 이 세트를 세 개로 두고, 추가 용량이 필요할 경우 나중에 더 많은 노드로 인스턴스를 확장하는 것이 좋은 방법이다.

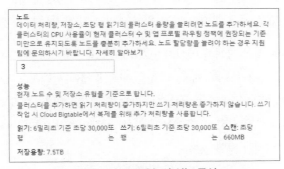

그림 7.14　**Bigtable의 성능 특성**

성능과 관련된 다음 부분은 데이터를 저장하는 데 사용할 디스크 유형이다. SSD는 대기 시간과 처리량 모두에서 훨씬 더 우수한 성능을 가지므로 Bigtable 인스턴스에서는 큰 차이가 생긴다. 따라서 예제 사례에서는 SSD 스토리지 유형이 과하고 표준 디스크(HDD)가 허용 가능한지를 구체적으로 알지 못한다면 SSD로 두도록 한다.

비교를 위해 표 7.6은 Cloud Bigtable에 대한 다양한 저장 유형의 성능 차이를 보여준다.

표 7.6　**클라우드 빅테이블의 스토리지 유형 비교**

속성	SSD(권장)	HDD	비교
읽기 처리량	10,000QPS / 노드	500QPS / 노드	SSD의 경우 20배 향상
읽기 대기 시간	6ms	200ms	SSD의 경우 33배 향상

표 7.6 클라우드 빅테이블의 스토리지 유형 비교(계속)

속성	SSD(권장)	HDD	비교
쓰기 처리량	10,000QPS/노드	10,000QPS/노드	동일한
쓰기 대기 시간	6ms	50ms	33배 향상 SSD 사용
스캔 처리량	220MB/s	180MB/s	SSD의 경우 1.2배 향상

7.3.2 스키마 만들기

배웠던 대로 스키마는 오랜 영향을 미칠 것이기 때문에 미리 준비하면서 제대로 만들어야 한다. 기존 관계형 데이터베이스와 달리 나중에 스키마를 업데이트하는 것은 ALTER TABLE 문을 실행하는 것만큼 간단하지 않다. 대신 다른 모든 키-값 스토리지 시스템과 마찬가지로 새 스키마에 맞게 저장한 모든 행을 업데이트해야 한다. 코드 복잡성을 추가하여(예: 여러 스키마 버전을 이해하는 코드를 추가하고, 저장 시 최신 버전의 데이터를 다시 작성하는 등) 복잡성을 추가할 수도 있지만, 스키마 변경을 가급적 하지 않기 위해 미리 시간을 투자하는 것이 좋다.

Bigtable을 사용하는 방법의 끔찍한 예이지만, To-Do List 프로젝트를 사용하여 Bigtable과 상호작용하는 것을 테스트해 보도록 하자. 기억을 새롭게 하기 위해 tall 테이블 형식을 사용한다. 행 키는 사용자의 해시 조합과 completed라는 단일 열 패밀리가 있는 항목의 조합이다. 이 경우 열 한정자가 미리 알려져 있기 때문에 항상 그 케이스가 아니다(wide 테이블 형식에서 보았듯이). 테이블은 표 7.7처럼 보일 것이다.

표 7.7 To-Do List의 tall 테이블 버전

행 키	완료	
	item-id	notes
4d4aa3c4931ea52a(사용자-1, 아이템-1)	item-1	
4d4aa3c44a38e627(사용자-1, 아이템-2)	item-2	"2 days late!"
b516476c4a38e627(사용자-3, 아이템-2)	item -2	"Right on time"

Cloud Bigtable과 상호작용할 수 있는 코드를 작성하려면 npm install @google-cloud/bigtable@0.9.1을 실행하여 @google-cloud/bigtable 클라이언트를 설치해야 한다. 클라이언트가 설치되면 다음 리스트에 표시된 대로 인스턴스 및 클러스터를 나열하여 이를 테스트할 수 있다.

```
const bigtable = require('@google-cloud/bigtable')({
  projectId: 'your-project-id'
});

console.log('Listing your instances and clusters:');

bigtable.getInstances().then((data) => {        ← .getInstances()를 사용하여 사용 가능한
  const instances = data[0];                       인스턴스 목록을 반복적으로 가져온다.
  for(let i in instances) {
    let instance = instances[i];
    console.log('- Instance', instance.id);
    instance.getClusters().then((data) => {      ← .getClusters()를 사용하여 인스턴스의
      const clusters = data[0];                     클러스터 목록을 반복적으로 가져온다.
      const cluster = clusters[0];
      console.log(' - Cluster', cluster.id);
    });
  }
});
```

인스턴스를 생성한 후에 이 작업을 실행하면 다음과 같은 내용이 표시된다.

```
Listing your instances and clusters:
- Instance projects/your-project-id/instances/test-instance
  - Cluster projects/your-project-id/instances/test-instance/clusters/test-
    instance- cluster
```

이 경우 정확히 하나의 인스턴스와 하나의 클러스터가 해당 인스턴스에 속한 것으로 예상대로
나타난다. 이제 다음 리스트에서 테이블과 스키마를 만드는 방법을 살펴보도록 하자.

리스트 7.2 테이블 만들기

```
const bigtable = require('@google-cloud/bigtable')({
  projectId: 'your-project-id'
});                                                  이번에는 이전에 했던 것처럼
                                                     API를 통해서가 아니고 ID를 사용하여
const instance = bigtable.instance('test-instance'); ← 인스턴스 객체를 구성한다.

                                  cluster.createTable() 대신 instance.createTable()을 사용하여
instance.createTable('todo', {  ← 테이블을 만들었다. 앞서 언급했듯이, 인스턴스가 테이블 소유자다.
  families: ['completed']       ← 열 패밀리는 문자열 목록으로 정의된다.
}).then((data) => {
  const table = data[0];
  console.log('Created table', table.id);
});
```

이것을 실행하면 다음과 같은 결과가 출력된다.

```
Created table projects/your-project-id/instances/test-instance/tables/todo
```

이것이 전부다! completed라는 단일 열 패밀리를 사용하여 todo라는 테이블을 작성했다. 이제 테이블에 있는 데이터를 관리하는 방법을 살펴보도록 하자.

7.3.3 데이터 관리

다른 스토리지 시스템과 마찬가지로 데이터 관리에는 두 가지 측면이 있다. 하나는 들어오는 것(쓰기)이며, 다른 하나는 밖으로 나가는 것(읽기 또는 쿼리)이다. 우선, todo 목록에 몇 개의 새로운 행을 추가한 다음, 이 행을 다시 가져오기 위해 쿼리할 수 있는 방법을 살펴보도록 한다. 앞서 설명한 대로 tall 테이블의 한 행에는 사용자 ID와 항목 ID가 연결된 해시 키인 행 키가 있으며, 열은 item-id와 notes로 정적으로 정의된다.

> **NOTE** 이번 예제에서는 CRC32를 해시로 사용하므로 npm install fast-crc32c를 실행하여 라이브러리를 설치해야 한다.

항목을 완료하는 행을 추가하는 코드는 다음과 같다.

리스트 7.3 **Bigtable에 데이터 삽입하기**

```
const crc = require('fast-crc32c');
const bigtable = require('@google-cloud/bigtable')({
  projectId: 'your-project-id'
});

const instance = bigtable.instance('test-instance');
const table = instance.table('todo');          ◄─── ID로 인스턴스를 구성할 때, ID를 사용하여
                                                     테이블 참조를 작성하면서 작성한 테이블에
                                                     동일한 작업을 수행한다.

const userId = 'user-84';      ◄─── 이 데이터는 저장하려는 데이터이므로
const itemId = 'item-24';           변수에 넣으면 쉽게 읽을 수 있다.
const notes = 'This was a few days later than expected';
                                                     두 값을 해시한 다음 이를
const userHash = crc.calculate(userId).toString(16);  ◄─── 연결하여 행 키를 결정한다.
const itemHash = crc.calculate(itemId).toString(16);       이 경우 행 키는 8900c74c와
const key = userHash + itemHash;                            c4ae6082를 결합한 값이다.

const entries = [   ◄─── 항목들은 key라는 필드의 행 키와
  {                       data라는 필드의 데이터와 같은 형식이어야 한다.
    key: key,
    data: {
      completed: {
```

```
        'item-id': itemId,
        'notes': notes
      }
    }
  }
];

table.insert(entries, (err, insertErrors) => {
  console.log('Added rows:', entries);
});
```

이 코드를 실행하면 추가된 데이터를 확인할 수 있다.

```
Added rows: [ { key: 'c4ae60828900c74c',
    data: { completed: [Object] },
    method: 'insert' } ]
```

이제 데이터가 생겼으므로 이 행을 검색하는 방법을 단일 키 조회부터 살펴보도록 하자. 이는 다음 리스트와 같이 이전에 행 키를 구성하고, 해당 키가 있는 행을 검색하여 작동한다.

리스트 7.4 **키로 데이터 가져오기**

```
const crc = require('fast-crc32c');
const bigtable = require('@google-cloud/bigtable')({
  projectId: 'your-project-id'
});

const instance = bigtable.instance('test-instance');
const table = instance.table('todo');

const userId = 'user-84';
const itemId = 'item-24';
                                                        사용자의 해시 및 item ID를
                                                        사용하여 행 키를 계산한다.
const userHash = crc.calculate(userId).toString(16); ◄─┘
const itemHash = crc.calculate(itemId).toString(16);
const key = userHash + itemHash;  인스턴스 및 테이블과 마찬가지로 행 키를 사용하여 행 참조를 생성한다.

                                  마지막으로, 행 객체에서 .get () 메소드를 사용하여
const row = table.row(key); ◄─    Bigtable에서 행을 검색하려고 시도한다.
row.get().then((data) => {
  const row = data[0];                                    행 객체에는 분명 더 많은 데이터가
  console.log('Found row', row.id, row.data.completed); ◄─ 있지만, 완성된 열 패밀리를 콘솔에
});                                                        출력하는 것은 읽기 쉽도록 하기 위
                                                           해서다.
```

이 코드(이전에 행을 만들었다면)를 실행하면 다음과 같이 출력된다. 타임 스탬프는 다를 것임에 유의한다.

```
Found row c4ae60828900c74c { 'item-id':
  [ { value: 'item-24',
      labels: [],
      timestamp: '1479145189752000',
      size: 0 } ],
notes:
  [ { value: 'This was a few days later than expected',
      labels: [],
      timestamp: '1479145189752000',
      size: 0 } ] }
```

단일 행을 검색하는 방법을 이해했으므로 tall 테이블을 사용하여 얻을 수 있는 이점을 보여
주는 강력한 쿼리 유형을 살펴보도록 하자. 다음 리스트에 표시된 것처럼 특정 사용자에 의해
서 더 많은 데이터가 추가되고, 반복적으로 돌면서 완료한다.

리스트 7.5 **일련의 행 삽입**

```
const crc = require('fast-crc32c');
const bigtable = require('@google-cloud/bigtable')({
  projectId: 'your-project-id'
});

const instance = bigtable.instance('test-instance');
const table = instance.table('todo');              getRowEntry라는 도우미 함수로 몇 가지
                                                    정보를 가져와서 table.insert가 기대하는
                                                    형식으로 객체를 반환한다.
const getRowEntry = (userId, itemId, notes) => {  ◄
  const userHash = crc.calculate(userId).toString(16);
  const itemHash = crc.calculate(itemId).toString(16);
  const key = userHash + itemHash;
  return {
    key: key,
    data: {
      completed: {
        'item-id': itemId,
        'notes': notes
      }
    }
  }
};                        데이터를 더 쉽게 읽을 수 있게 하려면
                          [userId, itemId, notes] 형식의 CSV 파일과 같이
                          정렬된 행 배열로 작성한다.
const rows = [      ◄
  ['user-1', 'item-1', undefined],
  ['user-1', 'item-2', 'Late!'],
  ['user-1', 'item-3', undefined],
  ['user-1', 'item-5', undefined],
  ['user-2', 'item-2', 'Partially complete'],
  ['user-2', 'item-5', undefined],
  ['user-84', 'item-5', 'On time'],
  ['user-84', 'item-20', 'Done 2 days early!'],
```

```
    ['user-84', 'item-21', 'Done but needs review'],
];

const entries = rows.map((row) => {      ┌─ CSV 형식의 데이터를 가져와서
  return getRowEntry.apply(null, row);  ◄─┘  적절한 양식의 행을 가져온다.
});
table.insert(entries, console.log);  ◄──┤ Bigtable에 데이터를 추가한다.
```

이 스니펫을 실행하면 콘솔에 널(null), []가 표시된다. 즉, 항목을 추가했고, 행에 오류가 없었음을 의미한다. 이제 특정 사용자가 어떤 항목을 완성했는지 알아보도록 하자. Bigtable이 고정된 시작점과 끝점이 있는 행을 쉽게 스캔할 수 있는 기능과 결합된 crc (userId) + crc (itemId)의 형식으로 행 키를 선택했다는 사실을 확인할 수 있다. 다음 리스트에 표시된 것처럼 "greater than"(또는 사전 형식으로 "after") crc (userId) 키로 시작해서 다음 키 (crc (userId) + 1)에서 멈춘다.

리스트 7.6 **user-2의 행 스캐닝**

```
const crc = require('fast-crc32c');
const bigtable = require('@google-cloud/bigtable')({
  projectId: 'your-project-id'
});

const instance = bigtable.instance('test-instance');
const table = instance.table('todo');

const userId = 'user-2';  ◄──┤ user-2와 관련된 모든 행을 검색한다.
const userHash = crc.calculate(userId).toString(16);
                                              ┌─ 여기서 자바스크립트의 이벤트 처리 스타일
table.createReadStream({  ◄───────────────────┤  .on() 핸들러를 사용할 수 있는
  start: userHash,  ◄─┤ 앞서 언급했듯이, userHash 키에서 시작한다.  createReadStream 메소드를 사용한다.
  end: (parseInt(userHash, 16)+1).toString(16)  ◄──┐ userHash가 16진수를 나타내는
}).on('data', (row) => {                            │ 문자열이므로 숫자를 1씩
  console.log('Found row', row.id, row.data.completed);  증가시키면서 검색한다.
}).on('end', () => {
  console.log('End of results.');
});
```

이 짧은 스니펫을 실행했을 때 이전에 데이터를 목록에 추가했다면 user-2가 완료한 두 항목과 저장된 메모가 표시된다.

```
Found row 79c375855dc6587 {
  'item-id':
    [ { value: 'item-5',
        labels: [],
        timestamp: '1479145268897000',
```

```
        size: 0 } ],
    notes: [] }
Found row 79c37588116016c {
  'item-id':
    [ { value: 'item-2',
        labels: [],
        timestamp: '1479145268897000',
        size: 0 } ],
notes:
  [ { value: 'Partially complete',
      labels: [],
      timestamp: '1479145268897000',
      size: 0 } ] }
End of results.
```

이제 Bigtable과 주고받는 데이터를 읽고 쓰는 방법을 이해했으므로 가져오기 및 내보내기를 관리하는 방법에 대해 간략하게 이야기해 보자.

7.3.4 데이터 가져오기 및 내보내기

다른 스토리지 시스템에서와 마찬가지로 다양한 원인에 대한 백업 전략을 갖는 것이 중요하다. 데이터 손상이나 물리적 드라이브 장애의 경우는 명백한 것이지만, 이는 구글 클라우드 플랫폼의 관리 서비스에는 문제가 되지 않는다. 그 외에 가장 일반적인 경우는 유효하지 않은 배포로 인해 잘못된 데이터를 쓰는 것으로부터 보호하기 위한 경우다. 잠재적인 이슈를 해결하기 위해 Bigtable은 하둡 시퀀스 파일 형식을 사용하여 데이터를 내보내고 다시 가져오는 기능을 제공한다.

하둡(Hadoop)은 구글 MapReduce의 Apache 오픈 소스 버전이며, 일반적으로 Bigtable의 Apache 오픈 소스 버전인 HBase와 함께 사용된다. 이러한 시스템의 유사성 덕분에 Bigtable은 하둡 파일 형식을 사용하여 Cloud Bigtable뿐 아니라 HBase에도 데이터를 내보내고 가져올 수 있다.

> **NOTE** Bigtable에서 데이터 가져오기 및 내보내기는 현재 관리형 하둡 서비스인 Google Cloud Dataproc을 사용하여 수행한다. 데이터를 가져오거나 내보내려고 하둡이나 Dataproc에 대해 알 필요는 없다.

Bigtable에는 다른 가져오기 및 내보내기 작업과 달리 독특한 문제가 있다. 그것은 바로 데이터의 양이 엄청나다는 것이다. Bigtable은 페타바이트 상당의 데이터를 저장(또는 자주 수행)할 수 있기 때문에 어딘가에 모든 데이터를 복사하도록 단일 시스템에 요청하는 것을 빨리 처리할 수는 없다. 따라서 신속하게 가져오거나 내보내려면 분산 시스템의 마법에 의존해야 하고,

이를 실현하기 위해 여러 대의 컴퓨터를 가동하여야 한다.

Bigtable에서 데이터를 내보내려 할 때 서버 관리는 약간 혼란스러울 수 있는 부분이다. 다행히도 Google Cloud Dataproc이라는 관리 서비스는 그런 어려운 업무를 대신 처리할 수 있으며, 단 하나의 명령만 실행하면 된다. 또한, 잠재적으로 엄청난 양의 데이터를 다루기 때문에 데이터를 Google Cloud Storage에 저장하는 것이 가장 좋다. 이 모든 것은 어떻게 맞물려 돌아갈까? 일반적인 프로세스는 다음과 같다.

- 깃허브(GitHub)에서 가져오기/내보내기 패키지를 다운로드한다.
- Maven을 사용하여 패키지를 컴파일한다.
- Dataproc 클러스터를 켠다.
- 가져오기/내보내기 작업을 클러스터에 요청한다.
- Dataproc 클러스터를 끈다.

그러면 내보내기와 가져오기 모두에 필요한 준비 작업을 시작해 보도록 하자.

> **NOTE** 자바가 설치되어 있지 않다면 언제든지 Google Cloud Shell을 사용할 수 있다. Google Cloud Shell은 화면 오른쪽 상단의 검색 콘솔 옆에 있는 클라우드 콘솔에서 사용할 수 있으며, 모든 도구는 사전에 설치, 구성되어 있다.

먼저 깃허브에서 가져오기/내보내기 패키지를 다운로드하고, 다음에 나오는 Dataproc 예제로 건너 뛴다.

```
$ git clone https://github.com/GoogleCloudPlatform/cloud-bigtable-examples.git
$ cd cloud-bigtable-examples/java/dataproc-wordcount
```

다음으로 패키지를 컴파일해야 한다. 이를 위해 자바의 유명 빌드 매니저인 Maven(mvn)을 사용할 것이다(우분투를 사용하고 있다면, `apt-get install maven`을 실행하여 Maven을 설치할 수 있다). 컴파일할 때, 프로젝트 ID와 인스턴스 ID를 모두 넘겨 줄 것이다. 명령줄을 통해 데이터를 전달하는 형식은 그 뒤에 공백 없는 -D를 사용하며, 이는 자바 개발자가 아닌 경우 이상하게 보일 수도 있다.

여러분들이 이 명령을 실행할 때는 여러분의 프로젝트 ID와 Bigtable 인스턴스 ID로 대체해야 한다.

```
$ mvn clean package -Dbigtable.projectID=your-project-id \
    -Dbigtable.instanceID=your-bigtable-instance-id
```

빌드 명령이 끝나면 target/ 디렉터리에 JAR 파일이 남게 된다. 이는 데이터를 가져오고 내보내는데 필요한 작업이다. 할 일 테이블에 추가한 데이터를 내보내는 방법을 먼저 살펴보도록 하자.

우선 이 데이터를 저장할 위치를 결정해야 한다. 가장 쉬우며 권장되는 방법은 Google Cloud Storage 버킷을 사용하는 것이므로 버킷 하나를 만든다. Bigtable 클러스터가 us-central1-c 영역에 있으므로 버킷이 같은 지역에 있는지 확인한다. 다음과 같이 gsutil 명령을 사용하여 이 작업을 수행할 수 있다.

리스트 7.7 **Bigtable 인스턴스와 같은 위치에 새 버킷 만들기**

```
$ gsutil mb -l us-central1 gs://my-export-bucket
Creating gs://my-export-bucket/...
```

이제 다음 리스트와 같이 Bigtable 인스턴스와 동일한 영역에 Dataproc 클러스터를 만들고, 클러스터에 내보내기 작업을 배포할 수 있다.

리스트 7.8 **Dataproc 클러스터를 생성하고 여기에 내보내기 작업을 제출한다**

```
$ gcloud dataproc clusters create my-export-cluster --zone us-central1-c \
   --single-node  ◁─┬─ 단지 테스트만하는 경우에는 단일 노드 Dataproc 클러스터를 사용하여 비용을 절약할 수 있다.
                    └─ 많은 양의 데이터를 내보내는 경우 이 플래그를 해제한다.
$ gcloud dataproc jobs submit hadoop --cluster my-export-cluster \
   --jar target/wordcount-mapreduce-0-SNAPSHOT-jar-with-dependencies.jar \
   -- \  ◁─┤ -- 가 export-table에서 분리되어 있는지 확인한다. 이중 대시(--)는 gcloud에게 자바 코드로 이 플래그를 전달하도록 지시한다.
   export-table todo gs://my-export-bucket/todo-export-2016-11-01
```

이 두 명령을 실행하면 약간의 시간이 걸릴 수 있다. 생성한 버킷에서는 하둡 시퀀스 파일로 데이터를 사용할 수 있어야 한다. 다음과 같이 gsutil을 사용하여 버킷의 내용을 나열하여 이를 확인할 수 있다.

리스트 7.9 **내보낸 데이터를 볼 수 있는 버킷의 내용 목록**

```
$ gsutil ls gs://my-export-bucket/todo-export-2016-11-01/
gs://my-export-bucket/todo-export-2016-11-01/
gs://my-export-bucket/todo-export-2016-11-01/_SUCCESS
gs://my-export-bucket/todo-export-2016-11-01/part-m-00000
```

이제 동일한 시퀀스 파일을 테이블로 다시 가져오는 방법을 살펴보도록 하자. 이를 위해 우리가 빌드한 동일한 Dataproc 클러스터와 JAR 파일을 사용할 수 있지만, 매개변수를 약간 조정해야 한다. 또한, 가져온 데이터를 받아들일 준비가 된 테이블이 있는지 확인해야 한다. 이 테이블은 다음 코드를 사용하여 신속하게 생성할 수 있다.

리스트 7.10 **Node.js를 사용해서 가져온 데이터를 보관할 테이블 만들기**

```
const bigtable = require('@google-cloud/bigtable')({
  projectId: 'your-project-id'
});

const instance = bigtable.instance('test-instance');
instance.createTable('todo-imported', {      ◁──── 이 예에서는 새 테이블을 todo-imported라고 한다.
  families: ['completed']  ◁─┐ 동일한 열 패밀리를 다시 지정해야 한다. 이 작업을 건너뛰면 가져오기
});                           └ 프로세스 중에 오류가 발생할 수 있다.
```

테이블을 설정한 후, 다음과 같이 Dataproc에 작업을 제출하면 버킷에서 데이터를 로드하여 새로 생성된 테이블로 가져온다.

리스트 7.11 **클라우드 Dataproc에 가져오기 작업 제출**

```
$ gcloud dataproc jobs submit hadoop --cluster my-export-cluster \
  --class com.google.cloud.bigtable.mapreduce.Driver \
  --jar target/wordcount-mapreduce-0-SNAPSHOT-jar-with-dependencies.jar -- \
  import-table todo-imported gs://my-export-bucket/todo-export-2016-11-01
```

내보내기 테이블(export-table)을 가져오기 테이블(import-table)로 변경했으며, 테이블 이름 이 todo에서 todo-imported로 변경되었다. 또한, 데이터 위치의 값은 같지만, 이번에는 데이 터가 내보내기한 데이터의 대상이 아닌 원본 데이터로 사용되었다.

이것이 전부다. 이 시점에서는 Bigtable의 기본 이론뿐만 아니라 이를 사용하는 운영 측면에 대 해 충분히 이해해야 한다. 이 모든 것들에 얼마나 많은 비용이 드는지 잠시 살펴보도록 하자.

7.4 가격 책정의 이해

Cloud SQL(4장 참고)과 마찬가지로 Cloud Bigtable은 컴퓨팅 비용(노드를 실행하는 시간당 요금), 스토리지 비용(저장된 GB의 월간 요금) 및 네트워크 비용(같은 지역 외부로 전송된 데이터의 GB당 요 금)의 몇 가지 영역으로 가격이 나뉘어져 있다. 비용은 Bigtable이 운영되는 위치에 따라 달라 지며, 매우 간단한 비용 모델을 갖고 있다. 그러나 몇 가지 언급할 만한 것들이 있다.

첫째, 인스턴스의 최소 크기는 3노드이므로 모든 운영 환경 인스턴스의 최소 시간당 요금은 기술적으로 노드 시간당 요금의 3배이다. 다음으로는 스토리지는 SSD(Solid-State Drive) 또는 표준 하드 디스크(HDD) 중 하나일 수 있으며, 가격은 각각 다르다. 데이터 저장 방법의 선택에

따라 GB당 월간 비용이 영향을 받는다. 마지막으로, 네트워킹 비용은 아웃바운드(송신) 트래 픽에 대해서만 청구되며, 트래픽이 인스턴스가 있는 지역을 나가는 경우에만 청구된다. 예를 들어, Bigtable 인스턴스에서 동일한 영역(또는 동일한 지역의 다른 영역)에 있는 Compute Engine 인스턴스로 데이터를 보내는 경우 해당 트래픽은 완전히 무료다. 미국에 기반을 둔 경우에 미 국 내에 있는 다른 지역 간에 트래픽을 보내는 경우 전송된 트래픽은 GB당 0.01달러의 할인 요금으로 청구된다. 표 7.8은 Bigtable 인스턴스를 실행할 수 있는 여러 위치별로 세분화된 비 용의 주요 내용을 보여준다.

표 7.8 **몇몇 위치의 Bigtable 가격**

위치	Compute(노드 시간당)	HDD(월 기가당)	SSD (월 기가당)
아이오와(미국)	$0.65(최소 $1.95)	$0.026	$0.17
싱가포르	$0.72(최소 $2.16)	$0.029	$0.19
대만	$0.65(최소 $1.95)	$0.026	$0.17

아이오와에서 실행되는 Bigtable 인스턴스의 예를 세 노드와 SSD에 약 100GB의 데이터가 있 는 상태로 시작해 보자. 그런 다음 10TB의 데이터로 10배까지 커지는 경우를 볼 것이다. 처음 에는 아이오와 주에서 세 개의 노드는 한 개 노드 시간당 $0.65가 발생한다(한 시간에 $1.95). 이것은 월별 총 비용이 한 달에 약 $1,400가량 발생한다는 의미다($0.065 * 3 nodes * 24 hours per day * 30 days per month). 그중 SSD에 100GB의 데이터가 저장되어 17달러($0.17 * 100 GB per month)가 추가된다. 이 경우 스토리지 비용은 컴퓨팅 비용에 추가될 반올림 오차 정도이 므로 이 클러스터는 한 달에 약 1,400달러로 조정할 수 있다.

이것을 10개의 노드와 10TB의 데이터로 확장한다면 예상대로 숫자가 조금 올라갈 것이다. 계산 비용은 이제 월 $4,680($0.65 * 10 nodes * 24 hours per day * 30 days per month)이며, 스토 리지 비용은 $1,700($0.17 * 10,000GB per month)로 증가한다. Bigtable 인스턴스의 월간 총액은 약 $6,400다. 모든 트래픽은 동일한 지역에 머무르고 있는 것으로 가정하므로(가까이 있는 Compute Engine 인스턴스를 사용하여 Bigtable과 상호작용하고 있다) 전 세계로 데이터를 서비스하기 위한 네트워 크 비용은 없다.

이제 Bigtable의 비용이 얼마인지를 잘 알게 되었다. 하지만 "Bigtable을 다른 용도로 사용하는 이유는 무엇일까?" 또는, 더 구체적으로 "어떤 프로젝트에 적합할까?" 궁금할 것이다. Bigtable 의 장점과 단점을 살펴보는 데 조금 더 시간을 할애하면 프로젝트에서 사용할지 여부를 결정 하는 데 도움이 될 것이다.

7.5 Cloud Bigtable은 언제 사용해야 할까?

그림 7.15의 Bigtable 스코어카드를 보고 포인트별로 속성을 살펴보도록 하자.

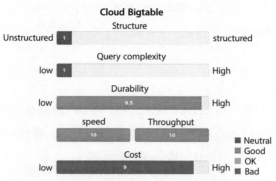

그림 7.15 **Cloud Bigtable의 스코어카드**

7.5.1 구조

이번 장에 걸쳐 배웠듯이 Bigtable은 이전에 보았던 다른 스토리지 시스템과 비교했을 때 느슨하게 구성되어 있다(loosely structured). 특정 열 패밀리 이름이 필요하지만, 열 한정자는 동적일 수 있으며, 즉석에서 만들어지므로 열 한정자 자체가 데이터를 저장할 수 있다.

여러 면에서 Bigtable의 구조화된 측면은 데이터보다는 개념에 더 많이 적용된다. 그 개념 프레임워크 안에서는 열 한정자와 값이 우리가 원하는 것일 수 있다. 그러나 이러한 자유도는 다른 스토리지 시스템에서 익숙했던 많은 고급 기능을 잃어버리는 것을 의미한다.

7.5.2 쿼리 복잡성

Memcache와 같은 엄격한 키-값 저장 시스템이 가능한 최소 쿼리 복잡성을 제공하는 시스템의 예라면 Bigtable은 그보다 상위의 시스템이라고 생각할 수 있다. 앞에서 살펴보았듯이 Bigtable은 행 키를 생성하고 해당 행 키를 사용하여 데이터를 요청함으로써 키-값 쿼리를 모방하고 있지만, Memcache와 같은 서비스가 할 수 없는 중요한 작업을 수행할 수 있다.

대부분의 키-값 시스템에서 특정 키를 요청할 수는 있지만, 특정 접두사(또는 "모든 키")와 일치하는 모든 키를 물어볼 방법은 없다. Bigtable에서는 반환할 키 범위를 지정할 수 있으므로 이 용도로 사용되는 행 키를 선택하는 것이 중요하다. 데이터에 대해 하나의 색인만 선택할 수 있는 것과 같다. 따라서 관계형 데이터베이스에서 익숙한 많은 것들이 불가능하다.

- 행 내부의 데이터를 기반으로 쿼리(SELECT * FROM employees WHERE name = 'Jimmy' AND age > 20)
- 데이터(SELECT AVERAGE(age) FROM employees)를 기반으로 새로운 값 계산
- 쿼리에 함께 데이터 세트 결합(SELECT * FROM employees, employers where employees. employer_id = employer.id)

7.5.3 내구성

모든 Bigtable 데이터는 영구 디스크에 저장되므로 저장된 데이터를 잃을 확률은 매우 낮다. 그러나 모든 스토리지 시스템과 마찬가지로 기본 스토리지 시스템(물리적 디스크)에 대한 걱정 외에도 소프트웨어 시스템의 지속성 모델을 고려해야 한다.

Bigtable의 경우 시스템은 다수의 서버(그리고 다수의 태블릿)에 데이터를 분할하여 시스템 전체에 부하가 고르게 분산되도록 구축되었다. 또한, Bigtable의 행 수준의 원자성은 행을 작성할 때 쓰기가 지속되거나 실패하므로 데이터를 잃어버릴 염려가 없다는 것을 의미한다.

7.5.4 속도(대기 시간)

Bigtable을 사용하는 주된 이유 중 하나는 성능이다. 멋지고 복잡한 쿼리를 실행할 수 없거나 단일 행 이상에서 원자성으로 작업을 수행할 수 없는 이유는 단일 행 읽기가 매우 빠르기 때문이다(일반적으로 초당 수천 개의 쓰기가 있더라도 10ms 미만). 일부 메모리 내장형 스토리지 시스템이 가능하긴 하지만, 내구성이나 동시성(예: 처리량)을 희생시키지 않으면서 이 수준의 속도를 유지할 수 있는 시스템은 거의 없다. 이 시스템은 데이터를 자동으로 이동시키기 때문에 대기 시간을 낮게 유지할 수 있으며, 행 키를 선택하는 것이 중요하고 잘못 선택할 경우 성능에 좋지 않은 영향을 미칠 수 있다.

7.5.5 처리량

이전에 언급했듯이 Bigtable의 처리량은 스토리지 시스템 사이에서도 최고 수준이다. 대기 시간을 낮게 유지하는 데 도움이 되는 데이터 재분배도 처리량을 높게 유지하는 것이 도움이 된다. Bigtable은 SSD 디스크를 사용하기 때문에 무작위 읽기 및 쓰기가 매우 빠르며, 그 중 다수가 동시에 발생한다. 로우 레벨 스토리지의 높은 성능과 태블릿 간의 균형 있는 로드 밸런싱의 결합 때문에 Bigtable 클러스터는 초당 수만 건 요청 이상의 매우 많은 처리를 할 수 있다.

또한, 클러스터에 더 많은 용량을 추가하는 것은 더 많은 노드를 추가하는 것만큼 간단하다. Bigtable은 사용되지 않는 노드로 데이터를 이동시키므로 더 많은 노드를 추가하는 것은 트래픽이 없는 빈 노드를 갖는 것과 동일하다. 예상대로, Bigtable은 이러한 비어 있는 노드와 유휴 노드를 인식하고, 해당 태블릿 트래픽을 기반으로 태블릿을 이동시킨다. 결국, 각 노드 간에 트래픽이 고르게 분산되어 전체 처리량이 향상된다.

7.5.6 비용

Bigtable의 가장 큰 장점은 무엇보다 성능이다. 지금까지 논의된 다른 스토리지 시스템과 달리 Cloud Bigtable에는 무료 티어가 없으며, 최소한 3개의 노드로 구성된 클러스터는 최소한 한 달에 약 1,400달러의 비용이 든다. 이것은 Cloud SQL의 월 최소 $30에 비교해 상당한 변화라고 할 수 있다.

간단히 말해, Cloud Bigtable을 위한 높은 초기 비용과 사용 비용으로 인해 예상하는 규모에 따라 꼭 필요한 경우에만 사용해야 한다. 뭔가 다른 것으로 이를 수행할 수 있다면(예를 들어, MySQL) 그것을 사용하는 것이 더 맞을 것이다.

7.5.7 종합

이미 알았겠지만 Bigtable의 가치는 대부분 최고의 속도와 처리량을 가진 성능에서 나온다. 성능 외에도 Bigtable은 다른 키 값 저장소와 거의 비슷하게 동작하며, 구조(대부분 구조화되지 않은 데이터를 가리키는 행 키를 사용한다)가 거의 없고, 지원되는 쿼리 복잡성도 거의 없다(행 키나 일련의 행 키로 요청하면 데이터 하위 집합을 반환받는다). 여전히 왜 Cloud Bigtable을 사용해야 하는지 궁금할 수 있다. 하지만 이는 여러분만 궁금해하는 부분은 아니니 걱정하지 않아도 된다. Bigtable은 놀라울 정도로 강력하지만, 일반적인 기능(예: 보조 색인)이 부족하여 대부분의 프로젝트에서 큰 단점이 된다. 그럼에도 불구하고 왜 Bigtable을 사용하고 싶어할까?

첫째, 최우선으로 큰 데이터 세트가 있을 때마다 Bigtable은 항상 옵션 중 하나가 된다. 이 경우 대용량은 일반적으로 테라바이트 이상을 의미한다. 데이터가 기가바이트 범위(사용자 정보를 저장하는 데이터베이스의 경우)에 있는 경우 다른 것을 사용하는 것이 더 나을 수 있다.

둘째, Bigtable은 오랜 기간 동안 지속되는 사용에 적합하다. 이 경우 긴 시간은 초 또는 분이 아닌 시간 또는 일 단위다. Bigtable을 사용하여 자주 데이터를 저장하고 쿼리하는 경우 다른 분석 스토리지 시스템을 사용하는 것이 더 좋을 수 있다.

셋째, Bigtable은 매우 높은 수준의 처리량이 필요한 경우 적합할 수 있다. 이 경우, 매우 높다는 의미는 매초마다 수십만 쿼리를 처리함을 의미한다. 초당 쿼리가 몇 개만 있다면 다른 많은 옵션이 있으며, 다른 시스템으로 시작하는 것이 나을 것이다.

마지막으로 조회 및 간단한 키 스캔 방식으로 데이터에 대한 기본적인 액세스가 필요한 경우 Bigtable이 적합할 수 있다. 이보다 더 많은 것이 필요하다면(보조 색인과 같이) 관계형 데이터베이스를 사용하는 것이 더 나을 것이다. 이를 보다 구체적으로 설명하기 위해 예제 애플리케이션을 간단히 살펴보고, Cloud Bigtable이 적합한지 알아보자.

TO-DO LIST

앞에서 언급했듯이 누군가가 항목을 완료했을 때 완료된 항목의 내역을 저장하는 To-Do List 애플리케이션은 Bigtable에서 제공하는 성능 수준을 필요로 하지 않으며, 주로 분석보다는 애플리케이션 중심 데이터를 사용한다. 즉, 표 7.9에서 볼 수 있듯이 Cloud Bigtable에 적합하지 않다.

표 7.9 To-Do List 애플리케이션 저장소 요구사항

측면	요구사항	잘 맞는가?
구조	구조는 괜찮지만, 꼭 필요한 것은 아님	확실히 잘 맞음
쿼리 복잡성	복잡한 쿼리들이 없음	전혀 아님
내구성	높음. 데이터를 잃고 싶지 않음	확실히 잘 맞음
속도	많지 않음	과도함
처리량	많지 않음	과도함
비용	간단한 프로젝트에는 비용은 낮을수록 좋음	과도함

간단히 말하면 Cloud Bigtable은 몇 가지 스토리지 요구사항에는 적합하나 실행하고자 하는 쿼리에는 적합하지 않으며, 성능 요구사항에 대해서는 지나치게 과도하다. Bigtable을 사용하여 To-Do List 데이터를 저장할 수도 있지만, 필요한 것보다 훨씬 비싸다. 애플리케이션이 확장되는 것보다 훨씬 더 복잡해짐에 따라 문제가 발생할 수 있으며, 상대적으로 적은 양의 데이터에 대해 고급 쿼리를 실행해야 한다는 사실을 깨닫게 될 것이다.

E*EXCHANGE

앞서 살펴본 바와 같이 사람들이 온라인 주식 및 채권을 거래할 수 있게 해 주는 온라인 거래 플랫폼인 E*Exchange는 Bigtable이 특히 나쁜 측면 중 하나인 고객 데이터에 대한 훨씬 더 복잡한 쿼리를 필요로 한다. 표 7.10을 참조한다.

표 7.10   **E*Exchange 저장소 요구사항**

측면	요구사항	잘 맞는가?
구조	그렇다. 확실히 맞지 않으면 거부. 실수가 없어야 함	그렇지 않음
쿼리 복잡성	복잡함. 답해야 하는 복잡한 쿼리가 있음	분명히 아님
내구성	높음. 데이터를 잃어버리면 안됨	확실히 잘 맞음
속도	상당히 빨라야 함	대략 과도함
처리량	높음. 많은 사람들이 사용할 것임	대략 과도함
비용	낮을수록 좋지만, 필요하다면 비용은 지불할 용의가 있음	확실히 잘 맞음

Bigtable이 애플리케이션의 내구성 요구사항에 부합하더라도 성능 요구사항은 지나치게 과도하다. 또한, 온라인 거래 플랫폼에 필요한 쿼리 복잡성은 Bigtable과 같은 스토리지 시스템으로 처리하기가 어렵다. 마지막으로, 스토리지 계층에서 데이터 유효성 검사 및 구조의 필요성은 Bigtable 설계에서 고려된 것이 아니므로 이러한 기능을 사용할 수 없다. 즉, Bigtable은 거래 플랫폼의 비즈니스 수준 데이터에 적합하지 않다. 주식 거래 데이터는 어떤가?

전에는 논의하지 않았지만, E*Exchange가 과거의 주식 거래 데이터를 저장하려고 했다면 어떨까? 이 데이터에는 주식 기호, 시간, 거래 금액 및 지불 가격을 포함한 많은 작은 이벤트가 있다. 그러나 더 채워져 있는 더 큰 주문만을 카운팅 한다고 해도 매일 수백만(또는 그 이상)이 있다. E*Exchange의 이러한 측면이 Cloud Bigtable에 적합할까? 표 7.11을 참조한다.

표 7.11   **E*Exchange 주식 거래 저장 필요**

측면	요구사항	잘 맞는가?
비용	낮을수록 좋지만, 필요하다면 기꺼이 비용을 지불할 용의 있음	확실히 잘 맞음
내구성	보통 몇몇 항목은 잃어버릴 수 있음	확실히 잘 맞음
쿼리 복잡성	간단한 조회 및 검색	확실히 잘 맞음
속도	속도는 꽤 빨라야함	아마도 과도함
구조	그렇게 필요하진 않음	확실히 잘 맞음
처리량	높음. 엄청나게 많은 트래픽이 발생함	확실히 잘 맞음

단일행 대기 시간에는 과도함에도 주식 거래 데이터는 Cloud Bigtable에 매우 적합할 것으로 판단된다.

INSTASNAP

InstaSnap은 사람들이 이미지를 게시하고, 다른 이미지를 팔로우하고, "좋아요"라고 표시하는 인기 있는 소셜미디어 애플리케이션으로 표 7.12에 나와 있는 것처럼 잘 맞는 몇 가지 요구사항이 있다. 단, 몇 개의 항목은 지나치다고 할 수 있다.

표 7.12 **InstaSnap 저장소 요구사항**

측면	요구사항	잘 맞는가?
구조	그렇게 필요하진 않음. 구조는 매우 유연함	확실히 잘 맞음
쿼리 복잡성	주로 조회이며 매우 복잡한 질문은 없음	확실히 잘 맞음
내구성	보통. 데이터를 잃는 것은 불편함을 초래함	확실히 잘 맞음
속도	쿼리가 빨라야 함	확실히 잘 맞음
처리량	높음. 킴 카다시안이 이것을 사용함	확실히 잘 맞음
비용	낮을 수록 좋지만 필요하다면 기꺼이 지불할 용의가 있음	확실히 잘 맞음

이전에 InstaSnap을 평가할 때 보았던 것처럼 가장 큰 이슈는 단일 쿼리 대기 시간인데 매우 빨라야 하며, 그렇다면 Bigtable은 탁월한 성과를 낸다. 성능 요구사항은 Bigtable에서 확실히 충족되며, 대부분의 쿼리가 간단한 조회 또는 검색이라는 사실은 Bigtable의 쿼리 복잡성 제한이 우려스럽지 않다는 것을 의미한다. 간단히 말해서, InstaSnap은 어쩌면 서비스가 점점 더 커짐에 따라 Cloud Datastore와 같은 더 복잡한 쿼리를 제공하여 실행될 수 있지만, Cloud Bigtable과 같은 서비스가 전체적으로 더 적합할 수 있다.

7.6 Bigtable과 HBase의 차이점은 무엇인가?

HBase에 익숙하다면 Cloud Bigtable의 차이점을 알아야 한다. 첫째, HBase에서는 HBase 인스턴스가 있는 서버에서 실행될 자바 코드를 배포할 수 있도록 해 주는 co-processors와 같은 몇 가지 고급 기능을 Bigtable에서는 사용할 수 없다. Bigtable은 C로 작성되었으므로 자바로 작성된 HBase를 co-processors로 Bigtable 서비스(C로 작성)에 연결하는 것은 까다로울 수 있다.

두 번째, Bigtable과 HBase의 근본적인 설계상의 차이로 인해 Bigtable(현재)은 더 많은 수의 노드로 보다 쉽게 확장할 수 있으며, 결과적으로 주어진 인스턴스에 대해 전체 처리량은 다를 수 있다. HBase의 설계는 마스터 노드가 장애 복구 및 기타 관리 작업을 처리해야 하므로 점점 더 많은 노드(수천 개)를 추가하여 더 많은 요청을 처리할 때 마스터 노드는 성능 병목 현상이 나타난다. Cloud Bigtable은 여러 면에서 HBase와 유사하지만, 동일한 디자인 제한이 없으며, 이와 동일한 성능 병목 현상을 유발하지 않으면서도 자유롭게 대규모 클러스터 크기로 확장할 수 있다.

마지막은 전형적인 클라우드다운 장점으로 특히 바이너리 자동 업그레이드(HBase 노드에서 하는 것과 같이 Bigtable을 업그레이드할 필요가 없음)뿐 아니라 클러스터 크기를 쉽고 안정적으로 조정할 수 있고(가동 중지 시간이 없이 서비스할 용량을 바꿀 수 있다), "사용한만큼 비용 지불" 원칙이 적용된다.

7.7 사례 연구: InstaSnap 권장 사항

기억하고 있겠지만, InstaSnap은 사용자가 이미지를 게시하고 팔로워와 공유할 수 있게 해주는 샘플 애플리케이션이며, 대규모 확장의 요구를 잠정적으로 가지고 있다(일부 유명 인사가 InstaSnap을 사용할 수도 있다). InstaSnap이 Bigtable을 사용하는 방법을 설명하기 위해 InstaSnap에 대한 추천 시스템을 만들고 싶다고 가정해 보자.

데이터에 대해 테이블을 쿼리하는 코드가 그다지 복잡하지는 않지만, 올바른 테이블 스키마를 선택하는 것은 꽤 복잡할 수 있다. 결과적으로 코드 샘플을 더 깊게 보는 대신 권장사항에 맞춰 시스템을 설계하고 데이터를 저장할 테이블에 초점을 맞추도록 하자. 이를 시작하기 위해 다양한 구성요소와 이들 구성요소가 어떻게 상호작용하는지 살펴보도록 하자. 그림 7.16을 참조한다.

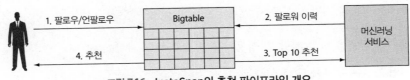

그림 7.16 **InstaSnap의 추천 파이프라인 개요**

첫째, 각 사용자에 대해 그들을 팔로우 하는 사람과 그들이 팔로우 하는 사람에 대한 추적 정보를 저장해야 한다. 이러한 데이터를 기반으로 다양한 중첩 패턴을 알아 내기 위해 해당 정보를 사용하는 일종의 머신러닝 서비스를 구성하고, 궁극적으로 권장 사항 목록을 작성할 수 있다. 이것을 더 구체적으로 설명하려면 InstaSnap의 조지 클루니를 팔로우 했다고 상상해 보

자. 머신러닝 서비스는 조지 클루니를 따르는 대다수의 사람도 레오나르도 디카프리오를 따른다는 사실을 알아차릴 수 있다. 이 정보를 바탕으로 레오가 좋은 제안일 수 있다고 본다.

비교적 간단히 Bigtable에 초점을 맞추기 위해서, 이 머신러닝 서비스는 다소 마술 같으며, "A가 B를 팔로우 한다"와 같은 데이터를 사용하여 권장 사항을 제시한다고 가정한다. 그렇다면 InstaSnap이 필요한 모든 데이터를 Bigtable에 저장할 수 있도록 스키마를 설계하는 방법을 살펴보도록 하자.

7.7.1 쿼리 요구사항

시작하기 전에 데이터 조회 방법을 알아야 한다. 이 머신러닝 서비스는 다음과 같이 주어진 사용자에 대해 필요한 데이터를 얻기 위해서 몇 가지 질문을 한다.

- 사용자 X가 팔로우 하는 사람은 누구인가?
- 사용자 X를 팔로우 하는 사람은 누구인가?

즉, 특정 사용자를 팔로우 하는 사람과 특정 사용자의 팔로어 목록을 제공해야 할 필요가 있는 것 같다. 필요에 따라 이러한 답변을 머신러닝 서비스에 제공하면 해당 정보를 사용하여 몇 가지 추천을 제시할 수 있다. 또한, 추천 결과를 다시 Bigtable에 저장해야 하며, InstaSnap은 "사용자 X가 팔로우한 사실을 기반으로 추천한 사용자는 누구인가?"라고 물어볼 필요가 있다. 이제 물어볼 질문에 대해 생각해 보았다. 가능한 스키마를 결정하고, 가장 적합한 것을 결정하도록 하자.

7.7.2 테이블

대답이 필요한 질문을 기반으로 총 세 개의 테이블이 있어야 한다.

- 사용자가 팔로우 하는 사람 및 사용자를 팔로우 하는 사람(users)
  - 사용자 X는 누구를 팔로우 하는가?
  - 사용자 X를 팔로우 하는 사람은 누구인가?
- 추천되는 결과(recommendations)
- 사용자 X를 팔로우 하면 그밖에 누구를 추천하는가?

우선 사용자 테이블부터 살펴보도록 하자. 이 테이블을 통해 사용자가 누구를 팔로우 하고, 누가 그 사용자를 팔로우 하는지 파악할 수 있다.

7.7.3 사용자 테이블

팔로워 저장에는 tall 테이블이나 wide 테이블을 사용할 수 있다. tall 테이블부터 시작하여 차이점을 살펴보도록 하자. 이전에 배웠던 것처럼 tall 테이블에는 데이터를 나타내는 많은 행이 있으며, 행 키에 정보를 추가하여 이를 수행한다. 그다음 많은 행에 걸쳐 있는 관련 정보 목록을 얻으려면 행에 대한 접두사 스캔을 사용한다. 표 7.13은 다른 사용자를 팔로우한 사용자를 나타내는 행을 저장하는 방법을 보여준다.

표 7.13 tall 테이블로 표시된 팔로어

행 키	팔로잉(열 패밀리)
	사용자 이름
14ccc4ac79c3758	user-2
79c3758f5f7b45b	user-3
f5f7b45b14ccc4ac	user-1
f5f7b45b79c3758	user-2

팔로우 하는 사람과 팔로우 당한 사람 모두를 해싱하고, 결과를 연결하여 행 키를 생성한다는 점을 상기한다. 예를 들어, user-1이 user-2를 팔로우 하면 crc32c (user-1) + crc32c (user-2)의 행 키를 가지며, 이는 be14ccc4ac79c3758로 표시된다. 예상대로 이 테이블 구조를 사용하면 "user-1 팔로워에 user-2가 있을까?"라는 질문을 쉽게 할 수 있다. 해시를 계산하고 행을 검색하기만 하면 된다. 그 행이 있으면 대답은 "예"다.

관심 있는 사용자의 해시를 계산하고, 해당 값을 접두사로 사용하여 사용자가 팔로우 하는 모든 사용자를 요청할 수도 있다. 예를 들어, user-1이 따르는 사용자를 찾는 것은 crcc32c (user-1)의 접두사 스캔이 되며, 14ccc4ac으로 나온다. 마지막으로, 매핑된 행을 추가, 제거하여 쉽게 팔로워를 추가, 제거할 수 있다.

주어진 사용자의 모든 팔로워를 찾는 것은 어떨까? 어떻게 할 수 있을까? 이 유형의 tall 테이블을 사용하면 주어진 사용자를 팔로우 하는 모든 사용자를 찾는 것이 간단한 테이블 검색으로 수행할 수 없음을 알 수 있다. "접두사가 팔로우 하는 사람은 누구일까?"라고 묻는 접두사 스캔을 할 수는 있지만, "누가 접미사를 팔로우 할까?"라고 묻는 접미사 스캔을 수행하는 방법은 없다. 접미사 스캔이 있었더라도 행 키는 사전식 순서로 되어 있으므로 Bigtable 설계에 맞춰 접미사를 기반으로 하는 검색 아이디어가 실행된다. 이제 이 질문에 답하는 몇 가지 다른 옵션을 확인해 보도록 하자.

tall 테이블에서 작동하는 한 가지 옵션은 양방향 관계에 대해 두 행을 저장하는 것이다. A 와 B의 crc32c 해시 사이의 특수 토큰을 사용하여 "팔로우 함(follows)" 또는 "팔로우 당함(is followed by)"을 나타내는 "A가 B를 팔로우 한다"와 "B는 A에 의해서 팔로우 되고 있다"라는 각 행을 저장한다. 이것은 표 7.14처럼 보일 것이다.

표 7.14 **tall 테이블로 표시된 팔로어**

행 키	팔로잉(열 패밀리)
	사용자 이름
14ccc4ac > 79c3758	user-2
14ccc4ac < f5f7b45b	user-3
79c3758 > f5f7b45b	user-3
79c3758 < 14ccc4ac	user-1
79c3758 < f5f7b45b	user-3
f5f7b45b > 14ccc4ac	user-1
f5f7b45b > 79c3758	user-2
f5f7b45b < 79c3758	user-2

이 테이블에서 "A는 B를 팔로우 한다"(crc32c(a) > crc32c(b))와 "B는 A에 의해서 팔로우 되고 있다"(crc32c(b) < crc32c(a)) 행을 저장하면 완전히 유효한 행 키가 생성된 것을 볼 수 있다. "A 는 누구를 팔로우 하는가?"라고 묻고 싶다면 crc32c(a) >에 접두사 스캔하고, "누가 A를 팔로 우 하는가?"란 질문을 하면 약간 다른 접두사 crc32c(a) <로 스캔한다. 행에 저장된 값은 항 상 쿼리의 알 수 없는 부분이며, 이 경우 화살표 오른쪽에 있는 사용자다. 접두사 스캔을 실 행하기 위해 해시한 값을 알고 있더라도 해시에서 사용자로 되돌릴 수는 없다.

이 테이블 스키마는 확실히 동작하지만, 공간적으로 효율적이지 않다. 기술적으로 동일한 정 보를 전달하기 위해 두 배의 행을 저장하기 때문이다. crc32c(a) > crc32c(b)(A가 B를 팔로우 한다) 행은 crc32c(b) < crc32c(a)와 동일한 정보를 전달한다(B는 A에 의해 팔로우 되고 있다). 키 테이블 스키마 중 어느 것도 완벽한 적합성으로 보이지 않으므로 더 나은 테이블이 있는지 보 기 위해 wide 테이블을 살펴보도록 하자.

이 경우 wide 테이블은 각 사용자에 대한 행 키를 저장한 다음 팔로우 할 다른 사용자를 저 장하는 열 패밀리를 저장할 수 있다. 해당 열 패밀리 내부에서 각 사용자는 placeholder 값을 가진 자체 열을 가져온다. 이것은 표 7.15와 같다.

표 7.15 wide 테이블로 표시된 팔로어

행 키	팔로잉(열 패밀리)		
	user-1	user-2	user-3
user-1		1	
user-2			1
user-3	1	1	

이 테이블 구조는 사용자와 Follows 칼럼 패밀리의 행을 물어봄으로써 "A는 누구를 팔로우할까?"라는 질문을 쉽게 한다. 반환된 맵의 모든 키는 A가 팔로우 하는 사람이 된다. 마찬가지로, "A는 B를 팔로우 할까?"라는 질문은 사용자의 행과 Follows 열 패밀리의 특정 열을 요청하기 때문에 쉽게 알 수 있다. 대상 사용자에 대해 플래그 값이 설정되어 있기 때문이다(이 경우 B).

그러나 한 사용자가 팔로우 하는 모든 사람을 찾는 것은 어떨까? "어느 사용자가 A를 팔로우할까?"라는 질문에서 이 스키마는 한 방향으로만 가는 이전과 같은 문제가 있는 것처럼 보인다. "A는 누구를 팔로우 할까?"는 빠르고 쉽지만, 다른 방향 "누가 A를 팔로우 할까?"는 까다롭다. 이 스키마를 조정하여 양방향을 처리할 수 있는지 살펴보도록 하자. 역관계를 나타내는 두 번째 열 패밀리를 추가하고, "B는 A에 의해서 팔로우 되고 있음" 팔로워도 해당 맵에 저장한다. 그다음 그 열 패밀리가 이 질문의 역방향을 대답하도록 요청한다("누가 A를 팔로우 할까?"). 이렇게 하면 새 스키마가 표 7.16처럼 보인다.

표 7.16 wide 테이블로 표시되는 양방향 팔로어

행 키	팔로잉(열 패밀리)			팔로워(열 패밀리)		
	user-1	user-2	user-3	user-1	user-2	user-3
user-1		1				1
user-2			1	1		1
user-3	1	1			1	

Follows 열 패밀리(표의 왼쪽)는 플래그 값이 설정된 스파스 맵을 저장하여 "A는 누구를 팔로우 하는가?"라는 질문에 대답하는 데 도움이 된다. 예를 들어, "user-1이 누구를 팔로우 하는가?"는 {"user-2": 1}을 반환한다. 팔로잉 열 패밀리(표의 오른쪽)는 동일한 스타일의 스파스 맵을 저장하여 "누가 A를 팔로우 할까?"라는 질문에 응답한다. 예를 들어, "user-2를 팔로우 하는 사람은 누구일까?"는 {"user-1": 1, "user-3": 1}을 반환한다.

이 스키마의 단점은 무엇일까? 이 wide 테이블을 사용하는 경우 모든 팔로우 및 언팔로우 작업에 대해 두 행을 업데이트해야 한다. 예를 들어, user-3가 user-2의 팔로우를 취소하려면 다음 두 가지 작업을 수행해야 한다.

1. user-3행을 업데이트하고, follow column 열에서 user-2열을 삭제한다.

2. user-2행을 업데이트하고, followed by 열 패밀리에서 열 user-3를 삭제한다.

Bigtable은 단일 트랜잭션에서 여러 행을 변경할 수 있는 기능을 지원하지 않기 때문에 약간의 문제가 있다. 얼마나 큰 문제일까? 두 가지 동작 중 하나의 오류 상태(둘다는 아닌)는 이상하지만 치명적이지는 않다. 여러분이 묻는 질문에 따라 나쁜 상태에 빠지면 다른 결과를 얻을 수 있다. 예를 들어, 이것은 "A가 B를 팔로우 하고 있을까?"는 "네!"라고 말할 수도 있지만, "B는 A를 팔로우 하고 있을까?"라고 물으면 "아니오!"라고 말할 수 있다. 이 간단한 해결 방법 중 하나는 항상 이렇게 질문을 하는 것이다. ("A가 B를 팔로우 하고 있을까?"라고 묻고, "A에 의해서 B는 팔로우 되고 있을까?"라고 묻지 않는 것이다.)

다음 문제는 양방향으로 팔로어를 나열하는 것이다. 실패해서 나쁜 상태로 끝이 나고 A가 팔로우 하는 사람 목록을 보면 해당 목록에 B가 표시될 수 있지만, B에 의해서 팔로우 되고 있는 사람 목록을 보면 해당 목록에 A가 표시되지 않을 수 있다. 전체적인 관점에서 보면, 이 문제는 발견하기 너무 어려운 일관성 이슈일 것이다. 그래서 이 문제를 특별하게 보아야 하며, 심지어 사람이 알아차리기 어려운 문제일 것이다. 전반적으로 wide 테이블이 관리하기 쉬울 것으로 보이므로 다음은 추천 데이터를 Bigtable에 저장하는 방법을 살펴보도록 하자.

7.7.4 추천 테이블

추천 테이블은 모든 것을 함께 제공한다. 즉 InstaSnap의 누군가가 새로운 사람을 팔로우 할 때 일련의 권장 사항을 제시할 수 있도록 머신러닝 작업의 결과를 저장하는 테이블이다. 이는 꽤 간단하다.

팔로우 할 다른 사람을 추천하는 제안을 할 때 "사용자 X를 팔로우 했다면 다른 누구를 팔로우 해야 할까?"라는 팔로우 이벤트가 있었다. 이 쿼리는 사용자 기반이므로 쉽게 행 키를 만들 수 있다(사용자 테이블과 동일).

추천(Recommendations)이라는 열 패밀리는 각 사용자에게 추천되는 열로 표시되며, 단순 플래그가 아닌 점수값으로 설정된다. 이것이 어떻게 보이는 지에 대한 예가 표 7.17에 나와 있다.

표 7.17 추천 표 예제

행 키	추천(열 패밀리)		
	user-1	user-2	user-3
user-1		0.5	
user-2			0.4
user-3	0.4	0.6	

이 테이블 설계를 사용하면 "user-1을 팔로우 했다. 그밖에 누구를 팔로우 할 것인가?"라고 묻는 것은 추천 테이블의 user-1 행을 요청하는 것과 같다. 결과는 {"user-2": 0.5}이고, InstaSnap 애플리케이션은 제안된 추천으로 표시된다. 애플리케이션은 값 목록별로 사용자 목록을 정렬하여 다른 사용자보다 더 많이 추천되는 사용자의 우선 순위를 지정할 수 있다. 또한, 테이블을 깨끗하게 유지하기 위해 추천 작업이 실행될 때마다 머신러닝 작업이 오래된 데이터를 덮어쓴다.

7.7.5 데이터 처리

딥러닝 알고리즘을 실행하는 것은 빠른 작업이 아닌 경우가 많으므로 학습이 주기적으로 수행되도록 시스템을 설계하고, 제안에 대한 요청을 이전 실행의 캐시된 결과에서 가져오도록 해야 한다. 이 과정에서 Bigtable을 중간자로 사용할 수 있다. 높은 수준에서 그림 7.16을 참고하면 추천 데이터를 위해 다음 두 단계가 적용된다.

1. 종종 머신러닝 작업이 시작되고, 일련의 팔로우 추천이 나타난다.
2. 사용자가 새로운 사람을 팔로우 할 때마다 해당 행동과 관련된 추천 목록을 보여준다 ("다음의 사람도 관심 있을 수 있음…").

Bigtable은 이전에 설계된 Bigtable의 팔로어 데이터를 읽고 추천을 계산한 다음 해당 계산 결과를 다시 Bigtable에 저장하는 중개자로 사용할 수 있다. 그런 다음 사용자에게 추천을 표시하는 것은 Bigtable에서 결과를 읽는 것만큼 간단하다. 중개자로서 Bigtable과 상호작용할 때 각 단계를 살펴보고, 코드가 어떻게 보이는지 알아보도록 하자.

첫째, 머신러닝 작업은 팔로어 목록을 검색한다. 이 작업은 단일 행 베이스(예: getFollowers ('user-1'))일 수도 있고, 작업이 추천을 다시 처리하는 경우 전체 테이블 스캔일 수도 있다. 다음 리스트에 나와 있는 것처럼 주어진 사용자에 대한 팔로워를 얻는 간단한 방법부터 시작해 보도록 하자.

```
const bigtable = require('@google-cloud/bigtable')({
  projectId: 'your-project-id'
});

const instance = bigtable.instance('test-instance');
const table = instance.table('users');      ◀──┤ 먼저 Users 테이블을 가리키는 것으로 시작한다.

const getFollowers = (userId) => {
  const row = table.row(userId);    ◀──┤ 이 행은 사용자 ID일뿐이므로 바로 이동할 수 있다.
  return row.get(['followed-by']).then((data) => {
    return Object.keys(row.data);   ◀──┐
  });                               팔로워를 저장하는 열 패밀리를 구체적으로
}                                   요구하고, 키를 반환한다(값은 placeholders다).
```

다음으로 테이블을 스캔하는 방법을 제공해야 한다. 전체 테이블 검색을 수행 중이므로 검색 공간을 분할하여 여러 VM이 모두 Bigtable에서 데이터를 가져올 수 있도록 해야 한다. sampleRowKeys() 메소드를 사용하여 다음과 같이 데이터가 스플릿 포인트를 결정하는 데 도움이 되는 태블릿의 경계를 제공할 수 있다.

리스트 7.13 스플릿 포인트 찾기 및 키 범위 필터로 반환

```
const bigtable = require('@google-cloud/bigtable')({
  projectId: 'your-project-id'
});

const instance = bigtable.instance('test-instance');
const table = instance.table('users');

                                               먼저 sampleRowKeys 메소드를 사용하여
                                               테이블의 행 처리 방식을 나누는데 사용할
const getKeyRanges = () => {                    수 있는 스플릿 포인트(경계)를 찾는다.
  return table.sampleRowKeys().then((data) => {  ◀──┘
    const ranges = [];
    const currentRange = {start: null, end: null};
    for (let splitPoint in data[0]) {
                                          이전 범위의 끝부분을 가져와서 다음 범위의
      currentRange.start = currentRange.end;  ◀──┐ 시작 부분으로 만들고, 새 스플릿 포인트를
      currentRange.end = splitPoint.key;       현재 범위의 끝으로 만든다.
      ranges.push(currentRange);    ◀──┤ 결과 목록에 범위를 추가한다.
    }
    return ranges;
  })
}
```

이 메소드는 표에 있는 모든 데이터를 요청하는 작업을 분할할 때 사용할 분할점(또는 경계)에 대해 Bigtable에 요청하고, 이를 범위 목록으로 반환한다. 그런 다음 createReadStream 메소드를 사용하여 해당 범위를 스캔해야 한다.

리스트 7.14 청크로 테이블 스캔하기

```
const bigtable = require('@google-cloud/bigtable')({
  projectId: 'your-project-id'
});

const instance = bigtable.instance('test-instance');
const table = instance.table('users');

getKeyRanges().then((ranges) => {  ←───┤ 먼저 테이블의 스플릿 포인트를 가져와서 시작한다.
  for (let range in ranges) {          여기서 가상의 runOnWorkerMachine을 사용한다.
    runOnWorkerMachine(() => {  ←────  이는 별도 작업자에게 작업을 전달하여 수행하는 메소드다.
      table.createReadStream({         (아마 이 일을 수행하기 위해 메시지를 브로드캐스팅한다).
        start: range.start, end: range.end ←  읽기 스트림을 생성할 때 getKeyRanges 메소드에서
      }).on('data', (row) => {            제공된 대로 범위의 시작 및 종료 키를 사용한다.
        addRowToMachineLearningModel(row);  ←  마지막으로, 머신러닝으로 추천 사항을 생성할 때
      });                                사용할 새 행을 모델에 추가하여 수행한다.
    })
  }
});
```

이 경우 두 가지 페이크 메소드(runOnWorkerMachine 및 addRowToMachineLearningModel)를 사용해야 하지만, 여러 데이터 소비자를 사용하여 테이블을 스캔하는 방법을 확인할 수 있다.

요약

- Bigtable은 원래 구글의 웹 검색 색인용으로 제작된 대규모 데이터 저장 시스템이다.

- 복제되고 빠르게 변하는 대용량 데이터를 처리하도록 설계되었으며, 전체적으로 강력한 일관성을 유지하면서 높은 동시성(높은 처리량)으로 신속하게 쿼리할 수 있다(낮은 대기 시간). Cloud Bigtable은 구글의 Bigtable을 완전 관리형 버전으로 구글의 원본 버전에서 제공되는 거의 모든 기능을 제공한다.

- Bigtable은 많은 양의 데이터를 가지고 있거나 주로 키 조회나 키 스캔을 사용하여 액세스하는 경우에는 적합하지만, 보조 색인 또는 관계형 쿼리가 필요한 경우에는 적합하지 않다.

8

Cloud Storage: 오브젝트 스토리지

이 장에서는 다음 내용을 다룬다.

- 오브젝트 스토리지란 무엇인가?
- Cloud Storage란 무엇인가?
- Cloud Storage와의 상호작용
- 권한 관리 및 라이프 사이클 구성
- Cloud Storage가 적합한지를 결정

이미지(예: 사용자의 프로필 사진) 저장과 관련된 애플리케이션을 만든 적이 있다면 해당 사진의 저장 위치를 결정할 문제가 발생한다. 프로젝트가 계속 진행되려면 데이터베이스 또는 로컬 파일 시스템에 넣는 것이 가장 쉬운 방법이다. 이렇게 하면 잠시 동안은 잘 작동하겠지만, 웹 사이트가 인기를 얻으면 모든 이미지와 비디오를 저장하는 디스크가 넘쳐 버릴 수 있다. 이것이 오브젝트 스토리지 서비스가 해결하려고 하는 바로 그 문제다.

이러한 시스템의 기본 설계 목표는 데이터를 올바르게 저장하는 것 외에도 기본 디스크와 데이터 센터의 복잡성을 줄이는 대신 자동 복제 및 캐싱을 통해 대용량 데이터를 위한 키 값 스토리지를 파일로 업로드하고 가져오는 간단한 API를 통해 제공하는 것이다.

현재 존재하는 모든 클라우드 서비스 중에서 오브젝트 스토리지는 가장 보편적이고 가장 표준화된 것 중 하나다. 예를 들어, Google Cloud Storage 및 Amazon S3는 동일한 개념을 갖고 있으며, 동일한 XML API를 제공한다. 오브젝트 스토리지 시스템은 많은 유사점을 공유하지만, 가격 모델, 복제 전략 또는 저장소 클래스에 약간의 차이가 있다.

Google Cloud Storage는 GCP의 기본 오브젝트 스토리지 시스템이므로 데이터 저장을 위해 이해해야 하는 주요 개념을 살펴보도록 하자.

8.1 개념

Cloud Storage는 Amazon S3와 같은 다른 많은 오브젝트 스토리지 시스템과 마찬가지로 2개의 핵심 개념이 있다. 버킷 및 객체.

8.1.1 버킷 및 객체

버킷은 데이터를 저장하는 컨테이너로 생각할 수 있다. 버킷에는 프로젝트에 고유한 이름이 아닌 전역적으로 고유한 이름뿐 아니라 지리적 위치 및 저장소 클래스(둘 다 나중에 설명한다)와 같이 설정할 수 있는 몇 가지 옵션이 있다. 여러 면에서 버킷을 "디스크"라고 생각할 수 있다. 즉, 원하는 디스크 유형(예: SSD, 일반 디스크, 미국 전역의 복제된 디스크 등)을 선택할 수 있고, 원하는 위치에 디스크를 놓을 수 있다(예: 유럽 또는 미국).

가장 큰 차이점은 이 디스크가 매우 크다는 것이다. 버킷에서 얼마나 많은 바이트를 담을 수 있는지에 대한 제한이 없다. 유일한 제한은 버킷의 각 파일이 5테라바이트보다 커서는 안 된다는 것이다. 또한, 이 디스크는 일반적인 물리 디스크와 동일한 실패 세만틱(failure semantics)을 갖지 않는다. 버킷 자체는 복제되어 다수의 물리적 디스크에 분산되어 높은 수준의 내구성과 가용성을 유지한다.

객체는 버킷 안에 넣는 파일이다. 버킷 안에는 고유한 이름이 있으며, 일반적인 파일 시스템에서와 같이 슬래시(/)는 특별히 처리되므로 기존의 리눅스 시스템과 같은 디렉터리를 탐색할 수 있다. 나중에 우리는 객체의 생성을 저장하는 것과 같은 몇 가지 다른 고급 기능에 대해 논의하겠지만, 객체 자체는 간단하다. 필요에 따라 검색할 수 있는 바이트의 청크 이름이다.

위치

Compute Engine에서 사용하도록 설정한 VM과 마찬가지로 버킷도 위치를 가질 수 있다. 그러나 특정 영역(예: us-central1-a)을 항상 지정하는 대신 버킷은 지역 레벨(예: us-central1)

또는 여러 지역(예: 미국 또는 아시아)에 걸쳐서 존재한다. VM은 한 곳에서만 존재할 수 있지만, 데이터는 동시에 여러 곳에서 복제되어 동시에 사용할 수 있다. 왜 데이터는 다른 지역들을 선택할 것 같은가? 그것은 무엇이 필요한지에 달려 있다.

심지어 번개가 us-central1 지역의 모든 데이터 센터를 강타하더라도 데이터를 항상 사용할 수 있어야 한다면, 아마도 여러분은 다중 지역 버킷을 만들기 원할 것이다(예: 위치를 "미국"으로 설정). 다중 지역 버킷은 지정된 여러 지역에 복제되므로 단일 지역의 모든 데이터 센터가 완전히 중단되어도 데이터를 사용할 수 없는 일은 발생하지 않는다.

VM과 GCS의 데이터 사이의 대기 시간이 염려되는 경우 데이터에 대해 특정 지역(예: us-east1)을 선택할 수 있다. us-east1-a에 있는 VM에서 "미국"에 위치해 있는 버킷으로 요청하면 us-east1 또는 us-central1로 이동하여 데이터가 오는 동안 긴 시간이 걸릴 수도 있다. VM을 어디에 놓을지 확실하지 않거나 데이터에 액세스하는 VM이 있는 경우에도 다중 지역 버킷을 사용하여 데이터가 항상 고객 또는 고객의 위치와 가장 가깝도록 설정할 수 있다.

마지막으로 가격 책정 섹션에서 나중에 배우겠지만, 실수로 VM과 멀리 떨어진 곳에 버킷을 배치하면 지역 간 네트워크 전송 요금으로 인해 데이터를 읽을 때 프리미엄으로 지불하게 된다. 이는 확실히 멀리 떨어져서 요금이 발생할 것으로 예상되는 것보다(예: "아시아"의 버킷 및 us-central1-a의 VM) 훨씬 더 미묘한 부분(예: us-central1의 버킷 및 us-east1-b의 VM)이므로 주의해야만 한다. 그렇지 않으면 실수로 데이터를 필요한 위치에서 멀리 떨어트리게 된다.

8.2 Cloud Storage에 데이터 저장

언제나처럼 Cloud Storage를 시작하려면 여러 가지 방법이 있지만, 클라우드 콘솔부터 시작해서 Cloud SDK(gsutil)를 사용하여 명령줄로 이동한 다음, 우리의 자체 코드인 Node.js(@google-cloud/storage)를 사용하면 된다.

데이터 저장을 시작하기 전에 먼저 버킷을 만들어야 한다. 버킷 이름은 전 세계적으로 고유해야 하기 때문에 여기에서 사용한 버킷 이름과 동일한 버킷 이름을 사용할 수 없으니 버킷에 이름을 추가하여 고유하게 만든다. 먼저, 클라우드 콘솔로 이동하여 왼쪽 탐색 메뉴에서 Storage를 선택한다. 그림 8.1과 같은 버킷을 생성하라는 메시지가 나타난다.

그림 8.1 Cloud Storage UI로 처음 방문

버킷 생성을 클릭하면 버킷 이름 필드와 저장소 클래스 및 위치에 대한 드롭다운 선택창이 표시된다. 지금은 드롭 다운을 그대로 두고(나중에 논의할 것이다), 버킷의 고유한 이름을 입력한다. 여기에서는 my-first-bucket-jjg를 사용하고 있다. 그림 8.2를 참조한다.

그림 8.2 첫 번째 버킷 생성

이제 명령줄을 사용하여 Cloud Storage를 탐색해 보도록 하자.

Cloud Storage에는 현재 gsutil이라는 별도의 명령줄 도구가 있다. 다른 명령하에 있어도 Cloud SDK가 설치되어 업데이트된다. 시스템에서 명령을 볼 수 없으면 gcloud components install gsutil을 실행한다.

먼저 다음 리스트와 같이 **gsutil ls**를 사용하여 사용할 수 있는 버킷을 나열한다(gcloud 인증 로그인으로 인증되었는지 반드시 확인한다).

리스트 8.1 gsutil을 사용하여 버킷 나열

```
$ gsutil ls
gs://my-first-bucket-jjg/
```

이제 gsutil을 사용하여 간단한 텍스트 파일을 업로드한다. 업로드하려는 파일을 가지고 있다면 자유롭게 그것을 사용한다. 그렇지 않은 경우 이 예제를 위한 작은 텍스트 파일을 작성한다.

리스트 8.2 첫 번째 파일 업로드하기

```
$ echo "This is my first file!" > my_first_file.txt
$ cat my_first_file.txt
This is my first file!

$ gsutil cp my_first_file.txt gs://my-first-bucket-jjg/
Copying file://my_first_file.txt [Content-Type=text/plain]...
Uploading gs://my-first-bucket-jjg/my_first_file.txt: 23 B/23 B
```

이제 클라우드 콘솔에서 버킷을 보고 그림 8.3처럼 작동하는지 확인한다.

그림 8.3 파일 업로드 확인

보이는 것처럼 파일(이 컨텍스트에서 객체라고 함)이 새로 생성된 버킷으로 이동했다. 이제 작성한 코드에서 Cloud Storage에 액세스한다. 이렇게 하려면 npm install @google-cloud/storage@0.2.0을 실행하여 필요한 @google-cloud/storage 패키지를 설치한다. 준비가 되면 다음 리스트에 표시된 버킷의 내용을 나열하여 테스트할 수 있다.

리스트 8.3 **버킷 안의 내용 나열**

```javascript
const storage = require('@google-cloud/storage')({
  projectId: 'your-project-id'
});
const bucket = storage.bucket('my-first-bucket-jjg');
bucket.getFiles()
  .on('data', (file) => {
    console.log('Found a file called', file.name);
  })
  .on('end', () => {
    console.log('No more files!');
  });
```

스크립트를 실행하기 전에 버킷 이름과 프로젝트 ID를 확인한다. 실행 후에는 다음과 같은 결과를 볼 수 있다.

```
Found a file called my_first_file.txt
No more files
```

파일 업로드는 어떻게 할까? 새 파일을 업로드하려고 한다. 먼저, 새 파일에 텍스트를 추가하여 my_second_ file.txt를 만든다(예: echo "This is my second file!"> my_second_file.txt). 다음의 리스트와 같이 파일을 업로드하는 스크립트를 작성한다.

리스트 8.4 **Cloud Storage에 파일을 업로드하는 스크립트**

```javascript
const storage = require('@google-cloud/storage')({
  projectId: 'your-project-id'
});
const bucket = storage.bucket('my-first-bucket-jjg');
bucket.upload('my_second_file.txt', (err, file) => {
  if (err) {
    console.log('Whoops! There was an error:', err);
  } else {
    console.log('Uploaded your file to', file.name);
  }
});
```

이 스크립트를 실행하면 파일이 업로드 되었다는 메시지가 표시된다. 그런 다음 스크립트를 다시 실행하여 파일 목록을 조회하면 새 파일이 결과에 표시된다.

```
Uploaded your file to my_second_file.txt
```

이제 Cloud Storage와 상호작용하는 방법을 이해했으므로 이전에 건너뛴 몇 가지 주제의 예를 들어, 버킷의 저장소 클래스로 돌아가 보도록 하자.

8.3 올바른 저장소 클래스 선택

여러 유형의 하드 드라이브(예: SSD 또는 마그네틱)가 있는 것처럼 Cloud Storage는 구성할 수 있는 다양한 유형의 버킷을 제공한다. 이러한 스토리지 클래스는 다양한 성능 특성(대기 시간과 가용성 모두)과 가격이 다르다. 다양한 유스 케이스에는 다른 기능이 필요하기 때문에 Cloud Storage는 여러분의 상황에 가장 잘 부합할 수 있는 몇 가지 선택 사항을 제공한다.

가장 일반적인 방법인 다중 지역(Multiregional) 저장소를 실행해 보자.

8.3.1 다중 지역 저장소

다중 지역 저장소는 가장 일반적으로 사용되는 옵션이며, 대부분의 애플리케이션의 요구사항에 맞을 수 있다. 반면에 선택된 위치 내부의 여러 지역에 걸쳐 데이터를 복제하기 때문에 사용할 수 있는 옵션 중 가장 비싸다(현재 위치 옵션은 미국, 유럽 및 아시아다).

데이터를 요청할 정확한 위치를 모르는 경우 다중 지역 저장소는 요청자에게 가장 가까운 데이터를 캐시하는 구글의 능력으로 인해 가장 좋은 대기시간을 가진 곳으로 제공된다. 또한, 데이터가 여러 지역에 걸쳐 복제되므로 가장 높은 가용성을 제공할 수 있다. 다중 지역 저장소는 웹사이트 콘텐츠, 스트리밍 비디오 및 모바일 애플리케이션 데이터와 같이 다양한 대상에 자주 제공되는 콘텐츠에 가장 적합한 옵션이다. 일반적으로 사용자가 이러한 데이터를 받기 위해 대기하고 있다면(그리고 빠르게 가져오기를 원한다면) 다중 지역 저장소를 사용하고 싶을 것이다.

8.3.2 지역 저장소

여러 면에서 지역(Regional) 저장소 클래스는 다중 지역 저장소 클래스의 슬림 다운 버전과 같다. 영역(예: "미국") 안의 여러 영역에 데이터를 복제하는 대신 이 클래스는 단일 영역(예: "아이오와") 내의 여러 영역에 걸쳐 데이터를 복제한다. 이 클래스는 데이터를 멀리 분산시키지 않기 때문에 약간 낮은 가용성을 제공하며, 선택한 지역에서 멀리 떨어진 목적지까지의 대기 시간(예: 아이오와 지역에서 벨기에로 데이터 전송)이 약간 더 클 수 있다.

이 대가로 지역 저장소 클래스에 저장된 데이터는 GB 저장용량이 약 20% 저렴하므로 향후에 데이터가 필요한 위치를 알게 되는 케이스라면 매력적이라고 할 수 있다.

8.3.3 니어라인 저장소

니어라인(Nearline) 저장소는 의도한 대로 데이터를 사용하는 경우 알아차리지 못할 몇 가지 주요 절충 사항을 통해 데이터 아카이빙 활용 사례에 근접하게 대응하려고 한다. 예를 들어, 니어라인 저장소는 가용성이 약간 낮고 첫 번째 바이트에 대한 지연시간이 더 높다. 니어라인은 자주 데이터가 필요하지 않은 시나리오에 초점을 맞추고, 데이터를 다운로드하면 다운로드가 시작되기까지 조금 기다릴 수 있다.

이러한 차이점과 함께 니어라인 저장소 클래스에 저장된 데이터는 가격 모델이 약간 다르다. 이 모델은 8.10에서 더 자세히 설명하겠지만, 가장 중요한 차이점은 앞으로 배우게 될 다른 가격 구성요소 이외에 작업당 비용이 약간 더 높다는 것이다(예: "get"을 실행하는 오버헤드). 지역 또는 다중 지역 저장소처럼 데이터 검색은 무료가 아니며, 이 클래스의 데이터는 최소 30일 저장 기간이 있다. 반면에 이 클래스의 데이터 비용은 저장되는 GB당 약 60% 저렴하다. 즉, 시스템 요구사항과 일치할 때 좋은 조건이라 할 수 있다.

반면에 데이터를 자주 변경하거나 매월 데이터를 검색해야 하는 경우 이 스토리지 클래스는 다른 옵션보다 훨씬 비싸다. 일반적으로 웹사이트에서의 다운로드와 같은 고객 맞춤형 서비스에는 적합하지 않다.

8.3.4 콜드라인 저장소

콜드라인(Coldline) 저장소는 데이터 보관 스펙트럼의 극단적인 목표인데, 이는 심각한 재난이 발생한 경우 주로 사용되는 데이터다. 예를 들어, 한 가지 혹은 다른 이유로 데이터베이스 백업을 월 단위로 복원해야 할 때 해당 데이터는 니어라인에 가장 적합하다. 그러나 어떤 종류의 보안 위반이 있고 FBI에 조사를 요청하는 경우 지난 1년 동안 모든 트랜잭션 로그를 원할 수 있다. 아마도 FBI가 매월 요청하지는 않겠지만, 여전히 그러한 경우에 대비하여 데이터를 주변에 두기 원할 수 있으므로 이 데이터는 콜드라인 저장소 클래스에 훨씬 더 적합할 것이다.

이 외에도 콜드라인은 운영 비용과 데이터 검색 비용이 비슷하다는 점에서 니어라인과 유사하다. 그러나 30일 최소 저장 기간 대신 콜드라인 저장소는 최소 90일이며, GB당 니어라인보다 약 30% 저렴하므로 다중 지역 저장보다 약 70% 저렴하다. 콜드라인 저장소처럼 오래된 데이터를 사용하려면 이 클래스가 꽤 많은 돈을 절약할 수 있을 것이다.

일반적으로 콜드라인은 니어라인과 비슷하지만, 더 극단적인 시나리오에 적합한 선택이다. 콜드라인은 드물게 필요한 데이터(예: 1년에 한 번)가 있는 시나리오에서 필요하지만, 요청할 때 반드시 사용할 수 있어야 한다. 데이터를 자주 필요로 하지 않는다는 대가로 저장 비용을 훨씬 낮출 수 있다. 요약은 표 8.1을 참조한다.

표 8.1 **저장소 클래스 개요**

	다국어	지역	니어라인	콜드라인
GB당 비용	$0.026	$0.02	$0.01	$0.007
SLA	99.95%	99.9%	99.0%	99.0%
데이터 검색 비용	없음	없음	있음	있음
운영 비용	정상	정상	높음	높음
최장 시간	없음	없음	30일	90일
일반적인 사용 사례	웹사이트	데이터 분석	데이터 보관	재난 시 보관

일반적으로 소량의 데이터(10GB)에 대한 비용 차이 때문에 데이터에 액세스해야 하는 빈도가 얼마나 되는지 또는 얼마나 빨리 필요할지 모를 때마다 다중 지역 저장소를 사용하는 것이 가장 안전하다. 더 많은 데이터를 저장하기 시작할 때 액세스 패턴을 살펴보고 특히 한 곳에서 데이터에 액세스하는지, 또는 가끔 데이터에 액세스하는지 여부를 주시해야 한다. 단일 영역(또는 지역)에서 모든 데이터에 액세스하는 것이 확인되면 비용 절감을 위해 지역 저장소를 검토하는 것이 좋다.

추가로 특정 데이터에 자주 액세스하지 않는 경우라면 니어라인(또는, 액세스가 자주 발생하지 않는 경우 콜드라인) 사용을 검토하는 것이 좋다.

이와 상관없이 모든 데이터는 구글의 데이터 센터에 복제되고 저장되므로 데이터를 **잃어버릴** 염려는 하지 않아도 된다. 저장소 클래스는 성능(파일을 요청한 후 구글에서 파일을 전송하는 데 걸리는 시간)과 가용성, GB당 전체 가격은 물론 **내구성**과는 관련이 없다. 데이터 안전성은 99.999999999% 내구성 보증과 동일하다(세고 싶지 않겠지만, 9가 총 11개다).

이제 몇 가지 기본 사항을 이해했으므로 고급 개념을 좀 더 자세히 살펴보도록 하자. 처음에는 중요하지 않지만, Cloud Storage를 보다 현실적인 시나리오로 사용하기 시작하면 이러한 기능이 훨씬 더 흥미로워질 것이다.

8.4 권한 제어

Cloud Storage가 모든 데이터를 저장하기에 안전한 장소라고 이야기했지만, 저장된 데이터를 액세스하거나 수정할 수 있는 사람을 제어하는 방법에 대해서는 설명하지 않았다.

8.4.1 ACL을 사용한 액세스 제한

지금까지 서비스 계정(코드 예제에서 key.json의 것)으로서 혹은 자신(gcloud auth login을 입력하면서 시작)이 권한을 부여받은 상태에서 여러분의 데이터와 상호작용하는 방법에 대해 설명했다. 다른 사람들이 여러분의 데이터에 액세스할 수 있도록 허용하려면 어떻게 작업해야 할까? 누가 무엇을 할 수 있는지 어떻게 제한할 수 있을까?

좀 더 자세하게 설명하기 전에 다시 상기하면 기본적으로 생성한 모든 내용은 프로젝트에 액세스할 수 있는 사람들만 접근할 수 있도록 제한되어 있다. 프로젝트에서 혼자 작업하는 경우 모든 데이터가 자기 자신으로 제한된다. 프로젝트에 다른 부분을 위해 누군가를 추가하면 Cloud Storage에서 데이터에 액세스할 수 있다. 예를 들어, 어떤 사람을 프로젝트의 또 다른 소유자로 추가하면 여러분이 하는 것처럼 Cloud Storage 데이터(버킷 및 객체)를 제어할 수 있으므로 추가 대상을 선정하는 것에 주의해야 한다. 데이터에 액세스할 수 있는 사용자를 제어하기 위해 이해해야 하는 특정 사항에 대해 알아보도록 하자.

Cloud Storage는 액세스 제어 목록(ACL)이라는 보안 메커니즘을 통해 버킷 및 객체에 대한 세분화된 액세스 제어를 허용한다. 이 목록은 어떤 작업(예: 읽기 또는 쓰기)을 수행할 수 있는지 알려줌으로써 기대한 바를 정확하게 수행한다.

이러한 작업은 버킷 및 객체에 대해 서로 다른 것을 의미하는 세 가지 역할로 전달된다. 설명은 표 8.2를 참조한다.

표 8.2 **Cloud Storage 역할 설명**

역할	의미(버킷)	의미(객체)
조회자	버킷 조회자는 객체를 버킷에 있는 객체 목록으로 조회할 수 있다.	객체 조회자는 객체의 내용을 다운로드할 수 있다.
작성자	버킷 작성자는 버킷에서 객체를 조회, 작성, 덮어쓰기, 삭제할 수 있다.	(객체 작성자는 적용되지 않음)
소유자	버킷 소유자는 ACL과 같은 메타 데이터를 업데이트할 뿐만 아니라 조회자와 작성자가 할 수 있는 모든 작업을 수행할 수 있다.	객체 소유자는 조회자가 할 수 있는 모든 작업을 수행할 수 있을 뿐 아니라 ACL과 같은 메타 데이터를 업데이트할 수 있다.

예상할 수 있듯이 이러한 역할을 다른 액터(예: 특정 사용자)에게 할당하여 객체에 대한 액세스를 제어할 수 있다. 먼저, 클라우드 콘솔에서 버킷의 ACL을 살펴보도록 하자. 버킷 목록에서 맨 오른쪽에 세로로 되어 있는 3개의 점 버튼을 클릭하고, 버킷 권한 수정을 선택하면 된다. 그림 8.4를 참조한다.

그림 8.4 메뉴에서 선택한다

버킷 권한 수정(Edit bucket permissions)을 클릭하면 그림 8.5와 같은 화면이 나타난다.

그림 8.5 버킷 권한 수정

보는 바와 같이 버킷의 기본 액세스 권한은 프로젝트를 기반으로 한다. 프로젝트 편집자와 소유자는 소유자 액세스 권한이 있으며, 프로젝트 조회자에게는 조회 액세스 권한이 있다. 특정 사람에게 이메일 주소를 입력하고, 액세스 수준을 선택하는 것만큼 쉽게 액세스할 수 있다. 예를 들어, 그림 8.6은 your-email@gmail.com에 조회자 액세스 권한을 부여한 모양을 보여준다.

특정 사용자에게 액세스 권한을 추가하면 구글의 기존 로그인으로 로그인해야 하므로 구글 계정이 있어야 한다.

그림 8.6 조회자 액세스 권한 부여

Cloud Storage는 개별적인 액세스를 추가할 뿐만 아니라 다음과 같은 몇 가지 사항을 기반으로 액세스를 제어할 수 있다.

- 사용자 allUsers는 예상대로 모든 사용자를 말한다. 조회자 권한을 allUsersuser 엔티티에 부여하면 요청한 모든 사람이 리소스를 읽을 수 있다.

- allAuthenticatedUsers는 allUsers와 유사하지만, 자신의 구글 계정으로 로그인한 사용자를 지칭한다.

- 그룹(예: mygroup@googlegroups.com)은 특정 구글 그룹의 모든 회원을 지칭한다. 이렇게 하면 한 번 액세스 권한을 부여한 다음 그룹 구성원을 기준으로 추가 액세스를 제어할 수 있다.

- 도메인(예: mydomain.com)은 구글 Apps 관리 도메인 이름을 나타낸다. 구글 Apps을 사용하는 경우 등록된 도메인 사용자만 액세스할 수 있는 빠른 방법이다.

앞에서 암시했던 것처럼, 버킷에 권한을 설정하는 것 외에도 개별 객체에 대해 이와 유사한 권한을 설정할 수도 있지만, 이렇게 하면 두 목록이 상호작용하는 방식에 의문이 제기될 수 있다. 예를 들어, 버킷의 소유자이지만, 객체가 한 사람(여러분이 아닌)만 읽을 수 있다면 어떻게 될까?

대답은 매우 간단하다. 각 권한은 허용되는 특정 활동을 전달하므로 권한이 계층화되지 않는다. 예를 들어, 소유자에게 버킷에 대한 액세스 권한이 있지만, 개체에 조회 액세스 권한만 있다고 가정하자. 이 시나리오에서는 버킷 내부의 모든 데이터를 조작할 수 있지만, 개체 자체의 메타 데이터는 업데이트할 수 없다. 메타 데이터를 변경하려면 필요한 권한을 가지도록 개체를 다시 만들어야 한다.

기본 객체 ACLS

버킷 및 객체 모두에 대한 사용 권한을 부여하는 것 외에도 Cloud Storage에서는 새로 생성된 객체에 대해 ACL을 설정해야 할 대상을 버킷의 기본 객체 ACL 형태로 결정할 수 있다. 이 프로세스는 단일 오브젝트 ACL(다양한 조회자와 소유자를 가질 수 있음)과 동일한 패턴을 따르지만, ACL을 버킷 레벨에서 정의한 다음 작성 시 모든 오브젝트에 적용한다. 예를 들어, **allUsers**를 조회자로 사용하도록 기본 객체 ACL을 정의하면 업로드한 모든 객체는 사용자가 만들어질 때 공개적으로 읽을 수 있다.

기본 객체 ACL은 개체를 만들 때 적용되는 템플릿이다. 이 방법은 기존 객체를 수정하지 않는다.

미리 정의된 ACLS

예상할 수 있듯이 몇 가지 일반적인 시나리오에서는 구성을 위해 클릭(또는 타이핑)이 필요하다. 이를 쉽게 하기 위해 Cloud Storage에는 **gsutil** 명령줄 도구를 사용하여 설정할 수 있는 미리 정의된 ACL이 있다. 객체를 프로젝트에서 공개적 또는 개인적으로 공개하는 것과 같은 일반적인 작업을 수행하려는 경우 몇 번의 키 입력만으로 이를 수행할 수 있다. 다음 리스트와 같이 Cloud Storage에 파일을 업로드하고, 공개적으로 읽을 수 있도록 설정한다.

리스트 8.5 미리 정의된 ACL 설정

```
$ gsutil mb gs://my-public-bucket ←───┐ 새 버킷을 만드는 것으로 시작한다.
Creating gs://my-public-bucket/...

$ echo "This should be public" > public.txt          ┌ 그런 다음 새 파일을 만들어 버킷에 업로드한다.
$ gsutil cp public.txt gs://my-public-bucket ←───┘
Copying file://public.txt [Content-Type=text/plain]...
Uploading gs://my-public-bucket/public.txt: 23 B/23 B
```

그런 다음 기본 ACL 파일을 살펴봐야 한다. GCS가 기본적으로 생성한 ACL을 얻으려면 gsutil acl get gs://my-public-bucket/public.txt를 실행한다. 다음과 같은 것을 살펴보아야 한다.

리스트 8.6 저장된 ACL

```json
[
  {
"entity": "project-owners-243576136738",
"projectTeam": {
"projectNumber": "243576136738",
"team": "owners"
    },
"role": "OWNER"
  },
  {
"entity": "project-editors-243576136738",
"projectTeam": {
"projectNumber": "243576136738",
"team": "editors"
    },
"role": "OWNER"
  },
  {
"entity": "project-viewers-243576136738",
"projectTeam": {
"projectNumber": "243576136738",
"team": "viewers"
    },
"role": "READER"
  },
  {
"entity": "user-
    00b4903a978dcd75fbff509edb5b5658a3c6972b0ef52feca6618b156ced45d8",
"entityId":
    "00b4903a978dcd75fbff509edb5b5658a3c6972b0ef52feca6618b156ced45d8",
"role": "OWNER"
  }
]
```

기본적으로 ACL에는 소유자, 편집자 및 뷰어가 사전 설정되어 있다.

이제 공개 인터넷(예: gsutil이 아닌)을 통해 해당 파일에 액세스한 다음 실패한 후에 ACL을 공용으로 업데이트하면 다음 리스트처럼 표시된다.

리스트 8.7 ACL 검사 및 업데이트

```
$ curl https://my-public-bucket.storage.googleapis.com/public.txt
<?xml version='1.0' encoding='UTF-8'?><Error>
➡ <Code>AccessDenied</Code><Message>Access denied.</Message>
➡ <Details>Anonymous users does not have storage.objects.get
➡ access to object my-public-bucket/public.txt.</Details></Error>

$ gsutil acl set public-read gs://my-public-bucket/public.txt
Setting ACL on gs://my-public-bucket/public.txt...
```

```
$ curl https://my-public-bucket.storage.googleapis.com/public.txt
This should be public!
```

이 예제에서 볼 수 있듯이 기본적으로 생성된 ACL을 보면 프로젝트 역할과 소유자 ID가 표시된다. curl을 통해 개체에 액세스하려고 하면 XML Access Denied 오류가 나면서 예상대로 거부된다. 그런 다음 미리 정의된 ACL(public-read)을 단일 명령으로 설정할 수 있다. 그렇게 하면 개체를 전 세계에서 볼 수 있다. 이 동작은 public-read에만 국한되지 않는다. 표 8.3에서는 사전 정의된 ACL을 사용하는 순서대로 더 많은 ACL을 보여준다.

표 8.3 **사전 정의된 ACL 정의**

이름	의미
private	단일 소유자(작성자) 이외의 권한을 제거한다.
project-private	프로젝트의 역할을 기반으로 액세스 권한을 부여하는 새 객체의 기본 설정이다.
public-read	누구나(심지어 익명 사용자도) 읽기 액세스 권한을 부여한다.
public-read-write	모든 사용자에게(심지어 익명 사용자) 조회 및 작성 액세스 권한을 부여한다.
authenticated-read	구글 계정으로 로그인한 모든 사용자에게 조회 액세스 권한을 부여한다.
bucket-owner-read	객체(버킷이 아님)에만 사용된다. 생성자에게 소유자 액세스 권한을 주고, 버킷 소유자에게 읽기 액세스 권한을 부여한다.
bucket-owner-full-control	객체 및 버킷 소유자에게 소유자 권한을 부여한다.

사전 정의된 ACL을 사용하면 기존 ACL을 대체한다는 점을 지적하는 것이 중요하다. 특수 액세스 권한을 가진 사용자 목록이 긴 상태에서 미리 정의된 ACL을 적용하면 기존 목록을 **덮어쓸** 수 있다. 사전 정의된 ACL을 적용할 때, 이전에 ACL을 오랫동안 관리하지 않은 경우 특히 주의하도록 한다. 특정 사용자 엔티티가 아닌 그룹 및 도메인 엔티티를 사용하면 사전 정의된 ACL을 설정하여 그룹 구성원이 없어지는 것을 방지할 수 있으므로 이를 자주 사용하도록 한다.

ACL 우수사례

이제는 ACL에 대해 상당히 많이 이해했으므로 ACL을 관리하고 버킷 및 객체에 대한 올바른 권한을 선택하는 방법의 몇 가지 우수 사례를 설명하려고 한다. 규칙이 아닌 가이드라인이라는 사항을 명심하고, 그럴만한 사유가 있을 때는 다른 사람의 권한을 변경하는 것에 대해 죄책감을 내려놓고 편한 마음으로 사용한다.

- **의심스러운 경우 최소한의 액세스를 허용한다:** 이는 일반적인 보안 가이드라인이지만, Cloud Storage에서 데이터에 대한 액세스를 제어하는 것과 관련 있다. 누군가가 자료의

읽기 전용 권한이 필요한 경우 조회자 권한을 부여한다. 이보다 더 많은 것을 제공한다면 랩탑을 빌린 다른 사람의 실수로 여러 개의 ACL들이 제거되어 놀랄 수도 있다. 일반적으로 누군가가 그것이 필요하다면 더 많은 액세스 권한을 부여할 수 있음을 기억하기 바란다. 악의적이거나 부주의한 사용자가 수행한 작업은 다시 돌이킬 수 없다.

- **소유자의 허가는 특별히 더 조심해야 한다:** 소유자는 ACL과 메타 데이터를 변경할 수 있다. 즉, 다른 사용자에게 적절한 액세스 권한을 부여하지 않는 한 소유자 권한을 부여해서는 안 된다. 이전의 원칙에 따라, 의문의 여지가 있는 경우 대신 쓰기 권한을 부여한다. 데이터에는 실행 취소 기능이 없으므로 새 소유자가 올바른 작업을 수행할 뿐만 아니라 다른 사람이 실수 또는 의도적으로 다른 작업을 수행할 수 없도록 주의해야 한다.

- **의도적으로 공개로 액세스를 허용하는 것은 큰 문제이므로 간과하지 않도록 한다:** 인터넷에 무언가가 노출된 후에는 영원히 인터넷에 남는다고 한다. 데이터를 전 세계에 공개한 후 데이터에 관해서 이는 확실한 사실이다. allUsers 또는 all-AuthenticatedUsers(따라서 public-read 또는 authenticated-read) 토큰을 사용할 때 이 내용이 전 세계에 퍼블리시되는 것과 같다. 또한, 이 장의 뒷부분에서 가격 책정을 할 때 이에 대한 우려를 설명한다.

- **기본 ACL은 자동으로 실행되므로 합리적인 기본값을 선택한다:** 새로 생성된 객체의 ACL을 볼 때까지 알아차리지 못하므로 지나치게 권한이 많은 기본 ACL이 정교하게 설정된 경우 놓치기 쉽다. 또한, ACL이 비교적 느슨할 때 최소 액세스 권한을 제공하는 규칙을 쉽게 위반할 수 있다. 일반적으로 더 엄격하게 미리 정의된 ACL 중 하나를 개체 기본값으로 사용하는 것이 좋다. 예를 들어, 소규모 팀이나 개인 또는 버킷 소유자 전체를 제어하는 경우다.

이제 일반적인 의미에서 액세스를 제어하는 방법을 이해했으므로 단일 작업에 대한 액세스 권한을 부여하려는 일회성 시나리오를 처리하는 방법을 살펴보도록 하자.

8.4.2 서명된 URL

때로는 ACL에 누군가를 영원히 추가하지 않고 지정된 시간 동안만 다른 사람에게 액세스 권한을 부여하고자 하는 경우가 있다. 자신의 구글 계정으로 사용자를 인증하는 데 별로 신경 쓰지 않지만, 자신의 로그인 시스템으로 인증한 사용자는 "이 사용자는 이 데이터를 볼 수 있다"라고 말하고 싶을 수 있다. 운좋게도 Cloud Storage는 서명된 URL로 그렇게 할 수 있다.

서명된 URL은 작업(예: 파일 다운로드)을 수행하려는 의도를 가지고 해당 작업에 대한 액세스 권한이 있는 자격 증명으로 서명한다. 이렇게 하면 전혀 액세스할 수 없는 사람이 이 일회성 패스를 자격 증명으로 제시하여 패스가 의미하는 대로 정확히 수행할 수 있다. 서명된 URL을 만들어 GCS에서 텍스트 파일을 다운로드하는 간단한 예제를 실행해 보도록 하겠다. 시작하려면 개인키가 필요하므로 IAM & 관리자 섹션으로 이동한 다음, 그림 8.7과 같이 왼쪽 네비게이션에서 서비스 계정을 선택한다.

그림 8.7 왼쪽 네비게이션에서 서비스 계정을 선택한다

그런 다음 구글에 JSON 형식의 새 개인키를 생성하도록 하여 새 서비스 계정을 만든다. 이 경우 그림 8.8과 같이 이 계정의 이름으로 gcs-signer라는 이름을 사용한다.

그림 8.8 새 서비스 계정 만들기

서비스 계정을 만들 때 계정이 목록에 추가되는 것뿐 아니라 JSON 파일 다운로드도 시작되었음을 알 수 있다. 이 파일은 계정에 대한 개인키의 유일한 사본이기 때문에 이 파일을 잃어버리면 안 된다(구글은 보안상의 이유로 개인키의 복사본을 보관하지 않는다). 이제 다음 리스트에 표시된 대로 비공개 파일을 신속하게 업로드한다.

리스트 8.8 기본적으로 비공개인 파일을 업로드하기

```
$ echo "This is private." > private.txt
$ gsutil cp private.txt gs://my-example-bucket/
Copying file://private.txt [Content-Type=text/plain]...
Uploading gs://my-example-bucket/private.txt: 17 B/17 B

$ curl https://my-example-bucket.storage.googleapis.com/private.txt
<?xml version='1.0' encoding='UTF-
8'?><Error><Code>AccessDenied</Code><Message>Access
  denied.</Message><Details>Anonymous users does not have
  storage.objects.get access to object my-example-
  bucket/private.txt.</Details></Error>
```

마지막으로 생성한 서비스 계정에서 파일에 대한 액세스 권한이 있는지 확인해야 한다(서비스 계정은 할 수 있는 일에 대해서만 서명할 수 있으므로 파일에 액세스할 수 없는 경우 그 서명은 쓸모가 없다). gsutil acl ch를 사용하여 새 서비스 계정에 대한 액세스 권한을 부여할 수 있다("ch"는 "change"를 나타낸다).

리스트 8.9 서비스 계정에 대한 액세스 권한 부여

```
$ gsutil acl ch -u gcs-signer@your-project-
  id.iam.gserviceaccount.com:R gs://my-example-bucket/private.txt
Updated ACL on gs://my-example-bucket/private.txt
```

변경한 ACL은 -u service-account-email:R 형식이다. 서비스 계정은 사용자와 같이 취급되므로 -u 플래그를 사용하고, 서비스 계정의 이름을 기반으로 전자 메일 주소를 사용하고, 마지막으로 :R을 사용하여 조회 권한이 추가되었음을 나타낸다. 이제 올바른 권한을 얻었으므로 gsutil에 적합한 매개변수를 제공하여 서명된 URL을 만들어야 한다. 표 8.4를 참조한다.

표 8.4 gsutil을 사용하여 URL 서명을 위한 매개변수

매개변수	플래그	의미	예
Method	-m	요청에 대한 HTTP 메소드	GET
Duration	-d	서명이 만료될 때까지의 시간	1h(1시간)
Content	-d	관련된 데이터의 콘텐츠 유형(업로드할 때만 사용)	image/png

이 예제에서는 private.txt라는 파일을 다운로드(GET)하려고 한다. 서명이 30분 내에 만료된다고 가정해 보자(30m). 즉, gsutil의 매개변수는 다음 목록과 같다.

리스트 8.10 **URL에 서명하는 gsutil 명령**

```
$ gsutil signurl -m GET -d 30m key.json gs://my-example-bucket/private.txt
URL       HTTP Method    Expiration       Signed URL
gs://my-example-bucket/private.txt    GET     2016-06-21 07:07:35
https://storage.googleapis.com/my-examplebucket/
private.txt?GoogleAccessId=gcs-signer@your-projectid.
iam.gserviceaccount.com&Expires=1465507255&Signature=
➥ ZBufnbBAQOz1oS8ethq%2B5l9C7YmVHVbNM%2F%2B43z9XDcsTgpWoC
➥ bAMmJ2ZhugI%2FZWE665mxD%2BJL%2BJzVSy7BAD7qFWTok0vDn5a0
➥ sq%2Be78nCJmgE0lDTERQpnXSvbc0htOyVlFr8p3StKU0ST1wKoNIceh
➥ fRXWD45fEMMFmchPhkI8M8ASwaI%2FVNZOXp5HXtZvZacO47NTClB5k9
➥ uKBLlMEg65RAbBTt5huHRGO6XkYgnyKDY87rs18HSEL4dMauUZpaYC4Z
➥ Pb%2FSBpWAMOneaXpTHlh4cKXXNlrQ03MUf5w3sKKJBsUWBl0xoAsf3H
➥ pdnnrFjW5sUZUQu1RRTqHyztc4Q%3D%3D
```

읽기가 약간 힘들지만, 출력의 마지막 부분은 다음 30분 동안 모든 컴퓨터에서 private.txt 파일을 읽을 수 있는 URL이다. 그 후에는 만료되며, 이전에 본 Access Denied 오류가 발생한다. 이를 테스트하려면 다음 리스트와 같이 서명이 있거나 없는 파일로 테스트할 수 있다.

리스트 8.11 **파일 가져오기**

```
$ curl -S https://storage.googleapis.com/my-example-bucket/private.txt
<?xml version='1.0' encoding='UTF-
8'?><Error><Code>AccessDenied</Code><Message>Access
denied.</Message><Details>Anonymous users does not have storage.objects.get
access to object my-example-bucket/private.txt.</Details></Error>

$ curl -S "https://storage.googleapis.com/my-examplebucket/
private.txt?GoogleAccessId=gcs-signer@your-projectid.
iam.gserviceaccount.com&Expires=1465507255&Signature=
➥ ZBufnbBAQOz1oS8ethq%2B5l9C7YmVHVbNM%2F%2B43z9XDcsTgpWoC
➥ bAMmJ2ZhugI%2FZWE665mxD%2BJL%2BJzVSy7BAD7qFWTok0vDn5a0
➥ sq%2Be78nCJmgE0lDTERQpnXSvbc0htOyVlFr8p3StKU0ST1wKoNIceh
➥ fRXWD45fEMMFmchPhkI8M8ASwaI%2FVNZOXp5HXtZvZacO47NTClB5k9
➥ uKBLlMEg65RAbBTt5huHRGO6XkYgnyKDY87rs18HSEL4dMauUZpaYC4Z
➥ Pb%2FSBpWAMOneaXpTHlh4cKXXNlrQ03MUf5w3sKKJBsUWBl0xoAsf3Hp
➥ dnnrFjW5sUZUQu1RRTqHyztc4Q%3D%3D"
This is private.
```

URL 주위에 따옴표를 추가했음을 참고한다(명령줄에서 해석되는 추가 매개변수가 있기 때문에).

컴퓨터에서 사용할 경우에는 이 방법이 좋다고 생각할 수도 있지만, 앱에서 사용자와 일시적으로 공유하고 싶은 콘텐츠가 있는 것이 더 흔하지 않을까? 예를 들어, 사진을 제공하고는 싶지만, 공개적으로 항상 핫링크와 같이 제공하고 싶지는 않을 수 있다. 다행히도 코드에서 이를 쉽게 할 수 있으므로 Node.js의 간단한 예를 보도록 하자.

기본 전제는 동일하지만, 다음 리스트에서 볼 수 있듯이 gsutil을 사용하는 명령줄보다는 자바스크립트로 처리할 것이다.

리스트 8.12 특정 액세스 권한을 부여하는 URL 서명

```
const storage = require('@google-cloud/storage')({
  projectId: 'your-project-id'
  keyFilename: 'key.json'
});
const bucket = storage.bucket('my-example-bucket');
const file = bucket.file('private.txt');

file.getSignedUrl({
  action: 'read', // This is equivalent to HTTP GET.
  expires: newDate().valueOf() + 30*60000, // This says "30 minutes from now"
}, (err, url) => {
  console.log('Got a signed URL:', url);
});
```

이걸 실행할 때 다음과 비슷한 것이 보여야 한다.

```
Got a signed URL: https://storage.googleapis.com/my-examplebucket/
private.txt?GoogleAccessId=gcs-signer@your-project-
id.iam.gserviceaccount.com&Expires=1466508154&Signature=LW0AqC4
➥ E31I7c1JgMhuljeJ8WC01qnazEeqE%2B2ikSPmzThauAqht5fxo2WYfL%2F
➥ 5MnbBF%2FUdj1gsESjwB2Ar%2F5EoRDFY2O9GRE50IuOhAoWK3kbiQ4sIUR
➥ xmSF%2BZymU1Nou1BEEPXaHgeQNICY1snkjF7pQpEU9fKjTcwxKfTBcYx7n
➥ 3irIW27IYJx4JQ8146bFFweiHei%2B7fVzKO81fP5XY%2BM2kCovfeWSb8K
➥ cLPZ850ltW9g8Xmo%2Fvf3rZpwF27rgV4UPDwz247Fn7UAm17T%2B%2FmEe
➥ ANY1RoQtb8IlhnHl1Ota36iWKOVI7GQ%2FYh7F2JsDhJxZTwXkIR51zSR8n
➥ D2Q%3D%3D
```

이 새 값을 이미지 src 속성으로 렌더링하려면 console.log 문을 사용하는 대신 이를 수행하면 된다.

이제 데이터에 대한 액세스 제한을 변경하는 방법을 이해했으므로 누가 데이터에 액세스하는지 추적하는 방법을 살펴보도록 하자.

8.4.3 데이터에 대한 액세스 로깅

민감한 데이터를 관리하는 경우(예: 직원 레코드를 저장하는 경우) 이 데이터에 언제 액세스했는지 추적하고 싶을 것이다. Cloud Storage는 특정 버킷에 액세스 권한이 설정되어 이 작업을 간단하게 만든다. Cloud Storage API를 사용하여 로그가 있어야 하는 위치(logBucket)와 Cloud Storage가 로그 파일의 시작 부분(logObjectPrefix)에 접두사를 붙여야 하는지 로깅 구성을 지정한다.

다음 리스트와 같이 gsutil 명령줄 도구를 사용하여 로깅 구성과 상호작용할 것이다.

리스트 8.13 **gsutil을 사용하여 로깅 설정과 상호작용**

```
$ gsutil logging get gs://my-example-bucket
gs://my-example-bucket/ has no logging configuration.

$ gsutil mb -l US -c multi_regional gs://my-example-bucket-logs
Creating gs://my-example-bucket-logs/...

$ gsutil acl ch -g cloud-storage-analytics@google.com:W \
gs://my-example-bucket-logs

$ gsutil logging set on -b gs://my-example-bucket-logs \
-o example-prefix gs://my-example-bucket
Enabling logging on gs://my-example-bucket/...

$ gsutil logging get gs://my-example-bucket
{
  "logBucket": "my-example-bucket-logs",
  "logObjectPrefix": "example-prefix"
}
```

버킷(my-example-bucket)에 대한 로깅 구성을 확인한 다음 로깅을 구성한다. 이렇게 하기 위해 모든 로그(my-examplebucket-logs)를 보유할 버킷을 만든다.

그런 다음 로그를 해당 버킷에 넣는 역할을 하는 "logger" 계정(cloud-storage-analytics@google.com)에 대한 액세스 권한을 부여한다.

마지막으로 로깅 세부 정보를 구성하고, Cloud Storage가 모든 액세스 로그를 새로 생성된 버킷에 배치하도록 알려준다.

제대로 작동하는지 확인하려면 gsutil logging get 명령을 사용하여 저장한 구성을 표시하고, 모든 것이 정확한지 확인한다.

구성 설정을 완료하면 Cloud Storage는 활동이 발생하는 시간마다 모든 액세스 로그를 로깅 버킷에 저장한다. 로그 파일 자체는 접두사, 보고되는 시간의 타임 스탬프 및 고유한 ID(예: 1702e6)에 따라 이름이 지정된다. 예를 들어, 로깅 구성의 파일은 example-prefix_storage _2016_06_18_07_00_00_1702e6_v0와 같다. 각 로그 파일에는 표 8.5에 표시된 스키마와 함께 쉼표로 구분된 필드 행이 있다(이전에 .csv 파일을 보았을 것이다).

표 8.5 **액세스 로그 파일의 스키마**

필드(유형)	설명
time_micros(int)	요청이 완료된 시간(유닉스 시대 이후의 마이크로초)
c_ip(string)	요청을 보낸 IP 주소

표 8.5 액세스 로그 파일의 스키마(계속)

필드(유형)	설명
c_ip_type(integer)	c_ip 필드의 IP 유형(IPv4의 경우 1, IPv6의 경우 2)
c_ip_region(string)	나중에 사용하기 위해 예약되어 있다.
cs_method(string)	이 요청의 HTTP 메소드
cs_uri(string)	요청의 URI
sc_status(integer)	서버가 응답으로 보낸 HTTP 상태 코드
cs_bytes(integer)	요청에서 보낸 바이트 수
sc_bytes(integer)	응답에서 보낸 바이트 수
time_taken_micros(integer)	마이크로초 단위로 요청을 처리하는 데 걸린 시간
cs_host(string)	원래 요청의 호스트다.
cs_referer(string)	요청에 대한 HTTP
cs_user_agent(string)	요청의 사용자 에이전트. 라이프 사이클 관리에 의한 요청의 경우 값은 GCS Lifecycle Management다.
s_request_id(string)	요청 식별자
cs_operation(string)	Google Cloud Storage 작업
cs_bucket(string)	요청에 지정된 버킷. 목록 버킷 요청인 경우 이 값은 null일 수 있다.
cs_object(string)	이 요청에 지정된 객체. null일 수 있다.

액세스 로그 항목의 각 필드 앞에는 c, s, cs 또는 sc가 붙는다. 이 접두사는 표 8.6에 설명되어 있다.

흔하지는 않지만, 로그 항목에 중복 항목이 있을 수 있으므로 항목이 중복되지 않았다고 확신할 필요가 있는 경우 s_request_id 필드를 고유한 식별자로 사용해야 한다.

표 8.6 액세스 로그 필드 접두사 설명

접두사	어떤 용어를 대표?	의미
c	client	요청을 작성한 클라이언트에 대한 정보
s	server	요청을 수신한 서버에 대한 정보
cs	client to server	클라이언트에서 서버로 전송된 정보
sc	server to client	서버에서 클라이언트로 전송된 정보

이제는 액세스 제어에 대해 이해했으므로 좀 더 고급 주제인 버전 관리로 넘어가자.

8.5 객체 버전

버전 관리(깃, Subversion 또는 Mercurial과 유사)와 마찬가지로 Cloud Storage는 버전 관리 기능을 사용하여 시간 경과에 따라 여러 버전의 객체를 가질 수 있다. 또한, 버전 관리를 사용하는 경우 깃 저장소의 파일을 사용하는 것처럼 이전 버전으로 되돌릴 수 있다.

객체 버전 관리가 활성화될 때 가장 큰 변화는 데이터 덮어쓰기가 원래 데이터를 실제로 덮어쓰지 않는다는 것이다. 대신 이전 버전의 객체가 보관되고, 새 버전이 활성 버전으로 표시된다. data.csv라는 10MB 파일을 버전 관리가 활성화된 버킷에 업로드한 다음 수정된 동일한 이름의 11MB 파일을 다시 업로드하면 새 파일과 함께 원래의 10MB 파일이 보관된다. 그래서 총 21MB(11MB가 아님)를 저장한다.

Cloud Storage는 객체 버전 외에도 객체에 대한 다양한 메타 데이터 버전을 지원한다. 오브젝트가 보관되고 그 위치에 추가된 것과 마찬가지로, 버전 오브젝트에서 메타 데이터(예: ACL)가 변경될 때 메타 데이터는 변경 사항을 추적하기 위해 새로운 메타 데이터를 생성한다. 모든 버전 사용 버킷에서 모든 개체에는 메타제너레이션(데이터 버전 추적)과 함께 제너레이션(객체 버전 추적)이 있다. 상상할 수 있듯이 이 기능은 시간 경과에 따라 변경되는 개체 데이터(또는 메타 데이터)가 있지만, 최신 버전에 쉽게 액세스하려는 경우에 유용하다.

이것을 설정하는 방법을 살펴본 다음, 언급했던 이러한 일반적인 작업 중 일부를 수행하는 방법을 설명한다.

리스트 8.14 객체 버전 관리 사용

```
$ gsutil versioning set on gs://my-versioned-bucket
Enabling versioning for gs://my-versioned-bucket/...
```

이제 다음 리스트와 같이 버전 관리가 활성화되어 있는지 확인한 다음 새 파일을 업로드한다.

리스트 8.15 버전 관리가 사용 가능하도록 설정되어 있는지 확인하고 텍스트 파일 업로드

```
$ gsutil versioning get gs://my-versioned-bucket
gs://my-versioned-bucket: Enabled

$ echo "This is the first version!"> file.txt
$ gsutil cp file.txt gs://my-versioned-bucket/
Copying file://file.txt  [Content-Type=text/plain]...
Uploading   gs://my-versioned-bucket/file.txt:
➡ 27 B/27 B
```

이제 리스트 8.16에서 보이는 것처럼 ls -la 명령을 사용하여 파일을 더 자세히 살펴보자. -l 플래그는 파일에 대한 추가 정보를 포함하여 목록을 표시하고, -a 플래그는 생성 및 메타 생성과 같은 오브젝트에 대한 추가 메타 데이터와 함께 noncurrent(예: 아카이브된) 객체를 표시한다.

리스트 8.16 -la 플래그를 사용하여 객체 나열

```
$ gsutil ls -la gs://my-versioned-bucket
27  2016-06-21T13:29:38Z  gs://my-versioned-
➡ bucket/file.txt#1466515778205000  metageneration=1
TOTAL: 1 objects, 27 bytes (27 B)
```

보이는 것처럼 metageneration(또는 메타 데이터 버전)이 분명하다(metageneration = 1). 객체의 생성(또는 버전)은 명백하지 않지만, 파일 이름의 # 뒤에 긴 숫자다. 이 예제에서는 1466515778205000이다. 앞에서 배운 것처럼 버킷에서 버전 관리를 사용하면 파일을 대체하기 전에 동일한 이름의 새 파일이 이전 버전을 보관하므로 시도해 보고, 버킷에서 다음의 리스트처럼 보이는지 살펴본다.

리스트 8.17 파일의 새 버전 업로드

```
$ echo "This is the second version."> file.txt
$ gsutil cp file.txt gs://my-versioned-bucket/
Copying file://file.txt [Content-Type=text/plain]...
Uploading   gs://my-versioned-bucket/file.txt:
➡ 28 B/28 B

$ gsutil ls -l gs://my-versioned-bucket
28  2016-06-21T13:39:11Z  gs://my-versioned-bucket/file.txt
TOTAL: 1 objects, 28 bytes (28 B)

$ gsutil ls -la gs://my-versioned-bucket
27  2016-06-21T13:29:38Z  gs://my-versioned-
➡ bucket/file.txt#1466515778205000 metageneration=1
28  2016-06-21T13:39:11Z  gs://my-versioned-
➡ bucket/file.txt#1466516351939000 metageneration=1
TOTAL: 2 objects, 55 bytes (55 B)
```

예를 들어, -a 플래그 없이 오브젝트를 나열하면 최신 세대만 표시되지만, 함께 나열하면 모든 세대를 볼 수 있다. 첫 번째 연산에 저장된 총 데이터는 28바이트로 표시된다. 그러나 모든 것을 나열할 때 -a 플래그를 사용하면 저장된 총 데이터는 55바이트다. 마지막으로, 최신 버전을 보면 업로드한 최신 파일의 것으로 나타난다.

```
$ gsutil cat gs://my-versioned-bucket/file.txt
This is the second version.
```

이전 버전을 보고 싶으면 보고 싶은 특정 세대를 참조할 수 있다. 파일의 이전 버전을 살펴보자.

```
$ gsutil cat gs://my-versioned-bucket/file.txt#1466515778205000
This is the first version!
```

보이는 것처럼 버전 있는 객체는 다른 객체와 비슷하지만, 끝에 정확한 태그를 나타내는 특수 태그가 있다. 그것들을 숨겨진 객체로 취급할 수 있지만, 여전히 객체이므로 이전 버전을 삭제할 수 있다.

```
$ gsutil rm gs://my-versioned-bucket/file.txt#1466515778205000
Removing gs://my-versioned-bucket/file.txt#1466515778205000...

$ gsutil ls -la gs://my-versioned-bucket
28  2016-06-21T13:39:11Z  gs://my-versioned-bucket/file.txt#1466516351939000
    metageneration=1
TOTAL: 1 objects, 28 bytes (28 B)
```

파일 자체를 삭제해도 다른 세대는 삭제되지 않기 때문에 버전이 지정된 버킷에서 개체를 삭제할 때 놀라운 동작을 보게 된다. 예를 들어, 파일(file.txt)을 삭제하려는 경우 파일을 "가져오는 중"은 404 오류를 반환한다. 그러나 파일의 정확한 생성은 여전히 존재할 수 있으며, 특정 버전으로 파일을 읽을 수 있다. 이 예를 계속해서 알아보자.

```
$ gsutil ls -la gs://my-versioned-bucket/
28 2016-06-21T13:54:26Z gs://my-versioned-
➥ bucket/file.txt#1466517266796000 metageneration=1
TOTAL: 1 objects, 28 bytes (28 B)

$ gsutil rm gs://my-versioned-bucket/file.txt
Removing gs://my-versioned-bucket/file.txt...
```

이 시점에서 최신 버전의 파일을 삭제했으므로 파일이 삭제될 것으로 예상된다. 다른 보기를 통해 무슨 일이 있었는지 확인한다.

```
$ gsutil ls -l gs://my-versioned-bucket/
$ gsutil ls -la gs://my-versioned-bucket/
28 2016-06-21T13:54:26Z gs://my-versioned-
➥ bucket/file.txt#1466517266796000  metageneration=1
TOTAL: 1 objects, 28 bytes (28 B)

$ gsutil cat gs://my-versioned-bucket/file.txt
CommandException: No URLs matched: gs://my-versioned-bucket/file.txt
```

```
$ gsutil cat gs://my-versioned-bucket/file.txt#1466517266796000
This is the second version.
```

파일이 사라진 것 같지만, 이전 버전이 여전히 존재하며, 정확한 세대 ID로 참조되는 경우 읽을 수 있다! 이 기능을 사용하면 필요한 경우 이전 버전을 복원할 수 있고, 이전 세대를 제자리에 복사하여 수행할 수 있다. 파일의 두 번째 버전을 복원하는 방법을 살펴본다.

```
$ gsutil cp gs://my-versioned-bucket/file.txt#1466517266796000 gs://my-
    versioned-bucket/file.txt
Copying gs://my-versioned-bucket/file.txt#1466517266796000
➡ [Content-Type=text/plain]...
Copying        gs://my-versioned-bucket/file.txt:
➡                       28 B/28 B

$ gsutil cat gs://my-versioned-bucket/file.txt
This is the second version.
```

이전 버전을 다시 원래대로 가져왔다고 생각할 수도 있지만, 디렉터리 목록을 보고 이것이 사실인지 확인해 본다.

```
$ gsutil ls -la gs://my-versioned-bucket
28  2016-06-21T13:54:26Z  gs://my-versioned-
➡ bucket/file.txt#1466517266796000  metageneration=1
28  2016-06-21T13:59:39Z  gs://my-versioned-
➡ bucket/file.txt#1466517579727000  metageneration=1
TOTAL: 2 objects, 56 bytes (56 B)
```

이전 버전을 복원하여 새 버전을 만들었으므로 기술적으로 이제는 버킷에 같은 내용의 두 파일이 있다. 이전 버전과 함께 파일을 제거하려면 -a 플래그를 gsutil rm 명령에 전달한다.

```
$ gsutil rm -a gs://my-versioned-bucket/file.txt
Removing gs://my-versioned-bucket/file.txt#1466517266796000...
Removing gs://my-versioned-bucket/file.txt#1466517579727000...
$ gsutil ls -la gs://my-versioned-bucket/
```

보이는 것처럼 -a 플래그를 사용하여 한 번에 모든 이전 버전의 오브젝트를 제거할 수 있다.

특정 객체 세대는 다른 객체와 마찬가지로 작업할 수 있다는 의미에서 개별 객체로 처리할 수 있다. 그들은 객체를 덮어쓸 때(또는 삭제할 때) 자동으로 아카이브 된다는 점에서 특별한 기능을 가지고 있지만, 사용법에 관한 한 아카이브된 버전은 컴퓨터의 숨겨진 파일 그 이상도 아니다(우연히도 대부분의 시스템에서 해당 파일을 볼 수 있는 동일한 명령이다).

버킷이 어떻게 제어력을 잃지 않도록 하는지 궁금할 것이다. 예를 들어, 파일(및 모든 버전)을 사용하여 작업을 완료했는지 결정하기 쉽지만, 버전 완료 시점을 어떻게 결정할까? 너무 오래됐다는 것은 얼마만큼일까? 그리고 버킷에 있는 오래된 버전의 객체를 지속적으로 청소해야 한다는 것은 기분 나쁜 일 아닐까? 다음에 이 문제를 어떻게 다룰 지 살펴보도록 하겠다.

8.6 객체 수명주기

버킷에 더 많은 객체를 추가하면 사용되지 않는 많은 데이터를 오래된 객체 형태로 쉽게 축적할 수 있다. 이 문제는 버킷에서 버전 관리를 사용하도록 설정한 경우 더 복잡해질 수 있다. 변경 사항을 기반으로 이전 버전이 구축되고, 버킷에서 삭제 가능한 파일을 검색하는 경우 이 문제는 눈에 띄지 않기 때문이다.

이러한 축적 문제를 해결하기 위해 Cloud Storage는 조건부로 데이터를 자동으로 삭제할 수 있는 방법을 정의할 수 있으므로 매번 버킷을 정리할 필요가 없다. 이 개념은 **수명주기** 관리라고 불리는데, 그 이유는 개체가 수명이 다했을 때 삭제되어야 하는 것의 정의이기 때문이다.

버킷에서 객체를 자동 삭제할 시기를 결정하기 위한 몇 가지 조건을 정의할 수 있다.

- **객체별 수명**(Age): 이는 며칠 동안 객체가 유지될 수 있는 것과 같은 의미다(때로는 TTL이라고 한다). 수명 조건이 있는 경우 생성 날짜로부터 N일 후에 이 개체를 삭제하라는 메시지가 표시된다.
- **고정 날짜 컷오프**(CreatedBefore): 수명주기 구성을 설정할 때 구성된 날짜 이전의 모든 객체가 삭제되도록 지정할 수 있다. 이 설정은 고정된 날짜 이전에 만들어진 모든 것을 삭제하기에 쉬운 방법이다.
- **버전 기록**(NumberOfNewVersions): 버킷에 버전 관리가 활성화된 경우 이 조건을 사용하면 지정된 객체의 N번째로 오래된 버전 또는 이전 버전의 객체를 삭제할 수 있다. 이것은 "마지막 다섯 개 버전만 필요하므로 그보다 오래된 것을 제거하겠다"라는 의미다. 이것은 타이밍이 아니라 오브젝트의 변동성(변경 횟수)과 관련 있다.
- **최신 버전**(IsLive): 이 설정을 사용하면 보관된(또는 보관되지 않은) 버전만 삭제할 수 있으므로 새로 시작하려는 모든 버전 기록을 삭제할 수 있다.

구성을 적용하려면 이러한 조건을 룰의 집합으로 JSON 파일에 모아야 한다. 그런 다음 구성을 버킷에 적용한다. 각 규칙 내에서 모든 조건이 AND로 처리되며, 모두 일치하면 개체가 삭제된다. 다음 리스트에 표시된 30일보다 오래된 모든 개체를 삭제하려는 예제의 생명주기 구성을 살펴보자.

리스트 8.18 30일보다 오래된 객체 삭제

```json
{
  "rule": [
    {
      "action": {"type": "Delete"},
      "condition": {"age": 30}
    }
  ]
}
```

해당 규칙을 마음에 든다고 가정하고, 30일이 넘은 개체는 물론 최신 버전이 3개 이상인 객체도 삭제하려고 한다. 이렇게 하려면 별도로 적용되는 두 가지 규칙을 사용한다.

리스트 8.19 30일보다 오래되었거나 적어도 세 가지 이상의 새로운 버전이 있는 항목을 삭제한다

```json
{
  "rule": [
    {
      "action": {"type": "Delete"},
      "condition": {"age": 30}
    },
    {
      "action": {"type": "Delete"},
      "condition": {
        "isLive": false,
        "numNewerVersions": 3
      }
    }
  ]
}
```

하나의 규칙 내에서 두 조건이 모두 충족되어야 한다는 의미에서 조건은 AND다. 하지만 각 개별 규칙은 개별적으로 적용되어 이것은 규칙이 일치하면 해당 파일이 삭제된다는 의미에서 규칙이 OR됨을 의미한다.

이제 수명주기 구성 정책의 형식을 이해했으므로 이러한 규칙을 버킷에 설정할 수 있다. 데모를 위해 다음 리스트에 나와 있는 것처럼 하나 이상의 최신 버전이 있는 항목을 삭제하는 등 테스트하기 쉬운 정책을 선택해 보자.

```
{
  "rule": [
    {
      "action": {"type": "Delete"},
      "condition": {
        "isLive": false,
        "numNewerVersions": 1
      }
    }
  ]
}
```

이 데모 정책을 lifecycle.json이라는 파일에 저장하는 것으로 시작한다. 그 다음에 다음 리스트에서 볼 수 있듯이 이 정책을 이전 버전의 버킷에 적용한다.

리스트 8.21   gsutil을 사용하여 수명주기 구성과 상호작용

```
$ gsutil lifecycle get gs://my-versioned-bucket
gs://my-versioned-bucket/ has no lifecycle configuration.

$ gsutil lifecycle set lifecycle.json gs://my-versioned-bucket
Setting lifecycle configuration on gs://my-versioned-bucket/...

$ gsutil lifecycle get gs://my-versioned-bucket
{"rule": [{"action": {"type": "Delete"}, "condition": {"isLive":
➡  false, "numNewerVersions": 1}}]}
```

일부 파일을 업로드하면 정의한 구성에 따라 파일이 즉시 삭제되지 않는다는 것을 알 수 있다. 이것은 이상하게 보일 수 있지만, 파일의 정리는 일정한 간격으로 이루어지고, 즉시 이루어지지는 않는다.

객체가 즉시 삭제되지는 않을지라도 수명주기 구성을 만족한다면 아직 삭제되지 않은 객체에 대해서는 비용이 청구되지 않는다. 아직 삭제되지 않은 파일에 액세스하면 해당 작업 및 대역폭에 대한 요금이 청구된다. 객체를 삭제해야 저장용량이 더 이상 청구되지 않지만, 다른 작업에 대해서는 요금이 부과된다.

데이터를 깔끔하게 유지하는 방법을 이해했으므로 이제 어떻게 하면 이벤트 중심 방식으로 Cloud Storage를 앱에 연결하는지 살펴보자.

8.7 변경 알림

지금까지 Cloud Storage와의 모든 상호작용은 "풀(pull)"이었다. 즉, 데이터를 업로드하거나 다운로드하면서 Cloud Storage에 접근하면서 상호작용이 시작되었다. 액세스 제어 정책 및 서명된 URL과 같은 일부 기능을 사용하여 사용자가 파일을 업로드 또는 업데이트하고 그런 일들이 일어났을 때 Cloud Storage가 사용자에게 알리도록 할 수 있다면 좋지 않을까? 이것은 변경 알림을 설정하면 된다.

이름에서 추측할 수 없는 경우 변경 알림을 사용하면 객체를 만들거나, 업데이트하거나, 삭제할 때마다 알림을 받을 URL을 설정할 수 있다. 그런 다음 알림을 기반으로 필요한 다른 처리를 수행할 수 있다. 일반적인 시나리오는 받은 편지함처럼 작동하는 버킷을 사용하여 새 파일을 허용한 다음 해당 파일을 알려진 위치로 처리하는 것이다. 예를 들어, incoming-photos라는 버킷이 있을 수 있으며, 이미지가 업로드될 때마다 다른 크기의 여러 이미지로 썸네일을 처리하고, 나중에 사용할 수 있도록 이미지를 저장한다. 이 방법은 일회성 패스가 들어오는 버킷에 파일을 업로드할 수 있도록 하기 위해 서명된 URL을 사용하는 데 적합하다.

그림 8.9와 같이 이 프로세스는 버킷에서 발생하는 이벤트와 서버로 전송되는 알림 사이의 전달자 역할을 하는 알림 채널을 설정하여 작동한다.

1. 사용자가 웹 서버에 서명된 URL을 요청하면 "파일을 업로드할 수 있을까?"라는 메시지가 나타난다.

2. 서버는 파일을 버킷에 넣기 위해 사용자 액세스 권한을 부여하는 서명된 URL로 응답한다.

3. 사용자가 이미지를 버킷에 업로드한다.

4. 해당 파일이 저장되면 알림 채널에서 새 파일이 도착했음을 서버에 알리는 요청을 전송한다.

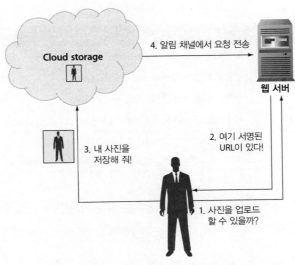

그림 8.9 **공통 객체 알림 흐름**

알림 채널 설정은 gsutil 명령줄 도구로 수행하기 쉽다. watchbucket 서브 명령을 사용하고, 다음 세 가지 정보를 제공한다.

1. 알려야 할 URL

2. 보고 싶은 버킷

3. 만들고 있는 채널의 ID(버킷에 대해 고유해야 함)

이러한 것들을 바탕으로 watch 명령을 설정하는 것은 다음처럼 실행한다.

```
$ gsutil notification watchbucket -i channel-id
➥ https://mydomain.com/new-image gs://my-bucket
```

이 예에서 채널 ID는 channel-id이고, 버킷은 my-bucket이며, 이는 my-bucket 내부에서 변경이 발생할 때마다 지정된 URL(https://mydomain.com/newimage)에 요청을 보내는 것을 말한다. 고유한 비밀번호로 동작하는 채널 토큰을 지정하여 사용할 수 있으므로 전송된 요청이 구글이 아닌 다른 곳에서 보낸 것인지 여부를 확인할 수 있다.

채널을 설정한 후에는 버킷에서 발생하는 다양한 이벤트에 대해 Cloud Storage로부터 POST 요청을 받기 시작한다. 이러한 요청에는 HTTP 헤더 형태로 도착하는 다양한 매개변수가 있다. 다음 표 8.7을 참조한다.

표 8.7 알림 요청의 매개변수

헤더 이름	의미(예)
X-Goog-Channel-Id	알림의 채널 ID(예: channel-id)
X-Goog-Channel-Token	알림의 토큰(예: my-secret-channeltoken)
X –Goog-Resource-Id	수정할 리소스의 ID(예: mybucket / file.txt)
X-Goog-Resource-State	이 알림을 표시하는 이벤트(예: sync, exists, not_exists)
X-Goog-Resource –Url	리소스 ID에 해당하는 URL (예 : https://www.googleapis.com/storage/v1/b/BucketName/o/file.txt)

X-Goog-Resource-State 헤더에 해당하는 각 상태는 다른 이벤트에 해당하며, 효과적으로 이벤트를 트리거한 상황을 나타낸다. 네 개의 다른 이벤트에 해당하는 세 개의 고유한 상태만 존재한다.

1. **동기화**(sync): 수신할 첫 번째 이벤트다. 알림 채널을 만들면 동기화 이벤트가 발생한다. 이 이벤트를 통해 채널이 열려 있다는 것을 알 수 있으므로 서버 측에서 초기화할 수 있다.
2. **객체 삭제**(not_exists): 객체가 삭제될 때마다 not_exists 상태로 요청을 받게 된다. 이 이벤트가 필요할 가능성은 적지만, 그래도 사용할 수는 있다.
3. **객체 생성 및 업데이트**(exists): 객체가 생성되거나 업데이트될 때 리소스 상태가 exists 로 이벤트가 생성된다. 요청할 때마다 받는 헤더와 함께 요청의 본문에 객체 메타 데이터도 가져온다.

8.7.1 URL 제한

불행히도 커스텀 URL이 포함된 버킷을 보기 위해 명령을 실행하려고 하면 허용되는 URL에 대해 몇 가지 문제점이 있음을 알 수 있다. 이 문제가 무엇이며, 문제를 해결하는 방법을 간단히 살펴보도록 하자.

보안

먼저 이 예에서 URL은 http가 아니라 https로 시작한다. 구글은 아무도 버킷에서 일어나는 변경을 감시할 수 없도록 하기 위해 알림 URL은 암호화되어 있어야 한다. 어떤 URL을 입력했는지에 상관없이 http로 시작하면 무효로 처리된다.

Let's Encrypt 덕분에 실제로 작동하는 SSL 인증서를 설정하는 것은 이전보다 훨씬 쉬워졌다.

https://letsencrypt.org/getting-started에서 시스템에 SSL을 설정하는 방법에 대한 요약 정보를 확인한다. 이는 몇 분 정도 소요된다.

허용목록 도메인

알림 엔드포인트(endpoint)의 보안을 요구하는 것 외에도 도메인을 객체 변경 알림의 엔드포인트로 사용하기 전에 도메인을 소유하고 있음을 증명해야 한다. 따라서 구글 클라우드를 사용하여 소유하지 않은 서버(의도적 또는 실수로)에 대한 요청을 할 수 없다. 예를 들어, 무엇이 https://your-competitor.com/dos-attack을 가리키는 엔드포인트의 부하를 일으키지 못하게 할까? 의도와 상관없이 Cloud Storage가 알림을 보내기 전에 도메인에 트래픽을 전송할 수 있는 권한이 있음을 증명해야 한다. 즉, 해당 주소를 허용 목록에 추가해야 한다. 몇 가지 방법으로 도메인을 허용 목록에 등록할 수 있지만, 가장 쉬운 방법은 도메인 이름을 관리하기 위해 구글 도메인을 사용하는 것이다. 도메인을 등록하거나 https://domains.google.com으로 도메인을 이전하면 된다.

이것이 옵션이 아닌 경우 대부분은 DNS 레코드 또는 특수 HTML 메타 태그를 설정하여 구글 웹 마스터 센터를 통해 소유권을 증명할 수도 있다. 이 작업을 시작하려면 https://google.com/webmasters/tools/를 방문하면 절차가 안내된다. 여러분의 구글 계정이 도메인 이름의 소유자로 등록되면 Cloud Storage는 여러분의 도메인을 허용 목록에 포함하고, 여러분의 알림 URL이 해당 도메인 이름을 사용할 수 있다고 간주한다.

8.8 일반적인 사용 사례

이제 객체 스토리지에 공통적인 필수 요소를 이해했으므로 일반적인 사용 사례, 특히 이러한 필수 요소들을 연결하여 프로필 사진, 웹사이트 또는 데이터 아카이빙과 같은 실제 작업을 수행하는 방법을 살펴보도록 하자.

8.8.1 사용자 콘텐츠 호스팅

가장 일반적인 시나리오 중 하나는 프로필 사진, 업로드된 동영상 또는 음성 녹음과 같은 사용자 콘텐츠를 안전하게 저장하는 것이다. 8.5.2에 설명된 서명 URL의 개념을 사용하여 InstaSnap에 저장된 사진과 같이 사용자가 업로드한 콘텐츠를 처리하기 위한 간단한 시스템을 설정할 수 있다.

URL 서명에 대한 절에서 배웠듯이 사용자 제작 콘텐츠를 받아들이기를 원할 경우 전 세계의 모든 사용자에게 Cloud Storage 버킷에 대한 일반 액세스 권한을 부여하고 싶지는 않을 것이다. 왜냐하면 그들은 끔찍한 일들을 할 수 있기 때문이다(예를 들어, 사람들이 데이터를 지우거나 그들이 봐서는 안 되는 데이터를 볼 수도 있다). 사용자가 먼저 콘텐츠를 서버로 보내고 서버가 Cloud Storage로 전달하도록 요청하는 것은 낭비라고 할 수 있다. 이상적으로는 고객이 몇 가지 제한 사항을 제외하고 버킷에 직접 콘텐츠를 전송할 수 있도록 하는 것이 좋다.

이를 달성하기 위해 Cloud Storage는 정책 토큰을 만드는 방법을 제공한다. 이 토큰은 어린이가 학교에서 외부 행사에 참석할 수 있도록 허용하는 것과 같은 종류다. 사용자가 업로드할 수 있는 정책 문서를 생성한 다음 해당 정책에 디지털로 서명하고, 서명을 다시 사용자에게 보낸다. 예를 들어, 정책은 "이 사람이 최대 5MB 크기의 PNG 이미지를 업로드할 수 있다"와 같은 내용을 전달할 수 있다.

그런 다음 사용자는 Cloud Storage에 콘텐츠를 업로드하고 정책 및 정책 서명도 전달한다. Cloud Storage는 서명이 유효하고 사용자가 수행하려는 작업이 정책의 적용 대상인지 확인한다. 일치하면 작업이 완료된다. 그림 8.10은 이것을 흐름도 관점에서 보여준다.

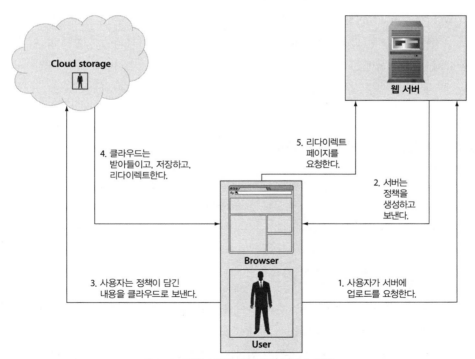

그림 8.10   정책 서명을 사용하여 콘텐츠 업로드

단계는 다음과 같다.

1. 사용자가 웹 서버에 "업로드할 수 있을까?"라고 묻는다(사용자가 업로드 페이지로 이동한 경우일 수 있다).

2. 서버가 정책을 생성하고, 이를 서명과 함께 보낸다.

3. 사용자가 표준 HTML \<form\>을 사용하여 정책 및 서명과 함께 콘텐츠(예: 이미지)를 Cloud Storage에 보낸다.

4. Cloud Storage는 이미지를 수락하고 저장한 다음 사용자를 다른 웹 페이지로 리디렉션한다.

8.8.2 데이터 보관

이미 여러번 들었듯이 특히 니어라인 및 콜드라인 스토리지에 관해 논의할 때 Cloud Storage는 비용 효율적인 데이터 보관 방법이 될 수 있다. 액세스 로그, 처리된 데이터 또는 옛날 영화를 DVD에서 변환한 경우 Cloud Storage는 데이터를 안전하게 유지하는 데만 신경을 쓴다.

보관된 데이터의 액세스 빈도가 매우 낮기 때문에 니어라인 및 콜드라인 스토리지 클래스는 이상적인 옵션이다. 이 데이터를 자주 다운로드할 필요가 없으므로, 월말의 청구서는 다중 지역 저장소를 선택한 경우보다 훨씬 낮을 것이다. Cloud Storage를 사용하여 로그를 보관하는 방법에 대해 간단히 살펴보도록 하자.

로그는 일반적으로 실행 중인 프로세스(예: 웹 서버)가 시간에 따라 새 파일명으로 추가되고 순환되는 텍스트 파일이다(때로는 파일 크기, 때로는 타임 스탬프에 기반한다). Cloud Storage의 목표는 장비의 파일을 Cloud Storage 버킷으로 가져오는 것이다. 일반적으로 로깅 시스템은 로그를 gzip 형식으로 패키징하므로 잘라내기에 적합한 파일을 버킷에 업로드하는 일정 작업을 설정하면 된다. 예를 들어, 시스템 crontab의 일부로 gsutil 명령의 rsync 기능을 사용하여 매일 오전 3시에 MySQL 로그를 Cloud Storage에 동기화할 수 있다.[1]

```
0 3 * * * gsutil -m rsync /var/log/mysql gs://my-log-archive/mysql
```

이 명령은 로컬 로그 파일을 Google Cloud Storage 버킷과 동기화하여 이미 저장한 데이터를 업로드하지 않고, 새로 생성되거나 수정된 파일을 모두 하나의 명령으로 복사한다. 이제 Cloud Storage의 가격 책정 방식에 대해 알아보도록 하자.

---

1 이 주제의 목적을 위해서 일단 시간대는 무시한다.

8.9 가격 책정의 이해

우리는 Cloud Storage가 무엇인지, Cloud Storage가 제공하는 기능, 그리고 실제 작업을 위해 이러한 기능을 통합하는 방법에 대해 많은 시간을 할애했다. 하지만 어떻게 지불해야 할까? 그리고 비용이 얼마나 들까? 이 작업들에 비용이 드는 여러 가지 방법을 살펴보자. 그리고 나서 몇 가지 일반적인 예를 들어 각각의 비용이 얼마인지 알아보자.

Cloud Storage 가격은 여러 가지 구성요소로 나뉜다.

- 저장된 데이터 양
- 전송된 데이터 양(네트워크 트래픽이라고도 함)
- 실행된 작업 수(예: GET 작업 수). 추가로 나중에 자세히 알아볼 니어라인 및 콜드라인 스토리지 클래스에는 두 가지 추가 구성요소가 있다.
- 검색된 데이터 양(제공된 데이터 외에)
- 30일(또는 90일)의 최소 저장

8.9.1 저장된 데이터의 양

데이터 저장소는 Cloud Storage 청구서의 가장 단순하고 명확한 구성요소이며, Drop Box와 같은 다른 저장소 공급자를 연상케 한다. 매월 Cloud Storage는 버킷에 보관하는 데이터 양을 기가바이트/월 단위로 청구하며, 개체 저장 기간에 비례하여 계산한다. 30일 중 15일 동안 객체를 저장하면 단일 2GB 객체에 대한 요금은 2 (GB) * 0.026 (USD) * 15 / 30(months)로 31센트가 된다. 31일 동안 1시간(1일 1/24)만 저장하면 데이터 저장 비용은 2 (GB) * 0.026 (USD) * (1 / 24) days / 31 (days in the month)이 된다. 실질적으론 0(0.000069892)이다. 니어라인이나 콜드라인과 같은 다른 스토리지 클래스로 변경하면 데이터 저장 구성요소가 더 저렴해진다.

첫째, 현재 미국, EU 및 아시아인 다중 지역에 대한 가격을 살펴보자. 이 세 위치는 다중 지역, 니어라인 및 콜드라인 스토리지 클래스를 위치 안의 여러 지역으로 나눌 수 있다. 표 8.8을 참조한다.

표 8.8 저장되는 GB당 다중 지역 위치의 저장 클래스별 가격

클래스	월별 GB당 클래스 가격
다중 지역	2.6센트($0.026)
니어라인	1센트($0.01)
콜드라인	0.7센트($0.007)

단일 지역 위치의 경우 지역, 니어라인 및 콜드라인 스토리지 클래스만 지원된다. 예상되겠지만, 몇 가지 일반적인 위치에 대해서는 표 8.9에서 볼 수 있듯이 이들 가격이 한 위치에서 다른 위치로 다양하다.

표 8.9 저장된 GB당 저장 클래스(및 위치)별 가격

위치	지역	니어라인	콜드라인
오레곤(US)	$0.02	$0.01	$0.007
사우스 캐롤라이나(US)	$0.02	$0.01	$0.007
런던(UK)	$0.023	$0.016	$0.013
뭄바이(인도)	$0.023	$0.016	$0.013
싱가포르	$0.02	$0.01	$0.007
시드니(호주)	$0.023	$0.016	$0.013
대만	$0.02	$0.01	$0.007

이러한 비용은 Cloud Storage에 저장하는 데이터의 양에 대한 비용이다. 높은 수준의 내구성을 제공하기 위해 제공되는 중복성은 정가에 포함된다.

이 스토리지 비용은 별로 좋아 보이지 않을 수도 있지만, 더 많은 양의 데이터 비용을 고려하면 비용 차이가 중요해질 수 있다. 여러 스토리지 클래스에서 한 달 동안 증가하는 양의 데이터를 저장하는 빠른 요약을 보여주는 표 8.10을 살펴보자.

표 8.10 각 클래스별 월간 스토리지 비용

클래스	10GB	100GB	1TB	10TB	100TB	1PB
다중지역	$0.26	$2.60	$26.00	$260.00	$2,600.00	$26,000.00
지역(아이오와)	$0.20	$2.00	$20.00	$200.00	$2,000.00	$20,000.00
니어라인	$0.10	$1.00	$10.00	$100.00	$1,000.00	$10,000.00
콜드라인	$0.07	$0.70	$7.00	$70.00	$700.00	$7,000.00

많은 양의 데이터(예: 페타바이트)를 저장하는 경우 니어라인과 같은 다른 저장소 클래스를 사용하면 청구서의 데이터 저장소 구성요소에 대해 다중 지역보다 훨씬 저렴할 수 있다.

메타 데이터도 마찬가지! 데이터를 저장하는 것 외에도 개체에 저장하는 모든 메타 데이터는 개체 자체의 일부로 간주된다. 즉, 추가 64자를 메타 데이터에 저장하면 계산서에 64바이트의 추가 저장 공간이 있어야 한다.

그러나 여러분의 데이터는 가만히 멈춰 있지 않는다. 인터넷을 통해 전송되어야 하므로 비용이 얼마나 되는지 살펴보자.

8.9.2 전송된 데이터의 양

데이터 저장 요금 지불 외에도 해당 데이터를 고객 또는 본인에게 보내는 비용이 청구된다. 이 비용은 때때로 네트워크 송신이라고도 하는데, 이는 구글의 네트워크에서 전송되는 데이터의 양을 말한다. 예를 들어, Cloud Storage 버킷에서 사무실의 데스크톱으로 1MB 파일을 다운로드하는 경우 구글의 정상 요금으로 네트워크 트래픽을 내보내는 비용이 청구된다.

네트워킹은 지리적 위치에 따라 다르므로(세계의 장소에 따라 네트워크 케이블의 양이 다르다) 네트워크 비용은 전 세계 어디에 있느냐에 따라 달라진다. 구글의 경우 중국 본토와 호주는 현재 세계 어느 곳보다 비용이 많이 드는 두 지역이다.

또한, 한 달에 주어지는 1테라바이트를 넘는 많은 데이터를 보내면 대략적인 액수가 5%에서 10% 할인 요금이 적용된다. 표 8.11에서 가격이 어떻게 쌓여가는지를 알 수 있다. 대부분의 사용자는 첫 번째 열(한 달에 최대 1TB의 데이터 제공)에 해당되며, 미국이 기반인 고객을 대상으로 하는 경우 마지막 행에 가장 많이 해당된다. 평균적으로 미국 중심의 경우 네트워크 비용은 기가바이트당 12센트다.

표 8.11 **GB당 송신 네트워크 가격**

지역	처음 TB/월	다음 9TB/월	10TB 초과/월
중국 (홍콩 제외)	$0.23	$0.22	$0.20
호주	$0.19	$0.18	$0.15
그밖의 지역(예: 미국)	$0.12	$0.11	$0.08

이를 바탕으로 Cloud Storage 버킷에서 뉴욕 시의 사무실 데스크톱으로 1MB 파일을 다운로드하는 경우 0.001 (GB) * 0.12 (USD) 또는 파일을 다운로드하는 데 $0.0001의 요금이 부과된다. 동일한 파일을 1,000번 다운로드하면 총 비용은 1 (GB) * 0.12 (USD) 또는 $0.12가 된다. 호주에서 휴가를 보내고 똑같은 일을 하면 청구액은 1 (GB) * 0.19 (USD) 또는 0.19달러가 된다. 이 구성요소에 대한 한 가지 큰 예외는 네트워크 내 트래픽이다.

구글 클라우드에서는 동일한 지역 내에 있는 네트워크 트래픽이 무료다. 미국에서 버킷을 만든 다음 해당 버킷의 데이터를 동일한 지역의 Compute Engine 인스턴스로 전송하면 해당 네트워크 트래픽에 대해서는 비용이 부과되지 않는다. 반대로 아시아의 버킷에 저장된 데이터가 us-central1-a의 Compute Engine 인스턴스로 다운로드되는 경우 해당 네트워크 트래픽에 대해 비용을 지불하고, asia-east1-c의 인스턴스로 다운로드하는 것은 무료다.

8.9.3 실행된 작업의 수

마지막으로, 인터넷을 통해 저장하거나 전송하는 데이터의 양에 따라 요금이 부과될 뿐만 아니라 Cloud Storage는 버킷이나 객체에서 수행할 수 있는 특정 하위 작업에 대해 요금을 부과한다. 무료 작업에는 두 가지 클래스가 있다. 하나의 객체를 얻는 등의 "저렴한" 클래스는 10,000번의 작업마다 1센트의 비용이 들며, 객체의 메타 데이터를 업데이트하는 등의 "비싼" 클래스는 매 10,000번의 작업마다 10센트의 비용이 든다. 값싼 작업인지 비싼 작업인지 알아보는 좋은 방법은 Cloud Storage에서 데이터를 수정하는지를 확인하는 것이다. 데이터를 쓰는 경우 예외가 있긴 하지만, 비용이 많이 드는 작업 중 하나일 수 있다. 표 8.12를 참조한다.

표 8.12 작업 유형

유형	저렴한 작업(10k당 $0.01)	비싼 작업(10k당 $0.10)
읽기	* .get * AccessControls.list	buckets.list objects.list
쓰기	콜백 URL에 전송된 모든 알림	* .insert * .patch * .update objects.compose objects.copy objects.rewrite objects.watchAll * AccessControls.delete

몇 가지 작업은 무료이기 때문에 이 목록에서 빠져 있다. 무료 작업은 (예상한 대로) 삭제에 초점을 두고 있다.

- channels.stop
- buckets.delete
- objects.delete

계속해서 니어라인 및 콜드라인 가격 책정 방식에 대해 자세히 살펴보도록 하자.

8.9.4 니어라인과 콜드라인 가격 결정

8.4.3과 8.4.4에서 언급했듯이 니어라인 및 콜드라인 스토리지 클래스의 데이터는 상당히 저렴한 데이터 저장 비용이지만, 데이터에 자주 액세스하는 경우 단점이 있을 수 있다. 니어라인과 콜드라인은 지금까지 배웠던 스토리지, 네트워크 및 운영 비용 외에도 데이터 검색을 위한 추가 비용을 포함한다. 현재 니어라인에서 검색은 GB당 $0.01이고, 콜드라인에서는 GB당 $0.05다. 이는 목적지가 어디든 상관없이 적용되는 내부 네트워킹 비용과 비슷하다. 즉, Cloud Storage에서 Compute Engine 인스턴스로 동일한 지역 내에서 다운로드하더라도 GB당 $0.01 또는 $0.05가 들 것이다.

이상하게 보일 수도 있지만, 니어라인과 콜드라인은 기본적으로 보관용으로 설계되었으므로 안전하게 데이터를 저장하는 것이 훨씬 저렴해지는 대가로 이러한 클래스는 데이터를 검색하는 경우에만 GB당 금액을 다시 추가한다. 이를 보다 정량적인 맥락에서 설명하자면, 1GB를 다중 지역 저장소에 저장하는 데 드는 비용(월 $0.026)은 1GB를 니어라인에 저장하고, 해당 1GB에 액세스하는 비용과 사실상 동일하다(예: 매월 $0.01). 즉, 스토리지에 대한 손익분기점은 저장된 데이터의 1.6배량을 검색할지에 따라 달라진다.

이 점을 다시 처음으로 되돌려 보기 위해 총 1GB의 사용자 업로드된 10,000개의 이미지가 있으며, 이러한 이미지를 저장할 위치를 결정해야 한다고 상상해 보자. 또한, 여러분이 이 사진들을 보관하고 있어서 일년에 한 번만 다운로드할 계획이라고 상상해 보자. 그리고 네트워크 송신 비용을 무시할 수 있는 동일한 지역의 Compute Engine 인스턴스로 다운로드한다고 가정해 보자. 표 8.13을 참조한다.

표 8.13 **가격 비교(연간 액세스)**

클래스	스토리지	검색	총합
니어라인	$1.20(= 10 GB * 1 download per year * $0.01 per GB downloaded)	$0.10(= 10 GB * $0.01 per GB per month * 12 months)	$1.30
콜드라인	$0.84(= 10 GB * $0.007 per GB per month * 12 months)	$0.50(= 10 GB * 1 download per year * $0.05 per GB downloaded)	$1.34
다중 지역	$3.12(= 10 GB * $0.026 per GB per month * 12 months)	$0.00(= 10 GB * 1 download per year * $0.00 per GB downloaded)	$3.12

1년에 한 번만 데이터를 다운로드하는 경우 니어라인을 사용하여 데이터를 저장하면 비용이 더 적게 든다.

데이터에 자주 액세스하는 경우(예: 각 이미지를 매주 한 번 이상 다운로드하는 경우) 표 8.14에서 볼 수 있듯이 가격 변동폭이 상당히 바뀐다.

표 8.14 **가격 비교(주간 액세스)**

클래스	스토리지	검색	총합
니어라인	$1.20(= 10 GB * $0.01 per GB per month * 12 months)	$5.20(= 10 GB * 52 downloads per year * $0.01 per GB downloaded)	$6.40
콜드라인	$0.84(= 10 GB * $0.007 per GB per month * 12 months)	$26.00(= 10 GB * 52 downloads per year * $0.05 per GB downloaded)	$26.84
다중 지역	$3.12(= 10 GB * $0.026 per GB per month * 12 months)	$0.00(= 10 GB * 52 downloads per year * $0.00 per GB downloaded)	$3.12

이 시나리오에서는 니어라인을 사용하는 데 약 2배의 비용이 들며, 거의 데이터를 가져오는 비용만으로 비용이 발생한다.

데이터에 액세스할 필요가 없다면 콜드라인이 표 8.15에서 어떻게 돋보이는지 확인할 수 있다.

표 8.15 **가격 비교(액세스 없음)**

클래스	스토리지	검색	총합
니어라인	$1.20(= 10 GB * $0.01 per GB per month * 12 months)	$0.00(= 10 GB * 0 downloads per year * $0.01 per GB downloaded)	$1.20
콜드라인	$0.84(= 10 GB * $0.007 per GB per month * 12 months)	$0.00(= 10 GB * 0 downloads per year * $0.05 per GB downloaded)	$0.84
다중 지역	$3.12(= 10 GB * $0.026 per GB per month * 12 months)	$0.00(= 10 GB * 0 downloads per year * $0.00 per GB downloaded)	$3.12

이렇게 하면 니어라인 또는 콜드라인 스토리지가 언제 어느 시스템에 적합한지 알 수 있다. 만약 어려운 때를 대비하여 비용을 아껴두고 있다면, 니어라인은 어려운 일들이 얼마나 자주 발생하는지에 따라 더 나은 선택이 될 수 있다. 애플리케이션에서 데이터를 사용하고 사용자에게 제공하는 경우 다중 지역(또는 지역) 스토리지가 더 적합할 것이다.

8.10 Cloud Storage는 언제 사용해야 하나?

다른 스토리지 시스템과 달리 Cloud Storage는 두 가지 이상의 방법으로 시스템을 보완한다. 어떤 의미에서 객체 스토리지를 사용하는 것은 다중 선택 옵션 중 하나라기보다는 체크박스에 가깝다.

결과적으로 이 섹션에서는 그림 8.11과 같이 다른 서비스와 동일한 스코어카드를 사용하여 Cloud Storage를 간략하게 요약한다. Cloud Storage가 다른 스토리지 시스템을 보완하는 방법에 대해 집중적으로 설명하겠다.

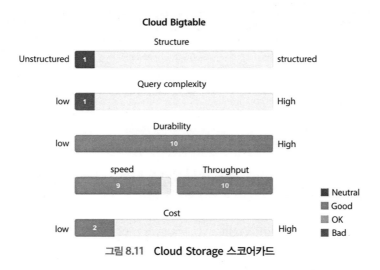

그림 8.11 **Cloud Storage 스코어카드**

8.10.1 구조

Cloud Storage는 정의에 의하면 비구조적 스토리지 시스템이므로 순수하게 "이 키로 객체를 주시오"를 제외한 어떤 쿼리도 다룰 능력이 없는 키-값 저장소 시스템으로 사용된다.

기술적으로 Cloud Storage에 접두사를 기반으로 하는 객체 목록을 쿼리할 수 있지만, 쿼리 기능은 관리 기능으로 처리해야 하며, 애플리케이션에서 기능으로 사용해서는 안 된다.

8.10.2 쿼리 복잡성

Cloud Storage의 구조와 순수한 키-값 특성이 완전히 없어 복잡한 쿼리를 실행할 수 있는 능력이 없다. 즉, 데이터를 쿼리해야 하는 경우 Cloud Storage를 사용하면 안 된다.

8.10.3 내구성

Cloud Storage의 내구성은 강하고, 99.999999999%의 내구성 보증(11개의 9)을 제공한다. 더 저렴한 옵션(니어라인 또는 콜드라인)이 있더라도 데이터는 기본적으로 여러 곳에서 자동으로 복제되므로 Cloud Datastore 또는 Compute Engine의 영구 디스크와 마찬가지로 가능한 한 안전하다.

이는 데이터를 여러 조각으로 나누어 데이터를 여러 디스크에 중복 저장하는 오류 수정 형태인 삭제 코딩을 사용하여 수행한다(네트워크 장애와 전원 장애 모두를 고려). 예를 들어, 데이터가 있는 디스크 두 개가 잘못되더라도 데이터는 여전히 안전하며, 손실되지 않는다.

8.10.4 속도(대기 시간)

대기 시간은 Cloud Storage가 애플리케이션에 대해 기대하는 것을 선택할 수 있게 해주는 영역이다. 기본적으로 다중 지역 저장소는 대기 시간(첫 번째 바이트까지의 시간으로 측정)을 밀리초로 가져올 만큼 충분히 빠르다. 1바이트 대기 시간에 관심이 없고 비용 절감에 더 관심이 있는 경우 보관 또는 자주 액세스하지 않는 데이터를 더 많이 사용하는 경우 니어라인 또는 콜드라인 스토리지를 선택할 수 있다. 속도가 필요하면 그것도 있고, 그렇지 않다 해도 돈을 아낄 수 있다.

8.10.5 처리량

이것은 Cloud Storage의 또 다른 강력한 영역이다. Cloud Storage는 처리량에 최적화되어 있으므로 처리량을 위한 끊임없는 리소스로 효과적으로 처리할 수 있다. 이는 처리량을 위한 무한한 리소스는 분명 아니다. 결국, 세상에는 처리하는 데 필요한 만큼의 네트워크 케이블이 있을 뿐이다. 하지만 구글은 더 빠른 다운로드가 필요 없도록 글로벌 규모로 용량을 자동으로 관리해 준다.

8.10.6 종합

앞에서 언급했듯이, 각 애플리케이션의 일반적인 스토리지 요구에 초점을 맞추고 이 서비스가 어떻게 확장되는지 살펴보는 대신, 이 섹션에서는 각 애플리케이션이 Cloud Storage를 사용할 수 있는 방법과 얼마나 적합한지에 대해 중점적으로 다룰 것이다.

8.10.7 To-Do List

To-Do List는 아마도 Cloud Storage에 많이 사용되지 않을 것이다. 특히, 저장되는 데이터의 대부분이 바이너리가 아닌 텍스트 형식이기 때문이다. To-Do List에서 이미지 업로드를 지원하려는 경우 Cloud Storage는 해당 데이터를 저장할 수 있는 좋은 장소다. 표 8.16을 참조한다.

표 8.16 저장소 클래스의 To-Do List 사용

저장소 클래스	사용 사례
다중 지역	고객 이미지 업로드 저장(예: 프로필 사진)
지역	고객 첨부물 저장(예: Excel 파일)
니어라인	아카이빙 데이터베이스 백업
콜드라인	아카이빙 요청 로그

To-Do List는 고객 데이터를 제공하기 때문에 버킷에 다중 지역 스토리지 클래스를 사용하고자 할 가능성이 크다. 가능한 돈을 적게 쓰려고 한다면 지역 스토리지가 기술적으로 효과가 있을 수 있다. 우리는 사용자가 어디에 있는지 모른다. 따라서 데이터에서 멀리 떨어져 있는 사람들은 전반적인 성능이 저하될 수 있다.

8.10.8 E*Exchange

E*Exchange는 첨부 파일이 필요하지는 않지만, 거래 기록을 보관하거나 세금 문서를 PDF 파일로 저장해야 할 수도 있다. 이 경우에서 가장 좋은 선택은 사용자 대면 다운로드를 위해서 아마도 지역 저장소일 것이다. SEC가 연례 감사를 수행하고자 할 경우 거래 보고서는 니어라인 저장소를, 거래 로그는 콜드라인 저장소를 선택하는 것이 좋다. 거래 데이터에 대한 분석을 실행하는 경우, 어디서 계산되는지 발생 위치를 알고 있기 때문에 지역 스토리지를 선택하는 것이 좋다. 표 8.17을 참조한다.

표 8.17 E*Exchange 저장소 요구사항

스토리지 클래스	사용 사례
다중 지역	고객 세무 서류를 PDF 파일로 제공
지역	데이터 분석 작업
니어라인	고객 거래 보고서
콜드라인	Systemwide 감사 로그

8.10.9 InstaSnap

InstaSnap은 사용자 접점 앱으로 사진 대기 시간을 중요시하여 고객이 업로드한 이미지에 주로 집중한다. 따라서 대기 시간이 가장 낮고 가용성이 가장 높은 다중 지역 저장소가 올바른 선택일 수 있다. 데이터베이스 백업 보관은 니어라인 저장소로, 사용자 접근 로그는

콜드라인 저장소로 하고 싶어할 수 있다. 표 8.18을 참조한다.

표 8.18 InstaSnap 저장소 요구사항

스토리지 클래스	사용 사례
다중 지역	고객 업로드 이미지 저장
지역	명백한 유스 케이스 없음
니어라인	주간 데이터베이스 백업
콜드라인	아카이브 사용자 액세스 로그

요약

- Google Cloud Storage는 디스크 드라이브, 복제 등에 대한 걱정 없이 바이트(객체)에 임의의 청크를 저장할 수 있는 오브젝트 스토리지 시스템이다.

- Cloud Storage는 몇 가지 스토리지 클래스를 제공하며, 각각 고유한 절충점이 있다(예: 가용성 저하 대신 비용 절감).

- Cloud Storage는 주로 데이터 청크를 저장하는 것이지만, 이전 데이터에 대한 자동 삭제(수명주기 관리), 여러 버전의 데이터 저장, 고급 액세스 제어(ACL 사용)와 객체 및 버킷 변경 사항 알림과 같은 추가 기능을 제공한다.

- 지금까지 배웠던 다른 스토리지 시스템과 달리 Cloud Storage는 다른 스토리지 시스템을 보완하므로 결과적으로 그것 대신이라기보다는 다른 스토리지 시스템과 함께 사용한다.

III

컴퓨팅

지금까지 데이터를 저장하는 방법을 살펴보았으므로 이제는 해당 데이터와 상호작용할 수 있는 다양한 컴퓨팅 옵션에 대해 생각해 볼 것이다.

스토리지 시스템과 마찬가지로 몇 가지 컴퓨팅 옵션을 사용할 수 있으며, 각 옵션마다 고유한 장점과 단점이 있다. 이러한 각 옵션을 사용하면 가장 낮은 수준(가상 시스템에서 작업)에서부터 클라우드에서 실행되는 단일 자바스크립트 함수까지 추상화의 다른 계층을 사용하여 수행하는 계산 작업을 표현할 수 있다.

이 장에서는 다양한 컴퓨팅 환경을 살펴볼 것이며, 이 모두가 어떻게 작동하는지 알아보도록 한다. 이전에 이런 종류의 서버(예: 9장의 Compute Engine에서는 가상 서버만 사용)를 다루어 봤다면 익숙할 것이고, 그렇지 않다면 낯설게 보일 수 있다(예: 11장의 App Engine, 모든 기능을 갖춘 호스팅 환경). 그러나 다음 프로젝트를 계획하는 시기가 왔을 때 이러한 정보를 바탕으로 결정을 내리는 데 차이점을 이해하는 것이 중요하다.

마지막으로, 13장에서 Cloud DNS를 사용하여 시간이 지남에 따라 생성되는 모든 컴퓨팅 리소스에 사람이 읽을 수 있는 이름을 부여하는 방법에 대해 살펴보겠다.

PART III

Computing

CHAPTER

9

Compute Engine: 가상 머신

이 장에서는 다음 내용을 다룬다.

- 가상 머신(VMs)이란 무엇인가?
- 가상 머신으로 영구 저장소 사용하기
- 오토 스케일링이 작동하는 방식
- 로드 밸런서를 이용해서 복수의 서버로 트래픽 분산시키기
- Compute Engine의 가격 구조

앞에서 배운 바와 같이, 가상 머신은 하나의 물리적인 시스템을 공유하면서 잘게 쪼갠 조각처럼 나누어 사용하는 것이다. 이것은 새로운 아이디어는 아니지만, – 심지어 10년 전에 가상 전용 서버(VPS, Virtual Private Server)라는 이름으로 팔리기도 했다. – 그러나 클라우드 호스팅 플랫폼인 구글 클라우드 플랫폼과 아마존 웹 서비스(Amazon Web Services, AWS)를 사용하면서 확실히 개선되었다. 예를 들어, 지금은 가상 머신을 물리적인 머신에서 분리하는 것이 가능해졌고, 다운타임 혹은 성능에 큰 영향 없이도 가상 머신은 어디선가 실시간 마이그레이션이 이루어지고, 유지관리를 위해 오프라인 상태가 될 수 있다.

이와 같은 고급 기능들을 통해 호스팅 제공자가 인입 트래픽이나 CPU 사용량에 따라 더 많거나 적은 가상 머신을 자동으로 프로비저닝할 수 있도록 오토 스케일링 같은 세련된 기능을 사용할 수 있도록 하였다. 그러나 때로는 이런 기능들을 이해하고 구성하는 것이 까다로울 수

있다. 9장에서는 가상 머신을 다루기 편하게 하고, (특히 직관적이지 않은) 흥미로운 성능 특징들을 설명하며, (자동 스케일링 같은) 고급 기능들을 설명하고자 한다.

Compute Engine은 거의 40개의 다른 API 리소스들로 구성된 거대한 시스템으로 Compute Engine만으로도 한 권의 책을 쓰는 게 가능하다. 이 책에서는 Compute Engine과 관련된 가장 일반적이고 유용한 것에 중점을 둘 것이며, 필요한 경우 몇 가지 세부사항을 다룰 것이다. 이제 구글 Compute Engine에서 가상 머신을 만들어 보자.

9.1 첫 번째(혹은 두 번째) 가상 머신 시작하기

클라우드 콘솔에서 가상 머신을 시작하는 방법에 대하여 이미 보았으므로(2장 참고), 이제 gcloud를 사용하여 명령줄에서 가상 머신을 시작해 보자.

> **NOTE** gcloud가 아직 설치되지 않았다면 https://cloud.google.com/sdk에서 설정 방법에 대한 지침을 확인해 본다.

우선 gcloud auth login을 사용해서 인증하는 것이 필요하다. 그리고 gcloud config set project your-project-id-here로 프로젝트를 기본값으로 설정했는지 확인해야 한다. 그런 다음, us-central1-a 영역에 새로운 인스턴스를 만들 수 있고, gcloud compute ssh 명령을 사용해 접속할 수 있다.

```
$ gcloud compute instances create test-instance-1
➥ --zone us-central1-a  ◁──┤ 먼저, 새로운 인스턴스를 만든다.
Created [https://www.googleapis.com/compute/v1/projects/
➥ your-project-id-here/zones/us-central1-a/instances/
➥ test-instance-1].
NAME             ZONE           MACHINE_TYPE     STATUS
test-instance-1  us-central1-a  n1-standard-1    RUNNING
                                                        그런 다음 SSH로
                                                        인스턴스에 접속한다.
$ gcloud compute ssh --zone us-central1-a test-instance-1  ◁─┘
Warning: Permanently added 'compute.14461862297696272700' (ECDSA) to
➥ the list of known hosts.
# ... Some welcome text here ...
jjg@test-instance-1:~$
```

이 모든 것이 너무 쉽게 보인다는 것이 핵심이다. 클라우드 컴퓨팅의 목표는 실제 물리적인 인프라를 단순화하여 하드웨어를 다루는 것보다는 소프트웨어를 만드는 데 집중하는 것이다. 즉, 가상 머신을 켜는 것보다는 GCE가 훨씬 더 중요하다.

GCE를 사용하여 구축된 완전한 오토 스케일링 시스템에서 모든 요소들의 개요에 대해 살펴보자. 이 시스템은 주어진 시간에 부하를 기반으로 확장하거나 축소(VM을 생성하거나 삭제)할 수 있다(그림 9.1).

NOTE 처음에는 어렵게 느낄 수 있지만, 걱정하지는 말자. 관련된 부분들을 하나씩 알아볼 것이고, 이 장이 끝날 때쯤이면 모든 것들을 이해하게 될 것이다.

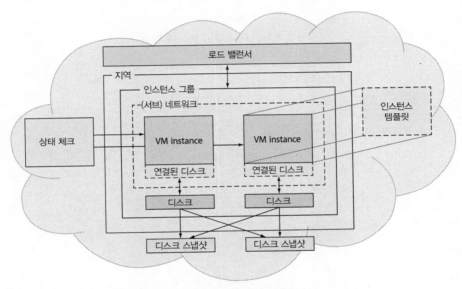

그림 9.1 GCE의 전체 개요

보다시피 이 그림에는 많은 부분들이 있다. 왜 우리는 이렇게 많은 것이 필요할까? 간단하게 생각하면 모든 것이 필요하지는 않다. 필요한 것이 단지 SSH로 접속하고 한두 개의 서버를 실행할 간단한 가상 머신이라면 이미 필요한 모든 것을 갖게 된 것이다. 그러나 결국에는 가상 머신을 커스터마이징하거나 서버 요청들을 여러 머신들 간에 밸런싱하는 것과 같은 고급 기능들을 원할 수 있다. 구글 Compute Engine은 이런 모든 작업을 할 수 있는 방법을 제공하지만, gcloud 명령 하나를 입력하는 것보다는 조금 복잡하므로 몇 가지 개념들을 먼저 이해할 필요가 있다. 이해하기에 좀 더 쉬운 간략한 다이어그램으로 시작해서 배포를 커스터마이징하는 단계로 넘어가 보자(그림 9.2). 이 그림에서는 디스크 스토리지가 인스턴스의 기반이 되는지 여부를 명확히 파악할 수 있으므로 이러한 디스크가 무엇이며, 어떻게 작동하는지 살펴보겠다.

9.2 영구 디스크를 이용한 블록 저장소

영구 디스크(Persistent Disk)는 외장 하드 드라이브와 비슷하다. 하드 드라이브와 마찬가지로 다양한 크기(예: 100GB 또는 1TB)로 사용할 수 있으며, 물리적으로는 비슷한 방식으로 컴퓨터에 가상으로 연결하여 저장되어 있는 데이터를 볼 수 있다. 기본 필수 저장소처럼 들릴 수도 있지만, 원래 이 저장소는 완전 임시 저장소였다. 컴퓨터를 다시 시작할 때마다 로컬 디스크에 저장된 모든 데이터가 완전히 사라져서 위험한 상태가 될 수 있었다.

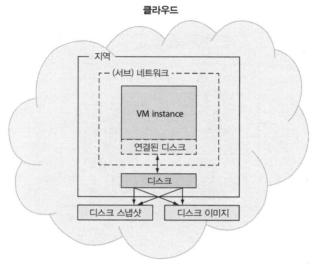

그림 9.2 GCE의 간략한 개요

이 문제를 해결하기 위해 클라우드 호스팅 제공 업체는 일반 디스크처럼 보이게 작동하지만, 복제되고 가용성이 높은 스토리지 서비스를 제안하였다. 구글은 이것을 영구 디스크라고 명명했다. 이 디스크가 어떻게 작동하는지 자세히 살펴보겠다.

9.2.1 리소스로서의 디스크

앞서 단지 가상 컴퓨터를 만드는 과정에서 디스크를 다루었지만, 그 용도에만 국한되지는 않는다. VM과 별도로 디스크를 만들고 관리할 수 있으며, 실행 중인 인스턴스에서 디스크를 연결하거나 분리할 수도 있다. 지금까지는 VM에 연결된 디스크만 살펴봤지만, 서로 다른 상태에 있을 수 있다. 디스크의 수명주기와 디스크로 수행할 수 있는 모든 작업에 대하여 알아보도록 하자.

영구 디스크는 세 가지 상태 중 하나가 될 수 있다.

- 연결되지 않음: 디스크를 만들었지만, VM에 마운트되지 않은 상태
- 읽기 전용 모드로 연결: VM은 디스크에서 읽기만 가능한 상태
- 읽기/쓰기 모드로 부착: VM은 디스크를 읽고 쓸 수 있는 상태

읽기/쓰기 상태의 디스크는 VM을 만들 때 기본값이기 때문에 이것에 대해서만 언급하였다. 이 모든 상태들이 어떻게 작용하는지 그리고 어떻게 전환되는지 폭넓게 알아보자.

그림 9.3은 다양한 디스크 상태 간에 전환하는 방법을 보여준다. 보다시피, GCE에서 디스크를 만들 때의 기본값은 연결되지 않은 상태(Unattached)다. 즉, 디스크는 있지만, VM이 사용하지 않고 있다는 것을 의미한다. 이 디스크는 어딘가에 보관되어 나중에 언젠가는 사용할 수 있다고 생각할 수 있다.

2가지의 다른 모드(읽기 전용 및 읽기/쓰기)로 디스크에 VM을 연결할 수 있지만, 읽기 전용 모드는 독점적이지 않은 반면 읽기/쓰기 모드는 독점적이다. 읽기 전용 모드의 단일 디스크를 원하는 만큼의 VM에 연결할 수 있지만, 디스크가 읽기/쓰기 모드로 VM에 연결되어 있는 경우 모드에 관계없이 디스크를 다른 VM에 연결할 수 없다.

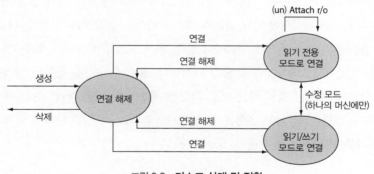

그림 9.3 **디스크 상태 및 전환**

이제 디스크 상태와 디스크를 연결하는 규칙을 이해할 수 있게 되었다. 그러면 디스크를 어떻게 사용하는지 살펴보겠다.

9.2.2 디스크 부착 및 분리

더 확실하게 알아보기 위해 디스크를 만들어 여러 가지 상태로 살펴보아야 한다. instance-1
및 instance-2라고 하는 이미 존재하는 두 개의 VM이 있다고 하자. VM의 세부 사항은 중요
하지 않으니 크게 신경쓰지 않아도 된다. 가지고 있는 VM을 확인하기 위해 list할 수 있다.

```
$ gcloud compute instances list
NAME          ZONE           MACHINE_TYPE      STATUS
instance-1    us-central1-a  g1-small          RUNNING
instance-2    us-central1-a  g1-small          RUNNING
```

클라우드 콘솔에서 Compute Engine 섹션으로 이동하고, 왼쪽 탐색 메뉴에서 Disks를 선택한
다. 그런 다음 디스크 만들기(Create Disk)을 클릭하면 친숙한 페이지로 이동하게 된다(그림 9.4).
가장 먼저해야 할 일은 VM 인스턴스와 같이 고유한 디스크 이름을 선택해야 한다는 것이다.
또한, VM과 마찬가지로 디스크는 특정 영역 내에 있다. 즉, 단일 영역에서는 고유한 이름으로
만들어야 한다.

> **TIP** 서로 다른 영역에 두 개의 같은 이름을 가진 디스크가 있을 수 있지만, 일반적으로 좋은 방법은 아니다.
> 디스크가 섞이기 쉽기 때문이다.

위치 선택과 관련하여 인스턴스에 연결하려면 디스크가 해당 인스턴스와 동일한 영역에 있어
야 한다. 그렇지 않으면 데이터에 액세스할 때 대기 시간이 급증할 위험이 있다. 다음으로, 성
능에 주로 중점을 둔 디스크 유형을 선택해야 한다. 표준 디스크는 솔리드 스테이트 드라이브
처럼 작동하는 기존 하드 드라이브 및 SSD 디스크와 매우 유사하다. 올바른 선택은 액세스
패턴에 따라 다르다. SSD는 훨씬 빠른 랜덤 작업을 제공하며, 기존 드라이브는 대규모 순차
작업에 적합하다. 그런 다음 원본 유형을 없음(빈 디스크)으로 두어 빈 디스크 리소스를 만들
고, 디스크 크기를 선택한다. 예를 들면, 500GB다.

그림 9.4 디스크 생성

4장의 4.5.2에서 봤듯이 디스크 크기와 성능은 직접적으로 연관되어 큰 디스크가 초당 입출력 작업(IOPS)을 더 많이 처리할 수 있다. 일반적으로 많은 양의 데이터를 저장하지는 않지만, 대량 접속 패턴(많은 읽기 및 쓰기)을 갖는 애플리케이션은 저장용량이 아닌 성능 특성을 위해 더 큰 디스크를 제공한다. 또한, 크기(GB)를 입력하면 필드 아래에서 예상 성능을 볼 수 있다. 마지막으로, 사용할 암호화 유형 필드를 선택할 수 있다. 지금 당장은 그대로 두고, 나중에 디스크 암호화에 대해 살펴볼 것이다.

명령줄을 사용하여 실행 중인 인스턴스를 살펴본 것처럼 이제 디스크를 살펴본다.

```
$ gcloud compute disks list
NAME         ZONE          SIZE_GB   TYPE          STATUS
disk-1       us-central1-a  500       pd-standard   READY
instance-1   us-central1-a  10        pd-standard   READY
instance-2   us-central1-a  10        pd-standard   READY
```

하나의 디스크가 아닌 세 개의 디스크("instance"로 이름이 시작하는 디스크)가 나열되는 이유는 인스턴스를 만들 때 GCE도 디스크를 만들기 때문이며, 총 저장용량은 사전 설정값 10GB다. 여기서 볼 수 있는 다른 두 개의 디스크(instance-1 및 instance-2)는 인스턴스를 켤 때 자동으로 만들어진 디스크다.

새로 만든 디스크가 생겼으니 이제 무엇을 할 수 있을까? 그림 9.3의 상태 다이어그램을 보면, 이 디스크는 연결되지 않은 상태다. 읽기 전용 디스크로 instance-1, instance-2 순으로 연결하여 다른 상태로 변경할 수 있다. 먼저, 클라우드 콘솔로 돌아가서 instance-1을 확인한다. 페이지를 조금 아래로 스크롤하면 추가 디스크라는 섹션이 표시된다. 이 섹션에는 "없음"이 나열되어 있다(그림 9.5).

부팅 디스크				
이름	크기(GB)	유형	암호화	모드
instance-1	10	표준 영구 디스크	Google 관리	부팅, 읽기/쓰기
추가 디스크				
없음				
로컬 디스크				
없음				

그림 9.5 추가 디스크 없음

이 인스턴스에 디스크를 연결하려면 페이지 상단에서 수정(Edit)을 선택한 다음, 해당 추가 디스크 제목 아래에 있는 + 항목 추가(+Add Item)를 클릭한다. 목록에서 새 디스크(disk-1)를 선택할 수 있지만, 읽기 전용 모드로 연결하도록 선택했는지 확인한다(그림 9.6 참고). 그런 다음 맨 아래로 스크롤하여 저장(Save)을 클릭하면, disk-1이 인스턴스에 연결되어 있어야 한다.

그림 9.6 추가 디스크 연결

이제 디스크가 연결된 읽기 전용 상태에 있다. 즉, 다른 VM에 계속 연결할 수 있지만, instance-1에서 이 디스크에 쓰려고 하면 오류가 발생하여 작업이 실패한다. 이 기능은 VM에서 수정하지 않을 영구 디스크에 대한 정보가 있으면 편리하다. 실수로 스크립트를 실행하거나 rm -rf를 잘못된 곳에 입력하는 것과 같은 장애를 예방할 수 있다.

이제 같은 디스크를 다시 읽기 전용 모드로 instance-2에 연결할 수 있다. 이번에는 attach-disk 부속 명령을 사용하여 수행할 수 있다. 그렇게 하기 전에 디스크를 읽기-쓰기 모드로 instance-2에 연결하여 오류가 발생했는지 확인하도록 한다.

```
$ gcloud compute instances attach-disk instance-2      디스크가 다른 곳에 이미 연결되어 있기 때문에
➡ --zone us-central1-a --disk disk-1 --mode rw ←      읽기-쓰기 모드로 연결하지 못한다.
ERROR: (gcloud.compute.instances.attach-disk) Some requests did not succeed:
- The disk resource 'disk-1' is already being used by 'instance-1'

$ gcloud compute instances attach-disk instance-2      디스크를 읽기 전용 모드로 연결하면
➡ --zone us-central1-a --disk disk-1 --mode ro ←      예상대로 성공한다.
Updated [https://www.googleapis.com/compute/v1/projects/
➡ your-project-id-here/zones/us-central1-a/instances/instance-2].
```

그런 다음 클라우드 콘솔로 돌아가서 디스크 목록을 보면 disk-1이 instance-1과 instance-2에서 모두 사용 중인 것을 알 수 있다. 이제 디스크가 붙었으므로, 어떻게 디스크에 데이터를 저장할까?

9.2.3 디스크 사용하기

지금까지는 디스크를 만들고 관리하는 방법을 살펴보았지만, 디스크에서 데이터를 읽거나 디스크에 기록한 적은 없다. 디스크를 인스턴스에 연결하면 내부적으로는 외장형 하드 드라이브를 VM에 연결하는 것과 같다. 새로운 드라이브와 마찬가지로 다른 작업을 수행하기 전에 디스크 장치를 마운트한 다음 포맷해야 한다. 우분투에서는 mkfs.ext4 단축키를 호출하여 ext4 파일 시스템으로 디스크를 포맷하는 것뿐만 아니라 mount 명령으로 이 작업을 수행할 수 있다.

먼저, 디스크를 읽기/쓰기 모드로 설정해야 한다. 이 모드에서는 디스크를 두 인스턴스에서 분리한 다음 디스크를 다시 쓰기 모드로 instance-1에 다시 연결해야 한다.

```
$ gcloud compute instances detach-disk instance-1
➡ --zone us-central1-a --disk disk-1 ←      두 인스턴스 모두에서 디스크를 분리한다.

$ gcloud compute instances detach-disk instance-2
➡ --zone us-central1-a --disk disk-1

$ gcloud compute instances attach-disk instance-1
➡ --zone us-central1-a --disk disk-1 --mode rw ←      읽기-쓰기 모드에서 디스크를 다시 연결한다.
```

instance-1에만 disk-1을 연결하고, 읽기/쓰기 모드에서는 SSH를 instance-1에 넣고, /dev/disk/by-id/에 있는 디스크를 살펴보자. 다음 스니펫에서는 disk-1에 /dev/disk/by-id/google-disk-1이라는 친숙한 별칭(alias)이 있음을 알 수 있다. 이 별칭을 사용하여 리눅스 장치를 가리킬 수 있다.

```
jjg@instance-1:~$ ls -l /dev/disk/by-id
total 0
lrwxrwxrwx 1 root root  9 Sep  5 19:48 google-disk-1 -> ../../sdb
lrwxrwxrwx 1 root root  9 Aug 31 11:36 google-instance-1 -> ../../sda
lrwxrwxrwx 1 root root 10 Aug 31 11:36 google-instance-1-part1 -> ../../sda1
lrwxrwxrwx 1 root root  9 Sep  5 19:48 scsi-0Google_PersistentDisk_
➥ disk-1 -> ../../sdb
lrwxrwxrwx 1 root root  9 Aug 31 11:36 scsi-0Google_PersistentDisk_
➥ instance-1 -> ../../sda
lrwxrwxrwx 1 root root 10 Aug 31 11:36 scsi-0Google_PersistentDisk_
➥ instance-1-part1 -> ../../sda1
```

WARNING 디스크에 있는 모든 데이터가 삭제되므로 데이터가 있는 디스크에서 실행하지 않도록 한다.

먼저 기기 ID(/dev/disk/by-id/google-disk-1)를 사용하여 디스크를 포맷하고, 스니펫에 표시된 예에서 구글의 디스크 팀이 권장하는 일부 확장 옵션(-E 플래그를 통해 전달됨)을 사용한다. 디스크를 포맷하면 다른 하드 드라이브처럼 마운트할 수 있다.

```
jjg@instance-1:~$ sudo mkfs.ext4 -F -E
➥ lazy_itable_init=0,lazy_journal_init=0,discard
➥ /dev/disk/by-id/google-disk-1
mke2fs 1.42.12 (29-Aug-2014)
Discarding device blocks: done
Creating filesystem with 1441792004k blocks and 36044800 inodes
Filesystem UUID: 37d0454e-e53f-49ab-98fe-dbed97a9d2c4
Superblock backups stored on blocks:
        32768, 98304, 163840, 229376, 294912, 819200, 884736,
➥ 1605632, 2654208,
        4096000, 7962624, 11239424, 20480000, 23887872, 71663616,
➥ 78675968,
        102400000

Allocating group tables: done
Writing inode tables: done
Creating journal (32768 blocks): done
Writing superblocks and filesystem accounting information: done

jjg@instance-1:~$ sudo mkdir -p /mnt/disks/disk-1
jjg@instance-1:~$ sudo mount -o discard,defaults
➥ /dev/disk/by-id/google-disk-1 /mnt/disks/disk-1
```

이 시점에서 디스크는 준비가 되었지만, 루트(root)가 여전히 소유하고 있으므로 수퍼 유저 권한을 사용하지 않으면 쓸 수 없다. 따라서 소유자를 직접 변경해야 한다. 그런 다음 일반 데스크탑에서처럼 디스크에 데이터를 쓸 수 있다. 그러면 소유자를 변경하고, 데이터를 디스크에 기록하는 방법을 알아보겠다.

```
jjg@instance-1:~$ cd /mnt/disks/disk-1
jjg@instance-1:/mnt/disks/disk-1$ sudo mkdir workspace
jjg@instance-1:/mnt/disks/disk-1$ sudo chown jjg:jjg workspace/

jjg@instance-1:/mnt/disks/disk-1$ cd workspace
jjg@instance-1:/mnt/disks/disk-1/workspace$ echo "This is a test" > test.txt
jjg@instance-1:/mnt/disks/disk-1/workspace$ ls -l
total 4
-rw-r--r-- 1 jjgjjg 15 Sep 12 12:43 test.txt
jjg@instance-1:/mnt/disks/disk-1/workspace$ cat test.txt
This is a test
```

지금까지 디스크와 상호작용하는 방법을 알아보았다. 이제 일반적으로 발생할 수 있는 디스크 공간 부족 문제에 대해 알아보자.

9.2.4 디스크 크기 조정

다양한 이유로 디스크 크기를 조정할 수 있다. 공간이 부족할 때뿐만 아니라 디스크의 크기가 디스크의 속도와 직접적으로 관련이 있다는 것을 다시 생각해 볼 수 있다. 디스크는 클수록 빠르다. 디스크 자체의 크기는 어떻게 조정할까? 먼저, 디스크에서 수정(Edit)을 클릭한 다음 새로운 사이즈를 입력하여 클라우드 콘솔에서 가상 디스크의 크기를 늘려야 한다(그림 9.7).

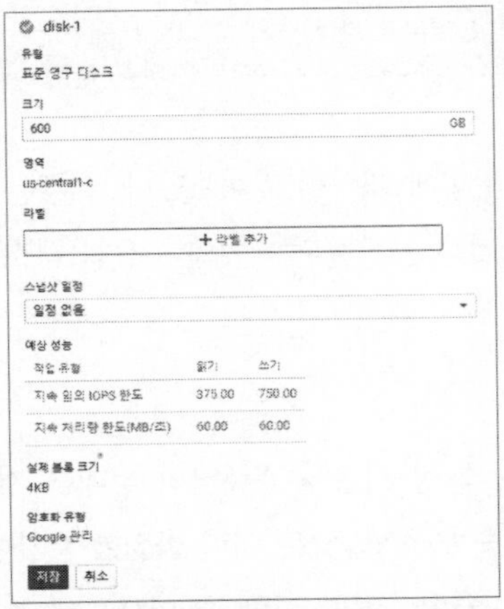

그림 9.7 클라우드 콘솔에서 디스크 크기 조정

WARNING 크기를 늘려 디스크를 늘릴 수는 있지만, 디스크를 더 작게 만들 수는 없다. 디스크 크기를 늘릴 때 특히 주의해야 한다. 늘어난 것을 되돌리려면 더 작은 새 디스크를 만들고 데이터를 복사해야 하므로 더 많은 비용과 시간이 소요된다.

일단 크기를 늘리고 나면 새로 할당된 공간을 채우기 위해 파일 시스템의 크기를 조정해야 한다(이전 예에서는 ext4 파일 시스템이었다). 이를 위해 마운트 해제된 디스크에서 resize2fs 명령을 사용할 수 있다.

```
jjg@instance-1:~$ sudo umount /mnt/disks/disk-1/ ◁─────
jjg@instance-1:~$ sudo e2fsck -f /dev/disk/by-id/google-disk-1
e2fsck 1.42.12 (29-Aug-2014)
Pass 1: Checking inodes, blocks, and sizes
Pass 2: Checking directory structure
Pass 3: Checking directory connectivity
Pass 4: Checking reference counts
Pass 5: Checking group summary information
/dev/disk/by-id/google-disk-1: 13/36044800 files (0.0%
➡ non-contiguous), 2312826/144179200 blocks
jjg@instance-1:~$ sudo resize2fs /dev/disk/by-id/google-disk-1
resize2fs 1.42.12 (29-Aug-2014)
Resizing the filesystem on /dev/disk/by-id/google-disk-1 to
➡ 157286400 (4k) blocks.
The filesystem on /dev/disk/by-id/google-disk-1 is now 157286400
➡ (4k) blocks long.
```

> 대상이 사용 중이라는 오류가 발생하면 디스크를 사용하지 않도록 한 다음 잠시 기다리자. 백그라운드 프로세스로 인해 디스크가 마운트 해제되는 것을 방지할 수 있다.

이제 디스크를 다시 마운트할 수 있으며, 가상 장치의 사용 가능한 공간을 채우기 위해 확장된 것을 볼 수 있다.

```
jjg@instance-1:~$ sudo mount -o discard,defaults
➡ /dev/disk/by-id/google-disk-1 /mnt/disks/disk-1
jjg@instance-1:~$ df -h | grep disk-1
/dev/sdb        591G    70M  561G   1% /mnt/disks/disk-1
```

지금까지 디스크를 관리하는 방법에 대하여 알아보았다. 이제는 디스크 스냅샷의 개념부터 시작해서 구글의 영구 디스크와 같은 가상화된 기기의 고유한 디스크 속성에 대하여 살펴보겠다.

9.2.5 스냅샷

실수로 파일을 삭제했을 경우, 특정 시점에 컴퓨터의 상태를 저장해 두고, 해당 시점으로 바로 이동할 수 있다면 좋지 않을까? 스냅샷은 이런 **아찔한** 순간에만 사용되는 것은 아니지만, 디스크의 데이터에 대한 체크 포인트 역할을 할 수 있으므로 스냅샷을 디스크 인스턴스로 복원하여 시간을 뛰어 넘을 수 있다. 그리고 스냅샷은 디스크 사본이 아닌 체크 포인트와 같은 역할을 하므로 전체 백업보다 비용이 적게 든다.

스냅샷은 **차등 저장소**를 사용하기 때문에, 한 스냅샷에서 다음 스냅샷으로 변경된 사항만 저장한다. 예를 들어, 스냅샷을 생성하고 데이터 블록 하나를 변경한 다음 다른 스냅샷을 생성하면 두 번째 스냅샷은 전체 사본 대신에 두 스냅샷(이 경우 하나의 블록만) 사이에 차이(또는 **델타**)만 저장한다.

스토리지 절감 효과를 제외하고, 스냅샷은 대부분 일반 디스크처럼 언제든지 생성하고 삭제할 수 있다. 일반 디스크와는 달리 직접 읽거나 쓸 수는 없다. 대신 디스크 스냅샷이 있으면 스냅샷의 내용을 기반으로 새 디스크를 만들 수 있다.

어떻게 작동하는지 보려면 다음 단계에서 스냅샷의 수명주기를 거치는 disk-1을 사용하여 실습해 보자(그림 9.8).

1. 인스턴스에 연결된 disk-1으로 시작한다.
2. disk-1에서 스냅샷(snapshot-1)을 생성한다.
3. disk-1의 마운트 사본에서 일부 데이터를 변경한다.
4. 스냅샷을 기반으로 새 인스턴스를 생성하고, 인스턴스에 마운트한다.

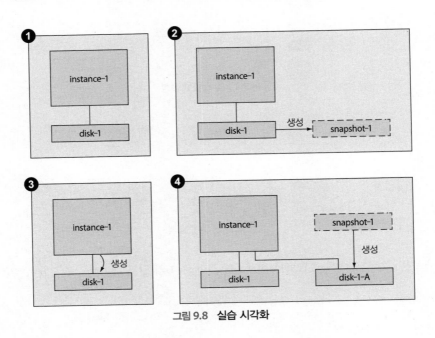

그림 9.8 **실습 시각화**

이렇게 하면 두 버전의 disk-1이 VM에 연결된다. 하나는 1단계의 스냅샷을 반영하는 구버전이고, 다른 하나는 2단계에서 수정한 데이터가 있는 현재 버전이다. 이 실험을 위해서는 먼저 disk-1의 스냅샷을 찍는다. 디스크 목록을 보고 disk-1을 클릭한다. 그런 다음 페이지 상단의 스냅샷 만들기(Create Snapshot)를 클릭하면 디스크에서 새 스냅샷을 생성하는 양식으로 이동한다(그림 9.9). 그리고 만들기를 클릭하고 몇 초 기다린다. 그러면 프로젝트의 스냅샷을 보여주는 페이지로 이동한다(그림 9.10).

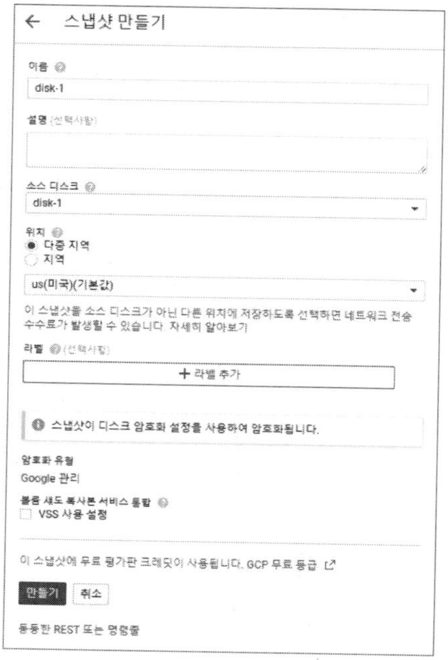

그림 9.9 새 스냅샷 생성

그림 9.10 스냅샷 목록

이제 새로운 스냅샷을 만들었으므로 현재 디스크(disk-1)의 일부 데이터를 변경할 수 있다.

```
jjg@instance-1:~$ cd /mnt/disks/disk-1/workspace/
jjg@instance-1:/mnt/disks/disk-1/workspace$ echo "This is changed
➥ after the snapshot!" > test.txt
```

```
jjg@instance-1:/mnt/disks/disk-1/workspace$ cat test.txt
This is changed after the snapshot!
```

test.txt에 쓴 것을 무시하고 시간을 되돌리고 싶다고 상상해 보자. 이렇게 하려면 스냅샷에서
디스크 인스턴스를 만든다. 다른 디스크처럼 컴퓨터에 마운트할 수 있다. 먼저, 디스크 목록
으로 이동하여 디스크 만들기를 선택한다. 이전과 같이 빈 디스크를 만드는 대신 이번에는 소
스 유형으로 스냅샷을 선택한 다음 원본 스냅샷으로 disk-1을 선택한다. 나머지 필드는 디스
크를 만들었을 때와 비슷하게 보여야 한다(그림 9.11).

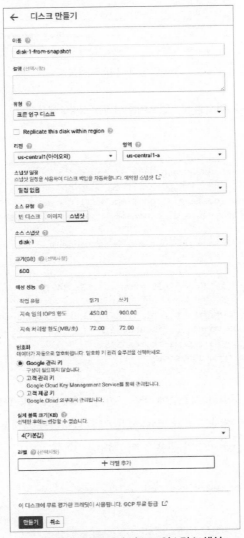

그림 9.11 스냅샷에서 디스크 인스턴스 생성

존 선택 시에 us-central1-a를 선택하는 것을 잊지 말자. 그렇지 않으면 VM에 디스크를 마운트할 수 없다!

만들기(Create)를 클릭하면 디스크 목록이 나타난다. 새로 생성된 디스크(disk-1-from-snapshot)가 목록에 있어야 한다(그림 9.12).

	이름 ↑	상태	유형	크기	영역	다음에서 사용 중:	스냅샷 일정	작업
	disk-1	⊘	표준 영구 디스크	600GB	us-central1-a		없음	⋮
	disk-1-from-snapshot	⊘	표준 영구 디스크	600GB	us-central1-a		없음	⋮
	instance-1	⊘	표준 영구 디스크	50GB	us-central1-a	instance-1	없음	⋮
	instance-2	⊘	SSD 영구 디스크	10GB	us-central1-a		없음	⋮

그림 9.12 디스크 목록

이제 이 디스크를 VM에 연결할 수 있으며(이번에는 명령줄에서 수행), 원격 시스템에 디스크를 마운트할 수 있다.

```
$ gcloud compute instances attach-disk instance-1
➥ --zone us-central1-a --disk disk-1-from-snapshot
 Updated [https://www.googleapis.com/compute/v1/projects/
➥ your-project-id-here/zones/us-central1-a/instances/instance-1].

$ gcloud compute ssh --zone us-central1-a instance-1

# ...
Last login: Mon Sep 5 19:46:06 2016 from 104.132.34.72

jjg@instance-1:~$ sudo mkdir -p /mnt/disks/disk-1-from-snapshot
jjg@instance-1:~$ sudo mount -o discard,defaults
➥ /dev/disk/by-id/google-disk-1-from-snapshot
➥ /mnt/disks/disk-1-from-snapshot
```

이제 두 대의 디스크를 동일한 시스템에 마운트한다. 여기서 **disk-1-from-snapshot**은 스냅샷 수정하기 전 데이터를 가지고 있고, **disk-1**은 이후 데이터를 가지고 있다. 차이를 확인하려면 각 디스크에 대한 test.txt 파일의 내용을 확인하자.

```
jjg@instance-1:~$ cat /mnt/disks/disk-1-from-snapshot/
➥ workspace/test.txt
This is a test
jjg@instance-1:~$ cat /mnt/disks/disk-1/workspace/test.txt
This is changed after the snapshot!
```

스냅샷 일관성

그러나 디스크에 기록하고 두 가지 중요한 디스크 작업 사이에서 스냅샷을 찍는다면 어떻게 될까? 은행 송금의 비유를 사용해 은행 계좌에서 100달러를 공제하고, 친구 계좌에 100달러를 입금하는 시점에서 스냅샷을 찍으면 어떻게 될까?(그림 9.13 참고)

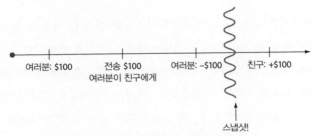

그림 9.13 **스냅샷의 좋지 않은 타이밍**

이 문제는 기본적으로 컴퓨터가 하드 드라이브에 데이터를 쓰지 않고 메모리에 캐시하는 경향이 있기 때문에 문제가 발생한다는 점에서 근본적으로 낮은 레벨이다. 잘못된 시간에 스냅샷을 찍을 때 발생할 수 있는 문제를 방지하려면 메모리에 저장되었지만 아직 디스크에 저장되어 있지 않은 데이터를 플러시하도록 가상 시스템에 지시해야 한다. 그것은 지금까지의 것만을 가져온다. 컴퓨터에서 실행 중인 모든 항목이 메모리에 계속 저장되지만, 디스크에 플러시되지는 않는다.

결과적으로 심각하게 문제가 될 만한 스냅샷을 피하려면 데이터를 쓰는 애플리케이션(예: MySQL 서버 바이너리 정지)을 종료하고, 디스크 버퍼를 플러시(sync 명령 사용)하고, 디스크를 고정(fsfreeze)시킨 다음 스냅샷만 가져온다.

```
jjg@instance-1:~$  ◄── 애플리케이션을 중지한다.
jjg@instance-1:~$ sudo sync
jjg@instance-1:~$ sudo fsfreeze -f /mnt/disks/disk-1
jjg@instance-1:~$  ◄── 스냅샷을 생성한다.
jjg@instance-1:~$ sudo fsfreeze -u /mnt/disks/disk-1
```

fsfreeze를 호출한 후 디스크가 고정되어 있는 동안 디스크에 쓰기를 시도하면 디스크가 고정 해제될 때까지 대기한다. 애플리케이션(예: MySQL 서버)을 중단하지 않으면 파일 시스템을 고정 해제할 때까지 애플리케이션이 중단된다.

시간이 지남에 따라 스냅샷은 데이터를 보호할 수 있으며, 이제는 스냅샷을 사용하는 방법을 이해할 수 있다. 이제 디스크 **이미지**에 대해 이야기하고, 디스크 이미지를 사용하려는 이유에 대해 간략히 설명하겠다.

9.2.6 이미지

이미지는 스냅샷과 유사한데 그 두 개 모두 새 디스크를 만들 때 내용의 소스로 사용할 수 있다는 점에서 그렇다. 가장 큰 차이점은 이미지는 디스크의 시작 템플릿으로 사용되는 반면 스냅샷은 특정 시간에 디스크의 내용을 정확히 나타내는 백업 형태라는 것이다. 기본 운영체제에서 새 VM을 만들 때마다 이미지가 사용된다. 가장 큰 차이점은 스냅샷처럼 이미지가 차등 저장소를 사용하지 않는다는 것이다. 즉, 계속 유지하는 데에 더 비싼 비용이 든다.

일반적으로 이미지는 VM의 시작점이며, 사용자 정의 이미지를 만들 수는 있지만, 구글에서 제공하는 맞춤 목록은 일반적인 시나리오에 적합하다. 이 때문에 사용자 정의 이미지 생성에 대한 세부 정보는 다루지 않지만, GCE 설명서(http://mng.bz/LKS7)에서 이 작업을 수행하는 방법에 대한 자습서를 찾을 수 있다. 이제는 이미지에 대해 조금 알았으므로 데이터를 저장하는 메커니즘에서 디스크 성능으로 주제를 바꿔 살펴보겠다.

9.2.7 성능

이전 장에서 간단하게 설명했듯이 영구 디스크는 물리 디스크 관리에 대한 세부 사항(예: RAID 어레이와 같은 것)을 추상화하도록 설계되어 있다. 또한, 성능 요구사항을 만족시키려면 저장소에 필요한 것보다 더 큰 디스크를 만드는 것이 의미있는 경우도 있음을 알게 되었다. 직관적이지 않은(그리고 낭비적인) 느낌이 들기는 하지만, 일반적으로 필요한 성능을 얻는데 필요한 것보다 큰 디스크를 만들게 된다. 즉, 몇 가지 클래스의 영구 디스크(표준, SSD 및 로컬 SSD)를 사용할 수 있으며, 각각은 성능 특성이 약간씩 다르다(표 9.1). 잠시 시간을 내어 각각을 살펴보고, 다른 클래스를 언제 사용할 수 있는지 알아보도록 하자.

표 9.1 **디스크 성능 요약**

타입	GB당 IOPS		GB당 처리량(MB/s)		GB당 비용
	읽기(최대)	쓰기(최대)	읽기(최대)	쓰기(최대)	
표준	0.75(3k 최대)	1.5(15k 최대)	0.12(180 최대)	0.12(120 최대)	$0.04
SSD	30(25k 최대)	30(25k 최대)	0.48(240 최대)	0.48(240 최대)	$0.17
로컬 SSD	267(400k 최대)	187(280k 최대)	1.0(1.5k 최대)	0.75(1k 최대)	Systemwide

이 표에는 숨겨져 있는 몇 가지 재미있는 것들이 있다. 먼저, 로컬 SSD 디스크가 최고의 성능을 제공한다는 점은 확실하다. 왜냐하면 이것은 로컬 디스크이기 때문에 복제되지 않았으며, 영구적이지 않고 일시적인 것으로 간주되어야 하기 때문에 너무 흥분하지는 않도록 한다. 다르게 말하면, 컴퓨터가 사라지면 로컬 디스크의 모든 데이터도 사라진다. 이와 같이 로컬 SSD는 다른 두 디스크와는 차이점이 많기 때문에 표준 그리고 SSD 두 가지를 집중적으로 알아보자.

SSD와 표준 디스크에는 두 가지 성능 프로파일이 있는데 다음과 같이 간단히 요약할 수 있다. 표준 디스크는 많은 공간이 필요하고, 초고성능은 필요하지 않지만, SSD는 초고속 읽기 및 쓰기에 적합하다. 한눈에 보기 쉽게 그림 9.14와 그림 9.15의 그래프에 읽기 작업 용량과 디스크 크기와 관련하여 SSD와 표준 디스크를 비교하였다.

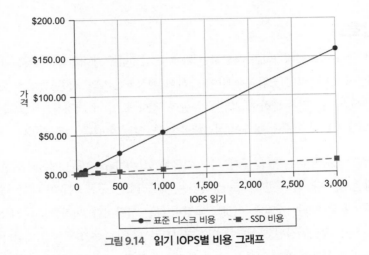

그림 9.14 읽기 IOPS별 비용 그래프

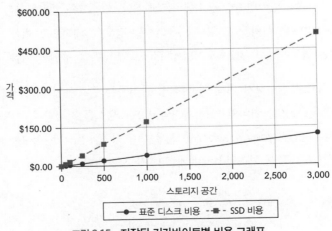

그림 9.15 저장된 기가바이트별 비용 그래프

첫 번째 그래프에서는 주어진 읽기 IOPS 수준을 달성하기 위한 비교 비용을 볼 수 있다. 표준 디스크(원)를 사용하는 추가 IOPS 비용이 SSD(사각형)보다 얼마나 큰지 주목하자. 두 번째 그래프에서 주어진 양의 데이터를 저장하기 위한 비교 비용을 볼 수 있다(GB 단위). 추세선이 거의 완전히 역전되는 것을 눈여겨 보자. 이번에는 SSD(사각형)로 각 기가바이트의 저장 공간이 표준 디스크(원)보다 훨씬 비싸다. 궁극적으로 필요한 성능 수준의 디스크를 만들 때가 되면 처리량 요구사항(몇 GB/초의 읽기 및 쓰기가 필요할까?)과 random-access 요구사항(초당 많은 작업이 필요할까?)에 대하여 살펴보고, 가장 적합한 디스크 유형과 크기를 결정하도록 하자.

이제는 디스크 성능을 좀 더 잘 이해했으므로 드롭 다운 상자로 돌아가서 앞에서 무시하고 넘어간 데이터 암호화가 무엇인지, 어떻게 작동하는지 간단히 설명한다.

9.2.8 암호화

추측하듯이 클라우드에 데이터를 저장하면 가정용 컴퓨터에 데이터를 로컬로 저장하는 것과는 다른 위험이 있다. 집에 침입한 사람에 대하여 걱정하는 대신 다른 방법을 통해 데이터에 무단으로 액세스하는 것에 대하여 걱정해야 한다. 집에 불이 날 걱정을 할 필요는 없지만, 대신 구글 데이터 센터의 화재에 대하여 걱정해야 한다. 양날의 검과 같은 것이다.

"데이터에 무단 접속"이라는 말을 듣게 되면 외국에 있는 해커가 개인 데이터를 훔치려 한다고 많이들 상상할 것이다. 덜 일반적으로 상상되는 시나리오는 구글 직원이 데이터를 복사한 다음 액세스하거나 판매하는 것인데, 이것도 똑같이 나쁜 상황이다. 이러한 시나리오를 방지하기 위해 구글은 디스크에 저장된 데이터를 암호화하므로 다른 사용자가 직접 데이터를 복사하더라도 암호화 키가 없으면 쓸모 없게 된다. 기본적으로 구글은 디스크에 임의의 암호화 키를 제공하고, 액세스 기록이 있는 안전한 장소에 저장하지만, 디스크를 암호화하는 키에 대한 구글의 저장소(및 접속 기록)를 신뢰할 수 없다고 우려하는 경우, 자체적으로 키를 보관하고 디스크를 해독해야 하는 경우에만(예: 처음으로 VM에 디스크를 부착할 때) 구글에 키를 제공할 수 있다.

이를 보다 구체적으로 설명하기 위해 키를 직접 관리하는 암호화된 디스크를 만드는 과정을 빠르게 살펴보겠다. 사용할 임의의 키를 가져와서 프로세스를 시작한다. 이렇게 하려면 리눅스에서 tr 명령과 결합된 /dev/urandom을 사용하여 임의의 바이트 청크를 key.bin 파일에 넣는다. 이 바이트의 내용을 보려면 hexdump 명령을 사용한다.

```
$ head -c 32 /dev/urandom | tr '\n' = >key.bin
$ hexdumpkey.bin
```

```
0000000 2a65 92b2 aa00 414b f946 29d9 c906 bf60
0000010 7069 d92f 80c8 4ad1 b341 0b7c 4d4f f9d6
0000020
```

이 시점에서 RSA 암호화를 사용하여 키를 랩핑하거나 그대로 둘 수 있다. 암호화의 세계에서 **키를 랩핑하는 것**은 공개된 암호화 키로 암호화하여 해당 개인키에 의해서만 해독될 수 있도록 하는 것이다. 이 경우 구글 클라우드 플랫폼 시스템에서만 비밀번호를 해독할 수 있다. 대부분의 보안 상황에서와 같이 일반 텍스트로 저장하는 것은 좋지 않으므로 키를 암호화하여 감싸는 것이 좋다. 그러나 이 예제에서는 키를 그대로 둘 것이다(키를 감싸는 방법에 대한 자세한 내용은 http://mng.bz/6bYK에서 GCE 문서를 참조한다). 리눅스에서 base64 명령으로 수행할 수 있도록 base64 형식의 키를 입력하면 된다.

```
$ base64 key.bin
ZSqykgCqS0FG+dkpBslgv2lwL9nIgNFKQbN8C09N1vk=
```

이 시점에서 일반적으로 하는 것처럼 디스크를 만들지만, Encryption 드롭 다운에서 Customer Supplied를 선택하고 래핑된 키 확인란을 선택하지 않은 채로 둔다(키를 일반 텍스트로 남겨두기 때문에). 다음 그림 9.16을 참고하자. 작업을 완료하기 위해 만들기(Create)를 클릭하면 디스크가 생성된다.

그림 9.16　암호화된 디스크 생성

이제 여러분의 키로 암호화된 디스크가 생겼으니, 그 디스크를 어떻게 연결하는지 살펴보겠다. 시작하려면 먼저, 이전의 기존 인스턴스로 이동한 다음 수정(Edit)을 클릭하고, 이전처럼 그림 9.17과 같이 새 디스크를 연결하는 섹션의 드롭 다운에서 새로 만든 "encrypted-disk"를 선택하자. 이번에는 디스크가 암호화되어 있고, 앞에서부터 키를 제공해야 한다는 새로운 내용이 있다.

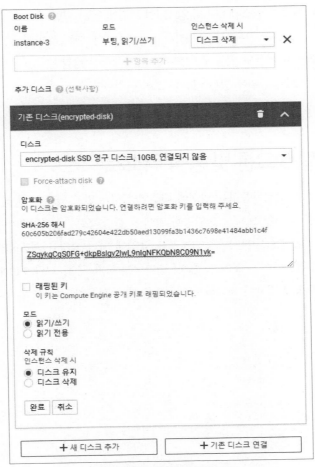

그림 9.17 암호화된 디스크 부착

암호화 키를 붙여 넣은 다음 아래로 스크롤하여 저장(Save)을 클릭하자. 잘못된 키를 사용하면 그림 9.18과 같은 오류 메시지가 표시된다. 구글은 디스크와 함께 저장되는 키의 해시를 기반으로 이를 파악하므로 실제 키를 저장하지 않아도 제공된 키가 올바른 키인지 확인할 수 있다.

그림 9.18 잘못된 암호화 키 오류 메시지

보다시피, 암호화된 디스크를 다루는 것은 암호화되지 않은 디스크를 다루는 것과 유사하다. 암호화된 디스크를 인스턴스에 연결할 때 몇 가지 추가 정보(키)를 제공해야 한다는 것이 가장 큰 차이점이다. 디스크가 인스턴스에 마운트되면 이전에 말한 일반 디스크처럼 작동하므로 이전에 학습한 모든 내용이 그대로 적용된다. 이제 디스크에 대해 알아야 할 모든 것을 이해했으므로 이전에 언급한 컴퓨팅 기능에 대해 좀 더 자세히 설명할 수 있다. 클라우드 컴퓨팅이 기존의 VPS 호스팅보다 상위에 있는 이유를 보여줄 것이다.

9.3 인스턴스 그룹 및 동적 리소스

디스크와 인스턴스가 상호작용하는 방식에 대해 확실하게 알고 있다면, 클라우드 컴퓨팅의 보다 독특한 측면 중 하나인 오토 스케일링을 알아야 한다. 오토 스케일링이란 얼마나 많은 트래픽이 전송되는지(예: CPU 사용량으로 표시될 수 있음)에 따라 요청을 처리하기 위해 실행 중인 VM의 수를 늘리거나 줄이는 것이다. 좀 더 명확하게 하기 위해, 그림 9.19에서 볼 수 있듯이 하루 중 변하는 요청에 대하여 처리하는 시스템을 예로 사용한다.

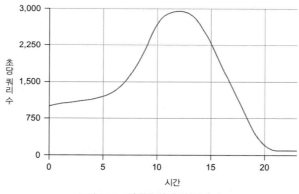

그림 9.19 하루종일 초당 쿼리 수

보다시피, 하루가 시작되면 시스템은 매초 약 1,000개의 쿼리로 시작해서 정오가 될 때까지 빠르게 증가하며, 초당 3,000개의 쿼리에 도달하면 속도가 느려진다. 그런 다음에는 꾸준히 초당 약 100건의 쿼리가 발생한다.

이상적으로, 이 시스템은 필요한 요청 수를 처리하는 데 사용할 수 있는 용량이 정확히 정해져 있다. 하루가 시작될 때 세 대의 장비가 필요하다면 하루 중 3시간 정도만 필요하고, 마지막 부분에는 1대만 필요하다. 현재 불행하게도 GCE에서 지금까지 본 것은 하루 중 최악의 경우를 처리하는 데 필요한 머신의 개수로 낭비되는 것을 보여주는 그래프다. 그 장비들은 그림 9.20에서 보듯이 약 반나절 동안 유휴 상태로 있을 것이다.

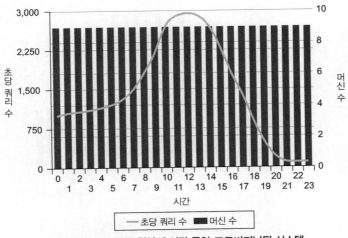

그림 9.20 하루 중 최악의 시간 동안 프로비저닝된 시스템

GCE의 설정은 오토 스케일링과 같은 개념을 사용할 수 있다. 시각적으로 표현하면 이 그래프에 추가된 기계의 수는 이상적으로 그림 9.21과 같다.

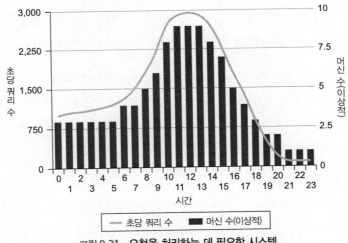

그림 9.21 요청을 처리하는 데 필요한 시스템

컴퓨팅 파워는 반응을 하기 때문에 그림 9.21과 같이 라인에 가깝게 접근하지 못할 수도 있지만, 그림 9.20에 표시된 블록 모양보다는 훨씬 더 근접할 수도 있다. 여기서 특정 수의 장비는 전송된 트래픽과 관계없이 항상 켜져 있다. 그림 9.22는 달성할 수 있는 사항을 꽤 사실적으로 표현한 것이다.

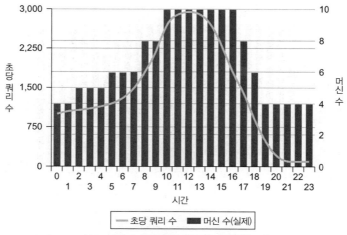

그림 9.22 오토 스케일링을 사용하여 요청을 처리할 수 있는 시스템

그렇다면 이것은 어떻게 동작할까? 여기에서의 주요 아이디어는 템플릿 기반이며, GCE가 원하는 대로 구성된 인스턴스를 켜는 방법을 보여준다. 인스턴스를 켜는 방법을 알고 나면 현재 실행 중인 인스턴스의 전체 CPU 사용량을 모니터링하고, 더 많은 기능을 켜거나 현재 실행 중인 기능을 끄거나 아무 것도 하지 않을지를 결정할 수 있다. 이 모든 것을 통합하려면 인스턴스 그룹과 인스턴스 템플릿이라는 두 가지 새로운 개념을 이해해야 한다.

인스턴스 템플릿은 인스턴스의 레시피와 같다. 여기에는 정확히 원하는 방식으로 보이는 새 VM 인스턴스를 켜기 위해 필요한 모든 정보가 들어 있다. 체인이 높을수록 인스턴스 그룹은 이러한 관리되는 인스턴스의 컨테이너 역할을 하며, 템플릿 및 일부 구성 매개변수를 이용하여 더 많은 것을 켜거나, 해제하거나, 혼자 남겨 둘지 여부를 결정한다.

먼저 인스턴스 템플릿을 작성하도록 하자. 이렇게 하려면 클라우드 콘솔의 Compute Engine 섹션으로 이동한 다음, 왼쪽 탐색 메뉴에서 인스턴스 템플릿을 선택한다. 거기에서 맨 위에 있는 인스턴스 템플릿 만들기(Create Instance Template) 버튼을 클릭하면 단일 GCE 인스턴스를 만들 때 보았던 것과 비슷한 화면이 나타난다(그림 9.23). 인스턴스의 이름을 지정(예: firsttemplate)한 다음, 맨 아래에 있는 만들기(Create) 버튼을 클릭한다.

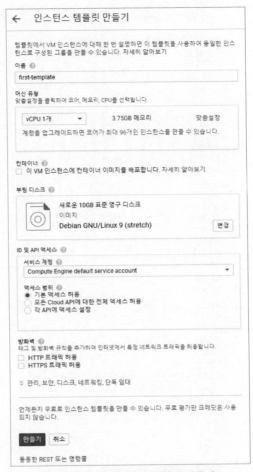

그림 9.23 첫 인스턴스 템플릿 만들기

완료되면 템플릿 목록이 표시되고, 새로 생성된 템플릿 목록에 표시된다. 템플릿을 클릭하면 세부 정보 페이지로 이동한다. 이 인스턴스 템플릿을 인스턴스 그룹의 노드에 대한 기본으로 사용하려면 맨 위에 있는 인스턴스 그룹 생성(Create Instance Group) 버튼을 클릭한다. 그러면 인스턴스를 생성하기 위해 템플릿을 적용하는 방법을 결정하는 페이지가 보인다(그림 9.24).

그림 9.24 첫 번째 인스턴스 그룹 생성

먼저 그룹 자체의 이름을 지정한 다음, us-central1-c에서 그룹을 단일 영역 그룹으로 설정한다. 다중 영역을 선택하고, 인스턴스를 호스팅할 영역을 선택하여 국가별 구성을 선택할 수 있다. 그룹 유형을 관리되는 인스턴스 그룹으로 둔다. 인스턴스 템플릿이 방금 만든 인스턴스 템플릿으로 설정되어 있는지 확인하자. 마지막으로, 인스턴스 수를 1에서 3으로 변경하고(자동 확장 설정을 해제한 상태로 유지), 페이지 아래 쪽에 있는 만들기 버튼을 클릭한다.

완료하는데까지 몇 초 걸리지만, 결국 인스턴스 그룹이 완전히 배포되었다는 것을 확인할 수 있다(그림 9.25).

그림 9.25　인스턴스 그룹 목록

인스턴스 그룹을 클릭하면 이전에 템플릿을 사용하여 생성한 세 개의 인스턴스 목록이 표시된다. 이제 인스턴스 그룹이 생겼으므로 그룹 성장과 축소로 시작하여 인스턴스로 수행할 수 있는 작업을 알아보자.

9.3.1 인스턴스 그룹의 크기 변경

인스턴스 그룹의 좋은 것은 그룹의 크기를 쉽게 변경할 수 있고, GCE는 모든 어려운 작업을 수행할 수 있다는 점이다. GCE는 그룹을 쉽게 늘리고 줄일 수 있다. 특정 수의 인스턴스로 정의한 인스턴스 그룹이 있으므로 인스턴스 그룹 중 일부를 삭제하여 인스턴스 그룹을 쉽게 축소할 수 있다.

예를 들어, 단일 인스턴스로 축소하려는 경우 세 인스턴스 중 두 인스턴스 옆에 있는 상자를 선택한 다음, 오른쪽 상단에서 컨텍스트 메뉴를 선택하기만 하면 된다. 그림 9.26과 같이 해당 메뉴에서 인스턴스 삭제를 클릭하면 선택한 두 인스턴스 옆에 로딩 아이콘이 표시된다. 1분 정도 지나면 인스턴스가 사라지는 것을 볼 수 있다. 이제 그룹은 단일 인스턴스로 구성된다.

인스턴스를 다시 늘리려면 연필 아이콘을 클릭하여 편집 양식으로 이동한 다음, 인스턴스 수를 다시 3으로 변경해야 한다. 몇 초 후에 새로운 인스턴스가 다시 생성되는 것을 볼 수 있다! 이제 인스턴스 그룹을 업그레이드하는 방법을 살펴보면 훨씬 재미있을 것이다.

그림 9.26　그룹에서 인스턴스 두 개 삭제

9.3.2 롤링 업데이트

때로는 여러 대의 컴퓨터에 새로운 소프트웨어 패키지를 배포하려고 하지만, 모든 단계를 한꺼번에 수행하고 싶지는 않은 경우가 있다. 최신 버전에 문제가 생길 경우를 대비하여 나머지절반을 남겨두고, 인스턴스의 절반을 업그레이드할 수 있다. 인스턴스 그룹은 롤링 업데이트라는 것을 사용하여 이를 수행할 수 있다.

이것이 어떻게 작동하는지 보려면 간단한 Apache 웹 서버를 켜는 새 인스턴스 템플릿을 만들어야 한다. 페이지로 돌아가서 인스턴스 템플릿을 만들고(그림 9.27), 두 가지 주요 변경사항을 포함하여 이전과 같은 일을 한다.

1. Debian 8 대신에 Ubuntu 16.04 부트 디스크를 선택한다.
2. HTTP 트래픽 허용 상자를 선택한다.

또한, 이 페이지의 관리 탭에는 시작 스크립트라는 섹션이 있다. 이 상자에서 우분투용 apt-get 명령을 사용하여 Apache를 설치하자.

```bash
#!/bin/bash
sudo apt-get install -y apache2
```

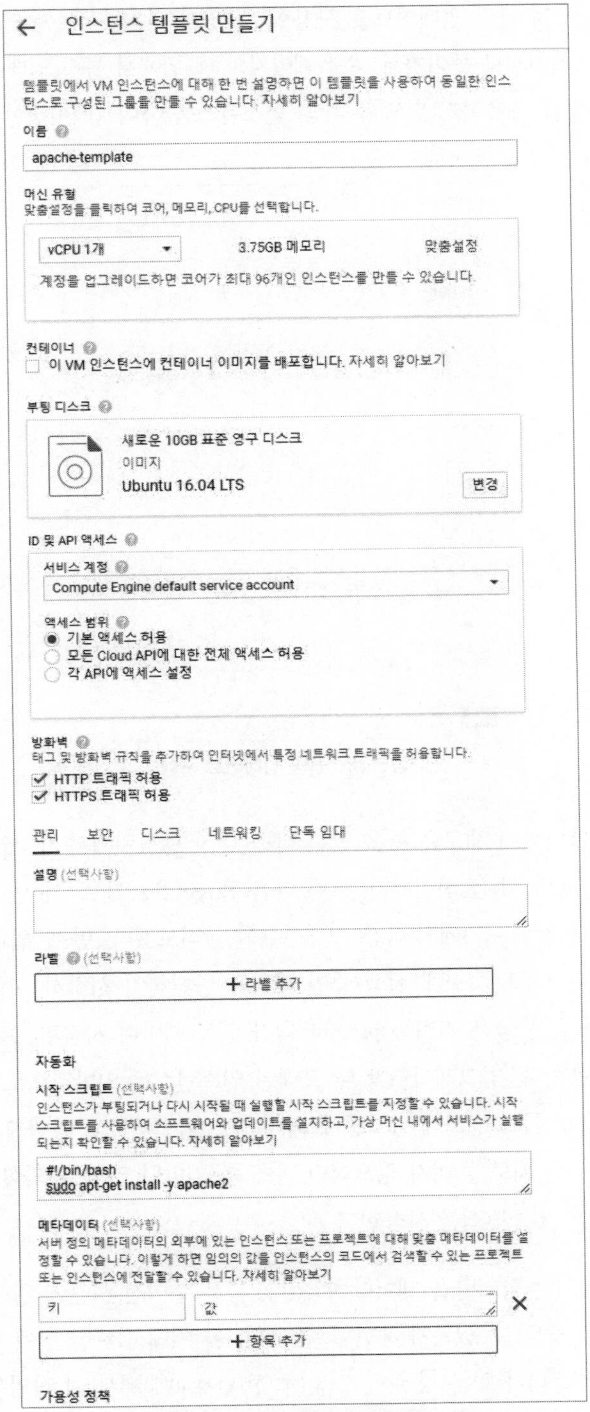

← 인스턴스 템플릿 만들기

템플릿에서 VM 인스턴스에 대해 한 번 설명하면 이 템플릿을 사용하여 동일한 인스턴스로 구성된 그룹을 만들 수 있습니다. 자세히 알아보기

이름 ②

apache-template

머신 유형
맞춤설정을 클릭하여 코어, 메모리, CPU를 선택합니다.

vCPU 1개 ▼   3.75GB 메모리   맞춤설정

계정을 업그레이드하면 코어가 최대 96개인 인스턴스를 만들 수 있습니다.

컨테이너 ②
☐ 이 VM 인스턴스에 컨테이너 이미지를 배포합니다. 자세히 알아보기

부팅 디스크 ②

새로운 10GB 표준 영구 디스크
이미지
Ubuntu 16.04 LTS   변경

ID 및 API 액세스 ②

서비스 계정 ②
Compute Engine default service account   ▼

액세스 범위 ②
◉ 기본 액세스 허용
◯ 모든 Cloud API에 대한 전체 액세스 허용
◯ 각 API에 액세스 설정

방화벽 ②
태그 및 방화벽 규칙을 추가하여 인터넷에서 특정 네트워크 트래픽을 허용합니다.
☑ HTTP 트래픽 허용
☑ HTTPS 트래픽 허용

관리   보안   디스크   네트워킹   단독 임대

설명 (선택사항)

라벨 ② (선택사항)

+ 라벨 추가

자동화
시작 스크립트 (선택사항)
인스턴스가 부팅되거나 다시 시작될 때 실행할 시작 스크립트를 지정할 수 있습니다. 시작 스크립트를 사용하여 소프트웨어와 업데이트를 설치하고, 가상 머신 내에서 서비스가 실행되는지 확인할 수 있습니다. 자세히 알아보기

#!/bin/bash
sudo apt-get install -y apache2

메타데이터 (선택사항)
서버 정의 메타데이터의 외부에 있는 인스턴스 또는 프로젝트에 대해 맞춤 메타데이터를 설정할 수 있습니다. 이렇게 하면 임의의 값을 인스턴스의 코드에서 검색할 수 있는 프로젝트 또는 인스턴스에 전달할 수 있습니다. 자세히 알아보기

키   값   ✕

+ 항목 추가

가용성 정책

그림 9.27 새 인스턴스 템플릿 생성

새 템플릿을 만든 후에 롤링 업데이트를 사용할 수 있다. 이미 작성한 인스턴스 그룹의 세부 사항을 볼 수 있는 페이지로 돌아가서 해당 페이지의 맨 위에서 롤링 업데이트를 선택한다. 새로운 Apache 템플릿을 사용하기 위해 두 개의 인스턴스를 마이그레이션할 것이다(그림 9.28).

그림 9.28 롤링 업데이트 구성

먼저 항목 추가를 클릭하여 새로운 행을 만든 다음 대상 템플릿에서 새 Apache 템플릿(이미지에서 apache-template이라고 함)을 선택한다. 그런 다음 Target Size를 두 개 인스턴스로 설정한다. 업데이트를 클릭하기 전에 여기에서 다른 매개변수를 살펴보겠다. 먼저, 업데이트를 수행할 시기를 선택할 수 있다. GCE는 현재 실행 중인 작업을 중단하기 시작하는 즉시(Proactive) 또는 머신의 작동 중단과 같은 좋은 기회(Opportunistic)가 있을 때마다 시작할 수 있다. 이 예제에서는 즉시 모드를 사용한다. 업그레이드할 때 오래된 인스턴스는 일반적으로 교체가 끝난 후에만 꺼진다. 결과적으로 롤링 업그레이드 중에 최대 인스턴스 수를 초과하게 된다. 보유하고 있는 인스턴스의 수를 두 배로 늘리지 않으려면, 한도를 얼마나 크게 초과할지 설정해야 한다. 이 예제에서는 하나의 인스턴스를 사용한다.

다음으로, 동시에 일어날 작업량을 제어할 수 있다. 혹은 주어진 시간에 얼마나 많은 인스턴스(또는 인스턴스 비율)를 줄일 수 있는지 제한할 수 있다. 이 예에서는 한 번에 하나씩만 업그레이드하지만, 더 큰 클러스터가 있는 경우 큰 그룹(예: 한 번에 10개)에서 이 작업을 수행할 수 있다. 마지막으로, 업데이트 간 대기 시간을 구성할 수 있다. 인스턴스에 몇 가지 추가 구성이 있을 수 있으며, 시작하고 실행하는 데 몇 분 정도 걸릴 수 있다. 이 시나리오가 있으면 새로 작성한 인스턴스가 부팅되어 클러스터에서 활성화될 수 있도록 대기 시간을 안전한 값으로 설정할 수 있다. Apache 예제의 경우 30초를 사용하여 Apache가 설치되어 실행 중인지 확인할 수 있다.

저장(Update)을 클릭하면 인스턴스가 계속 진행되는 것을 볼 수 있다. 최종 결과는 두 개의 인스턴스가 Apache 템플릿를 사용하며, 그 중 하나는 그대로 두었다(그림 9.29).

	이름	생성 시간	템플릿	내부 IP	외부 IP	연결
	instance-group-1-fq9b	2019. 4. 20. 오후 4:27:54	first-template	10.128.0.20 (nic0)	35.184.92.106	SSH ▼
	instance-group-1-lscr	2019. 4. 20. 오후 4:30:09	apache-template	10.128.0.22 (nic0)	104.154.108.88 ⬀	SSH ▼
	instance-group-1-rtgc	2019. 4. 20. 오후 4:30:10	apache-template	10.128.0.21 (nic0)	104.197.170.9 ⬀	SSH ▼

그림 9.29 **롤링 업데이트가 완료된 후의 인스턴스**

Apache 템플릿 인스턴스를 사용하는 모든 인스턴스에 대하여 같은 프로세스를 수행해서 완전하게 업데이트를 마무리하자. 이제 롤링 업데이트를 보았으므로 오토 스케일링이 어떻게 작동하는지 살펴보겠다.

9.3.3 오토 스케일링

오토 스케일링은 롤링 업데이트에서 본 원칙을 바탕으로 하지만, 여러 가지의 상태 측정을 통해 인스턴스를 교체하거나 클러스터 전체를 확장 및 축소할 시기를 결정한다. 예를 들어, 단일 인스턴스가 응답하지 않게 되면 인스턴스 그룹은 해당 인스턴스를 죽은 것으로 표시하고 새 인스턴스로 교체할 수 있다. 또한, 인스턴스에 과부하가 발생하는 경우(예: CPU 사용량이 특정 비율을 초과하는 경우) 인스턴스 그룹은 시스템의 예기치 않은 로드를 수용하기 위해 풀(pool) 크기를 늘릴 수 있다. 반대로 모든 인스턴스가 설정한 시간 동안 CPU 임계치보다 훨씬 낮은 경우 인스턴스 그룹은 불필요한 비용을 제거하기 위해 일부 인스턴스를 폐기할 수 있다.

이것의 이면에 있는 기본 아이디어는 복잡하지는 않지만, 이런 작업을 수행하는 인스턴스 그룹과 템플릿을 구성하는 것은 다소 까다롭다. 현재 인스턴스 그룹은 항상 세 개의 인스턴스로 구성된다. CPU 사용량이 특정 임계치를 초과할 때마다 1에서 10 사이의 인스턴스로 변경하도록 설정해야 한다.

먼저 작성한 인스턴스 그룹을 보고, 수정 버튼(연필 아이콘 모양)을 클릭한다. 이 페이지(그림 9.30)에서 이전에 끄기로 설정한 오토 스케일링 드롭 다운을 확인할 수 있다. 이 값을 On으로 설정하기 전에 CPU 사용량을 사용하자.

오토 스케일링 정책(Autoscale Based On) 옵션은 CPU 사용량(CPU Usage)으로 두고, 대상 CPU 사용량(Target CPU Usage)을 50%로 변경하자. 그런 다음 최소 및 최대 인스턴스가 각각 1 그리고 10으로 설정되어 있는지 확인한다. 마지막으로, 대기시간(Cool-Down Period) 설정을 살펴보자. 대기시간은 인스턴스가 임계치보다 높다는 것을 결정하기 전에 그룹이 대기해야 하는 최소 시간이다. 구성에서 CPU 사용량이 대기시간보다 오래 지속되면 새 시스템이 생성되지 않는다. 실제 시나리오에서는 이 설정을 최소 60초 이상 그대로 두는 것이 좋겠지만, 이 예에서는 냉각 기간을 조금 더 짧게 설정하여 그룹 변경 사항을 더 빨리 볼 수 있다.

저장을 클릭하고 잠시 기다린 후 인스턴스 중 두 개가 사라진 것을 확인해야 한다. 인스턴스 그룹은 CPU 사용량이 적고, 더 이상 필요하지 않은 인스턴스를 제거한 것으로 나타났다.

나머지 인스턴스를 매우 분주하게 만들어 CPU 사용량이 급증하는 것을 보면서 지금 했던 것을 다른 방향으로 진행해 볼 수 있다. SSH를 나머지 인스턴스에 추가하고, 다음 스니펫에 표시된 명령을 실행하자. 이 명령은 stress 라이브러리를 사용하여 CPU에 몇 가지 추가 작업을 수행하도록 한다.

```
$ sudo apt-get install stress
$ stress -c 1
```

실행하는 동안 클라우드 콘솔의 CPU 그래프를 주시하자. 빠르게 증가하기 시작하는 것을 알아야 한다.

그림 9.30 　오토 스케일링 구성

그리고 더 증가해서 얼마동안 같은 추세를 유지하다가 적어도 완전히 새로운 하나의 인스턴스가 생성되는 것을 보게 될 것이다! 그림 9.31을 참고하자.

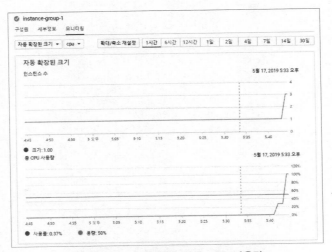

그림 9.31 　새 시스템을 만드는 CPU 사용량

스트레스 도구를 실행 중인 상태로 두면 인스턴스 하나에 발생하는 큰 부하를 처리하기 위해 더 많은 인스턴스가 생성된다. 작업을 종료하려면 Ctrl + C를 눌러 스트레스 도구를 종료한다. 몇 분 후에 그룹이 하나의 인스턴스로 축소되는 것을 볼 수 있다. 오토 스케일링 크기 그래프 (그림 9.32)를 보면 CPU 사용량에 따라 클러스터가 어떻게 확장되고 축소되었는지를 알 수 있다.

보다시피 GCE에게 애플리케이션을 실행하는 방식으로 구성된 인스턴스를 켜는 방법을 가르치면 VM이 얼마나 바쁜지에 따라 나머지를 처리할 수 있다. 이러한 템플릿을 사용하면 컴퓨팅 용량을 자동으로 확장할 수 있을 뿐만 아니라 선점형 VM을 사용하여 비용을 크게 절감할 수 있는 새로운 컴퓨팅 형태가 가능해진다. 어떻게 작동하는지와 작업 부하에 대해 실행가능한 옵션으로 생각하는 시기에 대해 살펴보겠다.

9.4 선점형 VM을 사용한 단기 수명 컴퓨팅

지금까지 말했던 모든 머신은 가상적이지만, 비교적 영구적이다. VM을 만들면 중지할 때까지 계속 실행된다. 그러나 GCE에는 또 다른 유형의 **일시적인** 머신이 있다. 즉, 언제든지 사라질 수 있으며, 24시간 이상 사용하지 못할 수 있다. 간단히 말해서 구글은 언제든지 기기를 회수하고, 다른 사람이 정가를 기꺼이 지불할 경우 재판매할 수 있는 대가로 시간당 가격에 대해 할인을 제공한다.

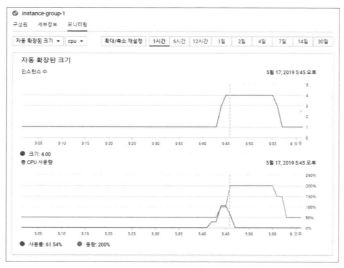

그림 9.32 오토 스케일링된 크기 그래프

9.4.1 선점 머신을 사용해야 하는 이유는 무엇인가?

지금까지 선점 머신의 가장 보편적인 사용법은 대규모 일괄 작업인데, 전체 작업의 작은 부분을 처리하는 많은 작업 머신이 있다. 그 이유는 간단하다. 선점형 머신은 값이 싸며, 그 머신 중 하나가 예고 없이 종료되는 경우 작업은 조금 느려지지만, 모두 취소되지는 않는다.

4개의 조각으로 나누고 싶은 작업이 있다고 상상해 보자. 일반 VM을 사용하여 프로세스를 조정한 다음 4개의 선점형 VM으로 작업을 수행할 수 있다. 이렇게 하면 작업들 중 어느 하나라도 취소될 수 있지만, 다른 미리 할당 가능한 VM에서 해당 작업을 재시도할 수 있다. 이렇게 하면 저렴한 컴퓨팅 용량을 사용하여 작업을 수행할 수 있다. 비용 절감을 위해 장비(VM)가 죽어 교체가 필요할 수 있다(그림 9.33).

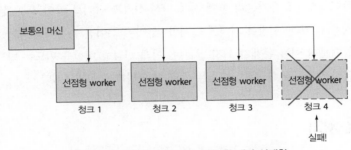

그림 9.33   **4개의 가상 worker 중 한 개가 실패함**

선점형 기계가 존재하는 이유와 좋은 점에 대해 논의한 결과, 다음으로 분명한 질문은 "어떻게 작동할까?"라는 것이다. 이를 이해하기 위해 우선 고려해야 할 두 가지 사항, 즉 머신을 선점형으로 돌리고, 머신 종료 요청을 처리하는 방법에 대해 살펴보겠다.

9.4.2 선점 가능한 VM 켜기

선점형 VM을 만드는 것은 간단하다. VM(또는 인스턴스 템플릿)을 만들 때 고급 섹션("관리, 보안, 디스크, 네트워킹, 단독 임대" 링크)(그림 9.34) 중 가용성 정책 아래에서 선점 가능성을 지정할 수 있다. 이것을 끄기에서 켜기로 변경하면 VM이 선점될 수 있다.

그림 9.34 VM을 선점형으로 만들 수 있는 대화상자

짐작할 수 있듯이, 호스트 유지관리 중에 자동 다시 시작과 라이브 마이그레이션이 모두 수행되지 않는 부작용이 있다. 선점형 기계를 설계할 때 이미 주어진 순간에 기계가 사라질 수 있다고 가정하기 때문에 이는 문제가 되지 않는다. 이제 선점형 머신을 만드는 방법을 이해했으므로 수명이 끝나고 GCE에서 피할 수 없는 종료 처리 방법을 살펴보겠다.

9.4.3 종료 처리

선점형 머신은 언제든지 종료할 수 있으며(24시간 이내에 종료될 수 있음), 이러한 종료를 정상적으로 처리하는 방법을 이해하는 것이 매우 중요하다. 다행스럽게도 GCE는 이러한 기능을 사용하지 않고 VM을 종료한다는 사실을 알려 주는 알림창을 제공한다. 해당 알림을 수신하고 VM이 사라지기 전에 보류 중인 작업을 완료할 수 있다.

가장 쉽게 종료 소식을 들을 수 있는 방법은 인스턴스 템플릿의 시작 스크립트와 반대되는 종료 스크립트를 설정하는 것이다. 종료가 트리거되면 GCE는 VM에 완료를 위한 30초를 제공한 다음 확실한 종료 신호(기기의 전원 버튼을 누르는 것과 동일)를 전송하고, 기기를 종료하도록 전환한다. 이렇게 하면 종료 스크립트가 30초 동안 작동한다. 30초 후 플러그가 당겨진다.

종료 스크립트를 설정하려면 인스턴스(또는 인스턴스 템플릿)의 메타 데이터 섹션을 적절하게 shutdown-script라고 하는 키와 함께 사용하면 된다(그림 9.35).

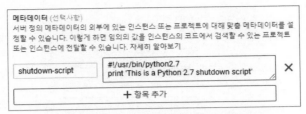

그림 9.35　VM 생성 시 종료 스크립트 설정

Cloud Storage에 원격으로 저장된 종료 스크립트가 있는 경우 shutdown-script-url 키와 gs://로 시작하는 URL(그림 9.36)이 있는 메타 데이터를 사용하여 종료 스크립트를 연결할 수 있다.

그림 9.36　VM을 생성할 때 종료 스크립트 URL 설정

선점형 시스템을 종료하면 일반 종료 스크립트가 트리거되기 때문에 시스템을 중지하여 스크립트를 테스트할 수 있다. 이 종료는 얼마나 자주 발생할까? GCE가 먼저 종료할 VM을 결정하는 방법을 살펴보겠다.

9.4.4　선점 선택

종료할 VM을 선택하면 직관적으로 생각하는 것과 다르게 GCE는 가장 최신의 것을 선택한다. 왜 이렇게 하는지 보려면 VM을 종료하기 위한 최선의 사례가 무엇인지 생각해 보자.

각 VM이 큰(5GB) 파일을 다운로드해야 하는 경우를 상상해 보자. VM을 순서대로 부팅하고 파일을 다운로드할 수 있다면 주어진 시간에 첫 번째 VM은 두 번째, 세 번째 및 네 번째보다 많은 다운로드 진행률을 갖게 된다. 이제 구글이 이러한 VM 중 하나를 종료해야 한다고 상상해 보자. 어느 것이 종료하기에 가장 편리할까? VM을 종료하고 다시 시작해야 하는 경우 가장 적은 양의 작업이 낭비되는 VM은 무엇일까? 분명히, 그것은 마지막으로 시작했고, 가장 적은 양의 데이터를 다운로드한 것이다(그림 9.37).

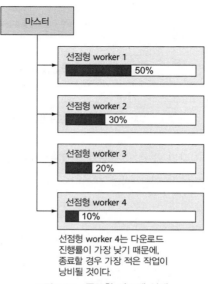

선점형 worker 4는 다운로드
진행률이 가장 낮기 때문에,
종료할 경우 가장 적은 작업이
낭비될 것이다.

그림 9.37　종료할 시스템 선택

GCE가 가장 최신의 머신을 종료시킬 것이기 때문에, 한 가지 우려가 되는 것은 머신이 계속적으로 종료되고 어떠한 진행도 하지 않는다는 점이다. 물론, 가능하겠지만 GCE는 글로벌 수준에서 종료를 고르게 배분할 것이다. 100개의 VM을 재확보하려는 경우 단일 고객이 아닌 많은 고객으로부터 100개의 VM을 회수하게 될 것이다. 결과적으로, 극단적인 상황에서만 이러한 반복된 종료를 볼 수 있을 것이다. 스래싱이 발생하는 드문 경우에서는 GCE는 처음 10분이내에 강제로 종료된 VM에 대해서는 요금을 부과하지 않는다. 단기 수명 컴퓨팅의 마지막 측면을 살펴보면서 로드 밸런서를 사용하여 여러 시스템에서의 요청 균형을 조정하는 방법을 알아보도록 하자.

9.5 로드 밸런싱

로드 밸런싱(Load Balancing)은 상대적으로 오래된 주제이기 때문에 어떠한 웹 애플리케이션이라도 실행한 적이 있다면 아마도 최소한의 개념을 잘 알고 있을 것이다. 근본적인 개념은 전체 시스템에서 처리해야 하는 전체 트래픽이 때때로 단일 시스템에 비해 너무 많다는 것이다. 결과적으로 트래픽을 처리하기 위해 머신을 더 크게 만드는 대신 더 많은 머신을 사용하고 로드 밸런서를 사용하여 사용 가능한 리소스에 트래픽(로드)을 분할하는 것이다(그림 9.38).

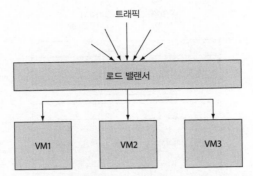

그림 9.38 로드 밸런서가 트래픽을 모든 가용 리소스로 분산

전통적으로 로드 밸런서가 필요하고 초당 수백만 건의 히트 수를 처리하지 않으면 VM을 켜고 HAProxy에서 Squid 또는 NGINX까지 포함할 수 있는 로드 밸런싱 소프트웨어를 설치한다. 하지만 이는 일반적인 관행이므로 GCE은 기존의 소프트웨어 로드 밸런서가 수행할 수 있는 모든 작업을 완전히 관리하는 로드 밸런서를 제공한다.

로드 밸런서는 들어오는 요청을 맨 앞에서 취하고 뒤쪽의 일부 시스템 집합에 분산시키기 때문에 로드 밸런서는 프런트엔드와 백엔드 구성을 모두 갖게 된다. 이러한 구성은 로드 밸런서가 새로운 요청을 수신하는 방법과 요청이 들어올 때 요청을 보낼 위치를 결정한다. 이러한 구성은 매우 단순한 것부터 극도로 복잡한 것까지 범위는 다양하다. 간단한 예제를 통해 이 모든 작동 방식을 더 잘 이해할 수 있다.

계산기 웹 애플리케이션에 2+2를 입력할 경우 애플리케이션이 이 경우 올바른 대답 4를 출력한다. 이 계산기는 그다지 유용하지 않지만, 주의해야 할 중요한 점은 아무 것도 저장할 필요가 없다는 것이다. 따라서 그것을 무상태(stateless)라고 부른다.

이제 어떤 이유로든 계산기가 인기 있어서 단일 VM에서 처리하기에 트래픽이 넘쳐 버린다고 가정하자. 이 시나리오에서는 첫 번째와 동일한 소프트웨어를 실행하는 두 번째 VM을 만든다. 그러면 두 대의 컴퓨터에 트래픽을 균등하게 분산시키는 로드 밸런서를 만들 수 있다(그림 9.39). 로드 밸런서 프런트엔드는 HTTP 트래픽을 수신하고, 백엔드로 모든 요청을 전달한다. 백엔드는 계산을 처리하는 두 개의 VM으로 구성된다. 계산이 완료되면 VM은 결과로 응답하고, 로드 밸런서는 요청 보낸 연결을 통해 응답을 다시 전달한다.

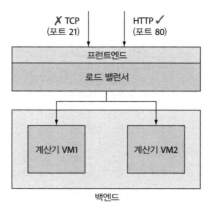

그림 9.39 로드 밸런서를 사용하는 계산기 애플리케이션

VM은 로드 밸런서가 관련되어 있는지 전혀 알 수 없다. 왜냐하면 VM에서 볼 때 요청이 들어오고 응답이 나가기 때문에 로드 밸런서는 다른 클라이언트가 요청을 하는 것처럼 보이기 때문이다. 그리고 이 중 가장 편리한 부분은 트래픽이 증가함에 따라 다른 VM을 켜고 로드 밸런서 백엔드가 새 VM에 요청을 보내도록 구성할 수 있다는 것이다. 이 작업을 더욱 자동화하려면 로드 밸런서가 백엔드에 자동 확장 인스턴스 그룹을 사용하도록 구성할 수 있으므로 새 용량을 추가하고, 로드 밸런서에 등록하는 것을 걱정할 필요가 없다.

로드 밸런서를 설정하고 트래픽을 여러 VM에 분할하는 프로세스를 실행해 보자. 이를 위해 9.4에서 배웠던 VM 인스턴스 그룹을 로드 밸런서의 백엔드로 재구성한다. 로드 밸런서를 만들려면 클라우드 콘솔의 왼쪽 탐색 메뉴에서 네트워크 서비스를 선택하고, 그 후에 로드 밸런서를 선택한다. 이 페이지에서 버튼을 클릭하여 새 로드 밸런서를 만들 수 있는 프롬프트가 표시된다.

새로운 로드 밸런서를 만들기 위해 클릭하면 몇 가지 로드 밸런싱 유형을 선택할 수 있다. 이 연습에서는 웹 애플리케이션에서 HTTP 요청의 균형을 맞추기 위해 HTTP(S) 부하분산을 사용한다.

구성 시작을 클릭하면 first-load-balancer를 사용하여 이름을 선택할 수 있는 새 페이지가 표시되고, 새 로드 밸런서를 구성하는 세 가지 단계가 표시된다. 백엔드 구성, 호스트 및 경로 규칙, 프런트엔드 구성 로드 밸런서가 HTTP 요청을 받아서 백엔드로 인스턴스 그룹에 보내도록 로드 밸런서를 구성하려면 백엔드 구성을 설정하여 시작하도록 한다.

9.5.1 백엔드 구성

가장 먼저 해야 할 일은 백엔드 서비스를 만드는 것이다. 이 서비스는 현재 인스턴스 그룹만 참고하는 백엔드(GCE에서 실행되는 일반적인 VM)의 모음을 나타낸다. 이를 수행하려면 백엔드 서비스 및 백엔드 버킷 만들기 또는 선택이라는 드롭 다운을 클릭한다. 그곳에서 백엔드 서비스 > 백엔드 서비스 만들기(Backend Services > Create a Backend Service)를 선택하면 새 서비스를 구성할 수 있는 새로운 양식이 보인다(그림 9.40).

> **NOTE** 단일 인스턴스 그룹을 포함하는 서비스를 만드는 이유를 간단히 설명하면 현재 인스턴스 그룹이 하나만 있더라도 나중에 로드 밸런서 뒤에 그룹을 추가할 수 있기 때문이다. 백엔드 서비스를 사용하면 로드 밸런서가 항상 하나를 가리킬 수 있으므로 백엔드(인스턴스 그룹)를 서비스에 추가하거나 서비스에서 제거할 수 있다.

그림 9.40 새로운 백엔드 서비스 생성

네이밍 패턴을 계속 유지하고 first-backend-service를 호출한 다음 first-group을 백엔드로 선택한다. 인스턴스 그룹의 오토 스케일링 구성과 비슷하게 해야 할 몇 가지 추가 옵션이 있음을 알 수 있다. 분명히 유사하지만, 서로 다른 목적을 가지고 있다.

인스턴스 그룹에서는 대상 CPU 사용량과 같은 것을 이용해서 더 많은 인스턴스를 켜야 할 때 GCE에 알려준다. 로드 밸런서에서 이러한 것들은 시스템이 백엔드 용량이 초과한다고 판단하는 시기를 알려준다. 백엔드가 전체적으로 이러한 제한을 초과하면 로드 밸런서는 상태가 좋지 않다고 판단하여 요청을 전송하지 않는다. 결과적으로 로드 밸런서가 불필요하게 시스템이 지나치게 용량 초과가 되었다고 판단하는 오류를 발생하지 않도록 이러한 대상을 신중하게 선택해야 한다.

지금은 이 설정을 기본값으로 두자. 그런 다음 백엔드 서비스를 저장하기 전에 **상태 확인(health check)**을 설정해야 한다. 이들이 무엇이며, 어떻게 작동하는지 살펴보도록 하자.

상태 확인 만들기

이제 백엔드 서비스 구성을 거의 완료했으므로 상태 확인이라는 항목을 만들어야 한다. 이 항목은 새 백엔드 양식의 드롭 다운 메뉴에서 직접 수행할 수 있다. 상태 검사는 인스턴스 그룹에 더 많은 VM이 필요한지 여부를 결정하기 위해 수행되는 측정과 유사하지만, 가상 시스템의 메트릭(예: CPU 사용량)에 대한 정보가 적고 모든 것이 정상이면, 애플리케이션 자체에 요청하는 데 집중하게 된다. 그들은 간호사가 여러분에게 괜찮냐고 물어보는 것과 비슷한 반면, CPU 활용과 같은 것들은 간호사가 체온을 체크하는 것과 같다고 생각할 수 있다.

이러한 상태 검사는 데이터베이스 연결이 제대로 작동하는지를 테스트하는 것과 같이 웹 서버가 시작되어 실행 중임을 보여주는 간단한 정적 응답 페이지로 할 수 있다. 간단한 TCP 검사를 만들어 포트 80이 실제로 열려 있는지 확인할 수 있다(그림 9.41). 이름은 tcp-80이다. 다른 설정(예: 수표 사이의 대기 시간, 시간 초과되기까지의 대기 시간 등)은 그대로 두자.

상태 확인을 만들면 백엔드 서비스가 준비된다. 만들기를 클릭하여 백엔드 서비스의 요약을 보고, 호스트 및 경로 규칙으로 이동할 수 있다.

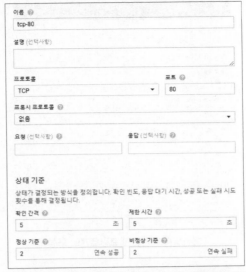

그림 9.41 포트 80을 테스트하기 위한 새 상태 점검 생성

9.5.2 호스트 및 경로 규칙

이번에는 하나의 백엔드만 만들었지만, 여러 백엔드를 작성하고 함께 사용하는 것도 충분히 가능하다. 그렇게 하기 위해, 다양한 수신 요청이 다양한 백엔드로 라우팅되는 방식을 결정하기 위한 일련의 규칙을 사용한다. 예를 들어, 특정 백엔드가 보다 복잡한 요청을 처리해야 하는 상황이 발생할 수 있다. 이 경우 별도의 백엔드를 만들어 관련 요청을 해당 백엔드로 라우팅하고, 다른 모든 요청을 다른 위치로 라우팅한다.

현재 예제에서는 모든 요청을 직접 하나뿐인 엔드로 전달하기를 원하기 때문에 더 이상 할 것이 없다. 대신 프런트엔드 구성으로 이동한다.

9.5.3 프런트엔드 구성

이 예제에서는 기본 설정인 일반 HTTP 트래픽을 처리하려고 한다(그림 9.42). 유일한 잠재적인 문제는 로드 밸런서의 IP 주소가 수시로 변경될 수 있다는 점이다(이것은 IP 주소가 단기 수명을 의미한다). 이 서비스를 mycalculator.com과 같은 도메인 이름으로 설정했다면, 드롭 다운에서 Create IP Address를 선택하여 새 고정 IP 주소를 만든다. 그 IP 주소는 항상 동일하므로 DNS 항목에 추가할 수 있다. 지금은 (그리고 이것이 데모이기 때문에) 로드 밸런서에 임시 IP를 붙이고, 이름 필드를 비워 둘 수 있다.

그림 9.42 간단한 프런트엔드 구성

여러 포트 또는 여러 프로토콜에서 수신 대기하려는 경우 여러 프런트엔드 구성을 만들 수 있다. 이 데모에서는 통상적인 포트 80의 HTTP를 사용한다. 완료를 클릭하면, 이제 최종 단계로 건너뛸 수 있다. 마지막 단계에서 설정한 모든 구성을 검토하여 올바른지 확인할 수 있다.

9.5.4 구성 검토

그림 9.43에서 볼 수 있듯이 호스트 또는 경로별 규칙이 없고, 포트 80의 일시적인 IP 주소에 노출되는 **first-group**이라는 인스턴스 그룹이 있다. 또한, **tcp-80**이라는 상태 검사도 있다. 이것은 그룹의 인스턴스 중 요청을 처리할 수 있는 인스턴스를 파악하는 데 사용된다.

그림 9.43 로드 밸런서 구성 요약

만들기(보이지 않음)를 클릭하면 로드 밸런서 및 상태 검사를 만들고, 임시 IP를 할당하고, 로드 밸런서가 요청을 받기 시작할 준비를 한다. 그 결과를 그림 9.44에 나타내었다.

몇 분 후에(상태 확인에서 백엔드가 준비되었음을 확인하는 동안) 브라우저에서 로드 밸런서의 주소에 방문하면 Apache 2 기본 페이지가 표시된다. 이 페이지를 보면 요청이 인스턴스 그룹의 VM 중 하나로 라우팅되었음을 알 수 있다.

이제 수많은 사람들이 로드 밸런서에 요청을 보내고 있다고 상상해 보자. 요청 수가 늘어나고 주어진 VM의 CPU 사용량이 증가하면 오토 스케일링 인스턴스 그룹은 이전에 배웠던 것처럼 더 많은 VM을 켠다. 큰 차이점은 로드 밸런서를 통해 모든 요청을 라우팅하기 때문에 더 많은 요청이 들어오면 로드 밸런서는 인스턴스 그룹이 켜져 있는 모든 VM에서 자동으로 균형을 조정하게 된다. 들어오는 모든 요청을 처리할 진정한 오토 스케일링 시스템을 가지고 있으며, 자동으로 요청 부하를 늘리고 줄이거나 분산시킬 것이다!

그림 9.44 새로 생성된 로드 밸런서

이제는 작동하는 기능에 대하여 알고 있으므로 이 구성을 최적화하는 방법을 살펴본다. 일반적으로 선택할 수 있는 가장 쉬운 일 중 하나는 가능한 결과를 캐시를 이용해서 중복 작업을 피하는 것이다. 따라서 시스템을 더 효율적으로 만들기 위해 어떻게 사용할 수 있는지 살펴보도록 하자.

9.6 클라우드 CDN

모든 애플리케이션에서 동일한 요청이 애플리케이션을 실행하는 서버로 이동하는 경우가 많다. 때로는 동일한 요청도 동일한 응답을 반환한다. 이 시나리오는 이미지와 같은 정적 콘텐츠에서 가장 일반적이지만, 동적 요청에도 적용할 수 있다. 중복 작업을 피하기 위해 구글 클라우드 플랫폼에는 백엔드 서비스의 응답을 자동으로 캐시할 수 있는 구글 클라우드 CDN이 있으며, 방금 만든 로드 밸런서, GCE와 함께 작동하도록 설계되어 있다.

로드 밸런서와 서비스에 요청하는 다양한 사람들 사이에 있는 클라우드 CDN은 짧은 우회 경로로 시도한다. 그림 9.45에서 볼 수 있듯이 요청은 사용자❶에서 시작하며, 클라우드 CDN이 요청을 처리할 수 있으면 즉시 응답을 보낸다❶Ⓐ. 로드 밸런서, 백엔드 서비스, 인스턴스 그룹 및 VM 인스턴스는 요청을 받지 않는다. 클라우드 CDN이 요청을 처리하지 못하면 요청은 로드 밸런서❷를 방문한 다음, 요청을 개별 VM❹으로 라우팅하는 백엔드 서비스❸를 방문하는 전통적인 경로를 따르게 된다. 그런 다음 응답이 동일한 경로를 통해 로드 밸런서(❺, ❻)로 다시 전달된다. 로드 밸런서가 응답을 반환하면 이전에 본 것처럼 최종 사용자에게 직접 전달되는 대신 응답은 클라우드 CDN❼을 통해 이루어지고, 여기에서 최종 사용자❽로 다시 전달한다. 이를 통해 클라우드 CDN은 응답을 검사하고 캐시할 수 있는지 결정하여 클라우드 CDN이 경로(❶ 및 ❶Ⓐ)를 통해 향후 동일한 요청을 처리할 수 있도록 한다.

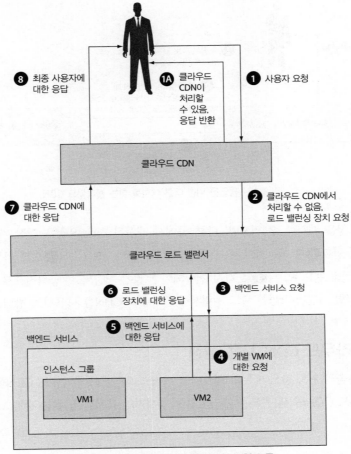

그림 9.45 클라우드 CDN이 활성화된 요청 흐름

이 흐름 외에도 요청을 캐시할 수 있지만, 해당 클라우드 CDN 엔드포인트에 다시 보낼 응답이 없는 경우 다른 클라우드 CDN 엔드포인트에서 이전에 동일한 요청을 처리했는지 묻고 요청할 수 있다(그림 9.46). 응답이 클라우드 CDN의 다른 곳에서 처리한 경우 로컬 인스턴스는 해당 값을 반환하고, 향후 로컬에 저장한다.

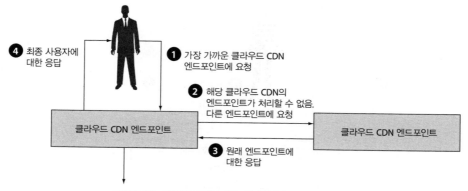

그림 9.46　응답을 위한 다른 캐시를 찾는 클라우드 CDN

보다시피 요청을 캐시할 수 있지만, 다른 곳에서 캐시된 경우 요청은 가장 가까운 클라우드 CDN 엔드포인트❶로 이동하고, 응답이 있는 다른 클라우드 CDN❷으로 이동한다. 그런 다음 응답은 원래 엔드포인트❸로 다시 전달되어 로컬에 저장되고, 궁극적으로 사용자❹에게 반환된다. 그럼 이전에 작성한 로드 밸런서에 클라우드 CDN을 사용하는 방법을 살펴보겠다.

9.6.1 클라우드 CDN 사용 설정

클라우드 콘솔의 왼쪽 탐색 메뉴의 네트워크 서비스 섹션에서 클라우드 CDN을 선택한다. 여기에 클라우드 CDN의 새 원본을 추가하라는 메시지가 표시된다. 원본 추가(Add Origin)를 클릭한다.

이전에 작성한 로드 밸런서(그림 9.47)를 선택하면 클라우드 CDN이 캐시할 수 있는 백엔드 서비스 목록이 채워진다.

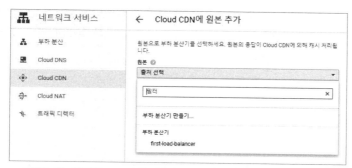

그림 9.47　클라우드 CDN을 사용하여 캐시할 올바른 로드 밸런서 선택

여기서 설정을 클릭하여 특정 백엔드에 추가 구성을 할 수도 있다(표시되지 않음). 이렇게 하면 HTTP를 통해 제공되는 페이지가 HTTPS를 통해 제공되는 페이지와 별도로 캐시되어야 한다고 정하는 등 페이지가 캐시되는 방식을 사용자가 정의할 수 있다. 추가(Add)를 클릭하면, 선택된 백엔드 서비스에 대한 로드 밸런서에서 클라우드 CDN을 사용할 수 있다(그림 9.48).

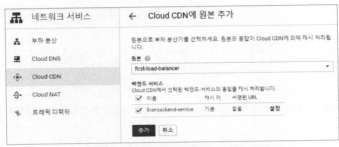

그림 9.48 오른쪽 백엔드를 캐시하도록 선택

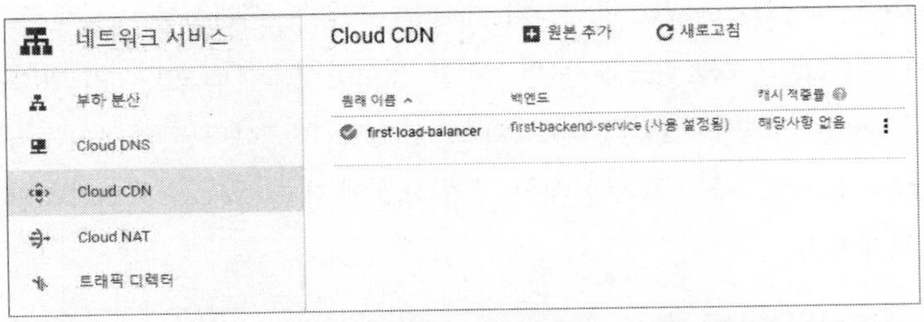

그림 9.49 클라우드 CDN이 적극적으로 캐싱하고 있는 로드 밸런싱 장치 목록

이 시점에서 클라우드 CDN과 특정 백엔드 세트가 로드 밸런서(first-load-balancer)를 캐싱하고 있다는 것을 목록에서 볼 수 있다(그림 9.49).

로드 밸런서의 세부 정보를 확인하고, 클라우드 CDN에 기록하여 클라우드 CDN을 사용하도록 설정했음을 알 수 있다. 그림 9.50의 백엔드 서비스 아래에 나열된 주석이 활성화된다.

그림 9.50 클라우드 CDN을 사용하도록 설정되었음을 보여주는 로드 밸런서

9.6.2 캐시 제어

클라우드 CDN은 캐시할 수 있는 페이지와 캐시할 수 없는 페이지를 어떻게 결정할까? 기본적으로 클라우드 CDN은 **허용되는** 모든 페이지를 캐시하려고 시도한다. 이 정의는 주로 IETF 표준(예: RFC-7234)을 따르며, 일반적으로 HTTP 캐싱에 익숙하다면 예상되는 규칙이라고 할 수 있다. 예를 들어, 클라우드 CDN이 캐시 가능 요청에 대한 응답을 고려하려면 다음의 사항이 모두 참이어야 한다.

- 클라우드 CDN이 활성화되어 있어야 한다.
- 요청은 GET HTTP 메소드를 사용한다.
- 응답 코드는 "successful"이다(예: 200, 203, 300).
- 응답에는 정의된 콘텐츠 길이 또는 전송 인코딩(표준 HTTP 헤더에 지정)이 있다.

이러한 규칙 외에도 응답은 Cache-Control 헤더(예: public으로 설정)를 사용하여 캐싱 환경 설정을 명시적으로 표시해야 하며, Cache-Control : max-age 헤더 또는 Expires를 사용하여 명시적으로 만료를 지정해야 한다.

또한, 클라우드 CDN은 다음과 같이 다른 기준과 일치하는 경우 특정 응답을 적극적으로 캐시하지 않는다.

- 응답에 Set-Cookie 헤더가 있다.
- 응답 크기가 10MB보다 크다.

- 요청 또는 응답에는 캐시하지 말아야 한다는 것을 나타내는 Cache-Control 헤더가 있다(예: no-store로 설정).

또한, 앞에서 언급했듯이 스키마(예: HTTP 대 HTTPS), 쿼리 문자열(예: URL에서 ? 뒤에 있는 것) 등을 기반으로 URL을 구별할지 여부를 구성할 수 있다. 서로 다른 응답을 캐시하는 방법을 세부적으로 제어할 수 있다. 여기서 핵심은 클라우드 CDN이 대부분의 브라우저와 로드 밸런싱 프록시 서버가 캐싱과 관련된 규칙을 따르지만, 일반적으로 VM보다 최종 사용자에 훨씬 가까운 위치에서 캐싱 작업을 수행한다는 것이다.

마지막으로, 때때로 무언가를 캐시하거나 강제로 캐싱하지 않아야 할 수도 있다. 캐시로 처리하는 대신 백엔드 서비스로 이동하도록 요청해야 한다. 이는 예를 들어, 업데이트된 style.css 파일과 같은 새 정적 파일을 배포하고, 캐시에서 콘텐츠가 만료될 때까지 기다리지 않게 하려는 경우와 같은 일반적인 시나리오다.

이렇게 하려면 클라우드 콘솔을 사용하고, 캐시 무효화 탭을 클릭하면 된다. 여기(그림 9.51)에 일치하는 패턴을 입력할 수 있다(예: /styles/*.css). 일치하는 모든 캐시 키가 추출된다. 이러한 파일에 대한 후속 요청 시, 백엔드 서비스에서 먼저 가져온 다음 평소와 같이 캐시한다.

이 시점에서 GCE로 할 수 있는 대부분을 잘 이해하고 있어야 한다. 이를 염두에 두고, 이제는 비용을 얼마나 많이 사용하는지 살펴봐야 한다. GCE를 사용할 수 있는 다양한 방법을 고려할 때 가격 책정은 다소 복잡할 수 있다.

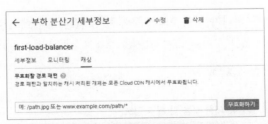

그림 9.51 특정 캐시된 URL 무효화

NOTE 모든 비용이 얼마나 되는지 살펴보기 전에 이 장을 읽는 동안 작성한 리소스를 끄고 불필요하게 요금이 부과되지 않도록 해야 한다.

9.7 가격 책정의 이해

GCE는 기본적으로 쉬운 가격 정책을 가지고 있지만, 일부 고급 기능은 지속적으로 사용할 수 있는 중요한 할인을 고려할 때 더욱 복잡해질 수 있다. 먼저, 간단한 부분에 대해 이야기하고, GCE 가격 정책의 보다 복잡한 측면으로 이동한다.

GCE 가격을 책정하는 데 있어서 다음의 세 가지 요소를 고려해야 한다.

1. CPU 및 메모리를 사용한 컴퓨팅 용량
2. 영구 디스크를 사용한 저장소
3. 구글 클라우드 외부 네트워크 트래픽

9.7.1 컴퓨팅 용량

GCE를 사용하는 가장 일반적인 방법은 1장에서 사용한 n1-standard-1과 같은 사전 정의된 인스턴스 유형을 사용하는 것이다. 미리 정의된 특정 유형의 인스턴스를 켜면 컴퓨팅 용량의 사용량에 따라 매시간마다 특정 금액이 청구된다. 이 용량은 vCPU(가상 CPU 측정)로 측정된 CPU 시간과 GB 단위로 측정되는 메모리의 총합이다. 사전 정의된 각 유형에는 특정 수의 vCPU, 특정 메모리 양 및 고정 시간당 비용이 있다. 표 9.2는 일반적인 인스턴스 유형에 대한 간략한 요약과 us-central1 영역에서 시간별 및 월별로 비용이 얼마나 많이 드는지 보여준다. 예상대로 컴퓨팅 성능과 메모리가 많을수록 비용이 증가한다.

이러한 인스턴스 유형 중 하나가 사용자의 요구에 맞지 않는 경우(예: 많은 메모리가 필요하지만, CPU가 적거나 다른 경우) 미리 정의된 다른 시스템 유형을 사용할 수 있다는 것이다. 표 9.2와 유사한 가격 구조를 가지고 있다.

표 9.2 일부 공통 인스턴스 유형에 대한 비용 및 세부 정보

인스턴스 유형	vCPUs	메모리	시간당 비용	월간 비용
n1-standard-1	1	3.75GB	$0.0475	$25
n1-standard-2	2	7.5GB	$0.0950	$50
n1-standard-8	8	30GB	$0.3800	$200
n1-standard-16	16	60GB	$0.7600	$400
n1-standard-64	64	240GB	$3.0400	$1,500

사전 정의된 유형이 적합하지 않은 매우 비정상적인 시나리오의 경우 사용자 정의 시스템 프로파일을 직접 디자인할 수 있다. 예를 들어, 엄청난 양의 데이터를 메모리에 저장하려고 하지만, 머신이 캐시로 작동하는 것 이외의 작업을 수행할 필요는 없다고 상상해 보자. 이 경우 많은 메모리가 필요하지만, 많은 CPU가 필요하지는 않다. 사전 정의된 유형 중에서는 선택 사항이 제한되어 있다(메모리가 너무 적거나 CPU가 너무 많음). 이와 같은 상황을 처리하기 위해 특정 vCPU 및 메모리의 수와 함께 각 CPU의 비용은 시간당 약 $0.033이고, 메모리의 각 GB는 시간당 $0.0045인 적절한 크기로 컴퓨터 유형을 사용자 정의할 수 있다.

수학적으로 봤을때, 예상했던 대로 이 숫자들이 더해지지 않는 것을 알 수 있다. 예를 들어, 여러분의 n1-standard-8 인스턴스 비용은 시간당 0.38달러다. 그 차이는 $200로 표시되는 월 비용을 보면 분명하다. 시간당 $0.38, 하루 24시간, 30일은 $200이 아니라 $270 정도다! GCE는 일정 기간 동안 VM을 사용할 때 할인을 제공한다.

9.7.2 지속 사용 할인

지속 사용 할인은 일괄 구매에 대한 할인을 받는 것과 같다. 특별히 좋게 생각할 수 있는 이유는 무엇인가를 사는 것에 전념하지 않아도 되기 때문이다. 지난 달을 되돌아보고, 사용한 VM 시간 수를 계산하고, 이를 기반으로 전체 시간당 가격을 계산하며, 장기간 VM을 사용할 경우 대량 할인으로 작동한다. 한 달 내내 더 많은 전력을 소비할 때 전기 요금을 줄이는 것으로 생각하면 된다. 더 많은 전기를 사용하면 도매 가격을 지불할 때까지 단위당 비용이 떨어진다.

지속 사용 할인은 3단계로 구성되어 있으며, 해당 월의 최대 할인율은 30%다. 매월 2, 3, 4분기에 새로운 기본 요율을 적용하는 방식이다. VM이 해당 월의 25%를 실행한 후, 다음 25%는 일반 요금에서 20% 할인된 가격으로 청구된다. 다음 25%는 40% 할인된 가격으로 청구되며, 최종 25%는 60% 할인된 가격으로 청구된다. 이 모든 것을 합쳐서 100%를 실행하면 할인 없이 사용할 때보다 30% 적게 지불하게 된다. 그림 9.52를 참고하자.

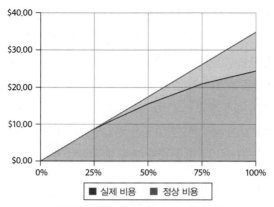

그림 9.52 지속 사용 할인 대 정상 비용

이 차트에서 위쪽 줄은 정상적인 비용이며, 직선처럼 보인다. 실제 비용은 시간의 경과에 따라 곡선의 기울기가 감소하는 최종선을 따른다.

매월 말 실제 비용 라인은 약 30%가량 낮아진다. 이 예제는 간단하지만, 한 달에 반씩 실행하는 VM이 두 개인 경우는 어떻게 해야 할까? 또는, 사용자 정의 컴퓨터 유형이 있다면 무엇일까? 자동 확대 기능을 켜면 어떨까? 이 모든 것이 꽤 복잡해지므로 이 모든 예를 나열하기보다는 이러한 계산을 할 때 구글이 사용하는 기본 원리를 전달하는 것이 좋다.

첫째, GCE는 컴퓨터를 자주 재구성하더라도 일관된 사용량으로 추측한다. 실행 중인 VM 인스턴스의 수를 확인하고, 이를 더 밀도가 높은 구성으로 결합하여 동시에 실행 중인 VM 인스턴스의 최소 수를 계산한다. 계산된 인스턴스의 요약 그래프를 사용하여 GCE는 구성에 따라 가능한 최대 할인을 계산하려고 시도한다. 그 내용이 어렵다면 이해하기 쉽게 그림으로 더 명확하게 설명한다(그림 9.53).

그림 9.53 계산된 인스턴스 및 할인 계산

그림 9.53의 예에서는 한 달에 5개의 인스턴스가 실행 중이고, 서로 다른 겹치는 부분이 있음을 알 수 있다. 예를 들어, VM 4는 VM 3 및 VM 5와 동시에 실행된다. 먼저, GCE는 이 사용 시나리오를 처리하는 데 필요한 최소 슬롯수를 얻기 위해 이미지를 응축하거나 **평탄하게** 만든다. 이 예에서는 3번째 주에 VM 3를 켜기보다는 동일한 작업을 수행하도록 VM 1을 다시 시작할 수 있었다. GCE는 비용을 계산하기 위해 두 대의 VM을 함께 이어 평탄하게 만들어서 한 대의 기계를 끄고 다른 기계를 켠 경우에도 지속적으로 단일 실행으로 간주한다.

GCE가 추론된 인스턴스를 가지면, 그림 9.53에서 볼 수 있듯이 모든 것을 월의 시작으로 나눈다. 이 최종적인 응축 및 이동 그래프를 사용하여 각 세그먼트에 대한 할인율을 적용한 다음, 적용할 수 있는 할인 금액을 계산한다.

여러 VM이 동시에 실행되는 시간이 길수록 할인 계산 시 GCE가 덜 응축할 수 있다. 즉, 모든 VM 시간에 동일한 비용이 들지는 않는다. 1개월 동안 단일 VM을 실행하면(730시간) 730대의 시스템을 각각 1시간씩 실행하는 것과 동일한 비용이 발생할 수 있지만, 모든 시스템이 순서대로 실행되는 경우(단, 하나 켜고 동시에 다른 시스템을 켜면) 정확히 같은 시간 동안 730대의 기계를 가동하면 할인이 전혀 되지 않으므로 전체 비용은 30% 더 비싸다. 예를 들어, 그림 9.54는 동시에 더 많은 인스턴스를 실행하는 것을 보여준다(VM 2와 VM 4만 전혀 겹치지 않음). GCE는 응축하지 않을 수 있으므로 더 작은 할인을 적용한다.

그림 9.54 겹치는 부분이 더 많을 때 조금 압축할 수 있다

마지막으로, 스토리지 비용으로 이동하기 전에 지금까지 모든 비용 수치가 미국 기반의 리소스로 산정된 것을 기억하는 것이 중요하다. GCE는 VM을 실행할 수 있는 많은 지역을 제공하며, 가격은 지역마다 다르다. 이 문제의 원인은 대개 구글에 대한 변동 비용(전기, 재산 등)이지만, 사용 가능한 용량과 관련되어 있다. 전반적인 비용 외에도 사전 정의된 시스템 유형, 사용자 정의 시스템 유형 vCPU 및 메모리, 확장 메모리와 같은 다양한 리소스에 대한 비용은 한 지역에서 다른 지역으로 상당히 다양하다. 예를 들어, 표 9.3은 vCPU당 가격과 다른 지역의 GB 메모리를 보여준다.

표 9.3 위치에 따른 vCPU당 가격

리소스	아이오와	시드니	런던
vCPU	$0.033174	$0.04488	$0.040692
GB memory	$0.004446	$0.00601	$0.005453

이러한 관점에서 볼 때, 런던의 VM은 아이오와의 동일한 VM보다 약 25% 더 비싸다. 예를 들어, n1-standard-16의 비용은 아이오와에서는 한 달에 388달러이지만, 런던에서는 한 달에 500달러 정도다. 일반적으로 미국 기반 지역(예: 아이오와)에서 VM을 실행하는 것이 가장 저렴하며, 호주에서 고객에게 짧은 대기 시간이 필요하거나 EU 외부에 데이터를 두는 것에 대한 우려가 있는 경우처럼 의미있는 이유가 있다면 다른 지역에서만 실행해야 한다.

9.7.3 선점형 가격

선점형 VM은 VM에 대한 정기적인 정가 및 지속적인 사용 할인 외에도 이러한 인스턴스의 규제에 대한 보상으로 특별 가격 인하가 있다. 언제나 그렇듯이 이 가격은 지역마다 다르지만, 기본적인 특징은 인스턴스 사용에 대한 시간당 가격과 동일하게 유지된다. 표 9.4는 세 가지 인기 있는 위치에 있는 몇 가지 인스턴스 유형의 가격 예를 보여준다.

표 9.4 일부 위치에서 허용되는 인스턴스 시간당 가격

인스턴스	아이오와	시드니	런던
n1-standard-1	$0.01	$0.01349	$0.01230
n1-standard-2	$0.02	$0.02698	$0.02460
n1-standard-4	$0.04	$0.05397	$0.04920
n1-standard-8	$0.08	$0.10793	$0.09840
n1-standard-16	$0.16	$0.21586	$0.19680
n1-standard-32	$0.32	$0.43172	$0.39360
n1-standard-64	$0.64	$0.86344	$0.78720

보다시피, 이 가격은 실제로 위치에 따라 다르지만, 표준 시간당 가격보다 약 80% 저렴하다. 비용에 민감하다면 프로젝트에서 선점형 인스턴스를 사용하는 방법을 확인하는 것이 좋다.

어려운 부분을 확인하였다. 이제는 GCE 가격 정책의 더 쉬운 부분인 스토리지, 네트워킹을 살펴본다.

9.7.4 저장소

VM 가격과 비교하여 스토리지 가격은 큰 비중을 차지한다. 이전에 배웠던 것처럼 VM 인스턴스와 함께 몇 가지 클래스의 영구 디스크 저장소를 사용할 수 있으며, 각 인스턴스마다 성능이 다르다. 또한, 이 클래스는 각각 비용이 다르다(표준 스토리지보다 많은 SSD 디스크가 필요하다). VM 가격과 같이 지역에 따라 요금이 다른 경향이 있다. 표 9.5는 이전에 논의한 동일한 지역 (아이오와, 시드니 및 런던)에 대한 디스크 스토리지의 GB당 월별 요금 중 일부를 보여준다.

표 9.5 위치 및 디스크 유형에 따른 데이터 저장 속도

디스크 유형	아이오와	시드니	런던
Standard	$0.040	$0.054	$0.048
SSD	$0.170	$0.230	$0.204

이러한 관점에서 볼 때, 런던에 있는 솔리드 스테이트 영구 디스크는 아이오와에 있는 같은 디스크보다 약 20% 더 비싸다(예를 들어, 1TB SSD의 가격은 아이오와 주의 경우 한 달에 170달러 정도이지만, 런던에서는 한 달에 200달러 정도다). 일반적으로 VM의 경우와 마찬가지로 미국 기반 지역에서 데이터를 보관하는 것이 가장 경제적일 것이며, 일반적으로 지리적으로 좋은 이유가 있는 경우에만 다른 지역에 영구 디스크를 보관하도록 한다. 또한, SSD의 가격은 표준 디스크의 가격보다 훨씬 높다. SSD의 강력한 성능이 필요한 경우에만 SSD를 사용해야 한다는 의미다.

예를 들어, 시드니에 백업하려는 1TB SSD 디스크가 있는 경우 중요한 데이터를 Cloud Storage 버킷과 같은 다른 위치에 업로드하는 것이 좋다. 디스크로서 약 200달러를 사용하겠지만(또는 스냅샷으로 저장하는 경우 $35), Cloud Storage에 저장하는 경우 약 $15 또는, 8.4.3에 설명된 니어라인 스토리지를 사용하는 경우 $10 정도다.

영구 디스크에 데이터를 저장하는 데 드는 비용은 얼마일까? 이제 마지막 부분인 네트워킹 비용을 살펴본다.

9.7.5 네트워크 트래픽

일반적으로 GCE를 사용하여 무언가를 만들 때 외부와 커뮤니케이션 하지 않고, 완전히 내부망으로 사용하지 않는다. 반대로 사용자가 만드는 대부분의 VM은 이미지, 비디오 또는 다른 웹 페이지와 같은 데이터를 고객에게 보낸다. 들어오는 데이터는 항상 무료이지만, 유감스럽게도 이 데이터를 전 세계로 전송하는 것은 그렇지 않다. VM의 경우와 마찬가지로 전 세계 네트워크 케이블의 비용은 다양하며, 발신 또는 수신 네트워크 비용은 구글 네트워크에서 나가는 위치에 따라 다르다. 아이오와에서 보내는 데이터는 시드니에서 보내는 것보다 비용이 적게 든다. 하나의 구글 지역에서 다른 지역으로 데이터를 전송하는 것은 구글 소유의 네트워크 케이블에서 먼 거리에 있는 **빠른 파이프**이기 때문에 무료가 아니다.

네트워킹 비용을 이해하려면 트래픽이 어디서 왔고 어디로 가는지 확인해야 한다. 구글은 자체 네트워크 인프라를 사용하여 가능한 한 빨리 목적지에 데이터를 전송하기 때문에 예상보

다 거리가 멀어진다. 예를 들어, 아이오와에서 뉴욕까지 패킷을 가져오는 것은 아이오와에서 호주까지 패킷을 보내는 것보다 비용이 훨씬 적다.

즉, 호주나 중국 본토에 대한 트래픽의 네트워크 가격은 출처와 상관없이 동일하지만, 그로 인해 변경될 수 있다. 다른 모든 위치(두 개를 제외한 모든 위치)의 경우 비용은 VM이 데이터를 보내는 위치에 따라 다르다.

또한, Costco에서 대량 구매하면 할인 혜택을 얻는 것과 같은 방식으로 더 많은 데이터를 전송할 때 트래픽 가격이 내려간다. GCE의 경우 트래픽의 GB당 비용은 다음과 같이 3번째 가격 책정 등급을 갖는다. 첫 번째 TB(가장 많은 경우), 다음 9TB(1TB 초과, 최대 10TB)에 대한 또 다른 가격, 그리고 처음 10TB 이후의 모든 데이터에 대한 최종 대량 가격이다. 표 9.6은 이전과 동일한 지역(아이오와, 시드니 및 런던)에서의 데이터를 대부분의 지역으로 전송할 때의 몇 가지 예시 가격을 제시한다.

표 9.6 대부분의 위치에 대한 데이터의 GB당 네트워크 가격

가격 그룹	아이오와	시드니	런던
첫 TB	$0.12	$0.19	$0.12
다음 9TB	$0.11	$0.18	$0.11
10TB 이하 10TB	$0.08	$0.15	$0.08

호주와 중국 본토의 두 곳으로 데이터를 전송하는 경우 어디서 보내는 지에 관계없이 가격은 현재 동일하다(표 9.7).

표 9.7 데이터 GB당 네트워크 가격(영국, 중국 및 호주)

가격 그룹	중국 본토로	호주로
첫 TB	$0.23	$0.19
다음 9TB	$0.22	$0.18
10TB 이하	$0.20	$0.15

이러한 점을 고려하려면 웹사이트에서 제공하려는 50MB 비디오 파일이 있다고 상상해 보자. 비디오를 보는 사람이 10,000명이라고 가정할 때, 각각 50MB 10,000개의 히트가 주어지므로 합계 500GB의 데이터가 된다. 일반적으로 이 수치는 비용을 파악하는 데는 충분하지만, 이전에 배웠던 것처럼 50MB 비디오의 대상이 다른 곳보다 특정 장소에서 더 비싸기 때문에 히

트가 어디서 오는지 고려해야 한다. 또한, 데이터 소스가 중요하기 때문에 비디오를 제공하는 VM이 어디에서 실행되고 있는지를 알아야 한다!

비디오가 아이오와의 VM에 있다고 가정한다(앞의 아이오와에서 외부로 나가는 비용 테이블 참고). 히트 수의 10%는 호주에서, 10%는 중국 본토에서 이루어지며, 80%는 다른 지역에서 온 것이다. 뉴욕, 홍콩(중국 본토의 일부가 아님) 및 런던과 같은 세계의 다른 지역에서 온 것이다. 비용 계산은 표 9.8과 같이 세분화할 수 있다.

표 9.8 **위치 기반 비용 계산 분석**

지역	제공되는 GB	GB당 비용	총 비용
중국	50GB	$0.23	$11.50
호주	50GB	$0.19	$9.50
그외 다른 지역	400GB	$0.12	$48.00
총 합계			$69.00

보다시피 전 세계에 보낸 500GB의 데이터 전송 비용은 다른 지역의 모든 데이터 전송 비용에서 비롯되었지만, 특수 목적지는 총비용의 양이 과다하게 책정되었다. 이 경우 중국 본토 목적지는 전송량의 10%이지만, 총비용의 약 16%를 차지한다. IP 주소로 특정 지역에 대한 액세스를 제한하는 것보다 짧은 다운로드를 제한할 수 있는 방법은 많지 않다. 하지만 만약 그 장소들로부터의 많은 트래픽을 처리한다면, 특별한 목적지에 대한 네트워크 비용이 총액에 꽤 많이 추가될 수 있다는 것을 명심할 필요가 있다.

9.8 언제 GCE를 사용해야 할까?

GCE가 적합한 지 알기 위해 우선 확인해야 할 다양한 컴퓨팅 측면을 요약한 스코어카드(그림 9.55)를 살펴보겠다.

9.8.1 유연성

GCE에서 가장 먼저 알아야 할 점은 클라우드 컴퓨팅 환경에서 얻을 수 있는만큼 유연하다는 것이다. 특히, 구축할 범용 인프라를 제공하는 데 중점을 둔다.

오토 스케일링 인스턴스 그룹 및 로드 밸런싱과 같은 멋진 기능들을 액세스할 수 있지만, 그 것들은 필요에 따라 사용할 수 있는 추가 기능이다. 예를 들어, 일부 특수 로드 밸런싱 기능이 필요한 경우 호스트된 로드 밸런서를 사용하지 않고, 자체 VM을 켜서 로드 밸런싱 소프트웨어를 실행할 수 있다. 즉, GCE에는 한계가 있지만, 이러한 제한은 모든 클라우드 호스팅 제공 업체에서 표준이 되는 흐름이다. 예를 들어, 현재 자신의 하드웨어를 클라우드 데이터 센터에 가져올 수 없기 때문에 F5의 제품 중 하나와 같이 자체 하드웨어 기반 로드 밸런서를 실행할 수 없다.

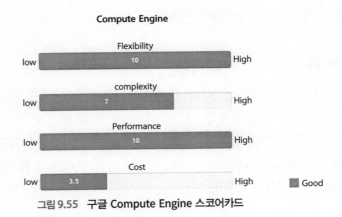

그림 9.55 구글 Compute Engine 스코어카드

9.8.2 복잡성

이 장의 길이에서 알 수 있듯이 GCE는 단순하지 않다. 원하는 모든 것이 소프트웨어를 실행하는 가상 머신이라면 일찌감치 이 장을 읽지 않아도 된다. 다른 한편으로 GCE의 다른 강력한 기능을 사용하고 싶다면, 일이 훨씬 더 어려워질 수 있다. 예를 들어, 오토 스케일링 기능을 이용하려면 먼저 인스턴스 템플릿이 작동하는 방법, 로드 밸런서 및 마지막으로 상태 확인 방법을 이해해야 한다. 그렇지 않으면 오토 스케일링 시스템의 모든 이점을 얻는 것이 불가능하다. 더 간단하게 말하자면, GCE를 사용하여 상대적으로 빠르게 진행할 수 있기 때문에 전반적인 어려움은 사용하기 전에 모든 것을 배우도록 요구하는 다른 컴퓨팅 시스템보다는 다소 낮다고 할 수 있다.

9.8.3 성능

성능과 관련하여 GCE 점수가 특히 좋다. 구글 클라우드에서 제공하는 것처럼 베어 메탈에 가깝기 때문에 코드와 실제 CPU 사이에 가능한 추상 레이어가 거의 없다. 다른 컴퓨팅 시스템(예: App Engine Standard 또는 Heroku)에서는 물리적 CPU와 코드 간에 더 많은 추상화 계층이 존재한다. 이는 다소 효율적이지 않으므로 성능이 약간 떨어질 수 있음을 의미한다.

이것은 다른 관리 컴퓨터 플랫폼이 유용하지 않거나 비효율적이라고 말할 수는 없지만, 디자인의 본질(스택이 높을수록)은 더 많은 작업이 필요하다는 것을 의미하므로 코드에 사용될 수 있는 CPU 주기는 대신 다른 작업에 사용된다.

9.8.4 비용

마지막으로, GCE는 원시 가상 시스템 및 디스크에 대해서만 비용을 지불한다는 점에서 비용 규모면에서 상대적으로 낮다. 또한, 컴퓨팅 리소스는 한 달 동안 사용하면 할인되므로 사전에 리소스를 예약하지 않아도 많은 리소스를 할인받을 수 있다. 특히, GCE의 요금은 시간별로 표시되므로 Cloud Datastore와 같이 서비스에 대한 요청 수에 따라 완전히 관리되는 서비스에 비해 비용을 훨씬 쉽게 예측할 수 있다.

9.8.5 종합

이제 GCE의 작동 방식을 살펴보고, 각 샘플 애플리케이션(To-Do List, InstaSnap 및 E*Exchange)에서 어떻게 사용하여 스택 방식을 확인할 수 있는지 알아본다. GCE가 각 예제에 대해 작동한다는 점에 유의해야 한다. 따라서 기본 사항이나 고급 기능 중 일부를 사용할지 여부에 대해 논의한다.

9.8.6 To-Do List

To-Do List 앱은 간단하며 트래픽이 많지 않을 것으로 보이지만, 자동 축소 또는 선점형 VM과 같은 GCE의 고급 기능은 필요하지 않다. 이는 예상 트래픽 패턴이 제로(아무도 앱을 사용하지 않음)에서 중간 정도(피크 시간대에 사용하는 소수의 사용자)에 머물러 있기 때문이다. GCE를 사용한다면 보증된 가격으로 구매할 수 있으며, 자동 배율 기능을 사용하기 위해서는 많은 것을 배우고 구성해야 한다. 또한, 앱에 트래픽이 없을 때 휴면 상태를 유지할 방법이 없다.

결과적으로 GCE를 사용할 수는 있지만, 단일 VM을 켜고 24시간 가동되도록 할 수 있다. 총 트래픽이 많지 않거나 트래픽 패턴의 변동성이 큰 이러한 유형의 취미 프로젝트의 경우 App Engine과 같이 완전히 관리되는 시스템(나중에 자세히 설명함)이 더 적합할 수 있다.

표 9.9 To-Do List 애플리케이션 컴퓨팅 요구사항

측면	요구사항	적합한가?
유연함	그렇게 많지 않다.	과잉
복잡성	단순함이 더 좋다. 별로	좋지 않다.
성능	낮음부터 보통까지 사용량이 적은 시간 동안	약간의 과잉
비용	낮은것이 더 좋다.	이상적이지 않지만, 최악도 아니다.

전반적으로, 표 9.9에서 볼 수 있듯이 플랫폼의 기본 측면만 사용하는 경우 GCE가 적합하다. 그러나 필요 이상으로 비용이 많이 들고, 애플리케이션이 더 고급 기능을 사용할 수 없다.

9.8.7 E*Exchange

온라인 거래 플랫폼인 E*Exchange는 컴퓨팅 리소스(표 9.10)를 실행하기에 적합한 유연성을 제공할 뿐 아니라 훨씬 복잡한 기능을 제공한다.

표 9.10 E*Exchange 컴퓨팅 요구사항

측면	요구사항	적합한가?
유연함	꽤 많이	확실히
복잡성	배우기에 좋다.	OK
성능	보통	확실히
비용	사치스럽지 않다.	확실히

첫째, 이와 같은 애플리케이션은 To-Do List보다 유연성이 약간 더 필요하다. 예를 들어, 할 일 목록을 보고 수정하라는 요청을 처리하는 대신 통계를 수집하고 보고서로 사용자에게 이메일로 보내기 위해 백그라운드 계산 작업을 실행해야 할 수 있다. 이것은 GCE에 적합하며, 일반적인 컴퓨팅 요구사항을 처리할 수 있다.

복잡성과 관련하여 이 거래 애플리케이션만큼 복잡한 것을 구축한다면 시스템의 보다 복잡한 기능에 대해 배우는 데 투자할 시간이 있을 것이다. 복잡한 시스템을 이해하는 것이 반드시 나쁜 것은 아니다.

다음으로, 성능 요구가 특별히 큰 것은 아니지만, 그다지 작지도 않다. 더 큰 인스턴스 유형을 사용하여 브라우저의 보기 페이지가 빠르다고 느낄 수도 있다. 마찬가지로, 이와 같은 애플리케이션에 대한 예산은 반드시 엄청난 것은 아니지만, 컴퓨팅 리소스에 지출할 수 있는 합리적인 예산을 보유하고 있어야 한다. 결과적으로, GCE의 가격은 꽤 합리적이기 때문에 웹 페이지를 제공하고 보고서를 실행하는 애플리케이션에 대해 비용이 많이 들지 않을 것이다.

이 모든 것은 E*Exchange가 GCE를 사용하는 데 매우 적합하다는 것을 의미한다. GCE는 상대적으로 낮은 비용과 견고한 성능으로 적절한 균형을 유지한다.

9.8.8 InstaSnap

인기 있는 소셜미디어 사진 공유 애플리케이션인 InstaSnap은 잘 맞는 것처럼 보이는 몇 가지 요구사항과 약간 벗어난 몇 가지 요구사항을 가지고 있다(표 9.11).

표 9.11 **InstaSnap 컴퓨팅 요구사항**

측면	요구사항	적합한가?
유연함	많이	확실히
복잡성	고급 기능을 많이 사용하고자 함	대부분
성능	높다	확실히
비용	실제 예산 없음	확실히

상상할 수 있듯이, InstaSnap의 경우 많은 유연성과 성능이 필요하며, 이는 GCE에 매우 적합하다. 또한, 최고의 비용을 지불할 의향이 있고, 모든 벤처 자금 후원은 꽤 큰 예산을 가지고 있다는 것을 의미하며, 여기에 적합하게 만든다.

또한, 오토 스케일링 및 로드 밸런싱을 관리하는 것과 같이 최첨단 기능에 관심이 있으며, GCE는 이에 적합하다. 즉, GCE의 고급 기능은 훌륭하지만, 다른 시스템에서는 쿠버네티스 엔진과 같은 고급 오케스트레이션을 제공한다는 것을 나중에 알게 될 것이다. GCE는 비교적 적합하지만, 더 나은 옵션을 사용할 수 있다.

요약

- 가상 머신은 가상화된 컴퓨팅 리소스다. 실제 컴퓨터의 조각처럼 어딘가에 있다.

- GCE는 1시간 단위로 요금을 지불하는 가상 머신(초 단위로 청구 가능)과 머신의 데이터를 저장하기 위한 영구 복제 디스크를 제공한다.

- GCE는 템플릿을 기반으로 자동으로 기계를 켜고 끌 수 있으므로 시스템을 자동으로 확대하고 축소할 수 있다.

- 작업자 VM을 빠르고 쉽게 켜고 끌 수 있는 확장성이 뛰어난 작업 부하 때문에 선점형 VM은 비용을 크게 절감할 수 있으며, 시스템은 24시간 이상 수명을 유지할 수 없고, 언제든지 종료할 수 있다.

- GCE는 컴퓨팅 리소스를 세부적으로 제어하고, 가능한 한 물리적 인프라에 가까워지기를 원할 때가 가장 좋다.

10

쿠버네티스 엔진:
관리형 쿠버네티스 클러스터

이 장에서는 다음 내용을 다룬다.

- 컨테이너(Container), 도커(Docker), 쿠버네티스(Kubernetes)가 하는 것들
- 쿠버네티스 엔진이 어떻게 동작하며, 언제 사용하는 것이 맞을까?
- 쿠버네티스 엔진을 사용한 쿠버네티스 클러스터 설정
- 클러스터 노드 업그레이드 및 클러스터 크기 조정

소프트웨어 개발에서 공통적인 문제는 모든 힘든 작업을 운영 환경에서 쉽게 다룰 수 있도록 최종 패키징하는 것이다. 이 문제는 소프트웨어 자체를 제작하고 설계하는 데 집중하는 경향 때문에 막판까지 종종 무시된다. 그러나 최종 패키징 및 배포는 원래 개발만큼 어렵고 복잡하다. 다행스럽게도 이 문제를 해결할 수 있는 많은 도구가 있으며, 그 중 하나인 소프트웨어 **컨테이너**의 개념을 사용한다.

10.1 컨테이너란 무엇인가?

컨테이너는 애플리케이션, 구성 및 모든 종속성을 표준 형식으로 쉽게 패키징할 수 있도록 하여 소프트웨어 배포 문제를 해결하기 위한 인프라 도구다. 컨테이너를 사용하면 다른 여러 플랫폼에서 컴퓨팅 환경을 쉽게 공유하고 복제할 수 있다. 컨테이너는 또한 다른 컨테이너와 격리되는 단위로 작동하므로 제한된 컴퓨팅 리소스를 사용하는 것에 대해 걱정할 필요가 없다. 이 부분이 어려워 보일지 모르지만, 걱정하지 않아도 된다. 시작할 때는 다소 혼란스러울 수도 있다. 이제 구성부터 시작해서 한 번에 한 단계씩 각 부분을 살펴보겠다.

10.1.1 설정

애플리케이션을 배포하려고 하면 생각했던 것보다 훨씬 더 많은 의존성이 있다는 것을 깨달은 적이 있을 것이다. 그런 이슈는 클라우드 컴퓨팅(새로운 가상 머신의 쉬운 생성)의 장점 중 하나를 약간은 고통스러운 것으로 만들어 버릴 수도 있다! 엔지니어로서 우리는 수년 간 이를 해결하기 위한 많은 방법을 생각해 왔다(예를 들어, 부팅할 때 실행되는 셸 스크립트). 그러나 여전히 설정 작업은 귀찮은 문제다. 컨테이너는 클린한 시스템을 설정하고, 원하는 시스템을 기술하며, 설정이 올바르다면 스냅샷으로 보관하는 것과 같은 작업을 쉽게 만들어서 이 문제를 해결한다. 나중에 컨테이너를 부팅하면 설정한 대로 보이도록 할 수 있다.

9장에서 배웠던 영구 디스크 스냅샷(Persistent Disk snapshots)을 사용하여 설정을 관리하지 않는 이유에 대해 궁금해할 수도 있다. 그게 합리적이긴 하지만, 스냅샷은 구글에서만 작동하는 큰 문제가 있다! 이 문제는 다음 장인 표준화에서 다루겠다.

10.1.2 표준화

오래 전(1900년대 이전)에는 영국에서 미국까지 테이블과 의자를 보내고 싶다면, 모든 것을 배에 실물로 가지고 가서 실생활에서 테트리스를 하듯 어떻게 안에 넣을 수 있는지 알아내야 했다(그림 10.1). 마치 움직이는 밴에 물건을 채워 넣는 것과 같았다. 그리고 물건을 넣고 있는 다른 모든 사람들과 경험을 공유했다.

결국, 운송 업계는 이렇게 물건을 포장하는 방법이 어리석은 방법이라고 생각하고, 컨테이너화라는 아이디어를 생각해 내기 시작했다. 퍼즐 조각 같은 물건을 포장하는 대신 보트를 타기 전에 큰 금속 상자(**컨테이너**)를 사용하여 퍼즐 문제를 해결한다. 그렇게 하면 보트 승무원은 단지 표준 크기의 컨테이너만을 다루게 되고, 다시는 테트리스 놀이를 할 필요가 없다. 보트를 적재하는 데 걸리는 시간을 줄이는 것 외에도, 특정한 크기의 상자를 표준화하는 것은 운송 업계가 컨테이너 보관에 능숙한 보트를 만들 수 있음을 의미한다(그림 10.2). 또한, 로드 및 언로드에 능숙한 도구를 만들고, 컨테이너 수를 기준으로 청구 가격을 결정하도록 했다. 이 모든 것들이 운송을 쉽고, 효율적이며, 저렴하도록 만들었다.

그림 10.1 **컨테이너 이전 시대의 배송**

그림 10.2 **컨테이너를 사용한 배송**

소프트웨어 컨테이너는 큰 금속 상자가 배송을 위해 무엇을 했는지를 코드에 적용한다. 소프트웨어 및 환경을 나타내는 표준 형식에 따라 작동하며, 해당 환경을 실행, 관리할 수 있는 도구를 제공하므로 모든 플랫폼에서 동작한다. 시스템이 컨테이너를 이해한다면 코드를 배포할 때 그것이 작동할 것을 확신할 수 있다. 보다 구체적으로 말하자면, 운영 환경에 배포하려는 경우 미리 테트리스를 맞추는 대신 컨테이너에 코드를 넣는 작업에만 집중할 수 있다. 이쯤에서 언급이 필요한 마지막 부분인 격리(Isolation)는 컨테이너 사용의 부산물로 제공된다.

10.1.3 격리

첫 번째 운송 그림(그림 10.1)에서 알 수 있는 한 가지 사실은 다른 무거운 물건에 의해 부서질 수 있기 때문에 컨테이너 앞에 물건을 운반하는 것은 약간 위험해 보인다. 다행히도, 선적을 위한 컨테이너 또는 코드용 컨테이너 내부에서는 자신의 물건에 대해서만 걱정할 뿐이다. 예를 들어, 큰 머신을 하나의 웹 서버용과 데이터베이스용 두 개로 나눌 수 있다. 컨테이너가 없으면 데이터베이스가 많은 SQL 쿼리를 얻는 경우 웹 서버는 웹 요청을 처리하는 데 훨씬 적은 CPU 사이클을 사용하게 된다. 그러나 두 개의 별도 컨테이너를 사용하면 이 문제가 사라진다. 물리적인 컨테이너에는 피아노가 물건을 부수지 않게 하는 벽이 있으며, 소프트웨어 컨테이너는 유사한 벽을 가진 가상 환경에서 실행되어 기본 리소스를 정확히 할당하는 방법을 결정할 수 있도록 한다.

또한, 동일한 가상 시스템에서 실행되는 애플리케이션이 동일한 라이브러리 및 운영체제를 공유할 수도 있지만, 항상 그렇게 하는 것은 아니다. 동일한 시스템에서 실행되는 애플리케이션이 서로 다른 버전의 공유 라이브러리를 필요로 하는 경우 이러한 요구사항을 조정하는 작업은 상당히 복잡해질 수 있다. 애플리케이션을 컨테이너화하면 공유 라이브러리가 더 이상 공유하지 않으므로 종속성은 단일 애플리케이션에 한정된다(그림 10.3).

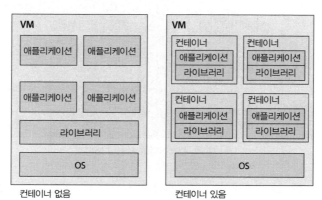

그림 10.3 **컨테이너가 없는 애플리케이션 대 컨테이너가 있는 애플리케이션**

이제 구성, 표준화 및 격리의 이점을 이해했다. 이러한 이점을 염두에 두고, 스택의 한 층을 뛰어올라 이 컨테이너를 모두 담을 배와 배를 조종할 선장을 생각해 보자.

10.2 도커란 무엇인가?

많은 시스템이 가상화된 환경을 실행할 수 있지만, 지난 몇 년 동안 선두 자리를 지킨 것은 단하나 도커(Docker)였다. 도커는 컨테이너를 실행하기 위한 도구이며, 모든 컨테이너를 한 곳에서 다른 곳으로 운반하는 현대적인 컨테이너 선과 같은 역할을 한다. 기본적인 수준에서 보면 도커는 하위 수준의 가상화를 처리한다. 컨테이너 이미지를 정의하고, 컨테이너가 정의하는 환경 및 코드를 실행한다.

도커는 컨테이너를 실행하는 가장 일반적인 기본 시스템일 뿐 아니라 Dockerfile이라는 형식을 사용하여 컨테이너 이미지를 정의하는 방법에 대한 표준이 되었다. Dockerfiles를 사용하면 간단한 셸 명령(예: RUN echo "Hello World!")을 실행하는 것부터 컨테이너 외부에 단일 포트를 노출하는 것과 같은 더 복잡한 작업(EXPOSE 8080) 또는 다른 미리 정의된 컨테이너(FROM 노드 : 8)에서 상속 등을 할 수 있다. 이 장을 통해 Dockerfile 형식을 살펴볼 것이다. 이 파일 형식이 무엇을 하는지 이해해야 하지만, 처음부터 쓰기 어려운 점에 대해서는 걱정하지 말자. 컨테이너에 대해 더 깊이 이해하게 되면 도커에 대한 서적으로 자신의 Dockerfile을 작성하는 방법을 배울 수 있을 것이다.

> **NOTE** 이 장의 코드와 배포를 따라 하려면 로컬 시스템에 대부분의 플랫폼에서 사용 가능한 도커 런타임을 http://docker.com/community-edition으로부터 설치하면 된다.

10.3 쿠버네티스란 무엇인가?

컨테이너를 사용하기 시작한다면, 무엇을 하기 위한 것인지에 따라 컨테이너를 분리하는 것이 자연스러워진다(그림 10.4). 예를 들어, 기존 웹 애플리케이션을 만드는 경우 웹 요청(예: 브라우저 기반 요청을 처리하는 웹 애플리케이션 서버)을 처리하는 컨테이너, 자주 액세스하는 데이터 캐싱을 처리하는 다른 컨테이너(예: 실행 Memcached와 같은 서비스), 멋진 보고서 생성, 썸네일 사이즈로 이미지 축소하기, 사용자에게 전자 메일 보내기 등과 같은 복잡한 작업을 처리하는 또 다른 컨테이너가 있다.

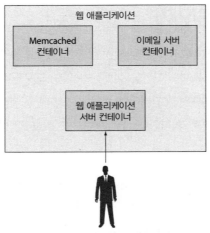

그림 10.4 컨테이너로서의 웹 애플리케이션 개요

이 모든 컨테이너가 동작할 위치와 서로 연동하는 방식을 관리하는 것은 까다롭다. 예를 들어, 공용 IP가 아닌 localhost를 통해 Memcached와 통신할 수 있도록 하기 위해 모든 웹 애플리케이션 서버가 동일한 실제(또는 가상) 시스템에서 Memcached를 실행하도록 할 수 있다. 결과적으로 이 문제를 해결하려고 하는 많은 시스템이 있으며, 그 중 하나가 쿠버네티스(Kubernetes)다.

쿠버네티스는 컨테이너를 관리하는 시스템으로 코드를 실행하는 기본 하드웨어에 관계없이 애플리케이션에 적합하도록 여러 조각으로 나눌 수 있다. 또한, 웹 요청을 처리하는 모든 VM이 Memcached를 동일한 머신에 갖기를 원하는 것처럼 더 복잡한 관계를 표현할 수도 있다. 또한, 오픈 소스이기 때문에 단일 호스팅 제공 업체에 얽매이게 하지 않는다. 어떤 클라우드 제공 업체에서도 실행할 수 있고, 자체 하드웨어를 사용하여 클라우드를 완전히 건너 뛸 수 있다. 이 모든 것을 수행하기 위해 쿠버네티스는 기본 단위로 컨테이너 개념을 사용하고, 애플리케이션과 기본 인프라를 표현하는 데 사용할 수 있는 몇 가지 새로운 개념을 소개한다. 우리는 다음 하위 섹션에서 몇 가지를 살펴볼 것이다.

> **NOTE** 쿠버네티스는 몇 년 동안 진화해 왔으며, 시간이 지남에 따라 더욱 복잡해지는 거대한 플랫폼이다. 즉, 모든 것을 하나의 장에 담기에는 너무 크다. 여기서는 쿠버네티스를 어떻게 사용할 수 있는 지에만 집중한다. 쿠버네티스에 대해 더 자세히 알고 싶다면 Marko Luksa의 《Kubernetes in Action》(Manning, 2017)을 읽어 보기 바란다.

쿠버네티스에 대해 다루어야 할 것이 많으므로 쿠버네티스의 핵심 개념을 보여주는 도표를 살펴보자(그림 10.5). 그다음 클러스터, 노드, 포드 및 서비스의 네 가지 주요 개념을 살펴본다.

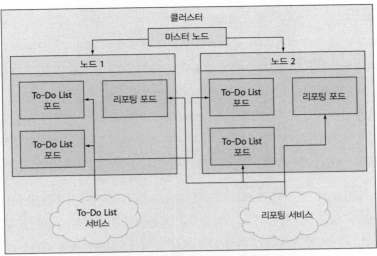

그림 10.5 쿠버네티스의 핵심 개념 개요

10.3.1 클러스터

다이어그램의 맨 위에서 **클러스터**의 개념을 볼 수 있다. 앞으로 얘기할 모든 것들이 이 개념 내에 있다. 클러스터는 단일 애플리케이션에 맞춰지는 경향이 있다. 그래서 애플리케이션의 모든 부분에 대한 배포를 이야기할 때는 그것들 전부가 쿠버네티스 클러스터의 일부로 실행된다고 할 수 있다. 예를 들어, To-Do List App의 운영 환경 배포는 To-Do List 쿠버네티스 클러스터를 말하는 것이다.

10.3.2 노드

노드(nod)는 클러스터 내에서 작동하며, 코드를 실행할 수 있는 단일 시스템(예: GCE의 VM)에 해당한다. 이 예제 클러스터에서 두 개의 다른 노드(노드 1 및 노드 2라고 함)가 To-Do List 애플리케이션의 일부를 실행한다. 각 클러스터는 애플리케이션을 실행하는 데 필요한 전반적인 작업 처리를 총괄하는 여러 노드를 포함한다.

단일 노드가 반드시 하나의 작업에만 묶여 있지 않으므로 노드의 집합적인 측면을 강조하는 것이 중요하다. 주어진 노드는 한 번에 여러 다른 작업을 담당하지만, 그 작업은 시간이 지남에 따라 변경될 가능성이 많다. 예를 들어, 다이어그램에서는 노드 1과 노드 2가 작업을 나누어 처리하지만, 나중에는 가용한 노드 중에서 작업은 뒤섞이고, 상황은 바뀔 수 있다.

10.3.3 포드

포드(pod)는 특정 노드가 실행하는 개별 기능 단위가 동작하는 컨테이너 그룹이다. 포드를 구성하는 컨테이너는 모두 한 노드에 함께 유지되며, 동일한 IP 주소와 포트 공간을 공유한다. 결과적으로 동일한 포드에 있는 컨테이너는 localhost를 통해 통신할 수 있지만, 둘 다 동일한 포트에 바인딩할 수는 없다. 예를 들어, Apache가 포트 80에서 실행 중이면, Memcached는 동일한 포트에 바인딩할 수 없다. 포드의 개념은 조금 어려울 수 있으므로 명확히 하기 위해 보다 구체적인 예를 살펴보고, 기존 버전과 쿠버네티스 스타일의 버전을 비교해 보겠다.

LAMP 스택은 리눅스(운영체제), Apache(웹 요청 처리), MySQL(데이터 저장용) 및 PHP(애플리케이션 작업 수행)로 구성된 일반적인 배포 스타일이다. 전통적인 환경(그림 10.6)에서 그런 시스템을 돌리고 있다면, 데이터를 저장하기 위해 MySQL을 실행하는 서버, mod_php(PHP 코드를 처리하기 위해)로 Apache를 실행하는 서버, 그리고 데이터 캐시용 Memcached 실행을 위해 하나를 더 가질 수도 있다(Apache 서버와 동일한 시스템 또는 별도의 시스템).

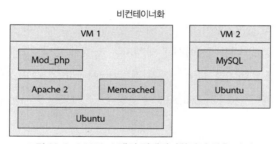

그림 10.6 LAMP 스택의 컨테이너화되지 않은 버전

이 스택을 컨테이너 및 Pod와 관련하여 생각할 경우 약간의 재배치가 있을 수 있지만, 중요한 점은 VM(및 노드)을 그림 밖으로 완전히 없애는 것이다. 웹 애플리케이션(Apache와 Memcached를 자체 컨테이너에 실행)과 데이터 저장을 담당하는 다른 포드(MySQL을 실행하는 컨테이너)가 있을 수 있다(그림 10.7).

이 포드는 단일 VM(또는 노드)에서 실행 중이거나 두 개의 다른 VM(또는 노드)에서 분리되어 있을 수 있지만, 포드가 실행 중인 위치는 신경 쓰지 않아도 된다. 각 포드에 충분한 컴퓨팅 리소스와 메모리가 있는 한 문제되지 않는다. 포드 사용의 개념은 특정 하드웨어(가상 또는 물리적)에 배치하는 방법보다는 그룹화에 집중해야 한다는 것이다.

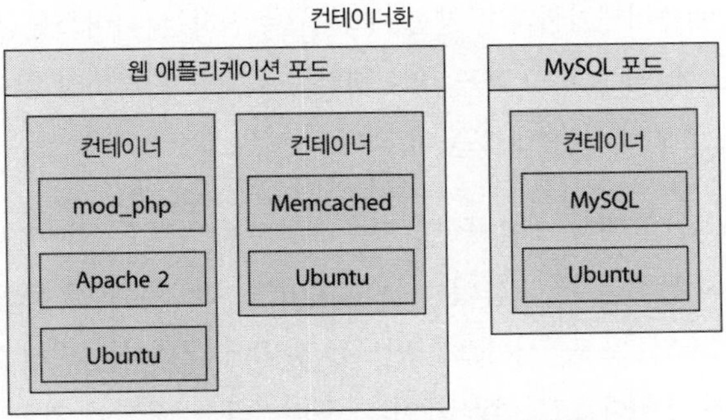

컨테이너화
웹 애플리케이션 포드
컨테이너
mod_php
Apache 2
Ubuntu
컨테이너
Memcached
Ubuntu
MySQL 포드
컨테이너
MySQL
Ubuntu

그림 10.7 LAMP 스택의 컨테이너화된 버전

To-Do List 앱의 관점에서 보면 To-Do List 웹 애플리케이션 포드와 보고서 생성 포드라는 두 가지 포드가 있다. To-Do List 포드의 예제는 이미 설명된 LAMP 스택과 유사한 그림 10.8에 나와 있다. 하나는 웹 요청용이고, 다른 하나는 데이터 캐싱용 컨테이너인 두 개의 컨테이너다.

서로 다른 여러 물리적 시스템에 서로 다른 기능을 배열할 수 있는 능력은 훌륭하지만, 위치를 잃어버리는 경우가 걱정될 수 있겠다. 예를 들어, 여러 노드 중 To-Do List 애플리케이션에 대한 웹 요청을 보낼 위치를 어떻게 알 수 있을까?

To-Do List 포드
웹 애플리케이션
컨테이너
Node.js
Node.js
Ubuntu
Memcached
컨테이너
Memcached
Ubuntu

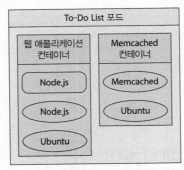

그림 10.8 To-Do List 포드

10.3.4 서비스

서비스는 다양한 포드가 실행되는 위치를 추적하는 데 사용하는 추상 개념이다. 예를 들어, To-Do List 웹 애플리케이션 서비스가 두 노드 중 하나 또는 둘 모두에서 실행될 수 있기 때문에 웹 애플리케이션에 요청하려는 경우 위치를 찾는 방법이 필요하다. 서비스는 전화번호부의 항목과 비슷하게 만들어 누군가의 이름과 연락할 수 있는 특정 장소 사이의 추상화 계층을 제공한다. 한 노드에서 다른 노드로 작업이 이동할 수 있기 때문에 이 전화번호부를 자주

업데이트해야 한다. 애플리케이션의 다양한 부분을 추적하는 서비스를 사용함으로써(예: To-Do 목록에서 웹 요청을 처리하는 포드) 포드가 실행되는 위치를 신경쓰지 않아도 된다. 이 서비스는 항상 올바른 장소로 안내하는 데 도움이 된다.

이 시점에서 쿠버네티스의 핵심 개념 중 일부는 추상적인 의미로 이해해야 한다. 서비스는 올바른 포드로 경로를 이동하는 데 도움이 되는 방법이며, 포드는 특정 용도의 컨테이너 그룹이다. 하지만 아직 클러스터, 포드, 서비스를 만드는 방법에 대해서는 전혀 언급하지 않았고, 추후에 일부분을 살펴볼 것이다. 그동안 컨테이너, 쿠버네티스, 포드에 관한 모든 내용을 알아보았으니 이제 쿠버네티스 엔진(Kubernetes Engine)이 정확히 무엇인지 설명할 수 있다.

10.4 쿠버네티스 엔진이란 무엇인가?

쿠버네티스는 오픈 소스 시스템이므로 클러스터 및 포드를 만들고 올바른 노드로 요청을 라우팅하려면 쿠버네티스 시스템을 직접 설치, 실행 및 관리해야 한다. 이러한 부담을 최소화하기 위해 쿠버네티스 엔진을 사용할 수 있다. 쿠버네티스 엔진은 구글 클라우드 플랫폼에서 실행되는 쿠버네티스의 배포를 관리하고 호스팅하는 것이다(Compute Engine 인스턴스 사용).

쿠버네티스를 자체적으로 실행하는 경우와 마찬가지로 같은 도구를 계속 사용할 수 있지만, 쿠버네티스 엔진 API를 사용하여 관리 작업(예: 클러스터 및 클러스터 내부 노드 만들기)을 처리할 수도 있다.

10.5 쿠버네티스 엔진과의 상호작용

모든 동작 방식을 보기 위해 간단한 쿠버네티스 애플리케이션을 정의한 다음 쿠버네티스 엔진에 애플리케이션을 배포하는 방법을 확인해 보자.

10.5.1 애플리케이션 정의

Express.js를 사용하여 간단한 Hello World Node.js 애플리케이션을 정의하는 것으로 시작한다. 익스프레스(Express)에 익숙해져야 하지만, 그렇지 않다면 익스프레스는 단지 Node.js 웹 프레임워크일뿐이다. 간단한 애플리케이션은 index.js로 저장되며, 다음과 같다.

리스트 10.1 **간단한 Hello World Express 애플리케이션**

```
const express = require('express');
const app = express();

app.get('/', (req, res) => {
  res.send('Hello world!');
});

app.listen(8080, '0.0.0.0', () => {
  console.log('Hello world app is listening on port 8080.');
});
```

이 웹 애플리케이션은 포트 8080에서 요청을 수신하고, 항상 "Hello world!"라는 텍스트로 응답한다. 또한, 다음에 보여지는 하나의 package.json 파일로 Node.js 종속성이 올바르게 구성되어 있는지 확인해야 한다.

리스트 10.2 **애플리케이션에서의 package.json**

```
{
  "name": "hellonode",
  "main": "index.js",
  "dependencies": {
    "express": "~4"
  }
}
```

이 애플리케이션을 어떻게 컨테이너화할 수 있을까? 우선 다음에 표시된 것처럼 Dockerfile을 만든다. 이는 VM의 시작 스크립트처럼 보이지만, 조금 다르다. 이를 처음부터 작성하지 않아도 되니 큰 걱정은 하지 말자.

리스트 10.3 **Dockerfile 예제**

```
FROM node:8
WORKDIR /usr/src/app
COPY package.json .
RUN npm install
COPY . .
EXPOSE 8080
CMD ["node", "index.js"]
```

목록의 각 줄을 살펴보고, 그 내용을 확인하도록 하자.

1. 이것은 Node.js가 제공하는 기본 이미지(node:8)다. 노드 v8이 사전 설치되어 있고, 사용할 준비가 된 기본 운영체제를 제공한다.

2. 이것은 현재 작업 디렉터리로 이동하는 **cd**와 동일하지만, 이동하기 전에 디렉터리가 있는지도 확인한다.

3. 첫 번째 COPY 명령은 컴퓨터의 현재 디렉터리에서 무언가를 도커 이미지의 지정된 디렉터리에 복사한다.

4. RUN 명령은 도커 이미지에서 도커가 주어진 명령을 실행하도록 한다. 이 경우 모든 종속성(예: express)이 설치되고, 애플리케이션을 실행할 때 사용된다.

5. COPY를 다시 사용하여 나머지 파일을 이미지로 가져온다.

6. EXPOSE는 다른 곳에서 액세스할 수 있도록 포트를 여는 것과 같다. 이 경우 애플리케이션은 포트 8080을 사용하므로 해당 포트의 사용 가능 여부를 확인해야 한다.

7. CMD 문은 실행할 기본 명령이다. 이 경우 서비스를 실행하는 Node.js 프로세스(index.js에 있음)를 시작하고자 한다.

Dockerfile을 작성했으므로 Dockerfile을 클라우드에 배치하기 전에 로컬에서 테스트하는 것이 좋다. 지금부터 어떻게 하는지 살펴본다.

10.5.2 로컬에서 컨테이너 실행

자신의 컴퓨터에서 컨테이너를 실행하기 전에 도커 런타임을 설치해야 한다. 도커 커뮤니티 에디션은 무료이며, 거의 모든 플랫폼에서 사용할 수 있다. 예를 들어, http://docker.com/community-edition에 Ubuntu용 .deb 패키지 파일이 있다.

앞서 배웠듯이 도커는 Dockerfile 형식을 사용하여 정의한 컨테이너를 실행하는 도구다. 도커를 컴퓨터에서 실행하면 Dockerfile을 실행할 수 있으며, 작은 웹 애플리케이션이 실행되는 것을 볼 수 있다. 도커가 올바르게 설정되었는지 테스트하기 위해 도커에게 "hello-world"라는 컨테이너 이미지를 찾도록 docker run helloworld를 실행하자. 도커는 공개 이미지를 찾는 방법을 알고 있으므로 hello-world 이미지를 자동으로 다운로드한 다음 실행한다. 이 이미지를 실행했을 때의 출력은 다음과 같다.

```
$ docker run hello-world
Unable to find image 'hello-world:latest' locally   ◀── 도커는 이 이미지를 로컬에서
latest: Pulling from library/hello-world    ◀──        사용할 수 없다는 것을 깨달았다.
b04784fba78d: Pull complete           도커는 Dockerhub(이미지를 호스팅하는 곳)에서
Digest:                               이미지를 찾으러 간다.
➥ sha256:f3b3b28a45160805bb16542c9531888519430e9e6d6ffc09d72261b0d26ff74f
Status: Downloaded newer image for hello-world:latest
```

```
Hello from Docker!
# ... More information here ...
```

이미지를 실행하려면 컨테이너를 설명하는 Dockerfile을 가져와서 컨테이너 이미지로 빌드해야 한다. 이것은 C++이나 자바와 같은 컴파일 언어로 코드를 작성할 때 소스 코드를 실행 가능한 바이너리로 컴파일하는 것과 같다. Dockerfile의 내용이 Dockerfile이라는 파일에 있는지 확인한다. docker build를 사용하여 이미지를 만들고, hello-node로 태그를 지정한다.

```
$ docker build --tag hello-node .
Sending build context to Docker daemon 1.345MB
Step 1/7 : FROM node:8
Step 2/7 : WORKDIR /usr/src/app
Step 3/7 : COPY package.json .
Step 4/7 : RUN npm install
Step 5/7 : COPY . .
Step 6/7 : EXPOSE 8080
Step 7/7 : CMD node index.js
Successfully built 358ca555bbf4
Successfully tagged hello-node:latest
```

내부적으로 많은 일이 Dockerfile에서 정의한 명령과 일 대 일로 벌어진다. 먼저, 노드 v8이 설치된 공개적으로 사용할 수 있는 기본 컨테이너를 찾은 다음 작업 디렉터리를 설정하고, 웹 애플리케이션을 정의하는 index.js 파일 실행과 관련된 모든 것들을 셋업한다. 이 과정은 실행이 아닌 컨테이너 작성만 하므로 컨테이너 자체는 실행할 준비가 되었지만, 현재 실행 중인 상태는 아니다.

예상대로 작동하는지 테스트하려면 docker run 명령을 몇 가지 특별한 플래그와 함께 사용하도록 한다.

```
$ docker run -d -p 8080:8080 hello-node
```

여기서 -d 플래그는 백그라운드에서 이 컨테이너 이미지를 실행하도록 도커에 알려주고, -p 8080:8080은 컴퓨터에서 포트 8080과 통신을 시도하려는 것들을 컨테이너의 포트 8080으로 전달하도록 지시한다.

다음 행은 컨테이너 이미지를 실행한 결과다.

```
485c84d0f25f882107257896c2d97172e1d8e0e3cb32cf38a36aee6b5b86a469
```

이것은 특정 이미지를 지정하는 데 사용할 수 있는 고유한 ID다(결국 동일한 시간에 동일한 이미지를 많이 표시할 수 있다).

이미지가 실행 중인지 확인하려면 docker ps 명령을 사용할 수 있으며, 목록에 hello-node 이미지가 표시되어야 한다.

```
$ docker ps --format "table {{.ID}}\t{{.Image}}\t{{.Status}}"
CONTAINER ID        IMAGE               STATUS
485c84d0f25f        hello-node          Up About a minute
```

보다시피 컨테이너가 hello-node 이미지를 사용하고 있으며, 약 1분 동안만 실행되었다. 또한, 컨테이너 ID는 docker run 명령을 실행하는 고유 ID의 처음 몇 글자로 줄어들었다. ID가 하나 이상의 컨테이너와 일치하지 않는 한 이를 더 짧게 할 수 있으므로 이 연습에서는 이 컨테이너를 485c라고 하였다. 노드가 요청을 받기 시작할 때 콘솔에 출력하도록 하였다.

다음 행을 입력하여 지금까지 컨테이너의 출력을 확인할 수 있다.

```
$ docker logs 485c
```

출력은 정확히 다음과 같다.

```
Hello world app is listening on port 8080.
```

이제 curl을 사용하여 컨테이너의 Node.js 서버에 연결을 시도하자.

```
$ curl localhost:8080
```

그럼 다음과 같은 화면을 보게 될 것이다.

```
Hello world!
```

마술처럼 컴퓨터의 도커 서비스에 의해 실행되는 컨테이너 내부에서 HTTP 요청을 실행하고 처리하는 Node.js 프로세스가 만들어졌다. 이 컨테이너를 중지하려면 docker stop 명령을 사용한다.

```
$ docker stop 485c
```

```
485c
$ docker ps --format "table {{.ID}}"
CONTAINER ID
```

여기서 도커 컨테이너를 중지하면 docker ps를 사용하여 해당 컨테이너가 더 이상 실행 중인 컨테이너 목록에 나타나지 않음을 알 수 있다.

도커를 사용하여 간단한 애플리케이션을 컨테이너로 실행하는 방법을 알아보았으므로 로컬 도커 인스턴스로 사용하던 것을 본격적인 쿠버네티스 클러스터로 전환하는 방법을 살펴보겠다(내부적으로 도커를 사용함). 컨테이너화된 애플리케이션을 패키지화하고, 이를 사설 컨테이너 레지스트리에 배포하는 방법부터 시작하겠다.

10.5.3 컨테이너 레지스트리에 배포

이 시점에서 컨테이너를 로컬에서 생성 및 실행했지만, 배포하려는 경우 해당 컨테이너가 구글 클라우드에 존재해야 한다. 쿠버네티스 엔진에서 실행하려면 컨테이너를 업로드해야 한다. 이를 위해 구글은 모든 다양한 컨테이너의 저장소 역할을 하는 비공개의 프로젝트 단위 컨테이너 레지스트리를 제공한다.

먼저, 특수 형식으로 이미지에 태그를 지정하는 것부터 시작한다. 구글의 컨테이너 레지스트리의 경우 태그 형식은 gcr.io/your-project-id/your-app이다. 마지막에 다른 버전이 있을 수 있다(: v1 또는 : v2). 이 경우 컨테이너 이미지에 gcr.io/your-project-id/hello-node:v1 태그를 지정해야 한다. 이렇게 하려면 도커 태그 명령을 사용한다. hello-node를 만든 이미지를 호출했고, docker images 명령을 사용하여 항상 이미지 목록을 다시 확인할 수 있다.

```
$ docker images --format "table {{.Repository}}\t{{.ID}}"
REPOSITORY          IMAGE ID
hello-node          96001025c6a9
```

hello-node 도커 이미지 태그를 재지정한다.

```
$ docker tag hello-node gcr.io/project-id/hello-node:v1
```

이미지의 태그를 다시 지정하면 사용할 수 있는 도커 이미지 목록에 추가 이미지가 표시된다. 또한, 이름의 :v1 부분이 다음의 특수 TAG 헤더 아래에 표시되므로 동일한 컨테이너의 여러 버전이 있을 때 쉽게 확인할 수 있다.

```
$ docker images --format "table {{.Repository}}\t{{.Tag}}"
REPOSITORY                      TAG
gcr.io/project-id/hello-node    v1
hello-node                      latest
```

처음부터 이 이름으로 컨테이너를 만들 수는 있지만, 이미 앞서 만들었다.

이제 컨테이너 이미지를 컨테이너 레지스트리에 업로드하는 것만 남았다. gcloud 명령줄 도구로 할 수 있다.

```
$ gcloud docker -- push gcr.io/project-id/hello-node:v1
The push refers to a repository [gcr.io/project-id/hello-node]
b3c1e166568b: Pushed
7da58ae04482: Pushed
2398c5e9fe90: Pushed
e677efb47ea8: Pushed
aaccb8d23649: Pushed
348e32b251ef: Pushed
e6695624484e: Pushed
da59b99bbd3b: Pushed
5616a6292c16: Pushed
f3ed6cb59ab0: Pushed
654f45ecb7e3: Pushed
2c40c66f7667: Pushed
v1: digest:
sha256:65237913e562b938051b007b8cbc20799987d9d6c7af56461884217ea047665a size:
2840
```

클라우드 콘솔로 이동하여 왼쪽 탐색 메뉴에서 컨테이너 레지스트리를 선택하면 이 방법이 작동하는지 확인할 수 있다. 여기에 hello-node 컨테이너가 목록에 표시되고, 이를 클릭하면 해시의 시작 부분과 이전에 적용한 v1 태그가 표시된다(그림 10.9).

그림 10.9 Hello-node 컨테이너의 컨테이너 레지스트리 목록

컨테이너를 구글 클라우드에 업로드했다. 이제 쿠버네티스 엔진 클러스터가 준비되었다.

10.5.4 쿠버네티스 엔진 클러스터 설정

컨테이너를 실행하기 위해 도커를 로컬 컴퓨터에 설치하는 것과 비슷하게 컨테이너를 쿠버네티스 엔진에 배포하려면 쿠버네티스 클러스터를 설정해야 한다. 다행히도 아주 쉬운 작업이기 때문에 Compute Engine VM을 켜는 것처럼 클라우드 콘솔에서 할 수 있다. 시작하려면 클라우드 콘솔의 왼쪽 탐색 메뉴에서 쿠버네티스 엔진을 선택하자. 여기에 새로운 쿠버네티스 클러스터를 만들 것인지 묻는 메시지가 표시된다. 이 버튼을 클릭하면 새 Compute Engine VM을 만드는 페이지와 비슷한 페이지가 나타난다(그림 10.10).

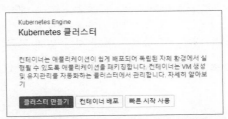

그림 10.10 새로운 쿠버네티스 엔진 클러스터를 생성하기 위한 프롬프트

쿠버네티스 엔진을 살펴보기만 할 것이니 모두 기본값으로 둔다. us-central1-a 영역, 시스템당 단일 vCPU, 그리고 전체 클러스터에 대해 3개의 VM 크기를 사용한다(나중에 다시 변경할 수 있다). first-cluster와 같이 이 예에서 쓸 클러스터의 이름을 선택해야 한다. 양식에 예상한 내용이 표시되는지 확인한 다음 생성 버튼을 클릭하고, 구글 쿠버네티스 엔진(GKE)이 실제로 VM을 생성하고, 새로운 컴퓨터 클러스터에 쿠버네티스를 구성하는 몇 초 동안 기다린다.

클러스터를 만들고 실행 중인 것으로 표시되면 VM을 확인하여 제대로 작동하는지 확인할 수 있다. GKE 클러스터는 내부적으로 Compute Engine VM을 기반으로 하므로 실행 중인 다른 VM과 같이 보여진다.

```
$ gcloud compute instances list --filter "zone:us-central1-a name:gke-*" |
    awk '{print $1}'
NAME
gke-first-cluster-default-pool-e1076aa6-c773
gke-first-cluster-default-pool-e1076aa6-mdcd
gke-first-cluster-default-pool-e1076aa6-xhxp
```

클러스터가 실행 중이며, 클러스터를 구성하는 세 개의 VM이 실행 중임을 알 수 있다. 이제 클러스터와 상호작용하는 방법을 알아보자.

10.5.5 애플리케이션 배포

컨테이너를 배포하고 클러스터를 생성했으면 다음으로 해야 할 일은 클러스터와 통신하고 클러스터에 컨테이너를 배치하는 방법을 찾는 것이다. 지금은 아무 것도 하지 않는 머신을 가지고 있는 것이다! 이 클러스터는 쿠버네티스를 실행하는 시스템으로 구성되어 있기 때문에 쿠버네티스를 위한 기존 도구를 사용하여 쿠버네티스 엔진 클러스터를 사용할 수 있다. 이 경우 클러스터에 사용하는 도구를 kubectl이라고 한다.

> **NOTE** kubectl을 사용하여 실행하는 일부 작업은 항상 빠르게 반환되지만, 내부적으로 백그라운드 작업을 수행할 가능성이 높다. 결과적으로 다음 단계로 넘어가기 전에 잠시 기다려야 할 수도 있다.

쿠버네티스에 익숙하지 않은 경우, 이 과정을 쉽게 하기 위해 구글 클라우드는 gcloud 명령줄 도구를 사용하여 kubectl을 빠르게 설치할 수 있다. kubectl을 설치하기 위해 간단한 gcloud 명령을 실행한다.

```
$ gcloud components install kubectl
```

> **NOTE** 패키지 관리자(예: apt-get for Ubuntu)를 사용하여 gcloud를 설치한 경우 동일한 패키지 관리자를 사용하여 kubectl을 설치하라는 gcloud의 권장 사항을 볼 수 있다(예: apt-get install kubectl).

kubectl을 설치한 후에는 클러스터와 통신하기 위해 제대로 인증되었는지 확인해야 한다. 올바른 자격 증명을 가져오는 다른 gcloud 명령을 사용하고, kubectl에서 사용할 수 있는지 확인할 수 있다.

```
$ gcloud container clusters get-credentials --zone us-central1-a firstcluster
Fetching cluster endpoint and auth data.
kubeconfig entry generated for first-cluster.
```

kubectl을 설정하고 나면 컨테이너 이미지를 사용하여 새 애플리케이션을 배포하기 위해 kubectl을 사용할 수 있다. kubectl run을 실행하고 kubectl get pods를 사용하여 애플리케이션을 Pod에 배포했는지 확인한다.

```
$ kubectl run hello-node --image=gcr.io/your-project-id-here/hello-node:v1 --
    port 8080
deployment "hello-node" created
$ kubectl get pods
NAME                          READY    STATUS     RESTARTS    AGE
hello-node-1884625109-sjq76   1/1      Running    0           55s
```

이제 거의 완료되었다. 한 번의 최종 단계를 통해 예상대로 작동하는지 확인할 수 있다. Dockerfile에서 EXPOSE 8080 명령을 기억하는가? 요청을 처리하는 데 필요한 포트가 제대로 오픈되도록 클러스터와 비슷한 작업을 수행해야 한다. 이렇게 하려면 kubectl expose 명령을 사용하면 된다.

```
$ kubectl expose deployment hello-node --type=LoadBalancer --port 8080
service "hello-node" exposed
```

내부적으로 쿠버네티스 엔진은 9장에서 배웠던 것처럼 로드 밸런서를 구성할 것이다. 이 작업이 완료되면 클러스터를 구성하는 세 개의 VM 인스턴스를 가리키는 로드 밸런서가 클라우드 콘솔에 표시되어야 한다(그림 10.11).

이 시점에서는 포드는 개별적으로 통신하기 위한 것이 아니라 공동의 목적을 제공하기 위해 컨테이너들을 함께 유지하는 방식이라고 생각할 수 있다.

그림 10.11 클라우드 콘솔에서 자동으로 생성된 로드 밸런서

맞는 말이다. 따라서 애플리케이션과 대화하고 싶다면 서비스라고 알려져 있는 적절한 추상화를 사용해야 한다.

kubectl get services를 사용하여 사용 가능한 서비스(이 경우는 애플리케이션)를 볼 수 있다.

```
$ kubectl get service
NAME          CLUSTER-IP      EXTERNAL-IP      PORT(S)          AGE
hello-node    10.23.245.188   104.154.231.30   8080:31201/TCP   1m
kubernetes    10.23.240.1     <none>           443/TCP          10m
```

이 시점에서 일반 쿠버네티스 서비스(관리를 담당함)와 애플리케이션을 위한 서비스가 있다는 것을 주목하자. 또한, 애플리케이션에는 외부 IP 주소가 있어 서비스에 간단한 요청을 함으로써 모든 것이 작동하는지 확인할 수 있다.

```
$ curl 104.154.231.30:8080
Hello world!
```

예상한 대로 모든 것이 정확하게 동작한다. 쿠버네티스 엔진에서 관리하는 쿠버네티스 내부에 하나의 포드와 하나의 서비스를 사용하여 컨테이너화된 애플리케이션을 실행하였다. 이것만으로도 멋지지만, 애플리케이션을 복제하여 더 많은 트래픽을 처리해야 할 때 진짜 마법 같은 일이 벌어진다.

10.5.6 애플리케이션 복제

Compute Engine을 사용하면 클러스터의 크기를 변경하여 새 VM을 쉽게 시작할 수는 있지만, 해당 컴퓨터에서 애플리케이션을 실행하려면 VM을 시작할 때 자동으로 실행되도록 설정하거나 수동으로 컴퓨터에 연결하고 애플리케이션을 시작해야 한다. 이런 작업을 쿠버네티스로 하는 것은 어떨까? 배포하는 시점에서 두 개의 서비스(쿠버네티스용과 애플리케이션용)가 있는 3 노드 쿠버네티스 클러스터가 있고, 애플리케이션은 단일 포드(Pod)에서 실행한다. 이를 어떻게 변경할 수 있는지 살펴보자. 하지만 먼저 클러스터가 현재 구성에서 요청을 얼마나 잘 처리하는지 벤치마킹해 보자.

원하는 벤치마킹 도구를 사용할 수 있지만, 여기서는 Apache Bench(ab)를 사용해 보자. 이 도구가 설치되어 있지 않으면 sudo apt-get install apache2-utils를 실행하여 Ubuntu에 설치한다. 이를 테스트하려면 애플리케이션에 한 번에 1,000개씩 50,000개의 요청을 보내고, 요청을 처리하는 데 있어 클러스터가 얼마나 잘 작동하는지 확인하자.

```
$ ab -c 1000 -n 50000 -qSd http://104.154.231.30:8080/
This is ApacheBench, Version 2.3 <$Revision: 1604373 $>
Copyright 1996 Adam Twiss, Zeus Technology Ltd, http://www.zeustech.net/
Licensed to The Apache Software Foundation, http://www.apache.org/

Benchmarking 104.154.231.30 (be patient).....done

# ...

Concurrency Level:      1000
```

```
Requests per second:      2980.93 [#/sec] (mean) ◄─┤ 클러스터는 초당 약 3,000개의 요청을 처리했다.
Time per request:          335.465 [ms] (mean) ◄─┐ 그것은 약 300밀리초로 대부분의 요청을 완료했다.

# ...
```

더 많은 클러스터를 활용하도록 애플리케이션을 확장할 수 있다면 어떨까? 하나의 커맨드 kubectl scale로 그렇게 할 수 있다. 애플리케이션을 동시에 10개 단위로 실행하는 방법은 다음과 같다.

```
$ kubectl scale deployment hello-node --replicas=10
deployment "hello-node" scaled
```

이 명령을 실행한 직후 사용할 수 있는 포드를 보면 최대 10개의 서로 다른 포드를 볼 수 있다.

```
$ kubectl get pods
NAME                          READY   STATUS             RESTARTS   AGE
hello-node-1884625109-8ltzb   1/1     ContainerCreating  0          3m
hello-node-1884625109-czn7q   1/1     ContainerCreating  0          3m
hello-node-1884625109-dzs1d   1/1     ContainerCreating  0          3m
hello-node-1884625109-gw6rz   1/1     ContainerCreating  0          3m
hello-node-1884625109-kvh9v   1/1     ContainerCreating  0          3m
hello-node-1884625109-ng2bh   1/1     ContainerCreating  0          3m
hello-node-1884625109-q4wm2   1/1     ContainerCreating  0          3m
hello-node-1884625109-r5msp   1/1     ContainerCreating  0          3m
hello-node-1884625109-sjq76   1/1     Running            0          1h
hello-node-1884625109-tc2lr   1/1     ContainerCreating  0          3m
```

몇 분 후에 다음의 사용 가능한 포드가 나타난다.

```
$ kubectl get pods
NAME                          READY   STATUS    RESTARTS   AGE
hello-node-1884625109-8ltzb   1/1     Running   0          3m
hello-node-1884625109-czn7q   1/1     Running   0          3m
hello-node-1884625109-dzs1d   1/1     Running   0          3m
hello-node-1884625109-gw6rz   1/1     Running   0          3m
hello-node-1884625109-kvh9v   1/1     Running   0          3m
hello-node-1884625109-ng2bh   1/1     Running   0          3m
hello-node-1884625109-q4wm2   1/1     Running   0          3m
hello-node-1884625109-r5msp   1/1     Running   0          3m
hello-node-1884625109-sjq76   1/1     Running   0          1h
hello-node-1884625109-tc2lr   1/1     Running   0          3m
```

이 시점에서 3개의 노드에서 10개의 포드가 실행되므로 두 번째로 벤치마크를 시도하고, 성능이 더 나아졌는지 확인해 보자.

```
Benchmarking 104.154.231.30 (be patient).....done

# ...

Concurrency Level:      1000
Requests per second:    5131.86 [#/sec] (mean)  ◄── 새로 확장한 클러스터는
Time per request:       194.861 [ms] (mean)  ◄──   초당 약 5,000개의 요청을 처리한다.
                                             └── 그것은 약 200밀리초로 대부분의 요청을 완료했다.
# ...
```

이 시점에서 이 모든 정보와 상호작용할 수 있는 UI가 있는지 궁금할 것이다. 특히, GCE 인스턴스를 보는 것과 동일한 방법으로 포드를 볼 수 있는 UI가 있을까? 물론 있다. 쿠버네티스 엔진이 아니라 쿠버네티스에 있다.

10.5.7 쿠버네티스 UI 사용

쿠버네티스에는 기본 제공 UI가 있으며, 쿠버네티스 엔진은 관리형 쿠버네티스 클러스터이므로 다른 쿠버네티스 배포와 동일한 방식으로 쿠버네티스 엔진 클러스터의 쿠버네티스 UI를 볼 수 있다. 쿠버네티스 UI를 보기 위해 kubectl 명령줄 도구를 사용하여 로컬 컴퓨터와 쿠버네티스 마스터 사이의 터널을 열 수 있다(그림 10.12). 이 경우 http://localhost:8001과 통신할 수 있으며, 로컬 프록시는 쿠버네티스 마스터(로컬 컴퓨터의 서버가 아닌)로 요청을 안전하게 라우팅한다.

```
$ kubectl proxy
Starting to serve on 127.0.0.1:8001
```

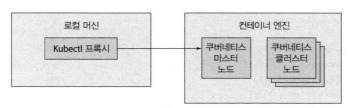

그림 10.12 쿠버네티스 마스터에 대한 로컬 요청 실행

프록시가 실행되고 http://localhost:8001/ui/에 연결하면 클러스터에 유용한 많은 관리 기능을 제공하는 전체 쿠버네티스 UI가 표시된다(그림 10.13).

그림 10.13 Kubectl 프록시를 사용하는 쿠버네티스 UI

쿠버네티스가 단순화된 수준에서 어떻게 작동하는지 보았다. 기억해야 할 중요한 부분은 쿠버네티스 엔진이 모든 것을 수행했기 때문에 클러스터에 쿠버네티스를 직접 구성하거나 설치할 필요가 없다는 것이다. 앞에서 언급했듯이, 쿠버네티스는 거대한 시스템이므로 이 장에서는 쿠버네티스에 대해 알아야 할 모든 것을 알려주지는 않는다. 예를 들어, 쿠버네티스 UI에 접속하는 방법을 알 수는 있지만, UI를 사용하여 수행할 수 있는 작업에 대해서는 자세히 설명하지 않았다. 대신, 이 장에서 설명하고자 하는 내용은 쿠버네티스 엔진을 사용하여 모든 관리 작업을 처리할 때 쿠버네티스가 작동하는 방법이다.

많은 포드와 데이터베이스로 구성된 진보된 클러스터를 배치하는 것과 같은 고급 기능을 수행하는 데 관심이 있다면, 쿠버네티스 엔진은 내부적으로는 관리형 쿠버네티스에 불과하므로 쿠버네티스에 대한 상세한 문서를 보는 것이 좋다. 많은 부분이 쿠버네티스 엔진과 관련이 있고, 쿠버네티스의 일반적인 내용은 아니지만, 쿠버네티스 엔진과 구글 클라우드 툴 체인을 사용하여 기본 쿠버네티스 클러스터를 관리하는 방법을 간략하게 살펴보자.

10.6 클러스터 유지보수

새 버전의 소프트웨어가 나오면 때로는 업그레이드가 필요하다. 예를 들어, Apache가 새로운 버그 수정이나 보안 패치를 릴리스하면 최신 버전으로 업그레이드하는 것이 합리적이다. 쿠버네티스 클러스터도 마찬가지지만, 쿠버네티스 엔진을 사용하고 있기 때문에 자신의 쿠버네티스 클러스터를 배포하고 관리하는 대신 쿠버네티스 엔진을 통해 해당 쿠버네티스 클러스터를 관리해야 한다. 짐작하겠지만, 이것은 매우 쉽다. 쿠버네티스 버전 업그레이드를 시작해 보자.

쿠버네티스 클러스터는 쿠버네티스 엔진이 관리하는 두 부분으로 나뉘어 있다. 완전히 숨겨져 있는 마스터 노드(노드 목록에 표시되지 않음) 및 클러스터 노드. 클러스터 노드는 클러스터에 활성 노드를 나열할 때 표시된다. 쿠버네티스에서 새 버전을 사용할 수 있는 경우에 마스터 노드, 모든 클러스터 노드 또는 둘 다 업그레이드할 수 있다. 업그레이드 프로세스는 두 노드 유형 모두에서 비슷하지만, 각 유형에 대해 고려해야 할 각기 다른 점이 있으므로 쿠버네티스 마스터 노드부터 하나씩 살펴보자.

10.6.1 쿠버네티스 마스터 노드 업그레이드

기본적으로 구글의 관리 부분으로서 최신 지원 버전의 출시 이후 마스터 노드는 자동으로 업그레이드되지만, 만약 최신의 지원 버전으로 바로 업그레이드하려면 스케줄링되기 전 클러스터의 마스터 노드를 수동으로 직접 업그레이드하면 된다. 쿠버네티스에 대한 업데이트가 있을 때, 쿠버네티스 엔진 클러스터는 클릭으로 버전을 변경할 수 있도록 버전 번호 옆에 링크를 표시한다. 예를 들어, 그림 10.14는 마스터 노드에서 업그레이드가 가능할 때 표시되는 링크를 보여준다.

업그레이드 링크를 클릭하면 쿠버네티스의 새 버전을 선택할 수 있는 프롬프트가 표시된다. 프롬프트에 보여지는 것과 같이 쿠버네티스의 버전을 변경할 때 유의해야 할 점이 몇 가지 있다(그림 10.15).

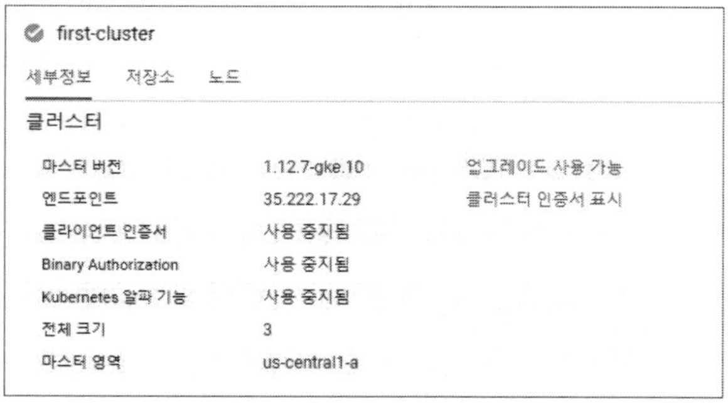

그림 10.14 쿠버네티스 엔진에서 쿠버네티스 업그레이드를 사용할 수 있는 경우

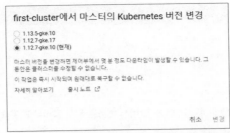

그림 10.15 쿠버네티스 마스터 노드 업그레이드에 대한 프롬프트 및 경고

먼저, 쿠버네티스 엔진 클러스터의 마스터 노드를 이전 버전에서 새 버전으로 업그레이드하는 것은 단방향 작동이다. 나중에 쿠버네티스의 새로운 버전이 마음에 들지 않는다고 결정한 경우(알려지지 않은 버그나 더 이상 유효하지 않는 상황이 있는 경우), 이 동일한 프로세스를 사용하여 이전 버전으로 돌아갈 수 없다. 대신 이전 쿠버네티스 버전으로 새 클러스터를 만들고, 다른 클러스터에 컨테이너를 다시 배포해야 한다. 업그레이드 문제로부터 자신을 보호하고 가동 중지 시간을 피하기 위해 새 버전으로 별도의 클러스터를 시험하여 예상대로 동작하는지 확인하는 것이 좋다. 최신 버전을 테스트하고 예상대로 동작하는 것이 확인되면 기존 클러스터를 업그레이드하는 것이 안전하다.

다음으로 쿠버네티스 버전을 변경하려면 쿠버네티스 컨트롤 플레인(kubectl이 크기를 조정하거나 새로운 포드를 배치해야 할 때 사용하는 서비스)을 중지, 업그레이드하고 다시 시작해야 한다. 업그레이드 작업을 실행하는 동안 클러스터를 변경할 수 없으며, 클러스터와의 통신을 시도하는 모든 kubectl 호출이 작동하지 않는다. 업그레이드 도중에 갑자기 트래픽이 급증하면 kubectl scale을 실행할 수 없게 되어 일부 고객의 가동 중단 시간을 초래할 수 있다.

마지막으로, 수동 업그레이드는 선택사항임을 잊지 말자. 조금 기다리면 쿠버네티스 마스터 노드가 자동으로 최신 버전으로 업그레이드된다. 하지만 이는 클러스터 노드의 경우에는 해당되지 않으므로 내용을 자세히 살펴보자.

10.6.2 클러스터 노드 업그레이드

마스터 노드와 달리 클러스터 노드는 보이지 않는 곳에 숨겨져 있지 않다. 대신, 관리형 인스턴스 그룹과 유사하게 일반 Compute Engine VM으로 볼 수 있다. 또한, 마스터 노드와 달리 이러한 관리 대상 VM에서 실행되는 쿠버네티스 버전은 자동으로 업그레이드되지 않는다. 이 변경 시기는 직접 결정할 수 있다. 클러스터의 노드 버전 섹션 옆에 있는 클라우드 콘솔에 변경 링크(그림 10.16)를 클릭하여 클러스터 노드의 쿠버네티스 버전을 변경할 수 있다.

그림 10.16 클러스터 노드 버전 변경을 위한 클라우드 콘솔 영역

업그레이드보다는 노드 버전 변경에 대해 설명하는 이유가 궁금할 것이다. 이는 마스터 노드 버전과 달리 이 작업은 때때로 되돌릴 수 있기 때문이다. 1.5.7로 다운그레이드한 후 다시 1.6.4로 업그레이드할 수 있다. 변경 링크를 클릭하면 대상 버전을 선택할 수 있는 프롬프트가 표시되며, 내부적으로 무슨 일이 일어나는지에 대해 설명한다(그림 10.17).

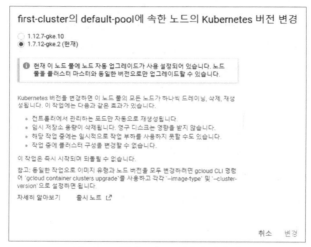

그림 10.17 클러스터 노드 버전 변경 안내

첫째, 항상 하나 이상의 클러스터 노드(항상 단일 인스턴스인 마스터 노드와 달리)가 있으므로 클러스터에 롤링 업데이트를 적용하여 클러스터 노드에서 쿠버네티스 버전을 변경한다. 즉, 모든 것의 준비가 완료될 때까지 한 번에 하나씩 변경한다. 이를 위해 쿠버네티스 엔진은 먼저 노드를 사용할 수 없게 만든다(노드에 새로운 포드를 스케줄링하지 않는다). 그리고 노드의 모든 포드를 배출한다(포드를 종료하고 필요한 경우 다른 노드에 배치). 보유한 노드가 적으면 작동 중지 시간을 겪을 확률이 높아진다. 예를 들어, 단일 노드 클러스터가 있는 경우 서비스를 작동 중지 시간 동안 사용할 수 없다. 노드의 100%가 어느 시점에서 중단된다. 반면, 10 노드 클러스터를 사용하는 경우 최대 용량이 10% 감소한다(단일 인스턴스에서 10 노드 중 1 노드).

둘째, 이 프롬프트에서 사용할 수 있는 선택 사항(그림 10.17)은 마스터 노드 업그레이드(그림 10.15)와 동일하지 않다. 목록은 클러스터 노드가 마스터 노드와 호환되어야 하기 때문에 이런 식으로 제한된다. 즉, 마스터 노드와 너무 차이 나게 뒤쳐지지는 않아야 한다(물론 절대 앞설 수도 없다). 버전 1.6.7에 마스터 노드가 있는 경우 클러스터 노드에서 버전 1.6.4를 사용할 수 있지만, 마스터 노드가 이후 버전을 사용하는 경우는 이 동일한 클러스터 노드 버전이 너무 뒤쳐질 수 있다. 결과적으로 클러스터 노드를 3개월마다 업그레이드하는 것이 좋다.

세 번째, 보기에서 숨겨진 마스터 노드와 달리 클러스터 노드에 저장된 모든 데이터가 영원히 존재할 것으로 생각할 수 있다. 사실 쿠버네티스 인스턴스에 영구 저장 장치를 명시적으로 설정하지 않으면 업그레이드를 수행할 때 저장 데이터는 손실된다. 각 클러스터 노드의 부팅 디스크는 삭제되고, 새 노드에 대한 부팅 디스크가 새로 생성된다. 부팅용이 아닌 다른 용도의 디스크(및 로컬 디스크가 아닌 경우)는 유지된다. 쿠버네티스 문서(또는 쿠버네티스에 관한 많은 책 중 하나)에서 구글 클라우드 영구 저장소를 연결하는 방법에 대해 자세히 알아볼 수 있다. 저장 볼륨(storage volume) 및 gcePersistentDisk 볼륨 유형에 대한 부분을 찾아보자.

네 번째이자 마지막이다. 마스터 노드 업그레이드와 마찬가지로 클러스터 노드의 버전 변경이 진행되는 동안은 클러스터 자체를 변경할 수 없다. 노드에서 포드가 빠져나감으로 중단 시간을 겪을 수도 있으며, 버전 변경 시간 동안에는 컨트롤 플레인 작업도 사용할 수 없다.

10.6.3 클러스터 크기 조정

kubectl scale을 사용하여 포드의 수를 늘리는 것과 마찬가지로 클러스터의 노드 수를 변경하는 것은 쉽다. 클라우드 콘솔에서 클러스터의 수정(Edit)을 클릭하면 크기(Size)라는 필드가 표시된다. 이 필드는 원래 클러스터를 만들 때 3으로 설정되었다.

이 숫자를 변경하면 클러스터에서 사용할 수 있는 노드의 수를 조정할 수 있고, 더 큰 수로 크기를 설정할 수 있다. 더 많은 수의 노드를 추가하여 더 많은 용량을 제공하거나 더 작은 수로 클러스터의 크기를 줄인다. 클러스터 노드의 버전 변경과 마찬가지로 클러스터를 축소하면 쿠버네티스 엔진은 먼저 노드를 스케줄할 수 없는 것으로 표시하고, 노드의 모든 포드를 배출한 다음 종료한다. 예를 들어, 그림 10.18은 클러스터를 3 노드에서 6 노드로 변경하는 모습을 보여준다.

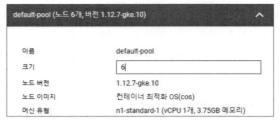

그림 10.18 클러스터 크기를 6 노드로 조정

또한, gcloud 명령행 도구를 사용하여 이를 수행할 수 있다. 예를 들어, 다음 코드 조각은 클러스터를 6 노드에서 3 노드로 다시 조정한다.

```
$ gcloud container clusters resize first-cluster --zone us-central1-a --size=3
Pool [default-pool] for [first-cluster] will be resized to 3.

Do you want to continue (Y/n)?  Y

Resizing first-cluster...done.
Updated [https://container.googleapis.com/v1/projects/your-project-id-here/
➥ zones/us-central1-a/clusters/first-cluster].
```

유지관리를 위해 쿠버네티스 클러스터를 종료할 수도 있다. 클라우드 콘솔에서 또는 명령줄 도구를 사용하여 클러스터를 삭제하면 된다. 클러스터를 삭제하기 전에 필요한 데이터를 안전한 장소로 옮기도록 하자. 이제 가격 정책이 어떻게 작동하는지 살펴보겠다.

10.7 가격 책정의 이해

구글 클라우드 플랫폼의 다른 서비스와 마찬가지로 쿠버네티스 엔진은 Compute Engine을 사용하여 쿠버네티스 클러스터를 위한 인프라를 제공한다. 결과적으로 클러스터 자체의 비용은 주로 클러스터 노드를 기반으로 한다. 이것들은 단순히 Compute Engine VM이므로 각 노드의 비용에 대한 내용은 9장을 참고하자. 노드 자체의 비용 외에도 쿠버네티스 엔진에서 완전히 숨겨져 있는 쿠버네티스 마스터 노드를 기억할 것이다. 이 노드는 명시적으로 제어할 수 없으므로 추가적인 요금이 부과되지는 않는다.

10.8 쿠버네티스 엔진은 언제 사용해야 할까?

쿠버네티스 엔진이 주로 Compute Engine과 같은 다른 컴퓨팅 환경과 어떻게 비교할 수 있는지 궁금할 것이다. 쿠버네티스 엔진이 다른 시스템과 어떻게 비교되는지 확인하기 위해 컴퓨팅에 표준 스코어카드를 사용해 보자(그림 10.19).

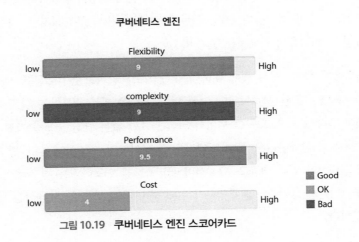

그림 10.19 쿠버네티스 엔진 스코어카드

10.8.1 유연성

Compute Engine과 마찬가지로 쿠버네티스 엔진은 매우 유연하지만, 원하는 모든 것을 실행하는 범용 VM 세트를 보유하는 것과는 같지 않다. 예를 들어, 사용자 정의의 시작 스크립트 또는 GCE 디스크 이미지 대신에 컨테이너 이미지(Dockerfiles 포함)를 사용하여 환경을 지정해야 한다. 이것은 기술적으로 유연성을 줄이는 제약이 있지만, 컨테이너 관점에서 애플리케이션을 정의하는 방법을 공식화하는 것이 나쁜 것만은 아니다. 쿠버네티스 엔진은 약간 더 엄격하지만, 여전히 좋은 방법이다.

쿠버네티스 엔진에는 클러스터 노드의 쿠버네티스 버전이 마스터 노드의 버전과 호환되어야 한다는 요구사항과 노드를 업그레이드할 때 부트 디스크 데이터를 잃는 것과 같은 다른 제약사항이 있다. 다시 말하지만, 이러한 것들은 기술적으로 제한되어 있지만, 그로 인해 쿠버네티스 엔진이 사용할 수 없다고 생각하지 않아야 한다. 대부분의 시나리오에서 쿠버네티스 엔진은 Compute Engine보다 유연성이 떨어지지 않으며, 노드와 pod 모두를 확장하는 기능 등의 몇 가지 이점을 제공한다. 따라서 컨테이너를 사용하여 애플리케이션을 정의해야 한다는 요구사항을 제외하면 쿠버네티스 엔진은 Compute Engine과 비교할 때 큰 제약이 없다. 그렇다면 큰 차이를 보이는 복잡성에 대해 살펴보도록 하자.

10.8.2 복잡성

지금까지 보았듯이 컴퓨팅 환경은 복잡할 수 있으며, 쿠버네티스가 기반인 쿠버네티스 엔진도 마찬가지다. 복잡성으로 인해 얻을 수 있는 가치는 크지만, 그 복잡성으로부터의 이득은 높은 초기 학습 비용을 동반한다. 자동차는 자전거보다 훨씬 복잡하지만, 차를 운전하는 방법을 배운다면 그 이점은 명확해지는 것과 비슷하다.

쿠버네티스가 할 수 있는 것에 대하여 대략적으로 알아보았기 때문에 시스템 전체가 얼마나 복잡할 수 있는지 완전히 이해할 수는 없다. VM을 켜는 것보다는 훨씬 복잡하다. 현실적인 맥락에서 생각해 보면, 노드를 넘어서 커질 필요가 없는 단일 노드를 가진 간단한 애플리케이션을 배치하고 싶다면, 쿠버네티스 엔진은 필요 이상일 가능성이 높다. 반면에 엄청난 양의 트래픽을 처리하기 위해 대규모 API 서버 클러스터를 배포하려는 경우에는 쿠버네티스를 이해하고 쿠버네티스 클러스터를 관리하기 위해 쿠버네티스 엔진을 사용하는 데 노력을 들일 가치는 충분하다.

10.8.3 성능

Compute Engine과 같이 VM을 그대로 사용하는 것과 달리 쿠버네티스는 애플리케이션 코드와 해당 코드를 실행하는 실제 하드웨어 사이에 몇 가지 추상화 계층을 가지고 있다. 결과적으로 전반적인 성능은 VM 그대로를 사용하는 것만큼 좋을 수는 없으며, 가상화되지 않은 시스템만큼 좋을 수도 없다. 쿠버네티스 엔진의 성능은 Compute Engine과 같이 효율적이지는 않지만, 효율이 모든 것은 아니다. 확장성은 실제 효과를 낼 수 있는 성능의 또 다른 측면이다.

가상화되지 않은 하드웨어를 사용하는 것과 동일한 성능을 얻기 위해 클러스터에 더 많은 노드가 필요할 수도 있지만, 쿠버네티스 엔진에서는 시스템의 전체 성능 용량을 Compute Engine 또는 비가상화된 시스템보다 쉽게 변경할 수 있다. 따라서 성능 요구사항을 정확하게 알고 시간이 지나도 똑같이 유지될 것이라는 확신이 들 때는 쿠버네티스 엔진이 필요하지도 않은 확장성을 제공할 수 있다. 반면에, 얼마나 큰 파워가 필요한지 잘 모르거나 원할 때 언제든지 바꿀 수 있기를 원한다면, 전반적인 효율성이 약간 낮아지기는 하지만, 쿠버네티스 엔진에서는 쉽게 할 수 있는 부분이다.

이 효율성 차이는 매우 미미하기 때문에 수백 가지 시스템을 엄청나게 배치했을 때만 문제가 된다(약간의 차이점이 합쳐져 의미 있는 차이가 발생). 시스템의 규모가 비교적 작으면 효율성에 대해 크게 신경 쓰지 않아도 된다.

10.8.4 비용

Compute Engine과 쿠버네티스 엔진 중 어느 것을 선택할 것인가? 유연성 있고 유사하게 작동하며 비슷하게 가격이 책정되었지만, 쿠버네티스 엔진을 사용하려면 복잡한 쿠버네티스를 배우고 이해해야 한다. 그렇더라도, 결정적으로 차이 나는 부분은 전체 시스템이 얼마나 커질 것인지와 배포 구성을 얼마나 코드로 나타낼 수 있는지다. 쿠버네티스 엔진을 다른 컴퓨팅 플랫폼에 사용하면 비용이나 인프라가 아니라 배포 절차를 명확하게 잘 문서화된 방법으로 유지할 수 있는 이점이 있다.

10.8.5 종합

Compute Engine과 쿠버네티스 엔진 중 어느 것을 선택할 것인가? 유연성이 있고 유사하게 작동하며 비슷하게 가격이 책정되었지만, 쿠버네티스 엔진을 사용하려면 복잡한 쿠버네티스를 배우고 이해해야 한다. 그렇더라도, 결정적으로 차이나는 부분은 전체 시스템이 얼마나 커질 것인지와 배포 구성을 얼마나 코드로 나타낼 수 있는지다. 쿠버네티스 엔진을 다른 컴퓨팅 플랫폼에 사용하면 얻을 수 있는 이점은 비용이나 인프라가 아니라 배포 절차를 명확하게 잘 문서화된 방법으로 유지할 수 있는 쿠버네티스의 이점에 있다.

결과적으로, 오랜 시간 동안 유지해야 할 큰 시스템을 가지고 있을 때 쿠버네티스 엔진을 사용하는 것이 일반적이다. 반면에 사용할 몇 개의 VM이 필요하고, 잠시 후에 VM을 끄려면 Compute Engine을 사용하는 것이 더 쉽다. 이를 보다 구체적으로 설명하기 위해 쿠버네티스 엔진을 사용하여 배포하는 것이 더 의미 있는 세 가지 예제 애플리케이션을 살펴본다.

10.8.6 To-Do List

샘플 To-Do-List 앱은 To-Do-List를 추적하고 완료했는지를 추적하기 위한 간단한 도구다. 따라서 극단적인 부하 때문에 확장할 필요가 없다. 결과적으로, 쿠버네티스 엔진은 사실 필요 이상이다(표 10.1).

표 10.1 To-Do-List 컴퓨팅 요구사항

측면	요구사항	적합한가?
유연함	그렇게 많지 않다.	과잉
복잡성	단순함이 더 좋다.	별로 좋지 않다.
성능	낮음부터 보통까지 사용량이 적은 시간 동안	약간의 과잉
비용	낮은것이 더 좋다.	이상적이지 않지만, 최악도 아니다.

전반적으로 To-Do-List 앱을 쿠버네티스에서 실행할 수는 있지만, 모든 기능을 사용하지는 않을 것이며, 그러한 애플리케이션이 바람직한지를 더 학습해야 할 것이다. 결과적으로 단일 Compute Engine VM처럼 단순한 것이 더 나은 선택일 수 있다.

10.8.7 E*Exchange

온라인 주식 거래 플랫폼인 E*Exchange(표 10.2)에는 훨씬 더 복잡한 기능이 있으며, 각 기능을 여러 범주로 나눌 수 있다. 예를 들어, 주 저장소 계층에 대한 요청을 처리하는 API 서버, 고객에게 전자 메일을 보내는 별도의 서비스, 웹 기반 사용자 인터페이스를 처리하는 별도의 서비스 및 최신 주식 시장 데이터 캐싱을 처리하는 또 다른 서비스가 있을 수 있다. 이것은 상당히 다른 것이다. 각 부분을 컨테이너 조각으로 생각할 수도 있고, 일부는 병합하여 하나의 포드로 그룹화할 수도 있다.

표 10.2 E*Exchange 컴퓨팅 요구사항

측면	요구사항	적합한가?
유연함	꽤 많이	확실히
복잡성	배우기에 좋다.	확실히(쿠버네티스가 쉽게 해준다면)
성능	보통	확실히
비용	사치스럽지 않다.	확실히

E*Exchange는 Compute Engine에 적합하기 때문에 쿠버네티스 엔진에도 적합할 것이다. 또한, 쿠버네티스를 학습하고 쿠버네티스 엔진을 사용하여 서비스를 배포하는 데 따른 이점을 활용하면 애플리케이션의 전반적인 배포 프로세스를 간소화하고 시간을 절약할 수 있다. To-Do List와는 달리 이 애플리케이션에는 각각 고유한 요구사항이 있는 조각이 몇 개 있다. 그 조각에 여러 개의 서로 다른 포드를 사용함으로써 그 조각들을 전부 하나의 클러스터에서 유

지하고, 필요에 따라 크기를 조정할 수 있다. 전반적으로 보면, 쿠버네티스 엔진은 E*Exchange 애플리케이션에 매우 적합하다.

10.8.8 InstaSnap

소셜미디어 사진 공유 애플리케이션인(표 10.3) InstaSnap은 전반적인 시스템 복잡성 측면에서 앞의 두 가지 예의 중간에 있다. 아마도 E*Exchange만큼 많은 개별 시스템을 가지고 있지는 않지만, 단순한 To-Do List보다는 많이 갖고 있다. 예를 들어, 모바일 앱의 요청을 처리하는 API 서버, 웹 기반 UI의 서비스, 다른 크기와 형식으로 비디오 및 사진을 처리하는 백그라운드 서비스 등을 사용할 수 있다.

즉, InstaSnap의 가장 큰 관심사는 성능과 확장성이다. 수요가 급증하면(종종 발생한다) 다양한 서비스에서 사용할 수 있는 리소스를 늘릴 수 있는 능력이 필요할 수 있다. 이 요구사항은 InstaSnap을 쿠버네티스 엔진에 적합하게 만든다. 클러스터뿐만 아니라 클러스터에서 실행 중인 포드 복제본의 수를 쉽게 조정할 수 있기 때문이다.

표 10.3 **InstaSnap 컴퓨팅 요구사항**

측면	요구사항	적합한가?
유연함	많이	확실히
복잡성	고급 기능을 많이 사용하고자 함	확실히
성능	높다	대부분
비용	실제 예산 없음	확실히

표 10.3에서 볼 수 있듯이 E*Exchange만큼 많은 개별 서비스가 없더라도 쿠버네티스 엔진은 특히 고급 확장 기능을 사용할 때 InstaSnap에 더 적합하다. 내부적으로 더 많은 추상화를 기반으로 하므로 성능 자체는 다소 낮지만, 이 요구사항은 컴퓨팅 플랫폼의 선택에 거의 영향을 미치지 않는다. 더 많은 용량이 필요한 경우 더 많은 머신을 추가할 수 있다.

요약

- 컨테이너는 운영체제와 관련된 모든 종속성과 함께 코드를 쉽게 패키지할 수 있게 해 주는 인프라 도구다.
- 도커는 Dockerfile이라는 형식을 사용하여 컨테이너를 정의하는 가장 일반적인 방법이다.
- 쿠버네티스는 컨테이너를 통제하여 응집력 있는 애플리케이션으로 작동하도록 돕는 오픈 소스 시스템이다.
- 쿠버네티스 엔진은 자체적으로 쿠버네티스 클러스터를 실행하는 오버헤드를 최소화하면서 쿠버네티스를 호스팅하는 완전 관리형 배포판이다.
- kubectl을 사용하여 다른 쿠버네티스 클러스터와 마찬가지로 쿠버네티스 엔진 클러스터를 관리할 수 있다.

11

App Engine: 완전 관리형 애플리케이션

이 장에서는 다음 내용을 다룬다.

- App Engine은 무엇이며, 언제 잘 맞는가?
- 표준 및 Flex 버전을 사용하여 애플리케이션 만들기
- 애플리케이션의 확장 및 축소 방법 관리
- App Engine Standard의 관리 서비스 사용

앞에서 확인했듯이, 사용 가능한 컴퓨팅 플랫폼은 복잡성, 유연성 및 성능 측면에서 매우 다양하다. Compute Engine은 저수준 인프라(VM)의 사례였지만, App Engine은 애플리케이션을 배포하고 실행할 때 필요한 모든 작업을 통합하기 위해 완전히 관리되는 클라우드 컴퓨팅 환경이다. App Engine은 VM에서처럼 코드를 실행할 수 있을 뿐 아니라 애플리케이션을 구축할 때 편리하게 사용할 수 있는 몇 가지 서비스를 제공한다.

예를 들어, 완료해야 하는 작업 목록을 저장하는 **to-do list** 애플리케이션이 있다면 매일 데이터를 저장하거나 전자 메일을 보내거나 백그라운드 작업을 예약해야 하는 경우는 드물다(예: 할 일 목록 완료율을 다시 계산). 일반적으로 데이터베이스를 켜고, 이메일 전송 서비스에 등록하고, RabbitMQ와 같은 대기열 시스템을 실행하고, 리눅스의 cron 서비스를 사용하여 모든 것을 조정하는 작업 등을 통해 이러한 모든 일을 수행해야 한다. App Engine은 이러한 작업을 수행할 수 있도록 호스트 서비스 세트를 제공하므로 직접 관리할 필요가 없다.

App Engine은 몇 가지 중요한 차이점이 있는 두 개의 개별 환경으로 구성된다. 하나의 환경은 도커 컨테이너와 같은 오픈 소스 도구를 사용하여 구축된다. 다른 하나는 독점적인 기술을 사용하여 만들어지므로 앱을 자동으로 확장할 때 구글이 특별한 처리를 할 수 있다. 하지만 코드로 수행할 수 있는 작업에는 제한이 있다. 두 환경 모두 App Engine의 아래에 있지만, 단일 제품으로 생각할 수 있는 것의 경계를 넘어서고 있다. 결과적으로, 우리는 11장에서 그것을 함께 살펴볼 것이지만, 지금 시점에서 두 환경을 분리하여 보는 것이 더 맞을 것 같다.

2008년 초에 출시된 App Engine Standard Environment는 스토리지, 캐시, 컴퓨팅, 일정 관리 등을 완벽하게 갖춘 완전 관리형 컴퓨팅 환경을 제공한다. 하지만 몇 가지 프로그래밍 언어로 제한된다. 이러한 유형의 환경에서는 애플리케이션이 App Engine에 맞게 조정되는 경향이 있지만, 항상 오토 스케일링되는 환경이 유리하다. App Engine은 애플리케이션에 정상적으로 전송된 급증한 트래픽을 처리하며, 애플리케이션이 비활성 상태인 기간에는 비용이 들지 않는다.

App Engine Flexible Environment(App Engine Flex라고도 함)는 제한 사항이 적고, 이식성이 다소 향상된 완전 관리 환경을 제공하여 교환 시 일정한 확장성을 제공한다. App Engine Flex는 도커 컨테이너를 기반으로 하고, 특정 프로그래밍 언어 버전에만 국한되지 않으며, 호스팅된 cron 서비스와 같이 App Engine의 다른 많은 이점을 활용할 수 있다.

어떤 환경이 맞는지 결정하기 어려울 때 이 장은 명확히 결정하는 데 도움이 될 것이다. 먼저, 일부 개념을 탐구하고 세부 정보로 이동한 다음, App Engine이 자신에게 적합한 지를 선택하는 방법을 살펴보겠다. App Engine이 가장 적합한 경우 두 가지 환경 중 어느 것이 더 적합한지 선택하는 방법을 모색한다.

11.1 개념

App Engine은 호스팅 환경이므로 API 레이어에는 App Engine을 컴퓨팅 플랫폼으로 사용하기 위해 알아야 할 몇 가지 개념이 있다. App Engine은 애플리케이션에 대해 더 자세히 이해하기 위하여 애플리케이션, 서비스, 버전 및 인스턴스 등 네 가지 개념을 사용한다(그림 11.1).

> NOTE App Engine은 두 가지 환경을 제공하지만, 두 환경의 개념은 같거나 유사하다. 이러한 개념을 다시 학습하지 않아도 환경 간에 전환할 수 있다.

그림 11.1 **App Engine 개념의 개요**

App Engine은 구성요소 측면에서 애플리케이션을 검토하는 것 외에도 해당 컴포넌트의 버전을 추적한다. 예를 들어, to-do list 애플리케이션에서 시스템을 별도의 컴포넌트(웹 애플리케이션 자체를 나타내는 컴포넌트와 자정에 매일 통계를 다시 계산하는 컴포넌트)로 나눌 수 있다(그림 11.2). 그런 다음 때때로 컴포넌트를 수정(예: 웹 애플리케이션에서 버그 수정)하면 해당 컴포넌트의 새 버전이 생성될 수 있다.

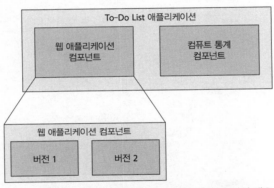

그림 11.2 **to-do list 애플리케이션의 컴포넌트 및 버전 개요**

App Engine은 이러한 모든 것을 이해하고 사용한다(그림 11.1). 이 부분을 더 자세히 살펴본다. App Engine 애플리케이션에 대한 아이디어를 살펴보자.

11.1.1 애플리케이션

App Engine을 사용하여 작업을 호스팅하는 기본 출발점은 최상위 애플리케이션이다. 각 프로젝트는 하나의 애플리케이션으로 제한되며, 각 프로젝트마다 하나의 목적이 있어야 한다. 프로젝트가 Compute Engine VM의 컨테이너 역할을 하는 것처럼 애플리케이션은 코드의 컨테이너 역할을 하며, 여러 서비스에 분산할 수 있다(다음 절에서 논의할 것이다).

애플리케이션에는 또한 많은 설정이 있다. 그 중 일부는 쉽게 구성, 변경할 수 있으며, 나머지는 영구적으로 설정되면 애플리케이션에 고정된다. 예를 들어, 애플리케이션의 SSL 인증서를 항상 다시 구성할 수 있지만, 애플리케이션의 영역을 선택하면 변경할 수 없다.

> **NOTE** 애플리케이션의 위치는 실행 비용에 영향을 미치며, 이 장의 마지막 부분에서 살펴본다.

작동 원리를 보려면 클라우드 콘솔의 왼쪽 탐색 메뉴에서 App Engine 섹션을 클릭해 보자. 이전에 App Engine을 구성하지 않았다면 언어(예: 파이썬)를 선택하라는 메시지가 표시된다. 그러면 애플리케이션의 위치를 선택하는 페이지로 이동한다(그림 11.3). 이 특정 설정은 애플리케이션의 실제 리소스가 있는 곳을 제어하며, 일단 사용자가 이를 선택하면 변경할 수 없는 설정의 예다.

그림 11.3 **App Engine 애플리케이션의 위치 선택하기**

그 외에도 서비스와 같이 흥미로운 부분이 App Engine 애플리케이션에 포함되어 있다. App Engine 서비스를 살펴보겠다.

11.1.2 서비스

App Engine의 서비스는 애플리케이션을 더 작고 관리하기 쉬운 부분으로 나눌 수 있는 방법을 제공한다. 마이크로서비스와 마찬가지로 App Engine 서비스는 일반적으로 다양한 공유 App Engine API에 대한 액세스를 공유하지만, 컴퓨팅의 독립적인 구성요소 역할을 한다. 예를 들어, 애플리케이션의 일부로 가질 수 있는 다양한 서비스 중에서 똑같이 공유하는 cron API에 액세스할 수 있다.

예를 들어, to-do list를 추적하는 웹 애플리케이션을 작성한다고 가정한다. 처음에는 간단한 텍스트만 포함할 수 있지만, 개선되어 이메일 미리 알림을 보내는 기능을 추가하여 목록에 있는 내용을 완성할 수 있다. 이 경우 이메일 미리 알림 기능을 기본 애플리케이션에 추가하는 대신 애플리케이션 내에서 별도의 서비스로 정의할 수 있다. 작업은 할 일을 저장하는 주 업무와 완전히 분리되어 있기 때문에 별도의 서비스가 될 수 있어서 주 애플리케이션에 영향을 끼치지 않는다(그림 11.4).

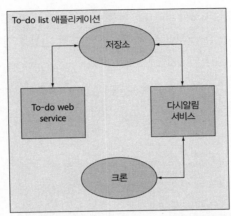

그림 11.4 두 가지 서비스가 있는 To-do list 애플리케이션

서비스 자체는 소스 코드 파일과 사용할 런타임(App Engine 표준)과 같은 추가 구성으로 이루어진다. 프로젝트와 1:1 관계가 있는 애플리케이션과 달리 서비스를 만들거나 배포할 수 있다. App Engine에 배포하는 첫 번째 소스 코드 세트는 App Engine이 애플리케이션의 기본 서비스로 등록할 새로운 서비스를 생성한다. 서비스를 지정하지 않고 애플리케이션을 요청하면 App Engine은 요청을 이 새로운 기본 서비스로 라우팅한다.

또한, 서비스는 애플리케이션의 수정을 위한 또 다른 컨테이너 역할을 한다. 할 일 목록 예에서 웹 애플리케이션 서비스는 수정할 필요 없이 애플리케이션에 미리 알림 서비스의 새 버전을 배포할 수 있다. 짐작할 수 있듯이 관련 시스템 간의 변경 사항을 분리할 수 있으므로 특히 각 팀이 고유한 애플리케이션을 소유하는 대규모 팀에 의해 구축된 대규모 애플리케이션의 경우 유용할 수 있다. 계속해서 버전의 작동 방식을 살펴보겠다.

11.1.3 버전

버전 자체는 특정 시점의 스냅샷과 비슷하다. 서비스가 단일 디렉터리 내에 여러 코드로 구성된 경우 서비스 버전은 App Engine에 배포하기로 결정한 정확한 시간에 해당 디렉터리의 코드와 일치한다. 이 설정의 명확한 부작용은 동일한 서비스의 여러 버전을 동시에 실행할 수 있다는 것이다.

첫 번째로 배포한 App Engine 서비스가 전체 애플리케이션의 기본 서비스가 되는 방식과 마찬가지로 첫 번째 서비스에 배포한 코드가 해당 서비스의 기본 **버전**이 된다. 애플리케이션의 개별 서비스를 처리할 수 있는 것처럼 특정 서비스의 개별 버전을 처리할 수 있다. 예를 들어, webapp.my-list.appspot.com(또는 명시적으로 default.webapp.my-list.appspot.com)으로 이동하여 웹 애플리케이션을 보거나, v2.webapp.mylist.appspot.com으로 이동하여 새로 배포된 버전(그림 11.5에서 보듯이, v2 버전이라고 할 수 있다)을 볼 수 있다.

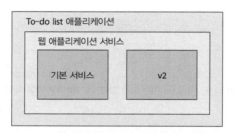

그림 11.5 웹 애플리케이션 서비스의 새 버전 배포

지금까지 애플리케이션, 서비스 및 버전의 개념을 다루어 보았다. 이제 인프라로 넘어가서 인스턴스를 살펴보겠다.

11.1.4 인스턴스

App Engine의 개념을 살펴보았지만, App Engine이 코드를 실행하는 방법은 알지 못한다. 지금까지 배운 내용을 감안할 때 App Engine이 인스턴스의 개념을 사용하여 애플리케이션을 위한 컴퓨팅 능력 중 한 조각을 의미한다는 것은 놀라운 일이 아니다. 지금까지 이 장에서 다뤘던 개념과는 달리 표준 환경이나 유연한 환경을 사용하는지 여부에 따라 인스턴스에 약간의 차이가 있음을 확인할 수 있다(그림 11.6).

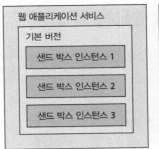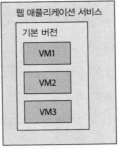

| 표준 환경 | 유연 환경 |

그림 11.6 **표준 환경과 유연 환경을 위한 App Engine 인스턴스**

App Engine Standard에서 이러한 인스턴스는 가벼운 샌드 박스 내에서 애플리케이션을 실행할 수 있는 CPU 및 메모리의 추상적인 부분을 나타낸다. 애플리케이션에 전송되는 요청 수에 따라 자동으로 확장 및 축소된다. 가벼운 샌드 박스 환경이므로 애플리케이션을 0에서 수천 개의 인스턴스로 신속하게 확장할 수 있다. 다양한 비용과 CPU 및 메모리의 양을 가진 사용 가능한 유형 목록에서 애플리케이션에 사용할 App Engine 인스턴스 유형을 선택할 수 있다.

App Engine Flex는 Compute Engine 및 도커 컨테이너 위에 구축되어 Compute Engine 인스턴스를 사용하여 코드를 실행하므로 몇 가지 중요한 주의 사항이 있다. 먼저, Compute Engine VM이 켜지는 데 시간이 걸리기 때문에 Flex 애플리케이션에는 항상 하나 이상의 VM 인스턴스가 실행되어야 한다. 결과적으로 Flex 애플리케이션은 24시간 내내 비용을 요구하게 된다. 추가 구동 시간으로 인해 애플리케이션 트래픽이 급격하게 증가하는 경우 트래픽 처리를 위해 확장하는 데 시간이 걸릴 수 있다. 이 시간 동안 기존 인스턴스가 과부하되어 들어오는 요청에 시간 초과가 발생할 수 있다.

또한, App Engine 인스턴스는 서비스의 단일 버전에만 해당하므로 단일 인스턴스는 해당 인스턴스를 받은 서비스의 특정 버전에 대한 요청만을 처리한다는 점도 기억해야 한다. 따라서 많은 버전의 호스트를 동시에 호스팅하여 해당 버전은 필요한 경우 트래픽을 처리하기 위해 인스턴스를 생성한다. **App Engine Flex** 내에서 실행 중인 경우 각 버전마다 적어도 하나의 VM이 항상 실행된다.

App Engine에 포함된 개념을 요약해 보았다. 이제 사용하는 방법을 살펴본다.

11.2 App Engine과의 상호작용

이제는 App Engine에서 사용하는 기본 개념(예: 서비스 또는 버전)을 제대로 이해하고 있어야 하지만, 실제 그것들을 사용하기 전까지는 도움이 되지 않는다. 이를 위해 App Engine을 위한 간단한 "Hello, world!" 애플리케이션을 만들어 배포하고 작동하는지 확인한다. 먼저, App Engine Standard용 애플리케이션을 빌드할 수 있다.

11.2.1 App Engine Standard에서 애플리케이션 빌드

이전에 설명했듯이 App Engine Standard는 Compute Engine에서와 마찬가지로 전체 가상 시스템이 아닌 특수 샌드 박스 내에서 코드가 실행되는 완전 관리형 환경이다. 따라서 승인된 언어 중 하나를 사용하여 "Hello, world!" 애플리케이션을 빌드해야 한다. 사용 가능한 언어 (PHP, 자바, 파이썬 및 Go) 중에서 파이썬을 선택하는 것이 좋으며(강력하고 읽기 쉽다), 이 부분에서는 파이썬을 사용하여 애플리케이션을 작성한다.

> **NOTE** 파이썬에 익숙하지 않은 경우 걱정하지 않아도 된다. 명확하지 않은 파이썬 코드에 대한 설명을 위해 주석을 달아 놓을 것이다. 명심해야 할 것은 공백(예: 공백과 탭)이 파이썬에서 중요하다는 것이다. 파이썬 코드에서 구문 오류가 발생했다면 4개의 공백을 사용할 때 탭을 사용했을 수 있으니 주의해야 한다.

애플리케이션 코드를 작성하기 전에 먼저 올바른 도구가 설치되어 있는지 확인해야 한다. 코드를 App Engine에 배포해야 한다.

파이썬 확장판 설치하기

App Engine을 사용하여 로컬로 개발하려면(특히 App Engine Standard의 Python 런타임을 사용하여) App Engine용 파이썬 확장판을 설치해야 한다. 이 확장판은 gcloud components 하위 명령을 사용하여 수행할 수 있다. 이 패키지는 지역 개발 서버, 다양한 에뮬레이터 및 Python App Engine 애플리케이션을 빌드하는 데 필요한 기타 리소스와 라이브러리를 포함하고 있다.

```
$ gcloud components install app-engine-python
```

> **TIP** apt-get과 같은 시스템 레벨 패키지 관리자를 사용하여 클라우드 SDK를 설치한 경우 동일한 패키지 관리자를 사용하고, 파이썬 확장 설치 명령을 실행하라는 오류 메시지가 표시된다.

애플리케이션 생성

모든 것을 설치하면 애플리케이션 구축의 실제 작업에 착수할 수 있다. App Engine만 테스트하기 때문에 요청을 받을 때마다 정적 응답을 되돌려주는 "Hello, world!" 애플리케이션에 초점을 맞춤으로써 시작할 수 있다. App Engine과 호환되는 webapp2 프레임워크를 사용하여 파이썬 앱을 시작한다.

> **NOTE** Django나 Flask와 같은 다른 라이브러리와 프레임워크를 사용할 수도 있지만, webapp2는 App Engine에서 사용하기 가장 쉽다.

다음은 단일 요청 핸들러를 정의하고, 이를 루트 URL(/)에 연결하는 간단한 webapp2 애플리케이션이다. 이 경우 이 핸들러에 GET HTTP 요청을 보낼 때마다 "Hello from App Engine!"이 다시 전송된다.

리스트 11.1 간단한 웹 애플리케이션 정의하기

```
import webapp2

class HelloWorld(webapp2.RequestHandler):
  def get(self):
    self.response.write('Hello from App Engine!');

app = webapp2.WSGIApplication([
  ('/', HelloWorld),
])
```

이 코드를 main.py라는 파일에 넣을 수 있다. 그런 다음 App Engine 애플리케이션의 구성을 정의하는 단계로 넘어간다. App Engine에 애플리케이션 구성 방법을 지정하는 방법은 app.yaml 파일을 사용하는 것이다. YAML(Yet Another Markup Language)은 Markdown과 매우 흡사한 구조화된 데이터에 대해 쉽게 읽을 수 있는 구문을 가지고 있으며, app.yaml 이름은 애플리케이션을 배포할 때 App Engine이 찾는 특별한 파일이다. 여기에는 관련 런타임, URL 매핑 처리기 등에 대한 설정이 포함된다. 다음에서 사용할 app.yaml 파일을 볼 수 있다.

리스트 11.2 app.yaml 정의하기

```
runtime: python27        ← Python 2.7 샌드 박스에서 코드를 실행하도록 App Engine에 알린다.
api_version: 1           ← 사용중인 API 버전을 App Engine에 알린다
                           (현재 Python 2.7에는 단 하나의 버전만 있으므로 이 값을 1로 설정해야 한다).
threadsafe: true
                         App Engine에 코드를 작성하여 스레드 안전을 제공하고, App Engine에서 서로 엉켜 있는
                         스레드에 대해 신경쓰지 않고, 애플리케이션의 여러 복사본을 안전하게 생성할 수 있음을 알린다.
handlers:
  - url: /.*             URL 패턴을 지정된 스크립트에 매핑하는 핸들러를 보유하는 섹션
요청과 일치하는 정규 표현식으로 요청 URL이 일치하면 스크립트가 요청을 처리하는 데 사용된다.
```

이제, 애플리케이션을 테스트하는 데 필요한 모든 것이 준비되었다. 로컬에서 실행하고 원하는대로 작동하는지 확인할 차례다.

로컬에서 애플리케이션 테스트하기

애플리케이션을 실행하려면 파이썬 App Engine 확장을 설치할 때 dev_appserver.py로 설치된 App Engine 개발 서버를 사용하도록 한다. app.yaml 파일(및 main.py 파일)이 있는 디렉터리로 이동하고, 현재 디렉터리(.)를 가리키는 dev_appserver.py를 실행한다. 애플리케이션 자체를 사용할 수 있는 위치를 나타내는 디버그 출력이 표시되어야 한다(일반적으로 포트 8080의 localhost). 개발 서버가 애플리케이션과 함께 실행되면 http://localhost:8080/에 연결하여 애플리케이션이 제대로 작동했는지 테스트할 수 있다.

```
$ curl http://localhost:8080/
Hello from App Engine!
```

지금까지 잘 되었다! 이제 애플리케이션을 작성하고 테스트했으므로 App Engine에 애플리케이션을 배포할 수 있는지 확인해야 한다. 결국, 애플리케이션을 로컬에서 실행하는 것은 들어오는 트래픽이 많을 때 작동하지 않는다.

APP ENGINE STANDARD로 배포

적절한 도구를 모두 설치했기 때문에 App Engine에 애플리케이션을 쉽게 배포할 수 있다. 그렇게 하려면 gcloud app deploy 하위 명령을 사용하고, 배포할 위치를 확인한 다음 배포가 완료될 때까지 기다려야 한다.

```
프로젝트 ID와 애플리케이션 ID는 동일하다(1:1 관계에 있으므로).
$ gcloud app deploy
Initializing App Engine resources...done.
Services to deploy:  ◁──┐ 배포하려는 구상의 구성을 확인한다.

descriptor:       [/home/jjg/projects/appenginehello/app.yaml]
source:           [/home/jjg/projects/appenginehello]
target project:   [your-project-id-here]       서비스 이름이 설정되지 않은 경우(여기에서 해당)
target service:   [default]  ◁────             App Engine은 기본 서비스를 사용한다.
target version:   [20171001t160741]  ◁────     버전 이름을 지정하지 않으면,
                                                App Engine은 날짜를 기준으로
                                                기본 버전 번호를 생성한다.
```

```
target url:      [https://your-project-id-here.appspot.com]
```
애플리케이션을 배포한 후에는 **appspot.com** 도메인의 URL에서 사용할 수 있다.

```
Do you want to continue (Y/n)?  Y ←
```
실수로 잘못된 코드나 서비스를
배포하지 않도록 배포 매개변수를 확인한다.

```
Beginning deployment of service [default]...
Some files were skipped. Pass '--verbosity=info' to see which ones.
You may also view the gcloud log file, found at
[/home/jjg/.config/gcloud/logs/2017.10.01/16.07.33.825864.log].

  Uploading 2 files to Google Cloud Storage

File upload done.
Updating service [default]...done.
Waiting for operation [apps/your-project-id-here/operations/1fad9f55-35bb
➡ -45e2-8b17-3cc8cc5b1228] to complete...done.
Updating service [default]...done.
Deployed service [default] to [https://your-project-id-here.appspot.com]

You can stream logs from the command line by running:
  $ gcloud app logs tail -s default

To view your application in the web browser run:
  $ gcloud app browse
```

이 작업이 완료되면 curl 명령을 사용하거나 브라우저를 통해 배포 정보에서 대상 URL로 GET 요청을 전송하여 모든 것이 작동하는지 확인할 수 있다. curl 명령은 다음과 같이 보여진다.

```
$ curl http://your-project-id-here.appspot.com
Hello from App Engine!
```

평문 http:// 대신 https://를 이용하여 연결하는 것으로 SSL이 애플리케이션과 함께 작동하는 지 확인할 수도 있다.

```
$ curl https://your-project-id-here.appspot.com
Hello from App Engine!
```

마지막으로, 서비스 이름이 공식적으로 "default"이므로 default.your-project-id-here.appspot.com에서 직접 지정할 수 있다.

```
$ curl http://default.your-project-id-here.appspot.com
Hello from App Engine!
```

클라우드 콘솔의 App Engine 섹션을 확인하고, 전송된 요청 수, 현재 사용 중인 인스턴스 수 등을 확인할 수 있다. 이것이 어떻게 생겼는지에 대한 예가 그림 11.7에 나와 있다.

그림 11.7 클라우드 콘솔의 App Engine 개요 대시보드

새로운 서비스는 어떻게 만들까? 잠시 시간을 내서 기본값 이외의 다른 서비스에 코드를 배포하는 방법을 살펴보겠다.

또 다른 서비스 배포

어떤 면에서는 새 서비스를 새로운 코드 덩어리로 생각할 수 있으며, 이 코드를 넣을 안전한 장소가 있는지 확인해야 한다. 일반적으로 이를 설정하는 가장 쉬운 방법은 코드 덩어리를 디렉터리별로 분리하는 것이다. 디렉터리 이름은 서비스 이름과 일치한다.

이것이 어떻게 작동하는지 보려면 default와 service2라는 두 개의 새로운 디렉터리를 만들고, app.yaml과 main.py 파일을 각 디렉터리에 복사한다. 이렇게 하면 코드가 효과적으로 재배열되므로 각 디렉터리에 코드와 구성을 모두 두 개씩 복사할 수 있다. 이를 보다 명확히 보려면 다음을 수행해야 한다.

```
$ tree
.
├── default
│   ├── app.yaml
│   └── main.py
└── service2
    ├── app.yaml
    └── main.py

2 directories, 4 files
```

이제 두 번째 서비스를 정의하기 위해 몇 가지 작업을 수행할 수 있다(현재 서비스가 기본 상태에 있음을 분명히 한다).

1. 두 app.yaml 파일을 모두 업데이트하여 서비스 이름을 **명시적**으로 선택하면 default가 기본으로 호출된다.

2. service2/main.py를 업데이트하여 다른 것을 출력한다.

3. 두 서비스를 재배포한다.

두 app.yaml 파일을 모두 업데이트한 후에는 다음의 두 개와 유사해야 한다.

리스트 11.3 업데이트된 default/app.yaml

```
runtime: python27
api_version: 1
threadsafe: true
service: default   ◀──┐ 관련 서비스가 기본 서비스임을 명시적으로 설명한다.
                       └ 이 경우 실제 효과가 없지만, 이 app.yaml 파일이 제어하는 내용을 명확히 한다.

handlers:
  - url: /.*
    script: main.app
```

리스트 11.4 service2/app.yaml 업데이트

```
runtime: python27
api_version: 1
threadsafe: true
service: service2   ◀──┤ 원하는 ID 스타일 문자열이 될 수 있는 새 서비스 이름을 선택한다.

handlers:
  - url: /.*
    script: main.app
```

보다시피 각 app.yaml 파일이 다른 서비스를 제어한다는 점을 명시적으로 설명했다. 또한, 서비스 이름이 디렉터리 이름과 일치하는지 확인했으므로 다른 소스 코드 및 구성 파일을 모두 추적하기 쉽다.

다음으로 service2/main.py를 업데이트하여 출력을 변경하여 다른 서비스에서 온 것임을 알 수 있다. 이렇게 하면 애플리케이션이 다음과 같은 모양이 될 수 있다.

리스트 11.5 service2 "Hello, world!" 파이썬 애플리케이션

```
import webapp2

class HelloWorld(webapp2.RequestHandler):
  def get(self):
    self.response.write('Hello from service 2!');   ◀─┤  service2가 응답하고 있음을 분명히 한다.


app = webapp2.WSGIApplication([
  ('/', HelloWorld),
])
```

마지막으로 gcloud app deploy를 실행하고, 기본 디렉터리 대신 service2 디렉터리를 지정하여 새 서비스를 배치할 수 있다.

```
$ gcloud app deploy service2  ◀─┤ 클라우드 배포 도구를          결과적으로 배포 도구는
Services to deploy:               service2 디렉터리로 지정한다.   다른 서비스 이름을 나타내는
                                                              복사된 app.yaml 파일을 찾는다.
descriptor:      [/home/jjg/projects/appenginehello/service2/app.yaml] ◀─
source:          [/home/jjg/projects/appenginehello/service2]
target project:  [your-project-id-here]      정의한 대로 서비스 이름이 service2가
target service:  [service2] ◀─               되어야 한다는 것을 확인한다.
target version:  [20171002t053446]
target url:      [https://service2-dot-your-project-id
 ➥ -here.appspot.com]  ◀─┤ 서비스 이름이 "default"가 아니기 때문에
                           코드에 액세스할 수 있는 별도의 URL이 제공된다.
# ... More information here ...
```

이전과 마찬가지로 새 애플리케이션 서비스가 활성화되어야 한다. 이 시점에서 시스템의 개념은 그림 11.8처럼 보인다.

브라우저에서 다시 URL을 탐색하여 배포가 작동하는지 확인할 수 있다. 또는, 명령줄을 사용할 수 있다.

```
$ curl https://service2-dot-your-project-id-here.appspot.com
Hello from service 2!
```

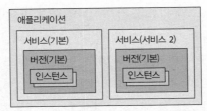

애플리케이션

서비스(기본)

버전(기본)

인스턴스

서비스(서비스 2)

버전(기본)

인스턴스

그림 11.8 지금까지 애플리케이션의 조직 레이아웃

이 URL이 이상하게 보일 경우 이상한 것이 아니다. <service>-dot-<application> 구문은 확실히 새로운 것이다. 이것은 SSL 인증서가 작동하는 방식 때문에 존재한다. App Engine은 * .appspot.com이 안전함을 보장하지만, DNS 계층에 더 깊은 중첩된 추가점을 허용하지 않는다. HTTPS가 아닌 HTTP를 통해 앱에 액세스할 때 기술적으로 <service>.<application>.appspot.com을 호출할 수 있지만, HTTPS로 시도하면 문제가 발생한다.

```
$ curl http://service2.your-project-id-here.appspot.com      결과는 지정된 도메인을 포함하지
Hello from service 2!                                         않는 SSL 인증서로 인한 오류 코드다.
$ curl https://service2.your-project-id-here.appspot.com  ◄
# Error
```

지금까지 새로운 서비스를 배치하는 방법을 보았다. 이제 기존 서비스의 새 버전을 배포함으로써 다소 모험적인 변화를 살펴보겠다.

새 버전 배포

한 번만 새 서비스를 만들 수 있지만, 애플리케이션을 업데이트하면 새 버전이 생성되고, 업데이트가 훨씬 자주 발생한다. 그렇다면 어떻게 버전을 업데이트하는가? App Engine은 버전을 어디에 저장할까? 먼저 신청서가 어떻게 배치되었는지 확인하자. 클라우드 콘솔 또는 명령줄에서 현재 애플리케이션을 검사할 수 있다.

```
$ gcloud app services list
SERVICE NUM_VERSIONS
default   1
service2  1

$ gcloud app versions list
SERVICE    VERSION            SERVING_STATUS
default    20171001t160741    SERVING
service2   20171002t053446    SERVING
```

보다시피, 현재 두 개의 서비스가 있으며, 각각 하나의 기본 버전이 지정되어 있다. 이제 기본 서비스를 업데이트하려 한다고 가정하지만, 이 업데이트는 새 버전을 만들어야 하며, 현재 배포된 버전의 서비스를 덮어쓰지 않아야 한다. 이 방법으로 서비스를 업데이트하려면 두 가지 옵션이 있다. 첫 번째는 배포가 발생한 날짜와 시간을 기반으로 하는 App Engine의 기본 버전 명명 체계로 하는 것이다. 코드를 배포하면 App Engine에서 자동으로 새 버전을 만들고, 현재 배포된 버전을 덮어쓰지 않으므로 실수로 잘못된 코드를 배포할 때 유용하다! 다른 하나는 코드를 배포할 때 특수 플래그(-v)를 사용하는 것이고, 그 결과는 지정한 대로 새 버전이 된다.

기본 버전을 업데이트하려는 경우 이전과 같이 코드를 변경하고 배포할 수 있다. 이 예에서는 "Hello from version 2!"라고 말하도록 코드를 업데이트한다. 배포가 완료되면 이전과 같이 URL에 액세스하여 예상대로 작동하는지 확인할 수 있다.

```
$ curl https://your-project-id-here.appspot.com
Hello from version 2!
```

실수로 이전 버전을 날려버린 것처럼 보일 수 있지만, 버전 목록을 다시 검사하면 이전 버전이 아직 남아 있고, 트래픽을 제공하고 있음을 알 수 있다.

```
$ gcloud app versions list --service=default
SERVICE   VERSION          TRAFFIC_SPLIT   SERVING_STATUS
default   20171001t160741  0.00            SERVING
default   20171002t072939  1.00            SERVING
```

두 버전 간 트래픽 분할이 이동하고 모든 트래픽이 이후 버전을 가리키고 있으며, 트래픽이 제로인 상태에서 이전 버전으로 라우팅된다. 이 부분은 나중에 자세히 다루도록 한다. 버전이 아직 남아 있으면 어떻게 통신할 수 있을까? 특정 서비스에 직접 액세스할 수 있는 것처럼 <version>.<service>.your-projectid-here.appspot.com 형식으로 직접 주소를 지정하여 이전 버전에 액세스할 수 있다(또는 -dot – HTTPS용 구분 기호).

```
$ curl http://20171001t160741.default.your-project-id-here.appspot.com
Hello from App Engine!
$ curl https://20171001t160741-dot-default-dot-your-project-id
➡ -here.appspot.com
Hello from App Engine!
```

새로운 버전이 곧바로 출시되어 서비스될까 우려할 수 있다. App Engine에 새 버전을 배포하고, 모든 트래픽을 새 버전으로 즉시 라우팅하고 싶지는 않다고 하면 된다. 코드를 다시 업데이트하여 메시지를 변경하고, 즉시 현재 버전으로 되지 않는 또 다른 버전을 배포할 수 있다. 그렇게 하려면 promote_by_default 플래그를 false로 설정한다.

```
$ gcloud config set app/promote_by_default false
Updated property [app/promote_by_default].

$ gcloud app deploy default
Services to deploy:

descriptor:      [/home/jjg/projects/appenginehello/default/app.yaml]
source:          [/home/jjg/projects/appenginehello/default]

target project:  [your-project-id-here]
target service:  [default]
target version:  [20171002t074125]
target url:      [https://20171002t074125-dot-your-project-id
➡ -here.appspot.com]


    (add --promote if you also want to make this service available from
    [https://your-project-id-here.appspot.com])

# ... More information here ...
```

이제, 새 서비스 버전을 배포해야 하지만, 현재 상태로 요청을 처리하지 않아야 한다. 서비스 목록에서 다음과 같이 확인하거나 이전과 같이 대상 URL을 요청하여 확인할 수 있다.

```
$ gcloud app versions list --service=default
SERVICE   VERSION            TRAFFIC_SPLIT  SERVING_STATUS
default   20171001t160741    0.00           SERVING
default   20171002t072939    1.00           SERVING
default   20171002t074125    0.00           SERVING

$ curl http://your-app-id-here.appspot.com/
Hello from version 2!
```

새 버전이 이전과 같은 방식으로 액세스하여 올바르게 배포되었는지 확인할 수도 있다.

```
$ curl http://20171002t074125.default.your-project-id-here.appspot.com
Hello from version 3, which is not live yet!
```

새 버전이 예상대로 작동하면 클라우드 콘솔을 사용하여 모든 트래픽을 마이그레이션하여 안전하게 홍보할 수 있다. 그렇게 하려면 버전 목록을 탐색하고, 트래픽을 이전할 버전을 확인한 다음, 페이지 상단의 트래픽 마이그레이션을 클릭한다(그림 11.9).

그림 11.9 버전 확인 및 트래픽 마이그레이션 클릭

버튼을 클릭하면 모든 새 트래픽을 선택한 버전으로 라우팅할지 확인할 수 있는 팝업이 표시된다(그림 11.10).

그림 11.10 트래픽을 새 버전으로 마이그레이션하려는 경우 팝업

이 작업이 완료되면 트래픽의 100%가 새 버전으로 전송되고 있음을 알 수 있다.

```
$ gcloud app versions list --service=default
SERVICE   VERSION          TRAFFIC_SPLIT   SERVING_STATUS
default   20171001t160741  0.00            SERVING
default   20171002t072939  0.00            SERVING
default   20171002t074125  1.00            SERVING

$ curl https://your-project-id-here.appspot.com
Hello from version 3, which is not live yet!!   ◄──┤ 확실히 지금 동작한다.
```

지금까지 App Engine Standard 환경에서 어떻게 배포하는지 살펴보았다. 이제 Flex 환경에서 일이 어떻게 돌아가는지 살펴보겠다.

11.2.2 App Engine Flex

이전에 설명했듯이 App Engine Standard는 인기 있는 프로그래밍 언어의 일부로 제한되고 샌드 박스 환경 내에서 실행되지만, App Engine Flex는 도커 컨테이너를 기반으로 하므로 원하는 프로그래밍 언어를 사용할 수 있다. "Hello, world!" 애플리케이션을 빌드할 때 Node.js로 돌아갈 수 있다. 시작하자!

애플리케이션 만들기

App Engine Standard용 애플리케이션을 빌드할 때 사용했던 예와 마찬가지로 Express(Node.js의 유명한 웹 개발 프레임워크)를 사용하여 "Hello, world!" 애플리케이션을 빌드하는 것으로 시작한다.

> **NOTE** 원하는 어떠한 웹 프레임워크도 사용할 수 있다. express는 널리 사용되고, 문서화가 잘 되어 있기 때문에 이 예제를 사용한다.

먼저 **default-flex**라는 새로운 디렉터리를 만들고, 이 새로운 애플리케이션을 위한 코드를 이미 가지고 있는 다른 디렉터리와 함께 두도록 하자. 그후 npm(또는 yarn)을 사용하여 애플리케이션을 초기화하고, express를 종속 항목으로 추가해야 한다.

```
$ mkdir default-flex
$ cd default-flex
$ npm init
# ...
Wrote to /home/jjg/projects/appenginehello/default-flex/package.json:

{
  '"name'": '"appengineflexhello'",
  '"version'": '"1.0.0'",
  '"description'": '"'",
  '"main'": '"index.js'",
  '"scripts'": {
    '"test'": '"echo \'"Error: no test specified\'" && exit 1'"
  },
  '"keywords'": [],
  '"author'": '"'",
  '"license'": '"ISC'"
}

$ npm install express
# ...
```

이제 패키지를 정의하고 필요한 종속성을 설정했으므로 Express를 사용하여 HTTP 요청을 처리하는 간단한 스크립트를 작성할 수 있다. app.js에 넣을 다음에 표시된 이 스크립트는 /로 전송된 모든 요청을 받고, 응답으로 "Hello, world!"를 보낸다.

리스트 11.6 Node.js에서 간단한 "Hello, world!" 애플리케이션 정의하기

```
'use strict';

const express = require('express');  ◁─── Node.js용 Express 프레임워크 사용한다.
const app = express();
                                                            응답 코드를 200 OK로 설정하고,
                                                            짧은 "Hello, world!" 유형 메시지를 반환한다.
app.get('/', (req, res) => {
  res.status(200).send('Hello from App Engine Flex!').end();  ◁
});

const PORT = process.env.PORT || 8080;  ◁─── 환경에서 포트 번호를 읽으려고 하지만,
app.listen(PORT, () => {                      설정하지 않은 경우 기본값은 8080이다.
  console.log('App listening on port ${PORT}');
  console.log('Press Ctrl+C to quit.');
});
```

이 스크립트를 작성한 후에는 코드를 실행한 다음 여기에 표시된 것처럼 curl이나 브라우저를 사용하여 코드에 연결하려고 하는지 테스트할 수 있다.

```
$ node app.js
App listening on port 8080
Press Ctrl+C to quit.

$ curl http://localhost:8080  ◁─── 이 작업은 동일한 컴퓨터의 별도 터미널에서 실행된다.
Hello from App Engine Flex!
```

이제 코드가 작동하는지 확인했으므로 App Engine에 다시 배포할 수 있다. 이전과 마찬가지로 App Engine에 코드 실행 방법을 설정해야 한다. App Engine 표준과 마찬가지로 app.yaml이라는 파일에 구성 옵션을 추가한다. 가장 큰 차이점은 Flex 기반 애플리케이션이 도커를 기반으로 하기 때문에 app.yaml에 넣은 구성이 훨씬 덜 복잡하다는 것이다.

```
runtime: nodejs     env라는 새로운 매개변수는 표준 환경 외부에서
env: flex  ◁        애플리케이션을 실행하려고 하는 App Engine에 설명한다.
service: default  ◁─── 이 예제에서는 Standard 서비스 위에 Flex 서비스를 배포한다.
```

보다시피 이 구성 파일은 App Engine Standard에 애플리케이션을 빌드할 때 사용한 구성 파일보다 훨씬 간단하다. App Engine Flex는 코드를 가져와서 컨테이너에 넣는 방법만 알면 된

다. 그런 다음 라우팅 정보를 설정하는 대신 App Engine에 서버 시작 방법을 알려줘야 한다. App Engine Flex의 nodejs 런타임은 항상 초기화 명령으로 npm start를 실행하려고 하므로 다음에 표시된 대로 node app.js를 실행하는 package.json 파일에서 설정할 수 있다.

> NOTE 보여주는 이 형식은 App Engine이 아닌 npm의 기능이다. 모든 App Engine은 컨테이너를 켤 때 npm start를 호출한다.

리스트 11.7 package.json에 시작 스크립트 추가하기

```
{
  '"name'": '"appengineflexhello'",
  '"version'": '"1.0.0'",
  '"main'": '"index.js'",
  '"license'": '"MIT'",
  '"dependencies'": {
    '"express'": '"^4.16.1'"
  },
  '"scripts'": {
    '"start'": '"node app.js'"
  }
}
```

이것이 필요한 전부다. 다음 단계는 이 애플리케이션을 App Engine에 배포하는 것이다.

APP ENGINE FLEX에 배포

추측하듯이 App Engine Flex에 애플리케이션을 배포하는 것은 App Engine Standard에 배포하는 것과 유사하다. 첫 번째 차이점은 배포를 완료하는 데 약간 시간이 걸린다는 점이다. App Engine Flex는 애플리케이션 코드에서 도커 컨테이너를 만들어 구글 클라우드에 업로드하고, Compute Engine VM 인스턴스를 프로비저닝하고, 해당 인스턴스에서 컨테이너를 시작하기 때문에 더 많은 시간이 소요된다. App Engine Standard를 사용하는 경우보다 훨씬 더 많은 작업을 수행할 수 있지만, 여러분의 관점에서 프로세스 자체는 동일하므로 gcloud 명령줄 도구로 수행할 수 있다.

```
$ gcloud app deploy default-flex
Services to deploy:

descriptor:      -[/home/jjg/projects/appenginehello/default-flex/app.yaml]
source:          [/home/jjg/projects/appenginehello/default-flex]
target project:  [your-project-id-here]
target service:  [default]
target version:  [20171002t104910]
```

```
target url:        [https://your-project-id-here.appspot.com]


   (add --promote if you also want to make this service available from
   [https://your-project-id-here.appspot.com])

# ... More information here ...
```

> **TIP** 이전 절에서의 모든 코드 예제를 따라 했다면 gcloud config set app/promote_by_default를 true
> 로 실행하여 promote_by_default 구성 설정에 대한 변경사항을 되돌릴 수 있다. 그렇지 않으면 새로 배포한
> 애플리케이션을 실행할 경우 이전에 배포한 버전에서도 계속 제공된다.

이제 App Engine Flex에서 애플리케이션을 배포했으므로 App Engine Standard에서 애플리케이션을 테스트한 것과 동일한 방식으로 작동하는지 테스트할 수 있다.

```
$ curl https://your-project-id-here.appspot.com/
Hello from App Engine Flex!
```

놀랍게도 이 시점에서 완전히 다른 런타임을 사용하는 새로운 버전의 기본 서비스를 배포했다는 것이다. 현재 Standard 환경을 사용하는 버전과 Flexible 환경을 사용하는 버전이 있다. 기본 서비스의 버전을 다시 확인할 수 있다.

```
$ gcloud app versions list --service=default
SERVICE   VERSION            TRAFFIC_SPLIT   SERVING_STATUS
default   20171001t160741    0.00            SERVING          ┐ App Engine Standard의
default   20171002t072939    0.00            SERVING          ┘ 이전 라이브 기본 버전
default   20171002t074125    0.00            SERVING   ◀──────┐ App Engine Flex에서 실행 중인
default   20171002t104910    1.00            SERVING   ◀──────┘ 새 버전과 다른 버전
```

이전과 마찬가지로 App Engine 표준에서 직접 처리하여 이전 서비스에 액세스할 수 있다.

```
$ curl http://20171002t074125.default.your-project-id-here.appspot.com/
Hello from version 3, which is not live yet!
```

예상대로 다른 서비스 및 버전을 Flex에 배치하는 것은 방금 배운 App Engine Standard를 사용하는 방법과 동일하다. 이를 입증하기 위해 service3라는 마지막 새 서비스를 하나씩 배포하여 모든 코드를 나란히 배치할 수 있다. 먼저, default-flex 코드를 복사하여 service3에 붙여 넣는다.

```
$ tree -L 2 .
.
├── default
│   ├── app.yaml
│   └── main.py
├── default-flex
│   ├── app.js
│   ├── app.yaml
│   ├── node_modules
│   └── package.json
├── service2
│   ├── app.yaml
│   └── main.py
└── service3
    ├── app.js
    ├── app.yaml
    ├── node_modules
    └── package.json
```

이 시점에서 두 가지를 변경해야 한다. 첫 번째는 app.yaml 파일이며, service3로 서비스 이름을 변경해야 한다. 둘째로 app.js 코드를 "Hello from service 3!"로 업데이트한다. 두 파일의 업데이트 내용은 다음과 같다.

리스트 11.8 새로운 서비스를 위한 app.yaml 업데이트

```
runtime: nodejs
env: flex
service: service3  ◄──┐ 이 서비스를 새 서비스로 배포하려는 경우 service3라고 부른다.
```

리스트 11.9 새 서비스에 대한 app.js 업데이트

```
'use strict';

const express = require('express');
const app = express();

app.get('/', (req, res) => {
  res.status(200).send('Hello from service 3!').end();   ◄──  애플리케이션의 응답을
});                                                            업데이트하여
                                                              새로운 서비스에서 온
                                                              응답임을 나타낸다.
const PORT = process.env.PORT || 8080;
app.listen(PORT, () => {
  console.log('App listening on port ${PORT}');
  console.log('Press Ctrl+C to quit.');
});
```

이 작업을 완료하면 상위 디렉터리로 이동하여 gcloud app deploy service3(새 디렉터리를 service3로 지정했으므로)로 새 서비스를 배포할 수 있다.

```
gcloud app deploy service3
Services to deploy:

descriptor: [/home/jjg/projects/appenginehello/service3/app.yaml]
source: [/home/jjg/projects/appenginehello/service3]
target project: [your-project-id-here]
target service: [service3]
target version: [20171003t062949]
target url: [https://service3-dot-your-project-id-here.appspot.com]

# ... More information here ...
```

이제는 다음과 같이 curl이나 브라우저를 사용하여 배포한 다양한 서비스와 모두 통신하여 작동하는지 테스트할 수 있다.

```
$ curl http://service3.your-app-id-here.appspot.com
Hello from service 3!

$ curl http://service2.your-app-id-here.appspot.com
Hello from service 2!

$ curl http://your-app-id-here.appspot.com
Hello from App Engine Flex!
```

이제 App Engine Flex에 여러 서비스를 배포했다. 사용자 정의 런타임 환경을 사용하여 서비스를 보다 깊게 파고 들어가 보자.

DEPLOYING CUSTOM IMAGES

지금까지는 내장 런타임(이 경우 nodejs)에 항상 의존했지만, App Engine Flex는 도커 컨테이너(10장에서 설명함)를 기반으로 하기 때문에 기술적으로 원하는 컨테이너를 사용할 수 있다! 이것이 어떻게 작동하는지 보려면, 일반적인 Apache 웹 서버에 의존하는 완전히 다른 유형의 "Hello, world!" 애플리케이션을 빌드하자. 그렇게 하려면 먼저 서비스 이름을 따서 다른 디렉터리를 만들어야 한다. 이 경우 custom1을 호출하여 애플리케이션의 다른 서비스에 대한 다른 디렉터리 바로 옆에 넣을 수 있다.

디렉터리를 만들었으면 다음과 같이 애플리케이션을 정의하는 Dockerfile을 정의해야 한다. 어떻게 작동하는지 보여줄 뿐이므로 단순하게 Apache를 사용하여 정적 파일을 처리하도록 한다.

```
FROM ubuntu:16.04  ◁─┤ 기본 이미지(및 운영체제)는 Ubuntu 16.04의 일반 버전이다.

RUN apt-get update && apt-get install -y apache2  ◁─┤ 패키지 업데이트 및 Apache 설치

                                          이러한 변경은 Apache가 80 대신 8080 포트에서
# Set Apache to listen on port 8080       수신 대기하도록 업데이트한다(App Engine은 컨테이너의
# instead of 80 (what App Engine expects) ◁─┤ HTTP 트래픽이 8080일 것으로 예상하므로).
RUN sed -i 's/Listen 80/Listen 8080/' /etc/apache2/ports.conf
RUN sed -i 's/:80/:8080/' /etc/apache2/sites-enabled/000-default.conf
                    곧 Apache 정적 콘텐츠 디렉터리에 작성하게 될
# Add our content ◁─┤ hello.html 파일을 복사하여 외부에서 읽을 수 있는지 확인한다.
COPY hello.html /var/www/html/index.html
RUN chmoda+r /var/www/html/index.html

EXPOSE 8080  ◁─┤ 도커에게 포트 8080을 외부에 노출하도록 지시한다.

CMD ['"apachectl'", '"-D'", '"FOREGROUND'"]  ◁─┤ 포어그라운드(foreground)에서 Apache 서비스를 시작한다.
```

> **NOTE** 이 모든 것을 완전히 이해하지 못한다고 걱정하지 말자. 이와 같이 맞춤 런타임 환경을 사용하는 데 관심이 있다면 Dockerfile 구문을 읽어야 하지만, App Engine을 사용하지 않아도 된다.

이제 몇 가지 내용을 제공하는 간단한 Dockerfile을 얻었으므로 다음에 해야 하는 일은 이 사용자 정의 런타임에 의존성이 있는 app.yaml 파일을 업데이트하는 것이다. 이를 위해 이전 정의에서 nodejs를 custom으로 대체한다. 이렇게 하면 App Engine에서 Dockerfile을 찾고, 이전에 사용했던 기본 제공 nodejs Dockerfile 대신 사용할 수 있다.

```
runtime: custom
env: flex
service: custom1
```

마지막으로 해야 할 일은 제공할 정적 파일을 정의하는 것이다. 매우 쉽다. 다음과 같이 "Hello from Apache!"라는 간단한 HTML을 작성하자.

리스트 11.11 간단한 "Hello, world" HTML 파일

```html
<html>
  <body>
    <h1>Hello from Apache!</h1>
  </body>
</html>
```

이 시점에서 디렉터리는 다음과 같이 보일 것이다.

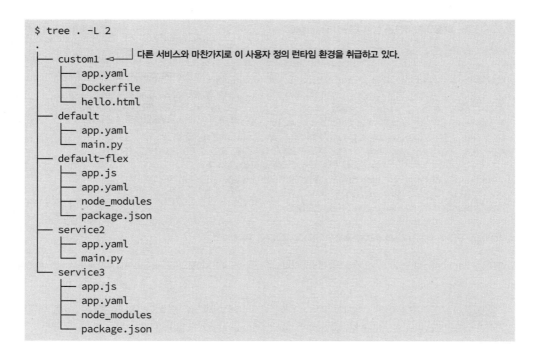

```
$ tree . -L 2
.
├── custom1  ◁── 다른 서비스와 마찬가지로 이 사용자 정의 런타임 환경을 취급하고 있다.
│   ├── app.yaml
│   ├── Dockerfile
│   └── hello.html
├── default
│   ├── app.yaml
│   └── main.py
├── default-flex
│   ├── app.js
│   ├── app.yaml
│   ├── node_modules
│   └── package.json
├── service2
│   ├── app.yaml
│   └── main.py
└── service3
    ├── app.js
    ├── app.yaml
    ├── node_modules
    └── package.json
```

새 서비스에는 코드가 없으며, Dockerfile, 일부 정적 컨텐트 및 App Engine 구성으로 이루어
진다. 이것이 유효하지만, 실제 App Engine 애플리케이션이 이와 같이 간단하지는 않다.

도커를 사용하여 코드가 작동하는지 테스트할 수 있다. 먼저, docker build custom1을 사
용하여 컨테이너 이미지를 만든 다음 컨테이너를 시작하고, Apache가 의도한 대로 작동하는
지 확인한다.

```
$ docker build custom1  ◁── 모든 것을 단일 도커 이미지로 패키징하는 컨테이너를 만든다.
Sending build context to Docker daemon 4.608 kB
Step 1 : FROM ubuntu:16.04
16.04: Pulling from library/ubuntu

# ... Lots of work here ...

Successfully built 431cf4c10b5b
                                          이미지의 ID를 사용하여 컨테이너를 실행하고,
$ docker run -d -p 8080:8080 431c  ◁──  로컬 컴퓨터의 포트 8080을 컨테이너의 포트 8080에 연결한다.
e149d89e7f619f0368b0e205d9a06b6d773d43d4b74b61063d251e0df3d49f66

$ docker ps --format '"table {{.ID}}\t{{.Status}}"'  ◁── 컨테이너가 실행 중인지 확인한다.
CONTAINER ID       STATUS
e149d89e7f61       Up 17 minutes
                              포트 8080에서 HTTP를 통해 컨테이너에 연결하고,
$ curl localhost:8080  ◁──  작성한 올바른 HTML 콘텐츠를 제공함을 보여준다.
```

```
<html>
  <body>
    <h1>Hello from Apache!</h1>
  </body>
</html>
```

이제 애플리케이션 작동을 확인했으므로 이전에 사용한 것과 동일한 deploy 명령을 사용하여 App Engine에 배치할 수 있다.

```
$ gcloud app deploy custom1
Services to deploy:

descriptor:      [/home/jjg/projects/appenginehello/custom1/app.yaml]
source:          [/home/jjg/projects/appenginehello/custom1]
target project:  [your-project-id-here]
target service:  [custom1]
target version:  [20171003t123015]
target url:      [https://custom1-dot-your-project-id-here.appspot.com]

# ... More information here ...
```

배포가 제대로 작동하는지 확인하려면 custom1에 다시 같은 요청을 할 수 있다. your-project-id-here.appspot.com을 방문하여 결과가 이전에 작성한 HTML 파일임을 확인한다. 여기서 이 야기의 핵심은 도커 컨테이너에 맞는 App Engine Flex를 실행하고 확장할 수 있다는 점이다. 로컬 컴퓨터에서 실행할 수 있는 모든 프로그램은 Compute Engine 및 쿠버네티스 엔진에서 본 것처럼 App Engine에서도 실행할 수 있다.

> **WARNING** App Engine Flex를 사용하여 애플리케이션을 배포한 경우 애플리케이션에 요청을 보내고 있는 지에 관계없이 컴퓨트 리소스가 내부적으로 실행된다.
>
> 이 리소스에 대해 요금을 청구하고 싶지 않다면 실행 중인 Flex 버전을 모두 중지하도록 한다. 왼쪽 탐색 메뉴에서 버전을 선택하고, 버전을 실행하기 위한 확인란을 선택한 다음, 페이지 상단의 중지 버튼을 클릭하여 클라우드 콘솔의 App Engine 섹션에서 이 작업을 수행할 수 있다.

이제 App Engine용 애플리케이션을 구축할 수 있는 여러 가지 방법을 모두 살펴보았다. 이제 한 가지 주제 스케일링이 남아 있다. 주어진 시간에 얼마나 많은 인스턴스가 실행되고 있는지를 어떻게 정확히 관리할까? App Engine Standard 및 App Engine Flex에서 살펴보겠다.

11.3 애플리케이션 스케일링

지금까지 App Engine의 모든 스케일링이 여러분을 위해 처리한다고 가정했다. 이것이 사실이지만, 대부분 스케일링 스타일과 코드를 실행하는 기본 인스턴스를 구성할 수 있는 방법은 많이 있다.

앞에서 설명한 것처럼 확장 및 인스턴스 구성의 경우 App Engine Standard 및 App Engine Flex는 몇 가지 차이점이 있으며, 각각을 개별적으로 살펴볼 것이다. 특정 서비스에 대해 한 가지 유형의 확장만 선택할 수 있으므로 모든 서비스 작동 방식을 이해하고, 애플리케이션에 가장 적합한 유형을 선택하는 것이 중요하다. App Engine 환경에서 스케일링이 어떻게 작동하는지 제어하는 방법에 대해 자세히 살펴보겠다.

11.3.1 App Engine Standard의 스케일링

지금까지 모든 서비스의 크기를 조정하는 방법에 대한 언급 없이 서비스를 기본 옵션에 의존하여 배포했다. 하지만 App Engine Standard에는 사용자의 필요에 맞게 미세 조정할 수 있는 스케일링 옵션이 많이 있다. 우선, App Engine의 주요 기능 중 하나이자 기본 옵션인 자동 스케일링을 살펴보겠다.

자동 스케일링

기본 스케일링 옵션은 자동이므로 App Engine은 동시 요청 수, 처리해야 할 대기열에서 대기해야 하는 최대 요청 시간, 대기열에서 처리해야 하는 대기열 수, 주어진 시간에 유휴 상태가 될 수 있는 인스턴스 수를 결정할 것이다. 이들은 모두 기본 설정을 가지고 있지만, app.yaml에서 변경할 수 있다. 가장 간단한 설정인 유휴 상태 인스턴스를 살펴보겠다.

유휴 상태 인스턴스

App Engine Standard 인스턴스는 전체 가상 시스템이 아닌 CPU 및 메모리의 덩어리다(각 인스턴스의 비용은 나중에 책정된다). 이러한 조치로 인해 App Engine Standard는 해제되기 전에 유휴 상태로 대기할 수 있는 인스턴스의 최소 및 최대 개수를 결정할 수 있는 방법을 제공한다.

어떤 면에서 이 설정은 사용하지 않는 버퍼 인스턴스를 얼마나 많이 유지할지 선택하는 것과 같다. 예를 들어, 세 개의 인스턴스를 사용하기에 충분한 사용량이 있는 서비스를 배포한 다음(그림 11.11), 하나의 인스턴스만 사용 중이라고 가정해 보자. 최소 유휴 인스턴스를 2(최대 3)로 설정하면 더 많은 요청을 기다리지 않고 하나의 사용 인스턴스와 아무것도 하지 않는 2개의 유휴 인스턴스가 된다(그림 11.12).

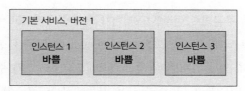

그림 11.11   3개의 모든 인스턴스를 바쁘게 유지하는 서비스

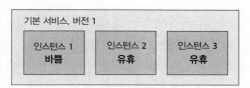

그림 11.12   두 개의 유휴 인스턴스가 있는 동일한 서비스

반면, 최소 유휴 인스턴스와 최대 유휴 인스턴스를 둘 다 1로 설정하면 App Engine은 요청 대기 중인 하나가 유휴 상태로 될 때까지 인스턴스를 종료한다. 이 경우에는 바쁜 인스턴스 하나와 유휴 인스턴스 하나(그림 11.13)가 있음을 의미한다.

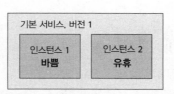

그림 11.13   하나의 유휴 인스턴스가 유지되고 다른 인스턴스가 종료된 서비스

이 예제 시나리오에서는 app.yaml 파일을 automatic_scaling이라는 카테고리로 업데이트하고, min_idle_instances 및 max_idle_instances 설정을 채운다. 다음은 그림 11.11에 대해 설명한 첫 번째 구성이 실제에서 어떻게 보이는지 설명해 준다.

리스트 11.12   유휴 인스턴스를 기반으로 확장된 app.yaml 업데이트

```
runtime: python27
api_version: 1
service: default
automatic_scaling:
```

```
min_idle_instances: 2
max_idle_instances: 3
```

대기 지연

App Engine에 요청하면 구글의 프런트엔드 서버가 요청을 처리하고 궁극적으로 서비스를 실행하는 특정 인스턴스로 라우팅한다. 그러나 App Engine은 일부 요청이 아직 처리되지 않을 경우에 대비하여 요청 대기열을 유지한다. 인스턴스에 도착하자마자 주어진 요청에 즉시 응답할 수 있는 인스턴스가 없으면 인스턴스가 사용 가능해질 때까지 조금 기다릴 수 있다. 그림 11.14는 App Engine 서비스를 통한 요청의 흐름을 어떻게 생각하는지 보여주는 예제다.

흐름은 ❶많은 사람들이 서비스 요청을 하는 것으로 시작된다. App Engine은 표준 작업 대기열 형식의 서비스에서 처리할 요청❷을 즉시 대기열에 추가하고, 궁극적으로 개별 인스턴스가 요청을 처리❸하여 요청에 필요한 작업을 수행한다. 이 흐름에 숨어 있는 요청이 대기열에 얼마나 오래 있는지에 대한 중요한 통계임을 명심하자. App Engine은 더 많은 인스턴스를 켤 수 있기 때문에 요청이 너무 오랫동안 대기열에 있으면 인스턴스를 켜는 것이 좋다. 그렇게 하면 작업 대기열을 보다 빠르게 통과하는 데 도움이 된다. 이를 설정하는 데 도움이 되도록 App Engine을 사용하면 **대기 지연시간**이라고 부르는 대기열에 대기 중인 특정 요청의 최소 또는 최대 시간을 선택할 수 있다.

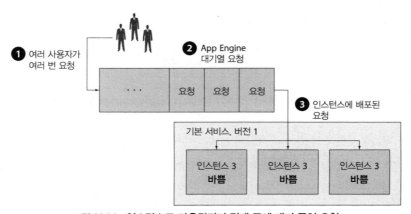

그림 11.14 인스턴스로 라우팅되기 전에 큐에 대기 중인 요청

요청이 대기열에 대기 중인 대기 시간보다 길어지면 더 많은 인스턴스를 켜야 한다. 예를 들어, 이를 10초로 설정하면 App Engine은 이 측정 항목을 주시하여 일반적인 요청이 대기열에

서 10초 이상 소비할 때마다 새 인스턴스를 켠다. 일반적으로 최대 지연 대기 시간이 낮으면 App Engine에서 인스턴스를 더 자주 시작시킨다는 의미다.

대기 중인 최소 대기 시간은 더 많은 인스턴스를 켜도 괜찮을 때 App Engine에 알릴 하한선을 설정하는 방법이다. 최소 보류 대기 시간을 설정하면 요청이 일정 시간 이상 대기하지 않으면 App Engine에서 새 인스턴스를 켜지 않도록 지시한다. 예를 들어, 이 옵션을 5초로 설정하면 새 인스턴스를 켜서 몇 초만 대기하는 요청을 처리하지 않도록 할 수 있다.

이 설정은 용수철이 얼마나 신축성이 있는지 설정하는 것과 어느 정도 비슷하다. 최소값과 최대값이 모두 낮은 값이면 용수철이 매우 신축적이고(App Engine은 요청을 처리하기 위해 신속하게 용량을 확장할 것이다), 값이 높을수록 용수철은 훨씬 더 뻣뻣해진다(App Engine은 대기열에 잠시 대기하는 요청을 허용한다). 예제에서 대기열에 대기 시간이 최소 5초, 최대 10초인 구성은 다음과 같다.

리스트 11.13 대기 지연에 따라 확장이 정의된 app.yaml이 업데이트됨

```
runtime: python27
api_version: 1
service: default
automatic_scaling:
  min_pending_latency: 5s
  max_pending_latency: 10s
```

이 두 설정이 어떻게 상호작용하는지 혼란스러울 수 있으므로 그림 11.15는 다른 단락 지점을 보여준다. 보다시피 App Engine은 대기 중인 최소 대기 시간 표시까지 계속해서 사용 가능한 인스턴스를 찾고, 요청으로 인해 새 인스턴스를 만들지 않는다. 최소 대기 지연시간이 지났을 때 App Engine은 사용 가능한 인스턴스를 계속 찾고 있지만, 새 인스턴스를 만들 수 있다. 요청이 최대 지연시간까지 대기열에 계속 남아 있으면 App Engine(다른 매개변수에서 허용하는 경우)이 요청을 처리할 새 인스턴스를 만든다.

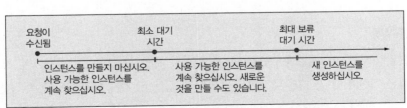

그림 11.15 최소 및 최대 보류 대기 시간에 따라 가능한 작업의 시간 표시줄

대기열에서 최대 시간보다 많은 시간을 소비하면 App Engine이 더 많은 인스턴스를 켜고, 더 많은 확장을 유발하는 일종의 악셀 페달 역할을 한다. 반면, 최소 대기 시간은 App Engine이 필요하기 전에 인스턴스를 켤 수 없도록 하는 스케일링과 비슷하다.

자동 스케일링의 일부로 제어할 수 있는 최종 메트릭으로 넘어가 보자. 주어진 인스턴스의 동시성 수준과 관련 있다.

동시 요청

인스턴스는 한 번에 둘 이상의 요청을 처리할 수 있기 때문에 한꺼번에 발생하는 요청 수(동시성 수준)는 오토 스케일링 시 사용할 다른 측정 항목이다. App Engine을 사용하면 더 많은 인스턴스를 켜고 끌 수 있는 방법으로 동시성 수준을 설정할 수 있으므로 너무 바쁜 것으로 간주되기 전에 인스턴스가 동시에 처리할 수 있는 요청 수를 설정할 수 있다. 분명히 여기의 값이 높을수록 하나의 인스턴스에 더 많은 요청을 보내려고 한다. 과부하가 걸릴 수 있지만, 이 값이 너무 낮으면 인스턴스를 충분히 활용하지 못한다.

기본적으로 App Engine은 인스턴스에 대해 동시에 8개의 요청을 처리하는 것을 목표로 하며, 이 인스턴스를 최대 80개까지 더 세게 돌릴 수 있지만, 이 숫자를 조정하기 위해 인스턴스를 테스트하고 모니터링해야 있다. 다른 설정과 마찬가지로 다음과 같이 app.yaml 파일 내의 설정으로 동시 요청 매개변수를 변경한다.

리스트 11.14 **동시 요청을 기반으로 확장된 app.yaml 파일 업데이트**

```
runtime: python27
api_version: 1
service: default
automatic_scaling:
  max_concurrent_requests: 10
```

가장 일반적인 스케일링 옵션을 다루었다. 그러면 다른 간단한 스케일링 구성을 빠르게 살펴본다.

기본 스케일링

기본 스케일링(basic scaling)은 App Engine Standard가 제공하는 또 다른 옵션이며, 자동 축소의 슬림화된 버전과 같다. 기본 확장에는 제어할 수 있는 두 가지 옵션만 있다. 인스턴스의 최대 수와 유휴 인스턴스를 끄기 전에 유지하는 데 걸리는 시간이다. 추측할 수 있듯이 최대 인스턴스는 주어진 시간에 실행되는 인스턴스의 수에 대한 제한으로 월말에 큰 청구서를 받고 놀랄 것이 걱정된다면 도움이 될 것이다.

다음 설정은 서비스에 대한 요청을 처리하는 인스턴스의 종료 정책과 관련이 있다. 이전에 배웠던 것처럼 애플리케이션 트래픽이 급격히 증가함에 따라 App Engine이 트래픽 급증을 처리하기 위해 만든 인스턴스가 소강 상태에서 유휴 상태로 바뀔 수 있다. 기본 확장을 사용하면 App Engine이 인스턴스를 해제하기 전에 인스턴스가 유휴 상태로 있어야 하는 기간을 지정할 수 있다. 기본적으로 인스턴스는 5분 이상 유휴 상태로 유지되지만, 필요에 따라 인스턴스를 길게 또는 짧게 만들 수 있다. 예를 들어, 최대 10개의 인스턴스로 기본 확장을 설정하고, 최대 유휴 시간을 3분으로 설정하려면 app.yaml 파일을 다음과 같이 업데이트할 수 있다.

리스트 11.15 **기본 스케일링 설정으로 업데이트된 app.yaml 파일**

```
runtime: python27
api_version: 1
service: default
basic_scaling:
  max_instances: 10
  idle_timeout: 3m
```

보다시피, 기본적인 스케일링은 기본적인 것을 의미한다. 이러한 스케일링은 거의 옵션을 제공하지 않으며, 그 중 어느 것도 특별히 복잡하지 않기 때문이다. 더 단순한 형태의 스케일링, 즉 매뉴얼을 살펴보겠다.

수동 스케일링

수동 스케일링(Manual Scaling)은 스케일링을 거의 하지 않는 것과 비슷하기 때문에 다소 잘못된 이름이라고도 할 수 있다. 이 구성에서는 지정된 시간에 실행하려는 인스턴스의 개수를 App Engine에 정확히 알려준다. 이렇게 하면 모든 요청이 이 컴퓨터 풀로 라우팅되므로 요청이 시간이 초과를 발생하여 문제가 될 수 있다. 결과적으로 이러한 유형의 확장은 엄격한 예산을 가진 고객이 항상 애플리케이션을 사용할 수 있는지에 크게 신경 쓰지 않는 상황에 적합하다.

수동 스케일링을 원한다면 원하는 인스턴스 수를 선택하고, app.yaml 파일을 업데이트 하자. 다음 예시는 서비스에 대해 항상 정확히 10개의 인스턴스를 실행하려는 경우를 보여준다.

리스트 11.16 **수동 스케일링을 보여주는 업데이트된 app.yaml 파일**

```
runtime: python27
api_version: 1
service: default
manual_scaling:
  instances: 10
```

여기에는 App Engine Standard 서비스를 확장하는 방법이 포함된다. 이제 App Engine Flexible Environment를 사용할 때 확장이 어떻게 작동하는지 살펴보겠다.

11.3.2 App Engine Flex의 스케일링

App Engine Flex는 도커 컨테이너 및 Compute Engine VM을 기반으로 하기 때문에 인스턴스 그룹 및 인스턴스 템플릿을 사용하여 Compute Engine 인스턴스를 자동 확장하는 방식과 비슷한 스케일링 구성이 필요하다. App Engine Standard와 마찬가지로 Flex에는 자동 및 수동의 두 가지 확장 옵션이 있다. 유일한 차이점은 Flex에는 "기본" 확장 옵션이 없다는 점이다. 보다 일반적인 스케일링 방법인 자동 스케일링을 살펴보겠다.

자동 스케일링

App Engine Flex는 Compute Engine 인스턴스의 자동 크기 조정을 보았을 때 이전처럼 서비스를 위아래로 조정할 수 있다. 또한, App Engine Flex 서비스에 대해 구성할 수 있는 매개변수는 Compute Engine의 인스턴스 그룹을 처리하는 방법과 유사하다. 모든 옵션이 매우 직관적이므로 신속하게 실행하고 함께 작동하는 방법을 보여준다.

첫째, 주어진 시간에 실행할 수 있는 VM 인스턴스의 수를 제어할 수 있다. 학습한 것처럼 적어도 하나의 인스턴스가 항상 실행 중이어야 하지만, 트래픽이 튀는 현상(기본적으로 발생할 수 있는 현상)이 발생할 경우 대기 시간을 줄이기 위해 최소 두 인스턴스를 유지하는 것이 좋다. 또한, 애플리케이션 통제 불능 상태를 피하기 위해 최대 인스턴스 수를 설정할 수 있다. 기본적으로 Flex 서비스는 20개의 인스턴스로 제한되지만, 제한을 늘리거나 줄일 수 있다.

다음으로 CPU 사용률을 보고 대상과 비교하여 App Engine이 추가 인스턴스가 필요한지 결정하는 방법을 제어할 수 있다. CPU 사용량이 목표 수준보다 크면 더 많은 인스턴스를 가지게 되고, 낮으면 App Engine에서 일부 인스턴스를 끈다. 기본적으로 App Engine Flex 서비스는 실행 중인 모든 인스턴스에서 50%의 사용률(0.5)을 목표로 한다.

목표 수준을 정하는 것은 좋지만, 인스턴스를 켜고 끄는 것은 즉각적인 조치가 아니며, 이로 인해 문제가 발생할 수 있다. 새 인스턴스를 켜는 데 몇 초가 걸릴 수 있으므로 사용률이 낮은 인스턴스를 즉시 끄는 것은 의미가 없다. 다행히도 App Engine Flex는 전반적인 사용률이 목표 시간(쿨 다운 기간) 이하가 되면 인스턴스를 얼마나 적극적으로 종료할지 제어할 수 있는 방법을 제공한다. 이 설정은 인스턴스를 종료하기 전에 사용률이 떨어지면 보류할 기간을 제어한다(기본적으로 2분). 예상대로 높은 값은 대개 초과 용량을 의미하지만, 값이 낮을수록 요청 대기열이 늘어나고, 사용 가능한 용량을 기다리는 기간이 발생할 수 있다.

App Engine Flex의 모든 자동 스케일링 설정을 완료했다. 이제 다음과 같이 CPU 사용률 목표를 70%로 하고, 5분의 쿨다운 시간을 사용하여 3~8개의 인스턴스가 있는 샘플 구성을 살펴본다.

리스트 11.17 Flex의 자동 스케일링 구성을 보여주는 업데이트된 app.yaml

```
runtime: nodejs
env: flex
service: default
automatic_scaling:
min_num_instances: 3
max_num_instances: 8
cool_down_period_sec: 300 # 5 minutes * 60 = 300
cpu_utilization:
  target_utilization: 0.7
```

수동 스케일링

App Engine Standard의 수동 스케일링 옵션과 마찬가지로 App Engine Flex에는 서비스에 대해 실행할 VM 인스턴스의 수를 정확하게 결정하는 옵션이 있다. 구문은 다음에 표시된 4개의 VM 인스턴스의 예와 같다.

리스트 11.18 수동 스케일링을 보여주는 업데이트된 app.yaml 파일

```
runtime: nodejs
env: flex
service: default
manual_scaling:
  instances: 4
```

모든 스케일링 옵션을 다루었다. 이제 정확히 스케일링하는 것이 무엇인지 살펴볼 시간이다.

11.3.3 인스턴스 구성 선택

지금까지 인스턴스의 수와 인스턴스의 크기를 조정하는 방법에 대해 이야기했다. 인스턴스를 CPU와 메모리(샌드 박스 또는 가상 시스템)로 생각하라고 했지만, 인스턴스 자체의 세부 사항은 보지 못했다. App Engine Standard부터 시작하여 애플리케이션의 인스턴스 구성을 선택하고, 애플리케이션에 적합한 인스턴스 구성을 선택하는 방법을 알아본다.

APP ENGINE STANDARD 인스턴스 클래스

App Engine Standard는 특수 샌드 박스 환경에서 코드를 실행하기 때문에 해당 환경의 컴퓨팅 성능을 구성하는 방법이 필요하다. 이렇게 하려면 app.yaml 파일에서 instance_class라는 설정을 사용한다. App Engine 설명서에서 인스턴스 클래스 옵션의 전체 목록을 볼 수 있지만, 몇 가지 일반적인 옵션이 표 11.1에 있다.

표 11.1 다양한 App Engine 인스턴스 클래스에 대한 리소스

명칭	메모리	CPU
F1	128MB	600MHz
F2	256MB	1.2GHz
F4	512MB	2.4GHz
F4_1G	1,024MB	2.4GHz

기본적으로 자동 스케일링되는 서비스는 F1 인스턴스를 사용한다. 인스턴스 클래스를 기본 F1에서 F2 유형으로 늘리려면 다음과 같이 구성을 업데이트하면 된다.

리스트 11.19 다른 인스턴스 클래스를 구성하는 업데이트된 app.yaml 파일

```
runtime: python27
api_version: 1
service: default
instance_class: F2   ◀━━━┤ 인스턴스 클래스를 원하는 F2 유형으로 변경한다.
```

일반적으로 인스턴스 클래스를 선택하는 가장 좋은 방법은 실습하는 것이다(최소/최대 보류 대기 시간과 같은 스케일링 매개변수를 선택하는 방법과 유사). 인스턴스 클래스를 변경한 후에는 벤치마킹 도구를 이용해서 성능 특성을 보고, 가장 적합한 것을 확인하도록 하자.

인스턴스 클래스를 변경할 때 동시 요청 스케일링 매개변수를 조정하는 것을 잊지 말자. 일반적으로 큰 클래스는 더 많은 동시 요청을 처리할 수 있으며, 작은 클래스의 경우에는 그 반대다. 이것은 리스트 11.19에서 F2 인스턴스를 사용하도록 변경한 경우 다음과 같이 서비스에 대한 동시 요청의 제한을 두 배로 늘릴 수도 있음을 의미한다.

리스트 11.20 인스턴스 클래스와 동시 요청 제한을 함께 조정하기

```
runtime: python27
api_version: 1
service: default
```

```
instance_class: F2  ◁─┤ 이전처럼 인스턴스 클래스를 원하는 F2 유형으로 변경한다.
automatic_scaling:
  max_concurrent_requests: 16  ◁─┤ 인스턴스당 동시 요청의 기본 제한을 8에서 16으로 두 배 늘린다.
```

인스턴스 클래스를 선택하는 또 다른 일반적인 규칙은 많은 리소스를 사용하는 것이므로(I/O
가 많은 전형적인 패턴 때문에) 요청의 전체 대기 시간을 감소시키지 않는다는 것이다. 대신, 단일
인스턴스가 동시에 더 많은 요청을 처리할 수 있다. 단일 요청을 더 빨리 수행하기를 바라더라
도 인스턴스 클래스가 이를 해결할 수 있다고 보장할 수 없다.

APP ENGINE FLEX 인스턴스

App Engine Flex를 사용하면 인스턴스를 어떻게 정의할 수 있을까? App Engine Flex는 도커
컨테이너 및 Compute Engine 인스턴스를 기반으로 하기 때문에 가상 하드웨어를 선택할 때
상당히 자유롭다. Compute Engine에는 프로젝트에 맞게 사용자 정의할 수 있는 특정 인스턴
스 유형이 있지만, App Engine Flex는 필요한 리소스를 선언하고, App Engine 자체가 해당 요
구사항에 맞는 머신을 프로비저닝할 수 있도록 한다.

"이런 머신 타입을 원한다"고 얘기하는 대신, "적어도 2개의 CPU와 4GB 이상의 RAM이 필
요하다." App Engine은 이를 받아 들여 **최소한** 리소스가 있는 서비스를 위한 VM을 제공한
다(두 개 이상의 CPU, 4GB RAM). 위에서 설명한 방법으로 서비스를 구성하려면 다음과 같이
resource 헤딩을 사용하여 app.yaml 파일을 표현하도록 app.yaml 파일을 업데이트하자.

리스트 11.21 **Compute Engine 인스턴스 메모리 및 CPU를 업데이트하는 app.yaml 파일 업데이트**

```
runtime: nodejs
env: flex
service: default
resources:
  cpu: 2
  memory_gb: 4.0  ─┤ 원하는 구성을 설정한다.
```

기본적으로(여기 있는 항목을 그대로 두면) 0.6GB RAM의 싱글 코어 VM이다. 이 VM은 상대
적으로 간단한 웹 애플리케이션에 충분하다. 서비스가 많은 메모리 집약적인 작업이나 더 많
은 코어를 통해 쉽게 병렬화되고 분할될 수 있는 계산 작업을 처리하는 경우에는 메모리 또는
CPU를 추가하는 것이 좋다.

Compute Engine과 마찬가지로 메모리와 CPU는 서로 관련과 제한이 있으므로 서로 너무 멀
리 떨어져 있지 않다. 이 경우 GB 단위의 RAM은 CPU 수의 90%에서 650%까지 가능하지

만, App Engine은 인스턴스의 오버헤드에 대해 일부 메모리(약 0.4GB)를 사용한다. 이전에 요청한 두 개의 CPU의 경우 VM은 1.8GB에서 13GB까지의 RAM으로 제한되므로 이 구성에서는 1.4GB(1.8 - 0.4)에서 12.6GB(13 - 0.4) 사이에서만 액세스할 수 있다. CPU 및 메모리 대상을 설정하는 것 외에도 부팅 디스크의 크기를 선택하고, 다른 임시 파일 시스템 디스크를 연결할 수 있다. 도커 이미지가 기본 크기인 10GB보다 큰 경우 이미지에 맞게 이 크기를 늘려야 한다.

> **WARNING** App Engine Flex 인스턴스에는 부트 디스크가 있지만, 이 디스크는 **임시성**으로 간주해야 한다. 인스턴스가 꺼지면 언제든지 사라지기 때문이다.

다른 디스크 크기는 성능 특성이 다르므로 도커 이미지에 빠르게 로드할 많은 로컬 데이터가 있는 경우 부팅 디스크의 크기를 늘리는 것이 좋다. 다음은 부팅 디스크의 크기를 기본값인 10GB에서 20GB로 늘리는 방법이다.

리스트 11.22 **인스턴스 부팅 디스크의 크기를 늘리기 위해 app.yaml 업데이트하기**

```
runtime: nodejs
env: flex
service: default
resources:
  disk_size_gb: 20    ◀── 부팅 디스크 크기가 20GB로 두 배 늘어나게 되어
                          더 많은 데이터를 저장하고 더 높은 성능을 제공한다.
```

지금까지 App Engine에서 제공하는 컴퓨팅 환경(표준 및 유연한 환경 모두)과 App Engine에 애플리케이션을 작성할 때 염두에 두어야 할 모든 인프라 고려 사항에 대해 심층적으로 살펴보았다. 하지만 App Engine에서 호스팅되는 모든 서비스를 사용하기 위해 서비스를 작성하는 방법에 대해서는 자세히 살펴보지 않았다. App Engine의 관리 서비스 몇 가지를 살펴보고, 애플리케이션을 빌드하는 데 사용하는 방법을 살펴본다.

11.4 App Engine Standard의 관리 서비스 사용

데이터를 저장하는 애플리케이션을 만드는 경우 애플리케이션 자체를 작성한 다음, 영구 데이터를 보유할 수 있는 데이터베이스 서버가 실행 중인지 확인해야 한다. App Engine은 애플리케이션을 더 쉽게 만드는 데 도움이 되는 필요한 서비스(예: 데이터 저장)를 제공하기 때문에 주변 인프라에 대해 걱정할 필요가 없다.

App Engine은 많은 서비스와 이를 사용하는 다양한 방법을 제공한다. 각 서비스의 세부 정보를 파고드는 데 관심이 있다면 이 장을 보완하기 위해 구글 App Engine 책에서 확인할 수 있다. 지금은 몇 가지 중요한 서비스에 초점을 맞추어 사용 방법을 간략하게 설명한다. App Engine Flex는 단지 Compute Engine VM일 뿐이므로 App Engine Standard에 대해서만 살펴보겠다. 애플리케이션이 수행해야 하는 가장 일반적인 작업인 데이터 저장을 살펴보겠다.

11.4.1 Cloud Datastore로 데이터 저장

이 책의 2부에서 배운 것처럼 다양한 방법을 사용하여 데이터를 저장하는 방법을 알아볼 수 있다. 구글 클라우드 플랫폼에는 많은 도움이 되는 서비스가 있다. 더 나아가 App Engine 내부에서 이러한 서비스에 액세스할 수 있다. 각 스토리지 시스템이 어떻게 작동하는지(각 항목이 전체 장을 채우므로) 다루지 않고, App Engine 애플리케이션 내부에서 서비스에 연결하는 방법에 초점을 맞추겠다.

5장에서 본 것처럼 Cloud Datastore는 문서를 저장하고 쿼리할 수 있는 방법을 제공하는 비관계형 스토리지 시스템이다. 더 편리하기 위해 API를 런타임에 내장하여 App Engine에 미리 장착한다. 파이썬의 경우 App Engine Standard는 ORM(객체 관계 연결) 도구 역할을 하는 ndb라는 데이터스토어 API 패키지를 제공한다. ndb가 할 수 있는 작업에 대해서 조금도 알 수는 없겠지만, 리스트 11.23에서 TodoList 모델을 정의하고, 데이터스토어의 엔티티와 상호작용할 수 있는 방법이 표시된다. 먼저, 엔티티의 유형인 model을 정의하고, 새 작업 관리 목록을 만들고, 사용 가능한 목록을 쿼리한 다음, 생성된 목록을 삭제한다.

리스트 11.23 **ndb 라이브러리의 Datastore와의 상호작용 예**

```
from google.appengine.ext impor tndb ◁─┤ 사용할 ndb 라이브러리를 가져온다(Node.js에 필요한 것과 유사함).

class TodoList(ndb.Model): ◁─────────────── 모델 자체를 정의한다. 이는 일반적인 관계형 데이터베이스에
  name = ndb.StringProperty() ◁─────────────  테이블을 설정하는 것과 약간 비슷하다(도면 요소 유형 이름 및
  completed = ndb.BooleanProperty()           도면 요소에 설정하려는 필드 정의).

                                            ndb를 통해 여러 속성 유형을 설정할 수 있다.
# Create a new TodoList
my_list = TodoList(name='Groceries', completed=False)   모델의 인스턴스를 생성하고,
key = my_list.put()                                      put() 메서드를 사용하여
                                                         데이터스토어에 보존하여
                                                         새 엔티티를 생성한다.
# Find TodoLists by name
lists = TodoList.query(name='Groceries') ◁─┤ 데이터스토어에 일치하는 엔티티에 대해 쿼리한다.


# Delete the TodoList by ID
my_list.delete() ◁─────────────────────────┤ query() 메서드에 대한 .delete()를 호출하여 엔티티를 삭제한다.
```

리스트 중에서 몇 가지 언급할 흥미로운 것이 있다. 첫 번째로, 인증에 대해서 전혀 언급하지 않았다. 사용자 코드가 관리되는 샌드 박스 환경 내에서 실행 중이므로 인증은 자동으로 수행되므로 언급하고 수행할 필요가 없었다. 따라서 API 요청을 보낼 URL을 설정하거나, 상호작용하는 프로젝트를 지정하거나, 액세스하기 위해 개인키를 제공할 필요가 없다. App Engine 내에서 실행되므로 Cloud Datastore 인스턴스에 대한 안전하고 간편한 액세스가 보장된다. 또한, 애플리케이션에서 ndb 패키지를 사용하기 위해 특별한 종속성을 정의할 필요가 없다. 코드가 실행되는 샌드 박스 환경은 ndb에 액세스하는 데 필요한 코드를 자동으로 제공한다.

App Engine 표준 내부에서 Cloud Datastore를 사용하고 싶다면 작업하려는 언어로 제공되는 다양한 라이브러리에 대해 자세히 읽어 보아야 한다. App Engine에는 자바, 파이썬 및 Go용 라이브러리가 있으며, 각 라이브러리에는 데이터스토어의 데이터와 상호작용할 수 있는 다른 API가 있다. 이제 Memcached를 사용하여 데이터를 임시로 캐시할 수 있는 방법을 살펴본다.

11.4.2 임시 데이터 캐싱

애플리케이션은 일반적으로 데이터를 영구적으로 저장하는 것 외에도 데이터를 임시로 저장하기도 한다. 예를 들어, 쿼리는 특히 복잡해서 데이터베이스에 상당한 부담을 주거나 계산을 수행하는 데 시간이 걸릴 수 있으며, 다시 계산을 수행하는 대신 보관하려고 할 수 있다. 이러한 유형의 문제에 대해서는 일반적으로 캐시가 좋은 해결책이며, App Engine Standard는 추가 설정 없이 사용할 수 있는 호스팅된 Memcached 서비스를 제공한다.

> **NOTE** Memcached에 익숙하지 않을 수도 있다. 이 서비스는 항상 고유한 키를 사용하여 일시적으로 데이터를 저장할 수 있는 매우 간단한 방법을 제공한다. 그것을 value = get(key), set(key, value)를 호출, 조작하여 공유하는 Node.js JSON 개체 저장소처럼 생각해 보자.

App Engine의 Memcached 서비스는 진정한 Memcached 서비스처럼 동작하므로 Memcached를 사용해 본 적이 있다면 이 서비스와 통신하기 위해 사용하는 API는 친숙하게 느껴질 것이다. 다음은 App Engine의 Memcached 서비스에서 키를 쓰고, 읽고, 삭제하는 몇 가지 코드다.

리스트 11.24 **App Engine Standard의 Memcached 서비스와의 상호작용 예제**

```
from google.appengine.api import memcache  ◁── App Engine memcached 라이브러리

memcache.set('my-key', 'my-value')  ◁── set(key, value) 메서드를 사용하여 키를 설정한다.
memcache.get('my-key')  ◁── get(key)를 사용하여 키를 검색한다.
memcache.delete('my-key')  ◁── delete(key)를 사용하여 키를 제거한다.
```

App Engine의 Memcached 서비스에 연결하는 API는 VM에서 실행되는 일반적인 Memcached 인스턴스와 동일하지만, 동일한 방식으로 실행되는 실제 Memcached 바이너리 파일은 아니다. 대신, 그것은 Memcached와 같은 역할을 하는 대규모 공유 서비스다. 결과적으로, 몇 가지를 기억할 필요가 있다.

먼저, Memcached 인스턴스는 초당 약 10,000개의 작업으로 제한할 것이다. 애플리케이션이 많은 트래픽을 받는 경우 Compute Engine 내에서 VM의 Memcached 클러스터를 사용해야 할 수도 있다. 또한, Memcached의 특정 키는 다른 키보다 더 많은 트래픽을 수신하는 것을 발견할 수 있다. 예를 들어, 단일 키를 사용하여 사이트 방문자 수를 셀 경우 App Engine에서 해당 작업을 배포하기가 어려우므로 성능이 저하된다.

> **TIP** 키 액세스 배포에 대한 자세한 내용은 7장을 참고하자.

다음으로, 다양한 제약사항이 있다. 데이터를 저장하는 데 사용할 수 있는 가장 큰 키는 250 바이트이고, 저장할 수 있는 가장 큰 값은 1MB다. 이 값 이상을 저장하려고 하면 서비스가 요청을 거부한다. 또한, Memcached는 일괄 처리 또는 대량 작업을 지원하므로 한 번에 여러 키를 설정할 수 있으므로 이러한 요청 중 하나에 전송할 수 있는 최대 데이터(값 크기와 결합된 키의 크기)는 32MB다.

마지막으로, 메모리 지정 서비스의 공유 특성(기본적으로)과 키의 수명이 어떻게 영향을 미치는 지를 고려해야 한다. 메모리 지정 서비스는 모든 사용자가 공유하므로(데이터에 액세스할 수 있도록 격려되어 있지만) App Engine은 키와 값을 가능한 한 오래 유지하려고 하지만, 키가 얼마나 오래 존재하는지 보장하지는 않는다.

키를 쓰고 몇 분 후에 다시 조회할 수 있다. 다만, 키가 제거되었다는 것을 발견할 수 있다. 기존 캐싱 시스템의 선례를 따라, Memcached는 최근 최소 사용(LRU) 기준으로 키를 제거하므로 자주 액세스하는 키보다 자주 액세스하지 않는 키가 훨씬 더 많이 제거될 수 있다. 이제 캐싱에서 대기열에 진입하고, 좀 더 복잡한 호스팅 서비스 스타일로 전환해 보겠다. 여기서 나중에 App Engine Task Queues를 사용하여 작업을 연기할 수 있다.

11.4.3 작업 연기

많은 애플리케이션에서 코드를 바로 수행할 필요가 없지만, 지연될 수 있는 작업이 있음을 알수 있다. 이 작업은 이메일을 보내거나 어려운 결과를 다시 계산할 수 있지만, 일반적으로 시간이 걸리고 백그라운드에서 수행될 수 있다. 이를 처리하기 위해 나중에 수행할 작업(예: 데이터베이스에 작업 저장 및 작업 프로세스에서 처리)을 처리하거나 타사 시스템을 사용하는 자체 시스템을 구축할 수 있다. 하지만 App Engine에는 작업 대기열이라고 하는 작업을 나중에 쉽게미뤄둘 수 있는 시스템이 내장되어 있다.

이 시스템의 작동 방식을 보기 위해 사용자의 이메일 주소를 저장하는 프로필 페이지가 있는웹 애플리케이션이 있다고 상상해 보자. 이메일 주소를 변경하려는 경우 새 주소로 확인 이메일을 보내서 이메일을 확인하는 절차가 필요하다. 이 경우 전자 메일을 보내는 데 시간이 오래걸릴 수 있으므로 전자 메일이 전송되기를 기다리는 것을 원하지 않는다. 대신 작업을 완료하도록 예약하고, "예약됨"으로 확인되면 곧 이메일을 받아야 한다고 사용자에게 알리는 응답을보낼 수 있다.

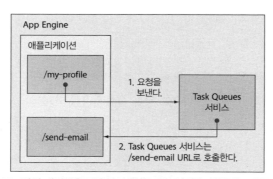

그림 11.16 작업 대기열을 사용하여 향후 작업 일정을 계획하는 애플리케이션

그림 11.16에서 보듯이 /my-profile URL의 전자 메일을 업데이트하는 코드는 "일부 매개변수로 /send-email URL을 호출해야 한다"라는 작업 대기열 서비스에 요청한다. 앞으로 Task Queues 서비스는 예정대로 해당 URL에 요청을 보내고, 코드는 바톤을 받아 전자 메일 전송작업을 수행한다. 파이썬 코드에서는 다음과 같다.

리스트 11.25 Task Queues를 사용하여 나중에 작업 일정을 잡는 예제 애플리케이션

```
import webapp2
from google.appengine.api import taskqueue  ◀─── 파이썬용 태스크 대기열 라이브러리를 가져온다.
```

```python
class MyProfileHandler(webapp2.RequestHandler):
  def get(self):
    self.response.write('This is your profile.')  ◀─── 사용자가 이메일을 변경할 수 있는
                                                        전체 HTML 페이지를 렌더링한다.
                                                   누군가가 /my-profile URL에 POST 요청을 하면 이전
  def post(self):◀───────────────────────────────  메소드는 이를 처리하지 않는다.
    task = taskqueue.add(  ◀────────── taskqueue.add() 메소드를 사용하여 향후 실행을 예약할 수 있다.
             url='/send-email',        이 경우 일부 요청 매개변수를 사용하여 /send-email에 POST 요청을 한다.
             params={'email': self.request.get('email')})

class SendEmailHandler(webapp2.RequestHandler):
  def post(self):
    some_email_library.send_email(                 작업 대기열 서비스는 예정대로 요청을 처리하므로
        email=self.request.get('email'))  ◀───── 그 시점에서 일어나는 일을 정의하는 것은 사용자의 할 일이다.
                                                   이 경우 원하는 수신자에게 전자 메일을 보낸다.
app = webapp2.WSGIApplication([
  ('/my-profile', MyProfileHandler),  ◀───┐ 들어오는 요청이 올바른 핸들러로 라우트되는지 확인한다.
  ('/send-email', SendEmailHandler),
])
```

Task Queues 서비스는 믿을 수 없을 정도로 강력하며, 한 장에서 다루는 것보다 훨씬 많은 기능을 가지고 있다. 예를 들어, 다른 서비스에서 처리하도록 요청을 예약하고, 지정된 시간에 처리되는 요청 비율을 제한하며, 애플리케이션에 반드시 정의되지 않은 단일 기능을 지연시킬 수 있는 간단한 코드 구문을 사용할 수 있다.

이러한 모든 것을 App Engine 자체 또는 구글 클라우드 플랫폼 설명서에서 확인할 수 있다. 따라서 이 기능에 특히 관심이 있다면 다른 리소스에서 이 기능을 더 자세히 살펴보기 바란다. 지금부터는 유용한 애플리케이션 엔진의 한 가지 특징, 즉 트래픽 분할에 대해 살펴보겠다.

11.4.4 트래픽 분할

새 버전의 서비스를 배포할 때, 새 버전을 아직 운영 환경으로 하지 않고도 배포를 트리거할 수 있다. 이렇게 하면 여러 버전을 나란히 실행한 다음 버전 간에 즉시 전환을 수행할 수 있다. 즉시 전환하는 것은 좋지만, 새로운 버전을 천천히 테스트하고, 하루 중 한 버전에서 다른 버전으로 트래픽을 전환하려는 경우에는 어떻게 해야 할까? 예를 들어, 그림 11.17의 버전 A에서 버전 B로의 하드 스위치 오버를 볼 수 있다. 여기에서 원래 버전 A로 전송된 트래픽의 100%가 즉시 버전 B로 점프한다.

트래픽 분할로 각각 버전의 트래픽으로 트래픽 비율을 제어할 수 있다. 트래픽의 100%가 버전 A로 보내지고, 50%가 버전 A에 남아 있고, 50%가 버전 B(그림 11.18)로 마이그레이션된 상태로 전환할 수 있다.

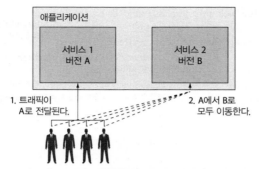

그림 11.17   버전 A에서 버전 B로의 모든 트래픽의 하드 스위치 오버

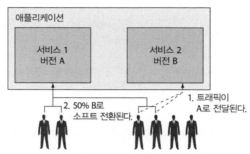

그림 11.18   트래픽의 50%가 B 버전으로 소프트 전환

트래픽 분할을 사용하고자 하는 많은 이유가 있을 수 있다. 예를 들어, 다른 그룹에 다른 버전을 표시하고, 해당 사용자로부터 피드백을 받은 후에 공식 버전을 결정하는 A/B 테스트를 원할 수 있다. 또는, 새로운 버전이 일부 데이터를 새로운 형식으로 다시 쓰는 기술적인 이유일 수 있다. 따라서 업데이트를 사용하여 데이터베이스에 충격을 주지 않기 위해 천천히 사용하는 사람들의 수를 늘리고 싶을 수도 있다. App Engine의 트래픽 분리가 제공하는 기능을 가장 명확하게 보여주기 때문에 여기에서 A/B 테스트에 대해 설명하겠다.

NOTE 일반적인 배포 중에 자동 하드 전환을 피하려면 promote_by_default 플래그를 false로 다시 설정하는 것이 좋다.

이를 입증하기 위해 -version 플래그를 사용하여 두 버전의 서비스(trafficsplit이라 불리는)를 배포하여 version -a 및 version -b로 이름을 지정할 수 있다. "Hello, world!" 애플리케이션을 "Hello from version A!"라고 말하면서 배포하는 것으로 시작하자. 그 다음에는 version-b라고 하는 두 번째 버전을 배포할 수 있다. "Hello from B!" 배포가 끝나면 두 버전에 이름으로 액세스할 수 있어야 한다. version-a가 기본값이다.

```
$ curl http://trafficsplit.your-project-id-here.appspot.com
Hello from version A!

$ curl http://version-a.trafficsplit.your-project-id-here.appspot.com
Hello from version A!

$ curl http://version-b.trafficsplit.your-project-id-here.appspot.com
Hello from version B!
```

이 시점에서 기본값 버전(version-a)과 또 다른 배포된 버전이지만, 아직 기본값은 아닌 버전(version-b)이 있다. 왼쪽 탐색 메뉴에서 Versions를 클릭하고, 서비스 드롭 다운에서 trafficsplit을 선택하면 트래픽의 현재 분할(또는 할당)이 version-a에 100%이고, version-b에 0%(그림 11.19)인 것을 볼 수 있다.

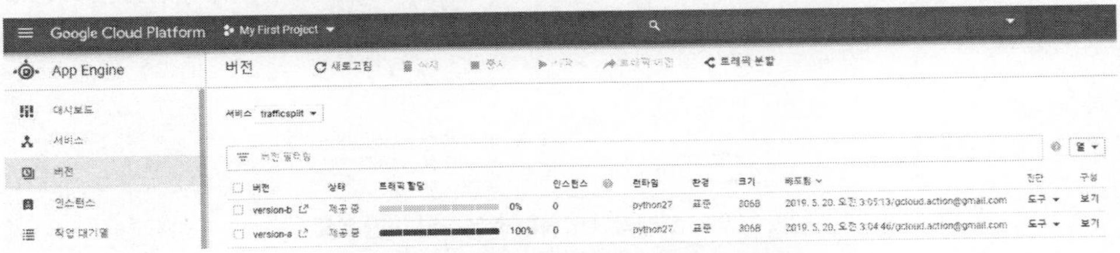

그림 11.19 사용 가능한 버전 및 트래픽 할당

현재 version-a로 가는 트래픽의 50%를 분할하려는 경우 트래픽 분할 아이콘(두 개의 화살표로 가는 도로 표지처럼 보임)을 클릭하여 이 작업을 수행하면 트래픽을 어떻게 분할할지 구성할 수 있는 양식으로 이동한다(그림 11.20).

이 데모에서는 임의의 요청을 어떤 버전으로 보낼지 결정할 때 임의의 전략을 선택한다. 일반적으로 쿠키 전략은 사용자 대면 서비스에 가장 적합하므로 같은 사용자에게는 여러 가지 버전이 표시되지 않는다. 대신 그들은 세션당 하나의 버전을 고수할 것이다. 그런 다음 version-b를 트래픽 할당 목록에 추가하고, 해당 버전으로 트래픽의 50%를 라우팅한다. 완료되면 저장을 클릭한다. 이제 서비스의 동일한 버전 목록을 보면 트래픽의 절반이 version-a로 향하고, 나머지 절반은 version-b로 향하게 된다(그림 11.21).

그림 11.20 버전 간 트래픽을 분할하는 방법을 선택할 수 있는 양식

그림 11.21 트래픽이 균등하게 분산된 버전 목록

이 방법이 효과가 있었는지 확인하려면 서비스의 기본 URL에 대해 몇 가지 요청을 하고, 다양한 버전의 답변 사이에서 어떻게 플립 플롭하는지 확인하도록 하자.

```
$ curl trafficsplit.your-project-id-here.appspot.com
Hello from version A!
$ curl trafficsplit.your-project-id-here.appspot.com
Hello from version B!
$ curl trafficsplit.your-project-id-here.appspot.com
Hello from version B!
$ curl trafficsplit.your-project-id-here.appspot.com
Hello from version A!
```

앞서 언급했듯이, 책 한 권에 담아야 할 정도로 App Engine은 많은 것들을 처리할 수 있으므로 App Engine의 모든 기능을 배우고 싶다면 해당 주제에 초점을 맞춘 책을 찾아보는 것을 권장한다. 따라서 이 장에서는 App Engine에서 애플리케이션을 실행하는 데 소요되는 비용을 알아본다.

11.5 가격 책정의 이해

App Engine에는 각각 고유한 가격 체계가 있는 여러 서비스가 있고, 모든 서비스를 거치지 않고 얼마나 많은 비용이 드는 지를 보기 때문에 이 장에서는 App Engine의 컴퓨팅 측면에서 가격이 어떻게 책정되고 있는지 비용을 살펴보도록 한다.

App Engine Flex는 Compute Engine 인스턴스 상에서 구축되므로 비용은 9.7에서 자세히 설명한 Compute Engine과 동일하다. 반면, App Engine Standard는 다른 인스턴스 유형의 샌드박스를 사용한다. 하지만 여전히 동일한 원칙을 따른다. App Engine Standard 인스턴스는 애플리케이션 기준에 따라 가격이 책정된다. 예를 들어, 아이오와(us-central1)의 F4 인스턴스는 시간당 0.20달러이지만, 시드니(australia-southeast1)에서는 시간당 0.27달러(35% 이상)가 소요된다. 표 11.2는 아이오와의 다양한 인스턴스 유형에 대한 가격을 보여준다.

표 11.2 다양한 App Engine 인스턴스 유형의 비용

인스턴스 유형	시간당 가격
F1	$0.05
F2	$0.10
F4	$0.20
F4_1G	$0.30

컴퓨팅 리소스 비용 외에도 App Engine은 다른 컴퓨팅 환경과 마찬가지로 발신 네트워크 트래픽에 대해 요금을 부과한다. App Engine Flex의 경우 비용은 다시 Compute Engine 네트워크 트래픽 비용과 같다. App Engine Standard의 경우 GB당 고정 요금은 아이오와(us-central1)의 GB당 $0.12에서 도쿄(asia-northeast1)의 GB당 $0.156까지 다르다.

마지막으로 제공되는 다른 API 서비스(예: 작업 대기열 또는 Memcached)는 API 호출에 요금을 부과하지 않지만, API에 저장된 데이터에 대해 요금을 부과할 수 있다. 예를 들어, 작업 대기열의 경우 비용은 저장되는 데이터의 GB당 $0.03이지만, 공유된 Memcached 캐싱은 캐시된 데이터에 대해 요금이 부과되지 않는다. 이 가격에 대해 자세히 알아보려면 https://cloud.google.com/appengine/pricing에서 자세한 내용을 살펴볼 필요가 있다.

지금까지 비용이 얼마나 들었는지 살펴보았다. 이제는 App Engine을 언제 사용해야 하는지, 그리고 사용하는 경우 어느 환경이 가장 적합한지 살펴보도록 하자.

11.6 언제 App Engine을 사용해야 할까?

App Engine의 적합 여부를 확인하려면 먼저 스코어카드를 보고, App Engine의 특성에 대한 전반적인 개요를 살펴보면 된다. 하지만 App Engine의 환경은 완전히 별개의 컴퓨팅 플랫폼과 비슷하기 때문에 다양한 옵션에 대해 별도의 스코어카드를 사용하는 것이 좋다(그림 11.22 및 11.23).

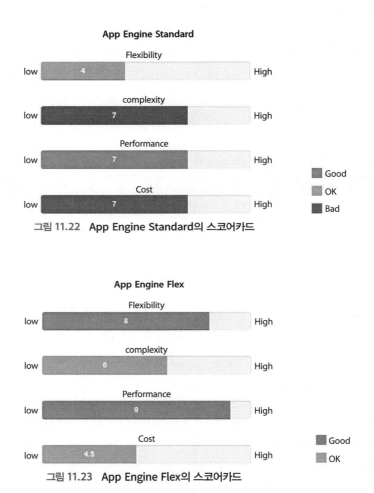

그림 11.22   App Engine Standard의 스코어카드

그림 11.23   App Engine Flex의 스코어카드

11.6.1 유연성

App Engine에 대해 알아야 할 첫 번째 사항은 App Engine Flex가 Compute Engine 또는 쿠버네티스 엔진과 유사한 수준의 유연성(실행 가능한 코드)을 제공하는 반면, App Engine

Standard는 훨씬 제한적이다. 제한 사항은 특정 프로그래밍 언어로 제한되는 코드를 실행하는 샌드 박스 런타임에 대한 App Engine Standard의 의존 때문이다. 즉, 기본 리소스의 제어 및 관리와 관련하여 각 환경의 유연성을 자세히 살펴본 결과 차이가 훨씬 적다.

예를 들어, 두 환경 모두에서 스케일링이 작동하는 방법(수동 또는 자동 스케일링)을 구성하는 여러 가지 방법이 있으며, 두 환경 모두에 대해 특정 인스턴스 구성을 선택할 수 있다. 전반적으로 App Engine 표준은 인스턴스 구성과 관련하여 상대적으로 융통성이 없지만, App Engine Flex는 코드를 실행할 리소스의 거의 모든 세부 사항을 제어할 수 있다.

11.6.2 복잡성

두 환경의 복잡성에 대해서 이 영역의 전체적인 중간 점수에도 불구하고 그 차이는 상당하다. App Engine Standard를 사용하면 특히 런타임 환경과 함께 제공되는 제한 사항과 관련하여 많은 것을 배우게 된다. 예를 들어, 파이썬에서 "Hello, world!" 애플리케이션을 만들 때 webapp2 프레임워크를 사용했다. 이 프레임워크는 App Engine에서 잘 작동한다. 다른 파이썬 웹 프레임워크(Django나 Flask와 같은)를 사용하고 싶다면 모든 것을 올바르게 실행하기 위해 약간의 작업을 해야 한다.

반면, App Engine Flex는 전반적인 복잡성이 Compute Engine과 비슷하지만, 인스턴스 그룹과 같은 확장 세부 사항을 모두 이해할 필요가 없기 때문에 약간 축소되었다. 쿠버네티스의 모든 세부 사항을 배우고 이해할 필요가 없기 때문에 쿠버네티스 엔진보다 약간 덜 복잡하다. 간단히 말해 App Engine Flex는 학습 곡선이 상대적으로 얕은 반면 App Engine Standard는 훨씬 가파르다.

11.6.3 성능

App Engine Flex는 Compute Engine VM에 의존하기 때문에 서비스의 전반적인 성능은 클라우드 컴퓨팅 플랫폼에서 얻을 수 있는 수준만큼 우수해야 한다. App Engine Flex에서는 코드를 실행하는 인스턴스에서 약간의 오버헤드로 인해 CPU 시간이 소모된다. App Engine Standard는 샌드 박스 환경에서 코드를 실행하기 때문에 다른 성능 프로파일을 볼 수 있다. 이러한 부족한 표시는 주로 코드가 안전하게 실행되도록 추가 작업을 수행하는 런타임 자체에 기인하므로 집중적인 컴퓨터 작업을 수행하는 것이 필요한 경우 App Engine Standard에 적합하지 않을 수 있다.

11.6.4 비용

이 장의 5절에서 언급했듯이 App Engine Flex의 가격은 Compute Engine의 가격과 거의 동일하므로 상당히 합리적이다. Compute Engine 인스턴스에 대해 비용을 지불하고 있기 때문에 요금 자체는 동일하지만, App Engine의 기본값은 스케일링을 제어한다. 결과적으로 과다 프로비저닝(overprovision)을 할 수 있으므로 전체 비용이 높아진다. App Engine Standard는 비슷한 가격 모델을 가지고 있지만, 전반적으로 가격은 조금 비싸 보인다.

예를 들어, 아이오와(us-central1)에서 F1 인스턴스의 시간당 비용은 0.05달러였지만, 동일한 지역에서는 n1-standard-1 Compute Engine 인스턴스의 비용이 약간 떨어졌다(시간당 0.0475 달러). 또한, Compute Engine 인스턴스는 3.75GB의 메모리를 사용할 수 있지만, App Engine Standard F1 인스턴스는 128MB밖에 없다. 또한, GCE의 한 vCPU는 2.0 + GHz CPU와 동일하지만, F1 인스턴스는 대략 600MHz CPU와 동일하다(전체 운영체제를 실행하지 않고 샌드 박스에 있지만). 전반적으로 이 비교는 어렵지만, 일반적으로 Compute Engine 인스턴스는 동일한 크기의 App Engine Standard 인스턴스보다 우수한 것으로 판단된다.

반면 App Engine Standard에는 영구 무료 티어와 0으로 확장할 수 있는 기능(애플리케이션을 사용하지 않을 때는 전혀 비용이 들지 않는다)이 있지만, Compute Engine, 쿠버네티스 엔진 및 App Engine Flex에는 이러한 이점이 없다. 이 기능만으로 App Engine Standard는 꾸준한 트래픽이 많이 발생하지 않는 장난감 또는 취미 애플리케이션에서는 확실히 더 좋은 점이 있다.

11.6.5 종합

이제 App Engine의 비교 방법을 살펴보았다. 예제 애플리케이션을 살펴보고, 적절한 선택인지 확인해 보자.

11.6.6 To-Do List

첫 번째로 살펴본 예제 애플리케이션은 To-Do List 서비스다. 여기서는 사람들이 해야 할 일 목록을 만들고, 그 목록에 항목을 추가하고, 작업을 완료할 때 이를 끝낼 수 있다. 이 애플리케이션은 많은 트래픽이 발생하지 않기 때문에(그리고 일반적인 시작용 장난감 프로젝트이기 때문에) 비용 측면에서 App Engine Standard가 큰 도움이 될 수 있다. App Engine Standard가 어떻게 스택업되는지 살펴보겠다(표 11.3).

표 11.3 **To-Do List 애플리케이션 컴퓨팅 요구사항**

측면	요구사항	Standard에 적합한가?	Flex에 적합한가?
유연함	그렇게 많지 않다.	확실히	과잉
복잡성	단순함이 더 좋다.	대부분	대부분
성능	낮음부터 보통까지	확실히	과잉
비용	낮은것이 더 좋다.	완벽	이상적이지 않다.

전반적으로 App Engine Standard는 특히 비용 범주에서 잘 맞다. 축소하여 0으로 만들 수 있기 때문이다. 반면에 App Engine Flex는 비용 측면에서 볼 때 약간 과다한 측면이 있으며, 완벽하게 맞지는 않다.

11.6.7 E*Exchange

온라인 거래 플랫폼을 제공하는 애플리케이션인 E*Exchange는 보다 복잡한 기능을 갖추고 있으며, 다양한 언어로 사용자 지정 코드를 실행할 수 있다. 또한, 컴퓨팅 리소스를 효율적으로 사용하여 컴퓨팅 성능에 대한 초과 지불을 방지해야 한다. 그리고 이 애플리케이션은 To-Do List와 같은 장난감 프로젝트와는 완전히 다른 실제 비즈니스를 나타낸다. 표 11.4는 App Engine Flex 및 Standard 모두에 대해 E*Exchange의 컴퓨팅 요구가 어떻게 달라지는지를 보여준다.

표 11.4 **E*Exchange 컴퓨팅 요구사항**

측면	요구사항	Standard에 적합한가?	Flex에 적합한가?
유연함	꽤 많이	좋지 않다.	확실히
복잡성	배우기에 좋다.	대부분	대부분
성능	보통	별로 좋지 않다.	확실히
비용	사치스럽지 않다.	완벽함	확실히

App Engine Standard의 한계는 무료 티어의 이점과 0으로 조정할 수 있다는 점에서 더 중요하다(이 애플리케이션은 전혀 트래픽이 없을 가능성이 거의 없기 때문이다). App Engine Standard의 비용이 납득됨에도 불구하고, App Engine Flex가 훨씬 더 적합하다. App Engine Flex는 필요한 유연성, 성능 및 비용을 제공하며, 사용 속도를 높이는 학습 곡선에 적합하다. 전반적으로 App Engine Standard는 적합하지 않지만, App Engine Flex는 E*Exchange 애플리케이션을 실행하기에 적합한 선택이라고 할 수 있다.

11.6.8 InstaSnap

소셜미디어 사진 공유 애플리케이션인 InstaSnap은 성능 및 확장성과 같은 일부 요구사항이 상당히 극단적이다. 다른 것들(비용과 같은)은 매우 너그러운데, 컴퓨팅 요구사항에 있어서는 약간 복합적이다. 결과적으로, InstaSnap에 좋은 시스템을 찾는 것은 옵션을 배제하는 방법으로 적합하지 않은 것을 보는 것과 조금 더 비슷하며, 이 경우에는 명백하다.

표 11.5 InstaSnap 컴퓨팅 요구사항

측면	요구사항	Standard에 적합한가?	Flex에 적합한가?
유연함	꽤 많이	전혀	대부분
복잡성	고급 기능을 많이 사용하고자 함	진짜 아닌	대부분
성능	높다.	전혀	확실히
비용	예산이 거의 없다.	확실히	확실히

표 11.5에서 볼 수 있듯이 InstaSnap의 성능과 유연성에 대한 요구는(당장 모든 것을 시험해 보기를 원한다는 이유로) App Engine Standard는 즉시 배제한다. App Engine Flex와 비교하면 다른 이야기라 할 수 있다. App Engine Flex가 도커 컨테이너 및 Compute Engine 인스턴스를 기반으로 하기 때문에 모든 성능 및 유연성 요구사항이 충족되며, 학습 곡선이 App Engine Flex 채택에 있어 걸림돌이 되지 않는다.

> **NOTE** SnapChat은 App Engine Standard에서 시작되었으며, 이 글을 쓰는 중에도 계속 많은 컴퓨팅 인프라를 사용하고 있다. App Engine Flex는 훨씬 더 나은 선택이며, SnapChat이 설립되었을 때 존재했기 때문에 회사가 거기에서 시작하기로 결정했을 것이다(또는 쿠버네티스 엔진).

그러나 최첨단 기능을 사용하려는 욕구는 쿠버네티스 및 쿠버네티스 엔진과 같은 것이 App Engine Flex보다 이 프로젝트에 더 적합하다. 그 이유는 쿠버네티스가 오픈 소스이기 때문에 확장 옵션을 사용자 정의하거나, 플러그인을 채택하거나, 작성하면서 스케일링 플랫폼 자체를 확장하는 것이 쉽지만, App Engine Flex에서는 app.yaml 파일에 나타나 있는 설정으로 제한된다.

요약

- App Engine은 애플리케이션(예: 캐시 서비스 설정)에 필요한 오버헤드를 단순화하는 완전 관리형 클라우드 컴퓨팅 환경이다.

- App Engine에는 제한된 환경인 Standard와 덜 제한적인 컨테이너 기반의 Flex라는 두 가지 환경이 있다.

- App Engine Standard는 특정 언어 런타임을 지원하지만, App Engine Flex는 도커 컨테이너에서 표현할 수 있는 모든 것을 지원한다.

- App Engine의 기본 개념은 많은 서비스를 포함할 수 있는 애플리케이션이다. 각 서비스는 동시에 실행할 수 있는 여러 버전을 포함할 수 있다.

- 실행 중인 각 애플리케이션 버전 아래에는 가상화된 컴퓨팅 리소스가 있다.

- App Engine의 주요 장점은 자동 스케일링 기능으로 대부분의 최신 애플리케이션의 요구사항을 충족하도록 구성할 수 있다.

- App Engine Standard에는 런타임에 직접 제공되는 클라이언트 라이브러리(예: 파이썬용 google.appengine.api.memcache API)를 통해 액세스되는 특정한 관리 서비스 세트가 제공된다.

- App Engine 가격은 기본 컴퓨팅 리소스의 시간별 소비량을 기반으로 한다. App Engine Flex의 경우 가격은 Compute Engine 인스턴스 가격 정책과 동일하다.

12

Cloud Functions:
서버리스 애플리케이션

이 장에서는 다음 내용을 다룬다.

- 마이크로서비스란 무엇인가?
- Google Cloud Functions란 무엇인가?
- 생성, 배포, 업데이트, 트리거링 및 함수 삭제하기
- 함수 의존성 관리
- Google Cloud Functions의 가격 책정 방식

12.1 마이크로서비스란 무엇인가?

"마이크로서비스 아키텍처(microservice architecture)"는 애플리케이션의 조각을 느슨하게 결합하여(마이크로서비스라고 함) 유지하는 애플리케이션을 빌드하고 조립하는 방법이다. 각 마이크로서비스는 독자적으로 작동할 수 있지만, 전통적인 애플리케이션은 서로 얽혀 있는 많은 부분을 가지며, 독립적으로 실행할 수 없다.

예를 들어, 일반적인 애플리케이션을 만들 때 프로젝트를 시작한 다음 컨트롤러를 추가하여 애플리케이션의 다른 부분을 처리할 수 있다. To-Do List 애플리케이션을 빌드할 때, 등록 및

로그인 기능을 추가하고, 할 일 목록 작성과 같은 기능을 추가한 다음, 해당 목록에 항목을 작성하고, 일치하는 모든 목록과 항목을 검색해 보자. 이 큰 애플리케이션은 단일 서버에서 실행되는 단일 코드 기반이 될 것이다. 각 서버는 단일 애플리케이션에 추가된 기능이 다르기 때문에 모든 작업을 수행할 수 있다.

마이크로서비스는 그림 12.1에서와 같이 디자인에 많은 어려움을 겪게 된다. 하나의 독립 실행형 기능을 담당하는 느슨하게 연결된 조각으로 작은 기능 단위로 나눈다. 할 일 목록 예제의 경우 등록을 담당하는 마이크로서비스, 로그인을 위한 기타 항목 검색, 항목 추가, 목록 작성 등을 담당하는 마이크로서비스를 갖게 된다. 어떤 점에서는 이를 SOA(Service-Oriented Architecture)라고 불리는 매우 정교한 아키텍처라고 생각할 수 있다.

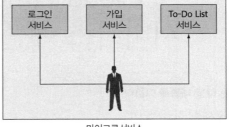

전통적인 서비스   마이크로서비스

그림 12.1   기존 애플리케이션과 비교한 마이크로서비스 아키텍처

왜 이런 유형의 아키텍처를 원하게 될까? 일반적인 "하나로 된(monolithic)" 애플리케이션에 비해 어떤 이점이 있을까?

가장 큰 이점 중 하나는 각 서비스가 다른 서비스와 느슨하게 결합된다는 것이다. 각 마이크로서비스가 자체적으로 실행될 수 있기 때문에 개발(특히 테스트)이 작고 제한적이어서 새로운 팀 구성원이 더욱 빠르게 작업에 참여할 수 있다. 또한, 각 부분을 다른 부분과 분리하면 배포가 훨씬 간단해진다. 또한, 각 부분은 사전에 정해진 기능을 수행하기 때문에(예: 로그인 서비스에서 쿠키를 설정하거나 보안 로그인 토큰을 반환해야 함), 내부적으로 구현되는 부분은 해당 서비스가 그 기능을 수행한다면 중요하지 않다. 하나로 된 애플리케이션(예: 다른 언어로 부분 부분을 다시 작성하기)의 주요 변경 사항은 매우 간단하다. 마이크로서비스를 다시 작성하고, 동일한 계약상의 의무를 준수하는지 확인하자.

이 책에서는 마이크로서비스 아키텍처를 사용하여 얻을 수 있는 이점을 설명하므로 GCP에서 마이크로서비스를 쉽게 설계, 구축, 배포 그리고 실행하는 방법을 살펴본다.

12.2 Google Cloud Functions란 무엇인가?

9장에서 배웠듯이 클라우드 컴퓨팅을 활성화하기 위한 첫 번째 단계는 가상 인프라가 되도록 물리적 인프라를 추상화하는 것이다. 실제 컴퓨터를 설치하고 실행하는 것에 대해 걱정할 필요 없이 이제 몇 초 내에 가상 컴퓨터를 켤 수 있다. 점점 더 추상화되는 이 패턴은 계속되었고, Cloud Functions은 그 개념을 그림 12.2에서 보여지는 것처럼 스펙트럼의 마지막까지 확장한다. 이것은 마이크로서비스 아키텍처에도 잘 맞는다. 애플리케이션의 단일 부분을 담당하는 독립 실행형 조각을 많이 설계해야 하기 때문이다.

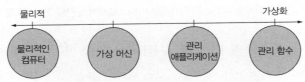

그림 12.2 물리적인 것부터 가상화까지의 컴퓨팅 스펙트럼

Cloud Functions을 사용하면 가상 서버(예: Compute Engine), 컨테이너(예: 쿠버네티스 엔진) 또는 심지어 애플리케이션(예: App Engine)에 대하여 생각하는 대신 서버가 없는 환경에서 실행되는 단일 기능만 생각할 수 있다. 서버에 애플리케이션을 빌드하고, 배포하고, 필요한 디스크 공간을 생각하지 않고, 짧고 좁은 범위의 함수만 작성하며, 필요할 때마다 이러한 함수가 실행된다. 이러한 단일 기능은 앞서 논의한 마이크로서비스로 간주할 수 있다.

비록 단일 기능에 대한 생각 자체가 그렇게 흥미로운 것은 아니지만, 이러한 기능을 하나로 묶는 접착제가 그것을 특별하게 만드는 것이다(그림 12.3 참고). 일반적인 애플리케이션 흐름에서 대부분의 요청은 사용자가 요청할 때 일반적으로 HTTP를 통해(예를 들어, 사용자가 앱에 로그인하는 경우) 트리거되며, Cloud Functions의 세계에서는 다양한 클라우드 서비스의 여러 가지 유형의 이벤트가 일반적인 HTTP 요청 외에도 요청을 트리거할 수 있다. 예를 들어, 누군가 Cloud Storage에 파일을 업로드하거나 Cloud Pub/Sub를 통해 게시되는 메시지에 의해 기능이 트리거될 수 있다.

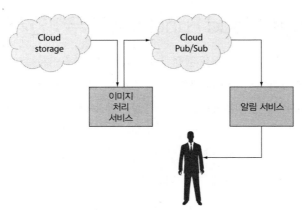

그림 12.3 다른 클라우드 서비스의 이벤트를 마이크로서비스 간의 접착제처럼 사용하기

이러한 모든 이벤트는 다른 트리거를 통해 모니터링할 수 있으며, 그렇게 되면 다른 기능을 실행할 수 있다. Cloud Functions가 재미있는 것은 다른 기능을 함께 결합하는 독특한 기능이다. Cloud Functions를 사용하면 작은 이벤트를 다른 이벤트와 연결하여 해당 이벤트가 발생할 때마다 코드를 실행할 수 있다. 예를 들어, 고객이 파일을 Cloud Storage 버킷에 업로드할 때마다 실행되도록 함수를 연결하면 해당 함수가 클라우드 Vision API의 라벨로 이미지에 자동 태그를 지정할 수 있다. 이제 마이크로서비스가 무엇인지, 무엇이 Cloud Functions를 특별하게 하는지 살펴보았으므로 이제 Cloud Functions로 무엇인가를 수행하는 데 필요한 기본적인 필수 요소를 파헤쳐 보도록 하자.

12.2.1 개념

Cloud Functions는 개념 카테고리의 가장 중요한 이름으로 그 중 하나가 함수다. 그러나 함수를 다른 것과 연결하는 기능이 없다면 유용하지는 않다. 따라서 이벤트와 트리거라는 몇 가지 다른 개념이 생긴다. 이들 모두는 함께 작동하여 흥미로운 애플리케이션을 작성하는 데 사용할 수 있는 파이프라인을 형성한다. 자세히 살펴보기 전에 그림 12.4에서 볼 수 있듯이 위에서부터 시작하여 서로 다른 부품들이 어떻게 서로 잘 어울리는지 살펴본다.

그림 12.4 다른 개념의 개요

이벤트는 어떤 것이 발생하는 것이다(예: Cloud Storage Object가 생성됨). **함수**는 이벤트에 응답하여 실행되는 코드 덩어리다. **트리거**는 함수를 일부 이벤트에 연결하는 방법이다. 트리거를 만드는 것은 "새로운 GCS 개체가 생성될 때마다 함수 X를 실행하십시오"라고 하면서, 함수는 다른 클라우드 서비스를 호출할 수 있기 때문에 다른 트리거가 더 많은 함수를 실행하는 추가 이벤트를 이끌 수 있다. 이 방법으로 여러 마이크로서비스를 연결하여 복잡한 애플리케이션을 만들 수 있다. 그림 12.5를 참고하자.

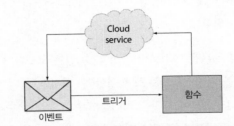

그림 12.5　간단한 개념으로 복잡한 애플리케이션 만들기

이벤트

이미 배웠듯이 어떤 이벤트는 일어나는 일에 해당하며, 이로 인해 결국에는 함수가 실행될 수 있다. 가장 친숙한 일반적인 이벤트는 HTTP 요청이지만, Google Cloud Storage 또는 Google Cloud Pub/Sub와 같이 다른 곳에서도 제공될 수 있다. 모든 이벤트는 속성을 제공한다. 이 속성은 이벤트의 기본 세부 사항(고유 ID, 이벤트 유형 및 이벤트가 발생한 시간 소인 등)을 포함하여 함수를 빌드할 때 사용한다. 이벤트 및 이벤트 관련 데이터의 페이로드가 포함된다. 이벤트에 첨부된 데이터는 이벤트 유형에 따라 다르지만, 일반적인 데이터 유형은 학습 곡선을 최소화하는 데 사용된다. 예를 들어, HTTP 이벤트에는 데이터 필드에 빠른 요청 개체가 있지만, Cloud Storage의 이벤트에는 영향을 받는 Cloud Storage 개체가 데이터 필드에 있다.

서로 다른 소스의 이벤트가 공통적으로 공유되는 경우에도 두 가지 범주로 나뉜다. HTTP 요청을 기반으로 하는 이벤트는 동기 이벤트(요청자가 응답을 기다리고 있음)인 반면, Cloud Pub/Sub와 같은 다른 서비스에서 오는 이벤트는 비동기 이벤트다(백그라운드에서 실행). 동기 이벤트와 비동기 이벤트를 위해 작성하는 코드는 약간 다르므로 이를 구별하는 것이 중요하다. 이벤트는 일어나는 일에 대한 정보를 전달하는 데 사용되는 기본적인 필수 요소로 알림 본문과 같다. 이 정보에 대해 어떻게 행동할 수 있는지 이해하기 위하여 함수와 함수를 작성하는 방법을 살펴본다.

함수

마이크로서비스 아키텍처의 개념은 담당하는 여러 가지 기능별로 애플리케이션을 각각 독립적인 서비스로 분리하는 것이다. Cloud Functions 세계에서 함수 자체는 애플리케이션의 단일 마이크로서비스와 동일하다. 함수는 한 가지 기능을 담당하며, 독립적으로 아무런 문제가 없어야 한다. 기능을 구성하는 요소는 무엇인가? 함수는 필요에 따라 실행할 수 있는 임의의 코드라는 것이 핵심이다. 또한, 오류로 인한 시간 초과, 반환 전 실행 시간(기본값: 1분으로 설정되지만, 기본 설정값은 최대 256분) 및 요청 용량(기본값은 최대 256분)을 Cloud Functions 런타임에 알려주는 추가 구성이 제공된다.

클라우드 Function의 핵심 부분은 여러분이 작성할 수 있는 코드다. Google Cloud Functions 를 사용하면 이러한 함수를 자바스크립트로 작성할 수 있지만, 동기 이벤트(HTTP 요청) 또는 비동기 이벤트(Pub/Sub 메시지) 중 어느 것을 처리하느냐에 따라 함수의 구조가 약간 다를 수 있다. 먼저, 동기 이벤트를 살펴본다. 동기 이벤트를 처리하기 위해 작성된 기능에는 Express의 요청 핸들러와 유사한 요청 및 응답 구문이 사용된다. 예를 들어, 전송된 것을 보여주는 기능은 다음과 같이 보일 것이다.

리스트 12.1 **요청이 평문이면 요청을 에코하는 Cloud Functions**

```
exports.echoText = (req, res) => {       ◀─┐ 이 함수의 이름은 echoText며, 내보낼 때 같은 이름으로 매핑된다.
  if (req.get('content-type') !== 'text/plain') {  ◀──────  여기서 콘텐츠 형식에 대한
    res.status(400).send('I only know how to echo text!');      요청 헤더를 읽고,
                                                                일반 텍스트가 아닌 요청에 대한
  } else {                                                      오류를 표시할 수 있다.
    res.status(200).send(req.body);       ◀──┐
  }                                          요청이 일반 텍스트인 경우 응답에서
};                                           본문을 다시 에코할 수 있다.
```

자바스크립트를 이용한 웹 개발에 익숙하다면 이 함수는 놀라운 일이 아니다. 그렇지 않다면 내용은 함수에 대한 인수로 요청과 응답 모두를 갖는다. 응답에서 .send()와 같은 함수를 호출하여 요청에서 읽고, 데이터를 다시 사용자에게 보낼 수 있다. 함수가 완료되면 응답이 닫히고, 요청이 완료된 것으로 간주한다.

다른 종류의 함수는 어떨까? Cloud Pub/Sub에서 도착하는 새 메시지 등을 처리하기 위해 비동기 이벤트 코드를 어떻게 작성할까? 이와 같은 비동기 이벤트를 처리하기 위해 작성된 함수를 **백그라운드 함수**라고 하며, 인수로 요청 및 응답을 받는 대신 함수의 완료를 알리는 콜백과 함께 이벤트를 가져온다. 예를 들어, 들어오는 Pub/Sub 메시지를 기반으로 하는 정보를 기록하는 함수를 살펴본다.

리스트 12.2 **Cloud Pub/Sub에서 메시지를 기록하는 Cloud Functions**

```
exports.logPubSubMessage = (event, callback) => {    ◁──
const msg = event.data;  ◁──  Pub/Sub 메시지 자체는 이벤트 데이터에 저장된다.
console.log('Got message ID', msg.messageId);    ◁──
callback();    ◁──  함수가 작업을 완료했음을 알리기 위해
};                    콜백을 호출한다.
```

> 백그라운드 함수는 요청 및 응답보다는
> 이벤트 및 콜백과 함께 제공된다.

> 일반 메시지와 마찬가지로
> 이벤트 ID가 첨부되어 액세스가 가능하다.

이 함수에서 볼 수 있듯이 이벤트는 인수로 전달되며, 이 인수는 읽고 처리할 수 있고, 완료되면 제공된 callback을 호출한다. 확실한 질문은 "Pub/Sub 메시지가 어떻게 함수로 전달될까?" 또는 "HTTP 요청이 첫 번째 함수로 어떻게 전달되었는가?"다. 이것은 이벤트를 어떤 함수로 라우팅을 결정하는 트리거의 개념이다.

트리거

트리거(trigger)는 어떻게 비유해야 할까? Google Cloud Functions에 있어 트리거는 접착제와 같다. 트리거를 사용하여 주어진 기능으로 라우트되어야 하는 이벤트(및 어떤 유형의 이벤트)를 지정한다. 현재 이것은 제공자를 기준으로 수행된다. 특정 서비스(예: Cloud Pub/Sub)의 이벤트 뿐만 아니라 이벤트를 원하는 리소스(예: 특정 Pub/Sub 주제)로 좁힐 수 있는 필터를 지정한다.

다음에서 어떻게 함수를 클라우드에 올려 놓을 수 있을지 확인해 보자. 이것이 어떻게 작동하는지 확인하기 위해 처음부터 끝까지 함수를 작성, 배포 및 트리거하는 방법을 살펴본다.

12.3 Cloud Functions와의 상호작용

Cloud Functions를 사용한 작업에는 몇 가지 단계가 필요하다. 먼저, 함수 자체를 자바스크립트로 작성한다. 그런 다음 이를 Google Cloud Functions에 배포하고, 그 과정에서 HTTP 요청, Pub/Sub 메시지 또는 Cloud Storage 알림과 같이 정확히 무엇을 트리거할지 정의한다. 그런 다음 몇 가지 테스트를 호출하고, 실시간으로 모든 것이 작동하는지 확인한다. 전송된 정보를 다시 에코하고, 몇 가지 추가 정보를 추가하여 HTTP 요청에 응답하는 함수를 작성하는 것으로 시작한다.

12.3.1 함수 만들기

Cloud Functions로 작업하기 위한 첫 번째 단계는 함수를 작성하는 것이다. 이 함수는 백그라

운드 함수가 아닌 동기 함수이기 때문에 이전에 보았던 것처럼 요청 및 응답 스타일로 작성한다. echo라는 새로운 디렉터리를 만들고, 그 디렉터리에 index.js라는 새 파일을 만든다. 그런다음 해당 파일에 다음 코드를 입력하자.

리스트 12.3 요청자에게 몇 가지 정보를 에코하는 함수

```javascript
exports.echo = (req, res) => {
  let responseContent = {
    from: 'Cloud Functions'
  };

  let contentType = req.get('content-type');

  if (contentType == 'text/plain') {
    responseContent.echo = req.body;
  } else if (contentType == 'application/json') {
    responseContent.echo = req.body.data;
  } else {
    responseContent.echo = JSON.stringify(req.body);
  }

  res.status(200).send(responseContent);
};
```

이 텍스트 요청을 특별하게 받아들여 텍스트가 제공된 JSON 객체로 응답하고, 일부 추가 데이터는 Cloud Functions에서 온 것임을 나타낸다. 이제 로컬 파일 시스템에 기능이 있지만, 클라우드에 두어야 한다. 함수를 배포하는 방법을 살펴보도록 하자.

12.3.2 함수 배포

로컬에 작성한 함수를 배포하는 것은 약간의 설정이 필요한 프로세스의 한 단계다. 보다 구체적으로 Cloud Storage 버킷이 있어야 한다. 이 버킷은 함수의 콘텐츠가 있는 곳이다. 또한, 아직 작성하지 않았다면 프로젝트에서 Cloud Functions API를 활성화해야 한다. Cloud Functions API를 사용하도록 설정한다. 그렇게 하려면 클라우드 콘솔로 이동하여 페이지 상단의 검색 창에 Cloud Functions API를 입력한다. 첫 번째 항목을 클릭하고, 다음 페이지에서 사용 설정(Enable) 버튼을 클릭한다(그림 12.6 참고).

그림 12.6 Cloud Functions API 사용

다음으로 버킷을 만들어야 한다. 이 예제에서는 클라우드 콘솔을 사용한다. 먼저, 클라우드 콘솔로 이동하여 왼쪽 탐색 메뉴에서 Storage를 선택한다. 이미 가지고 있는 버킷 목록이 나타난다. 새로 만들려면 버킷 만들기(Create bucket) 버튼을 클릭한다. 이 예제에서는 그림 12.7과 같이 버킷을 미국 내 여러 지역에 두었다(이 옵션에 대한 자세한 내용은 8장 참고).

함수를 담을 버킷이 있으면 다음에 보이는 것처럼 gcloud 도구를 사용하여 상위 디렉터리에서 함수를 배포한다.

리스트 12.4 새 함수를 배포하는 명령

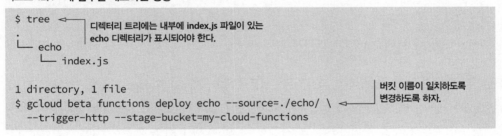

그림 12.7 Cloud Functions를 위한 새로운 버킷 생성

이 명령은 Cloud Functions가 echo/index.js에서 기록한 파일과 내보낸 함수(echo라고 함)에서 echo라는 새로운 함수 핸들을 생성하도록 지시한다. 또한, HTTP 요청에서 함수를 트리거하고, 함수 자체를 스테이징 버킷에 넣으려고 한다. 이 함수를 실행하면 다음과 같은 결과가 출력된다.

```
$ gcloud beta functions deploy echo --source=./echo/ \
  --trigger-http --stage-bucket=my-cloud-functions
Copying file:///tmp/tmp4tZGmF/fun.zip [Content-Type=application/zip]...
/ [1 files][ 247.0 B/ 247.0 B]
Operation completed over 1 objects/247.0 B.
Deploying function (may take a while - up to 2 minutes)...done.
availableMemoryMb: 256
entryPoint: echo

httpsTrigger:
  url: https://us-central1-your-project-id-here.cloudfunctions.net/echo
latestOperation:
operations/ampnLWNsb3VkLXJlc2VhcmNoNoL3VzLWNlbnRyYWwxL2VjaG8vaVFZMTM5bk9jUk
name: projects/your-project-id-here/locations/us-central1/functions/echo
serviceAccount: your-project-id-here@appspot.gserviceaccount.com
sourceArchiveUrl: gs://my-cloud-functions/us-central1-echo-mozfapskkzki.zip
status: READY
timeout: 60s
updateTime: '2017-05-22T19:26:32Z'
```

보다시피, gcloud는 로컬에 있는 기능을 번들로 묶어 Cloud Storage 버킷에 업로드하는 것으로 시작한다. 함수가 버킷에 안전하게 저장되면 Cloud Functions 시스템에 함수 매핑을 알리고, 이 경우 함수를 트리거하는 데 사용할 수 있는 새 URL을 만든다(https://us-central1-yourproject-id-here.cloudfunctions.net/echo). 새로운 함수를 확인하도록 하자.

12.3.3 함수 트리거

새로 배포된 Cloud Function은 HTTP를 통해 트리거되므로 기능을 실행하기 위해 친숙한 URL이 제공된다. 다음에서 볼 수 있듯이 명령줄에서 curl을 사용해 보도록 하자.

리스트 12.5 함수가 curl을 사용하여 작동하는지 확인하기

```
$ curl -d '{"data": "This will be echoed!"}' \
  -H "Content-Type: application/json" \
  "https://us-central1-your-project-id-here.cloudfunctions.net/echo"
{"from":"Cloud Functions","echo":"This will be echoed!"}
```

보다시피 함수가 실행되어 예상한 결과를 반환했다. 하지만 HTTP 이외의 기능에 의해 트리거 되는 함수는 무엇일까? 이벤트를 트리거해야 하는 작업(예: Cloud Storage에서 개체를 만드는 작업) 을 수행해야 하는 경우 문제가 된다. 이를 처리하기 위해 gcloud 도구에는 함수를 트리거하 는 call 함수가 있으며, 관련 정보를 전달할 수 있다. 이 메소드는 함수를 실행하고 트리거가 보낸 데이터를 전달하므로 인수 오버라이드처럼 생각할 수 있다. 이것이 어떻게 작동하는지 보려면 gcloud를 사용하여 같은 것을 실행해 보자.

리스트 12.6 **gcloud를 사용하여 함수 호출하기**

```
$ gcloud beta functions call echo --data '{"data": "This will be echoed!"}'
executionId: 707s1yel116c
result: '{"from":"Cloud Functions","echo":"This will be echoed!"}'
```

이제는 Cloud Function을 작성, 배포 및 호출하는 방법에 대해 어렴풋이 이해했다. 다음 단계 로 넘어가기 위해 기존 기능을 업데이트하는 것부터 시작하여 함수를 사용하여 더 복잡한(완 전한 기능을 갖춘) 애플리케이션을 작성하기 위해 알아야 할 몇 가지 일반적인 고급 기능을 살 펴본다.

12.4 고급 개념

이 절은 "고급" 개념으로 불리기도 하지만, 대부분은 꽤 기본적인 개념으로 Google Cloud Functions의 새로운 런타임 환경에서는 다소 모호할 수 있다, 따라서 조금 더 발전할 수 있다. 기능을 구현할 때 반드시 해야 할 일, 즉 기존 기능을 업데이트하자.

12.4.1 함수 업데이트

함수를 업데이트하는 것이 재배포하는 것과 동일하다는 것을 알게 되면 놀랄 수도 있다. 예를 들어, 응답 내용에 두 번째 매개변수를 추가하여 앞에서 echo 함수를 조정하면 변경 사항을 나타낼 수 있다. echo 함수에서 다음과 같이 추가 필드를 사용하여 responseContent를 시 작하도록 하자.

리스트 12.7 **응답 콘텐츠에 새로운 매개변수 추가하기**

```
let responseContent = {
  from: 'Cloud Functions',
```

```
  version: 1
};
```

이 함수를 재배포하고 다시 호출하면 다음과 같이 수정된 응답이 표시된다(리스트 12.8 참고).

리스트 12.8 echo 함수 재배포하기

```
$ gcloud beta functions deploy echo --source=./echo/ \
  --trigger-http --stage-bucket=my-cloud-functions
Copying file:///tmp/tmpgFmeR6/fun.zip [Content-Type=application/zip]...
/ [ 1 files][ 337.0 B/ 337.0 B]
Operation completed over 1 objects/337.0 B.
Deploying function (may take a while - up to 2 minutes)...done.
availableMemoryMb: 256
entryPoint: echo
httpsTrigger:
  url: https://us-central1-your-project-id-here.cloudfunctions.net/echo
latestOperation: operations/ampnLWNsb3VkLXJlc2VhcmNoL3VzLWNlbnRyYWwx
➥ L2VjaG8vUDB2SUM2dzhDeG88
name: projects/your-project-id-here/locations/us-central1/functions/echo
serviceAccount: your-project-id-here@appspot.gserviceaccount.com
sourceArchiveUrl: gs://my-cloud-functions/us-central1-echo-afkbzeghcygu.zip
status: READY
timeout: 60s
updateTime: '2017-05-22T22:17:27Z'

$ gcloud beta functions call echo --data='{"data": "Test!"}'
executionId: nwluxpwmef9l
result: '{"from":"Cloud Functions","version":1,
➥ "echo":"Test!"}'  ◄──┤ 보다시피 새 매개변수(버전)는 재배포 후에 반환된다.
```

또한, Cloud Functions 버킷(예: my-cloud-functions)의 항목에서 이전에 배포된 기능을 볼 수 있다. 이제 실수로 잘못된 정보를 배포한 경우에 대비하여 배포를 안전하게 보호할 수 있다. 이제 함수를 업데이트(재배포)하는 방법을 살펴보았으므로 오래된 함수를 삭제하는 방법을 알아본다.

12.4.2 함수 삭제

모든 함수가 그 목적을 달성하고 은퇴를 준비할 때가 왔다. 이전에 배포한 함수를 삭제해야 할 수도 있다. 이전에 빌드한 echo 함수를 삭제하기 위하여 gcloud 도구를 사용하여 쉽게 수행한다.

리스트 12.9 **echo 함수 삭제하기**

```
$ gcloud beta functions delete echo
Resource
[projects/your-project-id-here/locations/us-central1/functions/echo]
will be deleted.

Do you want to continue (Y/n)? y

Waiting for operation to finish...done.
Deleted [projects/your-project-id-here/locations/us-central1/functions/echo].
```

이렇게 하면 소스 코드가 로컬에서 삭제되지 않으며, Cloud Storage 버킷에 업로드된 번들로 제공된 소스 코드도 삭제되지 않는다. 대신, 더 이상 제공되지 않으며, 시간 초과, 메모리 제한 및 트리거 구성(echo 함수의 경우에는 HTTP 끝점)과 같은 모든 메타 데이터를 제거하도록 함수를 등록 해제하는 것으로 생각하면 된다.

그것으로 여러분의 함수를 원하는 대로 삭제 처리했기 때문에 이제는 한 걸음 뒤로 물러나서 함수를 구축할 수 있는 좀 더 진보된 방법들을 살펴보도록 하자. 먼저, 다른 Node.js 패키지의 종속성을 처리하는 방법이다.

12.4.3 의존성 사용하기

여러분이나 여러분의 팀이 한 줄도 빠짐없이 직접 작성한 애플리케이션의 코드는 거의 없을 것이다. 그것보다는 일반적으로 노드 패키지 관리자(Node Package Manager, NPM)를 통해 사용할 수 있는 많은 패키지 중 하나에 의존하는 경우가 더 흔할 것이다. 하지만 함수를 실행하기 위해 이들 패키지를 중복으로 다운로드하고 재배포해야 하는 경우엔 짜증이 날 것이다. Cloud Functions가 이러한 유형의 종속성을 처리하는 방법을 살펴본다.

echo 함수에서 Moment 자바스크립트 라이브러리를 포함하여 날짜, 시간 및 기간을 올바르게 표현할 수 있다고 가정해 보자. 일반적인 애플리케이션을 개발할 때는 npm을 사용하여 이를 수행하고, npm install - save 순간을 실행하여 패키징 세부사항을 유지한다. Cloud Functions로 무엇을 하는가? 종속성이 올바르게 처리되어야 동일한 도구로 사용할 수 있다. 이를 실행하려면 패키지를 초기화(npm init 사용)한 다음 Moment를 이전에 생성한 echo 디렉터리에 설치한다.

리스트 12.10 패키지 초기화 및 Moment 설치

```
~/ $ cd echo
~/echo $ npm init
This utility will walk you through creating a package.json file.
It only covers the most common items, and tries to guess sensible defaults.

See 'npm help json' for definitive documentation on these fields
and exactly what they do.

Use 'npm install <pkg> --save' afterwards to install a package and
save it as a dependency in the package.json file.

Press ^C at any time to quit.
name: (echo)
version: (1.0.0)
description:
entry point: (index.js)
test command:
git repository:
keywords:
author:
license: (ISC)
About to write to /home/jjg/echo/package.json:

{
  "name": "echo",
  "version": "1.0.0",
  "description": "",
  "main": "index.js",
  "scripts": {
    "test": "echo \"Error: no test specified\" && exit 1"
  },
  "author": "",
  "license": "ISC"
}


Is this ok? (yes)

~/echo $ npm install --save moment
echo@1.0.0 /home/jjg/echo
└── moment@2.18.1

npm WARN echo@1.0.0 No description
npm WARN echo@1.0.0 No repository field.
```

이때 package.json이라고 하는 생성된 파일을 보려면 moment 패키지에 대한 의존성을 확인해야 한다.

```
{
  "name": "echo",
  "version": "1.0.0",
  "description": "",
  "main": "index.js",
  "scripts": {
    "test": "echo \"Error: no test specified\" && exit 1"
  },
  "author": "",
  "license": "ISC",
  "dependencies": {
    "moment": "^2.18.1"
  }
}
```

패키지가 준비되었으므로 다음과 같이 2016년 크리스마스 이후 경과한 시간을 말하도록 echo 함수를 수정한다.

리스트 12.11 Moment.js 의존성을 사용

```
const moment = require('moment');   ◀──┤ 의존성을 항상 요구하는 것으로 시작하도록 한다.

exports.echo = (req, res) => {
  let now = moment();   ◀──┤ 일반 애플리케이션에서와 같이 라이브러리를 사용하도록 하자.
  let christmas2016 = moment('2016-12-25');

  let responseContent = {
    from: 'Cloud Functions',
    christmas2016: moment.duration(christmas2016 - now).humanize(true) ◀─
  };
                                               지금과 2016년 크리스마스 사이의
                                               차이를 계산하도록 한다.
  let contentType = req.get('content-type');

  if (contentType == 'text/plain') {
    responseContent.echo = req.body;
  } else if (contentType == 'application/json') {
    responseContent.echo = req.body.data;
  } else {
    responseContent.echo = JSON.stringify(req.body);
  }

  res.status(200).send(responseContent);
};
```

이 작업이 완료되면 다음과 같이 새 코드 및 종속성을 사용하여 함수를 다시 배포하자.

리스트 12.12 **새로운 의존성의 함수로 재배포**

```
$ gcloud beta functions deploy echo --source=./echo/ \
  --trigger-http --stage-bucket=my-cloud-functions

# ... Lots of information here ...
$ gcloud beta functions call echo --data='{"data": "Echo!"}'
executionId: r92y6w489inj
result: '{"from":"Cloud Functions","christmas2016":"5 months
    ago","echo":"Echo!"}'
```

보다시피 새 코드는 Moment 패키지를 사용하여 2016년 크리스마스는 5개월 전이라는 것을 알았다. 이제 다른 라이브러리를 사용하면 예상대로 작동하는 것을 볼 수 있다. Cloud Spanner와 같은 다른 Cloud API를 호출하여 데이터를 저장하는 방법을 살펴본다.

12.4.4 다른 클라우드 API 호출

애플리케이션은 거의 모든 상태를 저장하지 않는다(아무 데이터도 저장할 필요가 없다). 상상할 수 있듯이 함수가 어딘가에서 데이터를 읽고 쓸 수 있게 하는 것이 좋다. 이것이 어떻게 작동하는지 보기 위해 함수에서 Cloud Spanner 인스턴스에 액세스하는 방법을 살펴본다.

첫째, 6장을 읽지 않았다면 지금 확인하도록 하자. Spanner의 세부 사항에 관심이 없지만, 다른 Cloud API와 대화하는 방법을 보여주는 예제를 따르고 싶다면 괜찮다. Spanner에서 데이터를 읽고 쓰는 것을 설명하기 위해 인스턴스, 데이터베이스 및 테이블을 작성하는 것으로부터 시작한다. 처음 두 부분은 Cloud Spanner의 6장을 살펴보도록 하자. 테이블의 경우 고유 ID(log_id)와 일부 데이터를 넣을 장소(log_data)가 있는 단순 로그 테이블을 작성하자. 둘 다 STRING 유형으로 단순하게 한다.

다음으로 UUID 값(uuid)을 생성하는 라이브러리와 Node.js용 구글 Cloud Spanner 클라이언트(@googlecloud/spanner)를 설치한다(종속성을 추가하는 것). 다음과 같이 npm을 사용하여 쉽게 설치할 수 있다.

리스트 12.13 **Spanner 클라이언트 라이브러리 및 UUID 설치(및 종속성 추가)**

```
$ npm install --save uuid @google-cloud/spanner
```

설치가 끝나면 코드를 업데이트하여 두 가지 주요 변경 사항을 적용한다. 먼저, 에코할 때마다 logs 테이블에 새 행을 만들어 Cloud Spanner에 콘텐츠를 로깅한다. 둘째, 각 에코 응답에서 logs 테이블에 있는 항목 수를 반환한다.

> **NOTE** 일반적으로 전체 Spanner 테이블에 대해 전체 개수를 계산하는 것은 좋지 않으므로 운영 환경에서 사용하는 것은 권장하지 않는다. 다음 코드는 echo 함수를 고정하는 동안 이 기능을 수행한다.

리스트 12.14 새로운 spanner 통합 echo 함수

```javascript
const uuid4 = require('uuid/v4');        ◀── 두 가지 새로운 종속성을 가져오자.
const Spanner = require('@google-cloud/spanner');

const spanner = Spanner();               ◀── 이 호출은 새 Spanner 클라이언트를 만든다.
const getDatabase = () => {              ◀── getDatabase는 Cloud Spanner
  const instance = spanner.instance('my-instance');    데이터베이스에 대한 핸들을 반환한다.
  return instance.database('my-db');     이 ID로 인스턴스와 데이터베이스의
};                                       ID를 업데이트하자.

const createLogEntry = (data) => {       ◀── createLogEntry는 요청 데이터를
  const table = getDatabase().table('logs');    로그 테이블의 새 행에 기록하는 함수다.
  let row = {log_id: uuid4(), log_data: data};    ◀── 여기서 UUID 라이브러리를 사용하여
  return table.insert(row);              행에 대한 새 ID를 생성한다.
};

const countLogEntries = () => {          ◀── countLogEntries는 데이터베이스에 대해
  const database = getDatabase();        쿼리를 실행하여 로그 테이블의 행 수를 계산한다.
  return database.run('SELECT COUNT(*) AS count FROM logs').then((data) => {
    let rows = data[0];
    return rows[0].toJSON().count.value;
  });
};

const getBodyAsString = (req) => {       ◀── getBodyAsString은 이전 echo 함수에서
  let contentType = req.get('content-type');    사용했던 로직의 도우미 함수로
  if (contentType == 'text/plain') {     다시 에코할 대상을 검색하는 데 사용된다.
    return req.body;
  } else if (contentType == 'application/json') {
    return req.body.data;
  } else {
    returnJSON.stringify(req.body);
  }
};

exports.echo = (req, res) => {           이 두 작업은 독립적이기 때문에
  let body = getBodyAsString(req);       (하나는 새 행을 추가하고,
  returnPromise.all([           ◀──      다른 하나는 행 수를 계산한다)
    createLogEntry('Echoing: ' + body),  결과를 모두 준비할 때
    countLogEntries()                    병렬로 실행하고, 결과를 반환할 수 있다.
  ]).then((data) => {
    res.status(200).send({ echo: body, logRowCount: data[1] });
  });
};
```

이 새 함수를 배포하고 호출하면 다음과 같이 반환된 `logRowCount`가 계획대로 계속 증가한다는 것을 알 수 있다.

리스트 12.15 새로 배포된 함수를 호출하면 행 수가 표시된다

```
$ gcloud beta functions call echo --data '{"data": "This will be echoed!"}'
executionId: o571oa83hdvs
result: '{"echo":"This will be echoed!","logRowCount":"1"}'

$ gcloud beta functions call echo --data '{"data": "This will be echoed!"}'
executionId: o571yr41okz0
result: '{"echo":"This will be echoed!","logRowCount":"2"}'
```

클라우드 콘솔에서 Cloud Spanner UI로 이동하면 테이블에 대한 미리보기에 이러한 호출로 생성된 로그 항목이 표시된다. 이제는 함수가 다른 Cloud API와 통신할 수 있다는 것을 알았으므로 주제를 조금 바꿔야 한다. 코드를 스테이징하기 위해 Cloud Storage 버킷에 의존하는 배포 프로세스가 다소 싫증나는 것은 아닌지 여러분만 궁금해하는 것은 아니다. 함수 뒤에 숨겨진 코드를 관리하는 또 다른 방법을 살펴본다.

12.4.5 Google Source Repository 사용

로컬에 있는 함수를 배포하려면 클라우드 SDK(gcloud)를 사용하여 코드 파일을 패키지로 만들고, Cloud Storage 스테이징 버킷에 업로드한 다음 여기에 배포하도록 하자. 코드를 관리하고 배포하는 더 나은 방법을 원한다면 좋을 것이다.

Cloud Source Repositories는 깃허브, Bitbucket 또는 깃허브에서 제공하는 슬림형 버전과 같은 호스팅된 코드 저장소에 불과하다. 또한, Cloud Functions에 대한 코드를 저장할 수 있는 장소이기도 하다. 어떻게 동작하는지 보려면 로컬 파일에서 호스트된 소스 저장소로 echo 함수를 마이그레이션한 다음 다시 배포하자. 가장 먼저 할 일은 왼쪽 탐색 창(Tools 섹션 아래쪽)에서 Source Repositories를 선택하여 클라우드 콘솔에서 새 저장소를 만든다. 기존 저장소(기본 저장소가 있어야 함) 목록에서 Create Repository 버튼을 클릭한다. 이름을 입력하라는 메시지가 나타나면 이 저장소를 "echo"라고 정한다. 그러면 그림 12.8을 참고하자.

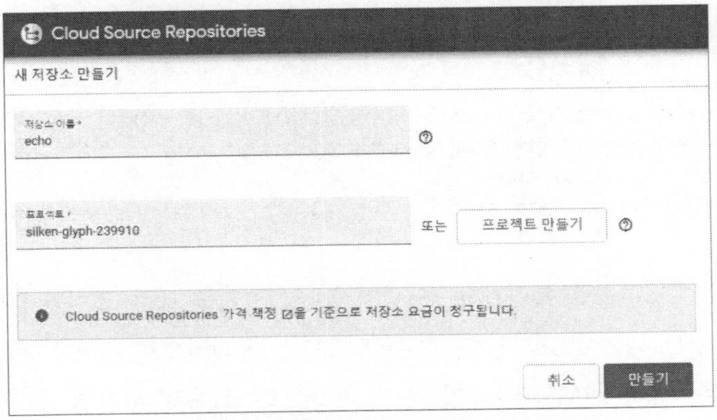

그림 12.8 새로운 소스 저장소 만들기

새 저장소를 만든 후 새로 만든 저장소(https://source.developers.google.com/projects/your-project-id-here/repos/echo 등)를 가리키는 전체 URL을 포함하여 빈 저장소를 구성하는 몇 가지 방법을 볼 수 있다. 깃허브에서 저장소를 미러링하는 것과 같은 일반적인 공급자에 대한 도우미가 있지만, 시작하려면 새로 작성된(그리고 비어 있는) 저장소를 기능 및 종속성이 있는 디렉터리로 복제하자. 먼저, 디렉터리를 새로운 깃 저장소로 초기화하자. 그런 다음 일부 도우미를 구성하여 인증이 클라우드 SDK에서 처리되는지 확인한다. 마지막으로, 깃 저장소에 새로운 원격 엔드포인트를 추가한다. 설정을 마치면 다음과 같이 다른 깃 저장소와 마찬가지로 원격 저장소로 푸시할 수 있다.

리스트 12.16 코드로 새로운 소스 저장소 초기화하기

```
$ git init  ◄────┤ 현재 디렉터리를 로컬 깃 저장소로 초기화하는 것으로 시작한다.
Initialized empty Git repository in /home/jjg/echo/.git/

$ git remote add google \
  https://source.developers.google.com/projects/
  ➥ your-project-id-here/repos/echo  ◄────┤ 새로운 소스 저장소의 URL을 깃 원격 위치로 추가한다.

$ git config credential.helper gcloud.sh  ◄───┤ 깃의 설정을 사용하여 원격 저장소와 상호작용할 때
                                               인증에 클라우드 SDK를 사용하도록 지정한다.

$ git add index.js package.json  ◄────┤ 파일을 깃 저장소에 추가하고 커밋한다.
$ git commit -m "Initial commit of echo package"
[master (root-commit) a68a490] Initial commit of echo package
 2 files changed, 60 insertions(+)
  create mode 100644 index.js
  create mode 100644 package.json

$ git push --all google  ◄────┤ 마지막으로, 모든 로컬 변경 사항을
Counting objects: 4, done.      새로 만든 구글로 원격으로 푸시한다.
Delta compression using up to 12 threads.
```

```
Compressing objects: 100% (4/4), done.
Writing objects: 100% (4/4), 967 bytes | 0 bytes/s, done.
Total 4 (delta 0), reused 0 (delta 0)
remote: Approximate storage used: 57.1KiB/8.0GiB (this repository 967.0B)
To https://source.developers.google.com/projects/your-
➥ project-id-here/repos/echo
  * [new branch] master -> master
```

그런 다음 클라우드 콘솔로 돌아가서 소스 저장소의 보기를 새로 고치면 그림 12.9와 같이 여기에 나열된 모든 파일이 표시된다. 함수의 코드는 공식적으로 Cloud Source Repository 에 저장된다. 즉, 다시 배포하려는 경우 이 저장소를 소스로 사용할 수 있다. 클라우드 SDK(gcloud)를 다시 사용할 수 있지만, 약간 다른 매개변수가 있다.

그림 12.9 새로 푸시한 소스 저장소

리스트 12.17 소스 저장소에서 배치하기

```
$ gcloud beta functions deploy echo \
>   --source=https://source.developers.google.com/
    ➥ projects/your-project-id-here/repos/echo \  ← 이 URL에서 자신의 프로젝트 ID를
>   --trigger-http                                    대체해야 한다.
Deploying function (may take a while - up to 2 minutes)...done.
availableMemoryMb: 256
entryPoint: echo
httpsTrigger:
  url: https://us-central1-your-project-id-here.cloudfunctions.net/echo
latestOperation: operations/ampnLWNsb3VkLXJlc2VhcmNoL3VzLWNl
    ➥ bnRyYWwxL2VjaG8vendQSGFSVFR2Um8
name: projects/your-project-id-here/locations/us-central1/functions/echo
serviceAccount: your-project-id-here@appspot.gserviceaccount.com
sourceRepository:
  branch: master
  deployedRevision: a68a490928b8505f3be1b813388690506c677787
  repositoryUrl: https://source.developers.google.com/
    ➥ projects/your-project-id-here/repos/echo
  sourcePath: /
status: READY
timeout: 60s
updateTime: '2017-05-23T12:30:44Z'
```

```
$ gcloud beta functions call echo --data '{"data": "This will be echoed!"}'
executionId: hp34ltbpibrk
result: '{"echo":"This will be echoed!","logRowCount":"5"}'
```

로컬 파일 시스템 대신 원본 저장소에서 재배포했다. 이제 Cloud Functions에서 가능한 기능을 살펴보았으므로 한 걸음 물러나서 비용을 살펴본다.

12.5 가격 책정의 이해

구글 클라우드 플랫폼을 사용할 때와 마찬가지로 Cloud Functions는 사용하는 제품에 대해서만 요금을 부과한다. 이 경우 엄청나게 세분화되어 있다. 일부 다른 제품과 달리 여러 가지 측면에서 기능 청구서를 계산해 보자. 한 번에 하나씩 살펴본 다음, 무료 티어를 살펴보자.

첫 번째 측면은 매우 간단하다. 함수에 전송된 호출(예: 요청)의 수다. 이 숫자는 수백만 건의 요청으로 측정되며, 현재 백만 건당 0.40달러로 청구된다. 이는 각 요청에 대해 $0.0000004의 비용이 소요됨을 의미한다. 다음 측면은 모든 GCP에서 공통적으로 나타나는 네트워킹 비용이다. GCP에서 모든 인바운드 트래픽(이 경우 사용자의 기능으로 전송된 데이터)은 무료다. 그러나 아웃바운드 트래픽은 GB당 0.12달러다. 함수에 의해 생성되고, 요청자에게 다시 전송되는 모든 데이터는 이 비율로 청구된다.

다음 비용에서의 두 가지, 컴퓨팅 시간 및 메모리 시간 계산을 위해 이들을 결합하여 Compute Engine처럼 보이게 만든다(GCE에 대한 자세한 내용은 9장 참고). 함수를 배포할 때 추가 매개변수가 각 요청에 대해 함수에 할당되는 메모리 양을 제어한다는 것을 알 수 있다. 지정하는 메모리의 양은 함수에 제공되는 CPU 용량의 양을 결정한다. 선택할 수 있는 5가지 컴퓨팅 프로파일이 있으며, 각각 다른 비용이 있다. 표 12.1을 참고하자.

표 12.1 요청당 100밀리언의 요청 비용

메모리	CPU	100ms당 1밀리언의 요청 비용
128MB	200MHz	$0.232
256MB	400MHz	$0.463
512MB	800MHz	$0.925
1024MB	1.4GHz	$1.65
2048MB	2.4GHz	$2.90

이는 모두 단순한 가격 책정 공식을 기반으로 한다. 이 공식은 주어진 초에서 소비되는 메모리 및 CPU 용량을 구체적으로 보여준다.

리스트 12.18 백만 요청 비용 계산 공식

```
seconds consumed * ($0.0000100 * GHz configured + $0.0000025 * GB configured)
```

최소 구성(128MB 및 200MHz) 계산 공식으로 이 수식을 사용하면 다음과 같다. 1,000,000 * 0.1s (0.2GHZ * 0.0000100 + 0.0000025 * 0.128GB) = $0.232 이제는 Compute Engine 인스턴스와 같은 구성 측면에서 생각하기가 더 쉽고, 각각 100ms가 소요되는 백만 건의 요청에 대한 전체 비용을 살펴볼 수 있다.

상황이 혼란스럽고 복잡하지 않은 경우 Cloud Functions에는 영구적인 무료 티어가 제공되므로 사용하는 리소스의 일부가 완전히 무료다. Cloud Functions의 경우 다음 숫자는 프리 티어 사용량을 나타내며, 청구 금액에 포함되지 않는다.

- **Requests**: 매월 처음 200만 건의 요청
- **Compute**: 매월 200,000 GHz/초
- **Memory**: 매월 400,000GB/초
- **Network**: 매월 5GB의 트래픽

요약

- 마이크로서비스를 사용하면 별도의 독립 실행형 기능으로 애플리케이션을 구축할 수 있다.
- Cloud Functions는 GCP에 마이크로서비스를 배포하고 실행하는 한 가지 방법이다.
- 함수 핸들러에는 동기 함수와 비동기(또는 백그라운드)의 두 가지 유형이 있다. 여기서 동기 함수는 HTTP 요청에 응답한다.
- 함수는 트리거를 등록하고, Cloud Pub/Sub과 같은 다른 서비스의 이벤트를 전달한다.
- Cloud Functions를 사용하면 일반적인 Node.js 애플리케이션과 마찬가지로 자바스크립트로 함수 코드를 작성하고, 종속성을 관리할 수 있다.

13

Cloud DNS: 관리형 DNS 호스팅

이 장에서는 다음 내용을 다룬다.

- DNS의 개요 및 역사
- Cloud DNS API의 작동 원리
- Cloud DNS 가격 산정 방법
- 시작 시 VM에 DNS 이름을 할당하는 예

DNS(Domain Name System)는 인터넷 이름(예 : www.google.com)을 숫자 주소로 매핑하여 추적하는 계층형 분산 저장 시스템이다. 본질적으로, DNS는 상상할 수 있듯이 상당히 크고 빠르게 변하는 인터넷의 전화번호부라고 할 수 있다. 시스템은 이름에서 숫자로 매핑하는 "리소스 레코드" 집합을 저장하고, 이러한 레코드를 "영역" 계층 구조로 분할한다. 이 영역은 레코드의 하위 집합 소유 및 업데이트에 대한 책임을 위임할 수 있는 방법을 제공한다. 예를 들어, yourdomain.com의 "영역(zone)"을 소유한 경우 해당 영역(예 : www.yourdomain.com 또는 mail.yourdomain.com) 내에 있을 수 있는 레코드를 쉽게 제어할 수 있다.

리소스 레코드는 때로는 A 또는 AAAA 레코드와 같은 특정 숫자 주소를 가리키고, TXT 레코드와 같은 임의의 데이터를 저장하는 경우가 많으며, 다른 정보(CNAME 레코드 등)의 별칭을 저장하는 경우가 많다. 예를 들어, A 레코드는 www.google.com이 207.237.69.117에 매핑되는 반면, CNAME 레코드는 storage.googleapis.com이 storage .l.googleapis.com에 매핑된다고 할 수 있다. 이 기록은 전화번호부의 항목과 유사하여 긴 숫자를 기억할 필요 없이 사용자를 올바른 곳으로 안내한다.

영역(Zone)은 특정한 기록 그룹에 대한 소유권을 허용하는 특정 기록의 모음이다. 어떤 의미에서 이것은 전화번호부의 개별 박스 안에 나타나는 내용을 담당하는 Yellow Pages의 각 회사와 같다. 전화번호부 게시자는 비록 모든 레코드의 전체적인 코디네이터이며, 책의 전체적인 레이아웃을 제어하지만, 특정 영역(예: 로컬 배관공용 상자 광고)에 대한 책임을 해당 회사에 위임하여 원하는 콘텐츠로 박스를 채울 수 있다.

DNS는 분산 시스템이며, 최종적으로 일관성이 있어야 하기 때문에(때로 데이터가 오래 되었을 수 있음) DNS 레코드의 캐시로 작동하도록 서버를 설정할 수 있다. 구글이 이미 8.8.8.8 및 8.8.4.4에서 공용 DNS 서버를 사용하여 이러한 작업을 수행한다는 사실은 그리 놀랍지 않다. 또한, BIND라는 소프트웨어를 사용하여 누구나 자신의 DNS 서버를 켤 수 있으며, 등록 기관에 해당 도메인 이름의 레코드가 해당 서버에 저장되어 있음을 도메인 이름으로 알릴 수 있다. 추측할 수 있듯 자체 DNS 서버를 운영하는 것은 다소 번거롭고, 클라우드 서비스가 해결할 수 있는 가장 좋은 예에 해당한다. 이제부터 Google Cloud DNS를 설명한다.

13.1 Cloud DNS란 무엇인가?

Google Cloud DNS는 DNS 서버 역할을 하며, BIND와 같은 다른 서버처럼 DNS 쿼리에 응답할 수 있는 관리형 서비스다. 이 서비스를 사용하는 간단한 이유 중 하나는 자신의 BIND 서버를 실행하지 않고, 자신의 DNS 항목을 관리하기 위해서이다. 또 다른 흥미로운 이유는 DNS 항목을 자동으로 관리할 수 있는 API를 공개한다는 것이다. 예를 들어, DNS 항목을 관리하는 API를 사용하면 부팅 시 새 DNS 항목을 자동으로 등록하도록 server1.mydomain.com과 같은 친숙한 이름을 제공하도록 가상 컴퓨터를 구성할 수 있다. BIND는 지난 수년간 실전 테스트를 거치면서 매우 안정적이었지만, 실행 및 유지관리가 다소 불편하고 DNS 레코드를 변경하는 최신 API를 지원하지 않기 때문에 이 기능은 중요하다. 대신 레코드 갱신은 BIND 서비스를 실행 중인 시스템에서 파일을 수정한 다음 내용을 프로세스의 메모리로 다시 로드해야 한다.

Cloud DNS는 어떻게 작동할까? 먼저, DNS 시스템과 마찬가지로 Google Cloud DNS는 BIND와 같은 리소스("관리 영역(managed zones)"이라고도 함) 및 레코드("리소스 레코드 세트"라고도 함)를 제공한다. 각 레코드 세트는 BIND와 같은 실제 DNS 서버와 비슷한 DNS 항목을 가지고 있다. 그림 13.1을 참고하자.

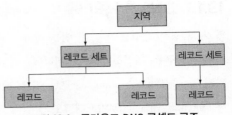

그림 13.1 클라우드 DNS 콘셉트 구조

각 영역에는 레코드 집합 모음이 들어 있으며, 각 레코드 집합에는 레코드 모음이 들어 있다. 이 레코드는 유용한 데이터가 저장되는 곳이며, 다른 리소스는 이 데이터의 분류에 초점을 맞추고 있다. 그림 13.2를 참고하자.

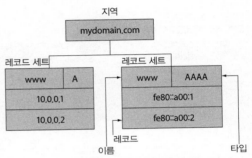

그림 13.2 DNS 레코드의 계층 구조 예

구역이 이름에 의해 정의되는 경우(예: mydomain.com), 레코드 세트는 이름(예: www.mydomain.com), "type"(예: A 또는 CNAME) 그리고 고객에게 이러한 레코드를 캐시해야 하는 시간을 알려주는 "time to live"(ttl로 약칭됨)를 저장한다. 주어진 단일 하위 도메인과 유형에 대해 여러 레코드를 저장할 수 있다. 예를 들어, 이 구조는 A형 레코드 세트에 여러 레코드를 설정하여 www.mydomain.com에 대한 여러 IP 주소를 저장할 수 있다. 전화번호부에 비즈니스용으로 여러 전화번호가 나열되어 있는 것과 유사하다(그림 13.3 참고).

그림 13.3 전화번호부로서의 DNS 레코드

다시 전화번호부 비유를 이용해 보면 영역은 앞에서 설명한 회사(예: Google, Inc.)에게 위임된 섹션과 같으며, 레코드 세트는 회사에서 일하고 있는 한 사람과 같다(예: Larry Page). 그리고, 각각의 레코드는 그 사람에게 다르게 연락하는 방법이다(예: 두 개의 전화번호, 전자 메일 주소 및 실제 주소).

13.1.1 DNS 항목의 예

몇 가지 샘플 레코드가 들어 있는 예제 도메인 mydomain.com을 살펴보겠다. 우리는 다른 서버에 소유권을 위임하는 이름 서버(NS) 레코드를 가지고 있다. 서버의 IP 주소를 가리키는 몇 가지 "논리적"(A 또는 AAAA) 레코드 및 도메인 항목에 대한 정렬의 별칭 역할을 하는 "정식 이름(canonical name)"(CNAME) 레코드가 있다. 표 13.1에서 볼 수 있듯이 도메인에는 최소한 하나의 레코드가 있는 ns1, docs 및 www, 즉, 각 항목의 세 가지 하위 도메인이 있다.

표 13.1 레코드 세트별 DNS 항목

지역	서브 도메인	레코드 세트	레코드
mydomain.com	ns1	A	10.0.0.1
	www	A	10.0.0.1
			10.0.0.2
	docs	CNAME	

BIND와 같은 일반 DNS 서버에서 이러한 파일을 "영역 파일"로 관리한다. 이 파일은 정확한 형식의 DNS 레코드를 특수한 형식으로 표시하는 텍스트 파일이다. 다음 예제는 이러한 레코드를 표현하는 동등한 BIND 영역 파일이다.

리스트 13.1 BIND 영역 파일의 예

```
$TTL    86400 ; 24 hours could have been written as 24h or 1d
$ORIGIN mydomain.com.
@ 1D  IN  SOA ns1.mydomain.com. hostmaster.mydomain.com. (
                 2002022401 ; serial
                 3H ; refresh
                 15 ; retry
                 1w ; expire
                 3h ; nxdomain ttl
             )
      IN  NS     ns1.mydomain.com. ; in the domain

ns1   IN  A      10.0.0.1
www   IN  A      10.0.0.1
www   IN  A      10.0.0.2
docs  IN  CNAME  ghs.google.com.
```

원격으로 업데이트 하고, DNS 서버에 다시 업로드 하는 API를 공개하는 것은 적지 않은 양이고, 항상 실행 가능하도록 하려면 더 어려운 작업이다.

이 작업을 수행하는 서비스를 사용하면 상당한 시간을 절약할 수 있다. Cloud DNS는 영역 및 레코드 세트를 만들고 관리할 수 있는 리소스로 노출시키는 것과 정확히 동일하다. 이것이 다음에 어떻게 작동하는지 살펴본다.

13.2 Cloud DNS와의 상호작용

Cloud DNS는 BIND 영역 파일을 업데이트하고, BIND 서버를 다시 시작하는 것과 궁극적으로 동일한 API다. 앞에서 설명한 예제 구성을 만드는 예제를 살펴보겠다.

13.2.1 클라우드 콘솔 사용

지금부터는 영역을 만들어 Cloud DNS를 자세히 알아보겠다. 이렇게 하려면 왼쪽 탐색 영역에서 Networking 섹션의 Network 서비스를 선택한다. 그림 13.4와 같이 Cloud DNS 항목이 나타나고, Cloud DNS용 UI로 이동한다. 이 페이지에서는 Cloud DNS에 대한 영역 및 레코드를 관리할 수 있다. 먼저, mydomain.com의 영역을 만들어 본다.

우리가 분명히 소유하지 않은 도메인(mydomain.com이 사용되기 때문에)에 대한 DNS 레코드를 어떻게 제어할까? 앞에서 설명한 위임 개념을 기억하는가? 공식적으로 사용하려면(그리고 mydomain.com으로 요청하는 누구라도 찾을 수 있는) 상위 권한(authority)이 해당 레코드를 여러분의 도메인으로 넘길 필요가 있다. 이 작업은 현재 소유한 도메인에 사용할 이름 서버를 설정할 수 있는 도메인 등록 수준에서 수행한다.

우리가 mydomain.com을 소유하고 있지 않기 때문에 지금 우리가 하는 일은 배관공을 위한 광고를 Yellow Pages에 작성하는 것과 같다. 게시하기 위해 전화번호부로 보내는 대신 전화번호부에 붙이겠다. 즉, 전화번호부는 구글에서만 볼 수 있다. 모든 작업을 수행하여 DNS 항목을 설정할 수 있으며, 도메인 소유권이 있는 경우 등록 기관을 업데이트하여 DNS 레코드를 Google Cloud DNS에 위임하여 공식화할 수 있다.

영역 만들기(Create Zone)을 클릭하면 세 가지 다른 값(영역의 고유 ID, 도메인 이름 및 선택 사항인 설명)을 입력하는 양식이 열린다. 그림 13.5를 참고하자.

그림 13.4　UI에서 Cloud DNS 항목 관리

그림 13.5　새 영역을 만드는 양식

왜 DNS가 두 가지 다른 이름을 묻는지 궁금할 것이다. 결국, DNS 이름과 "영역 이름"의 차이점은 무엇인가? 놀랍게도, 그들은 다른 목적을 가지고 있다. 영역 이름은 구글 클라우드 내에서 Compute Engine 인스턴스 ID 또는 Cloud Bigtable 인스턴스 ID와 유사한 고유 ID다. DNS 이름은 도메인 이름 시스템에만 해당되며, 이 영역이 대리인 역할을 하는 레코드의 하위 그룹을 나타낸다. 이 예에서 DNS 이름은 mydomain.com이며, 이 영역은 mydomain.com의 모든 하위 도메인(예 : www.mydomain.com 또는 anything.else.mydomain.com)을 담당하고 있음을 나타낸다. 필자가 설명한 예제 영역을 만들려면 그림 13.6과 같이 mydomain-dot-com을 영역 이름으로 사용하고, mydomain.com을 DNS 이름으로 사용하자.

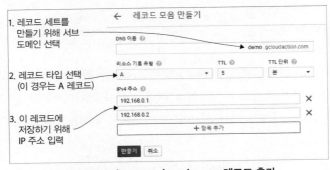

그림 13.6 예제 영역 만들기

만들기를 클릭하면 영역의 레코드를 관리할 수 있는 화면이 열린다. 이미 목록에 있는 일부 레코드 세트를 보고 놀랄 수 있다! 걱정하지 말자. 이러한 레코드는 더 이상의 영역 위임을 나타내지 않으며, 내부는 Google Cloud DNS 이름 서버에 의해 처리되어야 한다는 기본(필요한) NS 레코드다(예를 들면, ns-cloud-b1.googledomains.com을 들 수 있다).

UI(우리 목록에 없는 것)를 통해 데모 레코드를 추가하자. 먼저, 페이지 상단의 레코드 모음 추가 버튼을 클릭한다. 그림 13.8과 같이 레코드 모음의 DNS 이름(예: demo.mydomain.com)과 레코드 목록(예: A 레코드 192.168.0.1)을 입력하는 양식이 보인다. 세트에 레코드를 더 추가하려면 항목 추가를 클릭한다.

그림 13.7 demo.mydomain.com 레코드 추가

만들기를 클릭하면 레코드가 목록에 추가된다. 작동 여부를 확인하기 위해 demo.mydomain.com에 대한 일반적인 DNS 쿼리를 만들 수 있다. 그러나 조회 중에 이 DNS 레코드의 "버전"에만 관심이 있으니 글로벌 네트워크가 아닌 Google Cloud DNS에 직접 문의해야 한다. 이것은 배관공의 전화번호부 페이지를 실제 Yellow Pages에서 찾는 것이 아니라 파일 캐비닛에서 꺼내는 것과 같다. 특정 DNS 서버를 대상으로 하는 dig라고 부르는 리눅스 터미널 유틸리티를 사용한다.

리스트 13.2 추가한 레코드에 Google Cloud DNS 요청

```
$ dig demo.mydomain.com @ns-cloud-b1.googledomains.com
                                        여기서 올바른 DNS 서버를 사용해야 한다.
# ... More information here ...          이 예에서는 ns-cloudb1.googledomains.com이지만,
                                        여러분의 프로젝트에서는 다른 것이 될 수 있다
;; QUESTION SECTION:                    (예: ns-clouda1.googledomains.com).
;demo.mydomain.com.          IN      A

;; ANSWER SECTION:
demo.mydomain.com.     300   IN      A      192.168.0.1
demo.mydomain.com.     300   IN      A      192.168.0.2
```

보다시피 두 항목(192.168.0.1 및 192.168.0.2)은 모두 "ANSWER" 섹션에 있다.

명령의 특수한 @ns-cloudb1.googledomains.com 부분 없이 이 항목을 전체적으로 묻는 경우 쿼리 결과에 대한 응답이 표시되지 않는다.

```
$ dig demo.mydomain.com

# ... More information here ...

;; QUESTION SECTION:
;demo.mydomain.com.          IN    A

;; AUTHORITY SECTION:
mydomain.com.       1799  IN     SOA     ns1.mydomain.com.
     hostmaster.mydomain.com.  1335787408 16384 2048 1048576 2560
```

이를 "전역(global)"으로 만들고 dig demo.mydomain.com에 대한 결과를 얻으려면 도메인 이름을 소유하고, NS 섹션에 표시된 도메인의 DNS 서버를 업데이트해야 한다(예: ns-cloud-b1.googledomains.com). 이제 Node.js 내부에서 이 API에 액세스하여 Cloud DNS의 목적을 활용할 수 있도록 하자.

13.2.2 Node.js 클라이언트 사용하기

Cloud DNS와 통신하기 위한 코드를 작성하기 전에 먼저 npm install @google-cloud/
dns@0.6.1을 실행하여 Cloud DNS 클라이언트 라이브러리를 설치해야 한다. 다음으로 Cloud
DNS API가 어떻게 작동하는지 살펴보자. 다른 API와 달리 DNS 항목에서 레코드를 업데이
트하는 방법은 "변이(mutation)"(Cloud DNS의 **변경**이라고도 함)라는 개념을 사용하는 것이다. 이
배후의 목적은 우리가 트랜잭션 방식으로 수정을 적용할 수 있도록 보장하는 것이다. 이렇게
하지 않으면 두 가지 관련 또는 종속 변경(예: IP 주소가 있는 A 레코드와 함께 새 CNAME 매핑)을 적
용할 때 누군가가 일관성 있게 보지 못하게 되어 문제가 될 수 있다. 몇 개의 레코드를 생성하
고, zone.createChange를 사용하여 다음에 표시된 영역에 변경 사항을 적용한다.

리스트 13.3 영역에 새 레코드 추가하기

```
const dns = require('@google-cloud/dns')({
  projectId: 'your-project-id'
});                                              먼저 클라우드 콘솔에서 고유 이름
const zone = dns.zone('mydomain-dot-com');       (DNS 이름 아님)을 사용하여 영역 객체를 만든다.

                                        여기에 우리가 추가할 레코드 목록을 만든다.
const addRecords = [
  zone.record('a', {              zone.record 메서드를 사용하여 DNS 이름과 데이터가 포함된
    name: 'www.mydomain.com.',    Cloud DNS 레코드를 만든다. 여기에는 웹 브라우저와 같은 클라이언트가
    data: '10.0.0.1',            이 값을 캐시하는 방법을 제어하는 TTL(Time To Live)도 포함된다.
    ttl: 86400
  }),
  zone.record('cname', {
    name: 'docs.mydomain.com.',
    data: 'ghs.google.com.',
    ttl: 86400
  })
];
                                                      여기에서는 zone.createChange
                                                      메서드를 사용하여
zone.createChange({add: addRecords}).then((data) => {  이전에 정의한 레코드를
  const change = data[0];                              추가하는 변형을 적용할 수 있다.
  console.log('Change created at', change.metadata.startTime,
              'as Change ID', change.metadata.id);
  console.log('Change status is currently', change.metadata.status);
});
```

이 스니펫을 실행하면 다음과 같은 결과가 출력된다.

```
> Change created at 2017-02-15T10:57:26.139Z as Change ID 6
Change status is currently pending
```

변경 사항이 보류 상태에 있다는 것은 Cloud DNS가 DNS 영역에 변이를 적용하고 있으며, 대개 몇 초 내에 완료된다는 것을 의미한다. 그림 13.8과 같이 새로운 레코드가 UI에 적용되었는지 확인할 수 있다. 새 레코드가 목록에 표시된다.

DNS 이름 ∧	유형	TTL(초)	데이터
gcloudaction.com.	NS	21600	ns-cloud-b1.googledomains.com. ns-cloud-b2.googledomains.com. ns-cloud-b3.googledomains.com. ns-cloud-b4.googledomains.com.
gcloudaction.com.	SOA	21600	ns-cloud-b1.googledomains.com. cloud-dns-hostmaster.google.com. 1 216 00 3600 259200 300
demo.gcloudaction.com.	A	86400	192.168.0.1 192.168.0.2
docs.gcloudaction.com.	CNAME	86400	ghs.google.com.
www.gcloudaction.com.	A	86400	10.0.0.1
www.gcloudaction.com.	AAAA	86400	fe80::a00:1

그림 13.8   Cloud DNS UI의 새로 추가된 레코드 목록

GCLOUD 명령줄 사용

UI 또는 클라이언트 라이브러리를 사용하는 것 외에도 gcloud dns 하위 명령이 있는 gcloud 명령줄 도구를 사용하여 DNS 레코드와 상호작용할 수 있다. 예를 들어, mydomain-dot-com 영역에 대한 DNS 레코드의 새로 업데이트된 목록을 살펴보자. 앞서 언급했듯이, 특정 관리 영역을 언급할 때 우리가 선택한 구글 클라우드 고유 이름(mydomain-dot-com)을 사용하고, 영역(mydomain.com)의 DNS 이름은 사용하지 않는다.

리스트 13.4   gcloud가 있는 mydomain.com의 레코드 목록

```
$ gcloud dns record-sets list --zone mydomain-dot-com
NAME                   TYPE    TTL     DATA
mydomain.com.          NS      21600   ns-cloud-b1.googledomains.com.,ns-cloud
    b2.googledomains.com.,ns-cloud-b3.googledomains.com.,ns-cloud
    b4.googledomains.com.
mydomain.com.          SOA     21600   ns-cloud-b1.googledomains.com. cloud-dns
    hostmaster.google.com. 1 21600 3600 259200 300
demo.mydomain.com.     A       300     192.168.0.1,192.168.0.2
docs.mydomain.com.     CNAME   86400   ghs.google.com.
www.mydomain.com.      A       86400   10.0.0.1
```

이 도구는 gcloud dns 하위 명령의 import 기능을 사용하여 Cloud DNS로 이동하려는 기존 BIND 서버가 있는 경우 매우 유용하다.

BIND 영역 파일 가져오기

mydomain.com에 대한 기존 DNS 레코드가 포함된 BIND 스타일 영역 파일이 있다고 가정해 보겠다. 그 예는 다음과 같다. 관련된 몇 가지 주소를 변경했지만, 레코드 이름은 모두 동일하다(ns1, www 및 docs).

리스트 13.5 **mydomain.com(master.mydomain.com 파일)의 BIND 영역 파일**

```
$TTL    86400 ; 24 hours could have been written as 24h or 1d
$ORIGIN mydomain.com.
@  1D  IN  SOA ns1.mydomain.com. hostmaster.mydomain.com. (
                2002022401 ; serial
                3H ; refresh
                15 ; retry
                1w ; expire
                3h ; nxdomain ttl
                )
       IN  NS      ns1.mydomain.com. ; in the domain

ns1    IN  A       10.0.0.91
www    IN  A       10.0.0.91
www    IN  A       10.0.0.92
docs   IN  CNAME   new.ghs.google.com.
```

특별한 플래그와 함께 import 명령을 사용하여 관리되는 영역의 모든 DNS 레코드를 영역 파일의 DNS 레코드로 대체할 수 있다. 먼저, 현재 레코드를 다시 확인하자.

리스트 13.6 **mydomain-dot-com의 현재 DNS 레코드 목록**

```
$ gcloud dns record-sets list --zone mydomain-dot-com
NAME                TYPE   TTL     DATA
mydomain.com.       NS     21600   ns-cloud-b1.googledomains.com.,ns-cloud
    b2.googledomains.com.,ns-cloud-b3.googledomains.com.,ns-cloud
    b4.googledomains.com.
mydomain.com.       SOA    21600   ns-cloud-b1.googledomains.com. cloud-dns
    hostmaster.google.com. 1 21600 3600 259200 300
demo.mydomain.com.  A      300     192.168.0.1,192.168.0.2
docs.mydomain.com.  CNAME  86400   ghs.google.com.
www.mydomain.com.   A      86400   10.0.0.1
```

이제 다음과 같이 레코드를 파일의 레코드로 바꿀 수 있다.

리스트 13.7 **gcloud를 사용하여 영역 파일에서 레코드 가져오기**

```
$ gcloud dns record-sets import master.mydomain.com --zone mydomain-dot-com
> --delete-all-existing --replace-origin-ns --zone-file-format
```

```
Imported record-sets from [master.mydomain.com] into managed-zone [mydomain
    dot-com].
Created [https://www.googleapis.com/dns/v1/projects/your-project-id
    here/managedZones/mydomain-dot-com/changes/8].
ID  START_TIME                  STATUS
8   2017-02-15T14:08:18.032Z    pending
```

이전과 같이 UI를 살펴보거나 gcloud 명령을 사용하여 변경 사항을 상태를 확인("describe")할 수 있다.

리스트 13.8 **DNS 변경 상태 보기**

```
$ gcloud dns record-sets changes describe 8 --zone mydomain-dot-com | grep
    status
status: done
```

이 변경 내용이 적용되었다는 보고가 있기 때문에 이제 record-sets list 지시문을 사용하여 업데이트된 레코드를 볼 수 있다.

리스트 13.9 **gcloud로 모든 레코드 모음 리스트**

```
$ gcloud dns record-sets list --zone mydomain-dot-com
NAME                  TYPE   TTL    DATA
mydomain.com.         NS     86400  ns1.mydomain.com.
mydomain.com.         SOA    86400  ns-cloud-b1.googledomains.com.
    hostmaster.mydomain.com. 2002022401 10800 15 604800 10800
docs.mydomain.com.    CNAME  86400  new.ghs.google.com.
ns1.mydomain.com.     A      86400  10.0.0.91
www.mydomain.com.     A      86400  10.0.0.91,10.0.0.92s
```

영역 파일에 보여지는 것처럼 10.0.0.1 항목이 10.0.0.91로 변경되었다. 지금까지 Cloud DNS와 상호작용하는 방법을 살펴보았으므로 비용을 살펴보겠다.

13.3 가격 책정의 이해

구글 클라우드의 대부분 기능과 마찬가지로 Cloud DNS는 사용하는 리소스 및 용량에 대해서만 요금을 부과한다. 이 경우 살펴볼 두 가지 요소는 관리되는 영역 수와 처리된 DNS 쿼리 수다.

가격 책정 표는 계층화되어 있지만, 대부분 한 달에 관리 영역당 20센트, 월 조회당 40센트를 지불한다. 더 많은 구역과 더 많은 쿼리를 생성하면 단위당 가격이 크게 떨어진다. 예를 들어,

첫 번째 10억 개의 쿼리는 백만당 40센트로 청구되지만, 쿼리는 백만당 20센트로 청구된다. 또한, 처음 25개의 관리 구역은 각각 20센트이지만, 단가는 10센트이고, 모든 구역은 3센트가 넘는다. 이를 보다 구체적으로 설명하기 위해 개인 DNS 호스팅과 스타트업 비즈니스의 DNS 호스팅이라는 두 가지 예를 통해 살펴본다.

13.3.1 개인 DNS 호스팅

일반적인 개인 구성에서는 관리되는 도메인이 10개를 넘지 않는다. 이 10개의 웹사이트에 월간 순 방문자가 백만 명이 넘는 것은 놀라운 일이다. 이로 인해 한 달에 총 10개의 영역과 1천만 개의 DNS 쿼리가 제공된다. 가격 결정에 대한 요약은 표 13.2를 참고하자.

> **NOTE** 다른 DNS 서버가 결과를 캐시할 가능성이 있기 때문에 **고유**하다는 것이 중요하다. 이는 DNS 쿼리가 대개 첫 번째 방문에서만 발생한다는 것을 의미한다. 이것은 또한 DNS 레코드의 TTL 값에 따라 달라진다.

표 13.2 개인 DNS 가격 설정 개요

리소스	Count	단위당	가격
1 관리 영역	10	$0.20	$2.00
백만 DNS 쿼리	10	$0.40	$4.00
총			$6.00

다양한 VM 및 기타 서비스에 대한 DNS 레코드가 필요한 스타트업 같은 "프로페셔널"한 상황에서는 어떨까?

13.3.2 스타트업 비지니스 DNS 호스팅

일반적인 스타트업에서는 사용자가 제공한 콘텐츠를 주 서비스 도메인에서 분리하는 문제, 즉 배니티(vanity) 도메인 리디렉션 등의 문제를 해결하기 위해 20개 정도의 다른 도메인을 가지고 있는 것이 보통이다. 또한, 다양한 도메인에 대한 트래픽에는 몇 가지 고유한 사용자와 짧은 TTL 값이 있어 수정 사항을 보다 신속하게 전달할 수 있으므로 전체 DNS 쿼리가 더 많이 발생한다. 이 상황에서 처리할 월간 DNS 쿼리는 5천만 개가 넘을 수 있다. 한 달에 20개의 영역과 5천만 개의 DNS 쿼리가 될 것으로 예상한다. 가격 책정 요약은 표 13.3을 참고하자.

표 13.3 스타트업 비지니스 DNS 가격 요약

리소스	Count	단위당	가격
1 관리 영역	20	$0.20	$2.00
백만 DNS 쿼리	50	$0.40	$20.00
Total			매월 $24.00

보다시피 이것은 대부분의 비지니스에서 "반올림 오류"로 끝나야 하며, 자신의 DNS 서버를 실행하는 데 드는 모든 비용은 Cloud DNS를 사용하여 영역을 관리하는 비용보다 훨씬 높다는 것을 알 수 있다. 이제 가격 책정을 마치고 VM을 처음 시작할 때 DNS 공급자에 등록하도록 VM을 설정하고, 사용자 정의 도메인 이름을 사용하여 VM에 액세스할 수 있는 예를 살펴본다.

13.4 사례 연구: 부팅 시 DNS 이름 부여

아직 구글 Compute Engine에 익숙하지 않다면 지금 돌아가서 Compute Engine 작동 방식을 안내하는 2장 또는 9장을 읽어 보자. Compute Engine의 세부 정보를 이해할 필요 없이 이 예를 따라할 수 있어야 한다.

많은 클라우드 컴퓨팅 환경에서 새로운 가상 머신이 생기면 어디에서나 액세스할 수 있도록 공용 가상의 이름이 부여된다(결국 사용자 앞의 컴퓨터는 동일한 데이터 센터에 있지 않다). 때로는 공개 IP 주소(예: 104.14.10.29)이고, 다른 경우에는 특수 DNS 이름이다(예: ec2-174-32-55-23.compute-1.amazonaws.com).

두 가지 예 모두 별로 좋지 않으며, 기억하기도 어렵다. 도메인에 속한 이름(예: mydomain.com)을 사용하여 새 서버와 통신할 수 있다면 좋지 않을까? 예를 들어, 새 웹 서버는 자동으로 켜지고, web7-uc1a.mydomain.com과 같은 것으로 등록된다. 이 장에서 보았듯이 Cloud DNS를 사용하면 DNS 레코드와 상호작용하는 API를 사용할 수 있다. 이렇게 하려면 시스템에 대한 몇 가지 다른 메타 데이터 조각이 필요하다.

- 인스턴스 이름(예: instance-4)
- Compute Engine 영역(예: us-central1-a)
- 공개 IP 주소(예: 104.197.171.58)

9장에서 설명한 Compute Engine의 메타 데이터 서비스에 의존한다. 이 메타 데이터가 모두 포함된 객체를 반환하는 도우미 메소드를 작성해 보자.

리스트 13.10 인스턴스 정보를 얻기 위한 도우미 메소드 정의하기

```javascript
const request = require('request');

const metadataUrl = 'http://metadata.google.internal/computeMetadata/v1/';
const metadataHeader = {'Metadata-Flavor': 'Google'};

const getMetadata = (path) => {
  const options = {
    url: metadataUrl + path,
    headers: metadataHeader
  };
  return new Promise((resolve, reject) => {
    request(options, (err, resp, body) => {
      resolve(body) ? err === null : reject(err);
    });
  });
};

const getInstanceName = () => {
  return getMetadata('instance/name');
};

const getInstanceZone = () => {
  return getMetadata('instance/zone').then((data) => {
    const parts = data.split('/');
    return parts[parts.length-1];
  })
};

const getInstanceIp = () => {
  const path = 'instance/network-interfaces/0/access-configs/0/external-ip';
  return getMetadata(path);
};

const getInstanceDetails = () => {
  const promises = [getInstanceName(), getInstanceZone(), getInstanceIp()];
  return Promise.all(promises).then((data) => {
    return {
      name: data[0],
      zone: data[1],
      ip: data[2]
    };
  });
};
```

실행 중인 GCE 인스턴스에서 도우미 메서드(getInstanceDetails())를 실행하려고 하면 다음과 같은 출력이 표시된다.

```
> getInstanceDetails().then(console.log);
Promise { <pending> }
> { name: 'instance-4',
  zone: 'us-central1-f',
  ip: '104.197.171.58' }
```

이제 이 메타 데이터를 사용하여 친숙한 도메인 이름을 자동으로 등록하는 빠른 시작 스크립트를 작성해 보겠다.

리스트 13.11 **DNS에 등록할 시작 스크립트**

```
const dns = require('@google-cloud/dns')({
  projectId: 'your-project-id'
});
const zone = dns.zone('mydomain-dot-com');

getInstanceDetails().then((details) => {
  return zone.record('a', {
    name: [details.name, details.zone].join('-') + '.mydomain.com.',
    data: details.ip,
    ttl: 86400
  });
}).then((record) =>{
  return zone.createChange({add: record});
}).then((data) => {
  const change = data[0];
  console.log('Change created at', change.metadata.startTime,
              'as Change ID', change.metadata.id);
  console.log('Change status is currently', change.metadata.status);
});
```

이 명령을 실행하면 변경 내용이 적용되었음을 나타내는 출력이 표시된다.

```
Change created at 2017-02-17T11:38:04.829Z as Change ID 13
Change status is currently pending
```

그런 다음 getRecords() 메소드를 사용하여 변경 사항이 적용되었는지 확인할 수 있다.

리스트 13.12 **영역의 모든 DNS 레코드 리스트**

```
> zone.getRecords().then(console.log)
Promise { <pending> }
```

```
> [ [ Record {
    zone_: [Object],
    type: 'NS',
    metadata: [Object],
    kind: 'dns#resourceRecordSet',
    name: 'mydomain.com.',
    ttl: 86400,
    data: [Object] },
  Record {
    zone_: [Object],
    type: 'SOA',
    metadata: [Object],
    kind: 'dns#resourceRecordSet',
    name: 'mydomain.com.',
    ttl: 86400,
    data: [Object] },
  Record {
    zone_: [Object],
    type: 'CNAME',
    metadata: [Object],
    kind: 'dns#resourceRecordSet',
    name: 'docs.mydomain.com.',
    ttl: 86400,
    data: [Object] },
  Record {       ◁──┤ 여기서 레코드가 올바르게 적용되었는지 확인할 수 있다.
    zone_: [Object],
    type: 'A',
    metadata: [Object],
    kind: 'dns#resourceRecordSet',
    name: 'instance-4-us-central1-f.mydomain.com.',
    ttl: 86400,
    data: [Object] },
  Record {
    zone_: [Object],
    type: 'A',
    metadata: [Object],
    kind: 'dns#resourceRecordSet',
    name: 'ns1.mydomain.com.',
    ttl: 86400,
    data: [Object] },
  Record {
    zone_: [Object],
    type: 'A',
    metadata: [Object],
    kind: 'dns#resourceRecordSet',
    name: 'www.mydomain.com.',
    ttl: 86400,
    data: [Object] } ] ]
```

마지막으로, 이것이 DNS 소비자의 관점에서 작동하는지 확인해야 한다. 그렇게 하기 위해 앞에서 했던 것처럼 dig 명령을 사용하여 특별히 레코드를 확인하자. 모든 컴퓨터에서 이 작업을 수행할 수 있다(GCE VM 외부에서 이를 테스트하는 것이 가장 좋다. 왜냐하면 외부에서 VM을 쉽게 찾으려고 하는 것이 목적이기 때문이다).

리스트 13.13 새로 생성된(신뢰할 수 없는) DNS 레코드 보기

```
$ dig instance-4-us-central1-f.mydomain.com @ns-cloud-b1.googledomains.com

; <<>> DiG 9.9.5-9+deb8u9-Debian <<>> instance-4-us-central1-f.mydomain.com
    @ns-cloud-b1.googledomains.com
;; global options: +cmd
;; Got answer:
;; ->>HEADER<<- opcode: QUERY, status: NOERROR, id: 60458
;; flags: qr aa rd; QUERY: 1, ANSWER: 1, AUTHORITY: 0, ADDITIONAL: 1
;; WARNING: recursion requested but not available

;; OPT PSEUDOSECTION:
; EDNS: version: 0, flags:; udp: 512
;; QUESTION SECTION:
;instance-4-us-central1-f.mydomain.com. IN A

;; ANSWER SECTION:
instance-4-us-central1-f.mydomain.com. 86400 IN A 104.197.171.58
;; Query time: 33 msec
;; SERVER: 216.239.32.107#53(216.239.32.107)
;; WHEN: Fri Feb 17 11:42:36 UTC 2017
;; MSG SIZE rcvd: 82
```

이전에 논의했듯이 이 레코드는 등록 기관이 Cloud DNS를 이름 서버로 지정하기 전까지는 신뢰할 수 없다. 따라서 이 작업을 실제로 수행하려면 도메인 설정을 업데이트해야 한다. 그렇게 하면 @ns-cloud-b1.googledomains.com 부분이 필요 없으며, 모든 것이 자동으로 작동한다. 완료되면 리스트 13.13의 코드를 VM의 시작 스크립트로 사용할 수 있으며, 부팅 프로세스가 완료되면 Cloud DNS에 자신을 등록한다.

요약

- DNS는 사람이 읽을 수 있는 이름의 포인터를 컴퓨터가 이해할 수 있는 주소로 추적하는 계층적 저장소 시스템이다.
- Cloud DNS는 프로그램할 수 있는 API를 제공하는 호스트 가능한 고가용성 DNS 서버 집합이다.
- Cloud DNS는 영역 수(도메인 이름) 및 DNS 조회 요청 수를 기반으로 요금을 부과한다.

IV

머신러닝

오늘날 가장 흥미로운 연구 분야 중 하나는 머신러닝 및 인공지능의 세계이다. 따라서 구글이 구글 클라우드 플랫폼에서 머신러닝이 잘 작동하는지 확인하기 위해 많은 투자를 하고 있는 것은 그리 놀라운 일이 아니다.

이 섹션에서는 전통적인 머신러닝 문제(예: 사진의 내용 식별 또는 언어 간 텍스트 번역)를 다루기 위해 사용할 수 있는 고급 API를 살펴보려고 한다. TensorFlow와 Cloud Machine Learning Engine을 사용하여 일반화된 머신러닝을 살펴보고, 클라우드에서 고유한 ML 모델을 구축하는 방법을 살펴보도록 하겠다.

PART IV

Machine learning

14

Cloud Vision: 이미지 인식

이 장에서는 다음의 내용을 다룬다.

- 이미지 인식 개요
- Cloud Vision에서 지원하는 다양한 유형의 인식
- Cloud Vision 가격 결정 방법
- 프로필 이미지 허용 여부 평가 예

사람의 경우 이미지 인식을 이해하기는 쉽지만, 정의하는 것은 어려운 일 중 하나다. 아이들에게 "이 그림은 뭐지?"라고 물으면 답을 얻을 수 있지만, "이미지를 인식하는 것이 무엇을 의미하는지 설명해 줄래?"라고 물으면 아마 멍하게 쳐다볼 것이다. 약간 더 철학적인 영역으로 가보면 "이미지를 이해하는 것"이 무엇을 의미하는지 알지만, 정확하게 그 이해를 구성하는 것이 무엇인지 명확하게 설명하는 것은 어렵다고 할 수 있다.

컴퓨터가 이미지를 인식하게 하는 것은 어렵다. 정의하기 어려운 것들은 일반적으로 코드로 표현하기 까다로우며, 이미지를 이해하는 것은 그 범주에 속한다. 많은 정의 문제들과 마찬가지로 특정한 정의를 선택하고, 그것을 고수함으로써 이 문제를 해결할 수 있다. Cloud Vision의 경우, 이미지 인식은 그림 14.1과 같이 주어진 이미지를 볼 때 여러 개의 주석(annotation)을 다는 것부터 시작하려 한다. 그림 14.1에서 각각의 주석은 화상 영역을 다루며, 그 영역에 대한 어떤 구조화된 맥락을 제공한다.

그림 14.1 주석으로서의 화상

예를 들어, 그림 14.1은 인간이 이미지에 레이블을 붙일 수 있는 방법을 보여주며, 이미지의 영역별로 여러 주석을 추가한다. 주석은 "개"와 같은 것에 국한되지 않고, "녹색"과 같은 색상 속성일 수도 있다. 복잡성은 미묘하기 때문에 자주 실망할 수 있다. 예를 들어, 인간은 거울을 쉽게 인식하지만, 거울은 그림에 있는 다른 내용을 복사하여 표시하기 때문에 거울을 인식하기 위해 그림에 두 마리의 개가 아니라 개와 거울이 있다는 것을 이해해야 한다.

이 어려움은 개념적 이해에만 국한되지 않는다. 흰색과 금색 아니면 파란색과 검정색이 꽤 균등하게 섞여 있는 드레스 색깔에 대해 인터넷에서 큰 논쟁이 있었다. 수백만 명의 사람들이 그림을 보고 옷 색깔을 결정할 수 없었다. 이것은 두 가지를 보여준다. 이미지 인식은 매우 복잡하기 때문에 다소 놀랍고, 이미지 인식은 정확한 과학이 아니다. 첫째로는 다른 사람이 이 문제를 해결하고, 둘째로 특정 주석의 결과를 절대적인 사실이 아닌 제안으로 받아들여 코드에 오차 범위를 처리하여 만들 것을 권장한다. Cloud Vision API를 사용하여 이미지를 인식(또는 주석 달기)하는 방법을 살펴보도록 하자.

14.1 이미지 주석 달기

이미지에 주석을 추가하는 일반적인 흐름은 간단한 요청-응답 패턴이다(그림 14.2 참고). 여기서 원하는 주석과 함께 Cloud Vision API에 이미지를 보내면 API에서 모든 응답을 포함한 주석을 다시 보내준다. 지금까지 살펴본 다른 API와는 달리 이 API는 완전히 무상태(stateless)이므로 사용하기 전에 아무 것도 만들 필요가 없다. 그 대신 이미지를 보내면 자세한 내용을 확인할 수 있다.

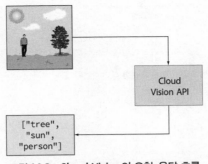

그림 14.2 Cloud Vision의 요청-응답 흐름

관리할 상태(state)가 없기 때문에 관심 있는 주석 유형을 지정하면 그 결과가 해당 주석만으로 제한된다. 각 주석 유형에 대한 세부 사항을 지정할 수 있지만, 한 번에 하나씩 살펴보도록 한다. 이미 레이블 주석에 대한 몇 가지 예제가 있으니 여기부터 시작해 보도록 하자.

14.1.1 레이블 주석

레이블은 Cloud Vision이 이미지에서 인식한 개념에 대한 간단한 텍스트 설명이다. 배운 바와 같이, 레이블은 이미지에서 발견되는 물리적인 것에 국한되지 않으며, 다른 많은 개념이 될 수 있다. 또한, 이미지 인식은 절대적인 사실로 이어지는 활동이 아니라는 것을 기억하는 것이 중요하다. 여러분이 나무처럼 보이는 것이 알고리즘으로는 전신주처럼 보일 수 있다. 일반적으로 나중에 사람이 결과를 검증할 수 있는 제안으로 처리하는 것이 가장 좋다. Cloud Vision API 에서 이미지에 레이블 주석을 달라고 요청하는 코드를 살펴보도록 하자. 먼저, 서비스 계정을 설정하고, 자격 증명을 다운로드해야 한다.

> NOTE 이 부분을 건너 뛰고 gcloud auth login을 실행하여 얻은 자격 증명을 사용하려고 시도하면 API가 사용 가능하지 않다는 오류를 표시할 것이다. 요청이 프로젝트를 통하지 않고, 대신 공유 프로젝트를 사용하는 OAuth 2.0 자격 증명 범위의 까다로운 문제라고 할 수 있다. 현재로서는 서비스 계정을 사용해야 한다는 것만 알면 된다.

서비스 계정을 얻으려면 클라우드 콘솔의 왼쪽 탐색 메뉴에서 IAM & 관리자를 선택한 다음, 서비스 계정을 선택한다. 서비스 계정 만들기를 클릭하고, 그림 14.3과 같이 몇 가지 세부 사항을 입력한다. 이 특정 서비스 계정이 수행할 수 있는 것을 제한하는 역할로 서비스 계정 사용자를 선택한다. 또한, 키 만들기를 체크하여 새로운 비공개키를 취득하는 것을 잊지 않도록 한다. 만들기를 클릭하면 .json 파일로 자동 다운로드가 시작된다. 이 파일은 다음 예제에서 key.json으로 사용된다.

그림 14.3   새 서비스 계정 만들기

키 파일을 가지고 나면 클라이언트 라이브러리를 설치해야 한다. 이렇게 하려면 npm install @google-cloud/vision@0.11.5를 실행하여 Node.js 클라이언트 라이브러리의 특정 버전을 다운로드한다. 다음으로 클라우드 콘솔을 사용하여 Cloud Vision API를 사용하도록 설정해야 한다. 이렇게 하려면 클라우드 콘솔 상단의 검색 창에 Cloud Vision API를 입력한다. 그러면 하나의 결과가 표시된다. 그 결과를 선택하고, 다음 페이지에서 사용 설정(Enable)을 클릭한다(그림 14.4 참고).

그림 14.4 Cloud Vision API를 활성화한다

이제 다 끝났으며 이미지 인식을 사용할 수 있다. 이 예에서는 dog.jpg라는 이름으로 저장된 개 이미지를 사용하여 Cloud Vision API가 표시되는 레이블을 확인한다.

리스트 14.1 개 이미지의 엔티티 인식하기

```
const vision = require('@google-cloud/vision')({
    projectId: 'your-project-id',      ◁─┤ 여기에 여러분의 프로젝트 ID를 지정한다.
    keyFilename: 'key.json'   ◁─┤ 이 경우 이전에 다운로드한 서비스 계정 키 파일을 가리켜야 한다.
});

vision.detectLabels('dog.jpg').then((data) => {   ◁─┤ detectLabels 메서드를 사용하여
    console.log('labels: ', data[0].join(', '));           이미지에 레이블 주석을 가져온다.
});
```

이 명령을 실행하면 다음과 같은 결과가 나타난다.

```
> labels: dog, mammal, vertebrate, setter, dog like mammal
```

분명히 이런 레이블들은 특정 레이블에서 모호함으로 바뀌어서, 만약 여러분이 하나 이상을 원한다면, 목록 아래로 더 깊이 있게 내려갈 수 있다. 하지만 특정 신뢰 수준을 가진 레이블만 사용하려면 어떻게 해야 할까? Cloud Vision에 "신뢰도가 75%인 레이블만 표시"라고 물어보려면 어떻게 해야 할까? 이러한 상황에서는 영상 및 주석에 대한 기타 많은 세부 정보가 표시되는 상세 모드를 설정할 수 있다. 다음 리스트에서 "상세 모드" 레이블 검출의 결과를 살펴보도록 하자.

리스트 14.2 상세 모드를 활성화하여 탐지된 레이블에 대한 추가 정보 얻기

```
const vision = require('@google-cloud/vision')({
  projectId: 'your-project-id',
  keyFilename: 'key.json'
});

vision.detectLabels('dog.jpg', {verbose: true})          detectLabels 호출에서
  ➡ .then((data) => {  ◀————————                         {verbose : true} 한정자를 확인한다.
  const labels = data[0];
  labels.forEach((label) => {  ◀——— 각 레이블(객체)을 살펴보고 출력한다.
    console.log(label);
  });
});
```

이 코드를 실행하면 다음에 보는 바와 같이 레이블 값보다 자세한 내용이 표시된다.

리스트 14.3 상세 출력에는 각 레이블에 대한 점수가 포함되어 있다

```
> { desc: 'dog', mid: '/m/0bt9lr', score: 96.969336 }
{ desc: 'mammal', mid: '/m/04rky', score: 92.070323 }
{ desc: 'vertebrate', mid: '/m/09686', score: 89.664793 }
{ desc: 'setter', mid: '/m/039ndd', score: 69.060057 }
{ desc: 'dog like mammal', mid: '/m/01z5f', score: 68.510407 }
```

이러한 레이블 값은 동일하지만, 두 개의 추가 필드인 중간값 및 점수도 포함된다. 중간값은
이것들을 저장할 때 사용하는 레이블의 불투명 ID(opaque ID)다. 점수는 각 라벨에 대한 신뢰
수준으로, Vision API가 각 레이블에 얼마나 정확한지 알 수 있다. 75% 신뢰도 이상으로 물건
을 찾는 예제의 코드는 다음 리스트와 비슷할 것이다.

리스트 14.4 75% 이상의 점수가 있는 레이블만 표시

```
const vision = require('@google-cloud/vision')({
  projectId: 'your-project-id',
  keyFilename: 'key.json'
});

vision.detectLabels('dog.jpg', {verbose: true}).then((data) => {
  const labels = data[0]                                      먼저 JavaScript의 .filter () 메서드를
    .filter((label) => { return label.score > 75; })  ◀—     사용하여 점수가 낮은
    .map((label) => { return label.desc; });  ◀————           모든 레이블을 제거한다.
  console.log('Accurate labels:', labels.join(', '));    다음으로 전체 객체가 아닌
});                                                      설명만 유지한다.
```

이것을 실행한 후에는 개, 포유류 및 척추동물로 밝혀진 신뢰도 75% 이상인 레이블만 보여야
한다.

> `Accurate labels: dog, mammal, vertebrate`

이제 레이블에 대해 이해했으므로 이미지 인식에서 한 걸음 더 나아가 이미지에서 얼굴을 감지하는 방법을 살펴보도록 하자.

14.1.2 얼굴

여러 면에서 얼굴을 감지하는 것은 레이블을 감지하는 것과 같다. 그러나 "이 사진에 있는 것"을 얻는 대신 각 얼굴의 위치 및 각 얼굴 특징의 위치(예: 왼쪽 눈은 이 위치에 있다)에 대한 세부 정보로 이미지의 얼굴에 대한 세부 정보를 얻는다. 또한, 행복, 분노, 놀라움 같은 것들과 함께 그 사람이 모자를 쓰고 있는지, 이미지가 흐려졌는지 등 얼굴의 감정에 대한 세부사항을 발견할 수 있다.

다른 이미지 인식 측면과 마찬가지로 이러한 많은 것들은 점수, 신뢰도, 가능도로 표현된다. 이전에 언급했듯이 이미지에 누군가 슬픈 상태인지를 확실히 알지 못하는 경우도 있다(아마도 단지 생각이 깊은 것일 수도 있다). API는 슬픈 얼굴 표정을 다른 얼굴 표정과 얼마나 비슷한지 표현할 것이다. 먼저, 간단한 테스트를 통해 이미지에 얼굴이 있는지 알아보도록 하자. 예를 들어, 이전의 개 이미지가 얼굴로 계산되는지, 아니면 Vision API가 사람만 고려하는지 궁금할 것이다. 다음 리스트를 보도록 한다.

리스트 14.5 개 이미지에서 얼굴이 있는지 감지하기

```
const vision = require('@google-cloud/vision')({
  projectId: 'your-project-id',
  keyFilename: 'key.json'
});

vision.detectFaces('dog.jpg').then((data) => {
  const faces = data[0];
  if (faces.length) {
    console.log("Yes! There's a face!");
  } else {
    console.log("Nope! There's no face in that image.");
  }
});
```

이 간단한 스니펫을 실행하면 개 얼굴은 계산하지 않는 것을 알 수 있다.

> `Nope! There's no face in that image`(아니! 그 이미지에는 얼굴이 없어).

글쎄, 이건 재미가 없었다. 얼굴과 이미지에 나타나는 다양한 주석을 모두 보도록 하자. 그림 14.5는 얼굴이 있는 것 같고, 꽤 행복해 보이는 모습이다.

그림 14.5 행복한 아이(kid.jpg)

다음 리스트에서 행복한 아이라고 생각하는 이미지를 보고, Cloud Vision API가 이 의견에 동의하는지 확인해 보도록 하자.

리스트 14.6 **얼굴과 그 얼굴의 감정 탐지**

```
const vision = require('@google-cloud/vision')({
  projectId: 'your-project-id',
  keyFilename: 'key.json'
});

vision.detectFaces('kid.jpg').then((data) => {
  const faces = data[0];
  faces.forEach((face) => {              ◁── 여기서 얼굴의 기쁨과 분노 속성을 사용한다.
    console.log('How sure are we that there is a face?', face.confidence + '%');
    console.log('Does the face look happy?', face.joy ? 'Yes' : 'No');
    console.log('Does the face look angry?', face.anger ? 'Yes' : 'No');
  });
});
```

이 스니펫을 실행하면 얼굴이 있다는 것을 확신할 수 있으며, 그 얼굴이 행복하다는 것을 알 수 있다(강아지의 그림에 대해 이와 같은 스크립트를 사용하면 개의 얼굴은 포함되지 않는다).

```
> How sure are we that there is a face? 99.97406%(얼굴이 있는지 얼마나 확신하는가?
  99.97406%)
Does the face look happy? Yes(얼굴이 행복해 보이는가? 예)
Does the face look angry? No(얼굴이 화나게 보이는가? 아니오)
```

그러나 잠깐, 그 감정에 대해 절대적인 확신처럼 보인다. 가능성이 있을 뿐 확실성은 없다고 생각한다. 이 경우, Node.js용 @ google-cloud/vision 클라이언트 라이브러리는 "가능성이 매우 높거나 매우 정확하다면 true를 사용하라"라고 말하면서 몇 가지 가정을 한다. 보다 구체적이고 가장 높은 신뢰 수준에서는 API 응답을 세부적으로 볼 수 있다. 아주 가능성이 있는 경우에만 아이가 행복하다는 것을 **확실하게** 말하고 싶은 예가 있다.

리스트 14.7 얼굴이 행복하거나 화가 났는지에 대한 엄격성 강화

```
const vision = require('@google-cloud/vision')({
  projectId: 'your-project-id',
  keyFilename: 'key.json'
});

vision.detectFaces('kid.jpg').then((data) => {
  const rawFaces = data[1]['responses'][0].faceAnnotations;
  const faces = data[0];

  faces.forEach((face, i) => {
    const rawFace = rawFaces[i];
    console.log('How sure are we that there is a face?', face.confidence + '%');
    console.log('Are we certain the face looks happy?',
            rawFace.joyLikelihood == 'VERY_LIKELY' ? 'Yes' : 'Not really');
    console.log('Are we certain the face looks angry?',
            rawFace.angerLikelihood == 'VERY_LIKELY' ? 'Yes' : 'Not really');
  });
});
```

> 데이터 속성에서 응답의 faceAnnotations 부분을 가져올 수 있다.

> 얼굴은 같은 순서여야 하므로 face 1은 annotation 1이다.

> joyLikelihood 속성을 자세히 보고, 그 값이 VERY_LIKELY(그리고 LIKELY가 아닌)인지 확인해야 한다.

이 작업을 실행한 후 즐거운 얼굴일 가능성이 VERY_LIKELY인 것으로 나타났으므로 API에서 이것이 행복한 아이라고 확신한다(동의하는 경우).

```
> How sure are we that there is a face? 99.97406005859375%(얼굴이 있는지 얼마나 확실한가?
  99.97406005859375%)
Are we certain the face looks happy? Yes(얼굴이 행복해 보이는지 확신할 수 있는가? 그렇다).
Are we certain the face looks angry? Not really(얼굴이 화가 났는지 확신할 수 있는가? 그렇지 않다).
```

다음으로 컴퓨터 비전의 다소 지루한 측면으로 넘어가 보도록 하자. 이미지에서 텍스트를 인식하기다.

14.1.3 텍스트 인식

텍스트 인식(때로 광학 문자 인식을 위한 OCR(Optical Character Recognition)이라고 함)은 데스크탑 이미지 스캐너가 등장했을 때 인기를 얻었다. 사람들은 문서를 스캔하여 문서의 이미지를 만들고 워드프로세서에서 해당 문서를 편집할 수 있기를 원했다. 많은 회사가 단어를 인식하고, 다른 전자 문서처럼 취급할 수 있는 텍스트에서 이미지로 문서를 변환하는 방법을 발견했다. Cloud Vision API를 사용하여 스캔한 문서를 인식하는 데 사용하지 못할지라도 상점에서 쇼핑할 때 레이블의 텍스트를 인식하려는 경우에 유용하게 활용할 수 있다. 이를 통해 이미지 인식이 어떻게 작동하는지 알 수 있다. 그림 14.6은 브루클린 카우보이 와이너리가 만든 와인 한 병의 그림이다.

그림 14.6   브루클린 카우보이 와이너리가 만든 와인 한 병의 레이블

그러면 다음과 같이 Cloud Vision API로 텍스트를 감지하도록 요청했을 때 무엇을 감지하는지 알아보도록 하자.

리스트 14.8   **이미지에서 텍스트 감지하기**

```
const vision = require('@google-cloud/vision')({
  projectId: 'your-project-id',
  keyFilename: 'key.json'
});                              detectText() 메서드를 사용하여
                                 이미지의 텍스트를 찾는다.

vision.detectText('wine.jpg').then((data) => {        텍스트의 모든 개행 문자를
  const textAnnotations = data[0];                    공백으로 바꿔 출력하기 쉽도록 한다.
  console.log('The label says:', textAnnotations[0].replace(/\n/g, ' '));
});
```

이 코드를 실행하면 다음과 같은 출력이 표시된다.

```
> The label says: BROOKLYN COWBOY WINERY(레이블에 다음과 같이 쓰여 있음: BROOKLYN
  COWBOY WINERY)
```

다른 유형의 이미지 인식과 마찬가지로 Cloud Vision API는 이미지에서 텍스트를 찾아 텍스

트로 변환하기 위해 최선을 다할 것이다. 쓸만하도록 텍스트를 결합하는 데는 항상 주관적인 면이 있기 때문에 완벽하지는 않다. 그림 14.7에서 볼 수 있는 흥미로운 인사말 카드가 어떻게 되는지 보도록 하자.

그림 14.7 감사 카드

우리와 같은 인간은 이 카드에 쓰여진 내용을 쉽게 이해할 수 있지만("Thank you so much" from "EVELYN & SEBASTIAN"), 컴퓨터의 경우 이 카드는 어려운 점이 있다. 첫째, 텍스트는 손글씨체와 겹침이 있는 글꼴이다. 둘째로, "so"는 "Thank you"와 "much" 사이 중간에 걸쳐 별난 위치에 있다. 컴퓨터가 멋진 글꼴의 텍스트를 인식할 수 있다고 해도, 그 단어는 단지 텍스트를 인식하는 것 이상을 필요로 한다. "감사합니다"라고 이해하는 것에 대한 이해. 카드를 만든 작가는 분명 "thank you", "so", "much"라는 세 가지 구분되는 텍스트 라인을 의도했을 것이다. 이 이미지를 이해하기 위해서 다음 리스트에 있는 Cloud Vision API로부터 나온 가공되지 않은 출력 결과를 살펴보도록 하자.

리스트 14.9 Vision API의 있는 그대로의 응답 보기

```
const vision = require('@google-cloud/vision')({
  projectId: 'your-project-id',
  keyFilename: 'key.json'
});

vision.detectText('card.png', {verbose: true})
    .then((data) => {              아래에 표시된 경계 상자 좌표를 포함하려면
  const textAnnotations = data[0];  여기에 자세한 정보 표시 모드(verbose mode)를 설정한다.
  textAnnotations.forEach((item) => {
    console.log(item);
  });
});
```

이 경우 Vision API는 하단의 "EVELYN & SEBASTIAN" 텍스트만 이해할 수 있으며, 다음 리스트에 표시된 것처럼 이미지에서 다른 것은 찾지 못하는 것으로 나타났다.

리스트 14.10 경계 상자를 포함하여 감지된 텍스트에 대한 세부 정보

```
> { desc: 'EVELYN & SEBASTIAN\n',
  bounds:
    [ { x: 323, y: 357 },
      { x: 590, y: 357 },
      { x: 590, y: 379 },
      { x: 323, y: 379 } ] }
  { desc: 'EVELYN',
    bounds:
      [ { x: 323, y: 357 },
        { x: 418, y: 357 },
        { x: 418, y: 379 },
        { x: 323, y: 379 } ] }
  { desc: '&',
    bounds:
      [ { x: 427, y: 357 },
        { x: 440, y: 357 },
        { x: 440, y: 379 },
        { x: 427, y: 379 } ] }
  { desc: 'SEBASTIAN',
    bounds:
      [ { x: 453, y: 357 },
        { x: 590, y: 357 },
        { x: 590, y: 379 },
        { x: 453, y: 379 } ] }
```

이 두 가지 예제를 통해 배운 바에 따르면 이미지를 이해하는 것이 복잡하고, 컴퓨터가 인간보다 뛰어난 성능을 발휘하지 못한다는 점이다. 즉, 명확한 텍스트 영역(예술적으로 보이는 텍스트가 아님)이 있으면 Cloud Vision API를 사용하여 유용한 텍스트 콘텐츠로 변환할 수 있다. 유명한 로고를 인식하는 이미지 인식의 또 다른 영역을 파헤쳐 보도록 하자.

14.1.4 로고 인식

알고 있듯이 로고는 종종 텍스트와 예술의 결합인 경우가 많다. 이는 컴퓨터가 이미지를 식별하는 것을 까다롭게 만들 수 있다. 때로는 텍스트를 감지하여 맞는 답을 찾을 수도 있지만(예를 들어, 구글 로고에서 텍스트 감지를 실행하려고 하면 올바른 답이 나올 가능성이 높다), 그렇지 않은 경우 제대로 작동하지 않을 수도 있다. 로고는 우리가 전에 보았던 감사 카드처럼 보일 수도 있고, 텍스트를 전혀 포함하지 않을 수도 있다(예: Starbucks 또는 Apple의 로고). 로고를 감지하는 어려움과 상관없이, 언젠가 저작권이 있거나 상표로 등록되어 있는 자료가 포함된 이미지를 삭제해야 하는 어쩔 수 없는 상황에 처할 수도 있다.

여기에서 Cloud Vision API의 로고 감지 기능이 필요해진다. 이미지를 통해 이미지에 회사 이름이 포함되어 있는지 여부와 관계없이 인기 있는 로고를 찾고 식별할 수 있다. 그림 14.8에서 볼 수 있는 가장 쉬운 예제부터 시작해서 몇 가지 간단한 예제를 살펴보도록 하자.

그림 14.8   FedEx 로고

다음 리스트와 같이 레이블 및 텍스트를 감지한 것과 비슷한 방식으로 이를 감지할 수 있다.

리스트 14.11   **이미지의 로고를 검출하는 스크립트**

```
const vision = require('@google-cloud/vision')({
  projectId: 'your-project-id',
  keyFilename: 'key.json'
});

vision.detectLogos('logo.png').then((data) => {
  const logos = data[0];
  console.log('Found the following logos:', logos.join(', '));
});
```

> 아래에서 볼 수 있는 경계 상자 좌표를 포함하려면 여기에 자세한 정보 표시 모드를 설정한다.

이 경우 예상대로 올바른 로고를 찾을 수 있다.

```
> Found the following logos: FedEx(다음 로고를 찾았음: FedEx)
```

이제 그림 14.9와 같이 보다 복잡한 로고를 사용하여 동일한 코드를 다시 실행해 본다.

그림 14.9   Tostitos 로고

이 로고에서 같은 코드를 다시 실행하면 그것이 무엇인지 알 수 있다!

```
> Found the following logos: Tostitos(다음 로고를 찾았음: Tostitos)
```

그러나 그림 14.10처럼 텍스트와 이미지가 없는 로고는 어떻게 될까?

그림 14.10 스타벅스 로고

같은 코드를 다시 실행하면 예상되는 결과를 얻을 수 있다.

> Found the following logos: Starbucks(다음 로고를 찾았음: Starbucks)

마지막으로 많은 로고가 들어 있는 이미지인 그림 14.11을 보도록 하자.

그림 14.11 서로 옆에 있는 피자헛과 KFC

이 경우 로고 감지기를 실행하면 두 가지 결과가 나타난다.

> Found the following logos: Pizza Hut, KFC(다음 로고를 찾았음: Pizza Hut, KFC)

사용자가 제공한 콘텐츠를 처리할 때 특히 유용하게 사용할 수 있는 검색 유형을 한 번 더 살펴보도록 하자. "안전 검색"이라고도 하며, 일반적으로 온라인에서 반대말로 알려져 있는 "NSFW"라는 단어는 "안전하지 않음"을 의미한다.[1]

1　**옮긴이** NSFW(Not Safe For Work)는 직장에서 보기에 적절하지 않다는 의미로 한국 온라인에서는 "후방주의" 등의 언어로 표현한다.

14.1.5 건전물 탐지

이미지 감지의 "퍼지(fuzziness)"에 관한 한, 이 영역은 작업에서 동일한 지침이나 문화를 가지고 있지 않다는 점에서 가장 애매한 경향이 있다. 이미지가 얼마나 부적절한지를 정량화하는 절대적인 수치를 생각해 낼 수 있다고 하더라도, 각 작업은 어떤 것이 적절한지에 대해 자체적으로 결정을 내려야 할 것이다.

아직 우리는 그런 능력을 갖기에는 운이 충분하지 않다. 미국 대법원도 음란물을 계량화할 수는 없었고, "눈으로 보면 알 수 있다"는 유명한 정의를 남겼다. 대법원 판사조차도 음란물을 정의할 수 없다면, 컴퓨터가 그것을 정의할 수 있을 것으로 기대하는 것은 다소 비합리적이라 할 수 있다. 수치가 전혀 없는 것보단 퍼지 수라도 있는 것이 낫다는 말이다. 여기에서는 Cloud Vision API 및 발견할 수 있는 몇 가지 사항을 살펴보도록 하겠다. 구글에서 이미지를 검색할 때 안전하지 않은 이미지를 필터링하는 것과 동일한 시각 알고리즘이기 때문에 이러한 퍼지를 편안히 사용할 수 있기를 바란다.

> **NOTE** 예상할 수 있듯이, 여기서는 포르노그래피 또는 폭력적인 데모 이미지를 사용하지 않을 것이다. 대신 이미지에서 이러한 속성의 부족을 지적할 것이다.

시작하기 전에 Cloud Vision API가 감지할 수 있는 다양한 안전 속성을 살펴보도록 한다. 언급했던 분명한 것은 API에서 "성인" 콘텐츠로 알려진 포르노그래피였다. 이러한 가능성은 이미지에 어떤 종류의 성인물이 포함되어 있는지 여부이며, 가장 일반적인 유형은 누드 형식인지 포르노그래피 형식인지다.

이미지가 의료 콘텐츠(예: 수술 사진 또는 발진)를 나타내는지 여부는 다소 다르지만, 관련이 있다. 의료 이미지와 성인용 이미지가 겹칠 수 있지만, 대부분의 이미지는 성인용 콘텐츠이며, 의료용은 아니다. 이 속성은 의대 또는 연구 시설과 같은 시나리오에서 규칙을 시행할 때 유용할 것이다. 성인용 콘텐츠와 마찬가지로 이미지가 폭력의 형태를 나타내는지도 마찬가지다. 성인용 콘텐츠와 마찬가지로 폭력물은 누가 그것을 보고 있느냐에 따라 다를 수 있는 주관적인 경향이 있다(예: 파리로 굴러 들어가는 탱크 사진을 보여주는 것은 폭력적이라고 여겨질 수 있다).

안전한 검색의 마지막 측면을 **스푸핑 탐지**라고 한다. 예상대로, 이 방법은 이미지가 어떻게 변경된 것처럼 보이는지를 감지한다. 특히, 변경으로 인해 이미지가 불쾌감을 주는 경우가 있을 수 있다. 이러한 변화에는 유명인 사진에 악마 뿔을 넣거나 기타 유사한 변경이 포함될 수 있다. 이제 다양한 종류의 안전 탐지 과정을 거쳤으므로 개 이미지를 다시 살펴보도록 한다. 이

번에는 안전하다고 생각하는지 여부를 조사할 것이다. 분명히 해야 하지만, Cloud Vision이 다음 리스트에 동의하는지 확인해 보자.

리스트 14.12 **무언가가 "안전한 작업"인지에 대한 속성을 탐지하는 스크립트**

```
const vision = require('@google-cloud/vision')({
  projectId: 'your-project-id',
  keyFilename: 'key.json'
});

vision.detectSafeSearch('dog.jpg').then((data) => {
  const safeAttributes = data[0];
  console.log(safeAttributes);
});
```

추측할수 있겠지만, 이 이미지는 폭력적이거나 포르노그래피가 아니다.

```
>  { adult: false, spoof: false, medical: false, violence: false }
```

이전에 배웠듯이, 이 true-false 값은 가능성이며, LIKELY와 VERY_LIKELY는 true가 되고, 그 밖에 나머지는 false가 된다. 더 자세한 정보를 얻으려면 이전에 보았던 자세한 정보 표시 모드를 사용해야 한다(다음 리스트 참고).

리스트 14.13 **Vision API의 자세한 출력 요청**

```
const vision = require('@google-cloud/vision')({
  projectId: 'your-project-id',
  keyFilename: 'key.json'
});

vision.detectSafeSearch('dog.jpg', {verbose: true}).then((data) => {
  const safeAttributes = data[0];
  console.log(safeAttributes);
});
```

예상과 같이 이 탐지 결과를 자세히 보여주면 이러한 모든 유형의 콘텐츠(스푸핑, 성인용, 의료용 및 폭력)는 unlikely로 나타난다.

```
> { adult: 'VERY_UNLIKELY',
  spoof: 'VERY_UNLIKELY',
  medical: 'VERY_UNLIKELY',
  violence: 'VERY_UNLIKELY' }
```

각 탐지가 수행하는 작업을 살펴보았지만, 한 번에 여러 가지를 탐지하려는 경우 어떻게 해야 할까? 여러 유형의 탐지를 단일 API 호출로 결합하는 방법을 알아보도록 하자.

14.1.6 다중 탐지 유형 결합

Cloud Vision API는 단일 API 호출에서 여러 유형의 탐지를 허용하도록 설계되었다. 예를 들어, detectText를 호출할 때 수행한 작업은 단일 측면만 분석하도록 특별하게 요청하는 것이다. 일반 탐지 방법을 사용하여 한 번에 여러 항목을 탐지하는 방법을 살펴보도록 하자. 그림 14.12의 이 사진은 직원들이 임금 인상을 요구하는 맥도날드에서 벌어진 시위다.

그러면 Cloud Vision API에 리스트 14.14의 로고뿐만 아니라 폭력 및 기타 일반 레이블을 찾을 수 있도록 요청했을 때 감지되는 것을 확인하자.

그림 14.12 맥도날드의 시위

리스트 14.14 동일한 요청에서 여러 주석 요청

```
const vision = require('@google-cloud/vision')({
  projectId: 'your-project-id',
  keyFilename: 'key.json'
});

vision.detect('protest.png', ['logos', 'safeSearch', 'labels']).then((data) => {
  const results = data[0];
  console.log('Does this image have logos?', results.logos.join(', '));
  console.log('Are there any labels for the image?', results.labels.join(', '));
  console.log('Does this image show violence?',
              results.safeSearch.violence ? 'Yes' : 'No');
});
```

일부 레이블과 로고가 이미지에 나타나지만, 군중이 폭력적인 유형을 유발하지 않는 것으로
나타났다.

```
> Does this image have logos? McDonald's(이 이미지에 로고가 있는가? 맥도날드의 로고)
Are there any labels for the image? crowd(이미지의 레이블이 있는가? 군중)
Does this image show violence? No(이 이미지는 폭력을 보여주는가? 아니오).
```

이미지 인식에 대한 자세한 내용을 살펴보았다. 그러나 이 모든 사례가 이번 달 말 여러분의
청구서에 어떻게 영향을 주는지는 언급하지 않았다. 잠시 시간을 내어 Cloud Vision API의 가
격을 보고, 프로젝트에서 편안하게 사용할 수 있도록 하자.

14.2 가격 책정의 이해

지금까지 읽은 대부분의 API와 마찬가지로 Cloud Vision은 각 API 요청에 대해 정해진 금액
을 청구하는 Pay-as-you-go 가격 정책 모델을 따른다. 하지만 코드에서 명확하지 않은 점은
비용이 많이 드는 각 API 요청이 아니라 각 유형의 탐지다. 예를 들어, 로고, 안전한 검색 및
레이블을 요청한 시위 이미지에서 했던 것처럼 요청을 하면 해당 기능에 대해 하나의 요청을
하는 것과 동일한 비용이 청구된다. 한 번에 여러 탐지를 실행하면 얻을 수 있는 유일한 이점
은 가격이 아니라 대기 시간이다.

좋은 소식은 특정 Cloud Vision API 티어로 월간 1,000건의 요청을 완전히 무료로 사용할 수
있다는 것이다. 우리가 수행했던 예들은 전혀 비용이 들지 않는다. 이러한 무료 요청이 모두
사용된 후에는 1,000건의 요청(요청당 약 $0.0015)마다 $1.50의 가격이 책정된다. 요청은 하나의
기능을 요구하는 것으로 정의된다(하나의 이미지에서 로고와 레이블을 요구하는 것은 두 가지 요청
이다). Cloud Vision API를 사용하면 점점 더 많은 일을 할 수 있으므로 일괄 가격 할인 혜택
을 받을 수 있다. 관심이 있다면 이를 확인해 볼 수 있다. 비용에 대하여 충분히 살펴보았으니
InstaSnap 애플리케이션에서 이 API를 사용하는 방법을 살펴보도록 하자.

14.3 사례 연구: 유효한 프로필 사진 적용

기억하겠지만 InstaSnap은 이미지를 업로드하고 친구들과 공유할 수 있는 애플리케이션이다.
Google Cloud Storage가 가장 적합한 것처럼 보였던 이미지 저장소에 대해 이야기했지만, 프로

필 사진에 사람이 있는지 확인하려면 어떻게 해야 할까? 혹은 적어도 사람이 없다는 경고라도 표시하려면 어떻게 해야 할까? Cloud Vision API를 사용하여 이 작업을 수행하는 방법을 살펴보도록 하자. 여기까지 읽은 후에는 여기에 필요한 탐지 유형인 얼굴에 대해 잘 알고 있어야 한다. 애플리케이션에서 이것이 어떻게 작동할 수 있는지의 흐름이 그림 14.13에 나와 있다.

여기서 볼 수 있듯이 사용자는 잠재적인 프로필 사진을 InstaSnap 애플리케이션에 업로드하는 것으로 시작한다(1). 일단 수신되면 Cloud Storage에 저장된다(2). 그런 다음 Cloud Vision API로 전송(3)하여 얼굴이 있는지 확인한다. 그런 다음 응답 내용을 사용하여 얼굴이 있는지 여부를 플래그(4)한 다음, 해당 플래그를 다른 정보와 함께 사용자에게 다시 전달한다(5). 만약 누군가가 그들의 프로필 사진이 그들 고양이의 사진이 되기를 바란다고 해도 괜찮다. 그들에게 그것에 대해 경고만 하면 된다.

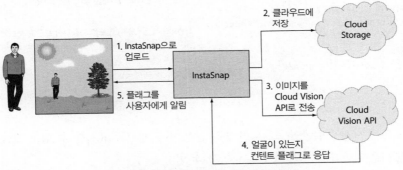

그림 14.13   유효한 프로필 사진 적용의 흐름

Cloud Storage에 데이터를 업로드하는 방법을 이미 배웠으므로(8장 참고) 우선 경고를 결정하는 기능을 작성한 다음, 기존 애플리케이션에 연결하는 방법을 집중하여 살펴보도록 하자. 다음 함수는 몇 줄의 코드를 사용하여 주어진 이미지를 가져와서 얼굴이 이미지에 있는지 여부에 대한 Boolean 값을 반환한다. 이 함수는 애플리케이션에서 공유할 비전 클라이언트를 이미 구축했다고 가정한다.

리스트 14.15   이미지에 얼굴이 있는지를 결정하는 도우미 함수

```
const imageHasFace = (imageUrl) => {          ◄───  나중에 이 imageHasFace
  return vision.detectFaces(imageUrl).then( (data) => {    메소드를 사용하여
    const faces = data[0];                                 경고를 표시할지
    return (faces.length == 0);                            여부를 결정한다.
  });
}
```

이 도우미 메소드를 사용하면 사용자가 새 프로필 사진을 업로드할 때 호출되는 요청 핸들러에 이 메소드를 연결하는 방법을 볼 수 있다. 다음 코드는 더 큰 시스템의 일부이므로 uploadToCloudStorage와 같은 일부 메소드는 정의되지 않은 상태로 둔다.

리스트 14.16 플로우에 검증 단계 추가하기

입력되는 프로필 사진에 대한 요청 핸들러를 정의하여 시작한다.
이 메소드는 Express와 같은 라이브러리에서 사용하는
표준 request/response 스타일을 따른다.

약속된 플로우를 통해
API 응답을 빌드할 때
일반 객체를 사용하여
API 응답을 저장한다.

```javascript
const handleIncomingProfilePhoto = (req, res) => {
  const apiResponse = {};
  const url = req.user.username + '-profile-' + req.files.photo.name;
  return uploadToCloudStorage(url, req.files.photo)
    .then( () => {
      apiResponse.url = url;
      return imageHasFace(url);
    })
    .then( (hasFace) => {
      apiResponse.hasFace = hasFace;
    })
    .then( () => {
      res.send(apiResponse);
    });
}
```

문제를 해결하려면 먼저 사진 자체를 Cloud Storage 버킷에 업로드한다.
이 메소드는 다른 곳에 정의되어 있지만, 원한다면 쉽게 작성할 수 있다.

도우미 함수의 응답을 기반으로 API 응답 객체에 이미지가
얼굴인지를 나타내는 플래그를 설정한다.

애플리케이션에서 이 필드를 사용하여 프로필 사진에 대한
경고를 사용자에게 표시할지 여부를 결정할 수 있다.

마지막으로 클라이언트에게 응답을 보낸다.

이제 업로드한 사진에 얼굴이 포함되어 있지 않은 경우 경고를 표시할 수 있는 고급 사진 업로드 핸들러로 전환할 수 있는 방법을 파악할 수 있다.

요약

- 이미지 인식은 사진과 같은 시각적 콘텐츠를 가져와서 정보(예: 텍스트 레이블)로 주석을 달 수 있는 기능이다.

- Cloud Vision은 얼굴 및 로고 인식, 내용의 안전 여부 확인, 주요 색상 찾기 및 사진에 표시되는 항목 레이블 지정을 포함하여 사진에 많은 주석을 추가할 수 있는 이미지 인식의 호스팅 서비스다.

- Cloud Vision은 머신러닝을 사용하기 때문에 계속 개선되고 있다. 즉, 시간이 지남에 따라 동일한 이미지가 다른(더 정확한) 주석을 생성할 수 있다.

15

Cloud Natural Language: 텍스트 분석

이 장에서는 다음의 내용을 다룬다.

- 자연어 처리 개요
- Cloud Natural Language API의 작동 방법
- Cloud Natural Language가 지원하는 다양한 유형의 분석
- Cloud Natural Language 가격 산정 방법
- 해시 태그 제안 예제

자연어 처리는 텍스트 내용을 입력으로 받은 다음 구조적 의미 또는 이해를 출력으로 유도하는 방식이다. 예를 들어, "I'm going to the mall(나는 쇼핑몰에 갈 것이다.)"이라는 문장을 받아 {action : "going", target : "mall"}을 끌어 낼 수 있다. 이것은 보이는 것보다 훨씬 어렵다는 것을 알 것이다. 다음의 모호한 문장을 보면 더 확실히 알 수 있다.

Joe drives his Broncos to work. (조는 그의 Broncos를 운전하여 일을 하러 간다.)

분명하게 "driven"에는 무엇을 가리키는지 정확성에 모호함이 있다. 현재 "driving"은 차량을 조종하는 것을 가리킬 확률이 높지만, 약 100년 전에 이 말을 한 것이라면 아마도 말을 가리켰을 것이다. 미국에서 덴버는 같은 이름의 스포츠 팀을 가지고 있기 때문에 Joe가 코치하고 있는 팀을 가리킬 수도 있다(예: "Joe drives his Broncos to victory(조는 그의 팀 Broncos를 승리로 이

끈다).”). Wikipedia에서 **Bronco**라는 용어를 보면 22개 스포츠 팀, 4개의 차량, 몇 가지 다른 것들(기본값, 말을 포함)을 포함하여 잠재적인 의미의 긴 목록이 나온다.

사실 이 문장은 모호하다. Joe가 자신의 야생마를 자신의 직장으로 보내야 한다는 것을 의미하는지, 또는 소유하고 있는 많은 Ford Bronco 자동차 중 하나에 타서 일하거나, 완전히 다른 것으로 이동하기 위해 그 중 하나를 사용하는지는 확실하게 알 수 없다. 요점은 더 많은 문맥이 없으면 문장의 의미를 정확하게 결정할 수 없으므로 컴퓨터가 그렇게 하기를 기대하는 것은 무리라는 것이다.

이 때문에 자연어 처리는 복잡하고, 여전히 많은 연구 활동이 필요한 영역으로 남아 있다. Cloud Natural Language API는 이를 단순화하여 모든 연구 논문을 보완하지 않고, 머신러닝을 사용하여 텍스트 콘텐츠를 처리할 수 있도록 한다. 어떤 머신러닝 API와 마찬가지로 결과는 가장 좋은 추측이다. 결과를 절대적인 것이 아니라 시간이 지나면 변할 수 있는 제안으로 간주한다. Cloud NL API가 할 수 있는 것을 탐구하면서 실제 생활에서 어떻게 사용할 수 있는지 살펴보도록 하자.

15.1 Natural Language API는 어떻게 작동하는가?

구글 클라우드의 다른 머신러닝 API와 마찬가지로 Natural Language API는 입력(여기의 경우 입력은 텍스트)을 보내면 텍스트에 대한 일부 주석 집합을 반환하는 무상태 API다. 다음 그림 15.1을 참조한다.

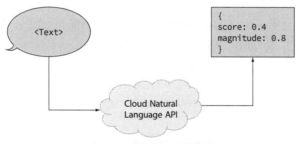

그림 15.1 자연어 API 흐름 개요

이 글을 쓰는 시점에서 NL API는 문법(syntax), 엔티티(entities), 감정(sentiment)의 3가지 입력 텍스트 기능에 주석을 추가할 수 있다. 그들이 의미하는 바를 알기 위해 각각을 간단히 살펴보도록 하자.

- **문법(Syntax):** 초등학교에서 문장을 쓰는 것과 마찬가지로 NL API는 문서를 문장으로 파싱하고, 그것을 따라서 "토큰(tokens)"을 찾아낼 수 있다. 이 토큰에는 음성의 일부분, 토큰의 표준 형식 등이 있다.
- **엔티티(Entities):** NL API는 문장의 문법을 파싱할 수 있다. 그런 다음 각 토큰을 개별적으로 보고, 구글의 지식 그래프에서 조회하여 두 항목을 연관시킬 수 있다. 예를 들어, 유명한 사람(예: 버락 오바마(Barack Obama))에 대한 문장을 작성하면 문장은 버락 오바마에 관한 것이며, 지식 그래프에서 특정 엔티티에 대한 포인터를 갖게 된다. 또한, 현명함(또는 "명성")의 개념을 사용하면 문장이 버락 오바마에 초점을 맞췄는지, 아니면 그가 지나가면서 언급한 것인지를 알 수 있다.
- **감정(Sentiment):** 아마도 NL API의 가장 흥미로운 면은 텍스트에 포함된 감정적인 내용을 이해함과 동시에 주어진 문장이 긍정적이거나 부정적 감정을 표현하며, 얼마만큼의 양으로 표현되는지를 인식할 수 있는 능력이다. 주어진 문장을 보고 저자가 표현하려고 했던 감정을 알 수 있다.

모든 머신러닝 API와 마찬가지로 이러한 값은 어느 정도 "퍼지"로 취급되어야 한다. 심지어 인간의 두뇌도 반드시 완벽하게 정확한 답을 만들어 낼 수 없다. 그러나 올바른 방향으로 힌트를 갖는 것은 텍스트에 대해 알지 못하는 것보다는 낫다. 이 분석의 몇몇 감정에서 시작하여 어떻게 작동하는지 살펴보도록 하자.

15.2 감정 분석

"이해"의 흥미로운 한 가지 측면은 말한 것에 대한 감정이나 감정을 인식하는 것이다. 인간으로서 우리는 일반적으로 주어진 문장이 행복하거나 슬픈지 여부를 구분할 수 있지만, 컴퓨터에 이것을 요구하면 여전히 상대적으로 어려운 기능일 것이다. 예를 들어, "I like this car(나는 이 차가 좋다)."라는 문장은 우리 대부분이 긍정적이라고 생각할 수 있는 문장이며, "This car is ugly(이 자동차는 못생겼다)."라는 문장은 "부정적인"것으로 간주될 것이다. 하지만 긍정과 부정이 모두 있는 특이한 경우라면 어떨까?

"이 차는 정말 예쁘다. 그것은 또한 끔찍한 연비를 가지고 있다." 이 두 문장은 차에 대한 좋은 점과 나쁜 점을 표현하고 있기 때문에 긍정과 부정의 중간 어디쯤에 있다. "이것은 자동차다(This is a car)."와 같은 진정한 중립적인 문장과는 완전히 다르다. 그렇다면 어떻게 진정으로 중립적이고 감정이 없는 입력과 긍정적인 감정이 부정적인 것을 상쇄하기 때문에 중립적이 되는 감정적 입력을 구별할 수 있을까?

이를 위해서는 감정 자체와 최종 감정 결과가 나오기 시작한 전반적인 감정의 양을 추적해야 한다. 표 15.1은 감정 정도가 높더라도 전반적인 감정이 중립적으로 끝날 수 있는 문장을 포함한다.

표 15.1 **비슷한 감정과 다른 감정의 문장 비교**

문장	감정	크기
"이 차는 정말 예쁘다."	긍정	높음
"이 차는 못생겼다."	부정	높음
"이 차는 예쁘다. 또한, 끔찍한 연비를 가지고 있다."	중립	높음
"이것은 자동차다."	중립	낮음

이것을 좀 더 기술적인 방법으로 표현하려고 하면 전체 감정을 벡터로 표현하여 긍정(또는 부정적) 등급과 그 감정이 얼마나 강하게 표현되는지를 나타내는 크기로 모두 표현할 수 있다. 그런 다음 전체적인 감정과 크기를 생각해 내기 위해 두 벡터를 더하여 그림 15.2와 같은 최종 벡터를 얻는다. 비록 감정 차원이 서로를 상쇄하고 대부분 전반적으로 중립적인 감정을 결과로 돌려주더라도 벡터의 크기 수치가 양쪽 모두의 합이 된다는 것은 명백해져야 한다.

그림 15.2 **다중 감정 벡터를 최종 벡터로 결합**

점수가 중요할 경우(예를 들어, 중립에 가깝지 않은 경우) 그 크기는 도움이 되지 않는다. 그러나 긍정과 부정이 서로 상쇄되는 경우, 진정한 감정이 없는 입력과 긍정과 부정이 서로를 중화시키는 것을 구분할 수 있다. Natural Language API에 텍스트를 보내면 점수와 크기가 다시 표시되어 이러한 두 가지 측면의 정서를 나타낸다. 그림 15.3에서와 같이 점수는 −1과 1 사이의 숫자가 될 것이다(음수는 부정적 감정을 나타냄). 즉, "중립적인" 문장은 점수가 0에 가까울 것이다.

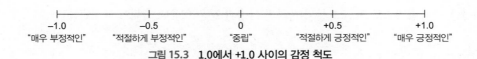

그림 15.3 1.0에서 +1.0 사이의 감정 척도

점수가 0에 가까울 경우, 크기 값은 감정이 실제로 얼마나 많이 들어갔는지를 나타낸다. 크기는 0보다 큰 숫자이며, 0은 문장이 완전히 중립이고, 큰 숫자는 더 많은 감정을 나타낸다. 단일 문장의 경우, 문장이 분석된 최소 단위이므로 점수와 크기는 동일하다. 이것은 기이하게도 긍정적이거나 부정적인 감정을 모두 포함하는 문장이 동일한 정보를 갖는 두 문장과는 다른 결과를 나타냄을 의미한다. 이것이 어떻게 작동하는지 알아보기 위해 몇 가지 간단한 문장의 감정을 분석하는 코드를 작성해 보자.

NOTE 이전에 읽었던 것처럼 이 API를 사용하려면 서비스 계정 및 자격 증명이 있어야 한다.

먼저 클라우드 콘솔을 사용하여 Natural Language API를 사용하도록 설정한다. 페이지 상단의 기본 검색 창에서 "Cloud Natural Language API"를 검색하면 이를 수행할 수 있다. 이 쿼리에는 하나의 결과가 나올 것이며, 클릭하면 그림 15.4와 같이 커다란 사용 설정 버튼이 있는 페이지로 이동한다. 이를 클릭하면 준비가 된 것이다.

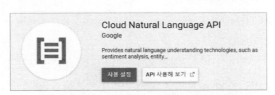

그림 15.4 Natural Language API 활성화

이제 Node.js용 클라이언트 라이브러리를 설치해야 한다. 이렇게 하려면 npm install @google-cloud/language@0.8.0을 실행한 다음, 다음의 리스트에 있는 몇 가지 코드를 작성하면 된다.

리스트 15.1 **샘플 문장에 대한 감정 감지하기**

```
const language = require('@google-cloud/language')({
  projectId: 'your-project-id',        ◁──  프로젝트 ID가 서비스 계정의 자격 증명과
  keyFilename: 'key.json'                    일치해야 함을 잊지 않도록 한다.
});                            자격 증명을 위해 서비스 계정 키 파일을 사용한다.
                               그렇지 않으면 코드가 작동하지 않는다.
language.detectSentiment('This car is really pretty.').then((result) => {
console.log('Score:', result[0]);
});
```

적절한 자격 증명으로 이 코드를 실행하면 다음과 같은 내용의 출력이 표시된다.

```
> Score: 0.5(점수: 0.5)
```

그 문장의 전체적인 감정이 어느 정도 긍정적이었던 것은 놀라운 일이 아니다. 0.5가 완전한 음수(-1.0)와 완전한 양수(1.0) 사이의(중간이 아닌) 75%라는 사실을 기억하자. 점수에 대해 약간 다른 값을 얻는다면 완전히 정상이라고 할 수 있다. 모든 머신러닝 API를 사용하면 출력을 생성하는 알고리즘 및 기본 시스템이 지속적으로 학습되고 향상되므로 여기에 나온 구체적인 결과는 시간에 따라 다를 수 있다. 다음에 나와 있는 전반적으로 중립적인 문장 중 하나를 살펴보도록 하자.

리스트 15.2 중립적인 샘플 문장에 대한 감정 탐지하기

```
const language = require('@google-cloud/language')({
  projectId: 'your-project-id',
  keyFilename: 'key.json'
});

const content = 'This car is nice. It also gets terrible gas mileage!';
language.detectSentiment(content).then((result) => {
console.log('Score:', result[0]);
});
```

이것을 실행하면 우리가 예측한 바를 정확히 알 수 있다. 점수는 0이다. 전반적으로 "중립적"이지만, 매우 감성적인 콘텐츠와 진정으로 중립적인 콘텐츠를 어떻게 구분할 수 있을까? 다음 리스트에서 볼 수 있듯이 두 입력을 비교하면서 요청의 상세도를 높여 보도록 하자.

리스트 15.3 중립적인 문장과 비감상적인 문장의 차이 표현

```
const language = require('@google-cloud/language')({
  projectId: 'your-project-id',
  keyFilename: 'key.json'
});

const inputs = [                                          이 입력은 감정적이지만, 전반적으로 중립에 가깝다.
  'This car is nice. It also gets terrible gas mileage!',
  'This is a car.'  ◄──  이 문장은 비감정적이어서 전반적으로 중립적이어야 한다.
];

inputs.forEach((content) => {
  language.detectSentiment(content, {verbose: true})  ◄──  점수 외에도 크기를 포함하는
    .then((result) => {                                      "상세 모드" 출력을 요청한다.
      const data = result[0];
```

```
    console.log([
      'Results for "' + content + '":',
      '  Score:      ' + data.score,
      '  Magntiude: ' + data.magnitude
    ].join('\n'));
  });
});
```

이 프로그램을 실행하면 다음과 같은 내용이 표시된다.

```
Results for "This is a car.":
  Score:      0.20000000298023224
  Magntiude: 0.20000000298023224
Results for "This car is nice. It also gets terrible gas mileage!":
  Score:      0
  Magntiude: 1.2999999523162842
```

보다시피 "중립적인" 문장은 꽤 감정이 있었다. 또한, 중립적인 문장("This is a car.")은 전반적으로 약간 긍정적인 평가를 받은 것으로 보인다. 이는 명확하고 보편적인 정답 없이 콘텐츠의 정서를 판단하는 것이 약간은 애매모호한 과정이라는 것을 보여준다. 이제 감정의 텍스트를 분석하는 방법을 이해했으므로 다른 분석 영역으로 돌아가서 주어진 입력에서 키 엔티티를 인식하는 방법을 살펴보도록 하자.

15.3 엔티티 인식

엔티티 인식은 입력 텍스트가 사람, 장소, 조직, 예술 작품 또는 고유 명사로 간주되는 기타 특수 개체를 포함하는지 여부를 결정한다. 그것은 토큰에 대한 문장을 파싱하고 구글이 지식 그래프에 저장한 엔티티와 토큰을 비교하여 작동한다. 이 프로세스를 사용하면 API가 평범한 텍스트 일치 검색 대신 문맥에서 사물을 인식할 수 있다.

또한, API는 사용에 따라 특수한 용어(예: 과일 "blackberry"와 전화기 "blackberry")를 구별할 수 있음을 의미한다. 전반적으로 텍스트 입력에 관한 태그나 메타 데이터를 제안하는 것과 같은 일을 하는 데 관심이 있다면 엔티티 검색을 사용하여 입력에 있는 엔티티를 확인할 수 있다. 이를 실제로 보려면 다음 문장을 보도록 한다.

Barack Obama prefers an iPhone over a Blackberry when vacationing in Hawaii(Barack Obama 는 하와이에서 휴가를 보낼 때 Blackberry보다 iPhone을 선호한다).

이 문장을 가지고 다음 리스트에 나와 있는 것처럼 언급된 모든 엔티티를 식별해 보자.

리스트 15.4 **샘플 문장에서 엔티티 인식하기**

```
const language = require('@google-cloud/language')({
  projectId: 'your-project-id',
  keyFilename: 'key.json'
});

const content = 'Barack Obama prefers an iPhone over a Blackberry when ' +
                'vacationing in Hawaii.';

language.detectEntities(content).then((result) => {
  console.log(result[0]);
});
```

이것을 실행하면 다음과 같은 출력이 보일 것이다.

```
> { people: [ 'Barack Obama' ],
  goods: [ 'iPhone' ],
  organizations: [ 'Blackberry' ],
  places: [ 'Hawaii' ] }
```

보다시피 Natural Language API는 Barack Obama, iPhone, Blackberry 및 Hawaii라는 네 개의 별개의 엔티티를 감지했다. 이 기능은 유명한 사람이나 특정 장소가 주어진 문장에서 언급되는지 여부를 알아내려 할 때 도움이 될 수 있다.

그러나 이 모든 용어가 문장에서 똑같이 중요하다고 할 수 있을까? "버락 오바마"가 "하와이"보다 문장에서 훨씬 두드러졌다고 보인다. Natural Language API는 두드러진 수준을 구분할 수 있다. 그것은 문장에서 얼마나 중요한지에 따라 항목의 순위를 매기려고 한다. 예를 들어, 문장에서 가장 중요한 항목(또는 상위 3개)만 고려할 수 있다. 이 추가 데이터를 보려면 여기에 표시된 대로 엔티티를 검색할 때 상세 모드를 사용한다.

리스트 15.5 **상세 모드를 켜서 엔티티 감지하기**

```
const language = require('@google-cloud/language')({
  projectId: 'your-project-id',
  keyFilename: 'key.json'
});

const content = 'Barack Obama prefers an iPhone over a Blackberry when ' +
'vacationing in Hawaii.';
const options = {verbose: true}; ◀──┤ 주석 결과에 대한 추가 컨텍스트를 얻으려면
                                     {verbose : true}를 사용한다.
```

```
language.detectEntities(content, options).then((result) => {
  console.log(result[0]);
});
```

엔티티 이름을 보는 대신 코드를 실행하면 엔티티 카테고리(유형), 추가 메타 데이터(엔티티의 고유 ID 포함)와 함께 가장 중요한 입력값에서 주어진 엔티티가 얼마나 중요한지를 0에서 1까지 스코어로 표시하는 중요도(salience)를 볼 수 있다.

```
> { people:
   [ { name: 'Barack Obama',
       type: 'PERSON',
       metadata: [Object],
       salience: 0.5521853566169739,
       mentions: [Object] } ],
  goods:
   [ { name: 'iPhone',
       type: 'CONSUMER_GOOD',
       metadata: [Object],
       salience: 0.1787826418876648,
       mentions: [Object] } ],
  organizations:
   [ { name: 'Blackberry',
       type: 'ORGANIZATION',
       metadata: [Object],
salience: 0.15308542549610138,
       mentions: [Object] } ],
  places:
   [ { name: 'Hawaii',
       type: 'LOCATION',
       metadata: [Object],
       salience: 0.11594659835100174,
       mentions: [Object] } ] }
```

주어진 문장에서 가장 중요한 엔티티를 구체적으로 얻고 싶다면 어떻게 해야 할까? 구문이 중요도에 어떤 영향을 미칠까? 다음 두 문장을 살펴보자.

1. "Barack Obama prefers an iPhone over a Blackberry when in Hawaii(Barack Obama는 하와이에 있을 때 Blackberry보다 iPhone을 선호한다)."

2. "When in Hawaii an iPhone, not a Blackberry, is Barack Obama's preferred device(하와이에 있을 때는 Blackberry가 아닌 iPhone이 Barack Obama의 선호 기기다)."

다음 리스트에서 두 가지 예를 살펴보고, 가장 중요한 것으로 판단되는 항목을 API에 요청하자.

```javascript
const language = require('@google-cloud/language')({
  projectId: 'your-project-id',
  keyFilename: 'key.json'
});

const inputs = [
  'Barack Obama prefers an iPhone over a Blackberry when in Hawaii.',
  'When in Hawaii an iPhone, not a Blackberry, is Barack Obama\'s
    ➥ preferred device.',

];
const options = {verbose: true};

inputs.forEach((content) => {
  language.detectEntities(content, options).then((result) => {
    const entities = result[1].entities;
    entities.sort((a, b) => {
      return -(a.salience - b.salience);    ← 중요도를 줄임으로써 엔티티를 정렬한다
    });                                       (가장 큰 중요도 우선).
    console.log(
      'For the sentence "' + content + '"',
      '\n The most important entity is:', entities[0].name,
      '(' + entities[0].salience + ')');
  });
});
```

이 코드를 실행한 후, 유사한 문장의 다른 구문으로 나타나는 값의 차이를 볼 수 있다. 다음에 보여지는 것과 같이 특정한 문자열 집합을 문장에서의 중요도보다는 단지 보이는 것을 나타내는 것으로 인식하는 기본적인 방법과 비교해 보자.

```
> For the sentence "Barack Obama prefers an iPhone over a Blackberry when in Hawaii."
  The most important entity is: Barack Obama (0.5521853566169739)
For the sentence "When in Hawaii an iPhone, not a Blackberry, is Barack Obama's
preferred device."
  The most important entity is: Hawaii (0.44054606556892395)
```

"Barack Obama는 하와이에 있을 때 Blackberry보다 iPhone을 선호한다." 이 문장에서 가장 중요한 엔티티는 다음과 같다. 버락 오바마(0.5521853566169739). "하와이에 있을 때는 Blackberry가 아닌 iPhone이 Barack Obama의 선호 기기다." 이 문장에서 가장 중요한 엔티티는 하와이(0.44054606556892395)다.

한 단계 더 나아가서 영어 이외의 언어로 입력하면 어떤 일이 발생하는지 확인하자.

Hugo Chavez era un dictador de Venezuela(우고 차베스는 베네수엘라 독재자였다).

Natural Language API는 현재 영어(Spanish) 이외의 언어도 지원한다. 현재 스페인어(es)와 일본어(jp) 모두를 포함하고 있다. "Hugo Chavez was a dictator of Venezuela(우고 차베스는 베네수엘라의 독재자였다.)"라고 번역된 샘플 스페인어 문장에서 엔티티 분석을 실행한다. 다음 리스트를 참조한다.

리스트 15.7 스페인어로 엔티티 감지하기

```
const language = require('@google-cloud/language')({
  projectId: 'your-project-id',
  keyFilename: 'key.json'
});

language.detectEntities('Hugo Chavez era de Venezuela.', {
  verbose: true,      ◁──┤ 중요도 순위를 보려면 상세 모드를 켠다.
  language: 'es'      ◁──
}).then((result) => {          여기서 스페인어에 BCP-47 언어 코드를 사용한다.
  console.log(result[0]);      이 값을 비워 두면 API가 현재 사용 중인 언어를 추측한다.
});
```

이 코드를 실행하면 다음과 같은 내용이 표시된다.

```
> { people:
   [ { name: 'Hugo Chavez',
       type: 'PERSON',
       metadata: [Object],
       salience: 0.7915874123573303,
       mentions: [Object] } ],
  places:
   [ { name: 'Venezuela',
       type: 'LOCATION',
       metadata: [Object],
       salience: 0.20841257274150848,
       mentions: [Object] } ] }
```

보다시피 결과는 API가 "Hugo Chavez"와 "Venezuela"를 인식할 것으로 기대된다. 이제 Natural Language API에서 제공하는 텍스트 분석의 최종 영역인 문법으로 이동하자.

15.4 문법 분석

초등학교 때 선생님이 말하기의 다양한 부분으로 구절, 동사, 명사, 분사, 부사같은 것들을 찾아내어 도표로 만들어 보라고 했던 기억이 있을 것이다. 어떤 면에서 도표는 의존성 그래프라 할 수 있고, 이 그래프를 사용하면 문장의 핵심을 보고, 수식어와 다른 중요하지 않은 정보는 옆으로 치워 둘 것이다. 예를 들기 위해서 다음 문장을 보도록 하자.

The farmers gave their kids fresh vegetables(농부들은 아이들에게 신선한 채소를 주었다).

선생님이 우리에게 가르쳐 주었던 방식으로 이 문장을 도표화하면 그림 15.5와 같은 모습이 보일 것이다.

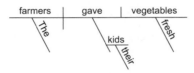

그림 15.5 샘플 문장의 도표

비슷하게, Natural Language API는 입력과 동일한 문장을 제공하는 의존성 그래프를 제공할 수 있다. API는 자연어 입력에 대한 고유한 머신러닝 알고리즘을 쉽게 작성할 수 있도록 구문 트리를 작성하는 기능을 제공한다. 예를 들어, 문장이 의미 있는지를 감지하는 시스템을 만들고 싶다고 하자. 이 API의 구문 트리를 입력 데이터 처리의 첫 번째 단계로 사용할 수 있다. 그런 다음 구문 트리를 기반으로 그림 15.6처럼 주어진 입력에 대해 감지 점수를 반환하는 모델을 작성할 수 있다.

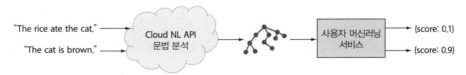

그림 15.6 감정 탐지 서비스 예의 파이프라인

애플리케이션에서 이 API를 직접 사용하지는 않지만, 하위 수준의 데이터 처리, 직접 사용할 모델 작성에 유용할 수 있다. 이 API는 문장에 대한 입력에서 먼저 구문을 분석하고, 문장을 토큰화하고, 각 단어의 품사를 인식하고, 모든 단어가 문장에서 어떻게 일치하는지 트리를 작성하도록 한다. 예제 문장을 다시 사용하여 API가 입력을 이해하고, 다음 리스트의 트리로 토큰화하는 방법을 살펴보도록 하자.

```
const language = require('@google-cloud/language')({
  projectId: 'your-project-id',
  keyFilename: 'key.json'
});

const content = 'The farmers gave their kids fresh vegetables.';
language.detectSyntax(content).then((result) => {
    const tokens = result[0];
    tokens.forEach((token, index) => {
      const parentIndex = token.dependencyEdge.headTokenIndex;
      console.log(index, token.text, parentIndex);
  });
});
```

이 코드를 실행하면 종속성 그래프의 표가 제공된다(표 15.2와 같다).

표 15.2   비슷한 감정과 다른 크기의 문장 비교

색인	텍스트	부모
0	'The'	1 ('farmers')
1	'farmers'	2 ('gave')
2	'gave'	2 ('gave')
3	'their'	4 ('kids')
4	'kids'	2 ('gave')
5	'fresh'	6 ('vegetables')
6	'vegetables'	2 ('gave')
7	'.'	2 ('gave')

이 숫자를 사용하여 그림 15.7과 같은 모양의 종속성 트리를 작성할 수 있다.

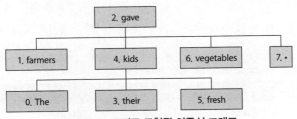

그림 15.7   트리로 표현된 의존성 그래프

이제 Natural Language API가 처리할 수 있는 다양한 유형의 텍스트 분석을 이해했으므로 비용이 얼마나 들지 살펴보도록 하자.

15.5 가격 책정의 이해

대부분의 Cloud API와 마찬가지로 Cloud Natural Language API는 사용량에 따라 요금을 부과한다. 이 경우에는 분석을 위해 전송된 텍스트의 양을 다른 유형의 분석에 비해 다른 비율로 계산한다. 청구 단위를 단순화하기 위해 NL API는 1,000자 단위의 텍스트 청크(chunk)를 측정한다. 지금까지의 모든 예제는 하나의 단위로 비용이 청구되었지만, 엔티티 인식을 위해 긴 문서를 보내면 전체 문서를 저장하는 데 필요한 1,000개의 문자 덩어리로 계산된다(Math. ceil (document.length / 1000.0)).

대부분의 요청에 1,000자 미만의 문서만 포함된다고 가정할 때의 청구 유형이 가장 쉽다. 이 경우 청구는 요청당 동일하다. 다음으로, 서로 다른 유형의 분석 비용은 각각 0.001달러로 엔티티 인식으로 인해 서로 다른 금액이 산정된다. 주어진 달에 더 많은 요청을 하면 표 15.3처럼 단위당 가격이(이 경우에는 절반으로) 떨어진다. 또한, 각 유형의 처음 5,000건의 요청은 무료로 제공된다.

표 15.3 **클라우드 Natural Language API를 위한 가격표**

기능	단위당 비용			
	최초 5,000	최대 1백만	최대 5백만	최대 5,000만
엔티티 인식	무료!	$0.001	$0.0005	$0.00025
감정 분석	무료!	$0.001	$0.0005	$0.00025
구문 분석	무료!	$0.0005	$0.00025	$0.000125

이 금액에 1,000을 곱하면 훨씬 더 관리하기 쉬운 숫자가 되며, 대부분의 엔티티 인식 및 감정 분석 작업에 대해 1,000건의 요청당 $1가 된다. 또한, 두 가지 유형의 분석(예: 감정과 엔티티에 대한 단일 요청)을 결합할 때 비용은 해당 요청에 대한 조합(예: $0.002)이다. 예제에서 이를 보여주기 위해 매월 1,000개의 긴 형식의 문서(약 2,500자)에 대한 엔티티 분석과 2,000개의 짧은 트윗과 같은 스니펫 분석을 매일 실행한다고 가정해 보자. 비용 내역은 표 15.4에 요약되어 있다.

표 15.4 **클라우드 Natural Language API를 위한 가격 예시**

항목	수량	1K 문자 "청크"	단위당 비용	월 합계
엔티티 감지(긴 형식)	1,000	3,000	$0.001	$3.00
감정 분석	60,000	60,000	$0.001	$60.00
합계				$63.00

특히 긴 형식의 문서는 약 2,500자(세 개의 청크가 필요함)의 세 배로 부풀려졌고, 감정 분석 요청이 **월 단위**가 아닌 **일 단위** 2,000자로 정의되어 30배 이상 증가했다는 점에 유의한다. 이제 비용 구조와 Natural Language API에서 제공하는 다양한 유형의 분석을 모두 살펴보았으므로, 사용자에게 어느 정도 가치를 제공할 수 있는 해시 태깅을 함께 사용해 보도록 한다.

15.6 사례 연구: InstaSnap 해시 태그 제안

기억하고 있듯이 샘플 애플리케이션인 InstaSnap은 사람들이 사진과 캡션을 게시하고 친구들과 공유할 수 있게 해주는 앱이다. NL API는 텍스트 입력을 받아들일 수 있고, 입력에 있는 엔티티뿐만 아니라 감정 분석을 할 수 있기 때문에 단일 게시물의 캡션을 받아 관련 태그를 만들 수 있다면 어떨까? 이것은 어떻게 작동할까?

먼저 게시물의 캡션을 입력 텍스트로 사용하여 Natural Language API로 보낸다. 그런 다음, Natural Language API는 감정과 탐지된 엔티티를 모두 반환한다. 그 후에 결과의 일부를 이 시나리오에서 유용한 형식으로 만들어야 한다. 예를 들어, #0.8은 좋은 태그가 아닌 반면, #happy는 좋은 태그다. 마지막으로, 제안 태그 목록을 사용자에게 표시한다. 이 프로세스의 개요는 그림 15.8을 참조한다.

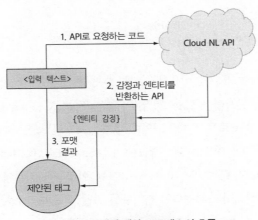

그림 15.8　태깅 제안 프로세스의 흐름

우선 다음 코드와 같이 단일 API 호출에서 감정과 엔티티를 모두 요청하는 코드를 살펴보도록 하자.

```
const language = require('@google-cloud/language')({
  projectId: 'your-project-id',
  keyFilename: 'key.json'
});

const caption = 'SpaceX lands on Mars! Fantastic!';
constdocument = language.document(caption);
const options = {entities: true, sentiment: true, verbose: true};
document.annotate(options).then((data) => {
  const result = data[0];
  console.log('Sentiment was', result.sentiment);
  console.log('Entities found were', result.entities);
});
```

여기서 엘론 머스크가
마침내 화성에 착륙할 수 있다고
가정하고 있다(그리고 InstaSnap을
사용한다).

한 번에 여러 주석을 처리하려면
"문서"를 생성하고, 그 문서에서 작업한다.

이 스니펫을 실행하면 익숙한 출력이 표시된다.

```
> Sentiment was { score: 0.4000000059604645, magnitude: 0.800000011920929 }
Entities found were { organizations:
   [ { name: 'SpaceX',
       type: 'ORGANIZATION',
       metadata: [Object],
       salience: 0.7309288382530212,
       mentions: [Object] } ],
  places:
   [ { name: 'Mars',
       type: 'LOCATION',
       metadata: [Object],
       salience: 0.26907116174697876,
       mentions: [Object] } ] }
```

이제 엔티티부터 시작하여 태그를 적용하기 위해 수행할 수 있는 작업을 살펴보자. 대부분의 엔티티에서 장소 앞에 # 문자를 붙일 수 있다. 이 경우 "SpaceX"는 #SpaceX가 되고, "Mars"는 #Mars가 된다. 시작이 순조로운 것처럼 보인다. 또한, 조직, 장소 및 사람들을 위해 접미사를 추가하거나 꾸며줄 수 있다. 예를 들어, "SpaceX"는 #SpaceX4Life("4Life" 추가)가 될 수 있고, "Mars"는 #MarsIsHome이 될 수 있다("IsHome" 추가). 이것들은 감정에 따라 달라질 수 있기 때문에 경우에 따라 긍정적이고 부정적인 접미사를 가질 수 있다. 감정은 어떨까? 행복하거나 슬픈 태그를 생각해 낼 수 있으며, 감정에서 특정 임계값을 넘어설 때 그 태그를 사용한다. 그리고 다음 목록과 같이 모든 힘든 일을 다 하는 **getSuggestedTags** 메서드를 만들 수 있다.

리스트 15.10 추천 태그를 얻는 방법

```
const getSuggestedTags = (sentiment, entities) => {
const suggestedTags = [];

  const entitySuffixes = {        ←—— 엔티티의 각 유형에 대해 가능한 접미사 목록을 작성한다.
    organizations: { positive: ['4Life', 'Forever'], negative: ['Sucks'] },
    people: { positive: ['IsMyHero'], negative: ['Sad'] },
    places: { positive: ['IsHome'], negative: ['IsHell'] },
  };

  const sentimentTags = {        ←—— 각 유형(긍정, 부정, 혼합 또는 중립)에 대한 감정적인 태그 목록을 저장한다.
    positive: ['#Yay', '#CantWait', '#Excited'],
    negative: ['#Sucks', '#Fail', '#Ugh'],
    mixed: ['#Meh', '#Conflicted'],
  };

// 감정 태그를 얻는 것으로 시작한다.   ←—— 감정 분석 결과를 사용하여 유형에서 태그를 선택한다.
  let emotion;
  if (sentiment.score >0.1) {
    emotion = 'positive';
  } else if (sentiment.score < -0.1) {
    emotion = 'negative';                    "혼합"과 "중립"을 구별하기 위해
  } else if (sentiment.magnitude >0.1) {  ←— 크기를 확인하는 것을 잊지 않도록 한다.
    emotion = 'mixed';
  } else {
    emotion = 'neutral';
  }

// 제안된 목록에서 랜덤한 태그를 추가한다.
  let choices = sentimentTags[emotion];
  if (choices) {
    suggestedTags.push(choices[Math.floor(Math.random() * choices.length)]);
  }

// 모든 엔티티에 대해서 접미사를 붙여서 수행한다.
  for (let category in entities) {
    let suffixes;
    try {
      suffixes = entitySuffixes[category][emotion];  ←
    } catch (e) {
      suffixes = [];                      특정 조합에 대해 태그를 선택하지 않은 경우
    }                                     try/catch 블록을 사용한다.

    if (suffixes.length) {
      entities[category].forEach((entity) => {
        let suffix = suffixes[Math.floor(Math.random() * suffixes.length)];
        suggestedTags.push('#' + entity.name + suffix);
      });
    }
  }
```

```
// 모든 제안된 태그를 반환한다.
  return suggestedTags;
};
```

이 메소드를 작성했으므로 다음 리스트처럼 코드를 평가하고 제안된 태그를 제시하는 코드는
이제 단순하게 보일 것이다.

리스트 15.11 단일 API 호출로 감정과 엔티티 감지하기

```
const language = require('@google-cloud/language')({
  projectId: 'your-project-id',
  keyFilename: 'key.json'
});

const caption = 'SpaceX lands on Mars! Fantastic!';
constdocument = language.document(caption);
const options = {entities: true, sentiment:true, verbose: true};

document.annotate(options).then((data) => {
  const sentiment = data[0].sentiment;          여기서 도우미 함수를 사용하여
  const entities = data[0].entities;            감지된 정서와 엔티티에 대해
  const suggestedTags =                         제안된 태그를 검색한다.
    getSuggestedTags(sentiment, entities);
  console.log('The suggested tags are', suggestedTags);
  console.log('The suggested caption is',
  '"' + caption + ' ' + suggestedTags.join(' ') + '"');
});
```

이 코드를 실행하면 결과가 옵션의 무작위 선택 때문에 이것과는 다를 수 있지만, 이 샘플 캡
션을 사용하면 주어진 출력은 다음과 같이 보일 것이다.

```
> The suggested tags are [ '#Yay', '#SpaceX4Life', '#MarsIsHome' ]
The suggested caption is "SpaceX lands on Mars! Fantastic! #Yay #SpaceX4Life
    #MarsIsHome"
```

요약

- Natural Language API는 강력한 텍스트 분석 서비스다.

- 확장성 있는 방식으로 텍스트에 대한 세부 정보를 알아야 할 경우 Natural Language API가 적합할 수 있다.

- API는 엔티티(사람, 장소, 조직), 문법(토큰화 및 다이어그램 작성) 및 감정(텍스트의 감정적인 내용 이해)의 텍스트를 분석할 수 있다.

- 오늘날의 모든 머신러닝에서와 같이 이 API의 결과는 절대적인 사실보다는 제안으로 간주되어야 한다(결국, 문장에서 행복하거나 슬픈지 여부를 사람들조차 판단하기가 어려울 수 있다).

16

Cloud Speech: 오디오-텍스트 변환

이 장에서는 다음의 내용을 다룬다.

- 음성 인식 개요
- Cloud Speech API의 작동 원리
- Cloud Speech 가격 책정 방법
- 오디오 콘텐츠에서 자동 캡션 생성 예

음성 인식에 관해 이야기할 때 일반적으로는 오디오 스트림(예: 책의 MP3 파일)을 가져와서 텍스트로 변환하는 것을 의미한다(이 경우 실제로 쓰여진 책으로 다시 바뀐다). 이 과정은 간단하게 들리지만, 예상하다시피 언어라는 것은 특히 까다로운 인간만의 영역이다. 예를 들어, McGurk 효과라고 하는 심리 현상은 우리가 **보는 것**에 따라 우리가 **듣는 것**을 바꾼다. 하나의 고전적인 예로 "ba" 소리는 누군가의 입이 "f" 소리를 내는 입 모양을 하는 한 "fa"로 인식될 수 있다. 기대했던 대로 오디오 트랙만으로는 내용을 완전히 이해할 수 없다.

이 혼동은 우리가 지난 수년간 전화를 계속 써왔기 때문에 이상하게 보일 수 있다. 이는 **청력** (hearing)과 **경청**(listening)의 차이가 있는 것으로 확인됐다. 여러분은 어떤 소리를 들을 때 그 소리를 단어로 바꾸고 있는 것이다.

어떤 것을 들을 때 소리를 듣고 문맥과 이해를 결합하여 모호할 때 빈 부분을 채울 수 있다. 예를 들어, 누군가 "I drove the -ar back"이라고 말했을 때 "ar" 소리의 첫 자음을 놓친 경우에도 "drove"라는 문구를 사용하여 이 단어가 "car(자동차)"라고 추측할 수 있다.

이 현상은 듣는 사람이 말한 것을 추측하려고 할 때 특히 흥미롭고 재미있는 시나리오를 만든다. 예를 들어, 켄 로빈슨(Ken Robinson)은 TED 컨퍼런스에서 아이들이 단어를 듣지만, 그 의미를 이해하지 못하는 상황을 아이들이 때때로 추측하는 방법에 대해 이야기했다. 그의 예에서, 어린이들은 크리스마스 탄생에 관한 연극을 하고 있었고, 동방박사들이 선물을 줄 때 순서가 어긋났다. 대본의 순서는 황금, 유황, 몰약이었지만, 첫 번째 아이는 "저는 황금을 가져왔어요"라고 말했고, 두 번째 아이는 "저는 몰약을 가져왔어요"라고 말했고, 마침내 마지막 아이가 말했다 "프랭크가 이것을 보냈어요."[1] 모든 말은 똑같이 들렸고, 마지막 아이는 문맥에 따라 추측하려고 했다. 그림 16.1은 유머러스하게 이름을 잘못 들은 또 다른 예다.

그림 16.1 문맥에 기반한 이해("저스틴 비버(Justin Bieber)는 누구인가?")

이것이 무엇을 의미할까? 일반적으로, 주어진 오디오 파일의 결과는 보통의 경우 옳지만, 확실하게 보증할 수 없는 쓸만한 제안으로 간주해야 한다. 이러한 맥락에서 볼 때 법원 판결문에 머신러닝 알고리즘을 사용하고 싶지는 않지만, 결과물을 기반으로 사용하여 전문 기술자가 효율성을 높일 수 있다. 이제 Cloud Speech API의 작동 방식과 자체 프로젝트에서의 사용 방법을 살펴보도록 하자.

---

1 [옮긴이] 유황(frankincense)의 발음이 "Frank sent this." 문장의 발음과 비슷하기 때문이다.

16.1 간단한 음성 인식

Cloud Vision API와 마찬가지로 Cloud Speech API는 텍스트 콘텐츠가 결과로 나오지만, 더 복잡한 입력(오디오 스트림)이 필요하다. 오디오 파일에서 텍스트 콘텐츠를 인식하는 가장 간단한 방법은 처리를 위해 오디오 파일(예: .wav 파일)을 Cloud Speech API로 보내는 것이다. 오디오의 출력물은 오디오 파일에서 말한 것이 될 것이다.

먼저 Cloud Speech API에 오디오의 형식을 알려줘야 한다. 다양한 형식이 각기 고유한 압축 알고리즘을 사용하기 때문에 오디오 형식이 필요하다. 다음으로 API는 파일의 샘플 속도를 알아야 한다. 디지털 신호 처리의 중요한 측면은 오디오 프로세서에 각 데이터 포인트가 처리하는 클럭 시간을 알려준다(샘플 속도가 높아지면 아날로그 오디오에 더 가깝다). API가 올바른 속도로 오디오를 "듣도록" 하려면 샘플 속도를 알아야 한다.

> **TIP** 주어진 레코딩의 샘플 속도를 알지 못할지라도 레코딩을 작성한 소프트웨어는 파일에 샘플 속도를 나타내는 메타 데이터 태그를 추가했을 수 있다. 일반적으로 파일 탐색기에서 파일의 속성을 보면 이 사실을 알 수 있다.

마지막으로, 오디오에서 사용되는 언어를 알고 있다면 API에 그것이 무엇인지 알려 주면 API가 오디오 파일의 콘텐츠를 인식할 때 사용할 언어 버전을 알 수 있다. 시작하려면 Google Cloud Storage에 저장된 오디오 파일을 미리 녹음한 것을 사용하여 몇 가지 코드를 살펴보도록 하자. 이 파일의 오디오 형식 속성은 그림 16.2에 나와 있다.

Audio	
Codec:	Free Lossless Audio Codec (FLAC)
Channels:	Mono
Sample rate:	16000 Hz
Bitrate:	N/A

그림 16.2 사전 녹음의 오디오 포맷 속성

시작하기 전에 클라우드 콘솔에서 API를 사용하도록 설정해야 한다. 이렇게 하려면 페이지 상단의 기본 검색 창에 Cloud Speech-to-Text API를 입력한다. 그림 16.3과 같이 사용 설정 버튼이 있는 페이지가 열리는 결과가 하나 나온다. 이것을 클릭하면 모든 설정이 완료된다.

그림 16.3 Cloud Speech API 사용

API가 활성화되었으므로 클라이언트 라이브러리를 설치한다. 이것을 하기 위해 npm install @google-cloud/speech@0.8.0을 실행한다. 다음 리스트와 같이 이 파일의 텍스트를 인식하는 코드를 작성한다.

리스트 16.1 **오디오 파일의 텍스트 인식하기**

```
const speech = require('@google-cloud/speech')({
  projectId: 'your-project-id',
  keyFilename: 'key.json'
});

const audioFilePath = 'gs://cloud-samples-tests/
  speech/brooklyn.flac';          ← 이 파일은 로컬 오디오 파일이 아닌 Google Cloud Storage에 저장된다.
const config = {  ←
  encoding: 'FLAC',         이 API에서는 오디오 형식 및 샘플 속도
  sampleRate: 16000         (이 경우 FLAC 및 16,000)에 대해
}                           API에 알려야 하기 때문에 설정이 필요하다.
speech.recognize(audioFilePath, config).then((response) => {
  const result = response[0];
  console.log('This audio file says: "' + result + '"');
});
```

이 코드를 실행하면 흥미로운 결과가 나타난다.

```
This audio file says: "how old is the Brooklyn Bridge"
```

이 오디오 파일은 "브루클린 다리는 얼마나 오래됐는가(how old is the Brooklyn Bridge?)"라고 말하고 있다. 눈에 띄는 중요한 점은 인식이 얼마나 오래 걸리는지다. 그 이유는 간단하다. Cloud Speech API는 전체 오디오 파일을 "청취"해야 하므로 인식 프로세스가 오디오 길이와 직접적으로 관련된다. 따라서 매우 긴 오디오 파일(예: 수 초 이상)을 이와 같이 처리하면 안 된다. 주의해야 할 또 하나 중요한 점은 이 결과에 대한 자신감의 개념이 없다는 것이다. Cloud Speech API가 오디오에서 정확한 구문을 말하는지 얼마나 확신하는가? 이러한 유형의 정보를 얻으려면 다음 리스트와 같이 verbose 플래그를 사용하면 된다.

```
const speech = require('@google-cloud/speech')({
  projectId: 'your-project-id',
  keyFilename: 'key.json'
});

const audioFilePath = 'gs://cloud-samples-tests/speech/brooklyn.flac';
const config = {
  encoding: 'FLAC',
  sampleRate: 16000,
  verbose: true  ◁──┐ 여기서 상세 모드 옵션을 true로 설정한다.
};
speech.recognize(audioFilePath, config).then((response) => {
  const result = response[0][0];
  console.log('This audio file says: "' + result.transcript + '"',
  '(with ' + Math.round(result.confidence) + '% confidence)');
});
```

이 코드를 실행하면 다음과 같은 결과를 볼 수 있다.

```
> This audio file says: "how old is the Brooklyn Bridge"
  (with 98% confidence)
```

긴 오디오 파일을 어떻게 다룰 것인가? 스트리밍 오디오는 어떻게 될까? Cloud Speech API가 지속적인 인식을 어떻게 다루는 지 살펴보도록 하자.

16.2 연속 음성 인식

때로는 전체 오디오 파일을 가져와서 인식하기 위해 하나의 청크로 API에 보낼 수 없는 경우도 있다. 가장 흔한 경우는 큰 오디오 파일이다. 하나의 큰 블랍(blob)으로 취급하기에는 너무 크기 때문에 작은 덩어리로 분해해야 한다. 라이브 스트림(미리 녹음되지 않은 스트림)을 인식하려고 할 때도 마찬가지다. 이러한 스트림은 해당 스트림을 끄기 전까지 계속 유지되기 때문이다. 이를 처리하기 위해 Speech API는 비동기 인식을 허용한다. 비동기식 인식은 데이터 청크를 수용하고, 그 과정에서 이를 인식하며, 오디오 스트림이 완료된 후 최종 결과를 반환한다. 같은 파일로 어떻게 처리하는지 살펴보도록 하자. 하지만 다음 리스트와 같이 청크로 처리한다.

리스트 16.3 **스트림으로 인식하기**

```javascript
const fs = require('fs');
const speech = require('@google-cloud/speech')({
  projectId: 'your-project-id',
  keyFilename: 'key.json'
});

const audioFilePath = 'gs://cloud-samples-tests/speech/brooklyn.flac';
const config = {
  encoding: 'FLAC',
  sampleRate: 16000,
  verbose: true
};

speech.startRecognition(audioFilePath, config).then((result) => {
  const operation = result[0];
  operation.on('complete', (results) => {
    console.log('This audio file says: "' + results[0].transcript + '"',
    '(with ' + Math.round(results[0].confidence) + '% confidence)');
  });
});
```

Speech API가 일부 텍스트를 즉시 인식하도록 요구하는 대신 스트리밍 인식 버전을 시작한다는 의미로 "인식을 시작함(start recognizing)"을 선언한다.

이 startRecognition 메소드의 결과는 인식 프로세스가 계속 진행될 때 이벤트를 발생시키는 "장기 실행 작업"이다.

작업이 완료되면 결과로 인식된 문장을 반환한다.

보다시피 이 예제는 이전 예제와 유사하다. 하지만 주석에 표시된 것처럼 몇 가지 중요한 차이점이 있다. 이 코드를 실행하면 이전과 똑같은 결과가 표시된다(다음 리스트 참고).

리스트 16.4 **스트림으로 인식되는 동일한 출력물**

```
This audio file says: "how old is the Brooklyn Bridge" (with 98% confidence)
```

연속 음성 인식이 어떻게 작동하는지 확인했으므로 다른 오디오 스트림을 인식하려고 할 때 사용자가 정의할 수 있는 부분을 조금 더 자세히 살펴보도록 하자.

16.3 사용자 정의 단어와 구문으로 힌트 주기

언어는 끊임없이 진화하는 의사 소통의 측면이므로 새로운 단어가 항상 발명될 것이라는 점을 인식하는 것이 중요하다. 즉, 때로는 Cloud Speech API가 멋진 새 단어나 속어에 대해 "알수 있음"이 아닐 수도 있으며, 잘못 생각할 수도 있다. 회사의 새 이름이 발명될 때 특히 그렇다(예: Google은 "Googol"의 잘못된 철자였다). Speech API가 무엇을 말했는지 더 잘 인식할 수 있도록 하기 위해 실제로 몇 가지 제안 사항을 전달할 수 있다. 각 요청에 대해 API 순위 시스템에 추가할 수 있는 유효한 구문이 어떻게 작동하는지 보여주기 위해 Speech API가 "Brooklyn Bridge"의 철자 오류를 유발할 수 있는 새로운 제안을 던져 볼 수 있는지 알아보도록 하겠다. 다음 예제에서는 구성을 추가 컨텍스트로 업데이트한 다음 스크립트를 다시 실행한다.

리스트 16.5 제안된 구문을 사용한 음성 인식

```
const config = {
  encoding: 'FLAC',
  sampleRate: 16000,
  verbose: true,
  speechContext: { phrases: [     ←——  여기서는 Speech API가 인식할 때 사용할 올바른 구문으로
    "the Brooklynne Bridge"            "the Brooklynne Bridge"라는 구문을 제안한다.
  ]]}
};
```

이 스크립트를 실행한다면 Speech API가 실제로 제공되는 대체 맞춤법을 사용한다는 것을 알 수 있다.

```
> This audio file says: "how old is the brooklynne bridge" (with 90% confidence)
```

> **NOTE** 이 책에서 배운 모든 머신러닝 API와 마찬가지로 결과는 기본 시스템이 더 많이 배우고 더 좋아지면서 시간에 따라 변한다. 코드 결과가 정확히 무엇인지 알지 못한다면 걱정하지 않아도 된다! 이 글이 쓰여진 이후에도 API가 향상되었다는 뜻이다.

그러나 신뢰도는 이전보다 다소 낮다. "Brooklyn Bridge"와 (제안했던) "brooklynne bridge"라는 두 가지 상대적으로 높은 점수를 얻은 결과가 나왔기 때문이다. 이 두 가지 경쟁 가능성으로 인해 Speech API는 자신감을 잃었지만, 여전히 확신이 있다(90%). 커스텀 단어 및 구문 외에도 Speech API는 불쾌감을 유발할 수 있는 언어를 우연히라도 표시하지 않도록 욕설 필터를 제공한다. 구성에서 profanityFilter 속성을 true로 설정하면 첫 번째 문자(예: "s***")를 제외하고 인식된 욕설이 "별표 표시" 된다. 이제 고급 사용자 정의 중 일부에 대해 이해했으므로 비용을 간단히 설명한다.

16.4 가격 책정의 이해

나머지 구글 클라우드 플랫폼 패턴에 따라 Cloud Speech API는 사용하는 것에 대해서만 비용을 청구한다. 이 경우 측정 요소는 인식할 Speech API에 보내는 오디오 파일의 길이(분 단위)다. 매월 최초 60분은 무료 티어의 일부분이므로 요금이 부과되지 않는다. 그 이상의 오디오는 분당 2.4센트의 비용이 든다.

초기 오버헤드 비용이 발생하기 때문에 Cloud Speech API는 현재 오디오 입력을 가장 가까운 15초 단위로 증가시키고, 이를 기반으로 청구서를 계산한다(따라서 실제 금액은 15초당 0.6센트다). 5초 오디오 파일은 1분($0.006)으로 청구되고, 46초 오디오 필드는 1분($0.024)으로 청구된다. 마지막으로, Cloud Speech API의 가능한 활용으로 이동해 보자. InstaSnap 비디오에 대한 해시 태그 제안 생성이다.

16.5 사례 연구: InstaSnap 비디오 캡션

기억하고 있겠지만, InstaSnap은 사용자가 사진과 캡션을 게시하고, 다른 사용자와 공유할 수 있는 예제 애플리케이션이다. InstaSnap이 비디오를 녹화하고 공유할 수 있는 능력을 추가했다고 상상해 보자.

Cloud Natural Language API의 이전 장에서는 사진의 캡션을 기반으로 제안된 해시 태그를 생성하는 방법을 살펴보았다. 비디오에서 말한 내용을 기반으로 태그를 제안할 수 있다면 좋지 않을까? 높은 수준에서 Cloud Natural Language API를 사용하여 토론 중인 항목을 인식한다(익숙하지 않은 경우 Cloud Natural Language API에 대한 15장 참고). 그런 다음 동영상의 오디오 부분을 꺼내어 무엇을 말하고 있는지 알아내서 추천 태그를 사용한다. 그림 16.4는 녹화된 비디오에서 시작하여 추천 태그로 끝나는 각 단계의 흐름이다.

1. 먼저 사용자가 비디오를 녹화하고 업로드한다(그리고 캡션을 입력한다).
2. 여기에서 서버는 오디오 트랙을 비디오 트랙에서 분리해야 한다(아마 일반 오디오 포맷으로 포맷해야 할 것이다).
3. 그런 다음 인식을 위해 오디오 콘텐츠를 Cloud Speech API로 보내야 한다.
4. Speech API는 응답을 반환해야 한다. 그런 다음 1단계에서 설정한 캡션과 결합한다.

5. 그런 다음 모든 텍스트(캡션 및 비디오 사본)를 Cloud Natural Language API로 보낸다.

6. Cloud NL API는 엔티티를 인식하고, 텍스트에서 정서를 감지하여 처리할 수 있는 제안 태그 목록을 제공한다.

7. 마지막으로 제안된 태그를 다시 사용자에게 보낸다.

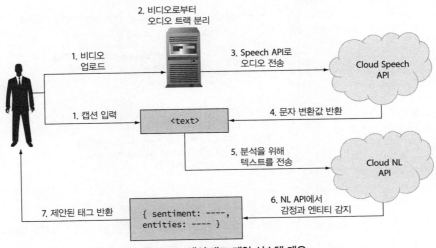

그림 16.4 해시 태그 제안 시스템 개요

자연어 처리에 관한 장을 읽었으면 5, 6, 7단계는 익숙해져야 한다. 그것들은 정확히 똑같다고 할 수 있다. 이제 오디오 내용을 인식하고, 텍스트로 변환하는 것과 관련된 초기 단계(1~4 단계)에 초점을 맞추어 본다. 우선, 비디오 버퍼를 입력으로 사용하고, 비디오의 텍스트를 만드는 자바스크립트 promise 함수를 작성한다(다음 리스트 참고). 그리고 getTranscript 함수를 호출한다.

리스트 16.6 새로운 getTranscript 함수 정의하기

```
const Q = require('q');                          ◀── 여기서 Q라는 오픈 소스 promise 라이브러리에
const speech = require('@google-cloud/speech')({     의존하고 있다. npm install q로 설치할 수 있다.
  projectId: 'your-project-id',
  keyFilename: 'key.json'
});
                                                 다른 콜백에서 해결하거나 거부할 수 있는
                                                 deffered 객체를 생성하려면 Q.defer()를 사용한다.
const getTranscript = (videoBuffer) => {
  const deferred = Q.defer();          ◀──
                                             extractAudio라는 기존 함수가 있다고
                                             가정하고 있다.
  extractAudio(videoBuffer).then((audioBuffer,  이 함수는 오디오 내용을 버퍼로,
    ▶ audioConfig) => {          ◀──           오디오 스트림에 대한 일부 구성 데이터
    const config = {                           (예: 인코딩 및 샘플 속도)를 반환한다.
      encoding: audioConfig.encoding, // for example, 'FLAC'
```

```
        sampleRate: audioConfig.sampleRate, // for example, 16000
        verbose: true
    };

return speech.startRecognition(audioBuffer, config);
  }).then((result) => {
    const operation = result[0];
    operation.on('complete', (results) => {
      const result = results[0];
      const transcript = result.confidence >50 ? result.transcript : null;
      deferred.resolve(transcript);
    });

    operation.on('error', (err) => {  ◁──┐ 오류가 있으면 deferred 객체를 거부한다.
      deferred.reject(err);                │ 그러면 실패한 promise가 트리거된다.
    });
  }).catch((err) => {
    deferred.reject(err);
  });                            ┌─ 여기서 deferred 객체로부터 promise를 반환한다.
                                 │ 이 객체는 모든 것이 작동할 경우 resolved 되고,
  return deferred.promise;  ◁────┘ 실패할 경우에는 rejected 된다.
};
```

이제 오디오를 가지고 텍스트로 인식할 수 있는 방법이 생겼으므로 15장의 코드와 함께 사용
하여 나머지 작업을 수행할 수 있다. 더 쉽게 하기 위해 15 장의 기능을 일반화하고, 리스트
16.7에 주어진 내용을 취한 다음, 그 내용의 엔티티와 엔티티에 대한 자바스크립트 promise를
반환하는 메소드를 작성한다. 그리고 getSentimentAndEntities 메소드를 호출한다(새롭다
고 느껴질 경우 15장의 배경을 참조한다).

리스트 16.7 **getSentimentAndEntities 함수 정의하기**

```
const Q = require('q');
const language = require('@google-cloud/language')({
  projectId: 'your-project-id',
  keyFilename: 'key.json'
});

const getSentimentAndEntities = (content) => {
  const document = language.document(content); ◁──┤ 먼저 NL 문서를 만든다.
  const config = {entities: true, sentiment:true, verbose: true};
  return document.annotate(config).then(◁──┐ 그런 다음 감정과 발견된 엔티티로 문서에 주석을 단다.
    return new Q(data[0]);
    ➥ // { sentiment: {...}, entities: [...] } ◁──┐ 마지막으로, 제공되는 텍스트에 있는 정서와
  });                                               │ 엔티티 모두에 대해 속성값을 갖는
};                                                  │ promise를 반환한다.
```

이제 코드를 함께 합치는 데 필요한 모든 툴이 제공된다. 마무리하기 위해 다음 리스트와 같이 비디오 버퍼 및 캡션에 대한 속성이 있는 비디오를 허용하고, 제안된 태그를 출력하는 최종 처리 함수를 작성한다. 제안된 태그(getSuggestedTags)와 함께 제공되는 함수는 15장에서 작성한 것과 같다.

리스트 16.8 **getSuggestedTags 함수 정의하기**

```
const Q = require('q');
const authConfig = {
  projectId: 'your-project-id',                    업로드된 동영상의 오디오 콘텐츠를 기반으로
  keyFilename: 'key.json'                          정서와 엔티티를 반환하는 promise를 만든다.
};
const language = require('@google-cloud/language')(authConfig);
const speech = require('@google-cloud/speech')(authConfig);

                                            모든 promise가 성공 또는 실패할 때까지 기다리는 Q의
const handleVideo = (video) => {            allSettled 메서드에 의존한다. 결국, 많은 결과를 얻고,
  Q.allSettled([                            그중 일부는 사용할 수 있을 만한 만족된 결과를 가져야 한다.
    getTranscript(video.buffer).then((transcript) => {
      return getSentimentAndEntities(video.transcript);
    }),
    getSentimentAndEntities(video.caption)    업로드된 동영상의 오디오 콘텐츠를 기반으로
                                              정서와 엔티티를 반환하는 promise를 만든다.
  ]).then((results) => {
    let suggestedTags = [];                   다음으로 비디오를 업로드할 때 캡션 세트에서
    results.forEach((result) => {             감정과 엔티티를 반환하는 promise를 만든다.
      if (result.state === 'fulfilled') {     모든 결과가 (Q.allSettled를 통해) resolved 된 후에는
                                              각각을 반복하고 성공적인 결과만 사용한다.
        const sentiment = result.value.sentiment;
        const entities = result.value.entities;
        const tags = getSuggestedTags(sentiment, entities);
        suggestedTags = suggestedTags.concat(
        tags);            텍스트의 정서와 엔티티를 기반으로
      }                   15장에서 작성한 기능을 사용하여
    });                   제안된 태그 목록을 작성하여 목록에 추가한다.
    console.log('The suggested tags are', suggestedTags);
    console.log('The suggested caption is',
              '"' + caption + ' ' + suggestedTags.join(' ') + '"');
  });
};
```

이것이 전부다! 이제 업로드된 비디오를 가져와 사용자가 설정한 캡션과 녹화된 비디오의 오디오 내용을 기반으로 제안된 태그를 만드는 파이프라인이 생겼다. 또한, 각각 제안을 따로 했기 때문에 자막이 행복하고 오디오가 슬프게 들리면 행복한 태그("#yay")와 슬픈 태그("#fail")가 혼합되어 있을 수 있다.

요약

- 음성 인식은 오디오 스트림을 가져와서 텍스트로 변환한다. McGurk 효과처럼 속임당해서 복잡해질 수 있다.
- Cloud Speech는 오디오 파일이나 스트림에서 음성 인식을 수행할 수 있는 호스팅된 API다.

17

Cloud Translation: 다국어 기계 번역

이 장에서는 다음 내용을 다룬다.

- 기계 번역 개요
- Cloud Translation API의 작동 방식
- Cloud Translation 가격 계산 방법
- 이미지 캡션 번역 예제

혹시 외국어를 배우려고 한 적이 있다면 여러분이 알고 있는 단어와 같은 외국어 단어를 외우으로서 어휘를 대하는 것이 시작하기 쉬운 방법이었다는 것을 기억할 것이다. 어떤 의미에서 이것은 언어 A에서 언어 B까지 간단한 지도를 암기하는 것과 같다(예: for example, houseInSpanish = spanish['house']).

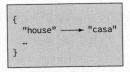

그림 17.1 영어와 스페인어 단어 매핑

이 프로세스는 사람에게는 어려운 일이지만, 컴퓨터는 이러한 것들을 잘 하기 때문에 이를 해결하는 것은 어렵지 않다. 이 암기 문제는 한 언어로 "개념적 표현"을 취하여 다른 언어로 번역하고, 새로운 언어를 통해 소리가 나는 방식으로 문구를 표현하는 언어의 **진정한** 이해만큼 어

려운 것은 아니다. 기계 번역은 이 문제를 해결하는 것을 목표로 한다. 인간 언어는 독특한 방식으로 개발되었다. 도시의 경우 작은 도시를 중심으로 큰 도시로 성장, 확장하는 경향이 있다. 언어는 간단한 단어로 시작해 확장했으며, 수백 년을 거쳐 오늘날 우리가 알고 있는 언어로 발전했다. 타임머신을 타고 중세 시대로 돌아가면 그 시대의 언어를 전혀 이해하지 못할 수도 있다!

> **NOTE** 분명히 진화보다는 완전히 설계된 에스페란토 언어(암스테르담이 계획된 단일 도심에서 확장되기보다는 완전히 설계된 것처럼) 같은 예외가 있지만, 이것은 규칙보다는 예외인 것처럼 보인다.

이러한 이슈로 인해 번역에서의 문제가 특히 어려워진다. 일본어 등의 일부 언어는 매우 높은 수준의 복잡성을 지닌다. 유비쿼터스 속어 표현, 유비쿼터스화되는 새로운 표현, 다른 언어로 정확한 번역이 없는 단어, 같은 언어의 다른 방언(예: 미국식 영어와 영국식 영어), 그리고 컴퓨터와는 아무런 관련이 없지만, 사람과 관련된 모든 것과 마찬가지로 전반적인 의미의 모호성이 있다!

한 언어에서 다른 언어로 매핑하는 것으로 시작한 것이 갑자기 사람이 옳은 대답이 무엇인지 명확하지 않은 세계로 들어와 버렸다. 언어의 이상함에 대한 구체적인 예를 살펴보도록 하자. 영어를 말하는 사람으로서 전치사(about, before, on, beside)와 그것들을 사용할 때를 생각해 보자. 비행기 위에서(on the airplane)와 비행기 안에서(in the airplane)의 차이점이 있을까? 하나가 다른 것보다 더 정확하다고 할 수 있을까? 두 개가 서로 다른 것들을 뜻하는가?

분명히 이것은 여러 개방적인 해석이 있겠지만, 내가 "비행기를 타고 있다(on an airplane)"는 것은 비행기가 움직이고 있는 것을 의미하며, 내가 비행기 **여행** 중에, 혹은 비행기가 비행 중에 있다는 것을 의미한다. "비행기 안에서(in an airplane)"는 비행기 안에 들어 있다는 생각을 나타낸다. 누군가 내 휴대폰 수신이 왜 그렇게 나쁜지 묻는다면 이 표현을 사용할 수 있다. 요점은 이 비행기 안에 있는 것에 초점을 맞추는 것이다.

그 차이는 너무 미묘해서 완벽한 미국 억양으로 말한다면 아마도 의식적으로 알아차리지 못할 것이다. 하지만 그것은 약간 "불편"하게 들릴지도 모른다. 우리는 다른 언어에서 같은 단어로 번역될 수 있는 두 전치사에서 단 하나의 글자만의 차이에 대해 말하고 있다.

모든 Stack Exchange 커뮤니티가 영어의 문법, 사용법, 그리고 다른 측면에 대한 질문에 답하기 위해 존재한다는 사실은 아주 매끄럽게 진행되기는커녕 우리가 언어의 모든 측면을 아직 파악하지 못했다는 것을 보여준다.

이제 우리가 해결하고자 하는 문제의 범위와 복잡성을 파악했으므로 기계 번역과 Cloud Translation API의 작동 방식에 대해 이야기해 보도록 하자.

17.1 Translation API는 어떻게 작동할까?

이 문제를 극복할 수 없다면 구글 번역은 어떻게 작동할까? Cloud Translation API와 다른 점이 있을까?

어휘와 문법 규칙을 이해하는 복잡한 문제를 해결하는 방법에 대한 질문부터 살펴보도록 하자. 한 가지 방법은 컴퓨터에 모든 다른 단어쌍(예: EnglishToSpanish('home') == 'casa')과 문법적 단어("English uses subject verb object (SVO) structure")를 가르치는 것이다. 그러나 이전에 논의했듯이 언어는 예외적으로 거의 모든 규칙에 예외가 있을 뿐만 아니라 끊임없이 진화하고 있다. 이는 움직이는 표적을 쫓는 것이라 할 수 있다. 이 방법은 많은 노력을 들여서 작동할 수 있지만, 문제를 해결할 수 있는 확장 가능한 방법은 아니다.

다른 방법(구글 번역에서 여러 언어에 사용하는 방식)은 **통계적 기계 번역**(statistical machine translation, SMT)이라는 용어를 사용한다. 근본적으로 SMT는 고대 그리스와 이집트 상형 문자에서 동일한 비문으로 새겨진 돌이었던 로제타 스톤과 같은 개념을 사용한다. 학자들이 헬라어 본문을 이해한다면 이집트 상형 문자의 의미를 해독하기 위해 그것을 사용할 수 있다. SMT의 경우 그리스어와 이집트 인이 하나의 돌로 되어 있는 대신 알고리즘은 적어도 하나의 언어쌍(예: 영어와 스페인어)에 해당하는 수백만 개의 문서를 사용한다.

SMT는 여러 언어로 번역된 수백만 건의 문서(인간 번역가가 작성)를 스캔하고, 우연히 일치하지는 않는 두 문서의 공통 패턴을 식별한다. 이 패턴이 자주 발생하면 원본 텍스트의 구와 번역된 텍스트의 동등한 구가 일치할 가능성이 높다. 겹치는 부분이 클수록 훈련 데이터가 인간에 의해 번역되었다는 사실을 생각해 보면 실제 인간 번역에 더 가까울 수 있다.

좀 더 구체적으로 설명하기 위해 많은 영어와 스페인어 책을 가진 간단한 예를 상상해 보자. 영어 번역에서도 "house(집)"란 단어를 반복해서 볼 수 있으며, 스페인어에서 "casa"라는 단어는 비슷한 빈도로 나타난다. 이 패턴이 점점 더 많이 보임에 따라(영어로는 "house", 스페인어로는 "casa") 누군가가 "house"와 같은 스페인 단어를 알고 싶을 때 "case"가 가장 정확한 답이 될 가능성이 높아진다. 이 새로운 입력값에 대해 시스템을 계속 교육하고, 점점 더 많은 패턴을 식별하면 진정한 사람의 번역에 더 가까워질 가능성이 높다.

그러나 이 방법에는 단점이 있다. 전체 문장이 아닌 한 조각씩 번역된다는 점이다. SMT 시스템이 이미 보았던 정확한 문장의 번역을 요구하면 분명히 정확한 (인간의) 번역본을 얻을 수 있다. 안타깝게도, 그러한 정확한 정보는 얻을 수 없을 것이고, 번역이 문장의 여러 구를 포함한 여러 번 번역된 것으로 구성될 가능성이 훨씬 더 높다. 때로는 이것이 잘 풀리기도 하지만, 종종 다른 곳의 구절 번역 때문에 번역이 더 어려워지기도 한다. 훈련했던 문서에서 이전에 보지 못한 단어를 번역하는 경우에는 그러한 운을 기대할 수 없을 것이다.

예를 들어, "I went to the store(나는 가게에 갔다)."라는 문장을 영어에서 스페인어로 번역하는 것은 꽤 잘 된다. 전체 문장이 문서 어딘가에 있었지만, 그렇지 않은 경우에도 "I went"와 "to the store"가 있는 문서가 그 문서에 포함될 가능성이 높다. 그 문서를 결합하는 것은 매우 자연스럽다(그림 17.2 참고).

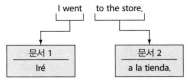

그림 17.2　여러 문서를 기반으로 한 번역

그러나 더 복잡한 문장은 어떨까?

> "Probleme kann man niemals mit derselben Denkweise lösen, durch die sie entstandensind
> (문제는 그것을 만든 동일한 사고 방식으로 결코 해결될 수 없다)."

이 문장을 독일어에서 영어로 번역하면 다음과 같다. "그들이 일으킨 같은 의식으로부터는 어떤 문제도 해결될 수 없다(No problem can be solved from the same consciousness that they have arisen)."

나는 여러분들에 대해 알지 못하지만, 그 문장은 나에게 부자연스럽고, 아마도 문장 전체를 보는 것이 아니라 여러 곳에서 문장을 끌어온 것으로 보인다.

이러한 유형의 결과로 구글은 Natural Language API 및 Vision API의 기본 기술인 신경 네트워크와 같은 새로운 기술 분야에 집중할 수 있었다.

이러한 유형의 머신러닝은 여전히 활발한 연구 분야이며, 여러분들이 신경망 및 머신러닝에 관한 책을 출판할 수도 있다. 구글의 신경 기계 번역(Google's Neural Machine Translation, GNMT)

시스템은 신경 네트워크를 이용하여 사용자 지정 구글 설계 및 구축 하드웨어를 사용하여 신속하게 하고, 신경 네트워크가 문장의 일부 부분 번역을 빠뜨리는 것을 방지하는 "커버리지 벌칙(coverage penalty)"을 가지고 있으며, 번역을 처리하는 신경망을 훈련하고 저장하는 전반적인 비용을 최소화하기 위해 더 많이 기술적으로 최적화되어 있다는 것을 말한다.[1]

이것이 의미하는 바는 더 자연스러운 번역이 된다는 것이다. 예를 들어, 독일어로 된 동일한 문장은 훨씬 더 읽기 쉽다.

> "Problems can never be solved with the same way of thinking that caused them(문제를 일으킨 것과 같은 사고 방식으로 문제를 해결할 수는 없다)."

이 글을 쓰는 시점에서 구글 번역 및 Cloud Translation API는 공통 언어(영어와 프랑스어, 독일어, 스페인어, 포르투갈어, 중국어, 일본어, 한국어, 터키어 총 8개 언어 간) 번역을 위해 다른 언어쌍에 대한 SMT("구식")에 의존하는 신경망을 사용한다.

내부에서 일어나는 일을 조금 이해했으므로 이 API가 할 수 있는 것을 보고, 몇 가지 코드(언어 감지)로 시작하는 실제 업무에 착수해 보도록 하자.

17.2 언어 감지

번역 API의 가장 간단한 애플리케이션은 일부 입력 텍스트를 보고 어떤 언어인지 파악하는 것이다. 다른 API를 사용하여 정보를 저장해야 하는 경우도 있지만, Cloud Translation API는 완전히 무상태이기 때문에 그림 17.3과 같이 아무것도 저장하지 않고, 단일 요청에 필요한 모든 정보를 보내야 한다.

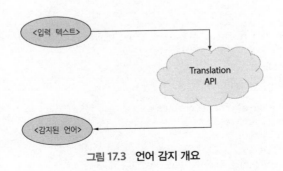

그림 17.3 언어 감지 개요

---

1 [옮긴이] 구글 신경 기계 번역 시스템에 대해 더 많은 정보를 얻으려면 https://arxiv.org/pdf/1609.08144v2.pdf를 참고한다.

추측할 수 있듯이 어떤 경우에는 쉬우며(이전의 독일어 문장과 마찬가지로), 어떤 경우에는 꽤 쉽지가 않다(특히 두 언어가 비슷하거나 짧은 문장이 있는 경우). 예를 들어, "아니오"는 영어 문장이지만, 스페인어로 된(같은 의미의) 문장이기도 하다. 일반적으로 짧은 문장은 피해야 한다.

먼저, 몇 가지 예를 살펴보고, 각각의 언어를 감지해 보도록 하자. 가장 먼저 할 일은 다른 API를 사용했던 것과 마찬가지로 Translation API를 활성화하는 것이다. 페이지 상단의 기본 검색 창에 "Cloud Translation API"를 입력한다. 이 검색은 그림 17.4에서와 같이 사용 설정 버튼이 있는 페이지로 이동하는 결과가 나타날 것이다. 클릭하면 API가 활성화되고, 코드 샘플이 예상대로 작동한다.

코드를 작성하기 전에 클라이언트 라이브러리를 설치해야 한다. npm install@google-cloud/translate@1.0.0을 실행하면 npm을 사용하여 이 작업을 수행할 수 있다. 이 작업이 끝나면 리스트 17.1의 언어 탐지 샘플을 알아본다.

그림 17.4 **Cloud Translation API의 사용 설정 버튼**

리스트 17.1 입력 텍스트의 언어 감지하기

```
const translate = require('@google-cloud/translate')({
  projectId: 'your-project-id',
  keyFilename: 'key.json'
});

const inputs = [
  ('Probleme kann man niemals mit derselben Denkweise lösen, ' +
    'durch die sie entstanden sind.'),
  'Yo soy Americano.'
];

translate.detect(inputs).then((response) => {
  const results = response[0];
  results.forEach((result) => {
    console.log('Sentence: "' + result.input + '"',
                '\n- Language:', result.language,
```

```
                    '\n- Confidence:', result.confidence);
    });
});
```

이 프로그램을 실행하면 다음과 같은 내용이 표시된다.

```
문장: "Probleme kann man niemals mit derselben Denkweise lösen, durch
      die sie entstanden sind."
- Language: de
- Confidence: 0.832740843296051
Sentence: "Yo soy Americano."
- Language: es
- Confidence: 0.26813173294067383
```

여기서 주목할 몇 가지 중요한 사항이 있다.

첫째, 우리의 가장 중요한 목적인 언어 감지가 정확했다. 독일어 문장은 de(독일어의 언어 코드)로, 스페인어 문장도 동일하게 나타난다. 분명히 이 알고리즘은 몇 가지 일을 올바르게 했다.

둘째, 신뢰 수준은 결과와 관련된다. 다른 머신러닝 API와 마찬가지로 이 신뢰도는 알고리즘이 결과가 정확하다는 것을 수치로 표현한다(이 경우는 0에서 1까지). 이렇게 하면 더 많은 점수를 얻어 신뢰도를 높이면서 결과를 얼마나 신뢰할 수 있는지를 알 수 있다.

마지막으로, 독일 문장의 신뢰도 점수는 스페인어 문장의 신뢰도 점수보다 훨씬 높다. 이것은 여러 이유가 있을 수 있지만, 이미 언급한 것 중 하나인 길이 때문이다. 문장이 길수록 알고리즘이 더 많은 입력을 필요로 하므로 더 확신할 수 있다. "I'm American(나는 미국인이다)"이라는 짧은 문장에서는 그 결과에 자신감을 갖기가 어렵다. 스페인어는 분명히 가장 높은 점수를 받았지만, 단 3단어만으로 긴 문장과 동일한 확신으로 말하기는 어렵다.

이 코드를 직접 실행하고 여기에 표시된 것과 다른 신뢰 지수를 얻는다고 해서 걱정하지 말자! 기본이 되는 머신러닝 알고리즘은 시간이 지남에 따라 변경되고 향상되며, 나중에 얻을 수 있는 결과는 약간 다를 수 있으므로 유연성을 고려하여 이 수치를 생각하도록 한다. 이제는 일부 콘텐츠의 언어를 감지하는 방법을 살펴보았으므로 텍스트 번역과 같은 실제 작업에 착수해 보도록 하자.

17.3 텍스트 번역

텍스트 번역은 언어 감지와 유사한 프로세스를 포함하고 있다. 입력 텍스트와 대상 출력 언어가 주어지면 API는 그림 17.5처럼 번역된 텍스트를 반환한다(가능한 경우). 텍스트 번역은 초기 요청에서 입력 내용을 번역하는 데 필요한 모든 것을 보내는 무상태이기도 하다.

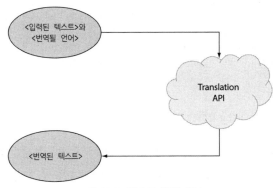

그림 17.5 텍스트 번역 개요

입력 텍스트와 함께 원하는 언어만 지정한다. 입력 텍스트의 언어를 지정하지 않도록 한다. Translation API에 소스 언어를 알릴 수 있지만, 공백으로 두면 많은 부분에서 공백으로 표시되어 번역의 일부로 자동으로 언어를 감지한다.

이 점을 감안할 때 이전 예제를 그대로 사용하여 다음 리스트의 모든 것들을 영어로 번역해 보자.

리스트 17.2 **여러 언어에서 영어로 번역하기**

```
const translate = require('@google-cloud/translate')({
  projectId: 'your-project-id',
  keyFilename: 'key.json'
});

const inputs = [
  ('Probleme kann man niemals mit derselben Denkweise lösen, ' +
    'durch die sie entstanden sind.'),
  'Yo soy Americano.'
];

translate.translate(inputs, {to: 'en'}).then((response) => {
  const results = response[0];
  results.forEach((result) => {
```

```
      console.log(result);
    });
  });
```

이 프로그램을 실행하면 문장이 번역된 간단한 결과가 표시된다.

```
> No problem can be solved from the same consciousness that they have arisen
  (그들이 겪은 동일한 의식으로부터 어떤 문제도 해결될 수 없다).
I am American(나는 미국인이다).
```

이전에 언어를 탐지할 때 보았던 것에서 몇 가지 빠진 것을 주목한다. 첫째, 번역과 관련된 신뢰도 점수가 없으므로 불행하게도 번역된 텍스트가 얼마나 정확한지 확신할 수 없다. 주어진 텍스트가 특정 언어에 있다고 확신할 수는 있지만(다른 사람이 단일 언어로 작성했기 때문에), 다른 언어의 의미는 누가 번역을 하는지에 따라 다를 수 있다. 이 모호성 때문에 신뢰도가 그렇게 유용하지는 않다.

또한, 원본 언어가 결과로 돌아오지 않음을 알 수 있다. 그 결과를 원하면 감지된 언어를 보여주는 원시 API 응답을 볼 수 있다. 다음 리스트는 필요한 경우 원본 언어를 얻을 수 있는 방법을 보여준다.

리스트 17.3 번역할 때 원본 언어 감지하기

```
const translate = require('@google-cloud/translate')({
  projectId: 'your-project-id',
  keyFilename: 'key.json'
});

const inputs = [
  ('Probleme kann man niemals mit derselben Denkweise lösen, ' +
    'durch die sie entstanden sind.'),
  'Yo soy Americano.'
];

translate.translate(inputs, {to: 'en'}).then((response) => {
  const results = response[1].data.translations;
  results.forEach((result, i) => {
    console.log('Sentence', i+1,
                'was detected as', result.detectedSourceLanguage);
  });
});
```

이 예제를 실행하면 감지된 언어를 보여주는 결과가 표시된다.

```
> Sentence 1 was detected to be de
Sentence 2 was detected to be es
(문장 1은 de로 감지되었다.
문장 2는 es로 감지되었다.)
```

보다시피 번역 API의 핵심 기능은 간단하다. 텍스트를 가져와서 감지된 언어를 다시 가져오고, 텍스트와 대상을 가져와서 대상으로 번역본을 가지고 온다.

이제 가격 책정 고려 사항을 간단히 살펴보도록 하자.

17.4 가격 책정의 이해

다른 Cloud API와 마찬가지로 Translation API에서는 사용한 것만 비용으로 지불한다. 언어를 번역하거나 감지할 때 API에 보내는 문자 수(백만당 20달러 요율)에 따라 요금이 부과된다. 궁금한 것은 여기서 말하는 문자란 무엇인가?

Translation API의 경우 청구서는 기술적인 것보다는 비즈니스 개념으로서의 문자에 초점을 맞춘다. 특정 문자가 여러 바이트(예: 일본어 문자)인 경우에도 해당 문자 하나에 대해서만 요금이 부과된다. 문자 인코딩의 기본 기술에 익숙하다면 여기에 있는 문자의 정의는 지정된 인코딩의 코드 포인트다.

또 다른 의문은 공백은 어떻게 될까? 공백 문자는 단어 간의 구분을 이해하는 데 필요하므로 다른 문자(또는 코드 포인트)와 같이 요금이 부과된다. 요금 청구의 경우, "Hello world"는 두 단어 사이의 공백 때문에 11자로 취급된다.

이제 번역 API를 애플리케이션에 통합하는 방법의 구체적인 예를 살펴보면서 좀 더 실제적인 내용을 파악하자.

17.5 사례 연구: InstaSnap 캡션 번역

기억하듯이 InstaSnap은 사용자가 사진과 캡션을 게시하여 전 세계 사람들과 공유할 수 있는 샘플 애플리케이션이다. 그러나 모두가 영어로 말하지 않는 것으로 밝혀졌다! 특히 많은 유명 인사들이 전 세계적으로 유명하기 때문에 캡션에 무엇을 말하고 있는지 알고 싶어하는 팬들이 있다. 이 문제를 해결하기 위해 Translation API를 사용할 수 있는지 알아보자.

문제를 조금 더 세분화하면 주어진 캡션의 언어가 사용자의 언어와 동일한지 감지하려고 한다. 같지 않은 경우 번역을 해주길 원할 것이다.

간단한 해결책은 자동으로 텍스트를 사용자의 언어로 번역하는 것이다. 솔루션은 **시각적인 자동 번역**이라고 할 수 있다.

이 솔루션의 문제점은 비용이 많이 든다는 점이다. 처음에는 캡션을 모두 번역해야 할 것 같지 않아 보인다. 그 외에도 캡션 번역이 필요한 경우에도 사용자는 해당 내용에 관심이 없을 수 있다.

따라서 설계를 약간 변경해야 한다. 모든 것을 번역하려고 하는 대신 캡션이 만들어지면 텍스트 언어를 감지하고, 이를 게시물에 저장할 수 있다. InstaSnap에 가입할 때 하나를 선택했기 때문에 각 사용자의 기본 언어를 알고 있다고 가정할 수 있다. "등록 시간"에 언어를 감지하면 사용자의 언어와 비교할 수 있으며, 언어가 다른 경우 "영어로 번역"이라는 버튼을 표시한다 (사용자의 기본 언어로 현지화됨). 그런 다음 사용자가 버튼을 클릭하면 사용자의 기본 언어로 번역을 요청할 수 있다. 이 프로세스의 개요는 그림 17.6을 참조한다.

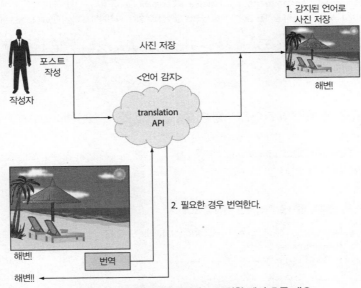

그림 17.6 **InstaSnap에 게시하고 조회할 때의 흐름 개요**

다음 리스트와 같이 검색된 언어를 저장하기 위해 업로드 시 일부 코드를 작성하는 것에서 시작한다. 사진을 업로드한 후에 이 메소드를 호출한다.

리스트 17.4 캡션의 언어 감지 및 저장하기

```
const translate = require('@google-cloud/translate')({
  projectId: 'your-project-id',
  keyFilename: 'key.json'        ◁──────────┐
});                                          │  저장된 사진이 있으면
                                             │  언어를 감지하고 결과를 저장한다.
const detectLanguageOfPhoto = (photo) => {  ◁┘
  translate.detect(inputs).then((response) => {
    const result = response[0][0];
    if (result.confidence >0.1) {  ◁────────┐ 자신감이 없을 경우에는
      photo.detectedLanguage = result.language; │ 아무것도 하지 않는다.
      photo.save();
    }
  });
};
```

다음 리스트와 같이 번역 버튼을 표시할지를 결정하는 함수를 작성할 수 있다.

리스트 17.5 번역 버튼 표시 여부 결정

```
const shouldDisplayTranslateButton = (photo, viewer) => {
  if (!photo.detectedLanguage || !viewer.language) {
    return false;  ◁───┤ 감지된 언어가 비어 있으면 번역할 수 없다. 마찬가지로 대상 언어가 없어도 번역할 수 없다.
  } else {
    return (photo.detectedLanguage != viewer.language);  ◁── 두 언어가 다른 경우,
  }                                                          이 언어는 true로 측정된다.
}
```

마지막으로, 글을 볼 때 번역 작업을 수행할 함수를 작성할 수 있다(리스트 17.6).

> **NOTE** 이 코드는 여러 "페이크(fake)" 컴포넌트를 사용하기 때문에 실행되지 않는다. 모든 것을 어떻게 함께 묶는지 방법을 보여주기 위한 것이 여기 있다.

리스트 17.6 캡션의 선택적 번역을 처리하는 런타임 코드

```
const translate = require('@google-cloud/translate')({
  projectId: 'your-project-id',
  keyFilename: 'key.json'        ◁──────────┐
});                                          │
                                             │  조작할 수 있는 번역 버튼에도
const photoUiComponent = getCurrentPhotoUiComponent();  "페이크" 개념을 사용하고 있다.
const photo = getCurrentPhoto();
const viewer = getCurrentUser();
const translateButton = new TranslateUiButton({  ◁──┘
```

```
visible: shouldDisplayTranslateButton(photo, viewer),    ◁─ 이전에 작성된 함수를 사용하여
onClick: () => {                                              버튼이 표시되는지 여부를 알 수 있다.
  photoUiComponent.setCaption('Translating...');   ◁──    API 요청을 하기 전에
  translate.translate(photo.caption, {to: viewer.language})  캡션을 "번역 중..."으로
    .then((response) => {                                   설정하여 작업을 수행하고
      photoUiComponent.setCaption(response[0][0]);  ◁──    있음을 보여준다.
    })                   결과가 나오면 사진 캡션을 번역 결과로 설정한다.
    .catch((err) => {
      photoUiComponent.setCaption(photo.caption);   ◁──   오류가 있으면
    });                                                    사진 캡션을
  }                                                        그대로 다시 설정한다.
});
```

요약

- 기계 번역은 가능한 한 정확하게 컴퓨터가 한 언어에서 다른 언어로 번역하는 방식이다. 최근까지 대부분의 번역은 언어간 매핑을 사용하여 이루어졌지만, 때때로 번역의 품질은 다소 "기계적"인 것처럼 보일 수 있었다.

- Cloud Translation은 언어 간 직접 매핑 대신 신경망을 사용하는 특수한 번역 형태인 신경 기계 변환을 사용하여 언어 간 텍스트를 번역할 수 있는 호스트 API다.

- Cloud Translation 가격은 번역할 문자 수를 기준으로 책정된다. 문자는 코드 포인트로 정의된다.

18

클라우드 머신러닝 엔진: 매니지드 머신러닝

이 장에서는 다음의 내용을 다룬다.

- 머신러닝이란 무엇인가?
- 신경망이란 무엇인가?
- TensorFlow란 무엇인가?
- Cloud ML Engine이란 무엇인가?
- 자신만의 ML 모델 생성 및 배포

다양한 머신러닝 API를 살펴보았음에도 지금까지는 실제 애플리케이션에만 초점을 맞추었고, 내부에서 어떻게 동작하는지에 대해서는 다루지 않았다. 이 장에서는 미리 프로그래밍된 ML 문제를 살펴본다.

18.1 머신러닝이란 무엇인가?

더 진행하기 전에 머신러닝과 인공지능은 상당히 많은 연구가 진행 중인 거대한 주제이며, 이 장은 주제에 대해 어떤 식으로도 포괄적이지 않다는 것을 아는 것이 중요하다. 비록 ML의 몇 가지 핵심 개념을 다루고 간단한 ML 코드를 작성하는 방법을 설명하겠지만, 대부분의 수학 이론과 계산 부분을 깊이 있게 다루진 않을 것이다. 만약 머신러닝에 열정이 있다면 머신러닝의 기초에 대한 더 많은 정보를 제공하는 다른 책들을 읽어 보는 것을 절대적으로 추천한다. 이러한 방법을 통해 그림 18.1에 표시된 음성 인식 예제와 같이 이러한 ML API 내에서 정확히 어떤 일이 벌어지고 있는지 살펴보도록 하자.

그림 18.1 블랙 박스 시스템으로서의 머신러닝(음성 인식)

비록 많은 미묘한 차이들이 머신러닝의 유형을 구별하지만, 일반적으로 그것을 어떤 데이터로 훈련하고, 그 훈련에 기초하여 예측할 수 있는 시스템으로 정의한다. 이러한 행동은 일반적으로 소프트웨어를 구축하는 방식과는 다르다. 일반적으로, 만약 컴퓨터가 무언가를 하기를 원한다면, 프로그래머는 그 목표를 명백한 명령이나 컴퓨터가 따르도록 "규칙"으로 해석한다. 머신러닝은 누군가가 확실하게 가르쳐 주는 것보다 스스로 규칙을 찾아내는 아이디어를 말한다.

예를 들어, 컴퓨터가 값을 두 배로 하는 방법을 알기 원할 경우, 그 목표를 달성하고("2로 곱한다"), 프로그램 console.log(input * 2)를 작성한다. 머신러닝을 사용하면 시스템에 여러 입력 및 원하는 출력(예: 2 → 4 및 40 → 80)을 표시하고, 이러한 예제를 사용하면 시스템이 자체적으로 규칙을 파악해야 한다. 일단 그것이 끝나면 이전에 이 특정 예를 보지 못한 상태에서 5가 입력값으로 들어왔을 때 5에 대한 예상값으로 5*2가 무엇인지에 대한 예측을 할 수 있다.

우리는 여러 가지 방법을 사용하여 "학습"할 수 있는 시스템을 구축할 수 있지만, 최근 가장 관심을 끄는 시스템은 인간의 뇌를 모델로 한다. 이 방법을 간단히 살펴보고, 그것이 기본 수준에서 어떻게 작동하는지 알아보도록 하겠다.

18.1.1 신경망이란 무엇인가?

현대 머신러닝 시스템의 기본 요소 중 하나는 신경망(Neural Networks)이다. 이러한 네트워크는 학습과 예측의 모든 어려운 것을 담당하는 부분이며, 매우 단순한 것(그림 18.2에 표시된 것과 같은)에서 매우 복잡한 것(두뇌와 같은)까지 복잡성이 다양할 수 있다.

신경망은 가장자리(화살표가 있는 선)를 따라 서로 연결된 여러 노드(원)를 포함하는 방향 그래프다. 각 선은 특정 가

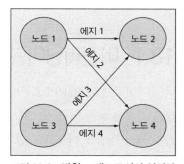

그림 18.2 방향 그래프로서의 신경망

중치를 가진다. **방향**이 있는 부분은 화살표 방향을 가리키는 한 방향으로 흐른다는 것을 의미한다. 선 가중치는 입력 신호가 출력 신호로 전송되는 양 또는 한 노드의 값이 연결된 다른 노드의 값에 영향을 미치는 정도를 결정한다.

노드 자체는 레이어로 구성되며, 첫 번째 레이어는 일련의 입력값을 수락하고, 마지막 레이어는 출력값 집합을 나타낸다. 신경망은 이러한 입력값과 가중치를 사용하여 한쪽 레이어에서 다른 레이어로 값이 전달될 때까지 다른 레이어로 전달한다. 그림 18.3을 참조한다.

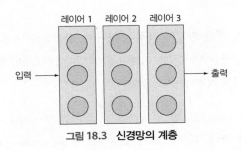

그림 18.3 신경망의 계층

만약 모든 사람들이 긴 줄을 가지고 속삭이는 전화 게임을 해본 적이 있다면, 얼마나 쉽게 입력이 조금씩 바뀌게 되고, 결국 완전히 다른 것으로 변할 수 있는지 익숙할 것이다. 전화기는 그림 18.4와 같이 각 노드가 하나로 구성되며, 각 노드는 체인에 있는 사람을 나타낸다. 각 노드 사이의 가장자리의 무게는 다음 사람이 이전 사람의 속삭임을 얼마나 잘 이해하는지를 나타낸다.

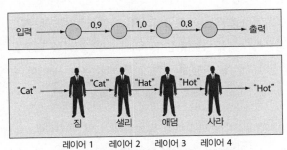

그림 18.4 신경망의 변형과 같은 전화 게임

입력을 가져와서 네트워크로 보내 출력을 얻은 다음 예상 출력에서 얼마나 떨어져 있는지에 따라 가중치를 조정하여 신경망을 학습시킬 수 있다. 전화의 비유를 사용하면 이 과정은 "cat"의 입력이 "hot"이라는 결과를 얻었으며, 아담("hat"을 "hot"으로 말한 사람)이 자신의 모음 소리에 더 민감하다는 것을 암시하는 것과 같다. 계속되는 반복으로 여러 예제 데이터 포인트에 대해 이러한 많은 조정 작업을 수행하면 이전에 보지 못했던 데이터 예측을 상당히 잘할 수 있다.

교육을 통해 노드 사이의 가중치를 변경하는 것 외에도 교육 데이터 외부의 값을 완전히 조정할 수도 있다. **하이퍼 파라미터(hyperparameters)**라고 하는 이러한 조정은 특정 문제에 대해 시스템을 조정하여 최상의 예측 결과를 얻는 데 사용된다. 하이퍼 파라미터에 대해 자세히 설명하지는 않겠지만, 그런 것이 존재하고 일반적으로 시행 착오뿐만 아니라 경험적으로 발생한다는 것을 알아야 한다.

이 설명은 결코 신경망에 대한 완전한 과정이 아니며, 신경망은 머신러닝 시스템을 구축하는 유일한 방법은 아니지만, 근본적인 점을 이해하는 한(입력이 필요하며 결과물을 보고 조정하는) 이 장의 나머지 부분은 따라서 하기에 좋을 것이다.

개념을 이해한다고 해도 아무것도 할 수 없으므로 이러한 머신러닝 시스템으로 실제 작업을 수행하는 방법을 배워야 한다. 어떻게 자가 조절 시스템(self-adjusting system)의 개념을 이해하고, 고양이가 이미지에 있는지를 알아내는 것 등의 일을 할 수 있을까? 많은 책들이 신경망에 대해서 다루며, 기타 머신러닝 개념을 앞에서 설명한 다이어그램보다 훨씬 쉽게 보여준다. 클라우드 ML Engine과 함께 사용하기 위해 논의할 내용 중 하나는 TensorFlow다.

18.1.2 TensorFlow란 무엇인가?

TensorFlow는 무서운 수학 방정식이 아닌 코드로 머신러닝 개념(및 기본 수학)을 보다 쉽게 표현할 수 있게 해주는 머신러닝 개발 프레임워크다. 다양한 변수, 매트릭스 곱셈과 같은 유틸리티, 신경망 최적화 알고리즘, 다양한 추정기(estimators)와 최적화 도구를 추적하여 학습 기간 동안 이러한 모든 조정이 시스템 자체에 어떻게 적용되는지를 제어할 수 있는 추상화 기능을 제공한다.

즉, TensorFlow는 신경망 및 기타 머신러닝 알고리즘의 멋진 수학을 코드(이 경우 파이썬 코드)로 가져오는 방법으로 작동한다. 이 장의 목적을 위해 TensorFlow를 사용하여 복잡한 머신러닝을 수행하는 방법에 대한 자세한 내용을 다루지는 않을 것이다. 그러나 더 나아가기 위해서 TensorFlow에 익숙해져야 한다. 따라서 간단한 예측을 할 수 있는 간단한 TensorFlow 스크립트를 살펴보도록 하겠다. 본인만의 TensorFlow 스크립트를 작성하는 방법을 가르치려고 하지는 않으니 이러한 것을 정확히 따르지 않는다고 해도 걱정할 필요는 없다. 요점은 TensorFlow가 어떤 모습인지에 대한 느낌을 주려고 하는 것이지 혼란을 주려는 것은 아니다.

TensorFlow가 어떻게 작동하는지 보여주기 위해 손으로 쓴 숫자의 이미지 모음인 MNIST라는 샘플 데이터 세트를 사용할 것이다. 각 이미지는 28 픽셀의 정사각형이며, 각 데이터 포인트는 이미지 자체와 이미지에 표시된 수를 가진다. 이 이미지는 일반적으로 학습에 사용되는 수기 번호와 모델이 이전에 보지 않은 데이터를 얼마나 잘 사용하는지 테스트할 때 사용할 별도 세트가 포함되어 있기 때문에 머신러닝의 초보자 문제로 사용된다. 이미지는 그림 18.5와 같다.

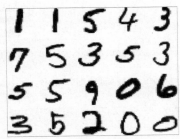

그림 18.5 손으로 쓴 숫자인 MNIST 샘플

TensorFlow는 이러한 샘플 이미지를 쉽게 가져올 수 있기 때문에 비슷한 이미지를 사용하고, 이미지에 어떤 숫자가 기록되는지 예측할 수 있는 모델을 만들 때 사용한다(리스트 18.1 참고). 어떤 면에서는 14장에서 배운 Cloud Vision의 텍스트 인식 API의 초슬림 버전을 만드는 것이라 할 수 있다.

스크립트는 샘플 훈련 데이터를 학습한 다음 평가 데이터를 사용하여 학습 중에 사용되지 않은 이미지의 번호를 식별할 때 모델이 얼마나 효과적인지 테스트한다.

리스트 18.1 필기체 숫자를 인식하는 예제 TensorFlow 스크립트

```
import tensorflow as tf ←      pip install tensorflow를 실행하여 설치된      TensorFlow는
                                TensorFlow 라이브러리를 가져와서 시작한다.      예제 데이터 세트와
                                                                              함께 제공되며,
from tensorflow.examples.tutorials.mnist import input_data ←                  가져와서
mnist = input_data.read_data_sets('MNIST_data/', one_hot=True)                메모리에 로드한다.


# Learning model info
x = tf.placeholder(tf.float32, [None, 28*28]) ←        입력, 가중치 및 편향(biases)의 구조를
weights = tf.Variable(tf.zeros([28*28, 10]))           정의한 다음, 대수에서 y = mx + b와
bias = tf.Variable(tf.zeros([10]))                     약간 비슷한 모델(y)을 정의한다.
y = tf.nn.softmax(tf.matmul(x, weights) + bias)

                                                       다음으로 예상되는 출력이
# Cross entropy ("How far off from right we are")      교차 엔트로피(crossentropy)라고 부르는
y_ = tf.placeholder(tf.float32, [None, 10]) ←          "올바른" 출력값으로부터
cross_entropy = tf.reduce_mean(                        얼마나 멀리 떨어져 있는지 측정해야 한다.
```

```
                    tf.nn.softmax_cross_entropy_with_logits(labels=y_, logits=y))

# Training
train_step = tf.train.GradientDescentOptimizer(0.5).
    ➡ minimize(cross_entropy) ◄─────────
sess = tf.InteractiveSession()
tf.global_variables_initializer().run()
for _ in xrange(1000): ◄─────────
    batch_xs, batch_ys = mnist.train.next_batch(100)
    sess.run(train_step, feed_dict={x: batch_xs, y_: batch_ys})

# Evaluation
correct_prediction = tf.equal(tf.argmax(y, 1),
    ➡ tf.argmax(y_, 1)) ◄─────────
accuracy = tf.reduce_mean(tf.cast(correct_prediction, tf.float32))
result = sess.run(accuracy,
                  feed_dict={x: mnist.test.images, y_: mnist.test.labels})

print('Simple model accuracy on test data:', result) ◄───
```

모든 것이 정의되었으므로 TensorFlow에게 정의한 교차 엔트로피를 최소화하기 위해 조정을 수행하여 모델을 학습하도록 지시해야 한다.

학습을 실행하려면 각 단계에서 새 이미지를 입력하고, 정답(mnist.train에 있음)이 무엇인지에 따라 조정되는 1,000번의 반복을 실행한다.

mnist.test에서 데이터를 입력하고, 예측이 얼마나 정확한지 살펴봄으로써 모델을 평가한다.

마지막으로 정확도를 출력하여 자신이 수행한 작업을 확인한다.

이 스크립트에서 심지어 주석이 있음에도 겁을 먹었다면 걱정하지 않도록 한다. 그 어려움은 여러분에게게만 해당되는 것이 아니다. TensorFlow는 복잡할 수 있으며, 이 예제는 깊은 신경망을 사용하지 않는다! 이 스크립트를 실행한다면 꽤 정확한 결과를 볼 수 있을 것이다(90% 이상).

```
$ python mnist.py
Successfully downloaded train-images-idx3-ubyte.gz
    ➡ 9912422 bytes. ◄─────────
Extracting MNIST_data/train-images-idx3-ubyte.gz
Successfully downloaded train-labels-idx1-ubyte.gz 28881 bytes.
Extracting MNIST_data/train-labels-idx1-ubyte.gz
Successfully downloaded t10k-images-idx3-ubyte.gz 1648877 bytes.
Extracting MNIST_data/t10k-images-idx3-ubyte.gz
Successfully downloaded t10k-labels-idx1-ubyte.gz 4542 bytes.
Extracting MNIST_data/t10k-labels-idx1-ubyte.gz
('Simple model accuracy on test data:', 0.90679997) ◄───
```

TensorFlow는 자동으로 모든 학습 데이터를 다운로드한다.

여기에서 결과는 약 91%라는 것을 알 수 있다.

이 스크립트는 간단히 말해서 90%의 정확도로 손으로 쓴 숫자를 인식할 수 있었다. 이 코드는 명시적으로 인식하도록 가르치지 않았기 때문에 매우 좋은 결과라 할 수 있다. 대신 입력 학습 데이터(숫자와 숫자의 이미지)를 처리한 다음 올바른 답을 주었고(모든 데이터에 레이블이 붙어 있기 때문에), 어떻게 예측을 하는지 알아냈다. 그걸 바탕으로 반복 횟수를 1,000에서 10,000으로 늘리면 어떻게 될까? 변경한 다음 스크립트를 다시 실행하면 결과는 다음과 같이 보인다.

```
python mnist.py
Extracting MNIST_data/train-images-idx3-ubyte.gz
Extracting MNIST_data/train-labels-idx1-ubyte.gz
Extracting MNIST_data/t10k-images-idx3-ubyte.gz
Extracting MNIST_data/t10k-labels-idx1-ubyte.gz
('Simple model accuracy on test data:', 0.92510003)  ◀── 학습의 양을 늘리면
                                                          정확도가 92% 이상으로 높아진다.
```

이때 주의해야 할 세 가지 사항이 있다.

- 이미 MNIST 데이터 세트를 다운로드했으므로 다시 다운로드하지 않는다.

- 더 많은 학습 반복을 통해 정확도가 2~3%(92%) 향상되었다.

- 이 스크립트를 실행하는 데 더 오래 걸렸다!

반복 횟수를(예를 들어, 100,000으로) 더 많이 변경하면 약간 확률이 높아질 수 있지만(필자의 경우에는 93%까지 증가했다), 스크립트를 실행하는 데 더 오래 걸린다. 이것은 다음의 문제를 나타낸다. 계산을 실행하는 데 오랜 시간이 걸리면 ML 모델에 대한 적절한 교육을 어떻게 제공해야 할까? 이 예보다 훨씬 복잡하다. 이것이 Cloud Machine Learning Engine이 풀어야 할 문제다. 그것이 무엇이고, 어떻게 작동하는지 자세히 살펴보도록 하자.

18.2 Cloud Machine Learning Engine이란 무엇인가?

지금까지 보았듯이, 머신러닝 모델을 훈련하는 것은 꽤 빠르지만, 계산 집약적인 과정이기 때문에 더 많은 반복을 하거나 보다 복잡한 머신러닝 모델을 사용하면 결국 시간이 많이 걸릴 수 있다. 또한, 이 예가 변경되지 않은 데이터(손으로 쓴 숫자는 일반적으로 자주 변경되지 않음)를 기반으로 했지만, 사용자가 만든 머신러닝 모델이 자신의 데이터를 기반으로 작성하는 것은 드문 일이 아니며, 데이터는 아마도 개별 사용자에 맞게 사용자 정의하고, 새로운 일을 할 때 시간이 지남에 따라 변경한다. 데이터가 진화함에 따라 컴퓨터 학습 모델도 발전해야 한다. 최신 예측을 얻으려면 모델을 재교육해야 한다.

컴퓨터로 이 작업을 직접 수행한다면 리소스에 대한 수요가 결국 그림 18.6처럼 보이게 될 것이다. 그림 18.6과 같이 모델을 재교육하기 위해 많은 전력이 필요할 때가 많으며, 그렇지 않은 경우 나머지 시간은 그렇게 많이 필요하지 않다. 클라우드 인프라가 이러한 유형의 작업 부하에 적합하다는 느낌이 들지 않는다면(클라우드 리소스가 수요가 급증한 상황을 처리하는 데 유용하다) 여러분의 생각이 맞다!

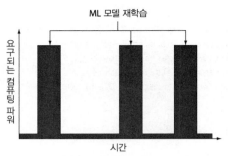

그림 18.6 머신러닝 모델을 재교육하기 위한 리소스에 대한 수요 급증

Cloud Machine Learning Engine(ML Engine으로 약칭)은 스토리지를 다루고, 교육 및 예측을 처리하기 위한 인프라를 제공할 수 있는 머신러닝 모델의 호스팅 서비스로 이 문제를 해결한다. ML Engine은 학습 모델에 컴퓨팅 기능을 제공할 뿐만 아니라 학습된 모델을 저장하고, 호스트하여 입력을 ML Engine에 보내고, 특정 모델을 사용하여 예측된 결과를 계산하도록 요청할 수 있다.

앞에서 작성한 손으로 쓴 숫자를 예로 들면, TensorFlow 스크립트와 같이 클라우드 ML Engine으로 전송할 수 있다. 이 스크립트를 사용하여 모델을 교육할 수 있으며, 해당 모델을 교육한 후에 모델에 입력을 보내고 어떤 숫자가 쓰였는지 예측할 수 있다. 어떤 점에서, ML Engine을 사용하면 커스텀 모델을 14장에서 배웠던 Vision API와 같은 다른 호스팅된 머신러닝 API와 좀 더 비슷하게 만들 수 있다. 클라우드 ML Engine을 사용하는 방법에 대해 자세히 설명하기 전에, 시스템의 핵심 부분을 이해하기 위해 잠시 다른 주제를 살펴보도록 하자.

18.2.1 개념

구글 클라우드 플랫폼의 호스팅 서비스와 마찬가지로 클라우드 ML Engine에는 프로젝트의 머신러닝 부분을 쉽게 구성하고 관리할 수 있는 몇 가지 핵심 개념이 있다. 어떤 면에서 클라우드 ML Engine은 임의의 머신러닝 코드를 실행할 수 있다는 점에서 App Engine과 약간 비슷하지만, 시간이 지남에 따라 버전이 달라지는 코드를 별도의 부분으로 구성할 수도 있다. 우리가 꽤 많이 사용했지만, 정의하지 못했던 단어로 시작해서 여러분의 작업을 구성하는 다른 방법을 알아보도록 하자.

모델

머신러닝 모델은 학습과 예측의 두 가지 주요 기능을 제공하면서 특정 인터페이스를 준수하는 블랙박스 컨테이너와 비슷하다. 이 기능들이 어떻게 구현되는지는 한 모델을 다른 모델과 구분 짓는 것이지만, 여기에서 중요한 점은 모델이 개념적으로 이 두 가지를 달성할 수 있어야 한다는 것이다.

예를 들어, 필기체 숫자를 인식하는 예제 스크립트를 살펴보면 스크립트 자체가 이 두 가지 작업을 수행한다. 그것은 레이블 이미지를 기반으로 모델을 훈련하여 시작하고, 전에 본 적이 없는 일부 이미지에서 예측을 시도한다. 테스트 데이터에도 레이블이 지정되었으므로 모델의 정확성을 테스트할 수 있었지만, 항상 그런 것은 아니다. 결국, 머신러닝을 사용하는 배후의 생각은 이미 알지 못하는 답을 찾는 것이다. 결과적으로, 그림 18.7에 표시된 모델의 수명주기는 ❶교육 데이터를 흡수하고, ❷예측을 하기 위해 요청을 처리하며, ❸더 많은 새로운 학습 데이터로 반복한다.

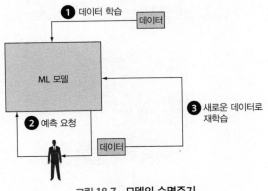

그림 18.7 모델의 수명주기

이 두 가지 기능(학습 및 예측)이 있어야 하는 이 인터페이스를 준수하는 것 외에도 이해하는 데이터의 형식이 모델마다 다를 수 있다는 점도 중요하다. 모델은 특정 형식의 데이터를 수집하도록 설계되었다. 모델에 다른 형식의 데이터를 전송할 경우(학습 또는 예측 용도로) 결과가 정의되지 않는다. 예를 들어, 손글씨 숫자를 인식하는 이전 스크립트에서 이 모델은 손으로 쓴 숫자의 회색조 비트맵 이미지 형태로 입력 데이터를 이해하도록 설계되었다. 다른 형식(예: 컬러 이미지, JPEG 이미지 또는 그밖에 다른 것들)으로 데이터를 보내면 어떤 결과도 의미가 없어진다.

추가로 학습 또는 예측 단계에 따라 상황이 달라질 수 있다. 예측 요청 중에 잘못된 데이터(예: 알 수 없는 이미지 형식)가 입력된 경우 그려지는 숫자 또는 오류가 잘못 표시될 수 있다. 반면에 학습 과정에서 이 잘못된 데이터를 사용한다면, 모델이 의미가 없는 데이터로 스스로 학습할 것이기 때문에 전체 정확도를 낮출 가능성이 높다.

손으로 쓴 숫자를 인식하는 예로 다시 돌아와 보면 TensorFlow 스크립트의 모델은 28 × 28 픽셀의 회색조 비트맵 이미지(784바이트의 데이터)를 입력으로 처리하고, 0에서 9까지의 값(어떤 숫자가 쓰였는지 예측한 값)을 출력으로 반환하도록 설계되어 있다. 이전에 작성한 모델에 대한 계약은 그림 18.8에 표시된 블랙박스로 생각할 수 있다.

모델 정의에서 박스 안의 내용은 박스에 의해 충족되는 계약(데이터의 기능과 형식 모두)만큼 중요하지 않다. 입력 또는 출력이 변경되는 경우 모델 자체는 달라지고 모델의 내부 기능성이 계약을 충족하지만, 내부적으로 다른 기술을 사용하는 경우에는 모델의 정확도 수준이 다를 수는 있지만, 개념적으로는 동일한 작업을 수행할 수 있다. 동일한 계약을 이행하지만, 다른 방식으로(다른 학습 데이터일 수도 있고, 다른 설계일 수도 있음) 두 모델을 어떻게 구분할 수 있을까?

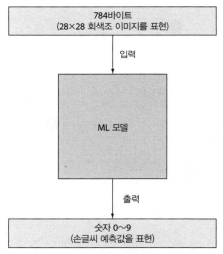

그림 18.8　손으로 쓴 이미지를 인식하는 머신러닝 모델

버전

Node.js 패키지, App Engine 서비스 또는 공유된 Microsoft Word 문서처럼 클라우드 ML 모델은 시간이 지남에 따라 모델의 내부 작동이 다른 버전을 지원할 수 있다. 클라우드 ML은 이 개념을 명시적으로 나타내므로 비용이나 정확성과 같은 여러 버전을 서로 비교할 수 있다. 내부적으로 상호작용하는 것은 버전이지만, 모델에 기본 버전이 있기 때문에 모델 자체와 상호작용할 수 있다. 이는 모델이 기본 버전과 상호작용한다는 것을 암시한다. 그림 18.9를 참조한다.

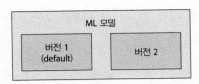

그림 18.9 모델에는 여러 개의 버전과 하나의 기본 버전이 있다

여러 버전의 모델을 만드는 기능을 사용하면 빌드할 때 많은 것을 시도할 수 있으며, 구성 중 어떤 것이 유스 케이스(use case)에 가장 잘 예측되는지 테스트할 수 있다. 앞의 예에서 많은 매개변수를 조정할 수 있으며, 이미지에 기록된 숫자를 예측하는 데 가장 적합한 버전을 확인할 수 있다. 그런 다음 가장 높은 정확도를 가진 버전을 사용하고, 다른 버전은 삭제할 수 있다. 모델은 계약에 의해 정의된다는 점을 기억해야 한다. 즉, 주어진 모델의 모든 버전이 동일한 입력을 받아들여 동일한 출력을 생성해야 함을 의미한다. 모델 계약(입력 또는 출력 형식 변경)을 변경하려면 새 버전의 모델이 아닌 완전히 다른 모델을 작성해야 한다.

또한, 모델의 특정 버전은 작성된 코드와 모델을 학습하는 데 사용한 데이터로 정의된다. 정확한 모델 코드(이전의 TensorFlow 스크립트와 유사)를 사용하고, 두 개의 서로 다른 데이터 세트를 사용하여 학습하고, 동일한 입력 데이터를 기반으로 다른 예측을 생성할 수 있는 두 가지 모델 버전으로 마무리할 수 있다.

마지막으로, 일부 데이터를 사용하여 모델을 학습한 다음 예측을 수행하는 방법에 대해 설명했지만, 이 모든 데이터(모델 데이터 자체를 정의하는 학습 데이터와 데이터 모두)가 어디에 존재하는지에 대해서는 언급하지 않았다. 클라우드 ML Engine은 Google Cloud Storage를 사용하여 모델을 나타내는 모든 데이터 파일을 추적하고, 모델 학습을 위해 데이터를 저장할 수 있는 스테이징 장소로 사용한다. 8장의 Cloud Storage에 대한 자세한 내용은 나중에 다시 살펴보도록 하겠다. 그러나 지금은 예측을 학습하고 사용하여 상호작용하는 모델의 특정 인스턴스를 모델 버전으로 나타낸다는 사항을 이해하면 그것으로 충분하다. 이러한 모델과 어떻게 상호작용해야 할까? 이것이 바로 작업이 필요한 곳이다.

작업

이전에 배웠던 것처럼 모델의 두 가지 주요 특징은 학습할 수 있는 능력과 그 학습을 기반으로 예측하는 능력이다. 또한, 학습과 관련된 데이터의 양이 매우 클 수 있다는 사실을 알았다. 5TB의 학습 데이터를 업로드해야 하는 API 호출을 사용하고 싶지 않을 것이기 때문에 약간의 문제가 있다. 이를 처리하기 위해 작업을 비동기적으로 수행하도록 요청하는

"작업(job)"을 사용한다. 이러한 작업 중 하나를 시작한 후에는 나중에 진행률을 확인한 다음 완료되면 수행할 작업을 결정할 수 있다.

작업 자체는 결과를 출력하는 어떤 형태의 입력(학습 입력 또는 예측 입력)으로 주로 구성되며, 작업을 완료하는 데 필요한 만큼 실행된다. 또한, 작업을 ML Engine에 제출할 때 지정하는 다양한 구성에서 작업을 실행할 수 있다. 예를 들어, ML 모델 코드가 GPU를 활용할 수 있는 경우 GPU 하드웨어가 연결된 구성을 선택할 수 있다. 또한, 사용자 정의 작업자 서버 수를 지정하여 작업을 제출할 때 작업의 병렬화 수준을 제어할 수도 있다.

간단히 말해서, 작업은 모델을 다루는 데 사용하는 도구로 예측을 만들거나 예상치를 만들거나 새로운 데이터를 얻는 데 시간이 지남에 따라 재학습할 때 사용된다. 작업이 어떤 것인지 더 잘 이해하기 위해 이러한 모든 부분(작업, 모델 및 버전)이 함께 들어맞는지에 대한 고수준 아키텍처를 살펴보도록 하자.

18.2.2 모두 모아 보기

이제 ML Engine이 사용하는 모든 개념을 살펴보았으니, 뭔가 유용한 작업을 하기 위해 어떻게 서로 연결되는지 이해해야 한다. ML Engine이 Cloud Storage에 데이터를 저장한다는 것을 이미 알았지만, 그 모습은 어떻게 생겼을까? 해당 모델과 버전(모든 모델에는 기본 버전이 있음)의 기본 데이터는 Google Cloud Storage에 있다. 모델은 그림 18.10과 같이 Cloud Storage에 있는 다른 데이터에 대한 포인터와 유사하다.

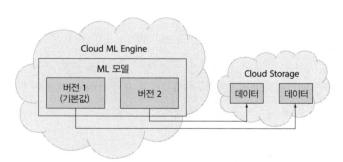

그림 18.10 모델 데이터는 Cloud Storage에 저장된다

모델 데이터는 어떻게 거기까지 다다를 수 있었을까? 이전에 배웠던 것처럼 작업을 사용하여 ML Engine과 상호작용하므로 Cloud Storage에 저장된 모델 데이터를 얻으려면 학습을 해야 한다. 작업을 만들면 ML Engine에 Cloud Storage의 어딘가에서 학습 데이터를 찾은 다음, 완

료되면 Cloud Storage의 어딘가에 결과 작업을 배치하도록 요청한다. 학습 작업을 시작하는 이 과정은 그림 18.11과 같다.

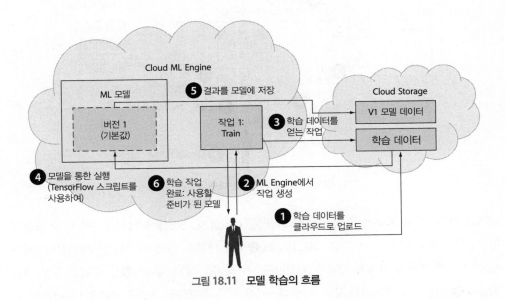

그림 18.11 모델 학습의 흐름

우선 ❶학습용 데이터를 Cloud Storage에 업로드하여 항상 사용할 수 있도록 한다(학습 과정 중 컴퓨터 충돌에 대해 걱정할 필요가 없다). 다음 ❷에서 모델의 버전(이 예에서는 버전 1)을 학습하는 데 사용할 데이터를 요청하는 ML Engine에서 작업을 만든다. 이 작업 ❸은 Cloud Storage 의 학습 데이터를 가져와서 작성한 TensorFlow 스크립트를 사용하여 모델을 통해 실행하여 새 모델 버전을 학습한다. ❹학습이 끝난 후 ❺모드는 Cloud Storage에 결과를 저장하여 예측에 사용할 수 있으며, 작업이 완료되어 모든 것이 작동했다는 것을 알려준다. 모든 작업이 완료되면 클라우드 ML Engine에 학습된 모델 버전이 제공되며, 필요한 모든 데이터는 Cloud Storage에 저장된다. 모델을 학습하고 예측을 할 준비가 되면 그림 18.12와 같이 예측 작업을 비슷한 방식으로 실행할 수 있다.

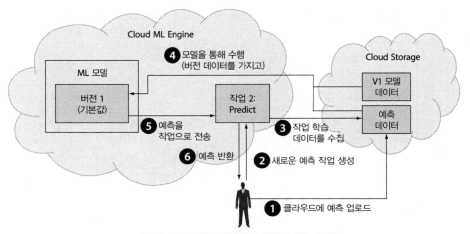

그림 18.12 모델을 기반으로 예측을 얻는 흐름

이전과 마찬가지로 예측을 수행하려는 데이터를 Cloud Storage❶에 업로드하여 항상 사용할 수 있도록 해야 한다. 그런 다음, ML Engine❷에서 새로운 예측 작업을 생성하여 데이터가 있는 위치와 예측에 사용할 모델을 지정한다. 이 작업은 예측 데이터❸를 수집한 다음, ML Engine❹에서 예측 데이터와 모델 버전 데이터를 모두 실행하는 작업을 시작한다. 예측이 준비되면, 작업 ❺로 전송되고, 결국 발생한 모든 세부 사항과 함께 사용자에게 반환된다❻.

보다시피, 사용자 정의 모델을 사용하여 예측을 생성하는 과정은 Cloud Vision이나 클라우드 Natural Language와 같은 다른 ML API에서 여러분들이 사용했던 것보다 훨씬 더 많은 작업이 필요하다. 자신의 모델을 설계하고 학습하는 것 외에도 예측 프로세스는 좀 더 실용적이며, 클라우드 ML Engine과 Cloud Storage가 함께 작동하여 예측을 생성하고 반환해야 한다. 사전 구축된 머신러닝 API를 사용하여 쉽게 해결할 수 있는 문제점이 있는 경우 이를 사용하는 것이 좋다. 그러나 사용자 지정 작업이 필요한 머신러닝에 문제가 있는 경우 ML Engine은 모델을 학습하고 상호작용하기 위해 수행해야 하는 관리 작업을 최소화하는 것을 목표로 한다. 이제 모델을 학습하고 예측을 위해 사용할 때의 흐름을 살펴보았다. 이제 이 모델이 내부적으로는 어떤 모습으로 보이는지 살펴보도록 하자.

18.3 클라우드 ML Engine과의 상호작용

앞에서 배운 다양한 작업 흐름(모델을 학습한 다음 모델을 사용하여 예측하는 방법)을 보여주기 위해 실제 데이터와 예측을 사용하여 예제를 실행하는 것이 가장 좋다. 그러나 유감스럽게도

ML 모델을 설계하고, 관련된 모든 데이터를 수집하는 것은 매우 복잡하다. 이 문제를 해결하려면 기술적인 관점에서 ML 모델의 세부 내용(및 모든 데이터)에 대해 조금은 두리뭉실하게 넘어가는 대신 모델이 하려는 작업과 상호작용하는 방법에 초점을 맞추어야 한다.

우리는 모델의 내부와 관련된 데이터에 대해서는 얼버무리고 넘어가고, 개념적으로 이해하기 위해 더 중요한 점을 강조할 것이다. 자신의 모델을 만들고자 한다면(그리고 자신의 데이터를 다루고자 한다면) 머신러닝에 관한 많은 훌륭한 책들을 찾을 수 있을 것이며, 이 장과 함께 읽을 가치가 있는 TensorFlow에 대한 책을 찾아볼 수 있을 것이다. 실제 데이터를 사용하여 모델을 학습한 다음 해당 모델을 기반으로 예측 가능한 일반적인 예를 살펴보도록 하자.

18.3.1 미국 센서스[1] 데이터의 개요

미국 센서스에 익숙하지 않다면 그것은 연령, 가족 구성원의 수, 기타 기본 데이터와 같은 모집단에 대한 일반적인 설문을 10년마다 하는 전국적인 조사라고 생각하면 된다. 실제로 이 설문 조사는 미국에서 국가 전체 인구를 측정하는 방법이다. 이 데이터는 일반인들에게도 공개되어 있으며, 일부 데이터를 사용하여 흥미로운 예측을 할 수 있다. 센서스 데이터 세트 자체는 분명 거대하므로 교육 및 고용 세부 정보를 포함한 기본적인 개인 정보가 있는 하위 집합을 살펴보도록 하겠다.

> **NOTE** 사용하는 모든 미국 인구 통계 데이터는 익명으로 처리되기 때문에 절대로 개인 정보를 볼 수는 없다.

이 데이터는 어떤 모습인가? 데이터 집합의 특정 행에는 개인의 나이, 고용 상황(예: 사기업의 고용주, 정부 고용주 등), 교육 수준, 결혼 상태, 인종, 소득 카테고리(예: 연간 소득 50,000달러 이상) 등이 있다. 일부 단순화된 행은 표 18.1에 나와 있다.

표 18.1 미국 센서스 데이터의 예제 행

연령	고용	교육	결혼 상태	인종	성별	소득
39	주 정부	고졸	결혼하지 않음	백인	남성	<=50K
50	자영업	남학생	기혼	백인	남성	> 50K
38	개인	고졸	이혼	백인	남성	<=50K
53	개인	11학년	기혼	흑인	남성	<=50K

---

1 옮긴이 미국 인구 조사 기관

다른 모든 데이터를 연속적으로 사용하여 모델을 학습하면 다른 정보를 기반으로 소득 범주에 대한 예측을 할 수 있다. 나이, 취업 상태, 결혼 여부 등을 고려하여 1년에 5만 달러 이상을 벌어들일지 예측할 수 있는 모델을 학습하게 된다. 표 18.2와 같은 데이터를 제공하고, ML 모델을 사용하여 공란을 채울 수 있다.

표 18.2 **누락된 데이터가 있는 행의 예**

연령	고용	교육	결혼 상태	인종	성별	소득
40	개인	학사	기혼	흑인	남성	?
37	자영업	고졸	이혼	백인	남성	?

클라우드 ML Engine이 어떻게 될지에 대한 추측으로 이 물음표를 채우려면 어떻게 해야 할까? 모델을 만드는 것으로 시작한다.

18.3.2 모델 만들기

앞서 배웠듯이 모델은 특정 계약을 충족하는 예측 기능의 컨테이너 역할을 한다. 이 경우 예측을 하려면 이 모델의 계약은 미국 센서스 데이터 행(소득 범주 필드가 누락됨)을 입력으로 허용하고, 그림 18.13과 같이 예측 소득 범주를 출력으로 반환한다.

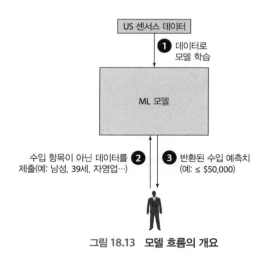

그림 18.13 **모델 흐름의 개요**

과정 ❶은 완전한 센서스 데이터를 사용하여 모델을 학습하여 나머지 행을 기반으로 소득 범주 필드를 예측함으로써 시작된다. 모델 학습을 마치면 수입 카테고리가 없는 행을 보내고❷, 해당 행의 소득 카테고리에 대한 예측을 반환한다❸. 모델은 컨테이너일 뿐이므로 클라우드 콘솔을 사용하여 만들 수 있다. 왼쪽 탐색 메뉴(인공지능 아래에 있음)에서 **AI Platform**을 선택하면 새 모델을 만들 수 있는 그림 18.14의 화면이 열린다.

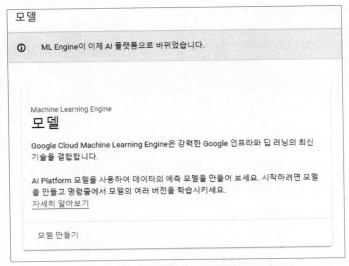

그림 18.14   새 모델 생성 프롬프트

모델 만들기(Create model)을 클릭하면 그림 18.15와 같은 간단한 양식이 열리고, 여기서 모델의 이름을 지정하고 설명할 수 있다. 모델의 경우 census라는 이름을 사용한다. 지금부터 모델을 고유하게 식별하는 방법을 설명한다.

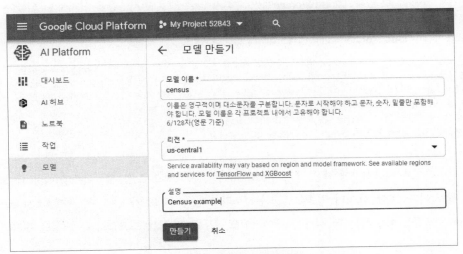

그림 18.15   센서스 모델 만들기

모델을 만든 후에 모델을 클릭하면 현재 버전이 없다는 것을 볼 수 있다. 또한, gcloud 명령행 도구를 사용하여 다음 리스트에 표시된 특정 모델의 버전을 나열하여 이를 볼 수도 있다.

리스트 18.2 **명령줄에서 모델과 버전 나열**

```
$ gcloud ai-platform models list
NAME        DEFAULT_VERSION_NAME
census

$ gcloud ai-platform versions list --model=census
Listed 0 items.
```

보다시피 모델은 존재하지만, 버전이 없으며, 기본 버전도 없다. 모델을 정의하는 코드가 없고, 실제로 학습을 받지 않은 모델을 효과적으로 가지고 있으므로 다음 단계는 일부 데이터로 모델을 학습하는 것이다. 이를 수행하기 전에 교육용으로 사용할 모든 올바른 코드와 데이터로 Cloud Storage를 설정해야 한다.

18.3.3 Cloud Storage 설정

census 모델이 존재하기 때문에 예측을 하기 위해 그것을 학습시켜야 한다. 교육 목적으로 사용하기 위해 미국 센서스 데이터가 필요하며, Google Cloud Storage에서 데이터가 올바른 위치에 있는지 확인해야 한다. 다음 리스트와 같이 gsutil 도구를 사용하여 미국 센서스 데이터 세트에서 예제 데이터를 다운로드할 수 있다. 예제 데이터 자체는 공용 Cloud Storage 버킷에서 사용할 수 있다. Cloud Storage에 익숙하지 않은 경우 먼저 5장을 살펴보도록 한다.

리스트 18.3 **Cloud Storage의 미국 센서스 데이터 세트 다운로드**

```
$ mkdir data  ◁──── "data"란 이름의 디렉터리에 데이터를 저장한다.
$ gsutil -m cp gs://cloudml-public/census/data/* data/  ◁──   이 명령은 공개 버킷의
Copying gs://cloudml-public/census/data/adult.data.csv...      모든 파일을 "data"
Copying gs://cloudml-public/census/data/adult.test.csv...      디렉터리에 복사한다.
/ [2/2 files][ 5.7 MiB/ 5.7 MiB] 100% Done
Operation completed over 2 objects/5.7 MiB.
```

이 데이터셋은 시작하기에 작은 크기(약 6MB)이지만, 합리적으로 정확한 예측을 하는 데 도움이 될 것이다. 또한, 데이터 및 테스트라는 두 가지 데이터 세트가 있다. 첫 번째(adult.data.csv)는 모델을 학습하는 데 사용할 데이터이고, 두 번째(adult.test.csv)는 모델을 평가하는 데 사용할 수 있다.

첫 번째 세트를 학습에 사용할 데이터로 생각해 보자. 예를 들어, 학교에서 교사들과 함께 해결한 문제를 들 수 있다. 두 번째 데이터셋은 과정 종료 시 얼마나 잘했는지 알아내는 최종 시험과 비슷하다. 수업 중에 이미 겪었던 것과 같은 문제를 주는 것은 이치에 맞지 않을 것이다. 그래서 이것들은 전에 보지 못한 새로운 문제들이다. 다음으로 Cloud Storage에 새 버킷을 생성하여 이 데이터의 복사본을 보관한다. 또한, 이 버킷에는 모델을 나타내는 데이터뿐만 아니라 나중에 예측 작업을 통해 전송하려는 모든 데이터도 저장되지만, 지금은 미국 센서스 데이터를 저장하는 데 사용된다.

> **NOTE** 교육용 데이터를 호스팅하기 위해 공개 Cloud Storage 버킷에만 의존하지 않는 이유가 궁금할 수 있다. 이 예에서는 문제의 데이터가 사용자로 인해 변경되지 않도록 하면서 가장 안전한 방법은 자신의 복사본을 소유하고, 제어하는 버킷에 보관하는 것이다.

또한, 버킷이 전 세계에 분산되지 않고 단일 지역에 있는지 확인해야 한다. 지역 간 데이터 전송 비용을 피하기 위해 이 작업을 수행한다. 데이터 전송량이 많고, 멀티 레인지 버킷에서 ML Engine 작업으로 전송하는 경우 비용이 많이 든다. 예를 들어, 아시아 버킷에 많은 양의 데이터가 저장되어 있는 경우 미국에서의 학습 작업은 전 세계에 걸쳐 모든 데이터를 전송하고 최종 결과를 다시 얻는 작업이 포함된다. 이 예제가 단지 수 메가바이트만 처리하더라도 학습을 수행할 리소스 근처에 데이터를 보관하면 불필요하게 돈을 낭비하지 않고, 모든 곳에서 데이터를 전송할 수 있다.

이 예에서는 us-central1 지역을 버킷의 홈으로 사용하고, 나중에 교육에 사용할 리소스를 사용한다. gsutil 명령을 다시 사용하여 이 버킷을 생성하고, -l 플래그를 사용하여 다음 리스트에서 볼 수 있듯이 버킷을 특정 위치에 놓도록 지정한다.

리스트 18.4 us-central1에 새 버킷 만들기

```
$ gsutil mb -l us-central1 gs://your-ml-bucket-name-here
Creating gs://your-ml-bucket-name-here/...
```

필요한 데이터와 버킷을 모두 가지게 되었으면 다음 리스트와 같이 gsutil을 다시 사용하여 데이터를 업로드할 수 있다.

리스트 18.5 새로 생성된 버킷에 데이터 사본 업로드하기

```
$ gsutil -m cp -R data gs://your-ml-bucket-name-here/data
Copying file://data/adult.data.csv [Content-Type=text/csv]...
Copying file://data/adult.test.csv [Content-Type=text/csv]...
- [2/2 files][  5.7 MiB/  5.7 MiB] 100% Done
```

```
Operation completed over 2 objects/5.7 MiB.

$ gsutil ls gs://your-ml-bucket-name-here/data
gs://your-ml-bucket-name-here/data/adult.data.csv
gs://your-ml-bucket-name-here/data/adult.test.csv
```

마지막으로 모든 데이터가 us-central-1 영역에 있는 버킷에 저장되므로 모델을 정의하고 학습하는 방법을 살펴볼 수 있다.

18.3.4 모델 학습

이제 모든 데이터가 올바른 위치에 있으므로 모델 및 해당 코드와 이전에 업로드한 데이터를 사용하여 모델을 학습하는 데 사용할 작업 코드에 대해 생각해 본다. 일부 코드를 다운로드하는 것으로 시작한다.

> **WARNING** 이 장의 앞부분에서 설명한 것처럼 TensorFlow 코드는 TensorFlow에 대한 더 나은 개념을 설명하고 구축하는 데 꽤 많은 시간이 걸릴 것이다. 결과적으로 코드를 이해할 필요는 없으며, 여기서 코드를 다시 만들지도 않는다. 대신 코드 자체를 블랙박스로 간주하고 클라우드 ML Engine을 사용하여 수행하는 것에 초점을 맞춘다.

모델을 학습할 예제 코드는 깃허브의 @Google-CloudPlatform/cloudml-samplesrepository에 있다. git을 사용하여 저장소를 복제하거나 깃에 익숙하지 않은 경우 https://github.com/GoogleCloudPlatform/cloudml-samples에서 zip 파일로 다운로드할 수 있다. 관심을 갖고 있는 예제 코드는 census 디렉터리에 있다. 다음 리스트를 참조한다.

리스트 18.6 센서스 모델 코드가 들어 있는 깃 저장소 복제하기

```
$ git clone https://github.com/GoogleCloudPlatform/cloudml-samples
Cloning into 'cloudml-samples'...
remote: Counting objects: 1065, done.
remote: Compressing objects: 100% (70/70), done.
remote: Total 1065 (delta 45), reused 59 (delta 19), pack-reused 967
Receiving objects: 100% (1065/1065), 431.81 KiB | 11.07 MiB/s, done.
Resolving deltas: 100% (560/560), done.

$ cd cloudml-samples/census/tensorflowcore/
```

동일한 코드를 작성한 후에는 새로운 학습 작업을 제출해야 한다. 이전에 배웠듯이 작업은 수행해야 할 일들을 예약하는 방식으로 많은 데이터 또는 연산 집약적인 머신러닝 코드로 인해 시간이 걸릴 수 있다. 하려는 것의 크기와 복잡성을 감안할 때 학습 작업 자체는 그리 오래 걸리지 않아야 한다. 다른 한편으로는, 학습 작업을 시작하기 위하여 실행하는 명령은 매우 복잡하기 때문에 다음 리스트에서 그것을 한 부분씩 살펴볼 것이다.

리스트 18.7 새 학습 작업을 제출하는 명령

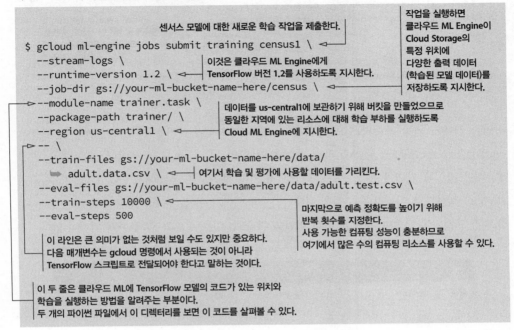

이 프로그램을 실행한 후에는 학습 진행 상황을 설명하는 결과가 꽤 많이 나온다. 그러나 전체 프로세스가 오래 걸리지는 않는다(일반적으로 2분 정도 소요된다).

NOTE ML Engine이 GCS 경로에서 읽을 수 없다는 오류가 발생하면 오류에는 데이터에 액세스하려는 서비스 계정 이름도 포함되어야 한다(예: service-12345678989@cloud-ml.google.com.iam.gserviceaccount.com). 버킷 권한을 편집하고 서비스 계정을 "객체 뷰어(object viewer)"및 "객체 생성자(object creator)"로 나열하여 클라우드 콘솔에서 이 서비스 계정에 대한 읽기 전용 액세스 권한을 부여할 수 있다.

결과를 보려면 gsutil을 다시 사용할 수 있다. 왜냐하면 다음 리스트와 같이 모든 출력 데이터를 Cloud Storage 버킷에 넣도록 지시했기 때문이다.

리스트 18.8 학습 작업의 출력 목록

```
$ gsutil ls gs://your-ml-bucket-name-here/census
gs://your-ml-bucket-name-here/census/
gs://your-ml-bucket-name-here/census/checkpoint
gs://your-ml-bucket-name-here/census/events.out.tfevents.1509708579.master-
```

```
    88f54a3b38-0-tlmnd
gs://your-ml-bucket-name-here/census/graph.pbtxt
gs://your-ml-bucket-name-here/census/model.ckpt-4300.data-00000-of-00003
...
gs://your-ml-bucket-name-here/census/eval/
gs://your-ml-bucket-name-here/census/export/
gs://your-ml-bucket-name-here/census/packages/

$ gsutil ls gs://your-ml-bucket-name-here/census/export
gs://your-ml-bucket-name-here/census/export/
gs://your-ml-bucket-name-here/census/export/saved_model.pb  ◀
gs://your-ml-bucket-name-here/census/export/variables/
```

> 이 파일(saved_modem.pb)은 가져오기 및 예측에 사용할 수 있는 모델을 포함하고 있으므로 중요한 파일이다.

작업을 끝내기 위해 학습 작업의 결과를 기반으로 새 모델 버전을 만들어야 한다. 출력물은 census/export/saved_model.pb에 있으므로 클라우드 콘솔을 사용하여 새 버전을 만들고, 해당 파일을 가리켜 볼 수 있다. 이렇게 하려면 클라우드 콘솔에서 Cloud ML Engine(AI Platform) 섹션으로 이동하여 모델을 선택한다. 이 페이지 안에는 그림 18.16에 표시된 일부 텍스트가 표시되어 있으며, 모델은 현재 버전을 만들 수 있는 링크와 함께 아직 버전이 없다.

그림 18.16 아직 버전이 없는 센서스 모델

링크를 클릭하면 그림 18.17에 양식이 표시되며, 여기에서 버전의 이름을 지정하고 모델 버전의 데이터가 있는 위치를 선택할 수 있다. 이것은 센서스 모델의 첫 번째 버전이므로 v1을 버전의 이름으로 사용한다. 이전에 학습 작업의 결과를 나열할 때 보았듯이 모델 자체는 저장소 버킷의 /census/export/ 디렉터리에 있다.

설정을 마치면 만들기(Create)를 클릭하여 모델 버전을 로드하고, 센서스 모델의 기본 버전으로 자동 설정한다. 그림 18.18과 같이 모델 세부 정보 페이지를 보면 알 수 있다.

마침내 학습된 모델을 얻었으므로 이를 사용하여 예측하고, 이를 만드는 데 얼마나 효과가 있는지 살펴보도록 하자.

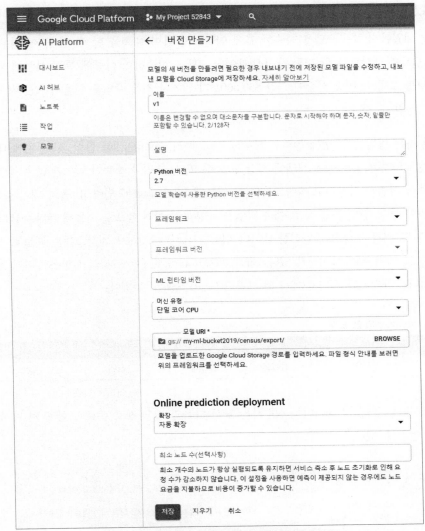

그림 18.17 학습한 출력 데이터를 사용하여 새 버전 만들기

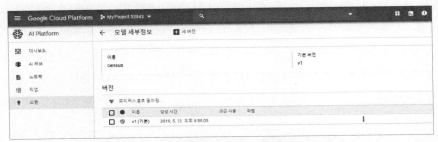

그림 18.18 v1을 기본 버전으로 사용하는 센서스 모델

18.3.5 예측하기

이전에 배웠던 것처럼 모델을 학습한 후에 이를 사용하여 예측을 할 수 있다. 이 경우 "소득 범주" 필드를 대상으로 한 미국 센서스 데이터 모델을 학습하여 나중에 특정 사람에 대한 세부 정보를 보내고, 해당 사람이 연간 $50,000보다 많거나 적은 수입을 얻을 수 있는지 예측하도록 요청할 수 있다.

이렇게 하는 방법은 한 번에 원하는 예측의 수에 따라 다르다. 예를 들어, 단일 행에 대해 예측을 수행하려는 경우 행을 모델에 직접 보낼 수 있다. 그러나 예측이 필요한 많은 행이 있는 경우 예측 작업을 사용하고 학습과 마찬가지로 Cloud Storage에 입력 및 출력 데이터를 저장하는 것이 좋다. 단일 행을 보고 예측 작업을 사용하여 여러 행으로 이동해 본다. 시작하려면 소득 카테고리가 누락된 불완전한 데이터 행이 필요하다. 깃허브 저장소에는 데모로 사용할 수 있는 몇 가지 예제 데이터가 있다. census/test.json 내부에는 25세의 사람을 나타내는 일련의 데이터가 표시된다. 표 18.3에서 몇 가지 필드 요약을 볼 수 있다.

표 18.3 **test.json의 행 요약**

연령	고용	교육	결혼 상태	인종	성별
25	개인	11학년	미혼	흑인	남성

예측 데이터를 통해 이 데이터를 실행하는 경우 다음과 같은 신뢰 수준과 함께 몇 가지 예측 결과를 얻을 수 있다.

```
$ gcloud ml-engine predict \
  --model census --version v1 \    ◀──┤ 여기서 작성한 센서스 모델을 사용하여 요청한다.
  --json-instances test.json  ◀──┤ 이 경우 로컬 파일에서 JSON 데이터에 대한 경로를 지정한다.
CONFIDENCE PREDICTIONS
0.78945 <=50K  ◀──┤ 모델은 신뢰 수준과 함께 소득 범주의 예측으로 구성된 결과물을 반환한다.
```

보다시피 제공된 테스트 데이터는 문제의 사람이 연간 $50,000 미만의 수입을 올릴 것으로 예측하지만, 그 예측의 확신은 완벽하지 않다. 이 작업에 관심이 있다면 언제든지 JSON 파일의 일부 필드를 조정하고, 어떤 일이 발생하는지 살펴볼 수 있다. 예를 들어, 이 같은 사람의 나이를 20세(25세가 아닌)로 변경하려는 경우 다음과 같이 연간 $50,000 미만의 수입을 얻는 신뢰 수준이 높아진다.

```
$ gcloud ml-engine predict --model census --version v1 --json-instances
```

```
   ../test2.json
CONFIDENCE   PREDICTIONS
0.825162     <=50K
```

예측을 원하는 사례가 많다면 어떻겠는가? 논의한 바와 같이, 이것이 주로 작업이 하는 일이며, 백그라운드에서 해야 할 많은 양의 일을 처리하는 것이다.

이 프로세스는 모델을 학습하는 것과 유사하다. 먼저, 예측하고자 하는 데이터를 Cloud Storage에 업로드한 다음, 예측 작업을 제출하여 해당 데이터를 가져와 출력 예측을 Cloud Storage의 다른 위치에 배치할 수 있다. 동일한 파일(test.json)을 다시 사용할 수 있지만, 몇 개의 행을 더 추가할 수 있도록 수정할 수 있다. 이 예에서는 동일한 행을 재현하고, 각 행의 나이를 5년씩 늘린다. 25부터 65까지 하려고 하면 예측하려는 행이 10개가 된다. 먼저, 다음 리스트에 표시된 Cloud Storage에 파일을 업로드한다.

리스트 18.9   **수정된 데이터를 Cloud Storage에 복사하기**

```
$ gsutil cp data.json gs://your-ml-bucket-name-here/data.json
Copying file://data.json [Content-Type=application/json]...
/ [1 files][ 3.1 KiB/ 3.1 KiB]
Operation completed over 1 objects/3.1 KiB.
```

이제 업로드된 데이터를 가리키는 예측 작업을 제출하고, 다음 리스트와 같이 출력을 다른 위치에 배치하도록 요청할 수 있다.

리스트 18.10   **Cloud Storage에서 수정된 데이터에 대한 새로운 예측 작업 제출**

```
$ gcloud ml-engine jobs submit prediction prediction1 \
  --model census --version v1 \
  --data-format TEXT \
  --region us-central1 \
  --input-paths gs://your-ml-bucket-name-here/data.json \
  --output-path gs://your-ml-bucket-name-here/prediction1-output
```

작업이 완료되면 결과를 볼 수 있다. 결과는 Cloud Storage에서 버킷의 prediction1-output 디렉터리에 있다.

```
$ gsutil ls gs://your-ml-bucket-name-here/prediction1-output  ◄─────────┐
gs://your-ml-bucket-name-here/prediction1-output/prediction.errors_stats- │
    00000-of-00001                         디렉터리 내용을 나열하여 결과 파일을 볼 수 있다.
gs://your-ml-bucket-name-here/prediction1-output/prediction.results-00000-of-
    00001
```

```
$ gsutil cat gs://your-ml-bucket-name-here/prediction1-
    output/prediction.results-00000-of-00001    ◁━━━━
{"confidence": 0.8251623511314392, "predictions": " <=50K"}
{"confidence": 0.7894495725631714, "predictions": " <=50K"}
{"confidence": 0.749710738658905, "predictions": " <=50K"}
{"confidence": 0.7241880893707275, "predictions": " <=50K"}
{"confidence": 0.7074624300003052, "predictions": " <=50K"}
{"confidence": 0.7138040065765381, "predictions": " <=50K"}
{"confidence": 0.7246076464653015, "predictions": " <=50K"}
{"confidence": 0.7297274470329285, "predictions": " <=50K"}
{"confidence": 0.7511150240898132, "predictions": " <=50K"}
{"confidence": 0.784980833530426, "predictions": " <=50K"}
```

> **gsutil의 cat 명령을 사용하여 결과의 산출물을 출력할 수 있다.**

예측에서 볼 수 있듯이 다른 모든 것을 동일하게 유지하면서 나이를 늘리면 예측 자체는 바뀌지 않지만, 자신감이 감소하는 경향이 있다. 모델은 나이 든 사람보다 젊은 사람에 대한 예측에 더 확신한다. 예측을 만드는 방법(직접적인 방식과 예측 작업 사용 모두)을 보았으므로 모델과 상호작용할 때 어떤 일이 일어나는지 살펴보아야 한다.

18.3.6 기본 리소스 구성

지금까지 실행해 온 작업에서 우리는 전산 작업을 수행하는 컴퓨터가 있다는 생각을 얼버무렸다. 예를 들어, 학습 과정을 제출할 때 ML 모델 자체를 통해 데이터를 실행할 때 소비한 데이터 및 CPU 사이클을 사용한 VM에 대해 전혀 언급하지 않았다. 이것을 이해하려면, 학습 도중 사용되는 컴퓨팅(및 메모리) 리소스와 관련된 스케일 티어, 머신 유형 및 ML 트레이닝 유닛의 개념을 살펴볼 필요가 있다. 규모 계층의 기본 사항부터 살펴보도록 하자.

스케일 티어

ML Engine에서 학습 작업을 생성할 때, 학습 부하를 잘 처리할 수 있는 컴퓨팅 리소스의 사전 정의된 구성인 스케일 티어(scale tier)를 지정할 수 있다. 기본 스케일 티어는 머신러닝 작업에서 수행되는 일반적인 작업에 대한 좋은 선택이다.

이러한 구성에는 성능 프로파일이 서로 다른 결과가 있다. 첫 번째는 모델을 학습하는 데 필요한 계산을 수행하는 VM과 같은 작업 서버(worker server)의 개념이다. 다음으로 여러 작업자가 있는 경우 계산 중인 모델이 여러 작업 서버 간에 동기화 상태를 유지해야 한다. 이것은 파라미터 서버의 작업이다. 이러한 서버가 다양한 작업 서버를 조정해야 한다는 점을 제외하고는 더 이상 언급하지 않겠다. 마지막으로, 이러한 서버는 CPU나 메모리 양과 같은 단순한 작업을 통해, 또는 다양한 수학 연산을 가속화할 수 있는 GPU와 같은 계산 하드웨어를 연결함으로써 많은 하드웨어 구성을 가질 수 있다.

이들에 대한 세부 사항을 잠깐 살펴보도록 하자. 하지만 먼저 다음과 같이 미리 설정된 스케일 티어를 살펴볼 필요가 있다.

- 모델을 학습하는 단일 작업 서버인 BASIC
- GPU가 첨부된 단일 작업 서버인 BASIC_GPU
- 많은 작업 서버를 사용하지만, 단일 파라미터 서버를 사용하는 STANDARD_1
- 많은 작업 서버와 파라미터 서버가 공유 모델 상태를 조정하는 PREMIUM_1

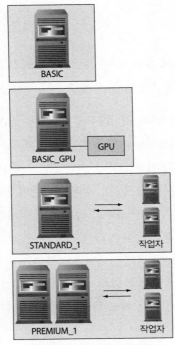

그림 18.19 다양한 스케일 티어

그림 18.19는 이러한 서로 다른 사전 설정된 스케일 티어의 모습을 보여준다. 특정 스케일 티어를 설정하는 것은 쉽다. 학습 작업을 제출할 때 -scale-tier 플래그를 사용한다. 스케일 티어 또는 기타 구성을 설정하지 않으면 ML Engine은 기본 스케일 티어를 사용한다. 예를 들어, 이전 예제에서는 티어를 지정하지 않았으므로 이 기본 티어를 사용하여 실행했다. 미리

확인되고 ML Engine을 테스트할 때는 유용하지만, 많은 양의 데이터 또는 복잡한 모델이 있는 경우는 좋지 않다. 이를 명시적으로 구성하려는 경우 명령은 다음 리스트와 같다.

리스트 18.11 **BASIC 스케일 티어를 사용하여 학습 작업 실행하기**

```
$ gcloud ml-engine jobs submit training censusbasic1 \
  --stream-logs \
  --runtime-version 1.2 \
  --job-dir gs://your-ml-bucket-name-here/censusbasic1 \
  --module-name trainer.task \
  --package-path trainer/ \
  --region us-central1 \
  --scale-tier BASIC \   ◁────┤ 학습 작업을 제출할 때 명시적으로 티어를 지정할 수 있다.
  -- \
  --train-files gs://your-ml-bucket-name-here/data/adult.data.csv \
  --eval-files gs://your-ml-bucket-name-here/data/adult.test.csv \
  --train-steps 10000 \
  --eval-steps 1000
```

BASIC 티어와 마찬가지로 BASIC_GPU 티어는 단일 서버에 NVIDIA Tesla K80 GPU가 연결되어 있기 때문에 하드웨어 가속을 이용할 수 있을 때 테스트하는 데 적합하다.

다음 두 티어(STANDARD_1 및 PREMIUM_1)는 대량의 데이터를 처리할 수 있는 분산 모델이기 때문에 실제 생산 작업 부하에 권장되는 유일한 계층이다. 이 둘은 모두 모델 작업을 위한 계산 작업을 수행할 작업 서버가 많이 있지만, 한 가지 중요한 차이점이 있다. 여러 개의 작업 서버가 있을 때 각각의 작업은 많은 계산 작업을 수행하는 중일지도 모른다. 하지만 이러한 모든 서버는 여전히 함께 작업해야 하거나 처음부터 많은 작업 서버가 있는 이점을 잃을 위험이 있다. 작업 서버는 파라미터 서버를 사용하여 작업 서버 클러스터의 중앙 권한을 가지게 되므로 파라미터 서버가 모든 작업 서버에 의해 압도되는 병목 현상이 발생할 수 있다. STANDARD_1 티어에는 단일 파라미터 서버만 있으며, 많은 수의 작업 서버가 있는 학습 작업의 단일 실패 지점이 될 수 있다. 반면, PREMIUM_1 티어에서는 시스템이 이러한 병목 현상을 피하기 위해 많은 파라미터 서버를 지원한다.

STANDARD_GPU 또는 PREMIUM_GPU 티어가 없는 이유나 특정 서버 수를 제어하는 방법 또는 사용 가능한 CPU 또는 메모리 양을 제어할 수 있는지 궁금할 것이다. 이는 모두 합리적인 의문이다. 이를 위해 ML Engine에서 머신 유형의 개념을 알아 보아야 한다. 이 유형은 Compute Engine의 인스턴스 유형과는 다소 다르다.

머신 유형

ML Engine이 제공하는 미리 설정된 스케일 티어가 적합하지 않은 경우(GPU에 액세스해야 하는 경우 그럴 가능성이 있음) ML Engine은 하드웨어 구성을 사용자 작업의 특성에 맞게 사용자 정의할 수 있는 기능을 제공한다. 표 18.4는 사용할 수 있는 여러 유형의 장비를 보여준다. 그러나 실제로 살펴보기 전에 몇 가지 주의 사항이 있다. 먼저, 파라미터 서버를 구성하는 데 두 가지 선택 사항(standard 및 large_model)만 있는지 확인한다. 파라미터 서버는 더 많은 CPU 또는 하드웨어 가속의 이점을 얻을 수 없지만, 모델 자체가 특히 큰 경우 많은 메모리가 필요할 수 있다. 이는 두 종류의 장비 유형, 즉 표준 장비 유형의 4배의 메모리를 갖는 대형 모델 유형의 메모리 사이에 명백한 차이점을 가져온다.

다음으로, Compute Engine의 인스턴스 유형과 달리 ML Engine의 시스템 유형은 시스템에서 사용할 수 있는 CPU 또는 메모리의 정확한 양을 지정하지 않는다. 대신 참조 용량이 일정하며, 시스템 유형이 클수록 해당 참조 양의 배수가 개략적이 된다. 한 시스템 유형에서 다음 시스템 유형까지 사용할 수 있는 특정 메모리 양을 정의하는 대신, 다음 단계가 리소스의 약 두 배라고 생각할 수 있다. 예를 들어, complex_model_m(meduim) 시스템 유형은 complex_model_s(small) 시스템 유형보다 CPU 및 메모리가 약 두 배다. 표 18.4를 참조한다.

표 18.4 다른 시스템 유형 요약

머신 유형	적합	CPU	메모리	GPUs
standard	모든 서버	1x	4x	없음
standard_gpu	작업자 서버	1x	4x	1x K80
standard_p100	작업자 서버	1x	4x	1x P100
large_model	파라미터 서버	2x	16x	없음
complex_model_s	작업자 서버	2x	2x	없음
complex_model_m	작업자 서버	4x	4x	없음
complex_model_m_gpu	작업자 서버	4x	4x	4x K80
complex_model_m_p100	작업자 서버	4x	4x	4x P100
complex_model_l	작업자 서버	8x	8x	없음
complex_model_l_gpu	작업자 서버	8x	8x	8x K80

학습 작업에 이러한 장비 유형을 어떻게 사용할까? 기본 리소스에 대한 이 모든 정보를 명령 행 인수 형식으로 전달하는 대신 구성 파일에 넣고 대신 전달할 수 있다. 구성은 JSON 또는 YAML 형식일 수 있으며, 다음과 같아야 한다.

리스트 18.12 **작업 구성 파일**

```
trainingInput:
    scaleTier: CUSTOM ◄─────┤ 여기서 프리셋 중 하나가 아닌 사용자 정의 스케일 티어가 필요하다는 것을 분명히 한다.
    masterType: standard ◄──┐ 다양한 서버(마스터, 작업자 및 파라미터 서버) 유형을 원하는 대로 설정할 수 있다.
    workerType: standard_gpu │ 여기에서는 마스터의 경우 standard, 작업자의 경우 standard_gpu,
                             │ 파라미터 서버의 경우 large_model을 사용했다.
    parameterServerType: large_model
    workerCount: 10 ◄───────┐ 또한, 배포하는 서버 수를 제어할 수 있다. 마스터는 항상 단일 서버이지만,
    parameterServerCount: 2 │ 더 많은 작업자와 파라미터 서버를 추가할 수 있다.
                            │ 이 예에서는 10개의 작업자 서버와 2개의 파라미터 서버를 사용한다.
```

이 정보를 파일(예: job.yaml)에 저장하면 스케일 티어를 지정하지 않고, 대신 그림과 같이 구성 파일을 참조한다는 점을 제외하고, 이전대로 모든 것을 남겨 둔 상태에서 새 학습 작업을 제출할 수 있다. 다음 리스트에서 이를 볼 수 있다.

리스트 18.13 **구성 파일을 사용하여 새 학습 작업 제출**

```
$ gcloud ml-engine jobs submit training censuscustom1 \
  --stream-logs \
  --runtime-version 1.2 \
  --job-dir gs://your-ml-bucket-name-here/customcensus1 \
  --module-name trainer.task \
  --package-path trainer/ \
  --region us-central1 \
  --config job.yaml \  ◄───┤ 스케일 티어를 설정하는 대신
  -- \                      │ 앞에서 만든 구성 파일에서 명령행 도구를 가리킨다.
  --train-files gs://your-ml-bucket-name-here/data/adult.data.csv \
  --eval-files gs://your-ml-bucket-name-here/data/adult.test.csv \
  --train-steps 10000 \
  --eval-steps 1000
```

이제는 학습 작업의 기본 리소스를 변경하는 방법을 살펴보았으므로 예측을 할 때 어떻게 작동하는지 살펴보자.

예측 노드

예측의 경우 작업은 훨씬 더 균일하며, 결과적으로 한 가지 유형의 서버만 사용된다. 학습 작업과는 달리 예측 작업은 관련된 시스템의 유형을 수정하는 방법을 제공하지 않으므로 "어떤 유형"이 아닌 "얼마나 많은" 수만 고려하면 된다. 서버(또는 알려진 대로 예측 노드) 작업에서 제출된 작업량을 기준으로 자동 크기 조정 요소가 존재하기 때문에 학습 작업에서 본 고정된 수가 아닌 제한이다. 예를 들어, 이전에 시도한 것처럼 약간의 예측만으로는 한 번에 둘 이상의 노드에서 이점을 얻지 못할 수도 있다. 그러나 수백만 건의 대규모 예측 작업은 많은 작업자 서버들 때문에 더 빨리 완료될 것이다.

결과적으로 ML Engine은 정의된 한도에 도달하거나 작업자 서버가 할 일이 없어질 때까지 새 작업자 서버를 계속 켜둔다. 이 기능을 통해 ML Engine은 합리적인 제한 사항 내에서 예측 작업의 가장 빠른 완료 시간을 최적화할 수 있다. -max-worker-count 플래그를 설정하여 이 제한을 쉽게 제어할 수 있다. 예를 들어, 다음 스니펫은 이전 예측 작업을 수정하여 최대 두 대 이상의 작업자 서버를 사용하는 방법을 보여준다.

리스트 18.14 **예측 작업의 작업자 서버 수에 대한 제한 지정**

```
$ gcloud ml-engine jobs submit prediction prediction2workers \
  --model census --version v1 \
  --data-format TEXT \
  --region us-central1 \
  --max-worker-count 2 \   ←──┐ 여기서 사용할 최대 작업자 서버 수를 2로 설정할 수 있다.
  --input-paths gs://your-ml-bucket-name-here/data.json \
  --output-path gs://your-ml-bucket-name-here/prediction2workers-output
```

이 방법은 일괄 처리 작업의 일부가 아닌 온라인 예측 요청 중에 얼마나 많은 노드가 사용되는지에 대한 의문을 남긴다. 이게 어떻게 작동할까? 이 경우 ML Engine이 유입되는 예측 요청에 대한 대기 시간을 최소화하기 위해 특정 수의 작업자 서버를 계속 가동시켜 자동 확장 기능을 다시 사용한다. 더 많은 예측 요청이 도착하면 ML Engine은 예측 작업이 신속하게 완료되도록 더 많은 작업자 서버를 켠다.

온라인 예측 요청을 처리하기 위해 실행 중인 작업자 서버의 수는 전적으로 자동으로 조정되므로 필요에 따라 요청을 보내는 것 이외에는 아무 것도 할 수 없다. 온라인 예측을 일괄 예측 대신 사용해서는 안 된다는 점을 기억해야 한다. 온라인 예측은 미리 확인을 하고, 약간의 변동은 있지만, 경고가 거의 없는 극단적인 수준으로 치솟지 않는 지속적인 예측 요청을 보내는 데 좋다. 이제 기본 리소스에 대한 모든 세부 정보를 살펴보았으므로 피할 수 없는 질문을 해야 한다. 이 모든 비용은 얼마나 들까?

18.4 가격 결정의 이해

ML Engine은 그것이 지원하는 두 가지 별개의 작업(예측 및 학습)을 가지고 있으므로 각각에 대해 두 가지 가격 책정 방식이 있다. 학습은 두 가지 모델 중 더 복잡하기 때문에 비용이 얼마일지 먼저 살펴보도록 한다. 즉, ML Engine 모델의 예측 비용을 알아보도록 한다.

18.4.1 학습 비용

Compute Engine과 마찬가지로 ML Engine 가격은 시간당 계산 단위 비용을 기준으로 하지만, 몇 가지 중요한 차이점이 있다. 첫째, 장비 유형 테이블은 각기 다른 유형에 대해 얼마나 많은 컴퓨팅 성능을 사용할 수 있었는지를 정확하게 지정하지 않고, 다른 유형의 "크기가 대략 두 배" 되는 방식에 중점을 둔다. 둘째, 사전 설정된 스케일 티어 중 하나를 사용할 때 어떤 유형의 시스템이 사용 중인지 명확히 하지 않았다. 이 모든 것은 어떻게 작동할까?

ML Engine의 모든 가격은 소비되는 ML 학습 단위에 달려 있는데 사용 시간당 가격이 있다. 이 가격은 소비하는 금액만 지불하기 위해 1분 단위로 줄일 수 있지만, Compute Engine처럼 오버헤드를 처리하는 데 최소 10분이 소요된다. 5분의 일을 소비한다면 최소 10분에 해당하는 비용을 지불해야 하지만, 15분을 사용하면 정확히 15분에 해당하는 비용을 지불하면 된다. 시간당 요율은 어떻게 계산할까? 먼저 다양한 스케일 티어에 대한 비율(ML 학습 단위)을 살펴보도록 하자.

스케일 티어 기반 가격

배운 것처럼 계산 시간은 ML 학습 단위로 측정되며, 그 단위는 시간당 비용을 가진다. 서로 다른 스케일 티어는 시간당 특정 ML 학습 단위 수를 소비한다. 또한, 이러한 비용은 지정학적 위치에 따라 달라지며, 미국 기반 위치의 비용이 유럽이나 아시아 지역에 비해 약간 적다. 표 18.5는 서로 다른 스케일 티어의 요약과 각 ML의 학습 단위 수 및 각 위치별 전체 시간당 비용을 보여준다.

표 18.5 **다양한 스케일 티어의 비용**

스케일 티어	ML 교육 단위	미국 비용	유럽/아시아 비용
BASIC	1	시간당 $0.49	시간당 $0.54
BASIC_GPU	3	시간당 $1.47	시간당 $1.62
STANDARD_1	10	시간당 $4.90	시간당 $5.40
PREMIUM_1 75	75	시간당 $36.75	시간당 $40.50

보다시피, "basic" 티어(BASIC 및 BASIC_GPU)는 가벼운 리소스이기 때문에 전력(및 비용)이 더 큰 PREMIUM 등의 다른 것보다 훨씬 저렴하다.

기본 BASIC 스케일 티어를 사용했던 이전 예제 학습 작업에서는 us-central1 영역에서 작업이 실행되었으므로 시간당 0.49달러를 지불해야 했다. 10분 최소 요금을 받았다고 가정하면, 그 간단한 일은 약 8센트(10 minutes / (60 minutes per hour) * $0.49 per hour = $0.08167)다. 이전에 배웠던 사용자 정의 배포는 어떻게 될까? 이제 사용자 정의 리소스에 대한 가격 책정에 대해 자세히 살펴본다.

장비 유형 기반 가격 책정

스케일 티어와 마찬가지로 각 장비 유형에는 ML 학습 단위로 정의된 비용이 있으며, 이 비용 단위는 이미 배운 동일한 가격 책정 규칙을 따른다. 표 18.6은 몇 가지 장비 유형, 해당 유형의 ML 학습 단위 수 및 전체 시간당 비용의 개요를 보여준다.

표 18.6 다양한 장비 유형의 비용

장비 유형	ML 교육 단위	미국 비용	유럽/아시아 비용
standard	1	시간당 $0.49	시간당 $0.54
standard_gpu	3	시간당 $1.47	시간당 $1.62
complex_model_m	3	시간당 $1.47	시간당 $1.62
complex_model_m_gpu	12	시간당 $5.88	시간당 $6.48

이것이 실제로 어떻게 작동하는지 보려면 이전 예제를 보고 시간당 비용을 계산한다. 이전 예제 구성 파일에서 모든 다른 시스템의 유형을 사용자 정의하고, 특정 수의 서버를 설정했음을 기억한다. 표 18.7은 각각의 합계를 보여준다.

표 18.7 사용자 정의 구성의 ML 학습 단위 요약

역할	머신 유형	번호	ML 교육 단위
마스터	standard	1	1
작업자	standard_gpu	10	30
파라미터 서버	large_model	2	6
총			37

여러분의 구성 예는 총 37 ML 학습 단위를 소모하며, 미국 기반 가격은 시간당 $18.13다. 작업이 빨리 완료되면(최소 10분 미만) 작업 자체는 약 3달러(10 minutes / (60 minutes per hour) * $18.13 per hour = $3.02167)가 소요된다.

최종적으로, 매번 이것을 계산하는 것은 귀찮을 것이다. 다행히도 명령줄이나 클라우드 콘솔에서 작업 자체를 살펴봄으로써 주어진 작업에서 소모된 ML 학습 단위의 수를 볼 수 있다. 예를 들어, 그림 18.20에 표시된 것은 학습 작업용 클라우드 콘솔이다.

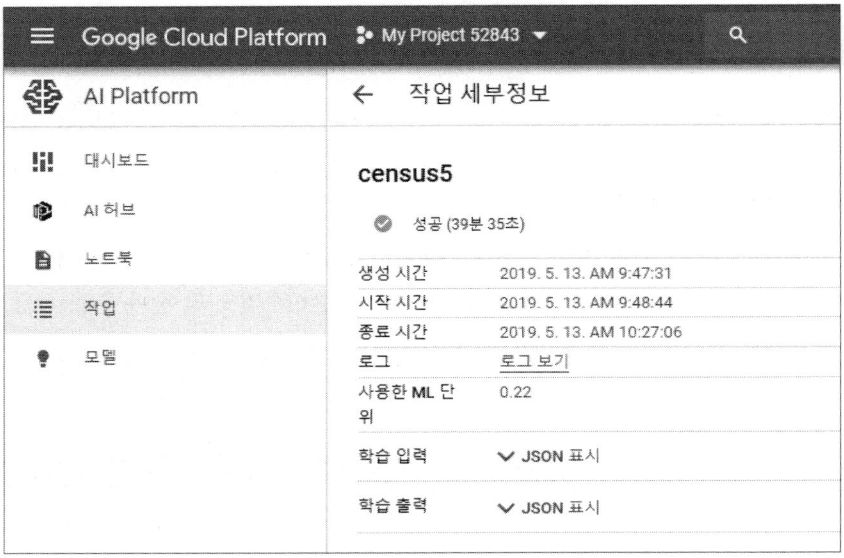

그림 18.20 클라우드 콘솔에서 학습 작업의 세부 정보 보기

명령줄에서 describe 하위 명령을 사용하여 작업의 세부 사항을 요청해 동일한 정보를 볼 수도 있다. 다음 리스트는 명령줄에서 작업에 대한 동일한 정보다.

리스트 18.15 명령줄을 사용하여 학습 작업의 세부 사항 보기

```
$ gcloud ml-engine jobs describe census1
# ... More information here ...
trainingInput:
  # ...
  region: us-central1
  runtimeVersion: '1.2'
  scaleTier: BASIC
trainingOutput:
  consumedMLUnits: 1.67    ◁────┤ 여기서 이것이 1.67 ML 학습 단위를 소비했다는 것을 볼 수 있다.
```

18.4.2 예측 비용

배웠던 것처럼 예측은 학습과 같은 리소스를 소비하지만, 예상 작업은 전적으로 예측 노드에 의해 수행된다. 이러한 노드는 다른 노드처럼 작동하지만, 사용자 정의할 수 없으며, 주어진 시간에 얼마나 많은 노드가 실행 중인지에 대해서도 제어할 수 없다. 결과적으로 학습 비용과 마찬가지로 예측은 주로 실행되는 각 예측 노드에 대한 시간당 비용을 기반으로 한다. 현재 미국 내 위치 노드는 시간당 0.40달러이고, 유럽 또는 아시아 기반 노드는 시간당 0.44달러다.

10분의 예측 노드 리소스를 5분 소비하면 결국 $0.33($0.40 per hour * 5 minutes / 60 minutes per hour * 10 nodes)의 비용이 발생한다.

학습 작업과 달리 시간별 비용 외에 1,000건의 예측당 0.10달러(미국 외 지역의 경우 0.11달러)의 정액 요금이 제공된다. 또한, 예측당 비용은 일괄 처리 작업의 각 개별 예측뿐만 아니라 개별 온라인 예측에도 동일하게 적용된다. 앞의 예제에 따르면 5분 예측 작업이 10,000 데이터 포인트를 포함하는 경우 예측당 비용은 $1.00($0.10 per chunk of 1,000 predictions * 10 chunks)로 예측 작업의 모든 것을 포함한 전체 비용은 약 $1.33가 된다.

이 시점에서 청구서가 어떻게 계산되었는지 잘 파악해야 하지만, 이것은 여전히 얼마나 많은 예측 노드 시간이 소모되었는지를 파악해야 하는 문제가 생긴다. 다행히도 학습 작업과 마찬가지로 각 작업자에 대한 세부 정보를 볼 수 있다. 다음 리스트는 얼마나 많은 예측 노드 시간이 소비되었는지 뿐만 아니라 얼마나 많은 예측이 수행되었는지를 명확하게 볼 수 있는 명령줄에서 예측 작업의 보기다.

리스트 18.16 예측 작업의 세부 사항 보기

```
$ gcloud ml-engine jobs describe prediction1
# ... More information here ...
predictionOutput:
   nodeHours: 0.24   ◁────  여기에서 0.24 예측 노드 시간을 소비했음을 알 수 있다.
   outputPath: gs://your-ml-bucket-name-here/prediction1-output
   predictionCount: '10'   ◁──────────── 이 경우 노드 시간은 예측을 10개 만들었다.
startTime: '2017-11-03T14:15:41Z'
state: SUCCEEDED
```

이 정보를 기반으로 한 작업의 가격은 예측 자체에 대해 $0.0001(10 predictions / 10,000 predictions per chunk * $0.10 per chunk) 및 노드 시간 소비에 대한 $0.096(0.24 node hours * $0.40 per hour)로 총 0.0961달러를 의미한다. 이는 약 10센트에 달한다.

요약

- 머신러닝은 명시적으로 프로그래밍하지 않고, 예제 데이터를 사용하여 작업을 수행하도록 컴퓨터를 학습시킬 수 있는 포괄적인 개념이다.
- 신경망은 작업을 수행하기 위해 컴퓨터를 학습시키는 한 가지 방법이다.

- TensorFlow는 파이썬 코드로 높은 수준의 머신러닝 개념(예: 신경망)을 쉽게 표현할 수 있는 오픈 소스 프레임워크다.

- ML Engine은 TensorFlow로 구축된 머신러닝 모델을 학습하고 서비스하기 위한 호스팅 서비스다.

- 사전 정의된 계층, 또는 보다 구체적인 매개변수(예: 시스템 유형)를 사용하여 기본 가상 하드웨어를 ML Engine에서 사용하도록 구성할 수 있다.

- ML Engine은 학습 및 예측 작업 모두를 위해 시간당 리소스 소비량(Compute Engine과 같은 다른 컴퓨팅 중심 서비스와 유사하다)을 기준으로 청구한다.

V

데이터 처리 및 분석

빅데이터가 일종의 유행어가 된 이후 대규모 데이터 처리가 중요해졌다. 짐작하듯 데이터 (테라바이트, 페타바이트 또는 그 이상)를 처리하고 분석하는 것은 복잡한 작업이다. 이 섹션 에서는 이런 작업을 간소화할 수 있게 설계된 구글 클라우드 플랫폼에서 사용할 수 있는 몇 가지 도구에 대해 살펴보겠다.

거대한 양의 데이터를 빠르게 쿼리할 수 있는 BigQuery(빅쿼리)를 살펴보고, Apache Beam (아파치 빔) 데이터 처리 파이프라인을 구글의 인프라에서 실행할 수 있는 Cloud Dataflow를 알아본다. 마지막으로, 다양한 데이터 처리 작업에서 접착제 같은 역할을 하는 Cloud Pub/Sub를 사용하여 많은 시스템 간에 어떻게 통신하는지를 알아본다.

PART V

Data processing and analytics

19

BigQuery:
확장성이 뛰어난 데이터웨어하우스

이 장에서는 다음의 내용을 다룬다.

- BigQuery란 무엇인가?
- BigQuery는 내부적으로 어떻게 작동할까?
- BigQuery로의 대량 데이터 적재 및 스트리밍
- 데이터 쿼리하기
- 가격 정책의 작동 방식

많은 양의 데이터를 처리하는 쿼리가 종료되는데 몇 분(또는 몇 시간이나 며칠) 동안 자리에서 기다려야 하는 좌절감을 겪은 적이 있을 것이다. 큰 작업의 속도를 높이기 위해서 맵리듀스 (예: 하둡)를 고려할 때면, 코드를 변경하고, 재컴파일하고, 재배포나 재실행할 때 또 다른 좌절 감을 느낄 수도 있다. BigQuery는 이런 상황에서 필요한 서비스다.

19.1 BigQuery란 무엇인가?

BigQuery는 몇 시간이 아닌 몇 초만에 대규모 데이터를 쿼리할 수 있는 관계형 클라우드 데이 터베이스다. BigQuery는 자바나 C++ 코드 대신 SQL을 사용하므로 대용량 데이터셋을 탐색하 기가 쉽고 빠르다. 쿼리를 실행하고, 원했던 결과가 아니라면 약간 수정한 후 다시 실행할 수 있다. 그런 상황에서 BigQuery의 분석적인 특성을 알고 있는 것이 중요하다. BigQuery는 기존 OLTP 유형의 질의(예: UPDATE table SET name = 'Jimmy' where id = 1)를 실행할 수는 있지만, 많은 행(Row)을 스캐닝하고 필터링하여 의미 있는 요약 데이터를 집계하는 분석 도구로 사용할 때 가장 강력하다.

19.1.1 왜 BigQuery인가?

BigQuery가 무엇인지, 왜 사용하는지를 이해할 수는 있지만, 다른 시스템 대신 BigQuery를 사용해야 하는 이유에 대해서는 혼란스러울 수 있다. 예를 들어, 왜 MySQL을 사용하여 데이터를 탐색할 수 없을까? 대부분의 경우 MySQL을 사용할 수 있지만, 점점 더 많은 데이터를 스캔해야 할 때는 MySQL에 과부하가 걸려 성능이 저하될 것이다. 그런 일이 발생하면 다른 옵션을 찾아보는 것이 좋다.

먼저 특정 쿼리가 더 빨리 실행되도록 MySQL의 성능 관련 매개변수를 조정할 수 있다. 그런 다음 읽기 복제본을 설정하여 사용자 요청을 처리하는 동일한 데이터베이스에서는 매우 어려운 쿼리가 실행하지 않도록 할 수 있다. 다음으로는 Netezza와 같은 데이터웨어하우스 시스템을 사용하는 방법을 살펴보겠지만, 이러한 시스템의 가격은 지불할 수 있는 수준 이상으로 비쌀 수 있다(일반적으로 수백만 달러). 그때는 어떻게 해야 할까?

이때가 BigQuery가 필요한 시점이다. BigQuery의 가격 모델은 나중에 살펴보겠지만, BigQuery는 클라우드 인프라에 대한 약속을 지키면서, 사용한만큼만 과금하면서도 전통적인 데이터웨어하우스 시스템의 강력한 일부 기능을 제공한다. 내부적으로 어떻게 작동하는지 간단히 살펴보고, BigQuery가 MySQL과 같은 시스템이 겪을 수 있는 시나리오를 처리하는 방법을 살펴보겠다.

19.1.2 BigQuery는 어떻게 작동하는가?

BigQuery의 기반 기술이나 BigQuery만을 설명하는 서적과 달리 여기서는 일반적인 수준에서 BigQuery의 내부 동작을 설명한다. 이 장에서는 기본 이론 및 고급 개념에 대해 조금 설명하는 대신 애플리케이션에서 빅쿼리를 실제로 사용하는 방법에 초점을 맞추고자 한다. BigQuery가 방대한 양의 데이터를 처리하는 방법에 대해 자세히 알고 싶다면 Jordan Tigani와 Siddartha Naidu의 《Google BigQuery Analytics》(Wiley, 2014)와 같이 BigQuery에 중점을 둔 책을 읽어 보기를 추천한다.

다른 SQL 데이터베이스(예: MySQL)와 비슷해 보이지만, BigQuery의 가장 멋진 점은 실제 처리할 수 있는 데이터의 양이다. BigQuery는 MySQL이 할 수 없는 것을 어떻게 할 수 있을까? 먼저 문제의 두 부분을 살펴보자. 첫째, 수십억 개의 데이터 행을 필터링해야 하는 경우에는 많은 컴퓨팅 성능이 필요한 수십억 개의 비교 작업을 수행해야 한다. 둘째, 어딘가에 저장된 데이터에 대한 비교를 수행해야 하며, 해당 데이터가 저장된 드라이브는 비교를 수행할 컴퓨터로 데이터를 재빨리 이동시키는 데 한계를 가지고 있다. 이 두 가지는 해결해야 할 근본적인 문제이므로 컴퓨팅 용량부터 시작하여 BigQuery가 각 문제를 해결하는 방법을 알아본다.

컴퓨팅 용량 확장하기

사람들은 원래 맵리듀스 알고리즘을 사용하여 이런 문제의 계산 측면을 해결했다. 이 알고리즘은 데이터를 관리 가능한 조각으로 잘라내고(맵 단계), 조각의 요약으로 축소한다(리듀스 단계). 이렇게 하면 작업을 많은 컴퓨터에서 병렬 처리하여 전체 프로세스의 속도를 높일 수 있다. 각 컴퓨터는 문제의 일부 하위 집합에 대해 작업한다. 예를 들어, 수십억 개의 행이 있고 행의 개수를 계산한다면, 전통적인 방법에서는 모든 행을 반복하고 전체 행의 수에 대한 카운터를 유지하는 스크립트를 컴퓨터에서 실행할 것이다. 이는 상당히 오래 걸리는 작업이다. 맵리듀스를 사용하면 속도를 높이기 위해 1,000대의 컴퓨터를 사용하며, 각 컴퓨터는 1/1,000행을 계산한 다음 그 1,000개의 개별 카운트를 모두 합하여 전체 카운트를 얻는다(그림 19.1).

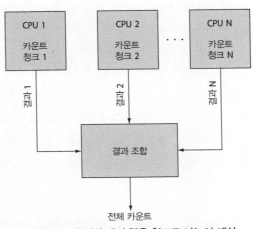

그림 19.1 수십억 개의 행을 청크로 나누어 계산

간단히 말해서, 이것이 BigQuery가 내부적으로 수행하는 것이다. 구글 클라우드 플랫폼에는 BigQuery의 요청을 처리하기 위한 수천 개의 전용 CPU 풀이 있다. 쿼리를 실행하면 순간적으로 해당 컴퓨팅 용량에 액세스할 수 있게 되며, 각 컴퓨팅 단위가 작은 데이터를 처리한다. 작은 작업이 모두 완료되면 BigQuery가 모두 다시 취합하여 쿼리 결과를 제공한다. BigQuery는 한 번에 몇 초 동안 SQL 쿼리를 실행하기 위해 사용할 거대한 컴퓨터 클러스터에 액세스하는 것과 같다.

스토리지 처리량 스케일링

알고 있는대로 데이터 저장은 물리적인 디스크 어딘가에서 이루어진다. 때로는 그런 과정을 당연한 것으로 여기지만, 극단적인 성능을 요구할 때는 물리적인 디스크가 매우 중요한 부분이 된다. 경우에 따라 디스크의 유형을 변경하여 문제를 해결할 수는 있다. 예를 들어, 솔리드 스테이트 디스크(SSD)는 무작위 데이터 액세스(위치 1에 바이트를 읽은 다음 위치 392에서, 그리고 위치 5에서 읽음)에 더 적합하지만, 기계식 디스크는 순차적인 데이터 액세스(위치 1에서부터 위치 392까지)에 더 적합하다. 결국, 단일 디스크 드라이브에서는 필요한 성능을 얻을 수 없다. 또한, 디스크가 점점 더 커짐에 따라 단일 디스크에서 모든 데이터를 가져오는 데 더 오래 걸리게 된다. 디스크의 저장용량은 늘어나고 있지만, 대역폭은 반드시 용량에 맞춰 늘어나지는 않는다.

문제를 많은 조각으로 분할하고 각 부분을 병렬로 처리하기 위해 많은 수의 CPU를 사용하여 계산 능력 문제를 해결하고자 할 때, 모든 CPU가 데이터 청크에 액세스할 수 있는 방법에 대해서는 언급하지 않았다. 수천 개의 CPU가 모두 하나의 하드 드라이브에서 데이터를 요청한다면 드라이브는 바로 어려움에 빠지게 될 것이다. 또 다른 문제는 쿼리해야 하는 데이터의 총량이 잠재적으로 엄청나다는 점이다.

좀 더 구체적인 예를 들자면, 용량에 관계없이 대부분의 드라이브는 일반적으로 초당 수백 메가바이트의 처리량을 유지할 수 있다. 이 속도로 모든 10테라바이트(TB) 드라이브에서 모든 데이터를 가져오는 데는 약 5시간이 걸린다!(초당 500MB의 전송 속도를 가정할 때) 1,000개의 CPU가 모두 데이터 청크(각각 10GB씩 1,000개 청크)를 요청하면 10GB 청크당 약 20초로도 최상의 경우 약 5시간이 걸린다. 단일 디스크는 데이터 전송 속도가 제한되어 있어 병목 현상이 발생한다.

이 문제를 해결하기 위해서 많은 물리적 드라이브(샤딩(sharding)(그림 19.2))를 통해 데이터베이스를 분할하고, 모든 CPU가 데이터 청크를 요청할 때 많은 드라이브가 데이터를 전송하도록 처리할 수 있다. 드라이브만으로는 모든 바이트를 많은 CPU로 보낼 수 없지만, 많은 드라이브 풀은 모든 데이터를 신속하게 전달할 수 있다. 예를 들어, 동일한 10TB를 10,000개의 별도

드라이브에 분할하면 각 드라이브에 1GB가 저장된다. 전체 드라이브 **군(Fleet)**의 관점에서 사용 가능한 총 처리량은 초당 약 5,000,000MB(또는 초당 5TB)다. 또한, 각 드라이브는 약 2초 내에 처리 가능한 1GB를 제공할 수 있다. 10GB짜리 청크(10TB의 1/1,000)를 읽는 1,000개의 개별 CPU로 앞의 예제를 적용하면 10GB를 2초에 얻을 수 있다. 각자 10개의 1GB 청크를 읽을 것이고, 각 청크는 10개의 다른 드라이브 중 하나에서 읽어올 것이다.

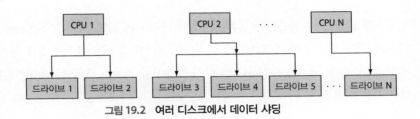

그림 19.2　여러 디스크에서 데이터 샤딩

위와 같이 많은 드라이브에서 데이터를 샤딩하고 전송하기 위해 많은 CPU로 데이터를 전송하면 엄청난 양의 데이터를 놀라운 속도로 읽고 처리할 수 있다. 구글은 내부적으로 BigQuery가 걱정할 필요 없도록 데이터를 분할하고 복제하는 Colossus라는 맞춤형 스토리지 시스템을 사용하여 이를 수행한다. 이제 BigQuery가 내부적으로 수행하는 동작을 파악했으니 BigQuery를 사용하기 위해 알아야 할 몇 가지 고급 개념을 살펴보겠다.

19.1.3　기본 개념

이미 배운 바와 같이 BigQuery는 SQL 데이터베이스와 매우 유사하므로 MySQL과 같은 시스템에서 이미 익숙한 개념들과 비교해 볼 수 있다. 가장 높은 단계인 데이터 컨테이너 역할을 하는 요소부터 살펴보자.

데이터 집합과 테이블

관계형 데이터베이스가 테이블을 포함하는 데이터베이스를 가지고 있는 것처럼 BigQuery는 테이블을 포함하는 **데이터 집합(Dataset)**을 가지고 있다(그림 19.3). 데이터 집합은 주로 컨테이너 역할을 하며, 테이블은 다시 관계형 데이터베이스와 마찬가지로 행의 모음이다. 관계형 데이터베이스와는 달리 기본 저장소 시스템의 세부 사항을 제어할 필요는 없으므로 데이터 집합이 테이블의 모음으로 작동하지만, MySQL 또는 PostgreSQL과 같은 시스템보다 테이블의 기술적 측면을 제어할 필요는 없다.

그림 19.3 MySQL 데이터베이스 및 테이블과 비교한 BigQuery 데이터 집합 및 테이블

데이터 집합에 포함된 각 테이블은 집합 스키마(Set Schema)로 정의되므로 BigQuery를 전통적인 그리드와 같이 생각해 볼 수 있다. 각 행에는 스키마에 정의된 열의 유형과 제약사항에 맞춰진 셀이 있다. 특정 열에서 중첩이나 반복 값을 허용할 때보다 조금 더 복잡해지는 것은 나중에 스키마를 살펴볼 때 더 자세히 알아보도록 하자.

기존 관계형 데이터베이스와 달리 BigQuery 행에는 일반적으로 고유한 식별자(ID) 열이 없다. BigQuery는 단일 행을 지정하기 위한 고유한 ID가 필요한 트랜잭션 쿼리를 위해 만들어지지 않았기 때문이다. BigQuery는 분석 저장소 및 쿼리 시스템으로 사용되기 때문에 단일 열의 고유성과 같은 제약 조건은 사용할 수 없다. 이는 또한 데이터가 기술적으로 불변한 것은 아니므로 변경할 수 있다는 것을 의미하지만, 행에 대한 중복 제거를 할 수 있는 방법이 없기 때문에 업데이트를 요청할 경우 의도한 데이터만을 정확하게 지정해서 업데이트할 수 없다. 그 외에 BigQuery는 잠재적으로 복잡한 WHERE 절이 포함된 UPDATE, INSERT 및 DELETE 문과 같은 가장 일반적인 SQL 유형 요청과 화려한 JOIN 작업 등을 수행한다.

다음 단계로 넘어가기 전에 테이블과 관련된 BigQuery의 다른 흥미로운 기능에 대해 설명한다. 일반적인 데이터베이스의 경우 데이터를 로드한 다음 나중에 그 데이터에 쿼리를 실행한다. BigQuery는 구글 클라우드 플랫폼의 일부이므로 BigQuery의 쿼리 기능을 다른 스토리지 서비스로 이전할 수 있다. 이미 테이블에 로드된 데이터를 쿼리하는 것 외에도 BigQuery는 Cloud Storage, Cloud Datastore 또는 Cloud Bigtable과 같은 구글 클라우드 플랫폼의 다른 스토리지 서비스에 저장된 데이터에서 쿼리를 실행할 수 있다. BigQuery 테이블을 이해했다면 그 구조를 정의하는 스키마를 살펴보자.

스키마

다른 SQL 데이터베이스와 마찬가지로 BigQuery 테이블에는 구조화된 스키마가 있으며, INTEGER, TIMESTAMP 및 STRING(VARCHAR라고도 함)과 같이 우리에게 익숙한 표준 데이터 유형도 있다. 또한, 일반적인 관계형 데이터베이스와 마찬가지로 필드는 필수이거나 NULL 허용

(NULL 또는 NOT NULL)이 될 수 있다. 관계형 데이터베이스와 달리 쿼리를 실행하는 대신 API 호출의 일부로 스키마를 정의하고 설정한다. MySQL에서는 CREATE TABLE로 시작하는 쿼리를 실행하여 테이블의 스키마를 정의하지만, BigQuery는 스키마와 관련된 요청에 SQL을 사용하지 않는다. 대신 이러한 유형의 쿼리를 BigQuery API에 보내고, 스키마는 해당 API 호출의 결과가 된다.

예를 들어, 각 사람의 이름, 나이 및 생년월일 필드가 있는 People 테이블을 만들 수 있지만, CREATE TABLE과 같은 쿼리를 실행하는 대신 BigQuery 서비스에 대한 API 호출에 해당 메시지의 일부로 스키마를 사용한다. 스키마 자체를 각 필드의 정보가 있는 JSON 객체의 목록으로 나타낼 수 있다. 다음 예제에서 필드의 모드로 NULLABLE 및 REQUIRED(SQL의 NOT NULL)가 나열되는 방법을 확인해 보자.

리스트 19.1 **People 테이블의 스키마 예**

```
[
  {"name": "name", "type": "STRING", "mode": "REQUIRED"},
  {"name": "age", "type": "INTEGER", "mode": "NULLABLE"},
  {"name": "birthdate", "type": "TIMESTAMP", "mode": "NULLABLE"}
]
```

지금까지는 간단해 보였지만, 모드와 필드 유형에 따라 상황은 조금 더 복잡해진다. 우선, REPEATED라는 추가 모드가 있는데, 현재 대부분의 관계형 데이터베이스에서는 일반적이지 않은 것이다. 반복 필드는 이름에서 알 수 있듯이 제공된 유형을 동일한 유형의 배열로 변환한다. 반복 INTEGER 필드는 정수 배열처럼 작동한다. BigQuery에는 이러한 반복 필드를 분해하는 특수한 방법이 있다. 예를 들어, 반복 필드에서 항목 수를 계산하거나 주어진 값과 일치하는 필드의 단일 항목에 대해 필터링할 수 있다. 이 메소드는 비표준이지만, BigQuery 각 행을 별개의 JSON 객체로 생각하면 어느 정도 이해가 될 것이다.

다음은 RECORD라는 필드 유형으로 JSON 객체처럼 작동하여 행 내의 행을 중첩할 수 있다. 예를 들어, people 테이블에는 favorite_book이라는 RECORD 유형 필드가 있을 수 있으며, 이 필드에는 title과 author(둘 다 STRING 유형) 필드가 있다. 이처럼 RECORD 타입을 사용하는 것은 일반적인 패턴은 아니며, 표준 SQL에서는 별도의 테이블(favorite_book 필드가 외래키가 되는 book 테이블)로 정규화한다. BigQuery에서는 이러한 유형의 인라인(Inlining) 또는 비정규화가 지원되며, 특히 데이터(이 경우 책 제목 및 저자)가 다른 문맥에서 필요하지 않은 경우에 (favorite으로 book을 가지는 사람에게 동시에 보여지는 경우) 유용하다.

이 모드와 유형 중 일부는 나중에 어떻게 작동하는지 보게 되겠지만, 중요한 점은 BigQuery에는 비표준 필드 수정자(REPEATED 모드와 RECORD 유형)가 두 가지 있으며, 기존 SQL 데이터베이스의 정규화 기능이 부족하다는 것이다(예: UNIQUE, FOREIGN KEY 및 명시적 인덱스). 이러한 추가나 생략을 제외하면 BigQuery는 다른 관계형 데이터베이스와 유사하다. 다음으로 BigQuery와 상호작용하는 데 필요한 개념을 작업부터 살펴보겠다.

작업

BigQuery에 대한 API 요청은 많은 양의 데이터를 필요로 하기 때문에 단일 요청이 빨리 완료되더라도 즉시 완료되지 않을 가능성이 있다. 이는 최소한 몇 초가 걸릴 수 있다. 결국, 몇 밀리초 안에 스토리지 시스템에 테라바이트의 데이터를 로드하는 것은 어렵다. 결과적으로 BigQuery는 완료하는 데 일정 시간이 걸리는 경우를 위해 작업(Job)을 사용한다.

bigquery.loadData('/path/to/1tb_of_data.csv')와 같이 일부 데이터를 로드하는 요청 대신 요청된 작업을 실행하고 진행 상황을 보고하며, 작업이 완료되거나 중단될 때의 성공 또는 실패 결과를 리턴할 책임이 있는 작업이라는 반영속적인(semipersistent) 리소스를 만든다(예: job = bigquery.createJob('SELECT … FROM table WHERE …')). 이 작업들은 무엇을 할 수 있을까? 작업을 통해 네 가지 기본 작업을 수행할 수 있다.

- 데이터 쿼리
- BigQuery에 새 데이터 로드
- 한 테이블에서 다른 테이블로 데이터 복사
- BigQuery에서 다른 곳(예: Google Cloud Storage)으로 데이터 추출(또는 내보내기)

이러한 작업은 서로 완전히 다른 작업을 수행하는 것처럼 보이지만, 기본적으로 데이터를 한 곳에서 가져와 다른 위치에 배치하는 것이다. 그 과정에서 데이터에 어떤 변환이 수행될 수도 있다. 예를 들어, 조회 작업에는 별도의 테이블이 대상으로 포함될 수 있으므로 복사 작업은 특수한 유형의 조회 작업과 비슷하며, 질의(SQL)는 구성 정보 내의 대상 테이블 집합에 대한 SELECT * FROM 테이블 형식이다. 결과적으로, 같은 결과를 위한 몇 가지 다른 방법을 가지고 있을지도 모르지만, 이 모든 것을 수행하는 작업을 추적하기 위해 작업을 이용한다.

마지막으로, 작업은 고유 리소스로 취급되기 때문에 테이블이나 데이터 집합에 할 수 있는 일반적인 조작을 작업으로 수행할 수 있다. 예를 들어, 실행한 모든 작업을 나열하거나, 현재 실행 중인 작업을 취소하거나, 과거에 작성한 작업의 세부 사항을 검색할 수 있다. 일반적인 관계형 데이터베이스와 비교해 보면 서버에 저장된 쿼리 로그를 유지하는 것과 비슷하지만, 동일한 수준의 세부 정보를 제공하지는 않는다. 보다 구체적으로 설명하기 위해 공유 데이터 세트를 쿼리하는 것으로 BigQuery를 사용하는 방법에 대한 몇 가지 예를 살펴보자.

19.2 BigQuery와의 상호작용

호스팅되는 다른 데이터베이스와 마찬가지로 BigQuery는 API를 통해 액세스할 수 있으므로 클라우드 콘솔의 UI, bq 도구를 사용하는 명령행 및 클라이언트 라이브러리 사용 등 몇 가지 편리한 방법으로 작업할 수 있다(이 장에서는 Node.js 클라이언트에 대해 설명하겠다). 공유 공개 데이터 집합에 대해 몇 가지 쿼리를 실행하기 위해 UI를 사용하는 가장 간단한 것부터 시작해 보자.

19.2.1 데이터 쿼리하기

이름에서 알 수 있듯이 BigQuery의 주요 목적은 데이터를 쿼리하는 것이므로 몇 가지 쿼리를 시도해 보자. 클라우드 콘솔로 이동하여 왼쪽 탐색 메뉴에서 BigQuery를 선택하면 시작할 수 있다. 지금까지 사용한 API와 달리 BigQuery에만 초점을 맞춘 새 페이지(또는 탭)가 표시된다. 그런 다음 공개 데이터 집합을 클릭하면 데이터 집합들을 보여주는 페이지로 이동한다(그림 19.4).

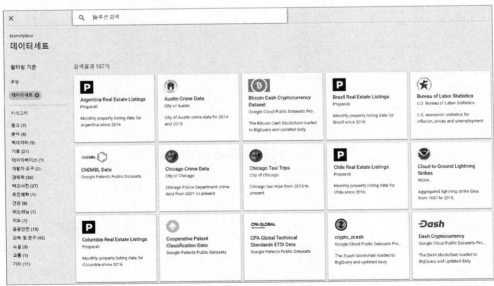

그림 19.4 BigQuery 공개 데이터 집합

선택 사항 중 하나를 클릭하면(이 경우 옐로우 택시 데이터 세트) BigQuery는 데이터 집합의 일부 세부 정보와 테이블 목록을 모두 포함하는 데이터 요약 정보를 보여준다. 테이블을 클릭하면 BigQuery의 가장 중요한 부분인 스키마(그림 19.5)를 보여주는 페이지로 이동한다. 여기에서 사용 가능한 필드 목록이나 해당 데이터 유형, 각 필드에 있는 데이터의 간단한 설명을 볼 수 있다. 이 필드들은 모두 NULL이 가능하며, 따라서 값이 꼭 있을 것이라는 보장은 없다는 것을 알아두자. 상단의 세부 정보 탭을 클릭하면 테이블의 개요를 볼 수 있다. 이 경우 전체적으로 약 130GB가 포함되어 있고, 10억 개가 넘는 행에 걸쳐 테이블이 분포되어 있음을 보여준다. 그림 19.6에서는 전체 테이블 ID를 볼 수 있다. 이 테이블 ID는 프로젝트(이 경우 nyc-tlc), 데이터 집합(yellow) 및 테이블(trip)의 조합이다. 쿼리를 작성할 때 이 형식을 사용한다는 점을 명심하자.

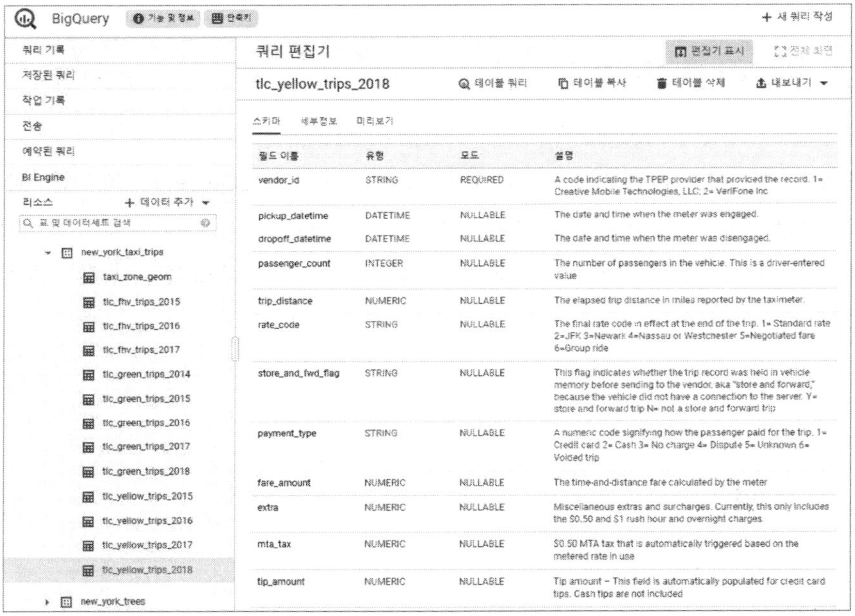

그림 19.5   옐로우 택시 운행 스키마 목록

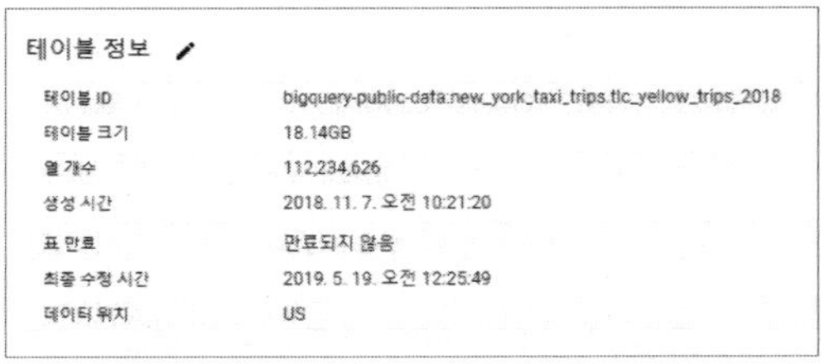

그림 19.6   옐로우 택시 운행 테이블 세부 정보

흥미로운 몇 가지 쿼리를 실행할 수 있지만, 초기에는 "몇 분이나 걸릴 것인가?"라는 걱정을 종종 하게 된다. 처음에는 당연한 걱정일 수 있다(결국 PostgreSQL에서 11억 개의 레코드를 쿼리하는 데는 다소 시간이 걸릴 것이다). 따라서 다른 데이터베이스가 인덱스로 쉽게 처리할 수 있는 쿼리(가장 비싼 승차편)로 시작해 보자.

테이블에서 이 검색어를 실행하려면 오른쪽 상단의 질의 테이블(Query Table) 버튼을 클릭하고, 다음을 입력한다.

```
SELECT total_amount, pickup_datetime, trip_distance
  FROM `bigquery-public-data.new_york_taxi_trips.tlc_yellow_trips_2018`
  ORDER BY total_amount DESC
  LIMIT 1;
```

SQL에 익숙하지 않은 경우를 위해 설명하면 이 질의는 테이블에 총 이동 경로 비용별로 정렬된 일부 세부 정보를 요청하고, 첫 번째(가장 비싼) 이동 경로만 보여준다. 이 쿼리를 포맷에 맞춰진 대로 정확히 실행하기 전에 BigQuery에게 레거시(이전) SQL 스타일 구문을 사용하지 않도록 알려줘야 한다. 새로운 구문에서는 테이블명 지정을 위해 초기 BigQuery 출시 때 사용된 대괄호가 아닌 백틱(`)을 사용한다. 옵션 표시를 눌러 이 설정을 찾은 다음 레거시 SQL 사용 확인란의 선택을 취소하면 된다.

쿼리 실행을 클릭하면 BigQuery가 작동을 시작하고, 약 2초 후에 결과를 반환한다(필자의 경우 1.7초였다). 또한, 당시 조회한 데이터의 양을 보여줄 것이다. 필자의 경우에는 약 25GB였다. BigQuery는 초당 약 15GB를 분석하여 이 결과를 반환하였다(그림 19.7). 그것은 빠르지만, 아마도 거의 400만 달러의 비용이 드는 여행이 있었다는 사실만큼 놀랍지는 않을 것이다. (뉴요커라고 해도, 어떻게 그런 일이 일어나는지는 모르겠다.)

이것이 흥미로워 보이기는 하지만 BigQuery의 힘을 과시하기에는 부족하기 때문에 좀 더 복잡한 것을 시도해 보자. 픽업 및 드롭 오프 시간 및 위치 정보가 있다. 그렇다면 사람들이 픽업되는 가장 일반적인 시간이 무엇인지 알아낸다면 어떨까? 그중 한 시간 단위로 픽업 시간을 취하고, GROUP BY를 한 다음 각 시간에 발생하는 주행 횟수를 기준으로 정렬해야 한다. SQL에서는 이렇게 복잡하지 않다.

```
SELECT HOUR(pickup_datetime) as hour, COUNT(*) as count
  FROM `bigquery-public-data.new_york_taxi_trips.tlc_yellow_trips_2018`
  GROUP BY hour
  ORDER BY count DESC;
```

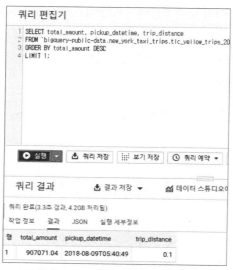

그림 19.7 가장 비싼 주행의 BigQuery 결과

이 쿼리를 실행하면 저녁 픽업이 가장 일반적이고(오후 6~10시), 이른 새벽 픽업이 가장 드문(오전 3, 4, 5시) 것으로 나타난다. 그림 19.8을 참고하자.

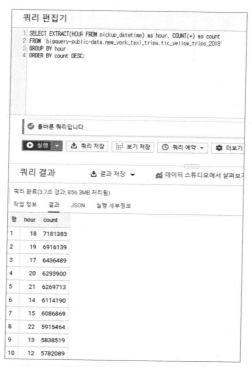

그림 19.8 픽업 시간별로 GROUP BY한 쿼리 결과

아마 요일에 의해 세분화되어 있다면 더 많은 정보를 찾을 수 있다. 추가해 보자.

```
SELECT EXTRACT (DAYOFWEEK FROM pickup_datetime) as day, EXTRACT(HOUR FROM pickup_
    datetime) as hour, COUNT(*) as count
  FROM `bigquery-public-data.new_york_taxi_trips.tlc_yellow_trips_2018`
  GROUP BY day, hour
  ORDER BY count DESC;
```

이 쿼리를 실행하면 주말 전 저녁 시간이 가장 인기가 있음을 알 수 있다(차트 위쪽 목요일과 금요일 오후 7시). 그렇다면 그림 19.9를 보자.

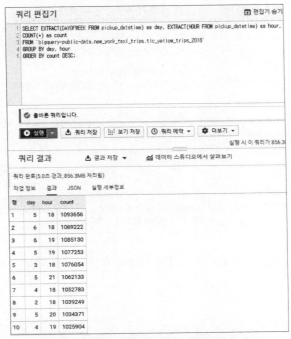

그림 19.9 픽업이 많은 요일과 시간을 보여주는 결과

지금 여러분은 "그래서 뭐? MySQL도 이 모든 것을 할 수 있는데"라고 생각할 수도 있다. 만약 그렇다면 BigQuery는 그 일을 잘 해낸 것이다. BigQuery의 진짜 목적은 다른 SQL 데이터베이스 같은 분석 쿼리를 실행하지만, 훨씬 더 빠르게 실행한다는 것이다. 아마 실행한 쿼리가 BigQuery에 저장된 10억 개 이상의 레코드를 스캔한다는 사실을 잊는 경향이 있다. 그래서 MySQL 데이터베이스에 있는 몇백만 개의 레코드처럼 스캔하는 것 같이 느껴질 것이다. 더 멋진 것을 만들어 보기 위해 데이터의 크기를 한 자릿수 크게(현재 데이터의 10배, 100억 행까지) 늘려야 하는 경우, 이런 쿼리도 방금 한 것과 동일한 시간이 소요된다.

UI에서 쿼리를 실행해도 문제가 없지만, BigQuery에서 가져온 데이터를 표시하는 무언가를 만들고 싶다면 어떻게 해야 할까? 이것이 클라이언트 라이브러리 (@googlecloud/bigquery)가 하는 것이다. BigQuery와 어떻게 작동하는지 보려면 다음과 같이 가장 비싼 이동 경로를 찾는 코드를 작성하자. 아직 설치하지 않았다면 npm install @googlecloud/bigquery@1.0.0 을 사용하여 BigQuery용 Node.js 클라이언트를 설치한다.

리스트 19.2 **가장 비싼 택시 여행을 선택하기 위해 @google-cloud/bigquery 사용하기**

```
const BigQuery = require('@google-cloud/bigquery');
const bigquery = new BigQuery({            다른 프로젝트의 데이터 세트에 대해
  projectId: 'your-project-id',    ◁───── 쿼리를 실행 중이더라도
  keyFilename: 'key.json'                  프로젝트에서 작업을 생성하므로
});                                        여기서는 자신의 프로젝트 ID를 사용한다.


const query = 'SELECT total_amount, pickup_datetime, trip_distance
  FROM \'nyc-tlc.yellow.trips\'  ◁──── 쿼리를 FROM 섹션에서
  ORDER BY total_amount DESC          NYC trip 데이터 집합을 참고하는 문자열로 정의한다.
  LIMIT 1;'
                                              실제 작업을 수행하는 BigQuery 작업을 생성한다.
bigquery.createQueryJob(query).then((data) => {  ◁─────
  const job = data[0];  ◁──┤ create-QueryJob 메소드가 완료되면 첫 번째 인수로 작업 리소스를 즉시 반환한다.
  return job.getQueryResults({timeoutMs: 10000});  ◁──── 결과가 준비될 때까지 최대 10초(10,000ms)
}).then((data) => {                                       기다려야 한다는 점에 유의하면서,
  const rows = data[0];                                   BigQuery 작업 리소스에 있는
  console.log(rows[0]);  ◁──── 결과를 다시 얻으면 LIMIT 1 때문에   getQueryResults 메소드를 사용한다.
});                           행이 하나뿐임을 알 수 있으므로
                             첫 번째 행의 정보를 출력할 수 있다.
```

이 코드를 실행하면 BigQuery UI에서 4백만 달러의 비용이 소요되었던 것과 같은 결과물을 볼 수 있다.

```
{ total_amount: 3950611.6,
  pickup_datetime: { value: '2015-01-18 19:24:15.000' },
  trip_distance: 5.32 }
```

이 경우 반환된 모든 열은 total_amount와 같은 특정 이름을 가진다. 그러나 명시적으로 이름이 지정되지 않은 집계된 열은 어떻게 될까? 모든 여행의 총 비용을 찾고 싶다면 어떻게 해야 할까? 다음을 시도해 보자:

```
SELECT SUM(total_amount) FROM 'nyc-tlc.yellow.trips';
```

리스트 19.2의 코드에서 쿼리 값을 바꾸면, 결과는 다음과 같이 보일 것이다. BigQuery의 API

는 쿼리의 필드 순서를 인덱스로 사용하여 이름 없는 필드에 자동으로 생성된 필드 이름을 적용한다는 것을 보여준다.

```
{ f0_: 14569463158.355078 }
```

위와 같이 쿼리의 첫 번째 필드 (SUM (total_amount))는 f0_, 즉 필드 0을 의미한다.

공개 데이터 집합을 쿼리하는 것은 재미있을 수 있지만, BigQuery를 잘 사용하는 것은 특별히 쿼리하려는 자신만의 데이터를 갖고 있을 때 유용하다. 자신의 데이터를 BigQuery에 저장하는 방법과 그것이 지원하는 다양한 데이터 처리 모델을 살펴보자.

19.2.2 데이터 로드

이미 알고 있겠지만 BigQuery 작업은 여러 유형의 작업을 지원하며, 그중 하나는 새로운 데이터를 로드하는 작업이다. 소스에서 BigQuery 테이블로 데이터를 가져오는 방법은 여러 가지가 있다. 또한, 앞서 살펴보았듯이 BigQuery 테이블 자체는 Bigtable, Cloud Datastore 또는 Cloud Storage와 같은 다른 데이터 소스를 기반으로 할 수 있다. 먼저, 데이터(큰 CSV 파일과 같은)를 가져와서 BigQuery에 쿼리할 수 있는 테이블로 로드하는 방법부터 살펴본다.

BigQuery에 대량 데이터 로드하기

대량 로드를 언급할 때, 임의의 큰 데이터(CSV 또는 JSON 오브젝트 묶음)를 가져와서 BigQuery 테이블로 로드한다는 개념에 대해 이야기하고자 한다. 이것은 일반적으로 CSV 파일로 백업한 데이터를 복원하는 데 사용하는 MySQL LOAD DATA 쿼리와 여러 가지 면에서 유사하다. 짐작하듯이 데이터를 로드할 때 구성할 수 있는 몇 가지 옵션(데이터 압축, 문자 인코딩 등)이 있으므로 기본부터 살펴보겠다.

공유 데이터 집합에서 쿼리한 것과 유사한 택시 승차 데이터를 저장하기 위해 테이블을 다시 생성한다고 가정해 보자. 먼저, 데이터 집합을 만든 다음 테이블을 만들어야 하며, 데이터에 맞게 스키마를 설정해야 한다. 각 단계는 매우 기본적인 작업이며, 하나의 단계로 모든 작업을 수행할 수 있다. 이 모든 작업을 수행하는 가장 쉬운 방법은 클라우드 콘솔에서 BigQuery UI를 사용하는 것이므로 BigQuery의 인터페이스로 돌아가서 시작하자. 왼쪽에 "No datasets found." 메시지가 표시되므로 프로젝트 이름 옆의 작은 화살표를 사용하여 Create New Dataset을 선택한다(그림 19.10).

그림 19.10 새 데이터 집합을 생성하는 방법을 보여주는 메뉴

이 버튼을 클릭하면 데이터 세트의 ID를 선택할 수 있는 창이 나타난다(그림 19.11). 작성하기 전에 BigQuery ID는 나머지 구글 클라우드 플랫폼 리소스의 ID와 하이픈이 없는 약간의 차이가 있다. BigQuery 데이터 집합(그리고 테이블) ID는 SQL 쿼리에 사용되므로 하이픈을 사용할 수 없다. 결과적으로, 일반적으로 하이픈을 사용할 곳에 밑줄을 사용하는 것이 일반적이다(test-dataset-id 대신 test_dataset_id). 또한, 이 데모에서는 데이터 세트 taxi_test를 호출할 수 있다(하이픈이 허용되면 taxi-test다). 마찬가지로, 데이터를 둘 위치(미국 또는 유럽 연합에서) 및 만료 시기를 선택할 수 있다. 지금은 이 두 옵션을 모두 기본값(위치가 지정되지 않음 및 만료 시기를 사용 안함)으로 설정하자.

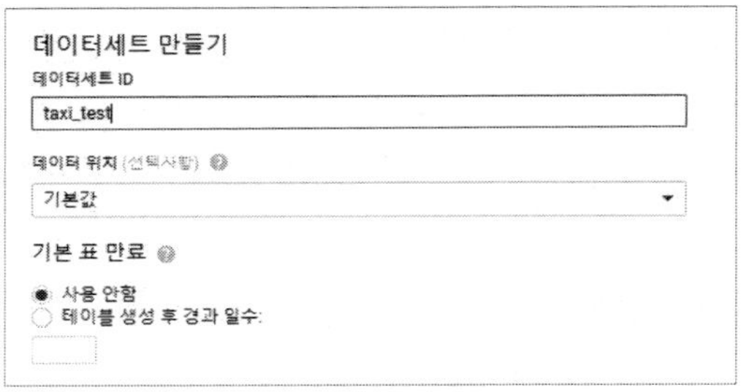

그림 19.11 새 데이터 집합 생성을 위한 양식

데이터세트 만들기(OK)를 클릭하면 데이터 집합이 바로 나타나고, 이제 새 테이블을 만들 차례다. 새 데이터 집합을 생성하는 것과 마찬가지로 화살표 메뉴를 사용하여 테이블 만들기(Create a New Table)를 선택하면 커다란 양식이 나타난다(그림 19.12).

기억해야 할 첫 번째 점은 테이블은 변경 가능하다는 특성을 가진다는 것이다. 따라서 필드를 잊어버린다고 해도 모두 다 끝난 것은 아니다. 그러나 이미 데이터를 로드한 후에 필드를 추가하면 일반 SQL 데이터베이스와 같이 새 필드에 대해 NULL 값을 얻을 수 있다. 픽업 및 드롭오프 시간, 요금 금액 등 몇 가지 필드가 있는 택시 데이터의 슬림 다운 버전이 있다고 가정한다. 추측하듯이 시간은 TIMESTAMP 유형이어야 하며, 요금은 FLOAT가 된다. 다음은 CSV 데이터의 예다(파일에 넣으면 나중에 사용할 수 있다).

```
1493033027,1493033627,8.42
1493033004,1493033943,18.61
1493033102,1493033609,9.17
1493032027,1493033801,24.97
```

이 정보를 사용하여 trips라는 테이블을 정의할 수 있다. Schema 섹션에 세 개의 필드가 있다. 마지막으로, 이러한 네 가지 데이터 포인트의 CSV 데이터를 파일에 넣으면 소스 데이터 섹션에서 사용할 수 있다.

이 예에서는 파일 업로드 데이터 소스를 확인해 보았지만, CSV 파일을 Cloud Storage 또는 구글 드라이브에 업로드하고, 거기에서 호스팅된 파일을 소스로 사용할 수도 있다. 또한, UI를 사용하여 스키마를 정의하더라도 이전에 언급한 JSON 형식의 원시(raw) 텍스트로 스키마를 편집할 수도 있다. 텍스트로 편집을 클릭하면 다음과 같은 내용이 표시된다.

그림 19.12 trips 테이블 만들기

리스트 19.3 **trips 테이블의 스키마(텍스트)**

```
[
    {
        "mode": "REQUIRED",
        "name": "pickup_time",
        "type": "TIMESTAMP"
    },
    {
        "mode": "REQUIRED",
        "name": "dropoff_time",
        "type": "TIMESTAMP"
    },
    {
        "mode": "REQUIRED",
        "name": "fare_amount",
        "type": "FLOAT"
    }
]
```

테이블 만들기(Create Table)을 클릭하면 BigQuery는 정의한 스키마에 따라 즉시 테이블을 만들고, 내부에서 **데이터 로드** 작업을 생성한다. 여기에 있는 데이터가 작기 때문에 이 작업은 신속하게 완료되며, 데이터가 새 테이블에 성공적으로 로드된 결과를 볼 수 있다(그림 19.13).

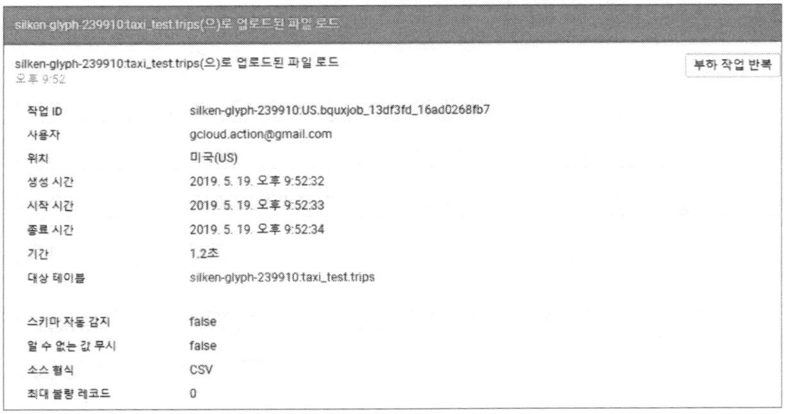

그림 19.13 데이터 로드 작업 상태

데이터가 로드되면 SQL 쿼리를 실행하여 데이터를 확인할 수 있다. 모든 행을 선택하는 방법을 이미 알고 있으니 샘플 여행의 분당 비용 요약을 보여주는 멋진 쿼리를 살펴보자.

```
SELECT
  TIMESTAMP_DIFF(dropoff_time, pickup_time, MINUTE) AS duration_minutes,
```

```
  fare_amount,
  fare_amount / TIMESTAMP_DIFF(dropoff_time, pickup_time, MINUTE) AS
    cost_per_minute
FROM
  'your-project-id-here.taxi_test.trips'  ◄── 여기서 프로젝트 ID는
LIMIT                                          자신의 프로젝트 ID로 바꾸어 주어야 한다.
  1000;
```

이 쿼리를 실행하면 그림 19.14에서 볼 수 있듯이 각 여행당 소요되는 비용이 분당 기준으로 표시된다.

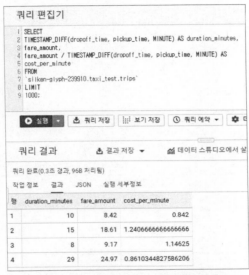

그림 19.14 각 여행당 분당 비용에 대한 쿼리 결과

샘플 CSV에서 로드하는 작업과 실 환경 예제 간의 유일한 차이점은 데이터의 크기가 될 것이 므로 이를 시험해 보려면 더 큰 파일을 생성하고 로드해 보자. GCS에서 로드하려면 위치 목록 에서 **Google Cloud Storage**를 선택하고, 위치 상자에 특정 GCS URL을 입력한다(그림 19.15).

테이블 만들기를 클릭하면 BigQuery가 GCS에서 데이터를 가져와서 테이블에 로드한다. 이 경우, 적재 작업에는 몇 분이 걸리는 반면, 이 작업에는 단지 몇 초가 걸린다(그림 19.16). 이 데 모의 예제 파일은 총 3.2GB였으므로 몇 분 걸리는 것은 그리 나쁘지 않은 것이다.

이제 이전과 같이 데이터를 쿼리할 수 있다. 그림 19.17에서 볼 수 있듯이 행의 수를 계산하면 꽤 많은 데이터가 표시되어 전체가 약 1억 2천만 행이 된다. BigQuery로 데이터를 가져오는 이 방법은 전혀 변경되지 않는 데이터의 한 조각의 경우 잘 작동하지만, 사용자 상호작용이나 광

고 표시, 제품 조회와 같이 애플리케이션에서 새로운 데이터가 들어오는 경우에는 어떻게 해야 할까? 이 경우 대량 로드 작업은 의미가 없으며, 새로운 데이터를 BigQuery로 스트리밍하는 것이 훨씬 더 적합하다. 택시 승차 경로가 테이블에 새로운 행으로 어떻게 스트리밍되는지 보면서 작동 방법을 살펴보자.

그림 19.15 GCS에서 더 큰 파일 로드

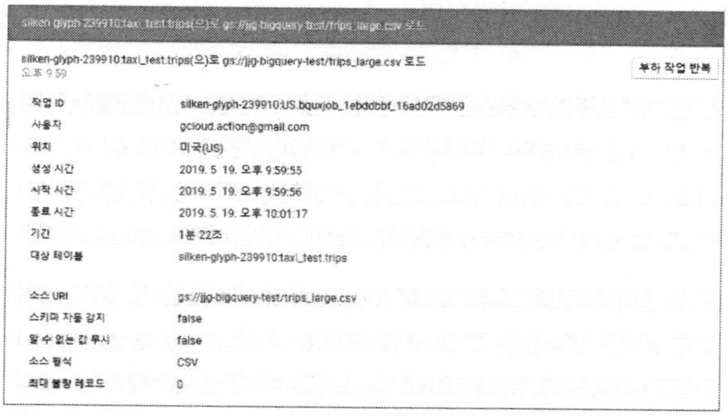

그림 19.16 GCS에서 큰 파일의 로딩 작업 결과

그림 19.17 GCS의 큰 파일의 총 행 수

BigQuery로 데이터 스트리밍하기

기존의 데이터 중 커다란 부분을 BigQuery에 대량 로드하는 방법을 살펴보았다. 하지만 애플리케이션이 검색할 수 있는 새로운 행을 생성하도록 하려면 어떻게 해야 할까? 그렇게 하는 것은 BigQuery가 스트리밍 처리나 스트리밍 데이터를 호출하는 것이고, 한 번에 전체 데이터가 아닌 시간 경과에 따라 많은 양의 단일 데이터 포인트를 BigQuery로 보내는 것을 의미한다. 원칙적으로 BigQuery로 데이터를 스트리밍하는 것은 클라이언트 라이브러리를 사용하면 매우 쉽다. 단지 데이터를 추가하려는 테이블을 지정하고, Node.js에서 insert() 메소드를 사용하기만 하면 된다.

예를 들어, 택시 승차가 끝났을 때 픽업과 드롭 오프 시간, 총 운임 금액과 함께 택시 승차 발생 여부를 기록하고 싶다고 가정해 보자. 이렇게 하려면 다음과 같이 승차를 나타내는 객체를 가져와서 BigQuery 여행 테이블에 삽입하는 함수를 작성하면 된다.

리스트 19.4 BigQuery로 새로운 데이터 스트리밍

```
const BigQuery = require('@google-cloud/bigquery');
const bigquery = new BigQuery({
  projectId: 'your-project-id',
  keyFilename: 'key.json'
});

const dataset = bigquery.dataset('taxi_test');          ← .dataset 및 .table 헬퍼 메소드를 사용하여
const table = dataset.table('trips');                      BigQuery 테이블에 대한 포인터를 가져온다.

const addTripToBigQuery = (trip) => {                    ← .insert 메소드를 사용하여 단일 행을 BigQuery에 로드한다.
  return table.insert({
    pickup_time: trip.pickup_time.getTime() / 1000,     ← 여기서 가정은 값이
    dropoff_time: trip.dropoff_time.getTime() / 1000,      자바스크립트 날짜 유형이므로
    fare_amount: trip.fare_amount                          이 값을 순수한 유닉스 타임 스탬프로
  });                                                       변환해야 한다.
}
```

여러 다른 요청에 따라 데이터를 로드할 때 발생하는 주된 문제는 동일한 행을 두 번 로드하지 않아야 하는 것이다. 이미 알고 있듯이 BigQuery는 분석 데이터베이스이므로 고유성 제약 조건을 적용할 방법이 없다. 즉, 어떤 이유로 인해 요청이 실패한 경우(예: 네트워크 문제로 연결이 끊어진 경우) 동일한 요청을 다시 보내야 하는지를 알기란 어려울 수 있다. 한편으로는 중복 값으로 끝날 수도 있지만, 절대적으로 좋지 않다. 하지만 다른 한편으로는 저장되어 있다고 생각했지만, 전송 중에 손실된 데이터 포인트가 누락될 수 있다.

이 문제를 방지하기 위해 BigQuery는 insertId라는 고유 식별자를 허용한다. 이 식별자는 삽입되는 행의 중복을 제거하는 수단으로 사용된다. 이 ID의 개념은 간단하다. 이전에 BigQuery가 ID를 본 경우 이미 추가된 행으로 간주하고 이를 추가하지 않는다. 코드에서 이 작업을 수행하려면 다음과 같이 행의 원시 형식을 사용하고, UUID와 같은 특정 삽입 ID를 선택해야 한다.

리스트 19.5 **행 추가 및 실패 방지하기**

```
const uuid4 = require('uuid/v4');
const BigQuery = require('@google-cloud/bigquery');
const bigquery = new BigQuery({
  projectId: 'your-project-id',
  keyFilename: 'key.json'
});

const dataset = bigquery.dataset('taxi_test');
const table = dataset.table('trips');

const addTripToBigQuery = (trip) => {
  const uuid = uuid4();    ◁─── 삽입 ID로 작동할 UUID-4(무작위 UUID)를 사용한다.
  return table.insert({
    json: {    ◁──── json 속성에 행 데이터를 지정한다.
      pickup_time: trip.pickup_time.getTime() / 1000,
      dropoff_time: trip.dropoff_time.getTime() / 1000,
      fare_amount: trip.fare_amount
    },
    insertId: uuid    ◁──── insertId 속성에 삽입 ID를 설정한다.
  }, {raw: true});    ◁──── 가공되지 않은 원시 행임을 클라이언트에게 알린다.
}
```

이제 승차를 기록할 때 어떤 종류의 실패가 발생하면 클라이언트가 자동으로 요청을 다시 시도한다. BigQuery가 재시도된 요청을 이미 본 경우 무시한다. 또한, 요청이 실패한 것처럼 보였지만, 실제로 BigQuery측에서 정상적으로 작동하면 BigQuery는 동일한 행을 다시 추가하는 대신 요청을 무시한다.

결정론적인 데이터(예: Hash)는 동일하지만, 중복이 아닌 데이터(삽입되어야 하는)를 무시할 수 있기 때문에 랜덤한 삽입 ID를 사용한다는 것을 기억하자. 예를 들어, 두 번의 주행이 정확히 동일한 시간에 시작해서 종료되고, 비용이 동일한 경우 해당 데이터의 해시가 동일하므로 두 번째 주행이 중복으로 삭제될 수 있다.

> **WARNING** BigQuery의 삽입 ID는 정확히 동일한 요청을 두 번 하지 않기 위한 것이며, 데이터를 중복 제거하는 방법으로 사용해서는 안 된다. 고유 데이터가 필요한 경우 먼저 중복 데이터를 제거한 다음 고유 데이터를 대량 로드해야 한다.

이제 남은 일은 모든 승차가 끝났을 때 이 함수를 호출하고 승차가 진행되면 경로 정보를 BigQuery에 추가한다. 여기에는 BigQuery로 데이터를 가져오는 것이 포함되어 있지만, BigQuery로부터 데이터를 **가져오는 것**은 어떨까? 어떻게 데이터에 액세스할 수 있는지 살펴보겠다.

19.2.3 데이터 세트 내보내기

지금까지 이야기한 내용은 대량 로드 작업 또는 데이터 스트리밍 비트를 한 번에 한 행씩 사용하여 BigQuery로 데이터를 가져오는 것이다. 그러나 BigQuery에서 데이터를 가져오려는 경우는 어떨까? 예를 들어, 택시 승차 데이터를 BigQuery에서 가져와서 머신러닝을 하고, 위치, 픽업 시간 등을 기준으로 여행 비용을 예측하려고 할 수 있다. SQL과 같은 인터페이스를 통해 이 문제를 해결하려고 해도 해결되지 않는다. 다행히도 BigQuery에서 데이터를 빼낼 수 있는 내보내기 작업이라는 더 쉬운 방법이 존재한다.

내보내기 작업은 간단하다. BigQuery에서 데이터를 가져와 쉼표로 구분하고, 새로운 줄로 구분된 JSON 또는 Avro로 Cloud Storage에 떨어뜨린다. 일단 GCS에서 작업하고, 필요에 따라 다른 테이블로 다시 가져오기를 할 수 있다. 그러나 시작하기 전에 내보낸 데이터를 저장하기 위해 GCS에 버킷을 만들어야 한다. 일단 버킷이 있으면 UI에서 내보내기가 쉽다. 내보낼 테이블을 선택하고, 테이블 내보내기를 클릭한다(그림 19.18).

그림 19.18　테이블 내보내기를 사용하여 BigQuery에서 GCS로 데이터 내보낼 준비하기

표시되는 양식(그림 19.19)에서 내보내기 형식과 나중에 데이터를 저장할 위치(gs:로 시작하는 파일 이름)를 선택할 수 있다. 원하는 경우 Gzip 압축을 사용하여 데이터를 압축하도록 선택할 수도 있다.

그림 19.19　BigQuery에서 GCS로 데이터 내보내기

데이터가 특히 크고 단일 파일에 적합하지 않은 경우 BigQuery에게 글로브 표현식(glob expression)을 사용하여 여러 파일에 분산하도록 지시할 수 있다. 즉, gs:bucket/mytable.json 대신 gs:bucket/mytable/*.json을 사용할 수 있다.

NOTE 테이블이 너무 큰지 확실하지 않은 경우 먼저 단일 파일로 시도해 보자. 너무 큰 경우에는 오류가 발생한다.

가져오기 작업과 마찬가지로 확인을 클릭하면 실행 중인 작업 목록으로 이동하여 내보내기 작업의 상태를 볼 수 있다(그림 19.20).

작업이 완료되면 GCS 버킷의 파일을 볼 수 있다. 여기에서 원하는 대로 데이터를 다운로드하고 조작하여 머신러닝 모델을 생성하거나 데이터를 사내 구축형 데이터웨어하우스로 복사할 수 있다. BigQuery로 여러 가지 작업을 수행했으므로 이제는 모든 비용이 얼마나 들지를 살펴보는 것이 좋을 것 같다. 특히, 정기적으로 사용하려는 경우에 유용하다.

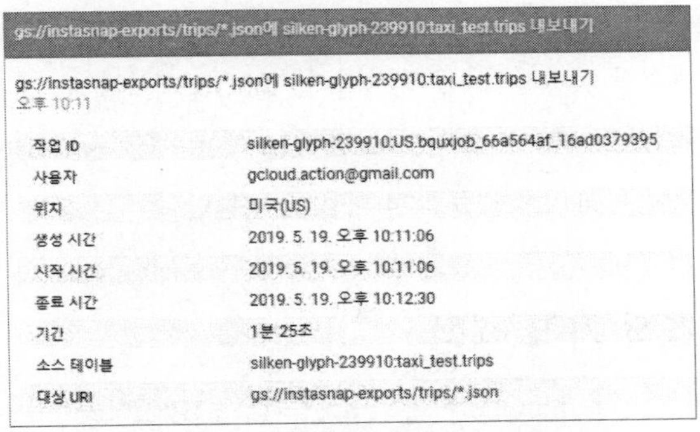

그림 19.20   내보내기 작업의 상태

19.3 가격 책정의 이해

BigQuery는 구글 클라우드 플랫폼의 많은 서비스와 마찬가지로 "사용한 만큼 지불"하는 가격 책정 모델을 따르고 있다. 하지만 BigQuery와 같은 시스템에서는 얼마나 **사용**하고 있는지 정확히 알 수 없으므로 비용을 부과하는 다양한 속성을 자세히 살펴보겠다. BigQuery를 사용하면 다음 세 가지 비용이 부과된다.

- 데이터 저장소
- 새로운 데이터를 BigQuery에 삽입(한 번에 한 행씩)
- 데이터 쿼리하기

19.3.1 저장용량 가격 책정

다른 스토리지 제품과 마찬가지로 BigQuery에서 데이터를 보관하는 비용은 GB/개월 단위로 측정된다. 데이터 양뿐만 아니라 저장된 기간에 대해서도 요금이 부과된다.

복잡한 상황에 대응하기 위해 BigQuery는 데이터 보관 기간에 따라 두 가지 가격 책정 방식을 사용한다. BigQuery는 새로운 데이터를 적극적으로 추가하는 테이블은 표준 저장소로, 90일 동안 장기간 보관하는 테이블은 비용이 적게 드는 장기간 저장소로 간주한다. 이것은 오래된 데이터나 비용을 절약하기 위해 삭제될 수 있는 데이터의 비용 절감을 위한 것이다. 장기간 저장소는 비용은 더 적지만, 저장 장치의 어떤 측면(성능, 내구성 또는 가용성)에서도 저하가 없음을 기억하도록 하자.

이 모든 비용은 어떻게 될까? BigQuery 데이터의 표준 스토리지는 현재 GB당 월 $0.02이며, 장기간 저장소는 이 가격의 절반($0.01)에 해당한다. 100GB 테이블 두 개가 있는데 그 중 하나가 90일 동안 편집되지 않은 경우 데이터를 보관하는 데는 매달 총 $3($0.02 × $100 + $0.01 × 100)를 지불해야 한다. 이는 물리적 스토리지 비용을 포함한다.

19.3.2 데이터 조작 가격 책정

다음으로 다루어야 할 속성은 BigQuery 내부 또는 외부로 데이터를 이동하는 데 드는 비용이다. 여기에는 대량 데이터 로드, 데이터 내보내기, 스트리밍 삽입, 데이터 복사 및 기타 메타데이터 작업이 포함된다. 여기에는 다음 섹션에서 살펴볼 쿼리 가격이 포함되지 않는다. 이 섹션의 좋은 소식은 스트리밍 삽입을 제외하고는 거의 모든 것이 완전히 무료라는 것이다. 예를 들어, BigQuery에 1TB의 대량 데이터 로드는 무료이며, 1TB의 데이터를 가져와서 GCS로 이동하는 내보내기 작업도 마찬가지다.

Cloud Datastore와 같은 다른 스토리지 시스템과 달리 스트리밍 삽입 요금은 요청 수가 아니라 해당 크기에 따라 정해진다. 하나의 행을 삽입하는 두 개의 API 호출과 두 행을 삽입하는 하나의 API 호출 사이에는 차이가 없다. 삽입된 총 데이터는 GB당 $0.05의 비용이 든다. 이러한 가격 책정 방식에 따라 매일 데이터를 한꺼번에 대량 로드할 수 있는 경우에는(데이터 가져오기가 완전히 무료이기 때문에) 새로운 데이터를 BigQuery로 스트리밍하는 방식은 피하는 것이 좋다. 그러나 쿼리에서 결과를 얻을 수 있기를 기다릴 수 없다면 스트리밍 삽입을 사용하는 것이 좋다. 이제 가격 책정의 마지막 부분으로 가장 공통적인 질의의 가격 책정에 대해 알아보자.

19.3.3 쿼리 가격 책정

BigQuery에서 쿼리를 실행하는 것은 분명 서비스의 가장 중요한 기능이지만, 가끔은 사람들을 혼란스럽게 하는 방식으로 측정된다. 최대 용량을 가지고 실행되는 인스턴스로서가 아닌 BigQuery의 가치는 엄청나게 많은 양의 데이터를 신속하게 처리하기 위해 수천 대의 기계를 급격히 사용할 수 있는 능력에 있다. BigQuery는 사용하는 장비의 수를 측정하는 대신 지정된 쿼리가 처리하는 데이터의 양을 측정한다. 총 비용은 처리된 TB당 5달러다. 예를 들어, 1TB 테이블 전체를 검색하는 쿼리(예: SELECT * FROM table WHERE name = 'Joe')는 완료하는 데 몇 초 안에 5달러가 들 것이다!

얼마나 많은 질의 비용이 들지 확인할 때 몇 가지를 염두에 두어야 한다. 첫째, 쿼리 실행 시 오류가 발생하면 비용이 전혀 부과되지 않는다. 그러나 실행 중인 쿼리를 취소하면 비용이 청구될 수 있다. 예를 들어, 쿼리를 취소할 때 쿼리는 응답할 준비가 되었을 수 있다. 처리된 금액을 계산할 때 총계는 가까운 MB로 반올림되지만, 최소는 10MB다. 1MB의 데이터만 보는 쿼리를 실행해도 10MB($0.00005)의 비용이 청구된다.

쿼리 가격을 결정하는 마지막이자 가장 중요한 측면은 보통 처리되는 데이터를 처리된 행의 수로 생각할 수 있다는 것이다. BigQuery의 경우는 그렇지 않다. BigQuery는 열 기반 저장 시스템이므로 처리된 전체 데이터가 스캔된 행 수와 관련이 있지만, 선택(또는 필터링)된 열의 수도 고려된다. 예를 들어, INTEGER 유형 두 개의 칼럼이 있는 테이블이 있다고 가정해 보자. 열 중하나만 보려는 경우(예: SELECT field1 FROM table) 두 열을 모두 보는 것보다(예: SELECT field1, field2 FROM table) 절반의 비용이 들 것이다. 전체 데이터의 약 절반만 보고 있기 때문이다.

다음 두 쿼리가 정확히 똑같은 비용이 든다는 것은 혼란스러울 수 있다. SELECT field1 FROM table WHERE field2 = 4와 SELECT field1, field2 FROM table WHERE field2 = 4. 이는 두 쿼리가 모두 두 필드를 모두 조회하기 때문이다. 처음에는 필터링 조건의 일부로만 처리하지만, 여전히 처리해야 한다는 의미다. 어마어마한 용량의 쿼리가 필요하거나 BigQuery로부터 데이터를 쿼리하는 데 지출하는 비용을 제한할 수 있는 기능이 필요한 경우 고정 요금 가격을 사용할 수 있지만, 주로 많은 돈을 지출하는 사람들을 위한 것이다(예: 월 $10,000 이상).

요약

- BigQuery는 순간적으로 수천 대의 컴퓨터를 만들고 사용할 수 있도록 하여 테라바이트 단위의 데이터를 엄청나게 빠르게 분석할 수 있는 SQL 데이터베이스와 같은 역할을 한다.
- BigQuery는 OLTP 데이터베이스의 많은 기능을 지원하지만, 트랜잭션이나 고유성 제약이 없으므로 트랜잭션 데이터베이스가 아닌 분석 데이터웨어하우스로 사용해야 한다.
- BigQuery의 데이터는 변경될 수 있지만, 고유성 제약 조건이 없으므로 언제나 특정 행을 지정하는 것이 가능하지 않으므로 그런 작업은 피하는 것이 좋다. 예를 들어, UPDATE ... WHERE id = 5를 수행하지 않아야 한다.
- BigQuery에서 데이터를 가져오거나 내보낼 때 GCS는 일반적으로 데이터를 보관하기 위한 중간 장소 역할을 한다.

- 데이터를 자주 업데이트해야 하는 경우 BigQuery의 스트리밍 삽입을 사용하면 작은 덩어리로 행을 추가할 수 있지만, 데이터를 일괄적으로 가져오는 것보다 비용이 많이 든다.

- BigQuery는 처리되는 데이터의 양을 기준으로 질의에 대한 비용을 청구하므로 필요한 행만 선택하고 필터링하도록 한다. 예를 들어, SELECT * FROM table 질의는 피해야 한다.

20

Cloud Dataflow: 대규모 데이터 처리

이 장에서는 다음의 내용을 다룬다.

- 데이터 처리란 무엇을 의미하는가?
- Apache Beam이란 무엇인가?
- Cloud Dataflow란 무엇인가?
- Apache Beam과 Cloud Dataflow를 함께 사용하여 많은 양의 데이터를 처리할 수 있는가?

데이터 처리라는 용어를 들어본 적이 있을 것이다. '일부 데이터를 수집하여 어떤 형태로 변환함'을 의미할 것이다. 더 구체적으로 말하면 데이터 처리에 대해 이야기할 때 우리는 많은 데이터(최소한 GB 단위)를 가져와서 다른 데이터와 결합할 수 있으며, 유사한 크기의 대용량 데이터 집합 또는 더 작은 데이터 집합이 된다. 예를 들어, 모든 이메일 기록이 한 무더기로 쌓여 있고, 모든 연락처 정보(이메일 주소와 생일)가 다른 큰 더미에 있다고 상상해 보자. 이 데이터 처리 방법을 사용하면 이메일 주소를 기반으로 이 두 개의 파일들을 함께 묶을 수 있다. 이렇게 하면 해당 데이터를 필터링하여 누군가의 생일에 보낸 이메일만 찾을 수 있다(그림 20.1).

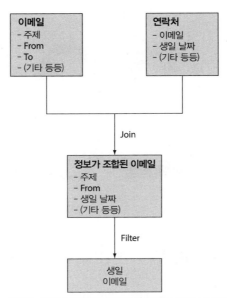

그림 20.1 데이터 처리를 사용하여 추가 필터링을 위한 데이터 세트 결합

많은 양의 데이터를 가져와서 다른 데이터와 결합(또는 어떻게든 변형)하여 보다 의미 있는 데이터 세트를 산출하는 아이디어는 가치 있다고 할 수 있다. 예를 들어, 이메일과 연락처 데이터에 가입할 수 없다면 이전처럼 수동으로 해야 한다. 이 경우 바보같이 이메일을 보내거나 받을 때마다 전자 메일 스레드에 모든 참가자의 생일을 제공해야 한다.

하나의 데이터 청크를 다른 데이터 청크로 처리하는 것 외에도 데이터 처리는 데이터가 전송되는 동안 **스트리밍 변환**을 수행하는 방법으로 생각할 수 있다. 이메일 기록을 대량의 데이터로 취급하고 대량의 연락처 정보를 기반으로 정보를 풍부하게 하는 대신, 이메일이 도착할 때 이를 차단하여 한 번에 하나씩만 처리할 수 있다. 예를 들어, 연락처 정보를 로드할 수 있으며, 이메일이 도착할 때마다 보낸 사람의 생일을 추가할 수 있다. 이렇게 함으로써 커다란 덩어리로 보고 이를 데이터로 일괄 처리하는 대신 각 이메일을 하나의 데이터 스트림으로 처리한다(그림 20.2). 일괄 처리 또는 스트림으로 데이터를 처리하는 것은 각각 장단점이 있다.

스트림 및 데이터 일괄 처리를 위해 이러한 데이터 처리 아이디어를 어떻게 표현할 수 있을까? 이메일 기록과 연락처 정보를 결합하여 보내는 사람의 생일을 포함하는 이메일을 얻는 코드를 어떻게 작성할까? 또는 수신 이메일 수를 어떻게 계산할까? 근무 시간 외에 도착하는 것과 같은 특정 조건에만 일치하는 계산은 어떻게 될까? 이러한 것들을 다양한 방법으로 표현할 수 있다. 지금부터 Apache Beam이라는 오픈 소스 프로젝트를 구체적으로 살펴보겠다.

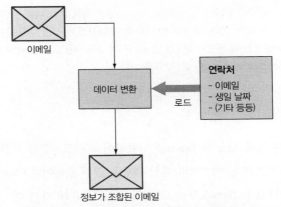

그림 20.2 데이터를 일괄 처리가 아닌 스트림으로 처리

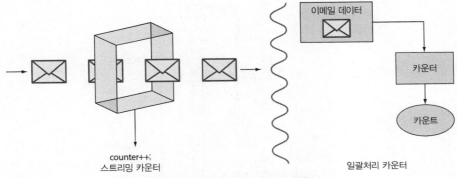

그림 20.3 스트리밍 vs 일괄처리 카운터

20.1 Apache Beam이란 무엇인가?

데이터를 변형하고, 질을 높이고, 요약하는 기능은 유용할 수 있지만, 코드에서 이러한 작업을 수행하려 한다면 분명 쉽지 않을 것이다. 코드에서 "어딘가에서 데이터를 가져와서 데이터와 데이터를 결합하고 계산을 실행하여 각 항목에 새 필드를 추가하는" 코드를 작성해야 한다. 다양한 목적으로 파이프라인을 여러 가지 방법으로 표현할 수 있지만, Apache Beam은 데이터 처리 파이프라인을 처리하려고 할 때 상당히 적합하다. Beam은 파이썬과 자바 모두에서 바인딩이 있는 프레임워크로 다양한 입력 데이터와 출력 데이터 작업뿐만 아니라 다양한 내장 데이터 변환을 사용하여 데이터 처리 파이프라인을 나타낼 수 있다.

Apache Beam은 파이프라인 정의, 변환, 세부 사항의 실행 등을 다룰 수 있는 장점을 제공하는 대규모 오픈 소스 프로젝트다. 이 장에서는 Apache Beam에 대한 모든 것을 다룰 수는 없으므로 Beam with Cloud Dataflow를 사용하는 데 필요한 정보를 몇 페이지에 걸쳐 제공한다. Apache Beam에 대해 더 자세히 알고 싶다면 http://beam.apache.org를 방문하도록 하자.

20.1.1 개념

코드를 작성하기 전에 먼저 Apache Beam을 사용하여 파이프라인을 표현하기 위해 이해해야 하는 주요 개념을 살펴보겠다. 여기서의 핵심 개념은 상위 컨테이너(**파이프라인**), 파이프라인을 통해 흘러가는 데이터(**PCollections**라 부름), 그리고 파이프를 따라가는 데이터를 조작하는 방법(**변환**을 사용)이다. 그림 20.4는 이러한 개념을 시각적으로 나타낸다.

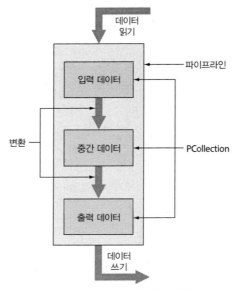

그림 20.4 **Apache Beam의 핵심 개념**

파이프라인

Apache Beam에서 **파이프라인**은 많은 데이터 처리 작업의 상위 컨테이너를 의미한다. 파이프라인은 모든 입력 및 출력 데이터와 입력에서 원하는 출력으로 데이터를 조작하는 변환 단계를 캡슐화한다. 일반적으로 파이프라인은 Apache Beam을 사용하는 코드를 작성할 때 가장 먼저 작성한다. 더 전문적인 용어로, 파이프라인은 **방향성이 있는 비순환적 그래프**(때로는 **DAG(Directed Acyclic Graph)**로 약칭한다)다. 특정 방향으로 흐르면서 노드와 에지를 반복하거나 순환할 수 있는 방법을 제공하지 않는다. 그림 20.4에서 데이터 청크가 그래프의 노드와 같고, 큰 화살표가 에지임을 알 수 있다. 에지가 특정 방향을 가리키는 화살표라는 사실은 이것이 방향 그래프이기 때문이다.

마지막으로, 그림 20.4의 파이프라인(또는 그래프)이 명확하게 단방향으로 흐르며, 순환이 될 수 없음에 주의하자. 예를 들어, 그림 20.5는 실선만을 사용하는 **비순환** 그래프다. 점선(E 에서 B로)을 추가한다면, 그래프는 순환을 가질 수 있고, 영원히 계속될 수 있다. 이는 더 이상 비순환적이지 않음을 의미한다.

파이프라인 자체에는 (입력 및 출력 데이터가 있는 위치와 같은) 많은 구성 옵션이 있어 사용자 정의가 가능하다. 또한, Beam

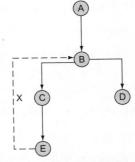

그림 20.5　순환 옵션(점선)이 있는 유향 비순환 그래프

을 사용하면 매개변수 이름을 정의하고, 해당 매개변수에 대한 기본값을 설정하는 작업을 쉽게 수행할 수 있다. 이 매개변수는 파이프라인을 실행할 때 명령줄에서 읽을 수 있지만, 나중에 살펴보겠다. 지금 당장 기억해야 할 가장 중요한 점은 Beam 파이프라인은 비순환 그래프를 지향한다는 것이다. Beam 파이프라인은 데이터를 어떤 시작점에서 어떤 최종점으로 이동하면서 순환 없이 이동한다. 높은 수준에서의 파이프라인을 살펴보았으니, 파이프라인에서 이동하는 데이터 청크를 어떻게 나타내는지 좀 더 자세히 알아야 한다.

PCOLLECTIONS

지금까지 그래프의 노드 또는 파이프라인의 데이터로만 알려진 **PCollection**은 중간 청크 또는 데이터 스트림이 파이프라인을 통해 흐를 때 이를 나타내는 방법으로 작동한다. PCollection 은 데이터를 나타내므로 일부 원시 데이터 포인트를 읽거나 다른 변환을 다른 PCollection에 적용하여 만들 수 있다. 자세한 내용은 다음 절에서 자세히 설명한다.

PCollection은 데이터를 나타내는 것이지 데이터가 내부에서 표시되는 방식이 아니라고 이미 이야기했다. 데이터는 파이프라인 코드에 추가하는 몇 행에서부터 많은 수의 컴퓨터에 분산된 엄청난 양의 데이터에 이르기까지 어떤 크기도 될 수 있다. 어떤 경우에는 데이터가 끝나지 않을 수도 있는 입력 데이터의 무한한 스트림일 수도 있다. 예를 들어, 현재 온도의 새 데이터 포인트를 매초 보내는 온도 센서가 있을 수 있다. 이러한 구별은 우리에게 경계성(boundedness)이라고 불리는 PCollections의 흥미로운 속성을 가져다 준다.

정의된 바에 따르면, PCollection은 한정될 수도, 한정되지 않을 수도 있다. 추측할 수 있듯이 PCollection이 **한정**되어 있으면 정확한 크기를 알지 못할 수도 있지만, 고정된 크기(예: 100억 개 항목)가 있음을 알 수 있다. 한정된 PCollection은 영원히 계속되지 않을 것이라고 확신할 수 있다.

예상대로 **무제한** PCollection은 미리 정의된 유한한 크기가 없고, 영원히 계속될 수 있다. 무제한 PCollection의 전형적인 예는 앞서 언급한 온도 센서와 같이 실시간으로 생성되는 데이터 스트림이다. 이 두 가지 유형의 PCollection 사이의 근본적인 차이점을 감안할 때, 파이프라인을 실행할 때 조금 다르게 처리하게 될 것이므로 이 구분을 기억하는 것이 중요하다.

또한, PCollection 자체는 **변경할 수 없다**. 일단 PCollection을 생성하면(예를 들어, 일부 원시 데이터를 읽음으로써) 데이터를 변경할 수 없다. 대신, 기존 프로그래밍 방식을 변형하여 새로운 PCollection을 생성할 수 있는 데이터 조작 방식의 프로그래밍 스타일에 사용한다. 변환에 대해 이야기할 때 다음 섹션에서 설명하겠지만, 변경 불가능한 객체를 조작하는 기능 코드를 작성한 경우 PCollection을 변환하는 것이 자연스러워 보인다.

마지막으로, PCollection은 리스트가 아닌 파이썬의 반복자(iterator)와 비슷하다. 계속해서 더 많은 데이터를 요구할 수는 있지만, PCollection의 특정 지점으로 이동할 수는 없다. 파이썬 코드로 생각하면 for item in pcollection을 쓰는 것이 괜찮다. PCollection의 데이터를 반복할 수 있지만, item = pcollection[25]를 사용하여 개별 항목을 가져올 수는 없다. 이제 PCollections에 대한 기술적인 면과 세부 사항을 잘 알고 있으므로 변환을 사용하여 작업하는 방법을 살펴보겠다.

변환

이름이 암시하는 것처럼 변환(transforms)은 입력 데이터를 가져와서 출력 데이터로 변환하는 방법이다. 보다 구체적으로, 변환은 PCollections를 다른 PColections로 바꾸는 방법이다. 시각적으로 표현하자면, 파이프라인 내부의 PCollections(그림 20.6) 사이에 큰 화살표로 각 변환은 입력과 출력이 있다.

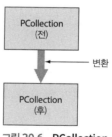

그림 20.6 **PCollection 간의 변환**

변환은 다양한 작업을 수행할 수 있으며, Beam에는 많은 상용구 코드를 작성하지 않고 파이프라인의 데이터를 손쉽게 조작할 수 있도록 하는 내장된 변환 기능이 있다. 예를 들어, 다음은 주어진 PCollection에 적용할 수 있는 Beam에 내장된 변형의 모든 예다.

- 원하지 않거나 관심 없는 데이터(예: 이메일 데이터에서 개인 이메일 필터링)를 필터링한다.
- 데이터를 별도의 청크로 분할(예: 이메일을 근무 시간대 vs 비근무 시간대에 도착하는 것으로 분할하는 경우)
- 특정 속성(예: 보낸 사람의 주소로 이메일 그룹화)별로 데이터 그룹화
- 두 개 이상의 데이터를 함께 합침(예: 이메일을 이메일 주소의 연락처 정보와 결합)
- 새로운 것을 계산하여 데이터의 질을 높임(예: 이메일로 참조된 사람 수를 계산)

다음은 Apache Beam이 제공하는 모든 변환의 전체 목록이 아닌 몇 가지 예다. 사실 Beam이 제공하는 이러한 내장 변환 외에도 사용자 정의 변환을 작성하여 파이프라인에서 사용할 수 있다. 이러한 변환에는 언급할 가치가 있는 몇 가지 흥미로운 속성이 있다.

첫째, 필자가 설명한 변환의 대부분은 하나의 PCollection을 입력으로 사용하고 다른 하나는 출력으로 사용하지만, 변형은 둘 이상의 입력(또는 둘 이상의 출력)을 가질 수 있다. 예를 들어, 결합 및 분할 변환은 이 패턴을 따른다. join 변환은 두 개의 PCollection을 입력으로 사용하여 새로 결합된 PCollection을 출력하고, split 변환은 하나의 PCollection을 입력으로 취해 두 개의 개별 PCollection을 출력한다.

다음으로, PCollections는 불변이므로, 적용한 변환은 기존의 PCollection의 데이터를 소비하지 않는다. 약간 다른 점은 기존 PCollection에 변형을 적용할 때 데이터 원본으로 사용된 기존의 것을 제거하지 않고 새로운 PCollection을 만든다. 동일한 파이프라인에서 여러 개의 변환에 대한 입력으로 동일한 PCollection을 사용할 수 있다. 이렇게 하면 두 개의 유사하지만 개별적인 목적으로 동일한 데이터가 필요할 때 편리하게 사용할 수 있다. 이것은 반복자가 다양한 프로그래밍 언어(반복자를 사용하는 파이썬을 포함하여)에서 작동하는 방식에 따라 Apache Beam을 처음 접하는 사람들을 혼란스럽게 한다.

마지막으로, 새로운 PCollection에 개념적으로 변환된 데이터가 포함되어 있다고 생각할 수도 있지만, 파이프라인 자체가 실행되는 방식에 따라 이것이 작동하는 방식이 다를 수 있다. 이것은 다음 주제인 파이프라인을 실행하는 방법에서 다룬다.

파이프라인 러너

이름에서 알 수 있듯이 **파이프라인 러너**(pipeline runner)는 주어진 파이프라인을 실행한다. 작업을 수행하는 시스템의 고급 개념은 약간 진부하지만, 세부 사항은 흥미롭다. PCollections에 변형을 적용하는 방법은 매우 다양하다.

Apache Beam은 지금까지 배웠던 고급 개념을 사용하여 파이프라인을 정의할 수 있으므로 파이프라인의 **정의**와 파이프라인의 **실행**을 구분할 수 있다. 파이프라인의 정의가 Beam에만 한정되어 있지만, 작업을 구성하고 실행하는 기본 시스템은 정의에서 추상화되어 있다. Beam을 사용하여 정의한 동일한 파이프라인을 가져와서 다양한 실행 엔진에서 실행할 수 있다. 각 실행 엔진에는 자체 전략, 최적화 및 기능이 있을 수 있다.

SQL 데이터베이스와 통신해야 하는 코드를 작성했다면 파이썬에서 SQL Alchemy로 구현하거나 자바에서 Hibernate로 구현하는 ORM(객체 관계형 매핑)과 비슷한 Beam의 이 기능을 생각할 수 있다. ORM을 사용하면 리소스를 정의하고 동일한 언어(예: 파이썬)의 객체로 상호작용할 수 있으며, ORM은 이러한 상호작용을 다양한 데이터베이스(예: MySQL 및 PostgreSQL)에 대한 SQL 쿼리로 변환한다. 같은 방식으로 Apache Beam을 사용하면 실행 위치를 걱정하지 않고 파이프라인을 정의한 다음 다양한 파이프라인 러너를 사용하여 파이프라인을 실행할 수 있다.

Apache Beam에는 몇 가지 파이프라인 러너가 있으며, 가장 간단한 옵션은 DirectRunner다. 이 러너는 주로 로컬 머신에서 파이프라인을 실행하는 테스트 도구이지만, 파이프라인을 실행하는 데 있어 가장 간단하고 효율적인 경로를 취하지 않는다는 점에서 흥미롭다. 대신, 파이프라인이 다른 더 복잡한 러너에서 중단되는 비정상적인 의미(semantics)에 의존하지 않도록 하기 위해 많은 추가 검사를 실행한다.

DirectRunner와는 달리 전형적인 파이프라인 러너는 모두 하나의 큰 클러스터로 실행되는 수많은 머신으로 구성된다. 10장을 읽으면 파이프라인 실행 클러스터가 쿠버네티스 클러스터와 같은 것으로 여길 수 있다. 클러스터 둘 다 설정된 수의 시스템을 사용하여 주어진 입력을 실행한다. 이 분산 실행을 통해 잠재적으로 많은 수의 시스템에 작업을 분산시킬 수 있으며, 프로세스에 더 많은 시스템을 추가하여 더 빨리 작업을 완료할 수 있다.

이 배포를 가능하게 하기 위해 파이프라인 러너는 작업을 파이프라인 시작 부분과 중간에 모두 조각으로 잘라서 사용 가능한 모든 시스템을 가장 효율적으로 사용한다. 두 개의 PCollections 사이에 화살표로 변환을 표현할 수도 있지만, 작업은 여러 대의 컴퓨터에 변형이 적용된 많은 작은 조각으로 분할할 수 있다. 시각적으로 표현하면 그림 20.7과 비슷할 것이다.

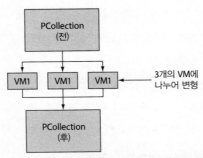

그림 20.7   여러 VM을 사용하여 적용된 변형

이렇게 나누는 것은 데이터를 이동해야 하는 것을 의미하기 때문에 파이프라인 러너는 가능한 한 적은 수의 컴퓨터에서 계산을 실행하기 위해 최선을 다할 것이다. 네트워크를 통해 이동하는 데이터가 로컬 메모리에서 액세스하는 것보다 훨씬 느리기 때문에 대부분 그렇게 한다. 네트워크를 통해 전송되는 데이터를 최소화하면 처리 작업을 더 빨리 완료할 수 있다.

불행히도 네트워크를 통해 데이터를 이동하는 것은 종종 불가피하다. 반면에 단일 대형 머신을 사용하여 작업을 수행하는 등의 다른 옵션은 네트워크를 통해 한 시스템에서 다른 시스템으로 데이터를 이동하는 데 시간이 필요함에도 더 느려질 수 있다. 한 위치에서 다른 위치로 데이터를 이동하면 약간의 오버헤드가 추가될 수 있지만, 파이프라인 러너는 분업에 착수하여 파이프라인을 실행하는 데 필요한 총 시간이 가장 짧아진다. 지금까지 상위 개념을 살펴보았다. 그러면 코드를 작성하여 좀 더 구체적으로 살펴보겠다. 그런 다음 이 파이프라인 러너 중 하나를 사용해 보겠다.

20.1.2 모두 모으기

이 세 가지 기본 개념(파이프라인, PCollection 및 변환)을 사용하면 멋진 것을 만들 수 있다. 지금까지는 높은 수준의 설명에 발목 잡혀 코드에서 벗어나 있었다. 짧은 예제를 보고, 코드 자체를 파헤쳐 보자.

> **WARNING** Apache Beam에는 Node.js에 대한 바인딩이 없으므로 이 장의 나머지 부분에서는 파이썬을 사용하여 Beam 파이프라인을 정의하고 상호작용한다. 파이썬의 까다로운 부분은 가급적 피해서 따라갈 수 있도록 하겠지만, Beam을 사용하여 자신만의 파이프라인을 작성하려면 파이썬이나 자바를 써야 한다.

어떤 텍스트의 디지털 사본이 있고, 문자 a로 시작하는 단어의 수를 계산한다고 가정해 보자. 이와 같은 많은 문제에서와 마찬가지로 텍스트를 구문 분석하고 모든 단어를 반복하는 스크립트를 작성할 수 있지만, 텍스트가 수백 기가바이트인 경우 어떻게 해야 할까? 분석할 수천 개의 텍스트가 있다면 어떨까? 이 작업을 수행하는 데 가장 빠른 컴퓨터조차도 꽤 오래 걸릴 것이다. 대신 Apache Beam을 사용하여 이 작업을 수행하는 파이프라인을 정의할 수 있다. 이렇게 하면 많은 작업을 분산시키고 올바른 출력을 얻을 수 있다. 이 파이프라인은 어떻게 생겼을까? 지금부터 파이프라인을 그래픽으로 살펴보겠다(그림 20.8). 코드 작성을 시작해 보자.

원시 입력 데이터를 가져와서 원하는 출력으로 변환하려면 여러 단계를 사용해야 한다. 이 경우 원시 데이터를 읽고, 분할 변환을 적용하여 단어 단위로 변환한 다음, 관심이 없는 모든 단어를 제거하려면 Filter 변환을 수행하고, 총 단어 수로 설정을 줄이려면 Count 변환을 사용해야 한다. 그런 다음 마지막으로 파일에 쓴다. 이 방법으로 파이프라인을 생각하면 쉽게 코드로 변환할 수 있다. 코드는 리스트 20.1과 같다.

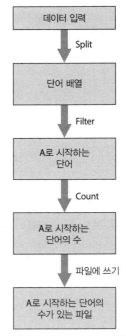

그림 20.8 **a로 시작하는 단어를 세는 파이프라인**

NOTE 다음 코드는 정확하지만, 몇 가지 변수를 정의하지 않는다. 그대로 복사하여 붙여넣기하면 실행되지 않는다. 일부 공백(예: input_file)을 채워야 한다. 그래도 걱정하지 말자. 이 장의 뒷 부분에서 전체 예제를 수행할 수 있다.

리스트 20.1 **Apache 빔 파이프라인 예제**

```
import re
import apache_beam as beam          Beam을 사용하여 새 파이프라인 개체를 만든다.

                                    beam.io.ReadFromText를 사용하여
                                    텍스트 입력 파일에서 일부 데이터를 로드한다.
with beam.Pipeline() as pipeline:
  (pipeline                         입력 데이터를 가져와서 여러 단어로 나눈다.
    | beam.io.ReadFromText(input_file)
    | 'Split' >> (beam.FlatMap(lambda x:
  re.findall(r'[A-Za-z\']+', x))
                  .with_output_types(unicode))
    | 'Filter' >> beam.Filter(lambda x: x.lower()
  .startswith('a'))           'a'로 시작하지 않는 단어를 필터링한다.
    | 'Count' >> beam.combiners.Count.Globally()     모든 단어를 센다.
    | beam.io.WriteToText(output_file)       해당 번호를 출력 텍스트 파일에 쓴다.
  )
```

보다시피, Apache Beam의 파이썬 바인딩에서 유닉스 기반 터미널처럼 파이프 연산자를 사용하여 변환을 통해 흐르는 데이터를 나타낼 수 있다. 이를 통해 이전에 배웠듯이 코드 자체를 실행하는 데 사용된 파이프라인 러너의 책임하에 이 문제를 작은 조각으로 나눌 수 있는 방법에 대한 하위 수준의 세부 정보로 넘어가지 않고, 데이터가 어떻게 전달되는지에 대한 의도를 표현할 수 있다.

이 시점에서 중요한 개념, 예제 파이프라인, 파이프라인에 해당하는 파이썬 코드를 살펴보았다. 파이프라인 러너는 어떨까? Apache Beam의 경우 Apache Flink나 Apache Apex와 같이 꽤 많은 것들이 있지만, 이 장의 주제는 완전 관리형 파이프라인 러너다.

20.2 Cloud Dataflow란 무엇인가?

이전에 배웠던 것처럼 Apache Beam을 사용하여 많은 파이프라인 러너에서 이식 가능한 파이프라인을 정의할 수 있다. 이 이식성이란 Beam 파이프라인을 실행할 시간이 되면 선택할 수 있는 옵션이 많다는 것을 의미한다. Cloud Dataflow는 사용 가능한 여러 옵션 중 하나이지만, 완전 관리형 파이프라인 러너다. 다른 파이프라인 러너와 달리 Cloud Dataflow를 사용하면 기본 리소스를 초기에 설정할 필요가 없다. 대부분의 다른 시스템에서는 먼저 시스템을 프로비저닝하고 관리해야 하며, 소프트웨어 자체를 설치해야만 파이프라인을 실행할 수 있다. Cloud Dataflow를 사용하면 모든 것을 처리할 수 있으므로 다른 사전 구성 없이 파이프라인을 제출하여 실행할 수 있다.

쿠버네티스 및 쿠버네티스 엔진과 약간의 유사성을 찾아볼 수 있다(10장 참고). 자신의 쿠버네티스 클러스터를 운영하려면 쿠버네티스 자체를 실행하는 시스템을 관리해야 하지만, 쿠버네티스 엔진을 사용하면 해당 시스템이 준비되고 관리된다. Cloud Dataflow는 구글 클라우드 플랫폼의 일부이기 때문에 이미 배운 다른 많은 서비스를 결합할 수 있다. 예를 들어, 클라우드 데이터 흐름❶을 사용하여 파이프라인을 실행할 수 있다. 이 파이프라인은 Cloud Storage 버킷❷을 사용하여 데이터를 읽고, Compute Engine 인스턴스를 사용하여 해당 데이터를 처리, 변환한 후 출력을 다른 Cloud Storage 버킷에 다시 쓴다❹(그림 20.9).

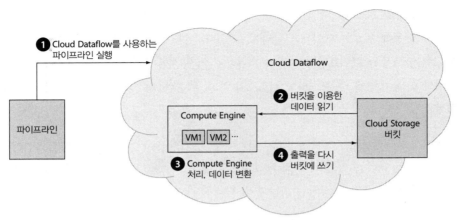

그림 20.9　**Cloud Dataflow를 위한 인프라 개요**

다른 러너와 달리 구글 시스템은 다양한 구글 클라우드 플랫폼 리소스 전반에서 이러한 모든 조정 작업을 처리한다. 파이프라인 매개변수로 구체적인 내용(예: Cloud Storage의 입력 데이터가 있는 위치)을 전달하고, Cloud Dataflow는 파이프라인을 완전히 실행하는 작업을 관리한다. 그렇다면 Cloud Dataflow는 어떻게 사용할까? 이전 예제에서 문자 a로 시작하는 모든 단어를 계산하고, Cloud Dataflow 및 Apache Beam을 사용하여 파이프라인을 실행하는 방법을 살펴본다.

20.3　Cloud Dataflow와의 상호작용

Cloud Dataflow를 사용하려면 먼저 초기 설정 및 구성을 수행해야 한다. 그것을 먼저 살펴보고 난 다음 파이프라인을 만들 수 있다.

20.3.1　설정

가장 먼저 해야 할 일은 Cloud Dataflow API를 사용하는 것이다. 클라우드 콘솔로 이동하고, 상단의 기본 검색 창에 Dataflow API를 입력하자. 이 쿼리는 하나의 결과를 가져와야 하며, 클릭하면 크기가 큰 사용 설정 버튼이 있는 페이지로 이동한다(그림 20.10). 그것을 클릭하여 이동해 보자.

API를 활성화한 후에는 Apache Beam을 로컬에 설치해야 한다. 이를 위해 파이썬용 패키지를 관리하는 pip를 사용할 수 있다.

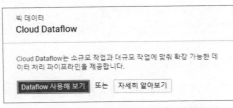

그림 20.10   Cloud Dataflow API 사용 설정

패키지 자체의 이름은 **apache-beam**이지만, 여러분은 패키지에 대한 구글 클라우드 플랫폼 추가 항목이 있는지 알고 싶을 것이다. 이러한 추가 기능을 통해 코드가 추가 코드 없이도 GCP 서비스와 상호작용할 수 있다. 예를 들어, Apache Beam의 GCP 추가 기능 중 하나는 gs://로 시작하는 URL로 Google Cloud Storage의 파일을 참조할 수 있도록 한다. 이 기능이 없으면 사용하려는 각 서비스에 대한 파이썬 클라이언트를 수동으로 가져와야 한다. 이러한 추가 기능을 사용하려면 파이썬의 표준으로 사용하는 [] 구문을 사용하자.

```
$ pip install apache-beam[gcp]
```

다음으로 해야 할 일은 실행하는 모든 코드가 올바른 자격 증명을 사용하고 Cloud Dataflow에서 프로젝트에 액세스할 수 있는지 확인하는 것이다. 이렇게 하려면 이전에 설치한 **gcloud** 명령줄 도구를 사용하여 코드에서 자동으로 사용할 자격 증명을 가져와야 한다.

```
$ gcloud auth application-default login
```

해당 명령을 실행하면 클릭할 링크가 표시되며, 웹 브라우저에서 구글 계정으로 인증할 수 있다. 그 이후 명령은 백그라운드에 있는 자격 증명을 코드가 자동으로 발견할 수 있는 위치로 다운로드한다.

이제 모든 API를 활성화하고 필요한 모든 소프트웨어 패키지를 갖추었으며, 적절한 자격 증명을 가져왔다. 한 가지 더 할 일이 있다. 파이프라인을 실행하는 동안 입력, 출력 및 임시 데이터를 어디에 저장할 수 있는지 정확히 파악하는 것이다. 결국, 이전에 정의한 파이프라인은 어딘가에서 입력 데이터를 읽고, 어딘가에 출력을 쓴다. 수학 시험 중에 사용하는 여분의 종이같이, 이 두 장소 외에도 여분의 데이터를 저장할 장소가 필요할 수도 있다.

이미 구글 클라우드 플랫폼을 사용하고 있으므로 Google Cloud Storage와 같은 스토리지 옵션 중 하나를 사용하는 것이 좋다. 이렇게 하려면 Cloud Storage 버킷을 만들어야 한다.

```
$ gsutil mb -l us gs://your-bucket-id-h ere
Creating gs://your-bucket-id-here/...
```

이 명령은 특히 다중 지역 복제를 사용하며, 미국에 위치한 버킷을 생성한다. 이것에 대해 혼란스럽다면 8장을 확인하자. 그리고 그것으로 필요한 모든 것을 얻을 수 있으며, 마침내 리스트 20.1의 코드를 실행하여 실행 가능한 파이프라인으로 전환할 수 있다.

20.3.2 파이프라인 만들기

예제 파이프라인의 목표는 입력 텍스트 문서를 가져와서 문서에서 몇 단어가 a(소문자 또는 대문자)로 시작하는지 파악하는 것이다. 처음에는 이를 시각적인 표현으로 보았고, 이를 Apache Beam에 의존하여 파이프라인을 정의하는 보다 구체적인 코드로 바꿨다. 그러나 그 코드에 입력 파일의 출처와 파이프라인 실행 방법과 같은 세부 사항이 남아있다는 것을 생각해야 한다. 파이프라인을 실행하려면 파이프라인 코드에 약간의 상용구를 추가해야 하며, 이러한 세부 사항을 제공해야 한다. 다음 업데이트된 코드는 일부 도우미 코드를 추가하고, 이전에 누락된 몇 가지 변수를 정의하고, 명령줄 인수를 구문 분석하여 옵션으로 파이프라인에 전달하는 방법을 보여준다.

리스트 20.2 완전한 파이프라인 코드

```python
import argparse
import re

import apache_beam as beam
from apache_beam.options import pipeline_options

PROJECT_ID = '<your-project-id-here>'    ◀──── 먼저, 프로젝트 ID와 데이터를 저장할
BUCKET = 'dataflow-bucket'                       버킷과 같은 매개변수를 정의한다.
                                                 이것은 이전 섹션에서 작성한 버킷이다.

def get_pipeline_options(pipeline_args):  ◀──── 이 도우미 함수는 인수 집합을 가져와서
  pipeline_args = ['--%s=%s' % (k, v) for (k, v) in {      어떤 합당한 기본값으로 결합한 다음
    'project': PROJECT_ID,                                 나중에 Apache Beam specific
    'job_name': 'dataflow-count',                          파이프라인 옵션으로 변환한다.
    'staging_location': 'gs://%s/dataflow-staging' % BUCKET,
    'temp_location': 'gs://%s/dataflow-temp' % BUCKET,
  }.items()] + pipeline_args
  options = pipeline_options.PipelineOptions(pipeline_args)
  options.view_as(pipeline_options.SetupOptions).save_main_session = True
  return options
                                         메인 메소드에서 실제 작업을 시작한다.
                                         먼저, 명령줄에서 전달된 인수에서 일부는 코드(예: 입력)에서
def main(argv=None):  ◀──────────────── 직접 사용하고, 나머지는 사용할 파이프라인 옵션으로 처리한다.
```

```
    parser = argparse.ArgumentParser() ◄──────   이 시점에서 코드는 리스트 20.1과 비슷하게 보인다.
    parser.add_argument('--input', dest='input')   한 가지 차이점은 파이프라인 개체를 만들 때 몇 가지
    parser.add_argument('--output', dest='output',   특정 옵션을 전달한다는 것이다.
                        default='gs://%s/dataflow-count' % BUCKET)
    script_args, pipeline_args = parser.parse_known_args(argv)
    pipeline_opts = get_pipeline_options(pipeline_args)   모든 기능을 사용하려면
                                                          방금 정의한
                                                          주요 기능을 호출하자.
    with beam.Pipeline(options=pipeline_opts) as pipeline: ◄─┘
        (pipeline
          | beam.io.ReadFromText(script_args.input) ◄──────────────────┐
          | 'Split' >> (beam.FlatMap(lambda x: re.findall(r'[A-Za-z\']+', x))
             .with_output_types(unicode))
          | 'Filter' >> beam.Filter(lambda x: x.lower().startswith('a'))
          | 'Count' >> beam.combiners.Count.Globally()
          | beam.io.WriteToText(script_args.output)
        )
                                          그리고 원래 목록과 다른 점은 명령줄 변수에 따라
                                          입력 데이터의 위치를 정의한다는 것이다.
if __name__ == '__main__':
  main()
```

이 시점에서 일부 입력 텍스트를 사용할 수 있고, 문자 a로 시작하는 총 단어 수를 출력하는 완전히 구현된 Apache Beam 파이프라인이 있다. 이제 테스트를 위해 실행해 보는 것은 어떨까?

20.3.3 파이프라인을 로컬에서 실행하기

앞서 학습한 바와 같이, Apache Beam에는 몇 개의 파이프라인 러너가 내장되어 있으며, 그 중 하나가 **DirectRunner**다. 이 러너는 로컬 컴퓨터에서 파이프라인을 실행할 뿐만 아니라 분산된 환경(예: Google Cloud Dataflow)에서 파이프라인이 제대로 실행되는지 확인하기 위해 다양한 사항을 검사하기 때문에 테스트에도 적합하다.

파이프라인 러너를 가지고 있기 때문에 먼저 일부 샘플 데이터로 파이프라인 테스트를 로컬에서 실행할 수 있다. 우선, 몇 개의 단어가 포함된 간단한 파일을 만들어 손쉽게 코드가 제대로 작동하는지 확인할 수 있다.

```
$ echo "You can avoid reality, but you cannot avoid the consequences of
    avoiding reality." > input.txt
$ python counter.py --input="input.txt" \     여기서 출력은 파일을 넣어 둘 곳에 사용할 접두사다.
  --output="output-" \ ◄──────────────────
  --runner=DirectRunner  ◄──────┐ Direct Runner를 사용하여 이 전체 작업을
                                   로컬에서 실행하는 파이프라인을 실행하자.
```

스니펫의 문장에서 알 수 있듯이 정확하게 세 단어가 a로 시작한다. 파이프라인이 같은 대답을 내놓았는지 확인해 보자. output-으로 시작하는 파일 내에서 동일한 디렉터리를 보면 다음과 같은 결과를 볼 수 있다.

```
$ ls output-*
output--00000-of-00001
$ cat output--00000-of-00001
3 ◁──┤ 올바른 단어를 찾은 것 같다!
```

파이프라인은 분명히 잘 수행했다. 그러나 더 많은 양의 데이터로 어떻게 할 것인가? 파이썬 기술을 사용하여 똑같은 문장을 만들어 여러 번 반복하고, 파이프라인을 다시 테스트할 것이다. 이전과 마찬가지로 입력 횟수를 반복하기 때문에 응답 횟수가 3배이므로 파이프라인이 아직 작동하는지를 쉽게 확인할 수 있다.

```
$ python -c "print (raw_input() + '\n') * 10**5" < input.txt > input-10e5.txt ◁─┐
$ wc -l input-10e5.txt          명령줄 도구를 사용하여 파일의 줄 수를    전에 입력된 문장을 100,000번 반복하여
100001 input-10e5.txt ◁──┤ 계산하면 이 파일에 100,000줄     input-10e5.txt라는 파일에 다시 저장한다.
$ du -h input-10e5.txt        (줄 바꿈 포함)이 있음을 알 수 있다.
7.9Minput-10e5.txt ◁──┤ 파일의 크기는 약 8MB다.
```

이제는 파이프라인을 실행하여 조금 더 큰 파일(a로 시작하는 단어가 정확히 300,000개)에 대한 작동 여부를 테스트할 수 있다.

```
$ python counter.py --input=input-10e5.txt --output=output-10e5- \
  --runner=DirectRunner
$ cat output-10e5-*
300000 ◁──┤ 예상대로 파이프라인은 파일에 문자 a로 시작하는 단어가 정확히 300,000개 포함되어 있음을 확인한다.
```

10**6(1백만 개) 또는 10**7개(10백만 개)와 같은 대형 문장으로 10**5개 파일을 자유롭게 증가시켜 보자. 이렇게 하면 파일 자체가 각각 약 80MB와 800MB로, 단일 머신에서 처리할 수 있는 상당한 양의 데이터가 발생하기 때문에 파이프라인의 완료를 잠시 기다릴 수 있다. 그럼, 어떻게 한 걸음 더 나아가야 할까? 이 예에서는 로컬 파일을 가져와서 파이프라인에서 실행하고, 출력을 로컬 파일 시스템에 다시 저장하기만 하면 된다. 이 시나리오를 로컬 환경에서 Cloud Dataflow의 세계로 이동할 때 어떤 일이 발생하는지 살펴보자.

20.3.4 Cloud Dataflow를 사용하여 파이프라인 실행하기

다행히도 모든 설정을 이미 완료했으므로 Cloud Dataflow에서 이 파이프라인을 실행하는 것은 러너를 변경하고 입력 및 출력 파일을 업데이트하는 것만큼 쉽다. 이것을 시연하기 위해 이전에 만든 Cloud Storage 버킷에 파일을 업로드한 다음 Cloud Dataflow 러너를 사용하여 파이프라인을 실행한다.

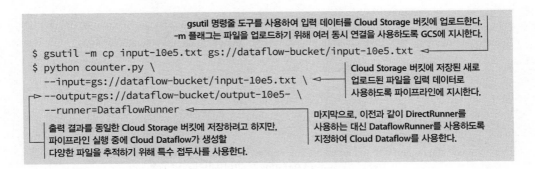

엔터키를 누르면 내부적으로 Cloud Dataflow가 작업을 수락하고 리소스를 켜서 계산을 처리한다. 결과적으로 Cloud Dataflow에서 작업을 처리했음을 보여주는 일부 로깅 결과를 볼 수 있다.

> **TIP** gs:의 의미를 파악할 수 없는 경우(예: ValueError: 경로 gs에 대한 파일 시스템을 가져올 수 없음), pip install apache-beam[gcp]를 실행하여 Apache Beam 용 GCP outh를 설치했는지 확인한다.

또한, 작업이 제출되면 프로세스가 정상적으로 종료되는 것을 알 수 있다. 그러면 작업의 진행 상황을 어떻게 확인할 수 있을까? 그리고 언제 끝날지 어떻게 알 수 있을까? 클라우드 콘솔 내에서 Cloud Dataflow 흐름 UI로 이동하면 목록에 새로 생성된 작업이 표시되고(리스트 20.2부터 파이프라인 코드에 작업 이름을 지정함), 이를 클릭하면 멋진 작업 개요(그림 20.11)가 표시된다.

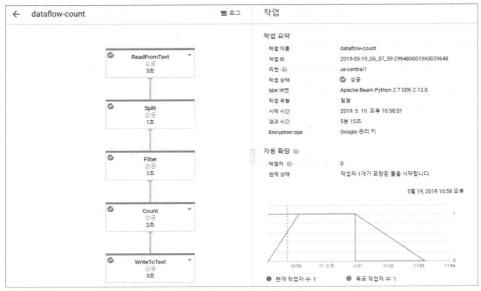

그림 20.11　Cloud Dataflow의 파이프라인 작업 개요

먼저, 화면 왼쪽에는 파이프라인의 그래프가 표시된다. 파이프라인은 시작하기 전에 살펴본 그림과 유사하다. 이는 좋은 신호다. 데이터 흐름은 처음부터 의도했던 파이프라인과 동일한 이해를 가지고 있다. 이 경우 대부분의 작업이 매우 빠르게 완료된다는 것을 알 수 있다. 다이어그램이 최신 상태로 업데이트될 때까지 작업이 대부분 완료되기 때문에 작업이 진행 중인 것을 볼 수 없다. 결과적으로 각 단계가 실행에서 성공으로 어떻게 전환되는지만 알 수 있고, 전체 작업은 몇 분 만에 끝난다.

> **NOTE** 왜 작업에 몇 분(이 경우 약 5분)이 걸렸는지 궁금할 수 있다. 반면, 처리의 각 단계는 불과 몇 초밖에 걸리지 않았다. 이는 주로 VM을 켜고, 프로비저닝된 디스크를 설치하고, 소프트웨어를 업그레이드하고 설치한 후, 모든 리소스를 해제한 설정 시간 때문에 발생한다.
> 결과적으로 합계가 1분 정도 걸리더라도 전체 런타임(작업 제출에서 완료까지)은 전후에 약간의 시간을 추가하도록 한다.

화면 오른쪽에는 작업 상세 내역(지역, 시작 시간, 경과 시간 등)과 파이프라인 실행에 관련된 리소스에 대한 추가 상세 내역을 볼 수 있다. 이 경우 작업은 단일 작업자로 확장되고, 작업이 완료되면 0으로 줄어든다. 작업 상세 내역 바로 아래에서 작업 수명 동안 사용한 컴퓨팅 및 스토리지 리소스에 대한 상세 내역을 볼 수 있다. 이 경우 약 276MB/hours의 메모리와 0.07 vCPU/hours 미만의 컴퓨팅 시간을 사용했다.

이 작업은 깔끔하지만, 단 몇 분 분량의 컴퓨팅 시간만 소비하는 5분짜리 작업은 그다지 흥미롭지 않다. 총 회선 수를 1,000만 개(10**7)로 늘리면 어떻게 될까? 어떻게 되는지 다음을 확인해 보자.

```
$ python -c "print (raw_input() + '\n') * 10**7"
  < input.txt > input-10e7.txt  ←——  1,000만 줄의 텍스트를 생성한다.
$ gsutil -m cp input-10e7.txt \
  gs://dataflow-bucket/input-10e7.txt  ←——  이전과 같이 Cloud Storage 버킷에 업로드한다.
$ python counter.py \  ←——————————————
  --input=gs://dataflow-bucket/input-10e7.txt \      동일한 작업을 재실행하지만,
  --output=gs://dataflow-bucket/output-10e7- \       1,000만 줄의 텍스트를
  --runner=DataflowRunner                            입력 데이터로 사용한다.
```

이 경우 클라우드 콘솔에서 새 작업의 개요를 다시 보면, 연관된 충분한 데이터가 있어서 무엇처럼 보이는지 알 수 있다. 작업이 진행되면서 얼마나 많은 요소들이 처리되는지 세부 정보를 보여주는 파이프라인의 각 단계를 알 수 있다(그림 20.12).

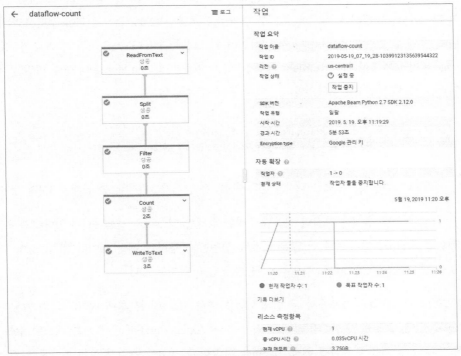

그림 20.12 진행 중인 더 큰 파이프라인 작업 개요

아마도 가장 멋진 부분은 파이프라인을 통해 데이터가 어떻게 흐르는지 볼 수 있으며, 각 단계가 동시에 활성화되어 있다는 것이다. 각 단계가 완전히 완료되지 않고 동시에 실행되어 다

음 단계로 넘어 간다는 것을 알 수 있다. 이것은 각 단계가 전체 데이터 세트가 아닌 한 번에 여러 데이터 청크로 작업하기 때문에 가능하다. 그래프의 첫 번째 단계(ReadFromText)에서는 개행 토큰을 사용하여 높은 수준에서 데이터를 관리 가능한 크기의 청크로 분할한다. 이러한 청크는 Split 단계로 전달되어 단어로 분리된다. 거기에서 데이터는 조립 라인과 같이 지속적으로 이동하며, 각 스테이지는 무언가를 계산하고 결과를 전달한다. 최종적으로 마지막 단계에서는 결과(이 경우 전달된 모든 최종 항목 계산)를 집계하고, 최종 출력을 Cloud Storage 버킷에 다시 저장한다.

또 다른 흥미로운 점은 초당 각 단계에서 처리되는 요소의 수를 확인할 수 있다는 것이다. 예를 들어, 그림 20.12의 Split 단계(주어진 텍스트가 개별 단어 목록으로 바뀌는 곳)에서 초당 약 22,000줄을 처리하고, 그들을 단어 목록으로 출력한다.

다음 단계에서는 단어 목록을 문자 a로 시작하지 않는 항목을 필터링한다. 자세히 살펴보면 이 단계에서 Split이 발생하는 양의 약 13배가 처리되는 것을 확인할 수 있다. 왜 그럴까? 입력의 각 줄에는 13개의 단어가 있으므로 단계별로 초당 ~22,000줄의 출력이 줄당 13단어로 나뉘며, 초당 약 295,000단어가 나온다. 작업이 완료되면 Cloud Dataflow는 총 개수를 Cloud Storage 버킷에 기록한다(WriteToText 단계에서 볼 수 있듯이). Cloud Storage의 출력 파일을 확인하여 최종 집계가 무엇인지 확인한다.

```
$ gsutil cat gs://dataflow-bucket/output-10e7-*
30000000   ◁────┤ 최종 결과물은 Cloud Storage에 저장되어 3천만 개의 정확한 결과를 보여준다.
```

천만 줄의 텍스트를 넣었으므로 각각은 a로 시작하는 단어가 3개이며, 총 합계는 3천만 개이다.

또한, 작업이 끝난 후에는 자신의 직업이 소비한 컴퓨팅 리소스의 양을 볼 수 있다(그림 20.13). 예상대로 데이터가 많을수록 더 많은 컴퓨팅 성능을 사용하여 해당 데이터를 처리해야 한다는 것을 알수 있으며, Cloud Dataflow는 이 점을 잘 파악하고 있다.

그림 20.13의 오른쪽 그래프에서 두 번째 VM을 켜서 시작 몇 분 후에 데이터를 처리하는 것을 볼 수 있다. 코드를 변경하지 않아도 되서 좋다! Cloud Dataflow은 필요한 시스템 수를 고려하는 대신, 작업을 완료하면 해당 시스템을 파악하고, 필요에 따라 확장하며 규모를 축소한다. 이제 파이프라인의 실행 방법을 살펴보았으니 이 모든 비용이 얼마나 들지 살펴보기만 하면 된다!

20.4 가격 결정의 이해

Cloud Dataflow는 많은 컴퓨팅 기반 제품(예: 쿠버네티스 엔진 또는 클라우드 ML Engine)과 마찬가지로 연산(시간당 CPU), 메모리(시간당 GB) 및 디스크 저장소(시간당 GB)의 조합으로 리소스 비용을 나눈다.

예상한 대로, 이러한 비용은 지역에 따라 다르며, 미국 내 위치는 다른 위치(시드니의 시간당 CPU당 0.0756달러)에 비해 가장 저렴하다(아이오와에서 시간당 CPU당 0.056달러). 일부 선택된 위치의 가격은 표 20.1에 나와 있다.

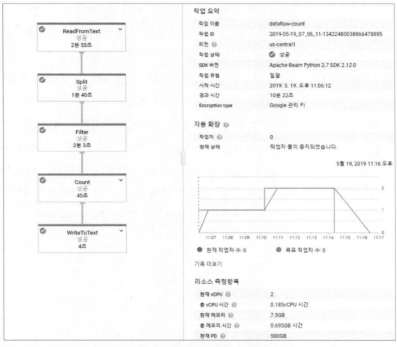

그림 20.13 성공적인 작업 개요

표 20.1 위치 기반 가격

리소스	아이오와	시드니	런던	대만
vCPU	$0.056	$0.0756	$0.0672	$0.059
GB Memory	$0.003557	$0.004802	$0.004268	$0.004172
GB Standard disk	$0.000054	$0.000073	$0.000065	$0.000054
GB SSD	$0.000298	$0.004023	$0.000358	$0.000298

불행히도, 이런 편리한 요금에 대해 알고 있다고 하더라도 총 비용을 미리 예측하는 것은 까다롭다. 각 파이프라인은 다르며(결국, 문자 a로 시작하는 단어를 세는 것을 계속 시도하지 않는다), 보통의 입력 데이터는 매우 다양하다. 특정 작업에서 사용되는 VM의 수는 다양하며, 전체적으로 사용되는 디스크 공간과 메모리의 양이 다를 수 있다. 다행히도, 몇 가지 일을 할 수 있다.

첫째, 작업 부하가 특히 비용에 민감한 경우 사용할 특정 워커의 수(또는 최대 수)를 설정하면 작업 시간당 총 비용이 제한된다. 그러나 이것은 작업이 오랜 시간 걸릴 수 있음을 의미하며, 일정한 시간 내에 업무를 완료하도록 할 방법이 없다.

다음으로 특정 파이프라인이 시간이 지남에 따라 어떻게 조정되는지 알면 작은 입력을 사용하여 작업을 실행하여 비용에 대한 아이디어를 얻은 다음 더 큰 입력이 얼마나 비용이 들 것인지 더 나은 아이디어를 얻도록 추정할 수 있다. 예를 들어, 문자 a로 시작하는 단어의 수를 계산하는 작업은 선형적으로 확장될 가능성이 높다. 입력 텍스트의 단어 수가 많을수록 계산 시간이 오래 걸릴 수 있다. 따라서 데이터의 10배가 넘는 실행에는 약 10배의 비용이 소요될 것으로 가정할 수 있다. 이를 구체적으로 설명하기 위해 이전의 파이프라인 작업(그림 20.12에서 볼 수 있듯이)이 1,000만 줄의 단어를 계산하면 결국 ~0.2vCPU 시간, ~0.75GB의 메모리 및 ~50GB의 메모리를 소비하게 된다. 이것은 표준 디스크 공간의 시간이다. 이 일자리가 아이오와에서 운영되었다고 가정하면 합계가 $0.0165(0.2 * 0.056 + 0.75 * 0.003557 + 50 * 0.000054) 또는 2센트 미만으로 집계된다. 결과적으로 유사한 단어 분포를 가진 1억 줄의 텍스트를 처리하는 경우 작업 부하의 비용은 약 0.16달러로 선형적으로 확장될 것이라고 가정하는 것은 잘못된 것이 아니다.

요약

- 데이터 처리에 관해 이야기한다고 하면 일련의 데이터를 가져와서 특정 목적에 보다 유용한 것으로 변형시키는 것을 의미한다.
- Apache Beam은 데이터 변환을 표현하는 데 사용할 수 있는 오픈 소스 프레임워크 중 하나다.
- Apache Beam에는 많은 러너가 있으며, 그 중 하나가 Cloud Dataflow다.
- Cloud Dataflow는 관리 환경에서 Apache Cloud Channel 리소스를 사용하여 Apache Beam 파이프라인을 실행한다.

21

Cloud Pub/Sub: 관리 이벤트 퍼블리싱

이 장에서는 다음 내용을 다룬다.

- 일반적으로 사용하는 분산 메시징 시스템
- 애플리케이션에서 Cloud Pub/Sub를 사용하는 방법 및 시기
- 구글이 Cloud Pub/Sub 가격을 계산하는 방법
- 공통 메시징 패턴을 사용하는 두 가지 예

SMS나 페이스북 메시지를 보내 본 적이 있다면 메시징 개념이 친숙하고 단순하게 느껴질 것이다. 일상적으로 사용하는 메시징에서 당연히 알고 있는 몇 가지 요구사항을 정리하면 다음과 같다.

- 메시지를 보내는 특정한 사람(여러분)이어야 한다.
- 특정 사람(여러분의 친구)에게 정확히 보내야 한다.
- 정확히 한 번 보내고 받는다(더 많아도 안 되며, 더 적어도 안 된다).

사람과 마찬가지로 컴퓨터는 모든 종류의 대형 분산 애플리케이션에서 서로 간에 통신해야 한다. 예상하는 것처럼 컴퓨터 간의 통신은 이러한 요구사항과 비슷한 경향이 있다.

21.1 메시지 처리의 어려움

이러한 요구사항을 충족시키는 것은 보이는 것처럼 쉽지 않다. 그 외에도 조금 다른 요구사항이 있는 그룹에 메시지를 브로드캐스팅할 수도 있다(예: 메시지는 그룹의 각 구성원이 정확히 한 번 수신해야 한다). 그리고 이 통신은 동기식(누군가에게 전화하는 것과 같음) 또는 비동기식(음성 메일을 남기는 것과 같음)일 수 있으며, 각각은 자체 요구사항을 따른다. 메시징은 단순해 보일 수도 있지만, 매우 까다롭다.

각각 장점과 단점이 있는 Apache Kafka 및 ZeroMQ와 같은 많은 오픈 소스 메시징 플랫폼과 AMQP와 같은 다양한 표준을 이러한 어려움을 처리하기 위해 사용할 수 있지만, 서버를 켜야 하고, 이러한 모든 메시지를 모든 곳으로 라우팅하는 소프트웨어를 설치하고 관리해야 하는 부담이 있다. 보내려는 메시지의 수가 증가하면 더 많은 머신을 켜고, 새로운 컴퓨팅 성능을 사용하도록 시스템을 재구성해야 한다. 이러한 어려움이 있는 곳에 Cloud Pub/Sub가 필요하다.

21.2 Cloud Pub/Sub란 무엇인가?

Cloud Pub/Sub는 구글이 자체 내부 인프라를 기반으로 구축한 완전 관리형 메시징 시스템(예: Apache Kafka)으로 메시징 요구가 다른 많은 기업의 것과 비슷하기 때문이다. Google Cloud Pub/Sub에서 사용하는 인프라는 구글 내의 다른 서비스(예: YouTube, AdWords)가 사용하는 하부 인프라와 동일하다.

다행히 Google Cloud Pub/Sub는 언급한 오픈 소스 메시징 서비스에서 공통적으로 사용되는 개념을 사용한다. 개념이 많이 겹치기 때문에 다른 메시징 시스템에 익숙하다면 Cloud Pub/Sub 사용에 별다른 어려움이 없을 것이다. 메시지가 Cloud Pub/Sub 시스템을 통해 어떻게 전달되는지 간단히 살펴보겠다.

21.3 메시지의 수명

Cloud Pub/Sub의 세부 정보를 자세히 살펴보기 전에 Cloud Pub/Sub가 실제로 어떻게 작동하는지에 대한 거시적인 개요부터 시작하는 것이 좋을 것 같다. 먼저, 시작부터 끝까지 시스템을 통한 메시지의 흐름을 살펴본다.

처음에는 메시지 생성자(**발신자**라고도 함)가 메시지를 보내려고 하는 것을 결정한다. 이것은 "메시지를 보내야 하는 코드를 작성하는 것"이라고 말하는 훌륭한 방법이다. 그러나 어떤 식으로든 범주화(categorizing)하지 않고 메시지를 보낼 수는 없다. 메시지가 무엇인지 결정하고, 그 주제를 구체화하여 퍼블리싱해야 한다. 결과적으로 이 생성자는 먼저 범주(**주제**)를 결정한 다음 해당 주제에 대해 구체적으로 메시지를 퍼블리싱한다.

Cloud Pub/Sub가 메시지를 받으면 메시지가 주제에 고유한 ID를 할당하고, 메시지를 수신했음을 확인하여 해당 ID를 생성자에게 반환한다(그림 21.1). 이 흐름은 마치 사무실에 전화를 걸고, "나는 메시지를 전할 것"이라고 말하는 것으로 생각하면 된다.

그림 21.1　메시지 퍼블리싱 흐름

이제 메시지가 Cloud Pub/Sub에 도착했으므로 새로운 의문이 생긴다. 누가 이 메시지에 관심이 있을까? 이를 파악하기 위해 Cloud Pub/Sub는 **구독** 개념을 사용한다. 이 개념은 "이 주제에 관한 메시지를 받고 싶다"라고 말할 수 있다. 특히, Cloud Pub/Sub는 이미 주제에 존재하는 모든 구독을 보고, 각자에게 메시지 복사본을 브로드캐스트한다(그림 21.2). 작업 대기열과 매우 유사하게 주제에 전송된 후속 메시지는 각 구독마다 대기열에 보관되어 나중에 읽을 수 있다. 이것을 각 부서별로 한 번씩 복사하여 프런트 데스크에 있는 각각의 받은 편지함에 넣는 접수 담당자라고 생각하자.

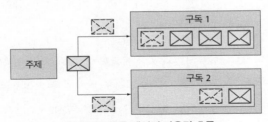

그림 21.2　구독 메시지 라우팅 흐름

생성자의 시점에서는 마지막 단계에 도달했다. 결국, Pub/Sub가 메시지를 받았고, 그 주제에 관한 메시지 수신에 관심을 나타낸 모든 사람들이 대기열에 있다. 그러나 메시지는 여전히 배달되지 않는다! 왜 그런 것인지 이해하기 위해 메시지 생성자에서 **소비자**라고 하는 메시지의 수신자로 초점을 이동해야 한다.

메시지가 구독 큐에 도착하면 구독 구성 방법에 따라 두 가지 중 하나를 사용할 수 있다. 구독으로 관심 있는 소비자에게 **푸시**하거나 메시지가 소비자 주위에 있으면서 해당 구독자가 구독에서 **끌어올** 때까지 기다릴 수 있다. 이 두 가지 옵션을 빠르게 살펴본다.

푸시 방식의 구독(push-style subscription)에서 Cloud Pub/Sub는 "안녕하세요, 여기 메시지 있습니다!"라고 일부 엔드포인트에 요청한다. 이는 안내원이 각 메시지가 도착함에 따라 부서로 걸어가 현재 작업을 방해하는 것과 비슷하다. 반면, 풀 스타일 구독(pull-style subscription)에서는 메시지가 해당 구독의 소비자가 풀 API 메서드로 메시지를 요청할 때까지 기다린다. 이것은 접수원이 부서로부터 메시지를 받으러 올 때까지 메시지 상자를 책상 위에 놓고 떠나는 것과 약간 비슷하다. 이 둘 사이의 차이는 그림 21.3에 나타나 있다. 각 화살표의 방향에 특히 주의를 기울이자.

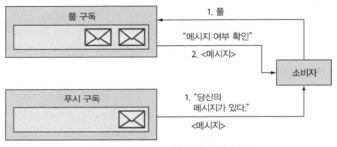

그림 21.3 **푸시 vs 풀 구독 흐름 비교**

이러한 메시지가 소비자 측에 전달되는 방식과 상관없이(Cloud Pub/Sub가 푸시하거나 소비자가 풀함) 메시지가 소비자에게 전달되면 작업이 완료되었다고 생각할 수 있다. 맞을까? 꼭 그렇지는 않다! 최종 단계는 소비자가 메시지를 수신하고 처리했음을 확인해야 하며, 이를 **확인** (acknowledgment)이라고 한다.

소비자가 메시지를 받았다고 해서 반드시 시스템에서 메시지를 처리해야 함을 의미하지는 않는다. 예를 들어, 메시지가 소비자에게 전달되더라도 메시지를 처리하는 중 컴퓨터에서 충돌이 발생할 수 있다. 이 시나리오에서는 메시지가 완전히 삭제되는 것을 원하지 않을 것이다. 이것을 복구했을 때 소비자는 나중에 그것을 다시 가져올 수 있기를 원할 것이다.

프로세스를 완료하기 위해 소비자는 Cloud Pub/Sub에 메시지 처리 여부를 확인해야 한다 (그림 21.4). 그들은 메시지와 함께 얻는 특별한 ID를 사용하여 고유한 **ackId**를 호출하고, **acknowledge** API 메소드를 호출하여 이 작업을 수행한다. 이것을 프론트 데스크에 전달하는 패키지와 같이 생각하고 접수원이 서명하도록 요청하자. 이는 패키지가 여러분에게 보내졌을뿐만 아니라 여러분이 그것을 받았음을 확인하는 한 가지 형태다.

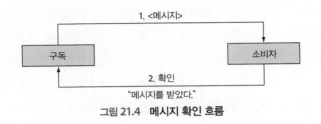

그림 21.4   메시지 확인 흐름

메시지를 확인하기 전에 소비자가 충돌하면 어떻게 될까? Pub/Sub의 경우, 몇 초 내에 메시지를 승인하지 않으면(기본적으로 몇 초 안에 메시지를 승인할 수 있지만, 각 구독에 대해 이 메시지를 사용자 지정할 수 있다) 메시지는 애당초 보낸 적이 없는 것처럼 구독 대기열로 다시 전송되지 않는다. 이 프로세스는 Pub/Sub 메시지에 자동 재시도 기능을 제공한다. 메시지를 확인했으면 구독은 메시지가 처리된 것으로 고려하여 모두 끝난다. 이제 시스템에서 메시지가 어떻게 전달되는지 살펴보았으니, 각각의 중요한 개념을 개별적으로 조금 더 자세히 살펴보고, 이에 대한 몇 가지 세부 사항도 알아본다.

21.4 개념

현재 진행 중인 대부분의 메시징 시스템과 마찬가지로 Cloud Pub/Sub에는 주제, 메시지 및 구독이라는 세 가지 핵심 개념이 있다. 각 개념은 메시지를 퍼블리시하고 소비하는 과정에서 고유한 목적을 제공하므로 서로 상호작용하는 방식을 이해하는 것이 중요하다. 먼저, 메시지 제작자로서 필요한 첫 번째 내용인 주제부터 시작하겠다.

21.4.1 주제

예에서 보았듯이 대화의 주제와 마찬가지로 주제는 정보 범주를 나타내며, 메시지를 퍼블리시하는 리소스다. 특정 주제에 메시지를 퍼블리싱하므로 메시지를 브로드캐스팅할 때 주제가 필요하다. 예를 들어, 한 회사에 여러 부서가 있을 수 있으며, 항상 주 번호로 전화를 걸 수도 있지만, 통화 사유에 따라 다른 부서에 메시지를 남기는 경우가 있다. 회사에서 물건을 사려고 하는 경우 영업 부서에 특별히 메시지를 남기고 싶을 수도 있다. 또는, 이미 구입한 제품에 대한 기술 지원이 필요한 경우 지원 부서에 메시지를 남길 수 있다. 이런 서로 다른 부서는 메시지를 분류하는 데 사용되는 여러 **주제**와 일치한다.

이것은 또한 메시지의 소비자에게도 해당된다. 그 주제는 관심 있는 메시지 범주를 분류하는 방법으로도 작용한다. 앞서 설명한 예에서 지원 부서에서 일하면 그 날 회사가 받은 모든 메시지를 요구하기보다는 도움이 필요한 고객으로부터 온 메시지를 요청할 것이다. 구독에 대해 이야기할 때 더 자세히 알게 될 것이다. 마지막으로, 구글 클라우드 플랫폼에서 설명한 대부분의 리소스와는 달리 주제는 그 이름만으로 표현한다. 소비자가 원하는 모든 사용자 정의 및 구성을 처리할 수 있기 때문에 그것이 필요한 전부이며, 21.4.3에서 볼 수 있다. 이제 주제를 이해했으므로 퍼블리싱한 내용, 즉 메시지로 넘어가자.

21.4.2 메시지

메시지는 관심 있는 다른 사용자에게 브로드캐스트할 콘텐츠를 나타낸다. 이는 고객 작업(예: "누군가 앱에 방금 등록했습니다!")에서 오는 알림에서부터 정기 예약 알림(예: "자정이 되었습니다. 데이터베이스 백업을 실행할 수 있습니다!")까지 어떠한 것일 수도 있다. 방금 살펴본 바와 같이 메시지는 항상 특정 주제에 따라 퍼블리싱된다. 특정 주제에 따라 메시지를 분류하고, 효과적으로 전달한다. 내부적으로 메시지는 기본 64개의 인코딩된 **페이로드**(일부 임의 데이터)와 이에 대한 메타 데이터로 작동하는 메시지에 대한 일반 텍스트 속성 **집합**(키 값 맵으로 표시됨)으로 구성된다.

때로는 페이로드가 지나치게 클 때 메시지가 대신 다른 곳에 있는 정보를 참조할 수 있다. 예를 들어, 메시지 페이로드를 구글 비디오 파일의 전체 콘텐츠로 설정하는 대신 새 비디오가 퍼블리싱되었음을 알리는 경우 해당 비디오에 대한 링크를 유투브에 보내도록 선택할 수 있다.

보낸 사람이 설정한 페이로드 및 속성과 함께 Cloud Pub/Sub 시스템은 메시지를 퍼블리싱할 때만 메시지 ID와 타임 스탬프를 추가로 할당한다. 이 필드는 특정 메시지를 고유하게 식별하거나 Pub/Sub 시스템에서 확인 시간을 기록하려고 할 때 유용하다. 한 가지 분명한 질문이 생긴다. 보내는 데이터를 저장하는 데 왜 두 곳이 필요할까? 왜 페이로드와 속성을 분리할까? 두 가지 이유가 있다.

첫째, 페이로드는 항상 base-64로 인코딩되지만, 속성은 그렇지 않다. 따라서 해당 필드에 저장된 데이터로 의미 있는 작업을 수행하려면 소비자가 페이로드를 디코딩하고 처리해야 한다. 예상한 대로 페이로드가 특히 큰 경우 중요한 성능 문제가 발생할 수 있다. 예를 들어, 대형 속성 스타일 맵을 base-64로 인코딩된 페이로드로 독점적으로 보내는 것을 상상해 보자. 메시지 소비자가 필드를 점검하여 메시지에 주의를 기울여야 하는지를 결정하면 전체 페이로드를 디코딩해야 하므로 크기가 커질 수 있다. 이것은 분명히 낭비가 발생하여 특정 필드를 base-64로 인코딩하지 않은 메시지 속성으로 만들면 쉽게 해결할 수 있으므로 소비자는 페이로드에서 디코딩 작업을 수행하기 전에 이를 확인할 수 있다.

둘째, 다양한 이유로 인해 메시지는 Cloud Pub/Sub로 이동하기 전에 암호화될 수 있다. 이 경우, 사용자는 특정 소비자가 메시지 페이로드 자체를 조사할 권한이 있는지에 대한 새로운 문제뿐만 아니라 이전 단락에서 설명한 것과 유사한 문제를 가지고 있다(승인된 메시지를 무시할지 여부를 확인하기 위해 소비자는 반드시 먼저 페이로드를 복호화해야 한다). 예를 들어, 자체 우선 순위 지정 시스템이 있는 보안 메시징 시스템을 상상해 보자(예: 각각 low, medium 또는 high priority 필드가 있는 암호화된 메시지). 우선, 순위를 암호화된 페이로드와 함께 전송한 경우, 메시지 시스템은 메시지를 해독하여 수신인에게 전송할 통지 유형을 결정해야 한다. 대신 일반 텍스트 속성에서 우선 순위를 보낸 경우, 시스템은 메시지 내용 자체를 해독하지 않고 덜 중요한 데이터(예: 메시지 우선 순위)를 검사할 수 있다. 이제 구독과 구독의 작동 방식을 살펴본다.

21.4.3 구독

구독(다른 메시징 시스템에서 대기열이라고도 함)은 특정 주제에 대한 메시지를 듣는 (또는 사용하려는) 의도를 나타낸다. 또한, 소비자가 특정 구성에 따라 생기는 흥미로운 소비 패턴이 반영된 메시지 수신 방식을 구성하는 것과 관련된 부분을 담당한다.

구독에는 세 가지 중요한 특징이 있다.

- 각 구독은 주제에 전송된 각 메시지의 개별 복사본을 수신하므로 소비자는 해당 주제의 메시지에 관심이 있는 다른 사람들에게 영향을 주지 않고 주제의 메시지에 액세스할 수 있다. 한 구독에서 메시지를 읽는 소비자는 다른 구독에 전혀 영향을 미치지 않는다.

- 각 구독은 주제에 대해 보내는 모든 메시지를 볼 수 있으므로 더 많은 소비자가 주제에 대한 구독을 만들면 더 많은 청중에게 메시지를 브로드캐스트할 수 있다.

- 여러 사용자가 동일한 구독의 메시지를 소비할 수 있으므로 구독을 사용하여 여러 소비자에게 메시지를 주제별로 배포할 수 있다. 한 소비자가 구독에서 메시지를 소비하면 더 이상 해당 메시지를 사용할 수 없으므로 다음 소비자는 다른 메시지를 받게 된다. 이렇게 하면 두 구독자가 동일한 메시지를 처리하지 않게 된다.

이러한 모든 시나리오를 가능하게 하기 위해 구독은 풀(Pull)과 푸시(Push)라는 두 가지 방식으로 제공된다. 이는 소비자가 메시지를 받는 방식과 관련이 있다. 알다시피, 차이점은 구독이 소비자가 메시지를 요청하기를 기다리는지(pull), 또는 새 메시지가 도착하면(push) 특정 URL로 요청을 적극적으로 보내는지 여부다. 구독에 대해 마무리하기 위해 도착한 메시지를 확인하는 아이디어를 간략하게 살펴본다.

마감 시한 통지

앞서 설명했듯이 전달된 메시지로 처리되기 전에 메시지를 받았음을 확인해야 한다. 이 메시지의 작동 방식을 자세히 살펴보겠다. 각 구독에서 푸시 또는 풀 구성 외에도 **확인 마감 시한**이라는 항목도 지정해야 한다. 초 단위로 정하는 마감 시한은 소비자에게 문제가 있다고 가정하기 전에 얼마나 기다려야 할지를 알려주는 타이머 역할을 한다. 다르게 말하면, 그것은 접수원이 나중에 다시 배달하려고 하기 전에 여러분이 소포 배달에 서명할 때까지 얼마나 기다려야 하는지 말해 주는 것과 같다.

이를 명확히 하기 위해 그림 21.5는 마감 시한이 다 된 시나리오를 보여준다. 이 예에서 소비자 1은 구독(1)에서 메시지를 가져오지만, 메시지를 수신하기 전에 어떻게든 사라져 버렸다(2). 그 결과, 확인 마감 시한이 종료되고(3), 메시지가 다시 구독 대기열에 추가된다. 동일한 구독(소비자 2)의 다른 소비자가 메시지를 풀하면 소비자 1이 확인하지 못한 메시지(4)를 받는다. 특정 메시지를 사용하는 과정을 마무리하는 메시지(5)의 수신을 확인한다.

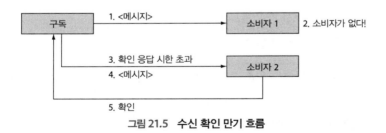

그림 21.5　수신 확인 만기 흐름

이제 메시지를 인식하는 방법을 포함하여 모든 개념을 이해했으므로 구독 구성이 다른 메시징 패턴을 초래할 수 있는 방법에 대한 한 가지 예를 살펴보겠다.

21.4.4 샘플 구성

그림 21.6은 생성자가 두 개의 주제(1과 2)로 세 개의 메시지(A, B, C)를 보내는 다른 구독 구성의 예를 보여준다. 다이어그램을 기반으로 4명의 서로 다른 소비자(1, 2, 3, 4)가 최종적으로 이러한 메시지를 수신한다.

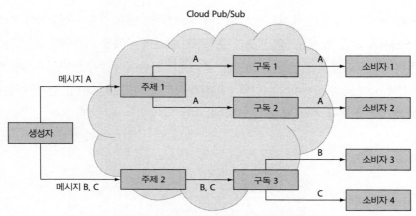

그림 21.6 다른 구독을 가진 메시지 전송의 예

생성자가 주제 1로 보내는 메시지 A부터 살펴보겠다. 이 예에서는 두 명의 소비자(소비자 1과 소비자 2)가 각각 자신의 구독을 가지고 있다. 주제 구독은 해당 주제로 전송된 모든 메시지의 사본을 가지기 때문에 이 두 소비자는 전송된 모든 메시지를 보게 된다. 결과적으로 소비자 1과 소비자 2는 메시지 A를 통보받는다. 이제는 생산자가 주제 2에 보내는 메시지 B와 C를 살펴보자.

보다시피 주제 2의 두 소비자(소비자 3과 소비자 4)는 모두 동일한 구독(구독 3)을 사용하여 주제에서 메시지를 소비한다. 구독은 각 메시지의 사본 하나만 가져오고 소비자가 소비한 후에는 더 이상 메시지를 사용할 수 없으므로 두 메시지(B 및 C)가 분리된다. 가능한 시나리오는 소비자 중 한 명이 소비자 3(이 예에서는 B)이고, 다른 하나(이 예에서는 C)가 소비자 4다. 여러 소비자가 한 번 구독하는 최종 결과는 결국 그 작품은 각자가 보낸 모든 메시지의 일부를 얻는다.

21.5 시도해 보기

Cloud Pub/Sub와 상호작용하기 위해 코드를 작성하는 방식을 살펴보자.

21.5.1 첫 번째 메시지 보내기

Cloud Pub/Sub를 사용하여 메시지를 브로드캐스트하려면 먼저 주제가 필요하다. 이것의 배경에는 메시지를 보낼 때 메시지의 범주를 분류하기 때문에 주제를 커뮤니케이션하는 방법으로 사용한다. 코드로 주제를 만들 수 있지만, 클라우드 콘솔에서 주제를 만들고, 거기에서 시작하자. 왼쪽 탐색 바의 빅데이터 하단의 **Pub/Sub** 항목을 클릭한다. 가장 먼저 보여야 할 것은 주제(그림 21.7)를 만들 것을 제안하는 버튼이 있는 비어 있는 페이지다.

그림 21.7 주제를 만들 수 있는 Cloud Pub/Sub 페이지

버튼을 클릭하면 주제 이름을 입력할 수 있는 곳이 나타난다(그림 21.8). 정규화된 이름은 **projects/**로 시작하는 긴 경로다. 이렇게 하면 Cloud Pub/Sub에서 생성된 모든 주제 중에서 주제를 고유하게 식별할 수 있다. 그리고 첫 번째 주제에 대한 간단한 이름을 선택한다. 여기서는 first-topic으로 정했다.

그림 21.8 Cloud Pub/Sub에서 주제 만들기

만들기를 클릭하면 목록에 항목이 표시된다. 즉, 메시지를 보내는 코드를 작성할 준비가 되었다! 코드를 작성하기 전에 먼저 Cloud Pub/Sub용 Node.js 클라이언트 라이브러리를 설치해야 한다. 이렇게 하려면 npm install @google-cloud/pubsub@0.13.1을 실행하여 npm을 사용하면 된다. 완료되면 다음과 같은 일부 코드를 작성할 수 있다.

리스트 21.1 메시지 퍼블리싱

```
constpubsub = require('@google-cloud/pubsub')({  ←──────  npm 패키지 @google-cloud/pubsub에 있는
  projectId: 'your-project-id'                            API 클라이언트를 사용하여 Pub/Sub API에 액세스한다.
});

const topic = pubsub.topic('first-topic');  ←────  클라우드 콘솔에서 이 주제를 이미 만들었기 때문에
                                                   이 항목이 있는지 확인하지 않고도 액세스할 수 있다.

topic.publish('Hello world!').then((data) => {  ←──  메시지를 퍼블리싱하려면 주제에 대해
  constmessageId = data[0][0];  ←──────────────────  퍼블리시 메소드를 사용한다.
  console.log('Message was published with ID', messageId);  ←──  퍼블리싱 메시지는
});                                                               메시지 ID 목록을 반환하지만,
                                                                  첫 번째 메시지만 필요하다.
```

이 코드를 실행하면 다음과 같은 코드가 표시된다.

```
> Message was published with ID 105836352786463
```

여기에 표시되는 메시지 ID는 이 항목에서 고유한 식별자다. 나중에 메시지 수신에 관해 이야기할 때 이 ID를 사용하여 다른 두 메시지의 차이를 알 수 있다. 그리고 그게 전부다! 여러분은 첫 번째 메시지를 보냈다!

그러나 공허한 곳에 메시지를 보내는 것이 그렇게 가치 있는 것 같지 않다, 그렇지 않은가? (결국, 아무도 듣고 있지 않으면 Cloud Pub/Sub가 메시지를 삭제한다.) 어떻게 수신할까? Cloud Pub/Sub에서 일부 메시지를 받는 작업을 시작한다.

21.5.2 첫 번째 메시지 받기

Cloud Pub/Sub에서 메시지를 수신하려면 먼저 구독을 생성해야 한다. 앞서 배웠듯이 구독은 항목의 메시지를 소비하는 방식이며, 각 헤드라인 등록은 해당 항목으로 전송된 모든 메시지의 복사본을 받는다. 먼저, 클라우드 콘솔을 사용하여 이미 생성한 항목에 대한 새 구독을 만든다. 이렇게 하려면 게시/구독 섹션의 항목 목록으로 돌아가서 항목 이름을 클릭한다. 현재 구독이 없다는 것을 보여주기 위해 확장되어야 하지만, 오른쪽 상단에 편리한 새 구독 버튼도 제공해야 한다(그림 21.9).

그림 21.9 새 구독 버튼이 있는 항목 목록

계속 진행하여 새 구독을 만들려면 버튼을 클릭한다. 다음 페이지(그림 21.10)에서는 테마를 유지하고, `first-subscription`에 요청할 수 있다. 지금 Delivery Type은 Pull 상태로 두자. 우리는 나중에 Push 구독을 살펴볼 것이다.

그림 21.10 주제에 대한 새로운 구독 만들기

만들기를 클릭하면 모든 주제가 있는 페이지로 돌아와야 한다. 만든 주제를 클릭하면 목록에 만든 구독이 표시된다(그림 21.11).

그림 21.11 주제 및 해당 구독 보기

구독을 했으므로 이제 코드를 읽고 상호작용할 수 있다. 구독 배후에 있는 아이디어는 주제로 전송된 메시지를 소비하는 방법이라는 점을 기억하자. 주제에 메시지를 보내고, 수신된 모든 메시지에 대한 구독을 요청해야 한다. 이를 수행하려면 주제에 메시지를 게시하는 리스트 21.1의 스크립트를 실행하자. 실행하면 새 메시지 ID가 표시된다.

```
> Message was published with ID 105838342611690
```

이번에는 주제가 구독이기 때문에 메시지를 보낼 수 없다. 대신 메시지 구독을 요청할 때 해당 메시지의 복사본을 대기시켜야 한다. 이렇게 하려면 다음과 같이 구독에 대해 pull 메서드를 사용한다.

리스트 21.2 **메시지 소비하기**

```
constpubsub = require('@google-cloud/pubsub')({
  projectId: 'your-project-id'
});

const topic = pubsub.topic('first-topic'); ←──── 이름을 사용하여 주제에 대한 참조를 가져온다.
const subscription = topic.subscription('first
➡ -subscription'); ←──── 마찬가지로 이름을 사용하여 구독을 참조한다.

subscription.pull().then((data) => { ←──── 구독 시 pull( ) 메소드를 사용하여 메시지를 소비한다.
  const message = data[0][0];
  console.log('Got message', message.id, 'saying', message.data);
});

> Got message 105838342611690 saying Hello world!
```

메시지 ID는 발행한 ID와 동일하며, 메시지 내용도 동일하다. 보기에 괜찮아 보이는데 맞을까? 중요한 단계를 잊어버렸다.

동일한 코드를 약 10초 안에 다시 실행하려고 하면 동일한 메시지 ID를 사용하여 똑같은 메시지가 다시 나타난다. 내부적으로 일어나는 일은 구독이 소비자(스크립트)에게 메시지를 전달했음을 알지만, 소비자는 메시지를 받았음을 결코 확인하지 않는다. 따라서 구독은 다음에 소비자가 메시지를 가져올 때 동일한 메시지로 응답한다. 이 문제를 해결하기 위해 ack()라는 간단한 메서드를 사용할 수 있다. 이 메서드는 Pub/Sub에 실제로 메시지를 받았음을 알리는 별도의 요청을 한다. 업데이트된 코드는 다음과 같다.

리스트 21.3 **메시지 소비 및 수신 확인**

```
constpubsub = require('@google-cloud/pubsub')({
  projectId: 'your-project-id'
});
```

```
const topic = pubsub.topic('first-topic');
const subscription = topic.subscription('first-subscription');

subscription.pull().then((data) => {                    ┌─────────────────────────────────┐
  const message = data[0][0];                           │ message.ack()는 올바른 ackId에    │
  console.log('Got message', message.id, 'saying', message.data); │ 바인딩되어 있어 많은 ID를 추적할 필요가 없다. │
  message.ack().then(() => {  ◄─────────────────────────┘
    console.log('Acknowledged message ID', message.id,
      'with ackId', message.ackId);  ◄───────┐ ackId는 메시지 ID와 다르다.
  });                                         │ Cloud Pub/Sub는 여러 사람이 동일한 메시지를
});                                             │ 사용할 수 있기 때문에 이런 식으로 설정된다.
```

이 코드를 실행하면 같은 메시지가 다시 수신되지만, 이번에는 소비자가 Cloud Pub/Sub에 응답을 보내서 메시지를 수신했다고 알린다.

```
> Got message 105838342611690 saying Hello world!
Acknowledged message ID 105842843456612 with ackId
QV5AEkw4A0RJUytDCypYEU4EISE-
MD5FU0RQBhYsXUZIUTcZCGhRDk9eIz81IChFEQcIFAV8fXFdUXVeWhoHUQ0ZcnxkfDhdRwkAQAV5V
VsRDXptXFc4UA0cenljfW5ZFwQEQ1J8d5qChutoZho9XxJLLD5-MzZF
```

다시 풀하면 메시지가 사라졌음을 알 수 있다. Pub/Sub는 이 구독에서 **소비한** 것으로 간주하므로 동일한 구독에 다시 보내지 않는다.

21.6 푸시 구독

지금까지 수신한 모든 메시지는 구독에서 풀을 사용하였다. 사용 가능한 메시지를 제공하도록 구독을 요청했다. 앞서 언급했듯이, 메시지를 소비하는 또 다른 방법은 반드시 메시지를 요구하는 것은 아니다. Cloud Pub/Sub에서 메시지를 **가져오는** 대신 Cloud Pub/Sub는 **도착**한 메시지를 사용자에게 전달할 수 있다.

이러한 유형의 구독을 수행하려면 새 메시지가 도착할 때 Cloud Pub/Sub에서 푸시 알림을 보낼 위치를 구성해야 한다. 일반적으로 Pub/Sub는 일반 풀 구독을 사용할 때 본 것과 동일한 메시지 데이터를 포함하는 지정 끝점에 HTTP 호출을 한다. 이 과정은 어떻게 작동할까? 푸시 알림을 어떻게 처리할까?

우선, 메시지 본문과 함께 들어오는 HTTP 요청을 받아들이는 핸들러를 작성해야 한다. 전에

보았듯이 핸들러가 메시지를 받으면 메시지를 확인하는 책임이 있지만, 메시지를 푸시하는 방식은 약간 다르다. 풀 구독을 사용하면 Cloud Pub/Sub에 다시 요청하여 메시지 수신 및 처리 사실을 알릴 수 있다. 푸시 구독을 사용하면 HTTP 응답 코드를 사용하여 통신할 수 있다. 이 경우 메시지를 성공적으로 수신하고, 처리한 것을 나타내는 HTTP 코드 204(내용 없음)가 표시된다. 다른 코드(예: 500 서버 오류 또는 404 찾을 수 없음)는 Cloud Pub/Sub에 일종의 오류가 발생했음을 알리는 방법이다. 좀 더 실제적으로 푸시 구독을 처리하려면 JSON 메시지를 받아들이고, 끝에 204 코드를 반환하는 핸들러를 작성해야 한다. 이와 같은 핸들러는 Express.js를 사용하는 다음과 비슷해 보일 수 있다.

리스트 21.4 간단한 푸시 구독 핸들러

```
const express = require('express');
const app = express();

app.post('/message', (req, res) => {
  console.log('Got message:', req.message);  ⟵ 먼저 메시지로 무언가를 한다. 이 경우 콘솔에 기록한다.
  res.status(204).send()  ⟵ 메시지를 처리했다는 것을 확인하기 위해 명시적으로 204 응답 코드를 반환한다.
});
```

들어오는 메시지에 대한 핸들러가 어떤 모습인지 보았으므로 Cloud Pub/Sub에 이 핸들러로 메시지를 보내도록 지시하는 방법에 대한 질문만 남는다. 추측하듯이 URL을 구성한 새 구독을 만드는 것만큼 쉽다. 여러 가지 방법으로 이 작업을 수행할 수 있지만, 클라우드 콘솔을 사용하여 이 작업을 수행하는 방법을 알아보도록 하자.

콘솔의 게시/구독 영역에서는 이전에 작성한 주제(first-topic)를 재사용하고, 새 구독 작성을 건너뛸 수 있다. 기본 핸들러를 사용하여 간단한 Express.js 애플리케이션을 자신의 도메인 (예: your-domain.com)에 배포했다고 가정해 보자. 주제를 탐색하고 맨 위에 있는 구독 만들기 (Create Subscription) 버튼을 클릭하면 구독 이름과 메시지를 푸시할 위치에 대한 URL을 지정할 수 있는 양식으로 이동한다. 그림 21.12를 보면 push-subscription을 이름으로 사용하고, https://your-domain.com/message를 URL로 사용하고 있다(리스트 21.4의 경로는 /message 이므로).

만들기(Create)를 클릭하면 Cloud Pub/Sub는 폴링 또는 수신 확인 필요 없이 이 주제에 대한 수신 메시지를 핸들러로 라우팅한다.

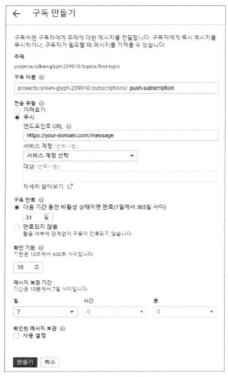

그림 21.12 푸시 구독 만들기

WARNING 도메인 소유 여부에 대한 오류가 발생할 수 있다. 이것은 전적으로 정상이며, 사용자가 소유한 도메인에만 메시지가 전송되도록 하는 구글의 방법이다. Pub/Sub 푸시 엔드포인트로 사용하도록 도메인을 허용 목록에 추가하는 방법에 대해 자세히 알아보려면 https://cloud.google.com/pubsub/docs/push#other-endpoints를 확인한다.

이 시점에서 Cloud Pub/Sub와 상호작용할 수 있는 많은 방법을 잘 이해하고 있어야 한다. 이를 통해 Cloud Pub/Sub의 가격 책정 방식을 확인함으로써 사고방식을 전환하고 사용하는 데 드는 비용을 모두 파악할 수 있다.

21.7 가격 정책의 이해

많은 구글 클라우드 API와 마찬가지로 Cloud Pub/Sub는 실제로 사용하는 리소스와 계산에 대해서만 요금을 부과한다. 이렇게 하려면 Pub/Sub 청구서를 시스템을 통해 브로드캐스팅한 데이터의 양을 기준으로 기가바이트당 최대 $0.06의 비율로 계산한다. 이것은 대략적으로 메시지의 수에 해당하지만, 보내는 메시지의 크기에 따라 다르다. 예를 들어, 메시지를 통해 전체 비디오 파일의 내용을 보내는 대신 비디오 링크를 보낼 수도 있다. 그 이유는 대형 비디오 파일을 전송하는 것이 Pub/Sub가 설계된 것과 정확히 일치하지 않을뿐만 아니라 링크를 보내면 훨씬 적은 비용이 들기 때문이다. Google Cloud Storage와 같은 다른 곳에서 동영상 파일을 다운로드하는 것이 훨씬 저렴할 수 있다.

이것을 좀 더 확실하게 하기 위해 보다 구체적인 예를 살펴본다. 시스템이 초당 5개의 메시지를 보내고, 100개의 소비자가 메시지에 관심이 있다고 상상해 보자. 이 메시지는 작다고 가정한다. 한 달 동안 이 비용은 얼마일까? 우선, 한 달 동안의 요청 수를 살펴보자. 이를 위해 몇 개의 메시지가 필요한지 알 필요가 있다.

- 매일 86,400초가 있으며, 단순화를 위해 평균 월 30일이라고 한다. 그러면 한 달 동안 2,592,000초가 소요된다.
- 초당 5개의 메시지를 보내기 때문에 한 달 동안 총 12,960,000개의 메시지를 보낸다.

이제 Cloud Pub/Sub에 어떤 요청을 하는지 생각해야 한다. 먼저, 메시지를 보내야 하기 때문에 메시지당 하나의 publish 요청을 만든다. 그러나 여러분은 또한 소비자의 측면을 고려해야 한다! 모든 소비자는 각 메시지를 요청하기 위해 pull 요청을 하거나 푸시 구독을 통해 각 메시지를 보내야 한다. 각 메시지에 대해 소비자당 하나의 추가 요청을 한다.

- 한 달 동안 12,960,000건의 메시지를 보냈다.
- 100명의 소비자가 있기 때문에 한 달 동안 총 1,296,000,000개의 메시지를 읽도록 요청한다.

총계는 다음과 같다.

- 12,960,000건의 게시 요청
- 그리고 12억 9천 9백만 건의 요청을 총 1,296,000,000건의 풀(또는 푸시)로 요청한다.

문제는 이제 이를 데이터로 변환하는 방법이다. 그러려면 각 요청에 대한 최소 청구 가능 금액이 1KB임을 알아야 한다. 메시지가 작을지라도 총 데이터 양은 약 13억 KB 또는 1.31TB보다 약간 적다. 데이터 1GB당 $0.06의 비율로 100명의 고객에게 보낸 1,300만 개의 메시지에 대한 월말의 청구서는 78.60달러가 될 것이다.

21.8 메시징 패턴

Cloud Pub/Sub와 통신할 수 있는 약간의 코드를 작성했지만, 실제로 정적 리소스(주제 및 구독)를 사용한다는 점에서 예제가 약간 단순하다. 실제로 리소스를 동적으로 변경하려고 할 때가 있다. 예를 들어, 부팅되는 모든 새 시스템이 시스템 전체의 이벤트 흐름을 구독하도록 할 수 있다. 실제 상황을 좀 더 구체적으로 설명하기 위해 팬 아웃 메시징과 작업 큐 메시징이라는 두 가지 일반적인 예를 살펴보고, 이러한 패턴을 실현하는 데 필요한 몇 가지 코드를 작성해 보자.

21.8.1 팬 아웃 브로드캐스트 메시지

팬 아웃(fan-out) 시스템은 Pub/Sub를 사용하여 단일 발신자가 광범위한 청중에게 메시지를 브로드캐스트한다. 예를 들어, 많은 컴퓨터 시스템이 있고, 각각 자동으로 eBay의 항목에 입찰하고, 전체적으로 지출한 금액을 추적하고 싶다고 가정해 보자. 여러 서버가 모두 항목에 대해 입찰하기 때문에 지금까지 지출한 금액을 모든 사람에게 알리는 방법이 필요하다. 그렇지 않으면 이 총계에 대해 단일 중앙 서버를 폴링하는 일이 멈춘다. 이를 위해 팬 아웃 메시지를 사용할 수 있다. 여기서 각 서버는 특정 Pub/Sub 주제에 돈을 지출한 사실을 브로드캐스트한다(그림 21.13).

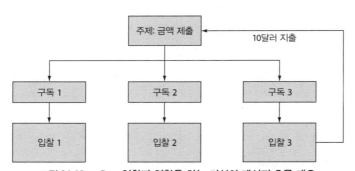

그림 21.13 **eBay 입찰자 역할을 하는 머신의 메시지 흐름 개요**

이것은 이 주제를 구독하고 있는 다른 모든 머신이 얼마나 많은 돈을 지출했는지 추적할 수 있게 하며, 새로운 지출에 대해 즉시 통보한다. 이전에 배웠던 Cloud Pub/Sub의 개념을 사용하면 money-spent라는 주제에 해당한다. 여기서 관심 있는 각 소비자(또는 예제의 입찰자)는 자체 구독을 갖는다. 이 방법으로 각 가입자는 해당 주제에 게시된 각 메시지를 받을 수 있다. 또한, 이 소비자들 각각은 생산자가 되어 실시간으로 돈을 쓸 때 주제를 알려준다.

보다시피, 각 입찰자는 정확히 한 개의 money-spent 주제 구독을 가지고 있으며, 이 주제에 대한 메시지를 브로드캐스트하여 다른 사람들에게 지출한 돈을 알릴 수 있다. 리스트 21.5에 표시된 것처럼 이 모든 작업을 수행하기 위해 코드를 작성할 수 있다. eBay 입찰자 인스턴스 중 하나가 켜질 때마다 실행되어야 하는 방법부터 시작한다. 이 방법은 궁극적으로 다음과 같은 몇 가지 주요 작업을 수행할 책임이 있다.

- eBay에 입찰하기 전에 총 지출 계산하기
- eBay 품목에 입찰하는 로직 시작하기
- 변경될 때마다 사용된 총 금액 업데이트하기

리스트 21.5   eBay 항목에 입찰 시작 기능

```
const request = require('request');
constpubsub = require('@google-cloud/pubsub')({
  projectId: 'your-project-id'
});

letmachineId;
const topic = pubsub.topic('money-spent');   ◁── 주제가 이미 작성되었다는 가정 하에
constamountSpentUrl = 'http://ebaybidder.mydomain.com:        알려진 이름(money-spent)을 사용한다.
➥ 8080/budgetAvailable.json';
letamountSpent;

startBidding = () =>{   ◁── 새 입찰 시스템이 켜질 때 먼저 호출하는 메소드라고 가정한다.
  request(amountSpentUrl, (err, res, body) => {   이 메소드는 사용 가능한 예산을 가져온다.
    amountSpent = body;

    const subscription = topic.subscription   이미 존재하는 경우 생성되거나 재사용되도록
➥ (machineId + '-queue');   ◁──              특수 구독 이름을 사용한다(각 개별 입찰 VM에 대해
                                               고유한 이름 [machineId]가 있다고 가정한다).
                                               이 구독은 지출된 비용에 대해 귀 기울인다.
                                       ┌── 주제에 새 메시지가 나타날 때마다 호출되는 메소드다.
    subscription.on('message', (message) => {
      console.log('Money was spent!', message.data);
      amountSpent += message.data;   ◁── 새 메시지가 도착할 때마다 소비한 금액을 업데이트한다.
        message.ack();   ◁──            금액은 델타(예를 들어, "2.50 달러 지출"은
    });         메시지를 받았음을 확인하고 진행한다.   2.5로 표시되지만, "1.00 달러 환급"은 -1로 표시된다).
                                                     이것은 리스트 21.6에서 더 명확히 할 것이다.
    bidOnItems();   ◁──── eBay 상품에 대한 입찰을 시작한다.
  });
}
```

이 코드를 작성하면 항목에 대해 입찰할 때(또는 더 비싼 값을 부를 때 환불) 지출한 금액을 업데이트하는 방법을 고안해야 한다. 그러기 위해 먼저 이 값이 바뀔 수 있는 모든 방법을 생각해 보자. 분명한 방법은 항목에 입찰가를 적용할 때다. 신발 한 켤레에 10달러로 입찰한다면 그

아이템을 사기 위해서 노력하는 중이다. 아직 신발을 갖지는 못했지만, 기본 금액에 10달러를 추가하면 된다. 즉, 경매에서 낙찰받지 못했다면 그 돈은 이제 다른 물건에 자유롭게 쓸 수 있다. 입찰을 할 때 입찰금을 표시해야 하며, 더 높은 입찰자가 나왔을 때는 입찰 금액을 반환 또는 환불함으로 표시해야 한다. 다음 두 가지 작업을 다음과 같이 (pseudo-) 코드로 전환할 수 있다.

리스트 21.6 **로컬에서 소비한 금액을 업데이트하는 함수**

```
constpubsub = require('@google-cloud/pubsub')({
  projectId: 'your-project-id'
});

letmachineId;
const topic = pubsub.topic('money-spent');

constbroadcastBid = (bid) =>{        ← 입찰에 돈이 쓰였음을 브로드캐스트한다.

returntopic.publish({               이것은 델타다. 예를 들어, 3달러를 지출했다고
    data: bid.amount,      ←        전달하려면 3.00 값을 보내야 한다.
    attributes: {                   디버깅을 위해 메시지 속성의 eBay 항목 ID뿐만 아니라
machineId: machineId,      ←        이 메시지를 보낸 머신을 따라 전송한다.
itemId: bid.item.id                 메시지 속성과 별도로 메시지 데이터를 보내려면
    }                               클라이언트 라이브러리에 이것이 원본 메시지임을 알려 주어야 한다.
  }, {raw: true});         ←        그렇지 않으면 전체 블록을 페이로드로 처리한다.
}

constbroadcastRefund = (bid) =>{  ← 더 이상 입찰가에 해당하지 않는 자금을 회수한다
returntopic.publish({               (예: 경매에서 탈락한 경우).
    data: -1 * bid.amount, ←        돈을 돌려주어야 하기 때문에, 값의 부호를 바꾼다.
    attributes: {                   $3.00를 환불하면 지출한 금액에 -3.00을 추가한다.
machineId: machineId,
itemId: bid.item.id
    }
  }, {raw: true});
}
```

이제 코드를 작성했으므로 이 코드를 상위 레벨에서 보면서 정확히 무슨 일이 일어나는지 살펴보겠다. 먼저, 각 입찰 시스템이 켜지고, 일부 중앙 기관에 현재 예산이 요청된다(여기서 어떻게 작동하는지 자세히 살펴보지는 않을 것이다). 그 후, 각 머신은 money-spent 주제에서 Pub/Sub 구독을 가져오거나 생성한다. 구독에는 콜백이 등록되어 있으며, 새 메시지가 도착할 때마다 실행되고, 주 목적은 실행 중인 잔액을 업데이트하는 것이다.

해당 프로세스가 완료되면 항목에 대한 입찰 프로세스가 시작된다. 아이템에 입찰할 때마다 broadcastBid 함수를 호출하여 다른 사람들에게 여러분이 입찰을 했다는 것을 알린다. 반

대로 비싼 가격이 입찰된 경우(또는 경매가 취소)에는 **broadcastRefund** 함수를 호출하면 다른 입찰자에게 지출한 것으로 표시된 금액이 지출되지 않았음을 알릴 수 있다. 이제 팬 아웃이 어떻게 작동하는지 보았으므로 Pub/Sub를 사용하여 여러 작업자가 공유하는 작업 큐를 관리하는 방법을 살펴보겠다.

21.8.2 작업 대기열 메시징

많은 소비자에게 각 메시지를 전달하는 팬 아웃 메시징과는 달리, 작업 대기열 메시징은 여러 소비자에게 작업을 **배포**하는 방식으로 이상적으로는 하나의 소비자만 각 메시지를 처리한다 (그림 21.14).

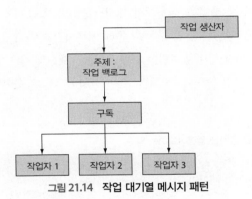

그림 21.14 **작업 대기열 메시지 패턴**

eBay 입찰 예에 따르면, 모든 입찰 머신이 특정 품목 리스트에서 입찰하도록 지시하는 방법을 설계하고 싶다고 상상해 보자. 하지만 고정된 목록을 사용하는 대신, 목록에 계속 추가해서 믿을 수 없을 정도로 길어질 수 있다고 하자. 이것을 Cloud Pub/Sub의 관점에서 보면 각 메시지는 주로 구매하고자 하는 eBay 항목의 ID를 포함하고 있으며, 입찰 머신이 그 메시지를 받았을 때 그 항목에 대해 입찰을 할 것이다. 어떻게 주제와 구독을 해야 할까?

팬 아웃 브로드캐스트 스타일의 메시징을 따른다면 각 입찰 시스템은 모든 메시지를 받게 되며, 이는 각 시스템이 고유한 입찰을 항목에 적용한다는 것을 의미한다. 그것은 비용이 많이 든다! 여기서 작업 대기열 패턴을 사용할 수 있으며, 각 입찰자가 메시지 알림을 수신할 단일 구독을 가질 수 있다(그림 21.15). 이 설정을 사용하면 모든 시스템이 아닌 단일 시스템이 각 메시지를 처리하게 된다.

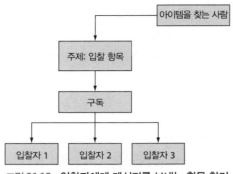

그림 21.15   입찰자에게 메시지를 보내는 항목 찾기

이것이 어떻게 보이는가? 먼저 단일 풀 구독(bid-on-item-queue)과 함께 새 항목(bid-on-item)을 만들고, 그 후에는 새로운 구독에서 메시지를 소비하고 이에 따라 입찰하도록 입찰 시스템을 수정한다. 모든 알림은 단일 구독을 통해 이루어지므로 각 항목은 선착순으로 하나의 입찰자만 사용한다. 이런 형태의 고립이 없다면, 결국 자신과 경매 입찰을 하게 될 수도 있으며, 이는 나쁜 시나리오일 것이다. 주제와 구독을 수동으로 작성한다고 가정하고, 다음의 코드를 살펴보자.

리스트 21.7   로컬에서 소비한 금액을 업데이트하는 함수

```
constpubsub = require('@google-cloud/pubsub')({
  projectId: 'your-project-id'
});                                        정적 리소스를 다루기 때문에
                                           주제 및 구독에 대한 참조를
                                           이름으로 구성할 수 있다.
const topic = pubsub.topic('bid-on-item'); ◄─
const subscription = topic.subscription('bid-on-item-queue');
                                           이전과 마찬가지로 각 메시지를 수신할 때
subscription.on('message', (message) => {  ◄─ 호출되는 메시지 처리 콜백을 등록한다.
message.ack(() => {   ◄─ 입찰 프로세스가 길어질 수 있으므로 메시지를 확인하여 시작한다.
bidOnItem(message);   ◄─ 확인 응답이 성공하면 입찰 시스템에 품목에 대한 입찰을 지시한다.
  });
});
```

일종의 문제가 발생하면 실수로 입찰하지 않는 편이 낫다는 것을 알 수 있다. 예를 들어, 어떤 이유에서든지 **bidOnItem** 메소드에서 오류가 발생하면 이미 메시지를 확인했으므로 해당 항목에 다시 입찰 알림을 보내지 않는다. 이 항목을 대안과 비교해 보자. 동일한 항목을 두 번 가져와서 자신에 대해 입찰할 수도 있다. 여러분이 이미 높은 입찰자인지 아닌지 확인하는 메소드를 추가한다면 먼저 입찰을 하고, 입찰이 성공한 후에 메시지를 확인하는 것이 합리적이다. 즉, 이 코드는 모두 작성해야 하며, 결국 여러분은 단일 구독 작업 대기열 메시징 시스템을 갖게 되었다!

요약

- 메시징은 여러 당사자(1 대 1, 1 대 다 또는 다 대 다)로 메시지를 보내는 것을 포함하여 프로세스 간에 데이터를 보내고 받는 개념이다.

- Cloud Pub/Sub는 많은 수의 발신자와 수신자의 메시지 라우팅을 처리하는 완전 관리형 고가용성 메시징 시스템이다.

- 생성자는 주제에 메시지를 보낼 수 있으며, 소비자는 구독을 생성하여 구독할 수 있다.

- 메시지는 수신자("모든 메시지?") 또는 발신자("메시지가 있습니다!")에 의해 풀링할 수 있다.

- 생성자는 가장 일반적으로 팬 아웃(브로드캐스트) 또는 작업 대기열(오케스트레이션) 메시징을 위해 Cloud Pub/Sub를 사용한다.

- 시스템을 통해 전송하는 데이터의 양을 기반으로 한 Cloud Pub/Sub 요금인 메시지당 더 큰 메시지는 메시지당 최소 1KB의 작은 메시지보다 비용이 많이 든다.

찾아보기